중국 고대 법제의 기원과 전개

임병덕 林炳德

성균관대학교 인문대학 사학과 대학원 박사
2003년, 2009년 교토대학 인문과학연구소 외래교수
현재 충북대학교 인문대학 사학과 명예교수
중국사학회회장 역임
2014년 『구조율고(九朝律考)』 역주로 교육부장관상 수상

주요 저서 | 『중국사상사』(온누리, 1987), 『유골의 증언 – 고대중국의 형벌 – 』(서경문화사, 1999), 『중국법률사상사』(아카넷, 2003), 『목간과 죽간으로 본 중국고대문화사』(사계절출판사, 2005), 『동양사 1』(책세상, 2007), 『사료로 읽는 중국고대법제사』(도서출판 개신, 2008), 『구조율고[一] 九朝律考一』(세창출판사, 2014), 『구조율고[二] 九朝律考二』(세창출판사, 2014), 『구조율고[三] 九朝律考三』(세창출판사, 2015), 『구조율고[四] 九朝律考四』(세창출판사, 2015), 『중국고대의 법제』(충북대학교출판부, 2017) 등이 있다.

중국 고대 법제의 기원과 전개

임병덕 지음

초판 1쇄 발행 2025년 8월 30일

펴낸이 오일주
펴낸곳 도서출판 혜안

등록번호 제22-471호
등록일자 1993년 7월 30일

주 소 ㉾04052 서울시 마포구 와우산로35길3 (서교동) 102호
전 화 3141-3711~2
팩 스 3141-3710
이메일 hyeanpub@daum.net

ISBN 978-89-8494-755-9 93910

값 40,000원

중국 고대 법제의 기원과 전개

임병덕 지음

혜안

서문

　1982년 대학원에 입학하여 2025년 2월 정년퇴직을 하기까지 43년이라는 시간이 흘렀다. 긴 시간인 것처럼 보이지만, 지나보니 잠깐이다. 인생은 운이라는 말이 있다. 또 인생은 운이 70% 실력이 30%라는 의미로 '운칠기삼'이라는 말이 흔히 회자되는데, 나는 '운구기일'에 해당하는 것 같다. 학계에 처음 활동하기 시작한 1980년대의 한국에서의 중국연구 상황은 지금과는 비교하기 어려운 열악한 상황이었다. 중국과의 교류는 막혀 있었고 중국관련 사료와 잡지는 지금처럼 집에서 인터넷으로 쉽게 다운을 받거나 혹은 외국 친구들에게 연락해서 메일로 자료를 받을 수 있는 시대도 아니었다. 여러 대학의 도서관을 전전하면서 불충분한 자료를 복사하는데 많은 시간을 낭비해야 했다. 70년대와 80년대만 해도 인용할 수 있는 자료의 차이만으로 연구자들 간에 이미 큰 격차가 존재했었다. 2000년대 들어와서는 한국의 중국고대사연구의 환경은 매우 달라지기 시작하였다. 국제교류가 거의 이뤄지지 않았던 80년대와 90년대를 지나 해외에서 유학하거나 해외에서 연수받은 연구자들이 국내에 들어와 해외학계와의 교류와 학술정보가 활발해지면서 출토간독자료의 입수 및 방대한 논문의 실시간 입수가 용이해지기 시작하였다. 더욱 최근에는 대학 도서관의 웹사이트를 통해 중국의 학문 데이터베이스인 CAJ에 접근해 필요한 자료를 클릭해서 필요한 거의 모든 자료를 다운받을 수 있게 되었고, 일본의 자료도 JAIRO나 구글, 혹은 각 대학의 사이트에서 거의 다운받을 수 있게 되어 70~90년대와는 전혀 다른 연구 환경이 되었다. 그와 함께 앞서 말한 대로 2000년대 초반부터는

秦漢 出土法制文書가 계속해서 공개되었다. 행운이 겹치는 시기이었다.

그 기간 동안 공개된 주요 출토문서만 해도 『龍崗秦簡』・『張家山漢墓竹簡[二四七號墓]』・『里耶秦簡』・『岳麓書院藏秦簡』・『兔子山漢簡』・『睡虎地77號漢簡』・『胡家草場漢簡』 등을 열거할 수 있다. 『睡虎地秦墓竹簡』을 통한 80년대와 90년대의 기초적·추론적 연구는 『張家山漢墓竹簡[二四七號墓]』을 통해 교정되었고, 『睡虎地秦墓竹簡』・『龍崗秦簡』・『張家山漢墓竹簡[二四七號墓]』에서의 논의는 다시 『里耶秦簡』・『岳麓書院藏秦簡』에 의해 더욱 활성화되었다. 또한 아직 전모가 공개되지 않은 『兔子山漢簡』・『睡虎地77號漢簡』・『胡家草場漢簡』을 통하여 漢初의 율령인 『二年律令』 이후 漢惠帝, 漢文帝時代의 율령의 변화를 비교적 상세하게 파악할 수 있게 되었다. 非才인 내가 그나마 논문을 쓸 수 있었던 것도 새로운 출토자료가 계속해서 공개되었기 때문이다. 40년 연구 생활 동안 거의 새로운 출토사료를 접하면서 논문을 쓴다는 것은 사료가 방대한 중국사에서도 秦漢時代를 연구하는 연구자만이 누릴 수 있는 행운이 아니었을까 싶다. 본서의 「中國古代·中世의 法과 女性」・「秦漢時代의 士伍와 庶人」・「秦·漢律의 庶人－庶人泛稱說에 對한 批判－」은 대체로 『張家山漢墓竹簡[二四七號墓]』에 기초한 연구 성과이고, 「『荊州胡家草場西漢簡牘』과 秦漢律의 司寇」와 「秦·漢의 罰金刑과 贖刑」 역시 『張家山漢墓竹簡』을 비롯하여 『荊州胡家草場西漢簡牘』과 『嶽麓秦簡』 등의 자료를 더하여 발표한 것이었다. 日本京都大學人文科學研究所의 『江陵張家山二四七號墓出土漢律令の研究(譯注篇)』과 武漢大學 簡帛研究中心 등에서 편찬한 『二年律令與奏讞書』는 필자의 이러한 논고를 작성하는데, 가장 큰 도움이 되었다. 法制文獻은 아니지만, 公文書인 『里耶秦簡』에는 秦令의 실제 시행여부를 확인할 수 있는 중요한 자료가 포함되어 있는데, 『里耶秦簡』을 사료로 한 수많은 연구서와 논문이 국내외에서 발표되어 국내 중국고대사 연구의 진전에 획기적인 기여를 하였다. 본서에서도 「『里耶秦簡』을 통해서 본 秦의 戶籍制度」를 포함하여 여러 논문에서 『里耶秦簡』의 사료에 큰 도움을 받았다.

2007년에 홍콩의 골동품시장에서 구입한 『嶽麓書院藏秦簡』은 2010년

『嶽麓書院藏秦簡(壹)』을 시작으로 2022년 『嶽麓書院藏秦簡(柒)』에 이르기까지 계속해서 그 사료가 공개되고 있다. 『嶽麓書院藏秦簡』의 공개 이후 秦律令에 대한 이해가 심화되었는데, 본서에서는 「嶽麓書院藏秦簡」『爲獄等狀四種』案例七識劫婉案考」・「嶽麓秦簡」을 통하여 본 秦·漢初의 婚姻·奴婢·妻」는 거의 대부분 『嶽麓書院藏秦簡』의 사료에 의존하였고, 「秦·漢 律令의 起源과 展開」와 「法家思想, 法과 女性의 지위」・「秦·漢의 罰金刑과 贖刑」에서도 『嶽麓書院藏秦簡』의 자료에 큰 도움을 받았다.

최근에는 『荊州胡家草場西漢簡牘釋粹』와 『張家山漢墓竹簡[三三六號墓]』가 단행본으로 간행되었다. 2021년에 간행된 『荊州胡家草場西漢簡牘釋粹』를 기초로 하여 발표한 것이 본서의 「荊州胡家草場西漢簡牘과 漢文帝의 刑制改革」・「荊州胡家草場西漢簡牘과 秦漢律의 司寇」이다.

최근 益陽兔子山遺址에서는 漢惠帝 시기의 『兔子山漢簡』의 내용 일부가 소개되고 있고, 漢文帝 시기에 해당하는 律令으로는 『睡虎地77號漢簡』의 내용이 일부 공개되고 있다. 거듭된 출토법제자료의 공개는 秦漢法制史 연구자들에게는 그야말로 행운이라고밖에 표현할 수 없다. 그러나 새로운 出土法制資料의 공개는 당연히 새로운 난제를 제공한다. 예를 들어 『兔子山漢簡』・『睡虎地77號漢簡』・『胡家草場漢簡』에는 『睡虎地秦墓竹簡』・『二年律令』・『嶽麓書院藏秦簡』에는 볼 수 없었던 새로운 律名이 보이고 있고, 율령의 새로운 편제, 즉 『二年律令』에는 없었던 「獄律」과 「旁律」의 구분이 나타나고 있다. 게다가 『睡虎地77號漢簡』은 漢文帝 10년(기원전 170)에, 『胡家草場漢簡』은 漢文帝 16년(기원전 164)으로 시작한다. 놀랍게도 漢文帝 13년(기원전 167)의 肉刑 廢止를 중심으로 한 漢文帝의 刑制改革을 전후로 3년의 차이를 보여주고 있다. 연대순으로 출토법제문서를 보면, 『睡虎地秦墓竹簡』→『嶽麓書院藏秦簡』→『二年律令』→『兔子山漢簡』(漢惠帝)→『睡虎地77號漢簡』(漢文帝 10년)→ 漢文帝 13년(기원전 167)의 刑制改革→『胡家草場漢簡』(漢文帝 16년)에 해당한다. 따라서 戰國秦→ 秦統一 以後→ 漢初→ 漢文帝刑制改革→ 漢文帝刑制改革 以後에 이르는 법제의 변화를 비교적 상세하게 살펴볼 수 있게 되었다.

　최근에 발표되고 있는 『兎子山漢簡』·『睡虎地77號漢簡』·『胡家草場漢簡』에 대한 발굴간보 등을 포함하면, 中國 秦漢史 연구자는 거의 달마다 새로운 출토사료를 접하게 된다. 정년을 앞두기까지 나도 해마다 미흡하고 수준이 낮지만, 새로운 사료를 반영한 논문을 발표해왔다. 그동안 발표한 개별 논문에는 오류도 많고 그 사이에 학계에서는 새로운 연구의 진전이 있어서 이를 조금이나마 반영하여 새로 정리하고자 하였다. 필자가 연구를 시작했던 80년대 중반부터 현재까지 한국은 경제적으로도 비약적으로 발전하였고 아직 저출산의 여파가 대학에 본격적으로 미치지 않았던 대학의 황금기였다. 한국연구재단이나 인문학 지원도 상대적으로 많았고 대학의 재정도 비교적 풍부해서 학술대회와 관련된 지원도 많이 받을 수 있었던 시기였다. 한국연구재단의 지원이나 대학의 지원에 힘입어 국제학술대회도 빈번히 개최되었고 특히 10여 년 지속되었던 秦漢簡牘講讀會는 혼자서 해독하기 어려운 많은 난제들을 해결하는데 큰 도움이 되기도 하였다. 秦漢簡牘講讀會에서 많은 연구자들의 도움을 받을 수 있었다. 그때 많은 가르침을 받았던 숙명여대 임중혁 교수, 경북대 윤재석 교수, 서울대 김병준 교수, 서울대 최진묵 교수, 성균관대 김경호 교수, 전남대 이성원 교수, 경북대 김진우 교수, 경북대 오준석 교수, 경북대 김종희 교수, 경북대 금재원 교수, 공주대 송진 교수, 동아대 이주현 교수에게 출판을 계기로 감사의 인사를 드린다. 秦漢簡牘講讀會에 참여했던 교수들은 열정과 에너지가 넘쳐서 이미 대작들을 출간한 상태이다. 『동아시아자료학의 가능성』(권인한, 김경호, 성균관대학교출판부, 2009) ; 『죽간목간에 담긴 고대 동아시아사』(권인한, 김경호, 성균관대학교출판부, 2011) ; 『중국 고대의 경계와 그 출입』(송진, 서울대학교출판문화원, 2020) ; 『고대 중국의 통치메커니즘과 그 설계자들1』(임중혁, 경인문화사, 2021) ; 『고대 중국의 통치메커니즘과 그 설계자들2』(임중혁, 경인문화사, 2021) ; 『고대 중국의 통치메커니즘과 그 설계자들3』(임중혁, 경인문화사, 2021) ; 『고대 중국의 통치메커니즘과 그 설계자들4』(임중혁,

경인문화사, 2021) ;『동아시아 고대 효의 탄생』(김진우, 평사리, 2017) ;『황하문명에서 제국의 출현까지』(이성원, maronie, 2020) ;『수호지진묘죽간 역주』(윤재석, 소명출판, 2010) ;『진한제국의 지정학-인프라, 영역지배의 변천-』(금재원, 진인진, 2023) 등은 모두 주옥과 같은 명저들이다. 이들의 뛰어난 연구에 덧붙여 나도 나름대로 지금까지의 연구 성과를 하나의 책으로 마무리를 짓기 위해 정년퇴직에 맞추어 출판을 하고자 하였지만, 게을러서 정년을 넘기면서 출판하게 되었다.

학부강의에서 새로운 출토법제사료와 이를 이용한 연구를 소개하는 것은 매우 어렵다. 솔직히 너무 전문적이어서 강의에는 무용지물이라고 해도 과언이 아니다. 또한 충북대학교에서 동양사전공으로 대학원에 진학하는 학생 자체가 거의 없으니 대학원에서도 거의 쓸모가 없다. 연구와 교육이 괴리된다는 점에서 교수생활 내내 고민이 많았다. 과거의 석학들의 발표는 새로운 사료의 출현으로 순식간에 舊說이 된다. 이런 딜레마에서 벗어나는 시기가 퇴직이다. 지금 나는 세 번째 나의 행운에 대해서 언급하고 있는 중이다. 대학교수로서 정년퇴직을 하는 것이 결코 쉬운 일이 아니다. 중간에 큰 수술을 받은 적도 있었지만, 무사히 넘어갔다. 함께 교수생활을 하던 같은 과의 교수는 정년을 마치지 못하고 담낭암에 걸려 투병 끝에 사망하였다. 다행히 나는 운이 좋게도 65세까지 정년을 마쳤다.

주변을 둘러보면, 역사를 전공했다고 해서 세상을 더 넓고 깊게 이해하는 것처럼 이야기하는 사람들이 적지 않다. 내 생각에 그것은 커다란 오만이자 오산이다. 대부분의 역사학자들은 오히려 세상물정을 모르는 쪽에 가깝지 않을까 싶다. 한국의 중국고대사학계 더 나아가 한국에서의 인문학의 미래가 밝다고 할 수는 없다. 잘 알다시피 중국, 일본, 한국은 출산율이 낮은 국가인데, 그 가운데서도 한국의 출산율은 특히 낮다. 그 결과 대학에 진학할 수 있는 학생 수가 극감하고 있고 이 여파가 대학에 미쳐 많은 대학이 해마다 사라지고 있다. 심지어는 지방의 경우 국립대학조차 정원을 채우지 못하고 있는 실정에 직면하고 있다. 그 결과 학문후속세대가 대학에 자리를 잡기가 점점 어려워지고 있는 것이 현실이다. 참 안타까운 일이 아닐 수 없다.

이웃 일본의 중국연구, 특히 중국고대연구도 연구자가 줄면서 급속히 쇠퇴하고 있다. 최근 일본 교토대학인문과학연구소의 宮宅潔로부터 『ある地方官吏の生涯－木簡が語る中國古代人の日常生活－』(宮宅潔, 臨川書店, 2021)과 『嶽麓書院所藏簡《秦律令(壹)》譯注』(宮宅潔 編, 京都大學, 2023)를 받았다. 전자는 중국고대출토법제사료를 토대로 이를 고대중국인의 일상생활사를 추적한 力作이고, 후자는 『嶽麓書院所藏簡』의 역주작업의 성과이다. 두 권의 책은 여전히 이 분야 세계 최고 수준이라고 해도 과언이 아닐 것 같다. 그런데, 내가 보기에 20년 전 漢簡硏究班의 班長이었던 冨谷至 아래에는 宮宅潔이라는 뛰어난 후학이 있었지만, 宮宅潔 이후 뛰어난 다음 주자가 보이지 않는다. 한국과 일본에서의 중국연구는 앞으로도 계속해서 급속히 쇠퇴할 것 같다.

참 운이 좋은 시절에 교수생활을 보냈고 또 무사히 마치게 되어 한없이 감사하다. 내가 30년 넘게 봉직했던 충북대학교는 나에게는 낙원이었다. 대부분의 연구자들은 모교에 근무하고 싶어 하지만, 모교에서 교수생활을 하는 사람은 매우 드물다. 게다가 65세까지 무사히 정년을 모교에서 마쳤다. 모교가 나에게 얼마나 큰 혜택을 베풀었는지 근무하는 동안에는 잘 모른다. 모교에서 많은 혜택을 받았기에 그나마 이 정도의 책을 출판하게 되었.

연세대학교 사학과의 김성보 교수, 성균관대학교 사학과의 이평수 교수는 충북대학교 사학과에 근무할 때 이런저런 도움을 받았다. 늘 감사함을 느낀다. 사학과에 근무하는 김영관 교수, 임형수 교수, 이찬행 교수, 김한신 교수 등 동료교수님들께도 감사를 드린다. 지나고 보니 충북대학교 사학과 학생들에게 좀 더 관심을 가지고, 더 좋은 강의를 했어야 하는데 그러지 못했다. 사학과를 졸업한 졸업생들에게 미안함과 감사의 말씀을 드린다. 사학과 졸업생을 대표하여 최영출 사학과 동문회장님께도 감사의 말씀을 드린다. 매우 부족한 나를 항상 따뜻하게 대해준 성균관대학교의 박기수

명예교수님께도 감사의 말씀을 드린다. 늘 좋은 말씀을 해주시는 前경기대 사학과의 이재범 교수님, 성균관대학교 사학과의 하원수 교수님, 성균관대학교 동아시아학술원장 김경호 교수님, 부산대학교 역사교육과 홍성화 교수님께도 감사의 말씀을 드린다. 고인이 되신 은사 이영덕 교수님과 이공범 교수님께도 큰 은혜를 입었다. 특히 지도교수이신 이공범 교수님이 돌아가실 때는 일본에 있어서 장례식에도 참석하지 못했다. 이 점이 항상 마음에 걸린다. 이 자리를 빌려 송구하다는 말씀을 드린다. 고인이 되신 부모님의 은혜는 말로 표현할 수 없다. 부모님은 참 어려운 시대를 살았다. 그토록 어렵게 생활했으면서도 퇴직 후 혹 힘들게 지내지 않을까 염려하여 막내아들에게 나무를 심을 수 있는 농장을 유산으로 남겨주셨다. 나의 마지막 행운은 나의 아내와 딸들이다. 무사히 정년을 마치는 것은 전적으로 나의 현명한 아내 덕이다. 참 어려운 시대에 직장에 잘 다니고 있는 딸들에게 늘 참으로 고맙다는 생각을 한다. 사위와 손자에게도 사랑한다는 말씀을 전한다.

    끝으로 어려운 출판 상황에도 상업성이 매우 떨어지는 이 책을 출판해준 도서출판 혜안에 감사를 드린다.

2025년 7월
기룡리 농장 쉼터에서

목 차

서문 ……………………………………………………………………… 5

里耶秦簡을 통해서 본 秦의 戶籍制度 —商鞅變法·同居·室人·戶에 대한
再論— ……………………………………………………………… 17
   Ⅰ. 머리말 ………………………………………………………… 17
   Ⅱ. 『里耶秦簡』 戶籍簡의 類型別 特徵 ………………………… 23
   Ⅲ. 秦의 戶籍과 戶·同居·室의 개념 …………………………… 36
   Ⅳ. 民有二男以上不分異者, 倍其賦 ……………………………… 64
   Ⅴ. 맺음말 ………………………………………………………… 73

『嶽麓秦簡』을 통하여 본 秦·漢初의 婚姻·奴婢·妻 …………… 81
   Ⅰ. 머리말 ………………………………………………………… 81
   Ⅱ. 秦·漢初의 婚姻·室人 ………………………………………… 82
   Ⅲ. 秦·漢初의 奴婢와 妻의 實態 ………………………………… 93
   Ⅳ. 맺음말 ………………………………………………………… 112

『岳麓書院藏秦簡』「爲獄等狀四種」 案例七識劫䢵案考 ………… 115
   Ⅰ. 머리말 ………………………………………………………… 115
   Ⅱ. 『岳麓書院藏秦簡』「爲獄等狀四種」 案例七識劫䢵案譯注 … 119
   Ⅲ. 「爲獄等狀四種」 案例七識劫䢵案과 『二年律令』 …………… 132
   Ⅳ. 맺음말 ………………………………………………………… 143

法家思想, 法과 女性의 지위 ····················· 147
- Ⅰ. 머리말 ······························· 147
- Ⅱ. 商鞅·韓非子와 秦漢律 ····················· 151
- Ⅲ. 여성의 지위(1)-여성의 '戶'계승과 재산권 ············ 163
- Ⅳ. 여성의 지위(2)-沒收와 連坐 ··················· 175
- Ⅴ. 여성의 지위(3)-기타 형벌관련 法律規定 ············ 182
- Ⅵ. 맺음말 ······························· 190

秦·漢時代의 士伍와 庶人 ····················· 195
- Ⅰ. 머리말 ······························· 195
- Ⅱ. 秦漢律의 士伍와 庶人 ····················· 197
- Ⅲ. 士伍와 庶人의 性格 ······················· 214
- Ⅳ. 漢文帝 刑制改革과 士伍수렴시스템의 붕괴 ·········· 227

秦·漢律의 庶人 -庶人泛稱說에 對한 批判- ·········· 235
- Ⅰ. 머리말 ······························· 235
- Ⅱ. 秦漢簡牘史料 중의 庶人 ····················· 238
- Ⅲ. 士伍·庶人 ···························· 248
- Ⅳ. 맺음말 ······························· 259

秦·漢시기의 罰金刑과 贖刑 ····················· 263
- Ⅰ. 머리말 ······························· 263
- Ⅱ. 秦의 罰金刑 3등급설과 4등급설 ················ 265
- Ⅲ. 贖刑의 등급과 성격 ······················· 271
- Ⅳ. 贖刑·罰金刑의 변화에 대한 비판적 검토 ············ 283
- Ⅴ. 맺음말 ······························· 290

秦·漢의 土地所有制 ···················· 293
  I. 머리말 ···················· 293
  II. 土地私有制說과 國有制說 ···················· 296
  III. 授田 100畝와 士伍의 實態 ···················· 319
  IV. 免老還收說 ···················· 332
  V. 맺음말 ···················· 336

秦·漢律令의 起源과 展開 ···················· 341
  I. 머리말 ···················· 341
  II. 秦令의 編纂과 制定 ···················· 344
  III. 律과 令의 관계 ···················· 363
  IV. 九章律과 秦漢의 律令 ···················· 378
  V. 맺음말 ···················· 388

漢文帝의 刑制改革 ···················· 393
  I. 머리말 ···················· 393
  II. 한문제의 공적에 관한 사료의 내용 ···················· 395
  III. 收帑相坐律과 誹謗訞言律의 폐지 ···················· 399
  IV. 肉刑 폐지의 의의 ···················· 403

『荊州胡家草場西漢簡牘』과 漢文帝의 刑制改革 ···················· 407
  I. 머리말 ···················· 407
  II. 『胡家草場西漢簡』과 『漢書』「刑法志」 ···················· 409
  III. 耐刑의 변화 ···················· 413
  IV. 公卒·士伍·庶人의 변화 ···················· 420
  V. 城旦舂의 변화 ···················· 427
  VI. 贖刑과 罰金刑의 변화 ···················· 437
  VII. 맺음말 ···················· 443

『荊州胡家草場西漢簡牘』과 秦漢律의 司寇 ························· 447
   Ⅰ. 머리말 ··· 447
   Ⅱ. 漢文帝 刑制改革 이전의 司寇 ································· 450
   Ⅲ. 漢文帝 刑制改革 이후의 司寇·作如司寇 ··················· 458
   Ⅳ. 맺음말 ··· 473

참고문헌 ·· 477

찾아보기 ·· 493

里耶秦簡을 통해서 본 秦의 戶籍制度
― 商鞅變法·同居·室人·戶에 대한 再論 ―

I. 머리말

1980년대부터 40여 년간 중국고대사학계에서 가장 활발했던 연구 분야는 秦漢律令을 중심으로 한 法制史였다. 1975년 『睡虎地秦墓竹簡』 이후[1] 벌써 50년이 되었다. 그 사이에 1983년에 출토된 『張家山漢墓竹簡』이 2001년에 공개되었고,[2] 秦의 출토문서로는 『睡虎地秦墓竹簡』 이후에도 『龍崗秦簡』·『里耶秦簡』 등이 공개되었고, 2007년에 홍콩의 골동품시장에서 구입한 『嶽麓書院藏秦簡』은 2010년부터 지금까지 계속해서 공개되고 있다.[3] 그런가하면

---

1) 睡虎地秦墓竹簡整理小組, 『睡虎地秦墓竹簡』, 文物出版社, 1978(이하 『睡虎地秦墓竹簡』으로 표기한다).

2) 張家山漢墓竹簡整理小組, 「江陵張家山漢簡槪述」, 『文物』 1985년 제1기 ; 張家山二四七號漢墓竹簡整理小組, 『張家山漢墓竹簡[二四七號墓]』, 北京 : 文物出版社, 2001 ; 張家山二四七號漢墓竹簡整理小組, 『張家山漢墓竹簡[二四七號墓](釋文修訂本)』, 北京 : 文物出版社, 2006과 彭浩·陳偉·工藤元男主編, 『二年律令與奏讞書－張家山二四七號漢墓出土法律文獻釋讀』, 上海 : 上海古籍出版社, 2007.
이 가운데 필자는 彭浩·陳偉·工藤元男主編, 『二年律令與奏讞書－張家山二四七號漢墓出土法律文獻釋讀』, 上海古籍出版社, 2007을 기준으로 인용하도록 하겠다. 이하 본서에서는 『二年律令奏讞書』로 약칭하도록 하겠다. 또 이에 대한 주석으로는 三國時代出土文字資料硏究班, 「江陵張家山漢墓出土二年律令譯注稿(一)(二)(三)」, 『東方學報』 第76冊(2004년)·77冊(2005년)·78冊(2006년)과 이를 종합한 冨谷至 編, 『江陵張家山二四七號墓出土漢律令の硏究(論考篇·譯注篇)』, 朋友書店, 1-331쪽 등이 있다.

3) 『嶽麓書院藏秦簡(壹)』, 朱漢民·陳松長 主編, 上海辭書出版社, 2010 ; 『嶽麓書院藏秦簡(貳)』, 朱漢民·陳松長 主編, 上海辭書出版社, 2011 ; 『嶽麓書院藏秦簡(參)』, 朱漢民·陳松長 主編, 上海辭書出版社, 2013 ; 『岳麓書院藏秦簡(肆)』, 朱漢民·陳松長主編, 上海 : 上海辭書出版社, 2015 ; 『嶽麓書院藏秦簡(伍)』, 陳松長主編, 上海 : 上海辭書出版社,

최근에 益陽兔子山遺址에서는 漢惠帝 시기의 『兔子山漢簡』, 漢文帝 시기에 해당하는 律令으로는 『睡虎地77號漢簡』과 『胡家草場漢簡』이 출토되어 속속 그 내용이 일부 공개되고 있다.[4]

湖北省江陵張家山漢墓 群에서도 그 모습을 보인 漢初의 律令인 『二年律令』은 2002년 공식 출간 이후 이를 중심으로 『睡虎地秦墓竹簡』의 열기를 훨씬 능가하는 논문이 중국과 일본을 중심으로 발표되고[5] 우리 학계도 나름대로 『睡虎地秦墓竹簡』 단계의 연구수준에서 한 단계 도약하여 보다 실증적인 논문이 발표되고 있고, 이 가운데는 국제적으로 널리 알려진 논문도 발표되었다.[6] 이러한 『二年律令』에 못지않게 중국고대사학계의 비상한 관심을 불러일으키고 있는 『里耶秦簡』이 2003년부터 일부 공개되었는데,[7] 이미

2017 ; 『嶽麓書院藏秦簡(陸)』, 陳松長主編, 上海 : 上海辭書出版社, 2020 ; 『嶽麓書院藏秦簡(柒)』, 陳松長主編, 上海 : 上海辭書出版社, 2022. 이하 『嶽麓簡(壹)』, 『嶽麓秦簡(貳)』, 『嶽麓秦簡(參)』, 『嶽麓書院藏秦簡(肆)』, 『嶽麓秦簡(伍)』, 『嶽麓秦簡(陸)』, 『嶽麓秦簡(柒)』로 약기한다.

4) 熊北生·陳偉·蔡丹, 「湖北雲夢睡虎地77號西漢墓出土簡牘槪述」, 『文物』 2018-3 ; 張忠煒·張春龍, 「新見漢律律名疏證」, 『西域研究』 2020年 第3期 ; 孫家洲, 「兔子山遺址出土《秦二世元年文書》與《史記》紀事抵牾釋解」, 『湖南大學學報(社會科學版)』 29-3, 2015 ; 張忠煒·張春龍, 「律典體系新論 - 以益陽兔子山遺址所出漢律律名木牘爲中心」, 『歷史研究』 2020年 第6期 ; 張春龍·張興國, 「湖南益陽兔子山遺址九號井出土簡牘槪述」, 『國學學刊』 2015년 第4기 ; 湖南省文物考古研究所·益陽市文物考古研究所, 「湖南益陽兔子山遺址七號井發掘簡報」, 『文物』 2021년 제6기 ; 湖南省文物考古研究所·中國人民大學歷史系, 「湖南益陽兔子山遺址七號井出土簡牘述略」, 『文物』 2021년 제6기 ; 荊州博物館, 「湖北荊州市胡家草場墓地M12發掘簡報」, 『文物』 2020년 제2기 ; 荊州博物館·武漢大學簡帛研究中心, 「荊州胡家草場西漢簡牘釋粹」, 北京 : 文物出版社, 2021 ; 陳偉, 「秦漢簡牘所見的律典體系」, 『中國社會科學』 2021년 제1기 ; 蔣魯敬·李志芳, 「荊州胡家草場西漢墓M12出土的簡牘」, 『出土文獻研究』 18, 2019 ; 李志芳·蔣魯敬, 「湖北荊州市胡家草場西漢墓M12出土簡牘槪述」, 『考古』 2020년 제2기 ; 李天虹, 「漢文帝刑期改革 -《漢書·刑法志》所載規定刑期文本與胡家草場漢律對讀」, 『江漢考古』 185期, 2023.

5) 李力의 조사에 의하면(李力, 『張家山247號墓漢簡法律文獻研究及其述評』, 東京外國語大學 アジア·アフリカ言語文化研究所, 2009), 1985년 1월부터 2008년 12월까지 中國에서 발표된 것이 총 1244편, 日本에서 조사된 것이 325편에 달하고 있는 것으로 되어 있다.

6) 尹在碩, 「睡虎地秦簡和張家山漢簡反映的秦漢時期後子制和家系繼承」, 『中國歷史文物』 2003-1.

중국과 일본에서 秦의 역사지리, 문서 형식, 지방관부의 성격, 법제와 행정 등에 관한 수다한 논문과 주석이 발표되어 중국고대사 연구에 활력을 불러일으켰다. 『里耶秦簡』에 의해 새롭게 勞役刑徒의 配置, 罰金刑의 집행, 上計의 처리 등 실제 법의 집행 과정을 생생하게 엿볼 수 있게 되었다. 무엇보다『睡虎地秦墓竹簡』이나『二年律令』이 글자그대로 律令文書이기 때문에 당시 사회의 실상을 파악하는 데 큰 한계가 있었는데, 이러한 율령 규정에 비하여『里耶秦簡』은 행정기관이 실제로 주고받은 행정집행 문서였기 때문에 율령문서와는 비교할 수 없을 정도로 훨씬 실제 시행된 문서와 같은 생동감을 느끼게 한다. 이 문서는 율령이 전하지 않고 있는 다양한 정보를 생생하게 전달해준다.[8] 국내에서도 이 자료를 이용하여 율령자료에 근거한 연구의 한계를 보완한 실증적인 논문이 발표되기도 하였다.[9]

한편 최근에는 秦漢時期의 戶籍 혹은 戶口簿와 같은 戶口 文書 資料가 빈번히 공개되고 있어서 크게 주목을 받고 있는데,[10] 이 가운데서도 특히

---

7) 湖南省文物考古研究所·湘西土家族苗族自治州文物處·龍山縣文物管理所,「湖南龍山 里耶戰國-秦代古城一號井發掘簡報」,『文物』 2003-1 ; 湖南省文物考古研究所·湘西土 家族苗族自治州文物處,「湘西里耶秦代簡牘選釋」,『中國歷史文物』 2003-1 ; 里耶秦簡 博物館 等 編,『里耶秦簡博物館藏秦簡』, 上海中西書局, 2016 ; 湖南省文物考古研究所 編,『里耶發掘報告』, 岳麓書社, 2007 ; 湖南省文物考古研究所編,『里耶秦簡(壹)』, 北 京 : 文物出版社, 2012 ; 湖南省文物考古研究所編,『里耶秦簡(貳)』, 北京 : 文物出版社, 2017.

8) 林炳德,「秦·漢時代의 士伍와 庶人」,『中國古中世史研究』 제20집, 2008, 347~351쪽도 『里耶秦簡』의 사례를 통하여 당시의 士伍의 실태를 살펴본 것이었다.

9) 吳峻錫,『秦漢代 문서행정체계 연구』, 경북대학교 대학원 사학과 박사학위논문, 2013 ; 李周炫,『中國 古代 帝國의 人力 資源 편제와 운용』, 서울대학교 대학원 동양사학과 박사학위논문, 2020.

10) 長沙市文物考古研究所·中國文物研究所,『長沙東牌樓東漢簡牘』, 北京 : 文物出版社, 2006 ; 天長市文物管理所·天長市博物館,「安徽天長西漢墓發掘簡報」,『文物』 2006-11 期 ; 湖南省文物考古研究所·懷化市文物處·沅陵縣博物館,「沅陵虎溪山一號漢墓發掘 簡報」,『文物』 2003-1期 ; 荊州博物館,「湖北荊州紀南松柏漢墓發掘簡報」,『文物』 2008-4 ; 손영종,「락랑군 남부지역(후의 대방군지역)의 위치-'락랑군 초원4년 현별 호구 다소□□' 통계자료를 중심으로」,『역사과학』 198, 2006 ;「료동지방 전한 군현들의 위치와 그 후의 변천(1)」,『역사과학』 199, 2006 ; 尹龍九,「새로 발견된 樂浪木簡-樂 浪郡 初元四年 縣別戶口簿」,『韓國古代史研究』 46, 2007 ; 金秉駿,「樂浪郡 初期의

주목을 받고 있는 것이 『里耶秦簡』의 戶籍簡이다. 이미 잘 알려져 있듯이 2007년도에 새롭게 공개된 『里耶秦簡』의 보고서에는 율령문서에서는 볼 수 없었던 중국 최고의 戶籍文書가 게재되어 있었다.[11]

주지하듯이 秦漢 이후의 황제지배체제에서는 어디까지 皇帝와 民이 직접적인 君臣關係로 맺어지는 것을 기본적인 이념으로 한다. 또 국가의 물질적인 제 수입은 民의 租賦에 의거한다. 따라서 民 개개인을 파악하는 것은 국가존립의 요건이었다. 그런데 그러한 把握은 戶籍을 통해서 행해진다. 租稅徵收의 기초자료가 되는 戶籍에 관해서는, 『史記』「秦始皇本紀」에 의하면, 秦獻公10년(기원전 375)에 秦國의 戶籍制度인 「戶籍相伍之法」이 처음 시행되었다고 한다.[12] 『史記』秦本紀가 기록하고 있는 것처럼 秦의 戶籍制度는 伍制와 동시에 시행되었다. 漢代에는 매년 8월에 民을 鄕에 출두시켜 호구조사를 행하였다고 하는데, 秦은 말할 것 없이 漢의 것조차 戶籍의 실물은 전해지지 않고 있어서 최근까지 戶口把握의 방법이나 戶籍의 記載事項을 알 수가 없었다. 다행히 이번에 『里耶發掘報告』에는 戶人이라 칭해지는 筆頭字로 시작하는 가족의 名籍이 존재하여 戶口把握을 고찰할 때에 최고의 실물자료라고 할 수 있는[13] 戶籍簡이 공개된 것이었다. 극히 소량의 출토이고 얻을 수 있는 정보는 극히 제한되어 있지만, 당시 家族에 관한 실태를 알 수 있고 또한 國家權力이 家族을 어떻게 파악하였는가를 살펴볼 수 있는 귀중한 자료임이 확실하기 때문에 그 중요성과 관심도를 반영하여 국내외에서 이미 적지 않은 論文과 發表文이 공식적으로 발표되었다.[14]

編戶過程과 '胡漢稍別'-「樂浪郡初元四年縣別戶口多少□□」木簡을 단서로」, 『木簡과 文字』 창간호, 2008 ; 「樂浪郡初期의 編戶過程-「樂浪郡初元四年 戶口統計木簡을端緒로 하여」, 『古代文化』 61-2, 2009 ; 尹龍九, 「平壤出土「樂浪郡初元四年縣別戶口簿」硏究」, 『木簡과 文字』 제3호, 2009.

11) 湖南省文物考古硏究所, 『里耶發掘報告』, 岳麓書社, 2007, 203~208쪽. 이하 『發掘報告』로 簡稱한다.
12) 『史記』 권6, 「秦始皇本紀」, 289쪽, "獻公立七年, 初行爲市. 十年, 爲戶籍相伍."
13) 鈴木直美, 「里耶秦簡にみる秦の戶口把握－同居·室人再考－」, 『東洋學報』 89-4, 2008, 407쪽.

『里耶秦簡』은 1호정 출토 3만7천여 매와 북측의 城壕에 수몰된 K11이라 불리는 坑에서 발굴된 51매로 크게 구분된다. 후자가 소위 里耶戶籍簡이다. 1호정 출토 紀年簡이 표시하는 연대는 秦王政 25년(기원전 222)부터~二世 2년(기원전 208)으로 거의 秦 6국통일 후의 것으로『睡虎地秦簡』의 연대와 병행한다.『里耶發掘簡報』에는 51매 가운데, 完形은 10점, 斷簡 18점 총 28점을 복원, 게재하고 있다.15) 그 수가 매우 한정되어 있고 더욱 작성 시기를 알 수 있는 유일한 단서는 里耶戶籍簡의 경우 '荊'에 불과하다. 예속신분인 臣을 제외하고 거의 모든 남자가 爵位를 가지고 있는데, 심지어

---

14) 이를 발표 연월일을 기준으로 차례대로 열거하면 다음과 같다. 鷲尾祐子,「出土文字 にみえる秦漢代戶籍制度－湖北省里耶古城出土秦名籍と江蘇省天長縣出土戶口簿·筭 賦－」,『東亞文史論叢』2007, 東亞歷史文化研究會, 2007(『中國古代の專制國家と民間 社會－家族·風俗·公私－』立命館東洋史學會叢書9, 2009年 10月); 邢義田,「龍山里耶 秦遷陵縣城遺址出土某鄉南陽里戶籍簡試探」, 武漢大學 簡帛網 簡帛文庫(武漢大學簡 帛研究中心), 2007년 11월 3일; 藤田勝久,「里耶秦簡の情報システム－秦代の郡縣制を めぐって－」,『愛媛大學法文學部論集』(人文科學編) 23, 2007; 藤田勝久,「里耶秦簡の 記錄官と實務－文字資料による地方官府の運營－」,『愛媛大學法文學部論集』(人文科學 編) 25, 2008·4; 劉欣寧,「里耶戶籍簡牘與「小上造」再探」武漢大學 簡帛網 簡帛文庫(武 漢大學簡帛研究中心), 2007년 11월 20일; 鈴木直美,「里耶秦簡にみる秦の戶口把握－ 同居·室人再考－」,『東洋學報』89-4, 2008; 張榮强,「湖南里耶所出"秦代遷陵縣南陽里 戶版"研究」,『北京師範大學學報』社科版, 2008. 4(『先秦·秦漢史』2008년 제6기); 李成 珪,「里耶秦簡 南陽戶人 戶籍과 秦의 遷徙政策」,『中國學報』57, 韓國中國學會, 2008; 黎明釗,「里耶秦簡：戶籍檔案的探討」,『中國史研究』2009년 제2기; 劉敏,「里耶戶籍簡 中的"毋室"和"隸大女子華"」(2009년 中國秦漢史學會國際學術大會發表文); 신성곤,「簡 牘자료로 본 중국 고대의 奴婢」,『한국고대사연구』, 2009. 6, 189~191쪽; 黎石生, 「里耶秦簡中的兩個小問題」,『里耶古城·秦簡與秦文化研究』, 北京：科學出版社, 2009 ; 張春龍,「里耶秦簡中戶籍和人口管理記錄」,『里耶古城·秦簡與秦文化研究』, 北京： 科學出版社, 2009; 林炳德,「里耶秦簡을 통해서 본 秦의 戶籍制度－商鞅變法·同居·室 人·戶에 대한 再論－」,『東洋史學研究』110, 2010; 鈴木直美,『中國古代家族史研究－ 秦律·漢律にみる家族形態と家族觀－』, 東京：刀水書房, 2012; 鷲尾祐子,「同居－世帶 構成員を指す法律用語－」, 宮宅潔編,『岳麓書院所藏簡《秦律令(壹)》譯注』, 京都：京都 大學, 2023.

15) 戶籍簡은 井戶의 자료가 아니고 古城北의 壕의 底部(K11)에서 출토했던 것이다. 정리된 것은 10매와 殘簡 14매이다. 완전한 것은 길이가 46cm(진대의 2척)으로 폭은 0.9~3cm라고 한다(『發掘報告』, 203쪽).『發掘報告』는 "整簡 10매, 殘簡 14매"라 하고 있지만, 이 숫자는 25簡에서 28簡의 無字簡을 제외하고 있다.

는 小로 분류된 미성년자까지 爵位를 가지고 있기 때문에 里耶의 戶籍簡에서 얻을 수 있는 정보는 매우 제한되어 있다. 그럼에도 불구하고 戶籍簡으로는 최고의 실물자료인 까닭에서인지 이를 통하여 이미 중국고대사 100년 논쟁인 되어버린 家族制度, 商鞅變法에 이르기까지 다양한 논의가 진행되고 있는 상태이다. 또 최근에는 『里耶戶籍簡』의 발굴·정리 작업에 직접 참여한 張春龍이 里耶의 戶籍과 人口管理에 대해 주목할 만한 다양한 새로운 자료를 제시하고 일목요연하게 정리하여 이 방면의 연구자에게 크게 도움을 주고 있다. 그가 정리한 자료는 縣庭의 호적에 대한 관리 사료, 鄕의 戶口管理와 縣의 戶曹에 올린 문서, 里의 호구관리문서로 里의 규모와 戶口의 數量의 변화를 기록한 문서, 人口의 數量 및 그 增減과 爵과 免老에 관해 기록한 문서, 單婚小家族을 단위로 한 人口登記 문서, 遷陵縣 범위내의 인구 遷徙 관리문서 등이다. 이 가운데 單婚小家族을 단위로 한 人口登記 문서에서는 女子가 戶主인 사례, 司寇가 戶主인 사례 등이 보이며 이는 『二年律令』의 규정과 일치하고 있어서 주목된다. 특히 그가 여기에서 소개한 문서 가운데는 里耶戶籍簡에서 상당한 논의가 되었던 '荊'에 관한 해석에 마침내 종지부를 찍을 만한 자료도 제시되었다. 무엇보다도 필자가 『里耶戶籍簡』에 관심을 가지게 된 것은 오랫동안 논쟁이 되고 있었던 '同居'와 '戶'·'室'을 새롭게 파악할 만한 내용이 포함되고 있다고 느꼈기 때문이다. 이를 계기로 商鞅의 分異令을 종전의 견해와 다른 새로운 관점에서 살펴볼 필요성을 느끼게 되었다. 필자 역시 이번에 里耶의 戶籍簡의 분석을 계기로 당시 「戶籍」의 성격, 秦의 家族制度의 형태, '戶'·'同居'·'室'의 개념, 商鞅의 分異令의 성격에 대한 재론을 시도하고, 法家思想과 秦의 國家運營의 原理를 덧붙이도록 하겠다.

II. 『里耶秦簡』 戶籍簡의 類型別 特徵

먼저, 『里耶發掘簡報』를 근거로 戶籍簡을 도표화하고,16) 도표에 따라 차례대로 戶籍登記의 형태에 따라 ① 夫妻中心의 戶籍登記, ② 父母와 同居의 戶籍登記 ③ 형제와 그 자녀의 戶籍登記의 3가지 유형별로 분류하여 분석을17) 시도하기로 하겠다. 먼저, 『里耶發掘簡報』를 근거로 戶籍簡을 도표화하면 다음과 같다.

『里耶秦簡』 南陽戶人 戶籍簡

번호	第1欄	第2欄	第3欄	第4欄	第5欄
1. K27	南陽戶人荊不更蠻强	妻曰嗛	子小上造□	子小女子駝	臣曰聚 伍長
2. K1/25/50	南陽戶人荊不更黃得	妻曰嗛	子小上造台 子小上造 子小上造定	子小女虖 子小女移 子小女平	伍長
3. K43	南陽戶人荊不	妻曰娛	子小上造視		

---

16) 본 도표는 『發掘報告』, 203~208쪽에 의한다. 이에 대해서는 張春龍, 「里耶秦簡中戶籍和人口管理記錄」, 『里耶古城·秦簡與秦文化硏究』, 北京 : 科學出版社, 2009를 참고. K35, K51, K12, K14, K32는 殘簡으로 판명불능이기 때문에 도표에서는 제외하였다.
17) 가족유형별 명칭과 관련하여 鈴木直美는 부부와 미성년 자녀로 이뤄진 가족→「單純家族」, 성년의 형제나 그 처자 등의 자녀로 이뤄진 가족→「擴大家族」(鈴木直美, 「里耶秦簡にみる秦の戶口把握-同居·室人再考-」, 『東洋學報』 89-4, 2008, 408쪽)으로 명명하고 있고, 黎明釗는 「簡單家庭」, 「擴大家庭」, 「聯合家庭」으로 분류한다. 「簡單家庭」은 2대 同居의 가정이 대다수로 1簡 K27, 2簡 K1/25/50, 4簡 K28/29, 5簡 K17, 6簡 K8/9/11/47, 9簡 K4, 21簡 K31/37의 사례가 있고, 부부 1대로 이뤄진 경우로 14簡 K5, 22簡 K33을 거론한다. 「擴大家庭」은 父母와 戶人兄弟 3대가 함께 거주하는 사례로 8簡 K30/45, 11簡 K13/48 「聯合家庭」은 형제와 그 자녀가 同居하는 경우로 3簡 K43, 10簡 K2/23의 사례가 있다고 한다(黎明釗, 앞의 글, 14~15쪽). 한편, 직계친속을 가장으로 하는 家인 「家父長型의 家」와 방계친의 同居共財家族인 「複合刑의 家」로 구분한다. 이러한 滋賀秀三의 설에 대하여는 堀敏一, 「中國古代의 家와 戶」, 『中國古代의 家와 集落』, 汲古書院, 1996(堀敏一, 「中國古代의 家와 戶」, 『明治大學人文科學硏究所紀要』 第27冊, 1988), 4쪽에 소개되어 있다. 필자는 특별한 용어를 사용하지 않고 里耶 戶籍簡의 유형에 따라 표에서는 ① 夫妻中心의 戶籍登記, ② 父母와 同居의 戶籍登記, ③ 형제와 그 자녀의 戶籍登記의 사례로 각각 구분하고, 일반적 용어로는 ①은 單婚核家族, ②와 ③은 同居家族으로 명명하도록 하겠다.

	更大□ 弟不更慶	慶妻規	子小上造□		
4. K28/29	南陽戶人荊不更黃□	妻曰負朌	子小上造口	子小女子女祠 母室	
5. K17	南陽戶人荊不更黃□ 子不更昌	妻曰不實	子小上造悍 子小上造	子小女規 子小女移	
6. K8/9/11/47	南陽戶人荊不更五亻□□	妻曰繪	…	…	…
7. K42/46	南陽戶人荊不更□□	妻曰義	…	母睢	伍長
8. K30/45	南陽戶人不更彭奄 弟不更說	母曰錯 妾曰□	子小上造狀		
9. K4	南陽戶人荊不更喜 子不更衍	妻大女子媞 隸大女子華	子小上造章 子小上造	子小女子趙 子小女子見	
10. K2/23	南陽戶人荊不更宋午 弟不更熊 弟不更衛	熊妻曰□□ 衛妻曰	子小上造傳 子小上造逐 □子小上造 熊子小上造□	衛子小女子□	臣曰
11. K13/48	南陽戶人荊不更□□	妻曰有	子小上造綽	母◇	
12. K36				…	伍長
13. K3			子小上造□ 子小上造失	…	
14. K5	□獻	妻曰縛 □妻曰□ (下)妻曰婺	…		
15. K38/39	南陽戶人荊不更□◇				
16. K15		□妻曰差			
17. K18	(南陽)戶人荊不(大夫)◇				
18. K6		妻曰□□	…		
19. K7	…更□	…	…	…	…
20. K26		…	…	子小女子□ □小女子□	
21. K31/37	(南)陽戶人荊不更李(蘿)	妻曰蘿	子小上造□ 子小上造	… …	…

| 22. K33 | | 南陽戶人荊不更口疾 | 疾妻曰㛥 | | | |

* 간독의 표기법으로, □는 판독할 수 없는 글자, ▨는 글자가 있는 것은 확실하나 몇 글자가 있는지 확실히 알 수 없는 글자, ◇는 기존 부호 가운데 ▨와 차이가 없는데 이 사람만이 ◇로 표시하였기에 원작자의 뜻을 존중하여 그대로 표기한 경우이다.

위의 里耶戶籍簡의 가족유형별 명칭과 관련하여 鈴木直美는 부부와 미성년 자녀로 이뤄진 가족 → '單純家族', 성년의 형제나 그 처자 등의 자녀로 이뤄진 가족 → '擴大家族'으로 명명하고 있고,[18] 黎明釗는 '簡單家庭', '擴大家庭', '聯合家庭'으로 분류한다. '簡單家庭'은 2대 同居의 가정이 대다수로 1簡 K27, 2簡 K1/25/50, 4簡 K28/29, 5簡 K17, 6簡 K8/9/11/47, 9簡 K4, 21簡 K31/37의 사례가 있고, 부부 1대로 이뤄진 경우로 14簡 K5, 22簡 K33을 거론한다. '擴大家庭'은 父母와 戶人兄弟 3대가 함께 거주하는 사례로 8簡 K30/45, 11簡 K13/48, '聯合家庭'은 형제와 그 자녀가 同居하는 경우로 3簡 K43, 10簡 K2/23의 사례가 있다고 한다.[19] 滋賀秀三은 직계친속을 가장으로 하는 家인 '家父長型의 家'와 방계친의 同居共財家族인 '複合刑의 家'로 구분한다.[20] 필자는 특별한 용어를 사용하지 않고 里耶 戶籍簡의 유형에 따라 표에서는 ① 夫妻中心의 戶籍登記, ② 母와 同居의 戶籍登記, ③ 형제와 그 자녀의 戶籍登記의 사례로 각각 구분하고, 일반적 용어로는 ①은 單婚核家族, ②와 ③은 同居家族으로 명명하도록 하겠다.

1. 夫妻中心의 戶籍登記

여기에는 위의 도표 중에 1簡 K27, 2簡 K1/25/50, 4簡 K28/29, 5簡 K17,

---

18) 鈴木直美, 앞의 글, 408쪽.
19) 黎明釗, 앞의 글, 14~15쪽.
20) 滋賀秀三의 설에 대하여는 堀敏一, 「中國古代の家と戶」, 『中國古代の家と集落』, 汲古書院, 1996(堀敏一, 「中國古代の家と戶」, 『明治大學人文科學研究所紀要』 第27冊, 1988), 4쪽 참조.

6簡 K8/9/11/47, 9簡 K4, 21簡 K31/37이 해당되며 2대가 함께 거주하는 가정이 대다수이다. 그러나 14簡 K5, 22簡 K33처럼 부부 1대만으로 이뤄진 가족구성도 존재한다. K8/9/11/47과 K5는 자녀가 없는 것으로 나타나 있으나 지운 흔적이 있는 점, 게다가 K5의 경우 처가 여럿으로 자녀가 있었을 가능성이 높았을 것이다. 따라서 2대가 함께 거주하는 가정이었을 가능성이 높다.

夫妻 中心의 戶籍登記(單婚核家族)

번호	第1欄	第2欄	第3欄	第4欄	第5欄
1. K27	南陽戶人荊不更蠻强	妻曰嗛	子小上造□	子小女子駝	臣曰聚 伍長
2. K1/25/50	南陽戶人荊不更黃得	妻曰嗛	子小上造台 子小上造 子小上造定	子小女㺄 子小女移 子小女平	伍長
3. K43	南陽戶人荊不更大□ 弟不更慶	妻曰娛 慶妻規	子小上造視 子小上造□		
4. K28/29	南陽戶人荊不更黃口	妻曰負갉	子小上造口	子小女子女 祠 母室	
5. K17	南陽戶人荊不更黃口 子不更昌	妻曰不實	子小上造捍 子小上造	子小女規 子小女移	
6. K8/9/11/47	南陽戶人荊不更五亻□□	妻曰繒	…	…	…
9. K4	南陽戶人荊不更喜 子不更衍	妻大女子媞 隸大女子華	子小上造章 子小上造	子小女子趙 子小女子見	
14. K5	□獻	妻曰縛 □妻曰□ (下)妻曰嫠	…		
21. K31/37	(南)陽戶人荊不更李(獾)	妻曰難	子小上造□ 子小上造□	…	…
22. K33	南陽戶人荊不更口疾	疾妻曰姽			

위의 도표 가운데, 우선, 第1欄~第5欄까지 모두 나타나는 1簡 K27의 경우를 대표적인 사례로 설명하기로 하겠다.

1簡 K27의 경우, 사진으로 보면, 2매의 목간이고 제2, 제3칸은 횡선을 긋고 있는데,[21] 큰 의미는 없는 것 같다. 노예(臣)인 聚는 第5欄으로 분류되어

있다. 이 戶는 부부와 미성년의 1남1녀, 그리고 남노예로 이뤄져 있다. 第1欄에 里名, 爵位, 戶人, 戶人의 姓名이 기록되고, 第2欄에 妻, 第3欄에 미성년의 아들, 第4欄에 미성년의 딸, 第5欄에 男奴隸와 別筆의 「伍長」으로 되어 있다. 이를 좀 더 자세히 살펴보면, 第1欄은 지명으로 보이는 南陽과 戶主인 「荊不更」 및 人名의 「蠻强」으로 이뤄져 있다. 『里耶發掘簡報』는 南陽을 南陽郡으로 해석하고 있지만, 이미 鷲尾祐子, 邢義田 등 거의 모든 연구자가 지적하고 있는 것처럼[22] 다른 '名縣爵里'의[23] 記載順으로 보아 里名으로 보는 것이 타당한 것 같다. 다음의 '戶人'과 관련해서는, 戶人의 명칭이 나오는 유일한 문헌사료인 『漢書』「食貨志」를 비롯하여 『江陵鳳凰山10號墓』, 『長沙走馬樓簡吳簡』에 나와 있는 것처럼 '戶主'를 가리킨다.[24]

'荊不更'의 '荊'은 楚이고, '不更'은 秦爵의 제4급이다. 『發掘簡報』는 '荊不更'이라는 하나의 楚의 爵名이라 하고, 第3欄의 '小上造'도 똑같이 楚爵으로 한다. 그러나 '小'는 第4欄의 여자에도 있으며 작명의 일부라고 할 수 없고 그것은 「大·小」 즉 성년·미성년의 구별이다.[25] 더욱 '荊不更'이나 小上造가 楚의 爵名이라는 증거가 없기 때문에 荊不更은 楚爵을 秦爵의 不更으로 바꾸어 표현한 것으로 보기도 한다.[26] 17簡 K18의 大夫를 제외하고 모든

---

21) 藤田勝久, 「里耶秦簡の情報システム-秦代の郡縣制をめぐって-」, 『愛媛大學法文學部論集』(人文科學編) 23, 2007, 56~57쪽.
22) 張榮强, 앞의 글, 39쪽 ; 鷲尾祐子, 앞의 글, 31쪽 ; 邢義田, 앞의 글 ; 鈴木直美, 앞의 글, 414쪽.
23) 『睡虎地秦簡』, 38쪽, "其它人是增積, 積者必先度故積, 當堤(題), 乃入焉. 後節(即)不備, 後入者獨負之 ; 而書入禾增積者之名事邑里于會籍"에서는 「名縣爵里」를 「名事邑里」로, 『睡虎地秦簡』, 247~248쪽, "敢告某縣主: 男子某有鞫, 辭曰 : "士五(伍), 居某里." 可定名事里, 所坐論云可(何), 可(何)罪赦, 或覆問毋(無)有, 遣識者以律封守, 當騰, 騰皆爲報, 敢告主"에서는 「名事里」로 부르고 있다.
24) 鷲尾祐子, 「漢初の戶について-《二年律令》を主な史料として-」, 冨谷至 編, 『江陵張家山漢簡二四七號墓出土漢律令の硏究』, 朋友書店, 2006, 141쪽(『中國古代の專制國家と民間社會-家族·風俗·公私-』, 立命館東洋史學會叢書9, 2009年 10月).
25) 鈴木直美, 앞의 글, 414쪽.
26) 위와 같음.

남성들이 不更, 上造로 나오고 있는 것과 관련하여 張榮强은 秦이 楚地를 점령한 후 民心을 按撫하고 그들의 지지를 받기 위해 降地의 民衆들에게 보편적으로 授爵하였을 가능성이 높았을 것으로 본다.27) 이에 대하여 荊은 단순히 '舊楚國' 또는 '舊楚國人'이 아니라 문화적 종족적 개념으로서의 '楚'로 이해하는 것이 타당하며 그 지역적 범위는 '故荊'으로 표현된 전국시대 만기 이미 秦에 합병된 호북성과 하남성의 남부도 포함한다는 견해도 제출되었다.28) 그러나 최근 張春龍이 里耶의 戶籍과 人口管理에 대해 주목할 만한 다양한 새로운 자료를 제시하고 있는데, 그 가운데는 荊不更이 楚人임이 틀림없음을 입증하는 자료가 제출되었다. 그가 제시한 ⑨1209簡은 "二人其一秦一人荊皆卒"이라 하여29) 호적등기시에 秦人과 原楚國居民에 대한 구분이 엄격하였음을 보여주고 있다.

里耶戶籍簡의 第2欄에는 「妻日嗛」으로 되어 있는데, 他姓에 속한다고 보이는 자에게는 「日」을 부치고 있는 것은 『睡虎地秦簡』 封診式과도 일치한다.30) 1簡 K27의 도표에서 특히 주목되는 것 중의 하나가 第5欄에 나와 있는 男奴隷인데, 戶籍登記시 奴婢가 포함여부에 대해서는 이제까지 많은 논의가 있었는데,31) 1簡 K27의 사례로 보아 포함된 것이 명확해진 것

---

27) 張榮强, 앞의 글, 41쪽. 그러나 그는 「不更」에 해당하는 작위의 특혜는 받지 못했을 것이라고 본다.
28) 李成珪, 앞의 글, 129~157쪽, 158쪽.
29) 張春龍, 앞의 글, 194쪽.
30) 『睡虎地秦簡』, 249쪽, "封守 鄉某爰書 : 以某縣丞某書, 封有鞫者某里士五(伍)甲家室·妻·子·臣妾·衣器·畜産. ●甲室·人 : 一宇二內, 各有戶, 內室皆瓦蓋, 木大具, 門桑十木. ●妻日某, 亡, 不會封. ●子大女子某, 未有夫. ●子小男子某, 高六尺五寸. ●臣某, 妾小女子某. ●牡犬一. ●幾訊典某某·甲伍公士某某 : "甲黨(倘)有【它】當封守而某等脫弗占書, 且有罪." 某等皆言曰 : "甲封具此, 毋(無)它當封者." 卽以甲封付某等, 與里人更守之, 侍(待)令."
31) 漢代의 奴婢가 戶籍에 등록되지 않고 단지 民戶의 家貲로 財産簿 上에만 있었다고 하는 학설(傅擧有, 「從奴婢不入戶籍談到漢代的人口數」, 『中國史研究』 1983년 제4기 ; 袁延勝, 「論東漢的戶籍問題」, 『中國史研究』 2005년 제1기)과 良人의 뒤에 등록되어 호적에 등록되어 있었다고 하는 학설(楊作龍, 「漢代奴婢問題商榷」, 『中國史研究』 1988년 제3기 ; 楊際平, 「秦漢戶籍管理制度研究」, 『中華文史論叢』 85, 2007년 제1집 ;

같다. 『發掘報告』에는 戶籍의 직접적인 목적이 徵兵과 徵稅에 있었던 것을 지적하고 있다. 이 戶籍簡에 別筆의 '伍長'이라고 명기된 것도 주목을 끌고 있다. 秦에서는 民을 什伍로 편성하는 제도가 있었다. 적어도 戰國時代 후기 이후의 秦 및 漢代에는 鄰保 組織으로서의 什은 존재하지 않았다고 하는 설이 유력한데,[32] 이 설 역시 里耶의 戶籍簡에서 확실히 입증된 것 같다. 伍人은 범행을 고발하는 것에 의해서 連坐의 적용을 문자 그대로 피할 수 있었다. 그러나 그 가운데 伍長으로 되는 것은 당연히 民 모두가 아닌 한정된 戶籍이다.[33]

2. 母와 同居하는 戶籍登記 事例

父母와 戶人 3대가 함께 거주하는 사례로 앞서 지적하였듯이 黎明釗는 擴大家庭으로 분류하고 있다. 여기에는 7簡 K42/46, 8簡 K30/45, 11簡 K13/48 의 사례가 있다.

母와 同居(확대가족)의 호적등기의 사례

번호	第1欄	第2欄	第3欄	第4欄	第5欄
7. K42/46	南陽戶人荊不更□□	妻曰義	…	母睢	伍長
8. K30/45	南陽戶人不更彭奄 弟不更說	母曰錯 妾曰□	子小上造狀		
11. K13/48	南陽戶人荊不更□□	妻曰有	子小上造綽	母◇	

鈴木直美,「前漢初期における奴婢と戶籍について」(池田雄一編,『奏讞書-中國古代の裁判記錄-』, 刀水書房, 2002)이 있다. 한편, 堀敏一은 노예는 재물임과 동시에 人으로서의 측면이 있으므로 諸名籍 혹은 호적에 등록되었을 개연성이 있다고 지적하였다 (堀敏一, 앞의 글, 60쪽). 『睡虎地秦簡』과 『奏讞書』의 두건의 案例, 湖北荊州高臺18戶 墓出土의 木牘, 『居延新簡』 甘露二年御史書, 『三國走馬樓吳簡』에 의해 사실상 입증이 된 것이었는데, 최종적으로 里耶戶籍簡에 의해 이 문제는 완전히 해결되었다고 보인다.

32) 水間大輔,「戰國秦漢期の伍連坐制による民衆支配」,『中國出土資料研究』, 中國出土資料學會, 2001, 23쪽.
33) 藤田勝久, 앞의 글, 2007, 57쪽.

父母와 同居하는 戶籍登記의 사례인 7簡 K42/46, 8簡 K30/45, 11簡 K13/48은 해석상 가장 어려운 점이 있다. 그것은 앞서 2대 同居의 夫妻中心의 戶籍登記의 사례로 거론한 4簡 K28/29의 第4欄에 나오는 '母室'과 관련해서이다.

4簡 K28/29의 사례

번호	第1欄	第2欄	第3欄	第4欄	第5欄
4. K28/29	南陽戶人荊不更黃□	妻曰負芻	子小上造□	子小女子女祠　母室	

언뜻 보더라도 4簡 K28/29의 第4欄에 나오는 '母室'과 7簡 K42/46의 第4欄에 나오는 '母睢'11簡 K13/48의 '母□'와는 모두 第4欄에 위치하고 있다는 점, 또 '毋'와 '母'와는 무언가 관련이 있어 보인다. 鈴木直美는 바로 이러한 점을 유의하고, 발굴보고서의 도판을 주의 깊게 살펴본 결과 7簡 K42/46의 第4欄에 나오는 '母睢'11簡 K13/48의 '母□'는 모두 '母室'일 가능성이 높다는 결론을 내렸다. 그에 의하면 도판상 '毋'는 분명히 母의 잘못이라는 것이다.[34] 필자도 鈴木直美의 지적에 따라 사진판을 유심히 보았지만, 里耶의 다른 간독에 비해 戶籍簡은 유난히 흐리게 나와서 실물 木簡을 적외선으로 보지 않는 한 판단하기 어렵다고 느꼈다. 『睡虎地秦簡』「魏戶律」과 『二年律令』「戶律」의 규정을 동시에 생각하면, 秦에서도 立戶와 田宅은 제도상 밀접한 관련을 갖는다고 할 수 있는데, 鈴木直美의 견해에 따라 '母室'이라고 인정한다면, 이와 관련해서는 다음의 『二年律令』의 「戶律」의 규정이 주목된다.

　　　田宅을 지급받지 못한 경우, 鄕部에서는 戶를 구성한 순서를 차례로 정리하여, 오래 기다린 자를 위에 둔다. 기다린 기간이 같은 경우 爵位로써 순서를 따진다. 縣官에 등록된 전택이 있으면, 해당 廷에 보고하고, 그때마다 순서대로 지급한다.[35]

---

34) 鈴木直美, 앞의 글, 420~421쪽.
35) 『二年律令與奏讞書』, 318簡, 219쪽, "未受田宅者, 鄕部以其爲戶先後次次編之, 久爲右. 久等, 以爵先後. 有籍縣官田宅, 上其廷, 令輒以次行之."

이 戶律에 의하면, 전택 지급이 지체하고 있는 경우에는 立戶의 시기나 작위의 상하에 의한 우선순위를 부여한 위에 전택을 지급하는 것으로 되어 있다. 鈴木直美는 이 立戶와 田宅受給의 지연, 특히 택지의 수급을 기다리는 것을 '毋室'이라고 표현한 것으로 이해한다.36)

'毋室'은 사진판상의 판독의 문제만이 아니라 釋字上·解釋上, 혹은 이와 연관되어 欄의 배열상의 위치에 대한 의문도 있다. 母와 毋는 혼동하기 쉽고, 경우에 따라서는 이로 인하여 난해한 논쟁이 벌어지기도 한다.37) 이렇게 모두 毋室로 해석할 경우 8簡 K30/45의 第2欄에 「母曰錯」이 위치하고 있는 것과의 모순을 피할 수 있는 장점이 있는 것 같기도 하다. 사실 7簡 K42/46, 11簡 K13/48이 모두 毋室일 가능성을 처음으로 제기한 것은 鷲尾祐子였다. 그러나 鷲尾祐子는 도판은 선명하지 않아 확인하기 어렵다고 하였는데,38) 鈴木直美는 도판을 통해서 확신하고 毋室을 이처럼 택지수급과 관련해서 해석하였다. 이 문제는 授田制度, 商鞅變法에서의 '分異'의 문제, 室의 개념 등과도 연관될 수도 있는데, 실제 鈴木直美의 논문에서는 다분히 그러한 방향으로 결론을 이끌고 있다. 그러나 7簡 K42/46, 11簡 K13/48의 毋睢와 毋□를 모두 毋室이라고 명백히 결론을 내리기도 그리 간단한 것 같지도 않고, 毋室이라는 단어만 가지고 이렇게 논의를 확장해도 되는지도 의문이 든다. 한편, 『里耶發掘簡報』에서는 毋室을 '無房宅'으로 해석하였는데,39) 보통 第一欄은 戶主欄, 第二欄은 配偶欄, 第三欄은 子男欄, 第四欄은 子女欄, 第五欄은 男奴隷와 別筆의 「伍長」 등으로 기록되어 있는데, 第四欄에

---

36) 鈴木直美, 앞의 글, 423쪽.
37) 『睡虎地秦簡』, 238쪽, "可(何)謂"室人"? 可(何)謂"同居"? "同居", 獨戶母之謂殹(也). ●"室人"者, 一室, 盡當坐罪人之謂殹(也)의 해석과 관련, 「獨戶母」를 「獨戶毋」로 해석하는 관점도 이와 관련이 있다.
38) 鷲尾祐子, 「出土文字にみえる秦漢代戶籍制度-湖北省里耶古城出土秦名籍と江蘇省天長縣出土戶口簿·筭賦-」『東亞文史論叢』 2007, 東亞歷史文化研究會, 2007, 30쪽(『中國古代の專制國家と民間社會-家族·風俗·公私-』, 立命館東洋史學會叢書9, 2009年 10月).
39) 『里耶發掘簡報』, 209쪽.

갑자기 사람이 아닌 母室=無房宅이 기입되어 있다고 해석하는 것은 조금은 이상하다고 하지 않을 수 없다. 이런 이유 때문에 2009년도 中國秦漢史學會國際學術大會에서 劉敏은 '母室'을 '母室'로 보고, 戶主의 모친의 이름을 '室'로 보았다.[40] 그의 견해에 의하면, 24戶 중에 단지 一家만이 房宅이 없다면, 戶籍簿 중에 특별한 注記로 밝히고 第四欄에 등기하지 않고 第一欄, 즉 戶人 所在의 欄에 등록하거나 第五欄에 등록해야 한다는 것이다. 결코 非丁壯女子의 第四欄에 등기해서는 안 된다는 것이다. 『里耶發掘簡報』에서 母室이 미성년 여아로 房宅이 없다고 하였는데, 미성년 여아로 房宅이 없는 것은 매우 정상적이기 때문에 그럴 가능성은 매우 적다는 것이다.[41] 확실히 母室을 母室로 보고, 戶主의 모친의 이름을 室로 보고 이를 나이가 많아 第二欄에 등록하지 않고 第四欄에 등록한 것으로 이해하면[42] 里耶 戶籍簡의 등록 형식에 비추어 합리적인 해석으로 판단된다. 그러나 그 경우에도 2簡 K1/25/50의 第2欄에는 "妻曰嗛"의 사례나 『睡虎地秦簡』 封診式의 사례에 비추어 他姓에 속한다고 보이는 자에게는 「曰」을 부치고 있는 것으로 보아 母室이 母室이고 室이 이름이라면 "母曰室"이라고 해야 타당할 것 같고,[43] 역으로 도판이 母室로 판명되었다는 견해도 있는 만큼 劉敏처럼 母室을 母室로 확정하기 위해서는 증거가 더 필요할 것 같다. 게다가 戶籍上 母의 위치를 8簡 K30/45에서는 第二欄에 위치하고 있는데, 대체로 미성년의 딸이 기록된 第四欄에 母의 위치를 설정하였다고 한다면 왠지 일관적이지

---

40) 劉敏, 「里耶戶籍簡中的"母室"和"隸大女子華"」, 2009년 中國秦漢史學會國際學術大會 發表文.
41) 위와 같음.
42) 鷲尾祐子는 K42/46 4단의 母는 免老로 분류되었을 가능성이 있다고 본다(鷲尾祐子, 앞의 글, 29쪽).
43) 他姓에 속한다고 보이는 자에게는 「曰」을 부치고 있는 것과 관련하여 里耶秦簡 K4에는 "妻大女子娷" "隸大女子華"의 예외가 나오지만 이 경우의 정확한 표기는 "妻大女子曰娷" "隸大女子曰華"로 보아야 한다. 즉 大女子라는 身長의 大小를 표기하면서 '曰'이 생략된 것으로 보아야 한다. "母室"의 경우 "母曰室"이라면, '曰'을 생략할 이유가 없다.

않다는 느낌이 든다.[44] 母室을 母室로 혹은 無房宅로 볼 것인지는 좀처럼 판단하기 어려운 점이 있고, 또 母室이라고 본다고 해도 이것이 미성년의 딸의 기록에 있다는 점에서 이 용어만으로 택지의 수급을 기다리는 것으로 판단하기에는 무리가 있어 보인다. 특히 토지 등의 자산이 기록되지 않고 있는데, 室에 관해서만, 특별히 등록했다는 것에 대해서는 의문이 남는다. 결국, 7簡 K42/46의 母雎와 11簡 K13/48의 母□을 母의 명칭으로 볼 것인지 母室로 볼 것인지 현 단계에서는 불분명하므로 이를 제외하고 보면, 결국 3代 同居가 戶籍上으로 확인되는 것으로는 8簡 K30/45밖에 없다. 만약 8簡 K30/45만이 母의 명칭이라면, 결국 里耶 戶籍簡의 第2欄은 모두 女性으로 戶人의 妻子·妾·弟妻·母를 포괄하며 모두 成年人이라는 공통점을 지닌다. 이 戶籍簡牘에는 父親의 登記가 보이지 않고 역으로 母親의 名은 보인다. 이것은 "夫死母親從子"를 의미하며[45] 7簡 K42/46, 11簡 K13/48, 8簡 K30/45 가운데, 分異되지 않은 사례로는 적어도 8簡 K30/45는 확실하다. 매우 소량이고 戶主가 모두 不更爵으로 구성되어 있는 등 이 里耶의 戶籍簡으로 秦代의 家族制度를 일반화하기 어려운 여러 가지 한계가 있지만, 어쨌든 이를 기준으로 설명하자면, 父母와의 同居가 존재하기 하지만, 8簡 K30/45의 경우에서 보듯이 호구인수가 많지 않고 5인에 불과하다. 11簡 K13/48의 사례를 3대 동거에 포함한다 해도 역시 가족 수가 4인에 불과하여 따라서 里耶 戶籍簡에 보이는 3代 同居 역시 소가족의 형태에서 벗어난 것은 아니다.

8簡 K30/45의 사례와 관련하여 주목되는 것이 『二年律令』의 다음 사례이다.

　　寡夫·寡婦로 자식 혹은 동거하는 자가 없거나, 혹은 자식이 있더라도 14세 미만일 때 및 고아로 18세 미만인 경우·夫妻가 모두 장애인인 경우·나이 70세 이상인 노인일 때는 그 子가 이들과 分異하지 못하게 한다.[46]

---

44) 물론 이 경우 모를 丁女와 免老로 구분해서 이해할 수 있기도 하다.
45) 黎明釗, 앞의 글, 8쪽.

이에 의하면 分異는 무조건 강제적으로 진행되는 것도 아니었고, 또 分異를 해서는 안 되는 예외 규정, 특히 子와 同居가 없는 寡夫와 寡婦, 자식은 있으나 14세 미만이거나 고아로 18세 미만인 경우도 子의 分異를 불허하고 있다는 것을 알 수 있다. 母와 同居하는 里耶 戶籍簡의 8簡 K30/45의 사례는 상기 『二年律令』의 戶律의 규정과도 관련이 있어 보인다. 따라서 단순히 '母'와 同居한다는 사실만으로는 商鞅의 分異令의 문제를 논하거나 夫妻中心의 가족제도를 비판하기에도 부적절한 것 같다. 이 문제는 이보다는 다음의 兄弟와 그 자녀의 戶籍登記의 사례에서 살펴보아야 할 것 같다.

3. 兄弟와 그 자녀의 戶籍登記

商鞅의 「分異」와 관련, 父母와 戶人兄弟 3대가 함께 거주하는 사례보다도 里耶의 戶籍簡에서 더욱 주목되는 것이 오히려 형제와 그 자녀의 戶籍登記의 사례인데, 특히 8簡 K30/45의 경우는 兄弟와 母가 동시에 同居한 사례라 할 수 있다.

兄弟와 그 자녀의 戶籍登記 사례

번호	第1欄	第2欄	第3欄	第4欄	第5欄
3. K43	南陽戶人荊不更大□ 弟不更慶	妻曰娛 慶妻規	子小上造視 子小上造□		
8. K30/45	南陽戶人不更彭奄 弟不更說	母曰錯 妾曰□	子小上造狀		
10. K2/23	南陽戶人荊不更宋午 弟不更熊 弟不更衛	熊妻曰□□ 衛妻曰□	子小上造傳 子小上造逐 □子小上造□ 熊子小上造□	衛子小女子□	臣曰

---

46) 『二年律令與奏讞書』, 342~343簡, 226쪽, "寡夫·寡婦母子及同居, 若有子, 子年未盈十四, 及寡子年未盈十八, 及夫妻皆(癃)病, 及老年七十以上, 毋異其子."

3簡 K43은 2개의 핵심가정이 함께 거주하며 分家하지 않았다. 弟慶은 혼인하였으나 자녀가 없고, 그 형인 大□는 이미 혼인하여 2명의 자녀가 있다. 3簡 K43을 보면, 戶人의 妻는 '妻'의 표기만 되어 있는 것에 대하여 弟의 妻는 弟의 이름이 붙는다. 요컨대, 戶人 이하의 구성원은 그 중에 더욱 夫婦單位로 식별 가능하도록 기록되어 있는 것이다. 핵심가정 2호가 함께 同居하는 것으로 나타나는 3簡 K43의 경우에는 가족 수가 겨우 6명에 불과하다. 10簡 K2/23의 가족의 인구가 노예까지 계산하면 모두 11인이다. 3호가 각각 單婚核家族으로 宋午의 부모는 보이지 않으므로 사망한 것으로 보인다. 黎明釗는 '分家'는 필연적으로 인력의 부족을 초래하는데, 兄弟가 힘을 합쳐 경작 시에 생산량이 增多하기 때문에 2배의 賦稅를 납부해도 '同居' 合作이 유리하였다고 해석한다.[47] 鈴木直美는 戶籍簡에 兄弟 혹은 父子의 강제적인 分異를 一律로 행하지 않은 것과 관련하여, 점령지마다 가족의 형태에 차이가 있어서 分異정책을 全土에 행하는 것이 적절치 않았던 것과 무관하지 않다고 한다.[48] 이에 대하여 李成珪는 商鞅의 分異令의 "不分異者, 倍其賦"의 '賦'를 "倍賦田"으로 이해한 종전의 자신의 견해가 타당했다는 것이 다시 입증된 사례라고 보았다.[49] 3簡 K43, 10簡 K2/23은 확실히 分異가 강제되지 않은 사실을 보여주는 것이라는 사실에 대해서는 里耶 戶籍簡과 관련된 현재까지의 모든 연구자의 공통된 견해이고, 나도 이 점에 대해서는 동의한다. 그러나 商鞅의 分異令의 진정한 의미는 里耶 戶籍簡의 兄弟 同居 사례인 3簡 K43, 8簡 K30/45, 10簡 K2/23에서는 찾기는 어렵다고 생각한다. 이 점은 후술하기로 하고 일단, 分異가 강제되지 않았다는 사실과 관련되어 제시된 앞서의 여러 견해는 현재까지는 내가 보기에 모두 추론에 지나지 않는다.

한편, 최근에는 鷲尾祐子가 太田幸男이 제창한 1戶1正丁說을 계승하면서

---

47) 黎明釗, 앞의 글, 19쪽.
48) 鈴木直美, 앞의 글, 432쪽.
49) 李成珪, 앞의 글. 127쪽.

새로운 해석을 시도하고 있는데, 위의 사례와 관련하여, 장정의 兄弟가 동일 戶에 존재하는 사례가 3개 존재하지만(3簡 K43, 8簡 K30, 10簡 K2/23/45), 모두 兄이 戶人이라는 점을 강조하고, 또한 예가 적기 때문에 일반화하기 곤란하다고 주장하면서 여전히 1戶1正丁說을 주장한다.[50] 그러나 3簡 K43, 8簡 K30, 10簡 K2/23/45에 戶內에 복수의 성인 남성이 있는 것이 확인되므로 8簡 K303簡 K43, 10簡 K2/23/45의 兄弟同居의 事例가 제시된 이상 太田幸男과 鷲尾祐子의 1戶1正丁說 역시 商鞅의 分異令에 대한 논의와 함께 후술하기로 하겠다.

이상으로 里耶의 戶籍簡의 대체적인 내용과 개관, 그리고 그에 대한 최근 연구의 대강을 살펴보았다. 이하 아직 구체적으로 논의하지 못한 것은 장과 절을 달리하여 관련된 주제 속에 논의를 계속하도록 하겠다.

III. 秦의 戶籍과 戶·同居·室의 개념

1. 戶籍·傅籍·年細籍

앞서 살펴본 것처럼 里耶의 戶籍簡에는 연령의 기재 없이 단순히 大·小로 구분되었다. 里耶의 戶籍簡은 예상 이상으로 매우 간단하게 기록되어 있다. 또한 한편으로는 戶籍의 기능과 중복되어 보이는 傅籍·年細籍이 존재하므로 먼저 이를 명확히 해야 할 것 같다. 이 문제는 秦의 戶·同居·室의 개념을 파악하기 위해서 선행해야 할 작업이라고 생각한다. 『二年律令』에는 다음과 같은 흥미로운 내용이 나온다.

죄인으로 完城旦·鬼薪 이상인 자, 그리고 간통하여 궁형에 처해진 자는

---

50) 鷲尾祐子, 앞의 글, 31쪽.

모두 그 처·자식·재물·전택을 몰수한다. 그 자식에게 아내나 남편이 있거나, 별도로 戶를 구성했거나, 爵을 가지고 있거나, 나이가 17세 이상이거나, 또는 다른 사람의 아내가 되었다가 버림을 받았거나 과부가 된 경우는 모두 몰수하지 않는다. 남편이 간통으로 처벌되거나, 다른 사람의 아내를 약탈하여 처로 삼았거나, 자신의 아내를 상해한 죄로 처벌받아 몰수되는 경우는 그 아내를 몰수하지는 않는다.[51]

상기 『二年律令』의 收律에서 收의 대상에서 제외되는 子에 대한 규정이 나오는데, 收가 면제되는 사례로 ① 夫·妻가 있다. ② 戶를 형성하고 있다. ③ 爵을 가지고 있다. ④ 17세 이상이라는 네 가지 사례가 열거되고 있다. 17세 이상을 몰수대상에서 제외한 것은 17세 이상은 결혼하지 않아도 자동적으로 별도의 戶를 구성한 것과 같은 것으로 간주하는 것일까? 물론 별도로 戶를 구성한 것은 아니지만, 分異에 따라 일단 室을 달리한 경우에는 결혼하지 않았어도 그에 준하는 처우와 의무를 부담한 것이 아닐까 하는 의문이 생긴다. 우선 이 규정과 관련하여 17세라는 것이 여러모로 대단히 중요한 기준이 되는 나이였다는 것이 확인된다.[52]

① 사와 복의 자식은 <u>17세가 되면 學室에서 배운다</u>. 사·복·축의 학동이 3년을 배우면 학이가 태사·태복·태축에게 데리고 가고, 군의 사학동은 그 군수에게로 가서 모두 8월 초하루를 기한으로 해서 시험을 본다.[53]
② 公士나 公士의 妻, 및 □□연령이 70세 이상, 혹은 <u>연령이 17세 미만인</u>

---

51) 『二年律令與奏讞書』, 174~175簡, 159쪽, "罪人完城旦·鬼薪以上, 及坐奸府(腐)者, 皆收其妻·子·財·田宅. 其子有妻·夫, 若爲戶·有爵, 及年十七以上, 若爲人妻而棄·寡者, 皆勿收. 坐奸·略妻及傷其妻以收, 毋收其妻."
52) 『二年律令與奏讞書』, 474簡, 296쪽, "史·卜子年十七歲學. 史·卜·祝學童學三歲, 學佴將詣大(太)史·大(太)卜·大(太)祝, 郡史學童詣其守, 皆會八月朔日試之."
53) 『二年律令與奏讞書』, 83簡, 124쪽, "公士·公士妻及□□行年七十以上, 若年不盈十七歲, 有罪當刑者, 皆完之."

자가 죄를 범해서 肉刑에 해당하면, 모두 完으로 한다.[54]

①에서는 史·卜·祝의 자식은 부친의 직무를 세업으로 계승하는데, 이를 위해 나이 17세로 취학연령이 되면 전문교육기관에서 3년간 배우고 그 학업의 성취를 중앙에서는 태상의 속관인 태사·태복·태축이, 지방에서는 군수가 시험을 통해 평가한다는 조문이다. 즉 漢初에는 17세가 취학연령의 기준이었다.[55] ②는 형벌 적용의 연령기준이 17~70세, 즉 형사 책임연령의 기준으로 17세가 제시되어 있다. 『睡虎地秦簡』에는 연령 대신에 身高를 그 기준으로 제시하고 있다.

① 隸臣과 城旦은 키 6척 5촌미만을, 隸妾과 舂은 키 6척 2촌미만을 '小'라 한다.[56]
② 小隸臣妾은 8월에 傳하여 大隸臣妾으로 하고, 10월에 식량지급을 늘린다.[57]

①과 ②처럼 『睡虎地秦簡』에는 隸臣妾이 身高에 따라 傳籍되는 규정이 나타나고 있다. 그 경우에 남자는 6척 5촌, 여자는 6척 2촌을 그 기준으로 하고 있다. 『周禮·鄕大夫』 賈公彦疏에 의하면 周~秦의 사이에는 6척이 15세로 되어 있으므로 身高 6척 5촌은 마땅히 17세 정도에 해당할 것이다.[58]

---

54) 『二年律令與奏讞書』, 83簡, 124쪽.
55) 『說文解字·敘』引「尉律」, "學童十七已上, 始試諷籒九千字, 乃得爲史, 又以八體試之, 郡移太史幷課, 最者以爲尙書史, 書或不正, 輒擧劾之."; 『漢書』 권30, 藝文志, 1720~1721쪽, "漢興, 蕭何草律, 亦著其法, 曰太史試學童, 能諷書九千字以上, 乃得爲史. 又以六體試之, 課最者以爲尙書御史史書令史. 吏民上書, 字或不正, 輒擧劾."
56) 『睡虎地秦簡』, 49쪽, "隸臣·城旦高不盈六尺五寸, 隸妾·舂高不盈六尺二寸, 皆爲小."
57) 『睡虎地秦簡』, 50쪽, "小隸臣妾以八月傳爲大隸臣妾, 以十月益食."
58) 曹旅寧, 「岳麓書院所藏秦簡叢考」 武漢大學 簡帛網 簡帛文庫(武漢大學簡帛研究中心), 2009년 4월 22일, 1~2쪽. 曹旅寧은 6척5촌을 17~18세에 해당하는 것으로 보고 있다.

앞서 나는 17세 이상의 남자는 결혼하지 않아도 자동적으로 별도의 「室」에 거주하며 요역과 병력을 부담하는 것이 아닐까 하는 문제를 제기하였는데, 이와 관련하여 내가 주목한 것은 다음과 같은 里耶의 戶籍簡이다.

里耶의 戶籍簡 가운데, 내가 보기에 가장 주목할 만한 것임에도 논자들의 별다른 주목을 받지 못한 것이 다음의 戶人과 長子가 第1欄의 戶籍에 병렬된 5簡 K17과 9簡 K4의 사례라고 생각한다.

戶人과 長子가 第1欄의 호적에 병렬된 사례

번호	第1欄	第2欄	第3欄	第4欄	第5欄
5. K17	南陽戶人荊不更黃□ 子不更昌	妻曰不實	子小上造悍 子小上造	子小女規 子小女移	
9. K4	南陽戶人荊不更 喜 子不更衍	妻大女子媞	子小上造章	子小女子趙	

도표에서 보듯이 5簡 K17과 9簡 K4는 戶人과 長子가 第1欄의 호적에 병렬되어 나타난다. 里耶의 戶籍簡에는 5簡 K17과 9簡 K4를 제외하고 第3欄에 기록된 子는 모두 小上造로 되어 있다. 第1欄의 戶籍에 병렬된 5簡 K17과 9簡 K4의 第1欄에 기록된 子不更昌과 子不更衍은 17세 이상의 大男이라고 이해하지 않을 수 없다. 子가 不更인 昌과 子가 不更인 衍은 爵이 父와 동일한 不更이다. 里耶의 戶籍簡 第1欄은 戶主 혹은 戶主와 동거하는 戶主의 형제가 위치하므로 적어도 戶主 혹은 家長 級이 이곳에 위치한다. 子不更昌과 子不更衍이 第1欄에 위치하고 있었다는 것은 이들이 戶主 혹은 家長 級에 해당하는 대상으로 파악된 것, 즉 거듭 강조하지만, 요역과 병역의 부담자라는 것을 확실히 하기 위해서 第1欄에 위치한 것으로 이해할 수밖에 없다.[59]

---

59) 里耶의 戶籍簡을 보기 전에 張金光은 호적에는 호구로 마땅히 役을 받고 있는 상황의 注記가 있어야 한다고 했는데(張金光, 『秦制研究』, 上海古籍出版社, 2004, 788쪽), 里耶의 戶籍簡에는 이런 注記가 없다. 이와 관련, 필자는 第1欄에 위치하는 것이 곧 요역의 대상이라는 것을 의미하였기 때문에 별도의 注記가 필요하지

앞서 살펴본 里耶의 戶籍簡의 최상단 첫머리의 戶人의 기록의 칸에는 「南陽戶人荊」에 이어서 작위와 성명이 기재되고, 다른 성원에 관해서는 호인과의 친족관계, 이름, 작위가 기록되고 대소의 구분이 기재되는데, 위의 戶籍簡 5簡 K17의 기록에서 보듯이 小는 반드시 기재되고 大는 기재되는 경우와 그렇지 않은 경우도 있다. 만약 子不更昌과 子不更衍이 나이 혹은 身高를 속여서 第3欄에 위치시킨다면, 요역과 병역의 부담이 그만큼 줄어든다. 실제 연령을 속이고 요역과 병역을 면제받는 사례가 발생하였다면, 대개가 5簡 K17과 9簡 K4와 같은 경우였을 것이다. 『睡虎地秦簡』이나 里耶의 戶籍簡은 모두 연령이 기록되어 있지 않고 단지 大小로만 표기되고 있다. 그런데, 『史記』秦始皇本紀에 의하면, 秦獻公 10년(기원전 375)에 실시된 것으로 나타나고 있고,[60] 그 후 "16년 9월, … 처음으로 남자에게 연령을 기록하게 했다"라고 하여[61] 秦王政 16년(기원전 231)에 처음으로 남자에게 年을 기재하는 것으로 되어 있다.[62] "男子書年", 남자에 한해서 연령을 등록하게 하였다는 것은 그것이 요역이나 병역 자원의 파악과 관계가 있는 것을 의미한다. 秦王政 16년 이후의 名籍 단계에는 이미 남성은 연령의 아래에 이어서 大小를 구분했다고 생각할 수 있다. 秦과 漢初에는 戶籍을 보완하는 혹은 그와 유사한 기능을 하는 다양한 簿籍이 있었다. 예를 들어,

敖童의 연령에 달한 자를 숨긴다거나 폐질인 자를 정확히 신고하지 않으면 里典·老는 贖耐. 백성이 아직 老의 연령에 도달하지 않았거나 老의 연령에 도달했는데 신청하지 않고 감히 속이려 하는 자는 '貲二甲'에 처한다. 里典·老가 고발하지 않으면 벌금으로 '貲一甲'을 내게 한다. 伍人은

않았다고 생각한다.
60) 『史記』「高帝紀」, 289쪽, "獻公立七年, 初行爲市. 十年, 爲戶籍相伍."
61) "十六年九月, … 初令男子書年"(『史記』「秦始皇本紀」, 232쪽.)
62) 16년 9월, 처음으로 남자에게 연령을 기록하게 한 기록과 일치하는 것이 『睡虎地秦簡』, 7쪽, "十六年, 七月丁巳, 公終. 自占年"이다.

고발하지 않으면 戶마다 一盾을 내게 하고 모두 '遷'에 처한다. 傅律.63)

라 하여 『睡虎地秦簡』에는 敖童과 免老에 대한 규정이 나오고, 최후에 '傅律'이라고 명기되어 있다. 위의 "匿敖童"과 관련하여 『睡虎地秦簡』「法律答問」에는 "敖童弗傅"가 나오는데,64) 이것은 里內의 성인남성을 '傅'에 싣지 않는 부정을 의미한다. 가령 '傅'는 '著'의 의미로 名籍에 부쳐서 국가에 요역을 공급하는 것으로 되어 있는데65) 이 傅의 규정과 호적 중의 대소, 연령의 구분은 자칫 戶籍의 기능과 혼동을 주는데, 『睡虎地秦簡』 중에 戰國 魏의 戶律이 남아 있고 漢律 중에 戶律이 있고 秦律 중에도 아마도 戶律이 있어서 戶籍은 그에 규정되어 있어야 한다. 그렇다면 戶籍은 소위 傅籍과는 다르다고 생각해야 한다.66) 실제 『二年律令』에는 『睡虎地秦簡』에 보이는 傅律의 규정이 상세하게 나타난다.67) 앞서 戶人과 長子가 第1欄의 호적에 병렬된 5簡 K17의 사례에서 長子는 傅籍에 별도로 '傅'되었기 때문에 大小의 구분을 戶籍簡에 기록하지 않은 것이 아닐까? 즉 第1欄에 위치하는 것만으로 '傅'의 대상인 것이 확인되므로 별도로 '大'를 追記하지 않아도 되었을 것이다. 이렇게 본다면, 里耶의 戶籍簡 第1欄의 人名은 傅籍의 기록과 일치한다고 이해된다. 그러면 傅籍의 기능과 戶籍簡 第1欄의 기능은 사실상 중복되는 것인데, 왜 傅籍을 별도로 만든 것일까? 물론 그만큼 국가의 徭役과 軍役 부담자의 파악이 중요해서이기 때문이겠지만, 나는 무엇보다도 秦代와 漢初에 걸쳐서 大小와 年齡의 파악이 생각처럼 그렇게 간단한 일이 아니었던

---

63) 『睡虎地秦簡』, 143쪽, "匿敖童, 及占癃(癃)不審, 典·老贖耐. ●百姓不當老, 至老時不用請, 敢爲酢(詐)僞者, 貲二甲 ; 典·老弗告, 貲各一甲 ; 伍人, 戶一盾, 皆遷(遷)之. ●傅律."
64) 『睡虎地秦簡』, 222쪽, "可(何)謂'匿戶'及'敖童弗傅'? 匿戶弗繇(徭)·使, 弗令出戶賦之謂殹(也)."
65) 『漢書』 권1상, 「高帝紀」, 37~38쪽, "如淳曰 : '…漢儀注云民年二十三爲正, 一歲爲衛士, 一歲爲材官騎士, 習射御騎馳戰陳. 又曰年五十六衰老, ….' 師古曰 : '傅, 著也. 言著名籍, 給公家徭役也.' 孟康曰 : '古者二十而傅, 三年耕有一年儲, 故二十三而後役之.'"
66) 堀敏一, 앞의 글, 54쪽.
67) 拙稿, 「秦漢時代의 士伍와 庶人」, 『中國古中世史研究』 20, 中國古中世史學會, 2008.

것과 관련이 있다고 생각한다. 里耶의 戶籍簡의 실물은 앞서 살펴보았듯이 매우 간단하게 기록되어 있다. 예를 들면, 연령, 수전여부, 재산액 등에 관한 기록이 전혀 보이지 않는다. 그러면 이것이 과연 戶籍의 전부라고 평가할 수 있을까?『二年律令』의 다음은 규정을 살펴보자.

> 백성의 宅園戶籍·年細籍·田比地籍·田合籍·田租籍은 신중히 부본을 만들어 현정에 올리되 모두 대나무상자(篋) 혹은 함(匣匱)에 넣고 새끼줄로 묶어서 닫은 후, 令이나 丞·官嗇夫가 印을 찍어 봉인하고 따로 별개로 文書府를 만들어 府의 문을 封印한다.[68]

여기에는 '宅園戶籍'·'年細籍'·'田比地籍'·'田合籍'·'田租籍' 등이 나타난다. 이에 대해서는 京都大學 '三國時代出土文字資料の硏究'班[69]의 주석을 비롯한 수많은 해설이 있는데, 대체로 '宅園戶籍'은 田宅園池, '年細籍'은 연령을 기록한 것으로 生卒등기와 관련이 있는 籍, '田比地籍'은 소유하고 있는 田地에 인접한 田地를 차례대로 기록한 장부, '田合籍'은 整理小組의 견해대로 '田命籍'으로 보아야 할 것 같고, '名有田地'한 田籍으로 보이며, 마지막 '田租籍'은 田租의 額을 기록한 符籍으로 각각 이해된다. 이것들은 秦代와 漢初에는 각각 별도로 정리·보관되었지만, 實際上으로 戶籍과 서로 관련이 있는 여러 종류의 서로 다른 내용과 명칭의 簿籍으로 이것들도 모두 廣義의 戶籍의 一部分으로 보아야 할 것이다.[70] 그러나 어쨌든 당시로서는 이

---

68) 『二年律令與奏讞書』, 331~332簡, 223쪽, "民宅園戶籍·年細籍·田比地籍·田合籍·田租籍, 謹副上縣廷, 皆以篋若匣匱盛, 緘閉, 以令若丞·官嗇夫印封, 獨別爲府, 封府戶."
69) '三國時代出土文字資料の硏究'班,「江陵張家山漢墓出土『二年律令』譯注稿」その(三)」,『東方學報』78, 京都大學人文科學硏究所, 2006, 114~115쪽.
70) 邢義田, 앞의 글, 7쪽. 張金光도 秦은 土地國有制 및 國家授田制를 실시하였다는데, 마땅히 호적에는 수전액이 기록되어 있어야 한다고 보고, 「宅園戶籍」=「宅田戶籍」으로 여기에 거의 모든 것을 상세하게 기록하였을 것으로 본다. 邢義田과 마찬가지로 張金光도 호적으로 이해하고 있다(張金光, 「戶籍制度」, 『秦制硏究』, 上海古籍出版社, 2004, 786쪽).

모든 것을 종합해서 후대에 보이는 戶籍처럼 재산사항과 나이를 분명히 기록하지 못했을 것이다.

이 가운데 특히 傅籍의 傅와 관계있는 것이 '年細籍'이라 할 수 있는데, 年細籍은 秦王政 16년(기원전 231)에 처음으로 남자만을 대상으로 年을 기재한 시기부터 생겼다고 보아야 할 것이다. "初令男子書年"과 관련하여 주목할 만한 자료가 『嶽麓秦簡』인데, 曹旅寧과 陳偉는 『嶽麓秦簡』 0552號에서 "爽初書年十三, 盡卅六年年卅三歲"가 기록되어 있다고 소개하고 있다.[71] 曹旅寧은 爽이 13세에 "初書年"되었다는 것은 곧, 『史記』 「秦始皇本紀」 秦始皇 16년의 "初令男子書年"의 簡文이 바로 이에 해당한다고 지적하였다. 爽이 13세에 이미 나이를 기록했다는 것은 당시 "初令男子書年"의 命令이 남성의 미성년도 포괄되어 있다는 것을 알 수 있다.[72] 그러면 이 같은 조치가 과연 전국적으로 철저하게 집행되었을까? 여기에서 주의해야 할 사실은 秦王政 16년(기원전 231) 이전은 成人의 나이를 身高를 기준으로 했는데, 身高를 기준으로 한 시기는 말할 것도 없고, "初令男子書年"의 조치에도 불구하고, 그 이후 상당기간, 예컨대, 『睡虎地秦簡』에는 여전히 身高가 그 기준으로 나타나고 있는 것이다. 앞서 살펴본 바와 같이 『睡虎地秦簡』에는 隸臣妾이 身高에 따라 傅籍되는데, 男高 "6尺5寸", 女高 "6尺2寸"을 기준으로 하고 있다.[73] 당시 왜 身高가 傅籍의 표준이 되었는가? 그것은 출생연령의 등기의 불완전, 통일되지 않은 曆法, 또한 연령통계의 차이를 낳은 하나의 원인이 되었을 것이다.[74] 가령 지금처럼 戶籍이 잘 정비된 시대조차 연령은 개인에 따라 실제 나이와 차이가 난다. 지금도 내 고등학교 동창 가운데는

---

71) 陳偉, 위의 글, 86쪽 ; 曹旅寧, 앞의 글, 1쪽.
72) 바로 이 점에서 徭役과 軍役의 부담자만을 기록한 「傅籍」과 「年細籍」은 차이가 있었다고 보인다.
73) 身高는 6척5촌을 기준으로 한 大小의 구분만이 아니라 未成年人의 法律責任과 관련이 있는데, 이 경우에는 6척 5촌과 함께 여성에 해당하는 6척 2촌이 또 하나의 기준이 된다.
74) 曹旅寧, 앞의 글, 2쪽.

나를 포함하여 그런 일이 비일비재하다. 하물며 秦王政 16년(기원전 231) 이전에 연령을 기록하지 않고 身高를 기준으로 하다가 그 이후 "初令男子書年"을 하였을 때, 상당기간 혼란이 있었을 것이고, 특히 계속해서 영역을 확대해서 새로 편입한 주민의 연령을 산정하는 것은 더욱 어려웠을 것이다.[75] 따라서 그 경우 본인의 신고 나이와 함께 여전히 身高를 그 기준으로 할 수밖에 없었을 것이다. 예컨대, 『里耶秦簡』J1(16)9正에 의하면, 劾等 17戶가 都鄕으로 遷徙했는데, 年籍이 없어서 劾等의 나이를 알 수 없다고 하고 있다.[76] 秦王政 16년 이후에도 秦國이 아닌 타국의 경우에는 年籍이 없이 여전히 大小를 그 기준으로 하고 있었을 것이고, 劾等은 出生과 遷徙 시의 나이의 기록이 없다는 것은 그들이 새로이 秦地區에 편입한 民이라 볼 수 있다. 아마도 『里耶秦簡』의 戶籍簡의 경우도 나이와 신장이 동시에 고려되는 과도기로, 나이보다는 여전히 신장으로 대소를 구분하였을 가능성이 높았다고 생각한다. 예를 들면, "初令男子書年" 이후 상당 기간이 흐른 후의 『二年律令』 규정에는,

  무릇 백성들은 모두 스스로 나이를 신고해야 한다. 나이가 어려서 스스로 신고할 수 없고 대신 신고해 줄 부모나 同産이 없다면, 吏가 그 나이를 결정한다. 스스로 신고를 하건 자식이나 同産을 대신해서 신고하건 실제 나이와 3살 이상 차이가 나면 모두 耐刑에 처한다. 아이를 낳은 자는 항상 戶時에 그 아이를 신고하라.[77]

---

75) 嶽麓書院秦簡0552號에 의해 秦始皇 16년 이전에는 男子는 모두 아직 연령을 기재하지 않았고, 傅籍은 키를 기준으로 하고 연령을 기준으로 하지 않았다(曹旅寧, 앞의 글, 2쪽). 『睡虎地秦簡』에는 隸臣妾이 身高에 따라 傅籍되는데, 이곳은 형벌노예에 관한 규정이지만, 아마도 양민의 경우도 처음에 남·여를 각각 6척5촌, 6척2촌을 기준으로 성년으로 했던 것이 아닐까? 그것을 고쳐서 연령을 등록하도록 한 것이 진시황 16년이었던 것으로 보인다(堀敏一, 앞의 글, 54쪽).

76) 『里耶秦簡』J1(16)9正面, "廿六年五月辛巳朔庚子啓陵鄕應敢言之 : 都鄕守嘉言渚裏□ … 劾等十七戶徙都鄕, 皆不移年籍. 令曰移言. ●今問之, 劾等徙□書告都鄕曰, 啓陵鄕未有牒, 毋以智(知)劾等初産至今年數□□□□. 謁令都鄕具問劾等年數. 敢言之."

라 하여 호적에 나이를 신고하는 구체적인 방식이 나와 있는데, 실제 나이와 3살 이상 차이가 날 경우 '耐'에 처한다는 규정이 나온다. 즉 백성들이 스스로 나이를 신고해야 하고, 정확히 신고해야 하지만, 현실적으로 태어난 시기에 정확한 신고가 이뤄지지 않고 있음을 반영한 처벌 규정이라고 생각한다. 실제 나이가 3살 이상 차이가 나는 것에 대한 판단도 아마도 치아의 상태라든가 혹은 신장의 대소가 그 기준이었을 것이다. 어쨌든 年齡傅籍의 規定이 생긴 이후, 실제 집행에 이르기까지는 상당 기간 제도가 완전히 정착하기까지는 이런저런 어려움이 있었다고 볼 수 있다. 『里耶秦簡』 J1(16)9正의 정보가 말해주는 것처럼 年齡傅籍의 規定이 생긴 이후 특히 새로 편입한 지역의 연령 확정은 그후에도 상당기간 혼란이 있었을 것이고 또 秦國 내에서도 비교적 정확하게 출생 나이를 기록하기 시작한 秦王政 16년(기원전 231) 이후 태어난 경우가 아닌, 당시 成人이었던 사람들은 여전히 身高를 그 기준으로 해서 자기에게 유리하게 나이를 신고하였을 가능성이 높다. 키는 작지만, 17세를 넘긴 경우도 있었을 것이고, 이런 경우에 본인의 나이가 小에 해당한다고 주장하면, 과연 어떻게 되었을까? 역으로 나이를 늘려서 신고하면 免老가 빨라지므로 그만큼 軍役과 徭役의 의무기간이 짧아지게 된다. 당시 주민의 人數, 年齡, 건강상태의 신고를 책임지는 것은 里典·里老였다. 秦과 漢初에는 戶籍과 유사한 簿籍이 매우 많았던 만큼 이들 里典·里老의 역할은 매우 중요하였다.[78] 그런데, 처음부터 출생신고가 아직 이루어지지 않고 身高로만 파악하다가 어느 날 갑자기 "初令男子書年"이라는 명령이 하달되었는데, 과연 里典·里老가 자기 자식도 아닌 里 전체 주민의 연령을 정확히 파악하는 것이 가능했을까? 나는 이런 여러 가지 이유로 "初令男子書年" 이후에도 상당기간 身의 大小라는

---

77) 『二年律令與奏讞書』, 326~327簡, 222쪽, "諸(?)民皆自占年. 小未能自占, 而毋(無)父母·同産爲占者, 吏以□比定其年. 自占·占子·同産年, 不以實三歲以上, 皆耐. 産子者恒以戶時占其□."

78) 橋本健史, 「統一秦における鄕の機能 － 國家と在地社會の接點 －」, 太田幸男·多田狷介, 『中國前近代史論集』, 汲古書院, 2007, 134쪽.

身高가 여전히 「傅」의 기준이 되었을 것이라고 생각한다. 그리고 상당기간이 흐른 후 연령의 파악이 비교적 정확히 이뤄진 후 비로소 '傅籍'이나 '年細籍'은 戶籍에 통합되는 과정을 거쳤을 것으로 판단한다. 里耶의 戶籍簡에 보이는 간단명료함은 實際上으로 戶籍과 서로 관련이 있는 여러 종류의 서로 다른 내용과 명칭의 「簿籍」이 존재했던 것과 무관하지 않을 것이다.

"初令男子書年"에 따라 모든 남자의 나이를 기록한 '年細籍', 군역과 요역의 대상인 성인 남자를 별도로 파악한 '傅籍', 그리고 '傅籍'에 기초해서 구분한 成人 男性을 第1欄, 未成年 男性을 第3欄에 파악한 里耶의 戶籍簡은 당시의 국가의 요역과 군역의 대상인 성인남성의 파악이 얼마나 중요했고 고심했는가를 보여준다 하겠다.[79] 徭役·兵役에 있어서 여성은 前漢 초기『漢書』「惠帝紀」의 사례를 예외로 하고, 여성은 원칙적으로 요역에 징발되지 않았던 것 같다.[80] 戍邊刑이 男性에 한정되어 있었다는 사실도[81] 이를 뒷받침하며 成人의 男性이 '傅籍'이나 '年細籍', '戶籍'의 第1欄에의 기록을 통하여 중층적으로 거듭 확인되고 있는 것도 요역과 병역의 주요대상이 성인남성이었다는

---

79) 陳偉, 앞의 글, 86쪽에서도 당시 初書年의 대상이 남성이었음을 지적하고 있다.
80) 秦漢시기에 여성의 요역 징발을 계속해서 주장했던 山田勝芳은 江蘇省天長縣出土戶口簿·筭賦에 대한 분석을 통하여 약 반 정도가 事算 대상자로 事算 중에 여자를 제외하면 인구 언밸런스 상태에 직면하기 때문에 여기에 보이는 事筭의 事라 함은 양성 15세 이상 56세 이하를 대상으로 하는 算賦라고 해석해야 하고 따라서 여성이 요역에 동원된 것이 입증이 되었다고 한다(山田勝芳, 「前漢武帝代の地域社會と女性徭役－安徽省天長市安樂鎮九十號漢墓木牘から考える－」,『集刊東洋學』97, 2007, 3쪽). 그러나 鷲尾祐子는 山田勝芳과 똑같은 시기에 江蘇省天長縣出土戶口簿·筭賦에 대한 견해를 발표하였는데, 여기에서 그는 이 목독의 事라 함은 徭役·兵役과 算賦 가운데 算賦일 가능성이 높다고 보고 여기에서 나오는 '復'이 算賦의 면제를 의미하는 것이고 徭役·兵役의 의무를 면제하는 것이 아니라고 보았다. 역시 山田勝芳의 견해와 마찬가지로 총인구에서 점하는 事가 가능한 인구가 그 기준인데, 정남의 남성만으로 인구의 반수를 점할 수가 없다(鷲尾祐子, 앞의 글, 36~37쪽)고 보는 관점인데, 이를 통하여 남성만이 徭役·兵役의 대상이었고 여성은 그 대상이 아니었음이 확인이 되었다고 본다. 똑같은 관점이지만, 해석은 정반대로 제시되었다. 나는 이 부분에 있어서 鷲尾祐子의 견해를 지지한다.
81) 宮宅潔, 「秦漢刑罰體系形成史への一試論－腐刑と戍邊刑－」,『東洋史學研究』60-3, 2007, 26쪽.

사실을 뒷받침한다고 생각한다.

2. '戶'·'同居'·'室'

앞서 살펴본 里耶의 戶籍簡은 여러모로 매우 특수한 사례이긴 하지만, 기존의 秦의 가족제도에 관한 연구의 결과와 비교하면 주목할 만한 내용을 다량 포함하고 있음이 확인된다. 먼저 ① 夫妻中心의 戶籍登記의 사례는 2대 '同居'의 가정으로 1簡 K27, 2簡 K1/25/50, 4簡 K28/29, 5簡 K17, 6簡 K8/9/11/47, 9簡 K4, 21簡 K31/37이 있고, 14簡 K5, 22簡 K33처럼 부부 1대만으로 이뤄진 가족구성도 존재한다. ② 父母와 同居하는 거주하는 사례로는 7簡 K42/46, 8簡 K30/45, 11簡 K13/48의 3개의 사례가 있는데, 이 가운데, 7簡 K42/46과 11簡 K13/48의 경우는 '母'가 '母'일 가능성도 있으므로 단정할 수 없다. 따라서 현재 확실하다고 인정되는 것은 8簡 K30/45의 사례이다. 8簡 K30/45는 母+戶人兄弟+兄弟의 子女가 모두 나오는 3代 同居의 사례인데, 형식적으로는 3대 同居의 형식을 취하고는 있다고 하지만, 母와 同居하는 사례 모두가 가족 수가 매우 적은 편으로 되어 있고, 『二年律令』「戶律」에 子와 同居가 없는 寡夫와 寡婦, 자식은 있으나 14세 미만이거나 寡夫와 寡婦의 자가 18세 미만인 경우도 子의 分異를 불허하고 있어서 母와 同居하는 戶籍登記의 사례는 『二年律令』의 戶律의 규정과도 관련이 있어 보인다. 따라서 일반적으로 생각하는 대가족제도로서의 3代 同居와는 거리가 있어 보이고, 혹은 商鞅의 分異令에 대한 예외규정이라고 하면 몰라도 단순히 母와 동거한다는 사실만으로 商鞅의 分異令을 달리 해석하는 것은 적절하지 않다고 보인다. ③ 兄弟와 그 자녀의 戶籍登記의 사례로 3簡 K43과 10簡 K2/23의 2개 사례가 확인되며 母와 同居하는 8簡 K30/45의 사례도 이에 포함시킬 수 있다. 8簡 K30/45를 포함하여 兄弟와 그 자녀의 戶籍登記의 사례가 확인된 3簡 K43과 10簡 K2/23은 언뜻 기존의 정설로 되어 있는 商鞅의 分異令을 달리 해석하지 않을 수 없게 한다.

이상의 내용을 다시 정리하면, 다음과 같은 결론을 내릴 수 있을 것 같다. 첫째, 전체적으로 보아 1대~2대로 이뤄진 單婚核家族이 대부분을 차지한다. 둘째, 3代 同居의 사례도 존재한다. 셋째, 형제와 그 자녀로 이뤄진 同居도 존재한다. 넷째, 秦의 分異는 강제가 아니라 선택 사항이었을 가능성이 있다. 그러나 1대~2대로 이뤄진 단혼소가족이 대부분이기 때문에 秦이 同居를 장려하거나 보호했다고 해석하기는 어렵다. 즉 同居는 존재하지만, 同居가 장려된 것은 결코 아니다.

그런데, 里耶의 戶籍簡에서 취득한 상기의 결론이 『睡虎地秦墓竹簡』이나 『二年律令』이라는 秦律과 漢初의 律令의 규정과 대체로 일치한다는 점이 특히 주목된다. 따라서 『睡虎地秦墓竹簡』이나 『二年律令』의 관련 조문의 해석을 둘러싸고는 '自說'에 서로 유리하게 해석하는 경향이 있으므로(예를 들면, 同居가 존재한다는 사실을 어떻게 평가할 것인가 하는 점 등) 里耶의 戶籍簡이 전해주는 정보와 함께 관련 조문을 다시 정리하고 재해석할 필요성이 있다. 里耶의 戶籍簡이 전해주는 정보, 즉 單婚核家族이 주류이고, 3代 同居와 兄弟 同居도 존재한다는 결론과 관련해서 기존의 연구를 살펴보면,[82] 대체로 이러한 사실과 부합하고 있음이 확인된다.

秦의 家族制度와 관련해서 일반적으로 언급되는 것이 1대~2대로 이뤄진 單婚核家族의 출현이다. 春秋戰國期는 宗法制에 기초한 봉건질서가 허물어지고 열국간의 정치·군사적 분열에 수반한 각 영역간의 무력 대립이 나타나는가 하면, 각 국가마다 사회 전반의 구조적 변동에 걸맞은 지배질서의

---

82) 가족사에 대한 연구사와 논점은, 山田勝芳, 「中國古代の「家」と均分相續」, 『東北アジア研究』 제2호, 1998 ; 鷲尾祐子, 「日本における中國家族硏究の基本槪念について-同居共財·家父長制-」, 『東亞文史論叢』 2006년 특집호, 2006(『中國古代の專制國家と民間社會-家族·風俗·公私-』立命館東洋史學會叢書9, 2009年 10月) ; 尹在碩, 「中國 古代家族史 硏究의 現況과 展望」, 『中國史硏究』 第13輯, 2001 ; 尹在碩, 「중국고대가족사 연구의 전망과 출토자료에 반영된 秦의 가족유형」(임병덕·정철웅 편저, 『동양사1』, 책세상출판사, 2007) 등에 잘 정리되어 있다. 본고에서는 재론하지 않는다.

수립에 부심하는 시기이다. 이 과정에서 특히 春秋中後期 이래 農民들의 가족은 생산력의 향상에 힘입어 4~5口의 소형 규모로도 1家의 독자적 생존을 유지할 수 있는 최소한의 經濟的 力量은 갖추게 되고, 따라서 종래 촌락공동체의 씨족적 규제로부터 탈피하게 된다. 대규모 노동력의 결집을 전제로 유지되던 씨족 대신 소규모 가족이 생산과 소비를 자율적으로 해결할 수 있게 되었다는 것이다.

신석기시대, 商周時代부터의 중국고대사 전반에 이르는 가족의 형태를 천착한 堀敏一은 신석기시대·商周시대 이래[83] 부부를 중심으로 한 '自然的家族'이 고래 일관해서 존재하였음을 강조한다. 그러나 소가족의 형태가 신석기시대·상주시대부터 있었다고 해도 그것은 생산과 소비, 혹은 생활의 단위가 그들 '家'에 있었다는 것을 의미하지 않는다. 春秋中後期 이후 4~5口의 소형 규모로도 1家의 독자적 생존을 유지할 수 있는 최소한의 經濟的 力量은 갖추게 되는데, 이러한 사례는 『孟子』 盡心篇에 100무의 토지와 5무의 택지, 8인의 농가를 언급하고 있고 萬章篇에서는 100무의 전토에서의 수확으로 5~9인을 부양할 수 있다는 언급이라든가, 『漢書』 食貨志에 농부 1家 '5人의 家', 그 가운데 노동할 수 있는 자가 2인밖에 없고 그들이 경작할 수 있는 것은 100무에 지나지 않는다고 하는 규정[84] 등을 통해 확인할

---

83) "서안반파유적에는 주거지의 입구가 모두 집락의 중앙에 있는 광장의 방향을 향하여 있고, 임동현 강채유적에는 점재하는 대형 가옥의 각각의 주위에 많은 소형가족이 부속하였으며 집락의 통제와 공동성이 있었던 것을 추측케 한다"(堀敏一, 「中國古代の家と戶」, 『中國古代の家と集落』(汲古書院, 1996) ; 堀敏一, 「中國古代の家と戶」, 『明治大學人文科學研究所紀要』 第27冊(東京 : 汲古書院), 1988, 4쪽). 가족제도와 관련한 기존의 연구 가운데, 소가족제론을 강조하면서도 『睡虎地秦墓竹簡』에 보이는 「同居」의 사실을 객관적으로 살펴본 堀敏一의 연구가 비교적 정확한 내용을 담고 있다고 생각한다. 이것은 나만의 감상이 아니다. 角谷常子(角谷常子, 「秦漢時代における家族のについて」(冨谷至 編, 『江陵張家山漢簡二四七號墓出土漢律令の硏究』(京都 : 朋友書店, 2006), 186쪽)도 나와 마찬가지로 堀敏一의 견해에 동의하였다.
84) 『呂氏春秋』의 魏의 襄王에 대한 신하 史起의 대답에서도 魏국에서 100무씩 토지를 지급하는 제도가 행해졌다는 기록이 나온다(許維遹撰·梁運華整理, 『呂氏春秋集釋』 (北京 : 中華書局), 2009, 416쪽, "魏氏之行田也以百畝, 鄴獨二百畝, 是田惡也"). 무엇보다 결정적인 것은 1경마다 芻와 槀를 징수함에, 그 受田의 數를 기준으로 하고

수 있다는 것이다. 실제 漢代 1家의 인원수는 5인 전후에 불과하다는 것이 단지 호구 통계자료에서 밝혀지고 있다.[85] 堀敏一은 商鞅의 토지제도는 기본적으로 토지의 공동이용에서 개개의 농민의 소경영에로의 변화였다고 지적한다.[86]

한편, 秦의 가족제도와 관련된 小家族論을 중심으로 한 기존의 논의의 문제점으로 尹在碩은 다음과 같이 크게 세 가지로 요약하고 있다. ① 가족 연구에 있어서 가장 기본적 전제라 할 수 있는 연구 시각의 측면에서, 종래 주류를 이루는 소가족론의 관점은 가족의 규모나 구조는 사회구조 특히 정치와 경제적 발전에 의하여 피동적으로 변화한다는 논리에 서 있다. ② 종래의 연구는 商鞅의 가족령 자체에 대한 분석에 치중하기보다는 가족령과 賦稅制·縣制·土地制 개혁령 등 여타의 변법령과의 관련성을 지나치게 강조하고 있다. ③ 秦律 등의 가족 관련 조문을 통하여 여타의 가족형태의 존재 가능성에 대해 주의해야 하고 編戶齊民의 존재형태에 대한 다양한 접근이 필요하다.[87] 요컨대, 尹在碩은 秦의 가족제도와 관련된 小家族論을 인정하면서도 3代 '同居'와 兄弟 '同居'의 사실을 강조하는 것으로 대체로 里耶의 戶籍簡이 전해주는 정보와 대입해도 어긋나지 않는 일단 무난한 해석이었다고 판단된다. 이와 관련 李根蟠도 商鞅變法 후 秦의 가정은

    간전이냐 아니냐와 관계없이 1경마다 芻三石·槀二石을 납부하게 한다는『睡虎地秦簡』「田律」의 규정이다.『睡虎地秦簡』, 27~28쪽, "入頃芻槀, 以其受田之數, 無墾(墾)不狠(墾), 頃入芻三石·槀二石."

85) 江蘇省天長縣出土戶口簿·筭賦에 의하면, 총호구 9,169호, 인구는 총 40,970명으로 호당 평균 인구는 약 4.47명인 것이 확인되고 있다(天長市文物管理所·天長市博物館,「安徽天長西漢墓發掘簡報」,『文物』2006-11). 이에 대하여 樂浪郡의 경우에는 6.4명 정도인 것으로 나타나고 있다(尹龍九,「平壤出土『樂浪郡初元四年縣別戶口簿』研究」,『木簡과 文字』제3호, 2009, 274~275쪽). 이것은 漢族과 異民族의 가족형태의 차이 혹은 商鞅의 分異令이 실제적으로 기능하였음을 보여주는 증거라 생각한다.

86) 堀敏一, 앞의 글, 30~34쪽.

87) 尹在碩,「中國 古代家族史 硏究의 現況과 展望」,『中國史硏究』第13輯, 2001. 본고는 尹在碩,「중국고대가족사 연구의 전망과 출토자료에 반영된 秦의 가족유형」(임병덕·정철웅 편저,『동양사1』, 서울 : 책세상출판사, 2007, 249~251쪽)에 의한다.

가장의 기혼자식을 포함하여 3代同堂도 존재하였고 兄弟가 「同居」하는 "聯合家庭"도 존재하였다고 지적한다.[88] 그는 특히 지주, 부호 중에는 형제 동거의 연합가정이 비교적 많았다고 지적한다.[89] 대체로 이 분야를 전공하는 논자들의 최근 연구는 李根蟠의 견해처럼 夫妻中心의 單婚核家族이 주류를 이루고 3代同堂도 존재하고, 兄弟가 '同居'하는 '聯合家庭'이 존재한다는 것으로 요약할 수 있을 것 같다.

요컨대, 가족제도와 관련한 기존의 연구는 3代 同居와 兄弟 同居의 사실을 부정하느냐, 긍정하느냐, 아니면 3代 同居와 兄弟 同居의 사실을 어느 정도 인정할 것인가? 요컨대, 3代 同居와 兄弟 同居의 사실을 크게 강조하느냐의 차이가 존재하는데, 여기에 그치는 것이 아니라 商鞅의 分異令과 賦稅制·縣制·土地制 개혁령에 대한 해석까지 겹쳐서 다양한 견해가 제출되고 있다. 뿐만 아니라 앞으로 자세히 논하겠지만, 필자는 同居 내부의 室을 사실상의 '戶'로 보기 때문에 3代 '同居' 혹은 형제 동거의 연합가정의 성격을 기존 견해와 전혀 다르게 이해한다.

여기서 가장 중요한 것은 兄弟가 同居하는 '聯合家庭'이 존재한다는 것이 과연 商鞅의 分異令에 대한 모순으로 해석할 것인가? 아니면 이 때문에 商鞅의 分異令을 달리 해석해야 할 것인가 하는 점이다. 앞서 里耶의 戶籍簡 가운데, 형제와 그 자녀의 戶籍登記의 사례를 살펴보았다. 里耶의 戶籍簡 가운데 가장 주목이 되고 또 秦의 戶·同居·室의 개념과 商鞅의 分異令을 논하는데, 가장 중요한 것이 2개 이상의 핵심가정이 同居하고 있는 3簡 K43과 8簡 K30/45 및 10簡 K2/23의 사례이다.[90] 3簡 K43과 8簡 K30/45 및 10簡 K2/23은 모두 弟가 不更爵을 가지고 있고 또한 妻를 가지고 있는데,

---

88) 李根蟠, 「從秦漢家庭論及家庭結構的動態變化」, 『中國史硏究』 2006년 제1기, 5~7쪽.
89) 李根蟠, 위의 글, 15쪽.
90) 10簡 K2/23은 戶人 宋午의 妻가 들어가야 할 第2欄의 자리가 공백이지만, 『發掘簡報』에 의하면 깎아낸 흔적이 있다고 보고하고 있다. 宋午의 부모는 보이지 않으므로 사망한 것으로 보이고 처도 사망이라든가 하는 뭔가의 이유로 공백으로 된 것으로 추정된다.

戶人의 妻는 「妻」의 표기만인 것에 대하여 弟의 妻는 弟의 이름이 붙는다. 요컨대, 戶人 이하의 구성원은 그중에 더욱 부부단위로 식별 가능하도록 기록되어 있다. 더욱 第3欄, 第4欄의 자녀인데, 親의 名이 기록되지 않은 戶人의 자식이고, 弟의 子에게는 각각 弟의 명이 앞에 붙어있다. 요컨대, 戶의 내부에 있어서 夫를 중심으로 한 단순가족이 명료하게 구분되도록 배려되어 있다.[91] 이것은 2개 혹은 3개의 單婚核家族이 하나의 戶籍, 戶人 아래 기재되어 있고, 각각의 핵심가정이 명백하게 확인이 가능하도록 작성이 되었다는 것을 의미한다. 『二年律令』에는 이러한 戶의 구성에 대한 기본원칙이 자세히 열거되고 있다.

 人妻인 자는 戶를 형성할 수 없다. 민이 나누어 호를 형성하고 싶은 자가 있으면, 모두 8월의 戶時에 행한다. 戶時가 아니면 허락하지 않는다.[92]

위의 『二年律令』의 戶律에 의해 다음과 같은 두 가지 사실을 확인할 수 있다. ① 夫婦는 戶를 나눌 수가 없고 반드시 같은 戶에 속하는 것으로 되어 있다. 妻는 戶人이 되지 못하고 자기 명의의 재산을 가질 수 없기 때문에 법적으로 婚家로부터 계승한 財는 夫의 財에 흡수된다. ② 1년에 한차례 分戶가 허용된다. 里耶의 戶籍簡 3簡 K43은 2개의 핵심가정이 함께 거주하며 分家하지 않았다. 10簡 K2/23은 3호가 각각 單婚核家族이다. 弟는 모두 결혼하였고, 弟의 처는 물론 자녀의 이름도 명기되어 있다. 즉 이들은 分異하여 독립적인 戶를 형성할 자격을 갖추었다.[93] 또한 『二年律令』에는,

---

91) 鈴木直美, 앞의 글, 418쪽.
92) 『二年律令與奏讞書』, 345簡, 227쪽, "爲人妻者不得爲戶. 民欲別爲戶者, 皆以八月戶時, 非戶時勿許."
93) 金秉駿, 「樂浪郡 初期의 編戶過程과 '胡漢稍別'-「樂浪郡初元四年縣別戶口多少□□」 木簡을 단서로」, 『木簡과文字』 창간호, 2008, 145~150쪽에는 호적 작성과정에 대한 『二年律令』의 사료 내용을 잘 정리하고 있으므로 이로 미룬다.

子가 歸戶를 원한다면, 허가한다.94)

라 하여 子가 父母와 재차 籍을 합하는 것을 허용하고 있다. 재차 籍을 합하는 것이 인정되는 내용이 나오는 것으로 보아 同居가 허용되었음이 분명하다. 그러한 사실은 『二年律令』「戶律」의 다음 규정에서 보다 명확히 확인할 수 있다.

關內侯는 95경, … 공사는 1경반, 공졸·사오·서인은 각 1경, 사구·은관은 각각 50무이다. 뜻하지 않게 사망한 경우, 그 後에게 먼저 田을 擇하게 한 후, 그 나머지는 다른 사람에게 지급한다. 적장자 이외의 아들이 戶를 형성하려고 하는 경우, 그 '□田'을 만들어서 지급한다. 이전에 이미 戶를 형성하였으나 田宅이 없는 경우, 또는 田宅지급 규정보다 적게 가지고 있는 경우에는, 규정넓이를 채우는 것을 허락한다. 宅地가 붙어있지 않은 경우 허락하지 않는다.95)

위의 조문은 同籍의 兄弟가 임의로 分家하는 상황을 전제로 하고 있다.96) 요컨대, 秦과 漢初에 있어서는 父子, 兄弟의 경우 同籍, 異籍은 임의이고 특별히 규제되지 않는다. 그렇다면 同居가 허용된 이상, 分戶와 歸戶, 즉 同籍과 異籍이 모두 허용되고 있는 이상 同居하고 있는 핵심가정은 각각

---

94) 『二年律令與奏讞書』, 345簡, 227쪽, "子謁歸戶, 許之."
95) 『二年律令與奏讞書』, 310~313簡, 216쪽, "關內侯九十五頃, … 公士一頃半頃, 公卒·士五 (伍)·庶人各一頃, 司寇·隱官各五十畝. 不幸死者, 令其後先擇田, 乃行其餘. 它子男欲爲戶, 以爲其□田予之. 其已前爲戶而勿田宅, 田宅不盈, 得以盈. 宅不比, 不得."
96) 부친이 사망한 이후 만약 支子가 분가하여 戶를 형성하고자 하는 경우, 부친이 남긴 토지에 대해 우선 계승하는 아들이 擇田하고 남은 것은 支子에게 지급한다. 부친이 생존해 있을 때, 가속이 분가하여 戶를 형성하였는데, 만약 분가하여 호를 형성한 자가 전택이 없거나 혹은 가지고 있는 전택이 국가의 전택지급규정액보다 적은 경우, 부친 사망 후에 그 부족한 전택을 채운다(尹在碩, 「睡虎地秦簡和張家山漢簡反映的秦漢時期後子制和家系繼承」, 『中國歷史文物』, 2003. 1期).

독립된 戶와 다를 바가 없다고 보는 것이 자연스럽다.

다시 원점으로 돌아가서 3戶의 單婚核家族이 同居한 10簡 K2/23, 2개의 單婚核家族이 同居한 것으로 나타나는 8簡 K30/45, 3簡 K43의 里耶의 戶籍簡은 『睡虎地秦簡』이나 『二年律令』의 사례를 보아도 모순이 없다. 따라서 이 사례를 점령지의 有爵者 戶에 대한 특수한 것으로 치부할 수도 없다.[97] 同居하면서 하나의 戶籍에 등기되어 있는 사항과 관련 과연 戶·同居·室의 개념을 어떻게 해석해야 모순이 없을까?

秦의 戶·同居·室의 개념과 관련하여 『睡虎地秦墓竹簡』의 다음 규정이 주목을 받아 왔다.

① "盜及者(諸)它罪, 同居所當坐." 可(何)爲"同居"? •戶爲"同居", 坐隸, 隸不坐戶謂殹(也)('盜' 및 기타의 諸罪에는 '同居'가 연좌된다. 무엇을 '同居'라 하는가? 戶가 '同居'이다. 노예에 연좌하지만, 노예는 戶(戶 전체)에 연좌하지 않는다.)[98]

② 可(何)謂"室人"? 可(何)謂"同居"? "同居", 獨戶母之謂殹(也). •"室人"者, 一室, 盡當坐罪人之謂殹(也)(무엇을 '室人'이라 하고, 무엇을 '同居'라 하는가? '同居'라 함은 '獨戶母'를 이른다. '室人'이라 함은 '一室'이 완전히 連坐하는 사람들의 의미이다.)[99]

전자에 의하면 戶와 同居는 같고, 후자에 의하면, 同居와 室人과는 다소 차이가 있는 것 같다.[100] 후자의 獨戶母의 해석은 어려운데, 佐竹靖彦은

---

97) 鷲尾祐子는 장정의 형제가 동일 호에 존재하는 사례가 3개 존재하지만(K43·K30/45·K2/23), 모두 兄이 戶人이다. 그러나 예가 적기 때문에 일반화하기 곤란하다고 한다(鷲尾祐子, 「出土文字にみえる秦漢代戶籍制度 – 湖北省里耶古城出土秦名籍と江蘇省天長縣出土戶口簿·筭賦 –」, 『東亞文史論叢』, 2007, 東亞歷史文化硏究會, 2007, 32쪽)(『中國古代の專制國家と民間社會 – 家族·風俗·公私 –』, 立命館東洋史學會叢書 9, 2009年 10月).

98) 『睡虎地秦簡』, 160쪽.

99) 『睡虎地秦簡』, 238쪽.

母를 毋로 해석한다. 또 冨谷至는 母는 簿에 통하는 것으로 본다. 각각의 견해는 다르지만, 어쨌든 이렇게 해석하면 '獨戶母'는 '戶貫'·'戶簿'를 하나로 한다는 의미이고, 전자의 "戶가 同居이다"와 일치한다.[100] 이것은 盜罪를 비롯한 범죄 일반에 대해 범죄자의 '同居'에 무언가의 連坐가 생긴다는 원칙을 전반에 서술하고 후반에는 戶 내부가 '同居'로 성립한 경우의 隸의 連坐에 대하여 언급하고 있다.[102]

 同居는 물론 함께 거주하는 사람들이라는 의미에서 나온 말이지만, 『睡虎地秦墓竹簡』은 그것을 家로 포착하고, 그것을 戶籍으로 파악한다. 중국에서 家라 하면 흔히 "同居共財"를 의미하는데, 그 同居라는 관념이 여기에서 나타나 있는 것이다.[103] 위의 『睡虎地秦簡』「法律答問」은 同居와 室人을 묻는 것인데, 그 답으로 "室人이라 함은 1室, 모두 罪人으로 連坐하는 것을 이른다."라고 하고 있다. 그러면 일단 全員이 연좌하는 '室'이라 함은 무엇을 말하는 것일까?

---

100) "戶를 同居로 한다"는 것을 戶는 '同居'에 의해서 구성된다라고 하는 해석(佐竹靖彦, 「秦國の家族と商鞅の分異令」, 『史林』 63-1, 1980 ; 堀敏一, 「中國古代の家と戶」, 『中國古代の家と集落』(東京 : 汲古書院, 1996)과 동거하는 성원에 의해서 戶를 구성한다고 보는 견해(冨谷至, 「秦の連坐制-睡虎地秦簡にみえる連坐の諸規定-」, 『秦漢刑罰制度の研究』, 同朋社, 1998), 整理小組로 양분된다.
101) 佐竹靖彦(佐竹靖彦, 「秦國の家族と商鞅の分異令」, 『史林』 63-1, 1980)은 母를 毋·貫으로 읽었다. 따라서 그는 해당부분을 "同居라 함은 단독의 戶貫"으로 읽고 戶는 호적상의 하나의 단위로 해석하였다. 이에 대하여 冨谷至는 母는 戊, 毋(貫)은 關에 통하고, 어느 경우든 "戶母(毋)를 獨으로 한다"라고 읽고 門鍵을 하나로 하는 거주가옥으로 이해하였다(冨谷至, 「秦の連坐制-睡虎地秦簡にみえる連坐の諸規定-」, 『秦漢刑罰制度の研究』, 同朋社, 1998). 이제까지 秦漢시기 連坐의 범위와 관련하여 연좌가 미치는 범위가 '室'로 보았던 佐竹靖彦의 견해와 '同一戶籍'으로 보고 있는 冨谷至의 견해에 대하여 角谷常子는 '族刑'에 있어서는 호적 등의 범위의 설정 등은 되어 있지 않다고 한다. 즉 連坐의 대상은 父母·妻子·同産이라는 '關係'가 현실적으로 큰 영향력을 가지고 있다고 하였다. 즉 연좌와 관련하여 이제까지 자명하게 여겼던 '범위'가 아니라 '關係'로 포착하고 있다(角谷常子, 「秦漢時代における家族のについて」, 冨谷至 編, 『江陵張家山漢簡二四七號墓出土漢律令の硏究』, 京都 : 朋友書店, 2006).
102) 鈴木直美, 앞의 글, 429쪽.
103) 堀敏一, 앞의 글, 56쪽.

室과 관련해서는 『睡虎地秦墓竹簡』의 다음 사례도 주목을 받고 있다.

一室에 二人 이상이 居貲·贖債를 위해 복역하여 그 '室'을 돌볼 자가 없을 경우는, 一人을 돌려보내 그들을 윤번제로 복역하게 한다. 居貲·贖債者가 타인을 빌어 그와 함께 복역하고자 할 경우 이를 허락하는데, 그 사람의 요역 의무를 면해 주지는 않는다.[104]

一室에 二人 이상이 居貲·贖債를 위해 복역하는 경우, 秦 정부에서는 이러한 가족을 유지 보호하기 위하여 一室, 즉 單婚核家族의 경우 2명 이상의 성인 노동력의 차출을 금지하는 조항을 법제화하였음을 보여준다.[105] 이것은 一室, 즉 單婚核家族의 경우 보통 2명 정도의 성인노동력에 의해 유지되었음을 의미한다.

甲의 '室'과 '室人'. 一宇와 二內로 각각 입구가 있고, 건물은 모두 瓦로 덮여 있고, 목재도 완비한다. 문전에는 桑나무 10그루. 妻는 某라 하고, 도망해서 압류되어 立會할 수 없고, 子의 大女子 某는 아직 夫가 없다. 子인 小男子 某는 키가 6尺5寸이다. 남노예인 某, 여노예인 小女子 某. 牡犬이 一匹[106]

위의 『睡虎地秦簡』 封診式에는 室의 구조와 관련하여 "一宇二內", 즉 큰 방 하나와 작은 방 2개로 구성된 가옥이 나온다.[107] 그러면 거기에 누가

---

[104] 『睡虎地秦簡』, 84~85쪽, "一室二人以上居貲贖責(債)而莫見其室者, 出其一人, 令相爲兼居之. 居貲贖責(債)者, 或欲籍(藉)人與幷居之, 許之, 毋除繇(徭)戍."
[105] 尹在碩, 앞의 글, 253쪽.
[106] 『睡虎地秦簡』, 249쪽, "•甲室·人 : 一宇二內, 各有戶, 內室皆瓦蓋, 木大具, 門桑十木. •妻曰某, 亡, 不會封. •子大女子某, 未有夫. •子小男子某, 高六尺五寸. •臣某, 妾小女子某. •牡犬一."
[107] 『奏讞書』 안건 21에도 「堂」 뒤에 「內」가 있는 가옥이 무대이다. "… 女子甲夫公士丁疾死, 喪棺在堂上, 未葬, 與丁母素夜喪, 環棺而哭. 甲與男子丙偕之棺後內中和奸."(『二年

거주하고 있었는가? 封守 甲의 경우는 처와 미혼의 대여자와 소남자의 가족 4인이 거주하였다. 덧붙여 처자 이하에 臣妾이 있다. 즉 室은 戶主夫婦와 미혼의 자가 거주하는 장소였다고 생각된다.[108] 商周 이래의 室의 역사적 의미와 용어를 검토한 위에 상기의 『睡虎地秦簡』에 있어서 同居와 室의 의미를 파악한 堀敏一은 『睡虎地秦簡』「法律答問」에서 노예를 포함하는 재물이 父, 혹은 父母와 子(성인) 사이에 각각 다르게 소유되었음을 주목하고, 同居는 이 같은 父子를 모두 포함하는 경우가 있었고, 그 경우 同居가족 전원은 노예의 주인에 준하는 것으로 간주되지만, 진짜 주인은 同居가족 내부의 父(또는 父母) 혹은 子였다고 지적하였고, 이 같은 관계에 있기 때문에 同居와 노예와는 완전히 連坐하는 관계는 아니었다고 한다. 同居가 이 같은 것이라 하면, 그것과 성격을 달리하는 室과 室人은 同居 내부의 진짜 소유 주체인 父(또는 父母) 혹은 子의 각각을 가리키는 것으로 이해된다. 요약하면, 室은 1夫婦와 아직 성인이 아닌 子로 이뤄진 單婚核家族이고 명문화하지 않았지만, 노예도 소유주체인 室에 속하였다는 것이다.[109] 이렇게 보면, 秦代에는 同居家族으로 이뤄진 家族이 戶를 갖고 단혼핵가족이 室을 구성하며 秦律에는 父子別居의 사례도 있는데, 이 경우 同居=戶=室이 성립한다는 것이다.[110] 이러한 堀敏一의 견해에 대해서는 대체로 동조하지만, 그러나 單婚核家族의 경우에는 同居는 존재하지 않는 것으로 보아야 한다. 즉 單婚核家族의 경우, 同居는 존재하지 않고, 단지, 戶=室의 관계만 존재한다. 그런데, 同居가 父子, 혹은 兄弟로 이뤄진 경우 室은 戶 내부에 존재하는 것이 된다. 그렇다면, 同居가 존재하지 않는 戶=室의 單婚核家族의 경우에는 아무런 문제가 없지만, 同居가 父子, 혹은 兄弟로 이뤄진, 즉 2개 이상의 핵심가정이 연합한 경우를 하나의 戶로 파악한다면, 여전히

律令與奏讞書』, 183~184簡, 374쪽)
108) 角谷常子, 앞의 글, 186쪽.
109) 堀敏一, 앞의 글, 58쪽.
110) 堀敏一, 앞의 글, 60쪽.

다음과 같은 문제가 남는다.

> 匿戶나 敖童을 傅하지 않는다 함은 무엇을 말하는가? 호를 은닉해서 그 家의 자를 徭使시키지 않고, 戶賦를 내지 않는 것을 말한다.[111]

문장 처음에 匿戶나 "敖童弗傅"가 나오고 그 뒤에는 "敖童弗傅"가 나오지 않고 匿戶만 나온다. 따라서 匿戶와 "敖童弗傅"는 같은 의미로 해석된다. 또 호를 은닉해서 戶賦를 징수하지 않는다는 것이 나오므로, 이들 징수는 戶를 단위로 해서 官에 파악되어 있는 것이 확인된다. 여기서 주의해야 할 것은 "戶를 은닉해서 그 家의 자를 徭使시키지 않고"라고 되어 있는 부분이다. 그러면 어떤 경우에 戶의 은닉이 가능할까? 단혼핵가족은 물론 호가 1개로 구성되어 있으므로 戶의 은닉이 불가능하다. 따라서 위의 규정은 2개 이상의 單婚核家族이 同居하고 있는 사례를 대상으로 한 것으로 보인다. 여기서 만약, 夫妻中心의 單婚核家族의 戶나 2개 이상의 핵심가정이 연합한 戶를 똑같은 하나의 戶로 파악한다면 2개의 핵심가정이 연합한 戶, 즉 2개의 室로 구성된 경우는 夫妻中心의 單婚核家族으로 分家한 戶에 비하여 戶賦를 2분의 1밖에 내지 않게 된다. 만약 3개의 핵심가정이 연합한 戶, 즉 3개의 室로 구성된 경우는 3분의 1의 부담만을 내는 것이 된다. 이것은 모순이라고 볼 수밖에 없다. 따라서 이러한 모순을 해소하기 위해서는 2개 이상의 핵심가정이 연합한 同居 내부의 室을 갖는 경우에는, 국가가 同居 내부에 존재하는 室을 곧 單婚核家族의 戶에 해당하는 것으로 파악했다고 보지 않으면 안 된다고 생각한다. 상기 "호를 은닉해서 그 家의 자를 徭使시키지 않고, 戶賦를 내지 않는 것을 말한다"함은 바로 同居 내부의 室을 秦律은 戶로 파악했다는 것을 보여주는 사례라 생각한다.

앞서, 秦과 漢初에 있어서는 父子, 兄弟의 경우 同籍, 異籍은 임의이고

---

111) 『睡虎地秦簡』, 222쪽, "可(何)謂"匿戶"及"敖童弗傅"? 匿戶弗繇(徭)·使, 弗令出戶賦之謂殹(也)."

특별히 규제되지 않는다는 점을 강조하였다. 부모와 자식이 分家하더라도 서로 거주하는 주택만 달랐지 양자 간의 관계를 완전히 단절할 정도의 거주지 분리 현상은 거의 나타나지 않았다. 分家하더라도 같은 里 혹은 本家와 가까운 里를 중심으로 거주권이 제한될 정도로 分家로 인한 사회적 유동의 폭은 지극히 좁았다. 이러한 상황에서 가족원간의 別籍異財가 일어나더라도 本家와 分家 사이의 혈연적 유대와 경제적 협력관계는 지속되었을 가능성이 크다.112)

이와 관련, 里耶의 戶籍簡의 아래 戶人이 모두 黃姓으로 나타나는 다음의 사례가 주목된다.

A. 黃姓 戶籍簡의 사례

번호	第1欄	第2欄	第3欄	第4欄	第5欄
2. K1/25/50	南陽戶人荊不更黃得	妻曰嗛	子小上造台 子小上造 子小上造定	子小女虞 子小女移 子小女平	伍長
4. K28/298	南陽戶人荊不更黃口	妻曰負錫	子小上造口	子小女子女祠毋室	
5. K17	南陽戶人荊不更黃口 子不更昌	妻曰不實	子小上造悍 子小上造	子小女規 子小女移	

A의 兄弟와 그 子女의 戶籍登記의 사례는 앞서 인용한 도표인데, 서술의 편의상 A. 黃姓 戶籍簡의 사례와 비교하기 위하여 다시 인용하였다. 도표에서 알 수 있듯이 2簡 K1/25/50, 4簡 K28/29, 5簡 K17은 모두 黃姓으로 되어 있다. 2簡 K1/25/50은 8인 가족, 5簡 K17은 7인 가족으로 이뤄진 대가족인데, 이 黃姓 3戶는 모두 本家와 分家와의 관계였을 가능성이 높다.113) 어느 쪽이 本家였을까? 2簡 K1/25/50은 8인 가족이고 '伍長'이므로 本家였을 가능성이 높다.114) 秦과 漢初에 父子, 兄弟의 경우 同籍과 異籍은

---

112) 尹在碩, 앞의 글, 265쪽.
113) 鈴木直美, 앞의 글, 423쪽.
114) "伍連坐制는 근린이지만도 혈연관계가 없는 오인에게 연좌를 가하는 것에 의해서 가족 내에서 충분히 기능하지 않는 상호감시를 강제적으로 행하게 한 것이다"(水間

임의이고 특별히 규제되지 않았으므로 2簡 K1/25/50, 4簡 K28/29, 5簡 K17이 합쳐서 同籍하면, 10簡 K2/23과 같이 3개의 單婚核家族이 모인 擴大家族이 되고, 10簡 K2/23이 분가하면 2簡 K1/25/50, 4簡 K28/29, 5簡 K17처럼 單婚核家族으로 分家하는 것이 된다. 아마도 10簡 K2/23도 당장은 「室」을 달리하는 同居家族으로 유지되지만, 10簡 K2/23의 형제들이 2簡 K1/25/50, 4簡 K28/29, 5簡 K17의 黃姓의 戶籍의 사례처럼, 시간이 흘러 형제 간에 자식이 늘어나면, 자연히 分家를 택하였을 것이다. 兄弟들이 同居하면서 室을 달리하는 同居家族으로 유지하건 同居가 존재하지 않는 戶=室의 單婚核家族을 택하건 국가의 입장에서 賦稅를 징수하는데, 또는 토지를 分給하는데, 각각에 따라 다른 기준을 가지고 처리할 수 없다. 명백히 통일된 하나의 기준이 있어야 한다. 그 기준이 室이었다고 생각한다. 室을 기준으로 하여 戶賦를 징수하고, 室을 기준으로 田宅을 지급하면 아무런 모순이 발생하지 않는다. 국가에서는 굳이 分家를 강요하거나 同居를 장려할 하등의 이유가 없다. 실제 이제까지 살펴본 대로 『睡虎地秦簡』이나 『二年律令』에서는 分家나 同居는 모두 선택인 것으로 되어 있다. 室을 구분하는 가장 중요한 기준이 된 것이 里耶戶籍簡의 第1欄이었다고 생각한다. 게다가 '同居' 내부의 單婚核家族은 唐代와 달리 "同居共財"가 아닌 "同居異財"였다.

그러한 사실은 『睡虎地秦簡』의 아래 사례에도 잘 나타나 있다.

① 一室에 二人 이상이 居貲·贖債를 위해 복역하여 그 「室」을 돌볼 자가 없을 경우는, 一人을 돌려보내 그들을 윤번제로 복역하게 한다.[115]
② 戍律曰 : 同居者를 동시에 징발하여 邊戍에 복역시켜서는 안 되는데, 만일 縣嗇夫와 縣尉 및 士吏가 이 戍律에 의거하지 않고, 同居者를 동시에

大輔, 「戰國秦漢期의 伍連坐制による民衆支配」, 『中國出土資料研究』, 中國出土資料學會, 2001, 44쪽). 水間大輔가 지적하는 '伍連坐制'의 목적은 타당한 견해라고 생각하지만, 伍人을 혈연관계가 없는 것으로 보는 것에는 동의하지 않는다.
115) 『睡虎地秦簡』, 84~85쪽, "一室二人以上居貲贖責(債)而莫見其室者, 出其一人, 令相爲兼居之."

징발하여 邊戍에 복역시킬 경우 貲二甲이다.116)

①과 ②에서는, 한 집안에 同居하는 자들을 한꺼번에 변경 노역에 징발해서는 안 되며, 이를 어긴 관리는 貲二甲으로 처벌한다고 규정하였다. 언뜻 이는 同居 보호규정이거나 혹은 同居의 장려로 보이지만, 그것은 아니다. 동시징발을 금지한다는 것이 징발의 면제도 아니고 혜택도 아니다. 同居 보호 혹은 同居의 장려로 해석한다면, 同居家族이 일반적으로 존재했어야 하는데, 里耶의 戶籍簡의 사례를 보더라도 兄弟同居의 擴大家族이 존재하기는 했지만, 전체적으로는 單婚核家族이 일반적이었다. 더욱 ①과 ②의 규정은 그 자체가 同居 보호나 同居 장려도 아니다. 단순히 징발 시 동시에 하지 말고 윤번제로 하라는 규정일 뿐이다. 즉 同居가 존재하는 현실에 바탕을 둔 합리적인 노동력의 배정과 이용에 관한 규정일 뿐이다. 秦의 국가로서는 노동력의 합리적 효율적 이용이 중요한 것이었지 分家나 同居는 중요한 것이 아니었다. 즉 현실로 존재하는 가족의 형태는 同居이건 分家이건 모두 부부를 중심으로 한 2代 單婚核家族이었다. 또한 兄弟同居의 擴大家族이라 해도 그 내부를 보면, 室을 달리하며 同居別財로 운영되었기 때문에 실제로는 大家族制度가 아닌 小家族制度였다. 黎明釗는 殘簡의 흔적까지를 꼼꼼히 살펴보고 계산하여 里耶戶籍簡의 경우 노예까지 합쳐 평균 인구는 6명, 노예를 제외하면 5.8명이라고 지적하고 있는데,117) 동거내부에 존재하는 핵심가족을 각각 별개로 계산한다면, 호당 5명 미만으로 대체로 漢代의 평균 가족 수로 이해된다. 그런 의미에서 상앙변법의 목표가 소가족의 창출에 있었다고 보는 종전의 일반적인 견해는 정확하다고 판단된다. 秦의 국가는 同居의 변경에 어떠한 관심이 없었고 관심을 가질 이유도 없었다. 分家한다고 해서 멀리 떠나는 것도 아니고, 같은 里 혹은 본가와 가까운 里를 중심으로 거주권이 제한되었으므로118) 同居하면서 室을 달리하는

---

116) 『睡虎地秦簡』, 147쪽, "戍律曰 : 同居毋幷行, 縣嗇夫·尉及士吏行戍不以律, 貲二甲."
117) 黎明釗, 앞의 글, 22~23쪽.

것과 차이가 있는 것도 아니었다. 어떤 경우이든 「室」은 소유의 주체의 단위였다. 앞서 본 『二年律令』「收律」에는 분명히 收帑의 범위를 妻子로 한정하고 있으며, 角谷常子는 이 收帑와 室人의 범위가 일치한다고 논하고 있다.119)

里耶의 戶籍簡은 室을 단위로 노동력을 파악했다는 것을 명백히 하고 있으며 이와 같은 사실은 『睡虎地秦簡』이나 『二年律令』의 제 규정과 모순되지 않는다. 이는 秦의 정부가 노동력의 합리적 이용과 파악을 가장 중시하였고, 또한 民의 재생산을 꾀하는 시책은 同居·共財하는 최소단위인 室을 통해서 행하였기 때문에 이러한 범위의 단위를 설정하고 파악했던 것이라고 생각한다. 나는 單婚核家族이나 同居 가족이건 국가는 모두 室을 단위로 파악하고 있었다고 생각한다. 따라서 單婚核家族의 室이나 同居가족의 室이 모두 같은 개념이었고, 單婚核家族의 室=戶인 이상, 同居가족의 室도, 비록 하나의 戶籍에 기록되어 있다는 형식적인 차이는 존재하지만, 戶의 개념과 동일한 의미로 보아야 한다고 생각한다. 실제로 『晋書』「刑法志」의 다음 내용은 출토법률문서의 이러한 내용을 뒷받침해준다.

   異子의 科를 없애도록 한다. 그것은 父子 사이에 재산을 달리하지 않도록
   하기 위한 것이다.120)

『晋書』「刑法志」에 의하면, 分異令은 漢代 내내 존재하다가 曹魏에 가서 폐지된 것으로 나타나고 있는데, 그 폐지의 목적이 父子 사이에 재산을 달리하지 않도록 하기 위한 것이라고 하고 있다. 分異令 폐지의 시점과

---

118) "부자형제를 이거시킨다 해도 그것이 모두 동일 취락 내에서 생활한다면, 그 결과 족적질서가 파괴되었는지 어떤지는 의문이며. 이 법 자체의 목적이 부자형제를 별거하게 한다는 가족제도의 변용을 목적으로 한 것인가에 대해서는 의문이다." 西嶋定生, 『中國古代帝國の形成と構造』, 東大出版社, 1961, 제5장 제3절, 540쪽.
119) 角谷常子, 앞의 글, 184~190쪽.
120) 『晋書』 刑法志, "除異子之科, 使父子無異財也."

목적이 기술되어 있는 『晋書』「刑法志」의 내용은 秦律과 唐律의 규정과도 부합된다. 예컨대, 唐律에는,

① 무릇 祖父母·父母가 살아있는데 子孫이 戶籍을 따로 하고(別籍) 재산을 달리 했을(異財) 경우에는 도형3년에 처한다.121)
② 무릇 父母의 喪中에 자식을 낳았거나 형제가 호적을 따로 하였거나 재산을 달리 한 경우에는 도형1년에 처한다.122)

라 하여 戶籍은 다르고 재산이 같거나 혹은 호적이 같아도 재산을 달리 한 경우에 각각 도형 3년에 처한다는 규정이 있었다. 자손이 혼인하여 각자의 부부가정을 이루었다 하더라도 직계 존속이 살아 있는 동안, 엄밀히 말하면 그 服喪기간이 끝나기 전까지는 분가하여 독립된 家로서 호적과 재산을 따로 하는 것을 법으로 금지하려 했던 것이다.123) 그러나 秦律에 의하면, "父子同居, 殺傷父臣妾·畜産及盜之"124), "子盜父母"125), "父盜子, 不爲盜."126)라 하여, 父子는 同居해도 財産은 '別'로 하였다. 이것은 唐律의 '別籍異財'를 징벌한다는 규정과는 전혀 다른 것이었다. 앞서 『睡虎地秦簡』法律答問에서는 노예를 포함하는 재물이 父, 혹은 父母와 子(성인) 사이에 각각 다르게 소유되었음을 살펴보았다. 그렇다면 父母와 子의 財産, 혹은 동거하는 형제의 재산을 別로 하면 "倍其賦"의 대상이 되지 않는다는 것이라 이해할 수 있을 것 같다. 현실적으로 同居나 分家는 모두 임의 선택이라고

---

121) [唐]長孫無忌等撰, 劉俊文點校, 『唐律疏議』 권12, 北京 : 中華書局, 1993, 戶婚6, 「子孫不得別籍異財」, 236쪽, "諸祖父母·父母在, 而子孫別籍·異財者, 徒三年."
122) 위의 책, 권12, 戶婚 7, 「居父母喪生子」, 236쪽, "諸居父母喪, 生子及兄弟別籍·異財者, 徒一年."
123) 육정임, 「송대의 가족과 재산상속」, 임병덕·정철웅편저, 『동양사1』, 책세상출판사, 2007, 275쪽.
124) 『睡虎地秦簡』, 198쪽.
125) 위의 책, 195쪽.
126) 위의 책, 159쪽.

이해한다면, 또 秦의 국가는 '同居'의 변경에 어떠한 관심이 없었고 관심을 가질 이유도 없었다고 이해한다면, 당연히 임의적으로 백성이 선택할 수 있다면, 그 법령은 왜 만들었을까? 단지 2가구가 '同居'하면 세금을 2배로 징수한다는 것을 선언하기 위하여? 혹은 2가구가 同居하면 토지를 2배로 지급한다는 것을 선언하기 위하여? 이렇게 이해하기에는 법령의 강도가 지나치게 약하다고 하지 않을 수가 없다. 당연히 商鞅의 分異令이 '同居別財' 이외에는 아무런 의미가 없는 것인가 하는 의문을 가질 수 있다. 이하 이 문제에 대해 논의를 이어가기로 하겠다.

IV. 民有二男以上不分異者, 倍其賦

여기서 필자가 집중적으로 논하고자 하는 것은 가족제도와 관련해서 1차 변법의 "民有二男以上不分異者, 倍其賦(民의 2남 이상으로 分異하지 않는 경우, 그 賦를 배로 한다)"는 규정과 2차 변법의 "令民父子兄弟同室內息者爲禁(민의 부자·형제가 동실에서 거주하는 것을 금지한다)"는 내용이다. 1차 변법의 "民有二男以上不分異者, 倍其賦"가 과연 대가족의 해체와 세역·병역 부담의 기초를 單婚核家族의 창출에 그 목적이 있었는가에 대해서는 그렇지 않다는 견해와[127] 그렇다는 견해로 양립되어 있는데, 대부분의 견해는 후자, 즉 2男 以上 戶의 철저한 分異의 강제를 통하여 핵가족화를 강행하였다고 보고 있다.[128] 한편, 堀敏一은, 제1차 변법은 同居에 제2차

---

127) 太田幸男은 상앙변법 시점에서 일부일처제는 이미 보편화하였고, 제1차 변법은 魏와의 전쟁에서 긴급히 필요한 군사체제를 확립하는 것이 목표였고 이 법령은 가족형태와 관련된 것이 아니고 따라서 목적도 결과에서도 핵가족의 창출은 보이지 않는다고 지적한다(太田幸男, 「第二章商鞅變法論－第二篇 春秋戰國時代の秦國と商鞅變法」, 『中國古代國家形成史論』, 東京 : 汲古書院, 2007, 164쪽).
128) 예컨대, 山田勝芳은 제1차 "民有二男以上不分異者, 倍其賦"에 의한 대가족의 해체는 세역·병역 부담의 기초를 단혼핵가족에 두고, 방향을 보이고, 제2차 변법의 "令民父子兄弟同室內息者爲禁"은 유목·목축적 건물 형태에 기초한 복수부부가 침실을

변법은 室人에 관계된 것으로 보고, 1차 변법의 分異도 절대적인 강제가 아니고 賦를 배로 하면 용인되었고, 제2차 변법이 室에 관한 것이 명료하며 거기에는 父子兄弟의 成人들이 1室에 거주하는 것이 금지되고 각각의 독립의 室을 가지도록 강제하고 있다. 제2차 변법 시 阡陌에 의해 구획된 토지가 室을 대상으로 지급되었다고 이해한다.[129] 또 그는 分異의 직접적인 목적은 賦의 징수를 위해 인민파악을 용이하게 하기 위한 것으로 이해하고 있는데,[130] 이는 거의 모든 연구자가 공통적으로 그렇게 이해하고 있다고 해도 과언이 아니다. 이처럼 기존의 定說은 정부에서 인정한 바의 법정 성년 연령에 도달하면 반드시 分家하는 것으로 分異를 이해해왔던 것인데, 이 때문에 里耶의 戶籍簡을 보고 논고를 발표한 연구자들은 이 문제에 고심을 하고 나름대로의 견해를 피력하였다. 黎明釗는 耶秦 戶籍簡의 경우 성년형제가 同籍으로 되어 있는데, 秦 통치하에서 성년에 도달한 남자가 즉시 分家하지 못하고 새로운 호적에 올리지 못한 경우가 있다. 즉 과도기적 형태를 허용한 것으로 이해한다.[131] 刑義田은 里耶의 戶籍簡에 형제가 결혼 후에 同籍으로 된 K43, K2/23, K5의 사례를 보고, 이 몇몇 戶籍들은 적지 않은 가족들이 차라리 重賦를 부담할지언정 分異를 하지 않은 것을 의미하는 것이 아닌지? 혹은 商鞅의 令을 달리 해석해야 하는지? 혹은 그 令이 洞庭郡 遷陵縣과 같은 먼 변방 소성까지는 관철되지 않은 것인지? 하는 문제를 제기하고 있다.[132] 한편, 太田幸南의 '1戶1正丁說'을 취하는 鷲尾祐子는 戶는 재산의 단위인 동시에 함께 거주하는 자로 구성되고 복수의 戶가

공통으로 하고 있다고 하는 거주형태에 대한 개혁을 의미하는 것으로 이해한다(山田勝芳,「中國古代の「家」と均分相續」,『東北アジア研究』제2호, 1998, 243쪽). 한편, 尹在碩은 1차의 "民有二男以上不分異者, 倍其賦"의 가족령과 2차 변법의 賦稅制·縣制·土地制 개혁령의 관련성에 대하여 의문을 제기한다(尹在碩, 앞의 글, 250쪽).

129) 堀敏一, 앞의 글, 60쪽.
130) 堀敏一, 앞의 글, 38쪽.
131) 黎明釗, 앞의 글, 7쪽.
132) 刑義田, 앞의 글, 4쪽.

동거하는 경우도 있을 수 있기 때문에 반드시 同居範圍 그것과 일치하는 것은 아니라고 하여 형제가 결혼 후에 同籍으로 나타난 사례를 모순이 없다고 보고 있다.133) 또 앞서 살펴보았듯이 鈴木直美는 戶籍簡에는 兄弟 혹은 부자의 강제적인 分異를 一律로 행하지 않았는데, 그것은 점령지마다 가족의 형태에 차이가 있어서 分異 정책을 전토에 행하는 것이 적절치 않았던 것과 무관하지 않다고 본다.

李成珪는 "民有二男以上不分異者, 倍其賦"를 戶에 대하여는 노동력에 상응하는(부부의 수) 토지를 倍分하였을 것으로 이해한다. 賦를 賦田으로 해석하여 父子兄弟 同居家族 保護說을 취하고 있는데, 필자는 父子兄弟 同居家族 保護說의 근거가 되는 『睡虎地秦簡』이나 『二年律令』의 관련 제 규정을 再讀한 결과 나는 秦과 漢初에 있어서는 父子, 兄弟의 경우 同籍, 異籍은 임의이고 특별히 규제되지 않았다고 이해되며 秦 혹은 漢初의 국가가 '分家'나 '同居'를 강제, 혹은 장려한다는 어떤 규정도 읽을 수가 없었다. 만약 국가가 '同居'에 대하여 세제상의 혜택을 통하여 크게 이익을 주고 자유로운 分家를 억제하고 있었다고 이해한다면,134) 왜 里耶의 戶籍簡의 대부분이 單婚核家族으로 구성되었을까?

이성규는 『史記』「秦本紀」와 「六國表」에서는 모두 孝公 14년조에 '初爲賦'가 표현됨으로써 이때 비로소 '賦'제가 시행되었음을 명백히 하고 있으므로 "不分異者에 대한 '賦'를 배징함으로써 分異定策을 강행하였다"고 해석하려면 적어도 변법 당시 이미 賦稅가 존재하였다는 점(늦어도 孝公 12년까지는), 또 分異政策이 상앙 이후 강행되었다는 두 가지 사실이 동시에 증명되지 않으면 안 된다고 하였는데,135) 대부분의 연구자는 1차 변법의 賦를 孝公 14년조의 "初爲賦"의 賦와 다르게 해석한다. 이를테면, 太田幸南은 "倍其賦"

---

133) 鷲尾祐子, 앞의 글, 34쪽.
134) 李成珪, 「里耶秦簡 南陽戶人 戶籍과 秦의 遷徙政策」, 『中國學報』 57, 韓國中國學會, 2008, 127쪽.
135) 李成珪, 「秦의 土地制度와 齊民支配-雲夢出土 秦簡을 통한 商鞅變法의 재검토-」, 『全海宗博士華甲記念 史學論叢』, 일조각, 1979, 55쪽.

의 '賦'에서 '賦'는 '軍賦'로 해석한다.[136] 佐竹靖彦은 孝公 3년의 1차 변법의 '賦'는 商鞅變法 이전에 있어서 秦의 수탈체계로서의 '賦'를 의미하는 것으로 孝公 14년의 "初爲賦"의 '賦'는 아니라고 지적한다.[137] 일찍이 '賦'에 관한 견해를 발표한 논자는 宮岐市定이었는데, 그의 연구에 의하면, '賦'와 '稅'의 구별에 대하여 漢代에도 있었고, 더욱 이와 같은 '賦'와 '稅'는 그 이전부터 존재하였다고 한다. 본래 '賦'는 귀족이 군사에 종사하는 것을 말하며 그것에 대하여 평민은 正을 부담하고 이윽고 일보 나아가 役에 종사하게 되었다. 요컨대, 役으로 賦가 부담되었고, 秦과 같이 후진국에서는 인두세로서의 賦가 존재하고, 戰國 각국은 병역징수의 代價으로 賦·賦斂이 있었다고 한다.[138] 山田勝芳도 마찬가지로 춘추시대 각국에서 전개된 賦의 제도는 기본적으로 군국체제를 취한 전국 각국에 계승되어 각각 각국에서 독자적인 전개를 보였지만, 이미 사실상, 요역·병역 상의 課稅로 되었던 것 같고, 戰國 각국에서 趙와 똑같이 賦·賦斂이 징수되었고 秦에서의 賦도 마찬가지였다고 지적한다.[139] 增淵龍夫는 "대부는 '士'라 불리는 일족 중에서 남자로서 병단을 구성하고, 일이 있으면, 그 족인에 의해서 구성되는 병단을 이끌고 公의 하에 참여하는 賦라 불리는 의무를 과하였다고 한다.[140] 西嶋定生도 賦는 제도로서는 商鞅 이전부터 있는 인두세라고 해석하였다.[141] 이처럼 기존의 설은 거의 모두 孝公 14년조에 나타나는 '初爲賦'의 賦와 다른 賦가 있었음을 지적하고 있다.

이성규는 '賦'가 분배의 의미로 사용되고 賦田의 의미로 사용되었다고

---

136) 太田幸男,「第二章商鞅變法論－第二篇 春秋戰國時代の秦國と商鞅變法」,『中國古代國家形成史論』, 汲古書院, 2007, 164쪽.
137) 佐竹靖彦,「秦國の家族と商鞅の分異令」,『史林』63-1, 1980, 20쪽.
138) 宮岐市定,「中國古代賦稅制度」,『アジア史硏究』1, 同朋社, 1957, 66~101쪽.
139) 山田勝芳,「제3장 算賦及び算緡·告緡」,『秦漢財政收入の硏究』, 1993, 155쪽.
140) 增淵龍夫,「左傳の世界」,『世界の歷史』3, 筑摩書房, 1960 ; 增淵龍夫,『岩波講座世界歷史』4, 1970.
141) 西嶋定生,「商鞅變法と郡縣制」,『中國古代帝國の形成と構造』, 東大出版社, 1961, 176쪽.

하는데, 내가 찾아본 바에 의하면 簡牘文書와 당시의 문헌사료에는 그 사례가 없고 실제로 李成珪의 논문에도 구체적으로 그 사례가 제시되지 않았다.142) 즉 이 견해는 실증이 아닌 추론이었다. 또 『二年律令』의 「田律」과 「戶律」이 모두 "行田"을 '行'만으로 표기한 것도 "倍其賦"를 "倍其賦田"으로 이해한 필자의 주장을 뒷받침한다고 하나,143) "賦田"이라는 용례가 없을 뿐만 아니라, 있다고 해도 "行田"은 명백히 '法制用語'로 "賦田"과는 전혀 다른 차원의 용어로 이해된다.

먼저, 사료에서 "行田" 혹은 '行'의 사례를 열거하면 이하와 같다.

① 廿四年正月甲寅以來, 吏行田贏律(?)詐□(『龍崗秦簡』, 116簡)

② 故有地狹而民衆者, 民勝其地；地廣而民少者, 地勝其民。民勝其地者, 務開；地勝其民者, 事徠. 開則行倍. 民過地 則國功寡而兵力少, … 故爲國分田數小(『商君書』 제6편, 算地)

③ 七大夫·公乘以上, 皆高爵也. 諸侯子及從軍歸者, 甚多高爵, 吾數詔吏先與田宅, 及所當求於吏者, 亟與. 爵或人君, 上所尊禮, 久立吏前, 曾不爲決, 甚亡謂也. 異日秦民爵公大夫以上, 令丞與亢禮. 今吾於爵非輕也, 吏獨安取此! 且法以有功勞行田宅, 今小吏未嘗從軍者多滿, 而有功者顧不得, 背公立私, 守尉長吏敎訓甚不善. 其令諸吏善遇高爵, 稱吾意. 且廉問, 有不如吾詔者, 以重論之(『漢書』 高帝紀 下, 高帝 5년條)

④ 魏氏之行田也以百畝, 鄴獨二百畝, 是惡田也(『漢書』 溝洫志)(師古注：「賦田之法, 一夫百畝也.」) 魏氏之行田也以百畝, 鄴獨二百畝, 是田惡也(『呂氏春秋』 樂成篇)

⑤ 關內侯九十五頃, 大庶長九十頃, 駟車庶長八十八頃, 大上造八十六頃, 少上造

---

142) '賦'가 '賦與', '分給'의 의미가 있고, 특히 국가에 의한 토지분급의 표현일 경우 빈번히 사용되었다고 하나 그 사실로 '賦與貧民', '賦貧民'의 사례 등을 열거하고 있을 뿐이다(李成珪, 앞의 글, 61쪽).

143) 李成珪, 「里耶秦簡 南陽戶人 戶籍과 秦의 遷徙政策」, 『中國學報』 57, 韓國中國學會, 2008, 158쪽.

八十四頃, 右更八十二頃, 中更八十310頃, 左更七十八頃, 右庶長七十六頃, 左庶長七十四頃, 五大夫廿五頃, 公乘廿頃, 公大夫九頃, 官大夫七頃, 大夫五頃, 不更四頃, 簪裊三頃, 上造二頃, 公士一頃半頃, 公卒·士五·庶人各一頃, 司寇·隱官各五十畝. 不幸死者, 令其後先擇田, <u>乃行其余</u>. 它子男欲爲戶, 以爲其殺田予之. 其已前爲戶而毋田宅, 田宅不盈, 得以盈. 宅不比, 不得.(『二年律令』, 310~313簡)

⑥ □□廷歲不得以庶人律未受田宅者, 鄕部以其爲戶先後次次編之, 久爲右. 久等, 以爵先後. 有籍縣官田宅, 上其廷, <u>令輒以次行之</u>(『二年律令』, 318簡)

⑦ <u>田不可田者, 勿行</u>. 當受田者欲受, 許之(『二年律令』, 239簡)

⑧ 田律曰 : 有皋, 田宇已入縣官, <u>若已行</u>, 以賞予人而有勿(物)故, 復(覆)治, 田宇不當入縣官, 復界之其故田宇.(『嶽麓秦簡(肆)』, 114/1276簡)

이상의 ①~⑧까지의 "行田" 혹은 '行'의 사례는 모두 授田의 의미로 사용된 것인데, 이런 사례는 『龍崗秦簡』·『漢書』·『商君書』·『二年律令』·『嶽麓秦簡』에 고루 나타나 있다. 즉 기존의 문헌사료나 출토문헌이나 모두 授田의 의미를 가진 "行田" 혹은 '行'이 나타나는데, 모두 당대 사료라 할 수 있고, 특히 출토법제문서에 나오는 行田이라는 표기는 당시 授田의 공식적인 '法制用語'가 "行田"이었음을 분명히 하고 있다.

이에 대하여 '賦' 혹은 "賦田"의 사례로는 다음과 같은 것이 있다.

① 魏氏之行田也以百畝, 鄴獨二百畝, 是惡田也.(『漢書』「溝洫志」) (師古曰 :「賦田之法, 一夫百畝也.」)

② 集解徐廣曰 :「溝洫志行田二百畝, 分賦田與一夫二百畝, 以田惡, 故更歲耕之.」(『史記』河渠書 裴駰 『集解』 徐廣曰)

③ 有賦有稅. 稅謂公田什一及工商衡虞之入也(『漢書』食貨志)(師古曰 :「賦謂計口發財, 稅謂收其田入也.…」)

④ 貲不滿千錢者賦貸種, 食(『漢書』元帝紀)(師古曰 :「賦, 給與之也. 貸, 假也.

⑤ 廢逆旅, 則姦僞躁心私交疑農之民不行. 逆旅之民無所於食, 則必農, 農則草必墾矣. 重關市之賦 …(『商君書』第2篇, 墾令)
⑥ 行賞賦祿(『商君書』第14篇, 修權)
⑦ 『二年律令』의 「賦」의 사례: "擅賦斂者, 罰金四兩, 責所賦斂償主"(『二年律令』, 185簡), "卿以下五月戶出賦十六錢, 十月戶出芻一石, 足其縣用, 余以入頃芻律入錢."(『二年律令』, 255簡) "□□工事縣官者復其戶而各其工. 大數 取上手什三人爲復, 丁女子各二人, 它各一人, 勿筭徭賦. 家毋當"(『二年律令』, 278簡) "官爲作務·市及受租·質錢, 皆爲缿, 封以令·丞印而入, 與參辨券之, 輒入錢缿中, 上中辨其廷. 質者勿與券. 租·質·戶賦·園池入錢"(『二年律令』, 429簡)
⑧ 『睡虎地秦簡』의 「賦」의 사례: "隸臣·下吏·城旦與工從事者冬作, 爲矢程, 賦之三日而當夏二日."(『睡虎地秦簡』, 73쪽) "新工初工事, 一歲半紅(功), 其後歲賦紅(功)與故等. 均工…"(『睡虎地秦簡』, 75쪽) "可(何)謂匿戶及敖童弗傅"? 匿戶弗繇(徭)·使, 弗令出戶賦之謂殹(也)"(『睡虎地秦簡』, 222쪽) "賦斂毋(無)度?"(『睡虎地秦簡』, 285~286쪽)

①~⑧에 걸쳐 賦田의 유일한 용례는 師古曰과 徐廣曰인데, 이것은 당대 사료가 아닐 뿐만 아니라 "行田"에 대한 해설, 즉 해설서에 지나지 않는다. 주석가의 해설을 인정하고 포함시킨다 해도 "行田"에 대한 법제 용어를 "賦田之法"으로 주석하여 설명하고 있다는 것은 "賦田"이 법률용어가 아니었음을 반증한다. 더욱 『商君書』에서 조차도 "行田"이 나오는 반면에 '賦'가 "賦田"의 의미로 사용된 용례가 나오지 않는다. 무엇보다 출토법제문서인 『二年律令』과 『睡虎地秦簡』의 경우 '賦'가 "賦田"의 의미로 사용되지 않고 있을 뿐만 아니라 대부분 賦稅의 의미로 쓰이고 간간이 支給한다는 정도의 의미로 쓰이지만, 그것을 "賦田"의 '賦'로 연결해서 해석하기에는 무리가 있어 보인다. 賦를 '나누다'·'주다'·'할당하다'로 해석하고 이것을 무리하게 授田으로 연결한다고 해도 "賦田"은 결코 "行田"과 같은 법제용어가 아닌

것은 분명하다. 越智重明은 "賦田"을 "行田"과 비슷한 의미로 해석한 최초의 연구자인데,[144] 그 근거로 제시한 것이 주석가의 해설이었다. 당대의 사료상 가장 가까워 보이는 것이 『史記』 권128, 「龜策列傳」에 나오는 "夫妻男女, 賦之田宅, 列其室屋. 爲之圖籍"의 사례라고 생각하는데, 여기에 나오는 「賦之田宅」은 「그들에게 田宅을 지급하여」로 해석되므로, '賦'는 "賦田"과 같은 법률용어가 아니라 動詞가 된다. 따라서 그에 따라 "倍其賦田"을 해석하면 명백히 非文이 된다. 즉 다시 강조하자면, '賦'가 "賦田"이란 법률용어로 사용되었다고 이해할 수 없다. 太田幸男은 '賦'를 나누다·주다·할당하다로 해석한 越智重明의 견해를 이해할 수 없다고 적확한 지적을 하였다.[145] 필자가 보기에 '賦'를 "賦田"으로 해석한 것은 논증이 불안한 추론으로 볼 수밖에 없다.

무엇보다 商鞅變法에 나오는 용어는 거의 簡牘 및 관련 문헌사료에서 사용된 것이 확인된다. 따라서 "賦田"이 "行田"처럼 법제용어로 사용되었으면 그 用例가 이처럼 나오지 않을 리가 없다. 商鞅 1차 變法의 "倍其賦"의 앞부분 문장을 열거하면 "令民爲什伍, 而相牧司連坐. 不告姦者腰斬, 告姦者與斬敵首同賞, 匿姦者與降敵同罰. 民有二男以上不分異者, 倍其賦"인데, 말할 것도 없이 여기에 나오는 문장, 혹은 단어는 출토법제문서에 모두 빈번하게 나오고 있다. 什伍·連坐·不告姦者·告姦者·斬敵首·匿姦者·降敵 등의 용어 혹은 내용은 출토문헌만 보더라도 거의 동일한 용어 혹은 동일한 내용으로 나타나고 있다.[146] 이 부분의 사마천의 기술은 『商君書』만이 아니라 관련

---

144) 越智重明, 「秦の商鞅の變法をめぐって」, 『社會經濟史學』 4, 1971. 賦를 分給·賦田으로 해석하고 있는 것은 완전히 이성규의 견해와 동일한데, 다만, 越智重明은 이를 "初爲賦"에 적용하여(越智重明, 위의 글, 349쪽) "初爲賦田"으로 해석하여 이를 2차 변법의 "開阡陌"과 연결시켜 해석하고 있다. 이에 대하여 李成珪는 이를 "不分異者, 倍其賦"에 적용시키고 이와 2차 변법의 "開阡陌"과 연결시켜 해석한 점에 그 차이가 있다.

145) 太田幸男, 「第二章 商鞅變法論－第二篇 春秋戰國時代の秦國と商鞅變法」, 『中國古代國家形成史論』, 汲古書院, 2007, 176쪽.

146) 예를 들어, 『二年律令』, 1簡~2簡의 규정 "以城邑亭障反, 降諸侯, 及守乘城亭障, 諸侯人

簡牘文書를 꼼꼼히 참고하였음이 분명하다. 사마천이 출토문헌을 광범위하게 참고하고 이용하였음을 감안하면[147] 상식적으로 賦田과 같은 중요한 법제용어가 『史記』에 나타나지 않는 것도 이해하기 어렵다. 출토 법제문서에 빈번히 나오는 "行田" 및 '行'의 사례는 "賦田"의 존재를 입증하는 것이[148] 아니라 오히려 "賦田"이 법률용어로 사용되지 않았음을 입증하는 것으로 볼 수밖에 없다. 특히 里耶의 戶籍簡 3簡 K43, 10簡 K2/23이 2개 이상의 單婚核家族이 同居하고 있다는 사실과 授田의 倍給과를 연결해서 해석하는 것은, 단순한 추정이라면 몰라도, 현 단계로서는 무리라고 생각한다.[149] 물론 이와 관련한 방증의 사료와 추론을 제시하고 있지만, 제시한 자료에 대하여는 다양한 판단이 가능하며, 무엇보다도 입증이 가능한 결정적인 자료는 제시되지 않았다. 무엇보다 同居家族에 대한 授田의 倍給과 "賦田"을 연결하기 위해서는 극히 추론이 아니라 명확한 증거 제시가 필요하다. 앞서 언급하였듯이 里耶의 戶籍簡의 사례는 여러모로 매우 특수한 사례이고, 여기에는 爵位가 不更에 집중하는 것이나 年齡을 기록하지 않는 등의 문제가 있다. 不更은 『二年律令』의 규정을 보면, 4頃4宅을 지급받는 것으로 되어 있기 때문에[150] 이 점도 고려해야 한다. 당시의 耕戰之民인 士伍의 100무 授田의 사례와는 명확히 구분된다. 심지어는 里耶의 戶籍簡은 縣內의 名籍에 관련한 것인가? 鄕里의 戶籍과 똑같은 기능을 가진 것인가 조차 현 단계에서는 불분명한 점이 있다. 게다가 邢義田의 견해처럼 秦國 政府가 점령지에

　　來攻盜, 不堅守而棄去之若降之, 及謀反者, 皆(1)要斬. 其父母·妻子·同産, 無少長皆棄市. 其坐謀反者, 能偏捕, 若先告吏, 皆除坐者罪"(『二年律令與奏讞書』, 1~2簡, 88쪽의 사례만 해도 상앙 1차 변법의 용어 및 그 내용을 상당 포괄한다.
147) 藤田勝久, 「『史記』の素材と出土資料」, 『愛媛大學法文學部論集』(人文科學編)20, 2006, 82쪽.
148) 李成珪, 「里耶秦簡 南陽戶人 戶籍과 秦의 遷徙政策」, 『中國學報』57, 韓國中國學會, 2008, 128쪽.
149) 위와 같음.
150) 里耶의 戶籍簡에는, 爵位로 荊不更이 13例, 不更이 弟·子 7例로 많고, 荊大夫가 1例로 나타난다.

대한 민심을 얻기 위해 주어진 爵이라면, 秦國과는 다른 특수한 정치적 고려가 있었다고 볼 수도 있다.151) 어쨌든 里耶의 戶籍簡은 徭役과 兵役 자원의 파악이 주된 목적으로 작성된 것이고 '授田'과는 관련이 거의 없는 문서이고, 실제로 이 戶籍簡을 통해서는 授田의 倍給에 관해서는 그 어떠한 단서도 살펴볼 수 없는 문서인 것은 분명하다. 요컨대, "不分異者, 倍其賦"의 賦를 賦稅가 아닌 賦田으로 해석해야 할 구체적인 증거는 전혀 제시되지 않았다.

V. 맺음말

商鞅 1차 변법의 주요 내용을 정리하면, ① 민을 什伍制로 조직해서 상호감시를 행하게 하고, 위반자와 告姦者에게는 嚴罰과 重賞으로 대응한다. ② 民의 2남 이상에서 '分異'하지 않는 경우, 그 賦를 배로 한다. ③ 군공이 있는 자는 그 공에 따라서 작위를 주고, 그 작의 고하에 따라서 田宅·臣妾·衣服 등의 등급을 정한다. ④ 본업(농경, 방직)에 힘써 국가에 粟帛을 많이 납입했던 자에 대해서는 노역을 復除한다152) 등으로 정리할 수 있다. 이에

---

151) 邢義田은 秦이 초를 점령한 후, 戶籍中에 등기한 爵은 단지 秦爵일 가능성이 있다고 보고 있다. 초인들은 원래 楚爵이 있었는데, 秦國政府가 楚人의 지지를 받기 위하여 원래의 권익을 보증하고 원래의 작위를 박탈하지 않고 그에 상당하는 秦의 爵位로 새로 등기하였을 가능성이 있다고 한다. 특히 小爵은 혹 秦이 농락한 초민의 귀순의 한 방법으로 軍功이나 傅 혹은 未傅를 가리지 않고, 男子들이 모두 爵을 갖도록 한 것일 수 있다는 것이다. 그는 戰國時代에 趙國이 韓上黨城市邑十七개가 歸順하자 吏民 모두에게 爵三級을 추가하여 하사한 사례를 들고 있다(邢義田, 앞의 글, 4쪽).

152) 『史記』권68, 「商君列傳」, 2230쪽, "令民爲什伍, 而相牧司連坐. 不告姦者腰斬, 告姦者與斬敵首同賞, 匿姦者與降敵同罰. 民有二男以上不分異者, 倍其賦. 有軍功者, 各以率受上爵 ; 爲私鬪者, 各以輕重被刑大小. 僇力本業, 耕織致粟帛多者復其身. 事末利及怠而貧者, 擧以爲收孥. 宗室非有軍功論, 不得爲屬籍. 明尊卑爵秩等級, 各以差次名田宅, 臣妾衣服以家次. 有功者顯榮, 無功者雖富無所芬華."

대하여 2차 변법의 내용은, ① 都를 雍에서 東方의 咸陽으로 옮긴다. ② 민의 부자·형제가 동실에서 거주하는 것을 금지한다. ③ 향리 등을 정리 집합해서 31개의 현을 만든다. ④ 阡陌制度에 의한 경지정리를 행하고, 토지의 파악을 명확히 해서 부세를 공평하게 한다153) 등으로 정리할 수 있을 것이다. 이 가운데 필자가 본고와 관련해서 집중적으로 살펴보고자 하는 것은 물론 商鞅 1차 변법의 주요 내용 가운데, "民의 2남 이상에서 分異하지 않는 경우, 그 賦를 배로 한다."이다.

　商鞅의 分異令과 관련하여 里耶의 戶籍簡을 논한 논자들이 모두 주목한 것은 앞서 장황하게 설명한 것처럼 각각 單婚核家族으로 이뤄진 兄弟同居의 사례였다. 그러나 이 사례를 가지고 설명하면, 단지 2가구가 同居하면 세금을 2배로 징수한다는 것을 선언하기 위하여 만들었다는 단순한 논리에 빠질 우려가 발생한다. 앞서 나는 17세 이상의 남자는 결혼하지 않아도 자동적으로 별도의 실에 거주하며 요역과 병력을 부담하는 것이 아닐까 하는 문제제기를 하였는데, 이와 관련하여 내가 주목한 것은 戶人과 長子가 第1欄의 호적에 병렬된 사례이다. 商鞅의 分異令과 관련하여 里耶의 戶籍簡에서 가장 주목할 만한 것임에도 논자들의 별다른 주목을 받지 못한 것이 다음의 戶人과 長子가 第1欄의 戶籍에 병렬된 5簡 K17과 9簡 K4의 사례라고 생각한다. 논지의 편의상 앞서의 도표를 다시 열거하기로 하겠다.

戶人과 長子가 第1欄의 호적에 병렬된 사례

번호	第1欄	第2欄	第3欄	第4欄	第5欄
5. K17	南陽戶人荊不更黃口 子不更昌	妻曰不實	子小上造悍 子小上造	子小女規 子小女移	伍長
9. K4	南陽戶人荊不更 喜 子不更衍	妻大女子娡 隸大女子華	子小上造章 子小上造	子小女子趙 子小女子見	

---

153) 『史記』 권68, 「商君列傳」, 2232쪽, "於是以鞅爲大良造. 將兵圍魏安邑, 降之. 居三年, 作爲築冀闕宮庭於咸陽, 秦自雍徙都之. 而令民父子兄弟同室內息者爲禁. 而集小(都)鄉邑聚爲縣, 置令·丞, 凡三十一縣. 爲田開阡陌封疆, 而賦稅平."

도표에서 보듯이 5簡 K17과 9簡 K4는 戶人과 長子가 第1欄의 호적에 병렬되어 나타난다. 第1欄~第5欄은 앞서 지적한대로 第1欄에 里名·爵位·戶人·戶人의 姓名이 기록되고, 第2欄에 妻, 第3欄에 미성년의 아들, 第4欄에 미성년의 딸, 第5欄에 男奴隷와 別筆의 伍長으로 되어 있다. 이를 다시 노동력과 관련지어 분류하면 第1欄은 大男, 第2欄에 大女, 第3欄은 小男, 第4欄은 小女로 분류할 수 있다.154) 즉 제1란은 戶主만이 아니라 徭役과 軍役의 징발 대상인 장정이 기록된 칸이었음이 분명하다. 무엇보다 徭役과 軍役의 징발 대상, 즉 성인인 子不更昌과 子不更衍의 처에 대한 기록이 없으므로 아직 미혼인 상태가 분명하다. 의심할 바 없이 '大男', 즉 成年의 남자로 昌과 衍은 戶主의 長子임이 틀림없다.155) 또한 第3欄의 子는 모두 "子小上造"로 되어 있는데 비하여 5簡 K17과 9簡 K4의 第1欄에 들어간 子는 "子不更"의 형식으로 父와 爵이 동일한 不更으로 되어 있다. 5簡 K17과 9簡 K4는 장정의 兄弟가 동일 戶에 존재하는 사례와 달리 장정의 子가 동일 戶에 존재하는 사례라 할 수 있다. 이 경우 子不更昌과 子不更衍은 각각 독립된 戶를 형성하지 못한 것이 확실하므로 授田의 대상이 아닌 것도 확실하다. '戶'의 형성이 授田의 전제 조건이라는 것은,

民이 혹 邑을 버리고 野에 거주하거나, 고아·과부의 집에 들어가 빌붙거나, 남의 婦女를 꾀어내는 것은 國中의 오래된 현상이 아니다. 지금부터 상인·逆旅, 贅壻·後父에게는 모두 立戶하는 것은 허락하지 않고, 田宇를 주어서는 안 된다. 이러한 사람들은 三代 이후에 仕官하려고 하면 하게 하되 그 籍에는 옛날 某閭의 贅壻인 某人의 孫이라는 것을 기입한다.156)

---

154) 張榮强, 「湖南里耶所出"秦代遷陵縣南陽里戶版"硏究」, 『先秦·秦漢史』 2008년 제6기 (『北京師範大學學報』 社科版, 2008. 4), 37쪽에서도 필자와 유사한 분류를 하고 있다.
155) 張榮强, 위의 글, 35쪽.
156) 『睡虎地秦簡』, 293쪽, "民或棄邑居壄(野), 入人孤寡, 徼人婦女, 非邦之故也. 自今以來, 叚(假)門逆呂(旅), 贅壻後父, 勿令爲戶, 勿鼠(予)田宇. 三枼(世)之後, 欲士(仕)士(仕)

라 하여 『睡虎地秦簡』「魏戶律」에 잘 나타나 있다. 이 「魏戶律」에는 商人 등은 독립된 戶를 形成할 수 없기 때문에 전택을 지급할 수 없다는 것이다. 『二年律令』「戶律」에도

戶를 구성하지 않았는데 田宅을 소유하여 다른 사람의 명의로 등록하게 하거나, 다른 사람을 대신해서 田宅을 등록(名)하는 경우, 모두 卒戍邊二歲 에 처하고, 田宅을 현관에 몰수한다.157)

라 하여 戶를 구성해야만 田宅이 지급된 것으로 나타나 있다.158) '爲戶', 즉 立戶가 '受田宅'의 전제조건이라는 것은 명확하다. 그렇다면, 子不更昌과 子不更衍은 장정임에도 각각 독립된 戶를 형성하지 못하고 동거하고 있는 사례라 할 수 있고, 이 경우 '受田宅'의 대상이 아님에도 商鞅變法의 "民有二男 以上, 不分異者, 倍其賦"의 원칙에 따라 立戶하여 '受田宅'한 경우와 마찬가지 로 '賦'를 부과한다. 이러한 불합리한 규정에 의해 재산상의 손실을 입지 않기 위해서는 혼인하여 分家하고 '受田宅'을 하는 도리밖에 없다. 물론 강제 규정은 아니고 "倍其賦"를 감수하고 分家하지 않는다면, 同居하는 것은 허락된다. 商鞅變法은 '1戶1正丁'을 지향하고 있지만, "倍其賦"를 해도 同居하겠다고 한다면 이를 금지하는 것이 아니므로 경우에 따라 5簡 K17과 9簡 K4의 사례처럼 '1戶2正丁'도 존재할 수 있다. "民有二男以上, 不分異者, 倍其賦"는 기본적으로 처벌규정이라기보다는 立戶에 따른 '受田宅'이라는 인센티브를 전제로 한 것이다. 그러나 立戶에 따른 '受田宅'이라는 인센티브

之, 乃(仍)署其籍曰 : 故某慮贅壻某叟之(乃(仍)孫."
157) 『二年律令與奏讞書』, 323~324簡, 221쪽. "諸不爲戶, 有田宅, 附令人名, 及爲人名田宅 者, 皆令以卒戍邊二歲, 沒入田宅縣官. 爲人名田宅, 能先告, 除其罪, 有(又)畀之所名田 宅, 它如律令."
158) 金珍佑, 앞의 글, 224~228쪽 ; '爲戶', 즉 立戶가 '受田宅'의 전제조건이라는 것에 대해서는 楊振紅, 「秦漢"名田宅說"-從張家山漢簡看戰國秦漢的土地制度」, 『張家山漢 簡《二年律令》研究文集』, 廣西師範大學出版社, 2007, 142쪽 참조.

에도 불구하고 현실적으로 혹은 일시적으로 立戶가 여의치 않은 同居의 戶도 존재하였을 것이고, 立戶하여 '受田宅'하는 것이 인센티브라고 느끼지 못하는 有爵者도 존재하였을 것이다. 그 경우에는 立戶하여 '受田宅'한 경우와 마찬가지로 賦稅를 납부하면 된다.

里耶의 戶籍簡에 보이는 兄弟同居와 母의 동거사례에 대해서도 덧붙일 말이 있다.

B. 兄弟와 그 자녀의 戶籍登記

번호	第1欄	第2欄	第3欄	第4欄	第5欄
3. K43	南陽戶人荊不更大□ 弟不更慶	妻曰娛 慶妻規	子小上造視 子小上造□		
8. K30/45	南陽戶人不更彭奄 弟不更說	母曰錯 妾曰□	子小上造狀		
10. K2/23	南陽戶人荊不更宋午 弟不更熊 弟不更衛	熊妻曰□□ 衛妻曰□	子小上造傳 子小上造逐 □子小上造□ 熊子小上造□	衛子小女子□	臣曰

위의 도표를 보면, 3簡 K43과 10簡 K2/238의 경우에는 동생의 妻가 나오므로 결혼한 상태임이 틀림없고 3簡 K43은 형과 동생이 각각 夫婦單位로 이뤄진 핵심가정 2호가 함께 同居하는 것이고, 10簡 K2/238은 형과 동생이 각각 夫婦單位로 이뤄진 핵심가정 3호가 함께 同居하는 것이라 할 수 있다. 同居하는 각각의 室은 單婚核家族이고 '1戶1正丁'으로 이뤄져 있다. 10簡 K2/238은 里耶의 戶籍簡에서 최대의 가족처럼 보이지만, 그 내부로 들어가면 각각의 室은 單婚核家族으로 이뤄져 있다. 『睡虎地秦簡』에 의하면, 秦代에는 "同居別財"였으므로 각각 夫婦單位로 이뤄진 이들은 각각 독립된 핵가족이었다고 보아야 한다. 각각의 夫婦單位가 戶에 해당하므로 夫婦單位로 이뤄진 兄과 동생은 각각 별도의 授田의 대상이 되었다고 해석해야 합리적이다. 3簡 K43과 10簡 K2/238의 경우에는 언제든지 分家할 수 있고 分家 후에 다시 합쳐서 同居할 수도 있다. 分家해야 受田宅의 대상이고 同居하면

受田宅의 대상이 아니라면 이렇게 同居를 선택할 리가 없다.

다만, 상기 8簡 K30/45의 사례에서는 弟의 妻가 없으므로 兄과 미혼의 동생이 同居하고 있는 사례로 보아야 할 것이다. 이 경우에는 分異해서 立戶하기 전까지는 授田의 대상이 될 수 없다. 商鞅變法은 기본적으로 1戶1正丁으로 이뤄진 핵가족화 지향한 것이었는데, 里耶의 戶籍簡에서 보듯이 1戶2正丁인 경우가 있다. 立戶受田은 庶民의 일종의 권리이고 이 때문에 조세를 납부하고 요역에 복역하는 '職事'의 의무가 생기는 것인데,159) 장정이 되어서도 分家하여 立戶하지 않는다는 것은 受田의 권리를 포기하고 국가의 의무만을 부담하겠다는 것을 의미한다. 필자는 이러한 상황이 바로 商鞅變法에서 말하는 "民有二男以上, 不分異者, 倍其賦"를 의미한다고 생각한다. 이렇게 이해해야 비로소 法令으로서 「分異令」이 가진 의미를 평가할 수 있을 것이다.

이제 마지막으로 "民有二男以上不分異者, 倍其賦"에 대한 기존의 정설에 대하여 살펴보고 매듭짓기로 하겠다. 주지하듯이 "民有二男以上不分異者, 倍其賦"에 대한 기존의 정설은 정부에서 인정한 바의 법정 성년 연령에 도달하면 반드시 分家하는 것으로 이해해왔던 것인데, 나는 分家가 결코 강제 조항도 아니고 分異하지 않고 同居할 경우 그 賦를 倍로 하는 것으로 해석한다. 그런데, "그 賦를 倍로 하는 것"에 대하여 대부분의 연구자들은 부담이 2배로 늘어나는 것으로 오해하고 있는데, 이것은 결코 '賦' 부담의 증가가 아니다. 가령, 分居하던 2戶가 同居하여 1戶가 될 경우, 즉 1戶2室이 될 경우, 이 경우 각각의 室이 同居 전의 戶에 해당한다. 그러면 分家해서 각각 賦를 납부하던 單婚核家族이 合籍하여 戶를 하나로 하고 同居한다고 해서 賦의 부담을 반으로 줄이는 것이 가능할까? 그보다는 그 경우 국가가 室을 기준으로 賦를 징수했다고 보는 것이 합리적인 해석일까? 室을 기준으로 賦를 징수했다고 이해한다면, 同居하는 戶에 賦를 배로

---

159) 張金光, 『秦制硏究』, 上海古籍出版社, 2004, 787쪽.

한다는 것은 賦의 부담이 2배로 증가하는 것이 아니라 국가의 입장에서도 개인의 입장에서도 서로 손해를 보거나 이익을 보는 것이 아닌 것으로 보아야 타당하다. 예컨대, 單婚核家族 3호가 同居한다면 賦는 3배로 늘어나지만 單婚核家族으로 分家하여 각각의 戶단위로 부담하던 것과 비교하면 부담은 동일하다고 이해해야 앞서의 里耶의 戶籍簡이나 分居하거나 同居하거나 그것은 개인의 임의의 선택사항으로 되어 있는『二年律令』과『睡虎地秦簡』의 제 규정을 모순 없이 읽을 수 있는 것이다.

『嶽麓秦簡』을 통하여 본 秦·漢初의 婚姻·奴婢·妻

I. 머리말

　　1970년대 후반의『睡虎地秦簡』공개 이후 1980년대~1990년대의 중국고대사연구는 이를 중심으로 진행되었다. 그 후 2001년에 공개된『二年律令』은 종전의 秦漢法制史硏究의 수준을 다시 끌어올렸다. 그런데 최근 秦漢法制史硏究를 새롭게 할 방대한 분량의 간독자료가 공개되고 있다. 즉 2010년『嶽麓書院藏秦簡(壹)』의 출판을 시작으로 해서 2011년『嶽麓書院藏秦簡(貳)』, 2012년『里耶秦簡(壹)』, 2013년『嶽麓書院藏秦簡(參)』등 해마다 연속해서 출판되었고, 2015년도 12월에는 秦의 律과 令이 대량으로 포함된『嶽麓書院藏秦簡(肆)』이 출판되었다. 이어서 2017년도 12월에『嶽麓書院藏秦簡(伍)』이 출판되었는데,[1] 여기에는 秦帝國의 여성의 성격을 보여주는 중요한 사료가 나오고 있다.

　　필자가 본고에서 주목한 것은『嶽麓書院秦簡(參)』과『嶽麓書院秦簡(伍)』에 보이는 婚姻·奴婢·妻와 관련된 사료이다. 中國古代의 婚姻·奴婢·同居·分異

---

1) 朱漢民·陳松長主編,『嶽麓書院秦簡(壹)』, 上海辭書出版社, 2010 ; 朱漢民·陳松長主編,『嶽麓書院秦簡(貳)』, 上海 : 上海辭書出版社, 2011 ; 朱漢民·陳松長主編,『嶽麓書院秦簡(參)』, 上海 : 上海辭書出版社, 2013 ; 朱漢民·陳松長主編,『嶽麓書院秦簡(肆)』, 上海 : 上海辭書出版社, 2015 ; 陳松長主編,『嶽麓書院秦簡(伍)』, 上海 : 上海辭書出版社, 2017.『嶽麓秦簡(伍)』이후 陳松長主編,『岳麓書院藏秦簡(陸)』, 上海 : 上海辭書出版社, 2020 ; 陳松長主編,『岳麓書院藏秦簡(柒)』, 上海 : 上海辭書出版社, 2022이 출간된 상태이다. 본고에서는 이 가운데, 주로『嶽麓秦簡(參)』과『嶽麓秦簡(伍)』의 사료를 이용한다.

와 관련해서는 일찍이 『睡虎地秦簡』이 발표되면서 심도 있는 논의가 진행되기 시작하였고, 2000년대 이르러 『二年律令』이 공식 출판되면서 婚姻·女性·奴婢·同居·室人·分異와 관련된 여러 논문이 발표되었다.

『嶽麓秦簡(參)』의 「爲獄等狀四種」案例七 '識劫婉案'(이하 '識劫婉案'으로 표기한다)에서는 주인인 大夫 沛가 婉을 免賤하여 庶人이 되게 하였다는 내용이 나온다. 이 내용은 『二年律令』의 규정과도 연결된다. 이런 사례를 포함하여 몇 가지 내용이 『二年律令』 이후 활발하게 논쟁이 되었던 주제가 포함되어 있다. 예를 들어 沛의 隷인 識이 沛와 同居하였다는 내용이 나오고, 同居한 지 3년이 되었을 때 識을 위해 妻를 취하게 하고 다시 1년이 지난 후에는 識을 위해 室을 매입해주고, 말 1필과 稻田 20畝를 나누어 주고, 識을 分異하였다는 내용이 나온다. 이외에도 결코 길지 않은 이 내용에는 戶籍制度, 土地制度, 分異法, 隷屬民의 성격, 同居의 개념 등과 관련하여 주목할 만한 내용을 포함하고 있다. 『嶽麓秦簡(伍)』, 001簡-020簡에는 秦代의 妻의 실태를 이해하는 데 도움이 되는 사료를 포함하고 있다. 본고에서는 주로 '識劫婉案'에 대한 분석을 중심으로 논의를 진행하고, 그 외에 『嶽麓秦簡(伍)』, 001簡-008簡을 이용하여 秦·漢初의 婚姻·奴婢·妻의 實態를 주제로 논의를 진행하고자 한다.

II. 秦·漢初의 婚姻·室人

1. 秦·漢初의 婚姻

『嶽麓秦簡(參)』의 '識劫婉案'에서는 노예였던 女子를 妻로 하는 것과 관련해서 다음과 같은 내용이 나온다.

婉의 진술 : "義와 同居하였는데, 예전에는 大夫인 沛의 妾이었습니다. 沛는 저(媋)를 총애하여 아들 義와 딸 妖을 낳았습니다. 沛의 妻인 危는 10년 전에 사망하였습니다. [그 이후] 沛는 다시 처를 맞이하지 않았습니다. 대략 2년이 지난 후에 沛는 저(媋)를 免賤하여 庶人이 되게 하고 저(媋)를 처로 삼았습니다. 저(媋)는 또 아들 必과 딸 若을 낳았습니다. 2년이 지난 후에 沛는 宗人(宗族 關係에 있는 사람)이자 里人인 大夫 快와 臣·走馬인 拳·上造인 嘉와 頡에게 알려서 말하기를, 「나(沛)는 媋의 處所에 4명의 자식을 가졌으며 다시 妻를 두지 않았다. 媋을 宗人에 입적시키고 里의 單賦를 내게 하고, 里人과 더불어 음식을 먹게 하고 싶다.」라고 했습니다. (그러자) 快 등이 말하기를, 「좋습니다. 媋은 즉시 宗人에 입적시키고, 里人이 불행히 죽어서 單賦를 내는 것을 다른 사람의 妻와 같게 하십시오.」라고 하였습니다. … (沛가) 媋에게 알리지 않았기 때문에 호적에 妻로 되어 있지 않고 免妾으로 되어 있는 까닭을 알지 못합니다. 나머지는 전에 진술한 것과 같습니다."라고 하였다.[2)]

이상의 사료에 의하면, 媋은 원래 大夫인 沛의 노예(妾)이었는데, 大夫인 沛의 총애를 받아 아들 義와 딸 妖을 낳았고, 이후 媋을 免賤하여 庶人이 되게 하고 媋을 처로 하였다는 것이다. 여기에서 妾은 일반적으로 흔히 말하는 妻妾의 妾이 아니라 臣妾의 妾, 즉 여자 노예를 가리키는 말이다.[3)] 秦代의 結婚制度와 관련하여 위의 사료에서 주목되는 것은 "沛는 媋을 免賤하여 庶人이 되게 하고 媋을 처로 삼았습니다."라는 내용에서 알 수 있듯이,

---

2) 『嶽麓秦簡(參)』, 112~119簡, 32~33쪽, "媋曰 : 與羛(義)同居, 故大夫沛妾. 沛御媋, 媋産羛(義)·女妖. 沛妻危以十歲時死, 沛不取(娶)妻. 居可二歲, 沛免媋爲庶人, 妻媋. 媋有(又)産男必·女若. 居二歲, 沛告宗人里人大夫快·臣, 走馬拳, 上造嘉·頡曰 : 沛有子媋所四人, 不取(娶)妻矣. 欲令媋入宗, 出里單賦, 與里人通歙(飮)食. 快等曰 : 可. 媋卽入宗, 里人不幸死者出單賦, 如它人妻. … 不告媋, 不智(知)戶籍不爲妻·爲免妾故. 它如前."; 『嶽麓秦簡(參)』의 '識劫媋案'의 번역은 林炳德, 「『岳麓書院藏秦簡』「爲獄等狀四種」案例七識劫媋案考」, 『中國史研究』 110, 2017에 의한다.
3) 춘추전국시기의 노비의 공식적인 용어는 臣妾이었다. 奴와 婢가 합쳐진 奴婢라는 용어는 현재까지 漢代 이전의 사료에서는 보이지 않는다.

남자는 자기 소유의 노예를 庶人으로 해방할 수 있고, 해방한 노예를 자신의 처로 삼는데, 국가의 허가를 받을 필요가 없었다는 것이다. 또한 처로 인정받기 위해서는 宗人에 입적시키고 里의 單賦를 내야한다는 내용도 주목할 만한 내용이다. 單賦의 單은 僤으로 漢代는 특정 목적의 私人結合 혹은 結社인데,4) 單賦를 낸다는 것은 鄕里에서 처로 인정받는 절차를 의미한다고 할 수 있다. 즉 沛가 자신의 妾인 娩을 免賤하여 庶人이 되게 하고 娩을 처로 삼는 과정에서 사회적 승인을 받는 절차를 거쳤는데, 호적에 이를 명기하는 과정, 즉 국가의 법적인 승인을 거치지 않았다는 것이 확인된다. 최근 佐々木滿實(사사키 미츠자네)은 이 자료를 근거로 秦·漢初의 婚姻과 관련하여 일반적으로 혼인은 관부에 신고할 의무가 있었다고 보는 기존의 연구에 대하여 관부의 신고가 혼인을 성립시키는 절대적인 조건이 아니었다는 新說을 발표하였다.5) 佐々木滿實은 위의 사료를 근거로 처를 ① 당사자 간의 사적인 관계에 의한 妻, ② 공동체에 의해서 사회적으로 승인된 妻, ③ 호적에 등록되어 법적으로 인가된 妻로 각각 분류하고 있다.6) 娩의 경우는 ①과 ②의 과정을 거쳤고, ③의 법적인 절차는 거치지 않은 상태였다는 것은 다음과 같은 내용에서도 확인된다.

- 鄕嗇夫 唐과 鄕佐인 更의 진술 : "沛는 娩을 免賤하여 庶人이 되게 하였고, 바로 戶籍에 '免妾'이라고 기록했습니다. 沛는 나중에 娩을 처로 삼았지만, 鄕嗇夫인 唐과 鄕佐인 更에게 알리지 않았습니다. 지금 戶籍에 '免妾'으로 되어 있습니다. 다른 것은 알지 못합니다."7)

---

4) 王彦輝, 「秦簡"識劫案"發微」, 『古代文明』 9-1, 2015-1, 82쪽.
5) 佐々木滿實, 「秦代·漢初における〈婚姻〉について」, 『ジェンダー研究』(お茶の水女子大學ジェンダー研究年報), 2017.
6) 위의 글, 93쪽.
7) 『嶽麓秦簡(參)』, 126簡, 35쪽, "・卿(鄕)唐·佐更曰:沛免娩爲庶人, 卽書戶籍曰:免妾. 沛後妻娩, 不告唐·更. 今籍爲免妾. 不智(知)它(123簡-125簡)."

沛는 婉을 免賤하여 庶人이 되게 하였고, 바로 戶籍에 '免妾'이라고 기록하고 있다. 沛는 나중에 婉을 妻로 삼았지만, 鄕嗇夫인 唐과 鄕佐인 更에게 알리지 않았기 때문에 妻로 되지 않았다. 즉 당시 호적등기는 鄕에서 관리되었고, 등기변경의 과정을 鄕嗇夫와 鄕佐가 담당하고 있음을 알 수 있다. 이 내용은 『二年律令』의 규정과도 일치한다. 『二年律令』에 따르면, 8월에는 항상 鄕部嗇夫·吏·令史에게 함께 호적을 조사하게 하고, [호적의] 副本을 관청에 보관토록 하고, 주거지를 옮긴 자가 있으면, 변동이 발생할 때마다, 호적과 연적, 작위 등의 세밀한 사항을, 옮긴 곳에 이첩하고 함께 봉하는 것으로 되어 있다. 실제로 호적을 옮기지 않으면 里正과 典田, 鄕部嗇夫·吏主 및 호적을 조사하는 자 모두 벌금을 내도록 되어 있다.[8]

그런데, 위의 기록에 따르면, 沛는 나중에 婉을 妻로 삼았지만, 鄕嗇夫인 唐과 鄕佐인 更에게 알리지 않았다는 것이고, 따라서 戶籍에는 단지 '免妾'으로만 되어 있다는 것이다. 그러면 최종판결에서 婉은 과연 妻로 인정을 받았던 것일까? 이에 대한 최종 판결은 다음과 같이 되어 있다.

- 취조한 결과에 따른 범죄사실의 총괄 : 婉은 大夫인 沛의 妾이었습니다. 沛는 婉을 총애하였고, 婉은 義·姎을 낳았습니다. 沛의 妻인 危가 사망하자 沛는 婉을 免賤하여 庶人으로 하였고, 妻로 하였습니다. [婉은 또 必·若을 낳았습니다. 호적에는 妾을 免한 것으로 되어 있습니다. … 婉이 大夫의 妻인지, 庶人으로 해방되었는지와 識의 죄가 있는지 의심스럽습니다. 구속하였습니다. 다른 안건에 관해서는 縣이 이미 논하였습니다. 감히 심리한 결과를 제출하고 請讞합니다.

---

8) 『二年律令與奏讞書』, 328簡~330簡, 222쪽, "恒以八月令鄕部嗇夫·吏·令史相襍案戶籍, 副臧(藏)其廷. 有移徙者, 輒移戶及年籍爵細徙所, 並封. 留弗移, 移不並封, 及實不徙數盈十日, 皆罰金四兩 ; 數在所正·典弗告, 與同罪 ; 鄕部嗇夫·吏主及案戶者弗得, 罰金各一兩" ; 金秉駿, 「樂浪郡 初期의 編戶過程과 '胡漢稍別'-「樂浪郡初元四年縣別戶口多少□□ 木簡을 단서로」, 『木簡과文字』 창간호, 2008, 145~150쪽 ; 林炳德, 「『岳麓書院藏秦簡』「爲獄等狀四種」案例七識劫婉案考」, 『中國史硏究』 110, 2017, 249~250쪽.

- 廷尉屬官이 제출한 의론 : 娩은 大夫□의 妻로 하고, 識은 貲二甲에 처한다. 다른 의론 : 娩은 庶人으로 하고, 識은 完하여 城旦으로 하고, 絫(縲)足해서 蜀으로 보낸다.[9]

최종 판결에 따르면, 娩은 大夫인 沛의 妻로 한다는 의견과 娩은 庶人으로 한다는 의견이 제시되고 있다. 후자의 다른 의론에서의 "娩은 庶人으로 하고, 識은 完하여 城旦으로 하고, 絫(縲)足해서 蜀으로 보낸다."라는 것은 "娩은 大夫 沛의 妻로 하고, 識은 貲二甲에 처한다."라고 되어 있다. 이 판결에서 戶籍에 등록되어 법적으로 인가되지 않은 娩을 妻로서 인정을 한 것일까? 結審은 불분명하지만, 佐々木滿實은 娩은 大夫 沛의 妻로 인정되었을 것으로 추정하고 있다.[10] 필자 역시 이 견해에 동의하지만, 필자는 大夫 沛가 娩을 '免妾'으로 등기한 것만으로도 이미 법적인 절차를 거친 것으로 이해하고 있기 때문에 법적인 절차는 거치지 않은 상태였다는 그의 견해에 대해서는 동의하기 어렵다.

2. 妻의 登錄과 室人

『睡虎地秦墓竹簡』에 따르면,

여자 갑이 어떤 사람의 처가 되었다가 도망쳤는데, 그 후 체포되거나 자수를 한 상황에서 그녀가 아직 연소하여 키가 6척이 되지 않은 상태라면, 논죄하는 것이 타당한가? ① 그 혼인이 이미 관부의 인가를 거쳤다면, 마땅히 논죄해야 하고, ② 관부의 인가를 거치지 않았다면, 논죄하는

---

9) 『嶽麓秦簡(參)』, 131~136簡, 35~36쪽, "・鞫之 : 娩爲大夫沛妾. 沛御娩, 娩産羛(義)・嫉. 沛妻危死, 沛免娩爲庶人, 以爲妻. 有(又)産必・若. 籍爲免妾. … 疑娩爲大夫妻・爲庶人及識辠(罪). 馭(繫). 它縣論. 敢讞(讞)之. ・吏議 : 娩爲大夫□妻 ; 貲識二甲. 或曰 : 娩爲庶人 ; 完識爲城旦, 絫(縲)足輸蜀."

10) 佐々木滿實, 앞의 글, 92쪽.

것이 타당하지 않다.11)

라 하여 ①의 已官은 관부에 의해서 혼인이 등록된 상태, ②의 未官은 혼인이 관부의 인가를 거치지 않은 것으로 해석하는 것이 일반적이다.12) 또한,

> [율문에서 말하기를], "이혼하고서도 그 사실을 관청에 등기하지 않으면, 벌금 2甲을 부과한다"라 한다. 이혼당한 처 역시 논죄하는가? 처에게도 벌금 2갑을 부과한다.13)

『睡虎地秦墓竹簡』의 위의 내용은, 이혼과 같은 가족구성상의 변화가 있을 때는 신고하는 것이 의무였음을 알 수 있다. 이혼 시에 관청에 등기해야 한다면 妻로 등기하는 것도 의무였다고 보는 것이 자연스러워 보인다. 妻를 戶籍에 등록하는 것은 戶主였다. 앞서 살펴보았듯이 戶主인 大夫 沛는 免妾된 婗을 호적상 '免妾'으로만 등기하고 '妻'로는 등기하지 않았다. 免妾된 婗은 私的으로는 夫妻관계와 共同體에 의해서 이미 사회적으로 승인된 妻이었다. 중요한 것은 婗이 노예인 '妾'으로 등록되었거나 '免妾'으로 등록되었거나 '妻'로 등록되었거나 모두 戶籍에 어떠한 형태로 등록되었다는 점에서, 즉 '同居' 혹은 '室人'의 상태였다는 점에서는 동일하다. 국가의 戶籍 관리의 입장에서 보았을 때, 女子인 婗이 어떠한 신분으로 등록되었는지는

---

11) 『睡虎地秦簡』「法律答問」; 陳偉主編, 『秦簡牘合集』, 武漢大學出版社, 2014, 『睡虎地秦簡』「法律答問」166號簡, 263쪽. "女子甲爲人妻, 去亡, 得及自出, 小未盈六尺, 當論不當? 已官, 當論; 未官, 不當論." 해석은 수호지진묘죽간정리소조 엮음, 윤재석 옮김, 『수호지진묘죽간 역주』, 소명출판, 2010을 참고함.
12) 睡虎地秦墓竹簡整理小組의 해석 및 陳偉主編, 『秦簡牘合集』, 武漢大學出版社, 2014, 「法律答問」166號簡, 263쪽의 주석도 '已官'을 관부에 의해서 혼인이 등록된 상태로 해석하고 있다.
13) 陳偉主編, 『秦簡牘合集』(『睡虎地秦簡』「法律答問」) 166號簡, 263쪽, "「棄妻不書, 貲二甲.」其棄妻亦當論不當? 貲二甲."

크게 중요한 것은 아니었을 것이다. 노예인 '妾'이라고 해서 혹은 '免妾'이라고 해서 '妻'라고 해서 '室人'을 달리하는 것도 아니다. 국가의 입장에선, 명확히 신분을 기재하는 것보다 호적상에 등록되어 '同居' 혹은 '室人'의 상태로 관리되는 것이 더욱 중요하였을 것이다. 노예인 '妾'인지 혹은 '免妾'인지 '妻'인지는 신고자가 신고하지 않으면 알 수가 없다. 이혼 시에 관청에 등기해야 하는 것이나 정상적인 혼인 후 妻로 등기하는 것은 同居 혹은 室人을 달리하는 것이고, 노예인 婉을 '妻'로 하거나 '免妾'상태로 등기하는 것은 同居 혹은 室人을 달리하는 것이 아니다. 전자와 후자는 차원이 다른 것이라 하지 않을 수 없다. 佐々木滿實은 노예인 婉을 '妻'로 하지 않고 '免妾'상태로 두는 것을 법적으로 혼인 후 처로 등기하지 않아도 되는 것으로 확대해석하였다. 婉을 '妻'로 등기하는 것이나 '免妾'으로 등기하는 것이나 모두 등기 이전과 비교하여 '同居' 혹은 '室人'이 변화하는 것이 아니다. 즉 婉은 妾으로 등기되었을 때나 免妾으로 등기되었을 때나, 혹은 장차 妻로 등기하거나 똑같이 大夫 沛를 호주로 하는 室人의 범주에 있었다는 점에서는 동일하다. 戶籍에 '免妾'으로만 명기하면 大夫 沛의 입장에서나 국가의 입장에서나 아무런 문제가 없다. 반면에, 일반적인 婚姻이나 離婚은 그 이전의 '同居' 혹은 '室人'을 달리하는 것이므로 호적상의 구성의 변화를 수반한다. 따라서 반드시 등기를 해야 한다. 왜냐하면, 특히 '室人'은 범죄의 연좌와 관련이 있기 때문이다. 이와 관련해서는 아래의 秦律과 漢律에 잘 나타나 있다.

① 죄인을 은닉하여 貲2甲 이상 贖死에 이르는 형벌을 받은 사람의 室人이 있을 경우, 18세 이상인 자는 각각 貲1甲에 처한다. 그 노비는 연좌되지 않는다. (里)典·田典은 …14)
② 호주가 도망한 收人·隸臣妾을 은닉하면 耐爲隸臣妾에 처하고 그 室人이

---

14) 『嶽麓秦簡(肆)』, 001簡, 39쪽, "匿罪人當貲二甲以上到贖死, 室人存而年十八歲以上者, 貲各一甲, 其奴婢弗坐, 典·田典."

있어 18세(이상)인 자는 각각 그에 비하여 같은 법으로 처리하고 그 노비는 연좌하지 않으며, (里)典·田典·伍人이 고하지 아니하면 貲1盾에 처한다. 그 은닉한 (죄인을) 里中에 데리고 돌아올 경우 (里)典·田典은 貲1甲에 처하고 伍人은 貲1盾에 처한다. 죄인을 은닉하되 비록 이를 숨기지 않았을지라도 그 정황을 알면서 그 室에 있게 하면 …15)

③ 죄인으로 完城旦·鬼薪 이상인 자, 그리고 간통하여 궁형에 처해진 자는 모두 그 처·자식·재물·전택을 몰수한다.16)

①과 ②를 통하여 18세 이상의 '室人'은 연좌의 범주에 속해 있음을 알 수 있다. 특히 그 범죄가 完城旦·鬼薪 이상인 자, 그리고 간통하여 궁형에 처해진 자의 처·자식·재물·전택은 몰수의 대상이 된다고 되어 있다. 이 경우 노예는 주인의 재물에 속하므로 몰수의 대상이 된다. 이혼, 혹은 혼인은 '室人'을 단위로 하는 범죄 연좌의 대상에서 제외되거나 포함되는 것을 의미하는 것이므로 신고하는 것이 당연한 의무였다.

① 女子 南이 齊의 國族인 田氏인 자로 長安으로 거처를 옮기게 되었습니다. 闌이 그녀를 호송해 가는 도중에 그녀를 妻로 娶하고, 모두 함께 고향인 臨淄로 돌아가고자 하였는데, 關을 벗어나기 전에 체포되었습니다.…闌은 女子 南을 娶해서 妻로 할 수 없다. 그런데도 娶해서 妻로 삼았고, 함께 臨菑(淄)로 돌아가고자 하였던 것은 闌이 '來誘'죄 및 '奸'죄에 해당되며, 女子 南은 諸侯에게 도망한 죄에 해당하며, 闌은 이를 숨겨주었다는 것이다.17)

---

15) 위의 책, 003~004簡, 39~40쪽, "主匿亡收·隸臣妾, 耐爲隸臣妾, 其室人存而年十八歲者, 各與其疑同灋, 其奴婢弗坐, 典·田典·伍弗告, 貲一盾, 其匿□□歸里中, 貲典·田典一甲, 伍一盾, 匿罪人雖弗敝(蔽)貍(埋), 智(知)其請(情), 舍其室,"
16) 『二年律令與奏讞書』, 174簡, 159쪽, "罪人完城旦·鬼薪以上, 及坐奸府(腐)者, 皆收其妻·子·財·田宅."
17) 『二年律令與奏讞書』, 18~20簡, 338쪽, "南, 齊國族田氏, 徙處長安, 闌送行, 取(娶)爲妻,

② 解에 대한 심문 : 여자 符는 비록 大夫인 明의 처소에 명적이 등록되었지만, 실은 도망인이다. • 律에는 "도망인을 娶해서 처로 삼으면 '黥爲城旦'에 처하고, [도망한 자임을] 몰랐다 하더라도 감형할 수 없습니다."라고 되어 있다. 隱官인 解는 비록 알지 못했다 하더라도 마땅히 도망인을 娶해서 처로 삼은 것으로 논죄해야 한다. 어떻게 해명할 것인가? 解의 진술 : 유죄입니다. 달리 해명할 것이 없습니다.18)

위의 ①, ②의 『奏讞書』의 사례처럼 도망범을 妻로 할 경우 黥城旦의 무거운 처벌을 받았다. 도망범의 사례를 포함하여 혼인할 수 없는 사례가 秦漢律에 열거되고 있는데, 佐々木滿實은 국가는 인민의 혼인 성립 자체에는 직접 관여하지 않았지만, 그것이 국가의 지배의 입장에서 허용할 수 없는 경우에는 규제나 개입을 행하였고, 규제의 대상이 되었던 것은 人妻나 자매·주인을 妻로 하는 등 사회윤리나 국가가 규정하는 가족질서나 주종관계에 反하는 혼인이나 범죄행위를 계기로 하는 혼인 등 국가의 치안유지에 反하는 혼인, 또는 도망자나 他國人과의 혼인 등 국가의 인민지배·영역지배에 반하는 혼인이었다는 결론을 내리고 있다.19) 필자는 佐々木滿實의 秦·漢初의 婚姻의 사례와 실태에 대한 이러한 분석에 동의한다. 佐々木滿實의 지적처럼 국가는 인민의 혼인 성립 자체에는 직접 관여하지 않았지만, 또한 국가에서 허용하지 않는 혼인을 제외하고 누구를 妻로 할 것인가의 선택은 자유이지만, 누구를 妻로 할 것인가의 선택의 자유가 혼인 후 室人의 변동을 신고하는 것이 자유라는 것을 의미하는 것이 아니라고 생각한다. 당연히 신고를 해야만 한다. 호적상에 원칙적으로 妻가 등재되었다는 것은

與偕歸臨菑(淄), 未出關得, 它如刻(劾).… 闌非當得取(娶)南爲妻也. 而取(娶)以爲妻, 與偕歸臨菑(淄), 是闌, 來誘及奸, 南, 亡之諸侯, 闌, 匿之也."

18) 『二年律令與奏讞書』, 30~31簡, 341쪽, "詰解 : 符雖有名數明所, 而實亡人也. • 律 : 取(娶)亡人爲妻, 黥爲城旦. 弗智(知), 非有減也. 解, 雖弗智(知), 當以取(娶)亡人爲妻論, 何解? 解曰 : 罪, 毋解."

19) 佐々木滿實, 앞의 글, 96쪽.

2007년도에 새롭게 공개된 『里耶秦簡』의 보고서에 보이는 중국 最古의 戶籍文書에 잘 나타나있다.[20] 그 戶籍文書에 의하면 單純家族 혹은 擴大家族 이냐 하는 가족의 형태에 따라 차이가 있기는 하지만, 妻가 있는 경우에 빠짐없이 戶主 아래 妻가 기록되어 있음을 알 수 있다. 이것을 보더라도 적어도 戶籍을 작성할 때에 妻는 당연히 가족구성원으로 登記되는 것이었음을 알 수 있다. 그런데, 大夫인 沛의 노예였던 嬽을 '免妾'하고 다시 妻로 삼았는데, 大夫인 沛는 왜 처로 등기하지 않았던 것일까? 이와 관련해서는 주인과 노비와의 관계에 대한 다음의 『二年律令』의 규정을 주목할 필요가 있다.

> 노비가 착한 일을 해서 노비의 주인이 노비 신분을 免하게 하려는 경우는 이를 허용한다. 남자 奴婢는 私屬이라고 부르고 여자 奴婢는 庶人이 된다. 모두 勞役과 人頭稅는 면제하는데, 부리는 것은 노비 때와 마찬가지로 한다. 주인이 죽거나 혹은 주인에게 죄가 있으면, 私屬을 庶人으로 하고, 肉刑을 받게 된 사람은 隱官으로 한다. 노비의 신분에서 벗어난 사람이 선량하지 않으면, 노비 신분에서 면해진 자는 다시 노비로써 몰입할 수 있다. 도망해서 다른 죄를 지었을 경우 奴婢律로 논죄한다.[21]

상기 『二年律令』의 규정의 주요 내용은 다음 3가지로 요약할 수 있다.

---

20) 『里耶秦簡』은 1호정 출토 3만7천여 매와 북측의 城壕에 수몰된 K11이라 불리는 坑에서 발굴된 51매로 크게 구분된다. 후자가 소위 里耶戶籍簡이다. 戶籍簡은 井戶의 자료가 아니고 古城北의 壕의 底部(K11)에서 출토했던 것이다. 정리된 것은 10매와 殘簡 14매이다. 완전한 것은 길이가 46cm(秦代의 2척)으로 폭은 0.9~3cm라고 한다(『發掘報告』, 203쪽). 『發掘報告』는 "整簡10매, 殘簡 14매"라 하고 있지만, 이 숫자는 25簡에서 28簡의 無字簡을 제외하고 있다(林炳德, 「里耶秦簡을 통해서 본 秦의 戶籍制度-商鞅變法·同居·室人·戶에 대한 再論-」, 『東洋史學研究』 110, 2010, 참고).
21) 『二年律令與奏讞書』, 162簡~163簡, 155쪽, "奴婢爲善而主欲免者, 許之, 奴命曰私屬. 婢爲庶人, 皆復使, 及筭(算)事之如奴婢. 主死若有罪, 以私屬爲庶人. 刑者以爲隱官. 所免不善, 身免者得復入奴婢之. 其亡, 有它罪, 以奴婢律論之."

① 노비가 선한 일을 하면 주인이 노비를 노비신분에서 방면할 수 있다. ② 방면된 노비의 명칭은 남자는 私屬, 여자는 庶人이 된다. ③ 노비의 신분에서 벗어난 사람이 선량하지 않으면, 노비 신분에서 면해진 자는 다시 노비로써 몰입할 수 있다. 沛가 자신의 여자노비인 媛을 免賤하여 庶人으로 하였다는 내용은 이『二年律令』의 규정과 일치한다. 여기에서 大夫 沛가 자신의 노비인 媛을 免賤하여 庶人이 되게 하고 媛을 妻로 삼는 과정에서 사회적 승인을 받는 절차를 거쳤는데, 호적에 妻로 등기하지 않은 점과 관련해서 주목되는 것은, 해방을 해도 부리는 것은 노비 때와 마찬가지라는 점과 노비의 신분에서 벗어난 사람이 선량하지 않으면, 노비 신분에서 면해진 자는 다시 노비로써 몰입할 수 있다는 규정이라고 생각한다. 大夫 沛는 媛을 妻로 삼기 이전에 妻가 있었다. 大夫 沛의 최초의 妻인 危는 결혼 후 당연히 호적에 등기되었을 것이다. 媛은 大夫 沛의 최초의 妻인 危가 죽고 나서 大夫 沛의 처가 되었다. 媛은 大夫 沛의 노비로 放免을 거치고 공동체의 승인을 거쳐 妻로 승인이 되었다. 그러나 법률 규정에 따르면, 大夫 沛는 媛이 원래 자신의 노비였기 때문에 언제든지 '不善'을 이유로 노비로 다시 沒入할 수 있다. 戶籍에 이미 '免妾'으로 등기한 상태에서 이를 다시 妻로 등기할 것인가 하는 문제는 전적으로 戶主인 大夫 沛의 권한이었고, 이 부분은 국가가 관여할 이유가 없다. 戶主인 大夫 沛는 媛을 '免妾'으로만 등기해도 '室人'이기에 문제가 될 것이 없었고 大夫 沛의 입장에서 굳이 호적에 이 사실을 등기해야 할 이유도 없다. 그런데 戶籍에 등록하지 않은 상태에서 戶主인 沛는 사망하였다. 戶籍에 등록하는 것은 大夫 沛의 권한이었으므로 免妾된 媛은 물론 그와 관련해서는 아무런 책임이 없었다. 秦의 율령은 '室人' 혹은 同居를 연좌의 단위로 하고 있으므로 결혼해서 妻를 맞이하게 되면 호적상 등기하여 室人 혹은 同居에 속하는 것을 명확히 해야 하고, 이혼 후에는 室人에 벗어난 것을 명확히 해야만 한다. 요컨대, 戶主인 大夫 沛가 媛을 '免妾'으로만 등기하고 '妻'로 표기하지 않아도 媛은 大夫 沛의 妾이었기 때문에 처음부터 戶籍上 大夫 沛의 戶籍,

즉 戶籍上의 同居로 등기된 상태였다. 즉 婉이 자신을 戶主로 하는 同居의 범주에 있다는 것이 명확하므로 법률적으로 전혀 문제가 되지 않았던 것이다. 또한 同居 상태에서 '免妾'으로 하였기 때문에 婉은 大夫 沛의 室人에 속하는 것으로 이해가 된다. 秦·漢初의 婚姻과 관련하여 관부의 신고가 혼인을 성립시키는 절대적인 조건이 아니었다는 佐々木滿實의 견해는 大夫 沛와 그의 노예였던 婉의 특수한 사례(戶籍上 이미 室人이었던)를 근거로 한 것이었으므로 일반화하기는 곤란하지 않을까 싶다.

III. 秦·漢初의 奴婢와 妻의 實態

1. 秦·漢初의 隸

秦·漢初의 노비에 대한 법률규정은 앞서 『二年律令』의 규정에서 살펴보았 듯이 우리가 일반적으로 이해하는 노비와 다르다. 이 『二年律令』의 규정에 따라 필자는 婉은 비록 大夫 沛의 妻가 되었지만 본래는 大夫 沛의 노비였기 때문에 언제든지 大夫 沛가 다시 노비로 몰입할 수 있었다는 지적을 하였다. '識劫婉案'에는 大夫 沛의 여자노비인 婉과 함께 大夫 沛의 남자노비인 識이 나온다. 남자노비인 識에 관해서도 다음과 같은 주목할 만한 내용이 나온다.

> 識은 본래 沛의 隸로 沛와 同居하였습니다. 沛는 [識을 隸로 하여] 同居한 지 3년이 되었을 때 識을 위해 妻를 취하게 하였습니다. 1년이 지난 후에는 識을 위해 집을 매입하였는데, 가격은 5千錢이었습니다. [또한] 말 1필과 稻田 20畝를 나누어 주어 識을 分異하였습니다. [금년에] 識이 從軍하였을 때 沛가 죽었습니다. (識이) 돌아와서 나(婉)에게 말하기를, 「沛가 죽기 전에 布肆와 舍客室을 준다고 했으니 내(識)가 이를 가지고자 한다.」라고 했습니다. … 識이 말하기를, 「婉은 자산을 숨기고 나(識)에게 주지 않으니

나(識) 또한 婉을 고발할 것이다」라고 했습니다. 저(婉)는 재산을 은닉한 까닭에 즉시 布肆와 舍客室을 주었습니다. 沛는 죽기 전에 布肆와 舍客室을 識에게 주려고 하지 않았습니다.[22]

이 내용을 정리하면 이하와 같다. ① 識은 본래 沛의 隸로 沛와 同居하였다. ② 大夫 沛는 자신의 노예인 識과 同居한 지 3년이 되었을 때 識을 위해 妻를 취하게 하였다. ③ 1년이 지난 후에는 識을 위해 집을 매입하였는데, 가격은 5千錢. 말 1필과 稻田 20畝를 나누어 주어 識을 分異하였다. ④ 識이 從軍하였을 때 沛가 죽었다. ⑤ 婉을 겁박하였다. 이 내용 가운데 沛가 자신의 노예인 識과 同居한 지 3년이 되었을 때 識을 위해 妻를 취하게 하였다는 점이 주목된다.

- 識의 진술 : "저는 어릴 적부터 沛의 隸였습니다. 沛가 上造 狗에게 上造 羽의 딸인 齡을 저(識)의 처로 삼게 해달라고 요청하였습니다. 이때 沛가 狗로 하여금 羽에게 알리도록 해서 말하기를, 「장차 布肆와 舍客室을 너(識)에게 줄 것이다」라고 하였습니다. 羽는 이에 沛의 요청을 허락했습니다. 沛는 이미 저(識)를 위해 齡을 아내로 맞도록 하고 저(識)를 위해 집을 사서 주고 馬와 田도 나누어주며 저(識)를 分異하도록 했지만, 布肆와 舍客室을 저(識)에게 주지는 않았습니다."[23]

상기 사료의 내용 가운데서도 특히 沛가 자신의 隸인 識을 위해 妻로

---

22) 『嶽麓秦簡(肆)』, 115簡~119簡, 33쪽, "識故爲沛隸, 同居. 沛以三歲時爲識取(娶)妻;居一歲爲識買室, 賈(價)五千錢, 分馬一匹·稻田廿畝, 異識. 識從軍, 沛死. 來歸, 謂婉曰:沛未死時言以肆·舍客室鼠(予)識, 識欲得. … 識曰:婉匿訾(貲), 不鼠(予)識, 識且告婉. 婉以匿訾(貲)故, 卽鼠(予)肆·室. 沛未死, 弗欲以肆·舍客室鼠(予)識. 不告婉, 不智(知) 戶籍不爲妻·爲免妾故. 它如前."
23) 위의 책, 119簡~121簡, 33~34쪽, "•識曰:自小爲沛隸. 沛令上造狗求上造羽子女齡爲識妻. 令狗告羽曰:且以布肆·舍客室鼠(予)識. 羽乃許沛. 沛已(已)爲識取(娶)齡, 卽爲識買室, 分識馬·田, 異識, 而不以肆·舍客室鼠(予)識."

삼고자 하였던 대상이 上造 羽의 딸인 䭼이었다는 점은 언뜻 이해하기 어렵다. 그런 이유 때문에 위의 사료에 나오는 隷와 관련하여 '罪隷'이나 '奴隷'는 아니라는 지적이 있었고,[24] 심지어 賈麗英은 婉이 請讞 시에 識을 '公士識'으로 표현하고[25] 있는 것에 주목하여 隷가 爵位를 가진 존재일 가능성이 있다고 보기도 하였다.[26] 무엇보다 노예인 識이 上造 羽의 딸인 䭼을 처로 삼는다는 것을 이해하기 어려웠기 때문에 이러한 다양한 견해가 나온 것이라 할 수 있다. 그러나 결론적으로 말하자면, 秦·漢初의 노비에 대한 법률규정과 특히 다른 시기에 볼 수 없는 秦·漢初의 노비 및 국가운영의 방식을 감안할 때, 상기 기록에 나오는 隷는 노비로 보는 것이 합리적이라고 생각한다. 먼저, 上造 狗에게 上造 羽의 딸인 䭼을 자신의 隷인 識의 妻로 삼도록 중매를 한 것은 주인인 大夫 沛이었다는 점이 주목된다. 나름 상당한 재력가로 보이는 大夫 沛가 그때 내세운 것은, 識의 진술에 따르면, 識의 신분이 아니라 識에게 자신의 布肆와 舍客室을 줄 것이라는 약속이었다. 여기에서 肆는 점포이고 市布肆는 布를 판매하는 상점이며,[27] 舍客室은 숙박용 객실이다.[28] 물론 이것은 識의 일방적인 주장이고, 나중에 허위로 밝혀졌지만, 大夫 沛가 자신의 노비인 識에게 집을 사서 주고 상당히 고가였던 馬와 田도 나누어주며 分異하였다는 것은 확실하다. 秦의 『里耶秦簡』에는 貰贖錢에 대한 기록이 J1[9]1~J1[9]12호간에 걸쳐 나오고 있다.[29] 高價인

---

24) 陳絜,「嶽麓簡"識劫婉案"與戰國家庭組織中的依附民」,『出土文獻硏究』14, 中西書局, 2015, 87~96쪽 ; 劉欣寧,「里耶戶籍簡牘與"小上造"再探」, 簡帛網 2007.11.20.

25) 앞의 책, 110簡, 32쪽, "敢瀸(讞)之 : … 公士識劫婉曰."

26) 賈麗英,『秦漢家庭法硏究』, 中國社會科學出版社, 2015, 184~187쪽 ; 陳偉 역시 이 隷를 노예로 보지 않고 있다(陳偉,「秦漢簡牘中的"隷"」, 簡帛網, 2017年 7月 20日).

27) 肆는 점포(『嶽麓書院藏秦簡(參)』, 138쪽). 市布肆는 布를 판매하는 상점(姉沼陽平,「岳麓書院藏秦簡譯注-"爲獄等狀四種"案例七識劫案」,『帝京史學』30, 2014, 203쪽).

28) 舍客室 : 舍는 숙박하다는 의미로 해석된다(冨谷至 編,『江陵張家山二四七號墓出土 漢律令の硏究(譯注篇)』, 朋友店, 2006, 110쪽을 참고). 따라서 舍客室은 숙박용 객실로 이해된다.

29) 이 분류는 湖南省文物考古硏究所·湘西土家族苗族自治州文物處,「湘西里耶秦代簡牘選釋」에 의한 것인데, 이후 가장 최근 출판된『里耶發掘報告』, 岳麓書社, 2007를

노예를 소유한 士伍의 사례가 『睡虎地秦簡』에서 확인되는가 하면, 완전히 몰락하여 경제면에서 상당한 채무 속에 신음하며 노예처럼 살 수밖에 없는 士伍도 『里耶秦簡』에서 확인된다. 가령 『里耶秦簡』의 J1[9]6에서는 上造 인 徐有의 貲錢 2,688전이 확인된다. 居貲에 처해지면 과도한 노동에 종사하여 신체가 감당할 수 없었고 爵으로도 감면받을 수 없다.[30] 『二年律令』에 의하면, 上造는 2頃이 授田되는 것으로 되어 있다. 趙背村에서 발굴된 墓磚에는 4頃이 授田되는 不更이 居貲에 처해지는 것으로 되어 있다.[31] 이들이 爵으로 감면받을 수 없는 가장 큰 이유는 『里耶秦簡』에서 보듯이 "家貧不能入" 하였기 때문이었다.[32] 大夫 沛가 上造 狗에게 上造 羽의 딸인 黔을 자신의 隷인 識의 妻로 삼도록 하는 중매를 제안하고 이를 성사시킬 수 있었던 배경은 識에게 分異시에 상당한 재산을 넘겨준 사실과 관련이 있어 보인다. 이 제안을 받아들인 上造 羽의 딸인 黔은 『里耶秦簡』에서 보이는 上造인 徐有처럼 빈궁한 집안이었을 것이다. 秦·漢初의 婚姻에서 중요한 것은 爵이 아니라 財力이었을 것이고, 지금의 캄보디아처럼 남자가 여자 집에 적절한 비용을 지불하고 결혼하는 것이 하나의 관례였을 가능성이 높다고 생각한다.[33] "識은 본래 沛의 隷로 沛와 同居하였습니다."[34]라 하는 내용에 주목하면, 婉이 請讞 시의 '公士識'의 公士와 "識故爲沛隷"의 사이에는 시간 차이가 있음을 알 수 있다. 즉 원래 예전의 識은 隷인데, 나중에 公士가 되었다는 것이다. 따라서 公士識을 기준으로 爵名이라고 추정하는 것은 근거가 없다. 게다가 公士는 1급작에 지나지 않는다. 公士는 재판 당시의 識의 爵이었으므

---

30) 陝西省考古研究院·秦始皇兵馬俑博物館, 『秦始皇帝陵園考古報告(2001-2003)』, 文物出版社, 2007, 197~198쪽.
31) 始皇陵秦俑坑考古發掘隊, 「秦始皇陵西側趙背戶村秦刑徒墓」, 『文物』 1982-3, 6~7쪽.
32) 林炳德, 「秦漢時代의 士伍와 庶人」, 『中國古中世史硏究』 20, 2008, 350~351쪽.
33) 秦漢時代 婚姻에 들어가는 남자 쪽의 聘金의 과다에 대해서는, 彭衛, 『漢代婚姻形態』, 三秦出版社, 1987, 134~150쪽)가 상술하고 있다.
34) 『嶽麓秦簡(參)』, 115簡, 33쪽, "識故爲沛隷, 同居."

로 그 이전에는 公士 이하, 즉 1급작 이하이었다고 보아야 한다. 1급작 이하는 秦漢律에서 公卒·士伍·庶人, 또 그 이하로 노비밖에 없다. 이 점으로 보더라도 隸를 노예로 보아 큰 무리가 없다고 생각한다. 『里耶秦簡』의 戶籍文書, 그 가운데 노비가 나오는 K27과 K2/23은 다음과 같이 되어 있다.35)

『里耶秦簡』의 戶籍文書 K27, K2/23의 사례

번호	第1欄	第2欄	第3欄	第4欄	第5欄
K27	南陽戶人荊不更蠻强	妻曰嗛	子小上造□	子小女子駝	臣曰聚 伍長
K2/23	南陽戶人荊不更宋午 弟不更熊 弟不更衛	熊妻曰□□ 衛妻曰□	子小上造傳 子小上造逐 □子小上造□ 熊子小上造□	衛子小女子□	臣曰

상기 『里耶秦簡』의 戶籍文書에 의하면, 第一欄은 戶主欄, 第二欄은 配偶欄, 第三欄은 子男欄, 第四欄은 子女欄, 第五欄은 男奴隸와 別筆의 伍長 등으로 기록되어 있다. 鈴木直美의 분류에 따르면, K27은 부부와 미성년 자녀로 이뤄진 單純家族, K2/23은 성년의 형제나 그 처자 등의 자녀로 이뤄진 擴大家族에 해당한다.36) 弟不更熊과 弟不更衛는 각각 妻가 있으므로 결혼한 상태이고, 각각 '室人'을 이루고 있다. 戶人의 妻는 '妻'의 표기만 되어 있는 것에 대하여 弟의 妻는 弟의 이름이 붙는다. 요컨대, 戶人 이하의 구성원은 그중에 더욱 夫婦單位로 식별 가능하도록 기록되어 있는 것이다.37) 즉 각각의 핵심가정이 명백하게 확인이 가능하도록 작성이 되어 있음을 알 수 있다. K2/23의 南陽戶人荊不更宋午, 弟不更熊, 弟不更衛 이하 처와 자녀와

---

35) 林炳德, 「里耶秦簡을 통해서 본 秦의 戶籍制度 - 商鞅變法·同居·室人·戶에 대한 再論 -」, 『東洋史學硏究』 110, 2010, 6~7쪽.
36) 鈴木直美, 「里耶秦簡にみる秦の戶口把握 - 同居·室人再考 -」, 『東洋學報』 89-4, 2008, 408쪽.
37) 鈴木直美, 위의 글, 418쪽.

노비는 함께 '同居'하는 상태라 할 수 있다. 이 戶는 부부와 미성년의 1남 1녀, 그리고 남노예로 이뤄져 있다. 『里耶秦簡』의 戶籍文書에서 볼 수 있듯이 戶籍上 沛와 同居하는 다른 구성원이라 함은 노비 이외에 있을 수가 없다. 게다가 識은 沛의 隸라고 명기되어 있다.

2. 秦·漢初 奴婢와 국가

識劫婉案에 나오는 隸를 중국학계에서는 노비를 뜻하는 隸로 보지 않는 이유는 大夫 沛가 자신의 노비인 識에게 집을 사서 주고 馬와 田도 나누어주며 分異하였다는 점을 지적한다. 이러한 견해는 秦·漢初의 노비의 특수한 성격을 잘 이해하지 못하였기 때문에 나온 견해라고 생각한다. 앞서 노비가 선한 일을 하면 주인이 노비를 노비신분에서 방면할 수 있고, 노비의 신분에서 벗어난 사람이 선량하지 않으면, 노비 신분에서 면해진 자는 다시 노비로써 몰입할 수 있다고 하는 『二年律令』의 노비에 대한 규정도 漢初 이후의 사료에서는 그 유사한 사례를 찾아보기 어려운 독특한 규정이다. 『二年律令』에서 노비주인이 노비를 방면할 수 있다는 규정의 배경은 어떠한 것일까? 秦·漢初의 노비의 실태를 보다 정확히 파악하고 이해하기 위하여 먼저 『睡虎地秦簡』의 다음의 내용을 살펴보도록 하자.

> 어떤 마을의 土伍인 甲이 남자 丙을 압송해 고했다. "병은 갑의 수하노예인데, 성질이 驕悍해 田作을 하지 않고 갑의 명령을 듣지 않으니 관부에서 매입해 다리를 자른 후 城旦으로 충당하고 갑에게 그 대가를 지불해줄 것을 요구합니다." 병을 심문해보니 다음과 같았다. "갑의 노예인 병은 과연 교한하고 갑의 명령을 듣지 않았다. 갑은 병을 해방시킨 바 없고 병은 다른 病도 없으며 다른 죄도 없었다. 令史 아무개를 시켜 병을 진찰해보니 病은 없었다. 小內 아무개와 佐某를 시켜 丞 아무개 앞에서 시장 표준가격으로 병을 매입했다."[38]

이 규정에 처음 주목한 연구자는 裘錫圭였다. 裘錫圭는 노예주가 자기 노예를 官府에 팔려고 하는 조항과 관련해, 원래 노예를 살 때 관부로부터 사들였기 때문에 노예주는 자신에게서 그 노예를 되사주기를 관부에 요구할 수 있었다는 가설을 처음으로 제시하였다.39) 이와 관련하여 주목할 만한 내용이 『里耶秦簡』에 나오고 있다.

秦始皇 33년 2월 초하룻날, 遷陵縣의 守丞인 都가 아뢰기를, "令에 이르기를, 「항상 초하룻날에 매입한 徒隷의 數를 보고하라」고 되어 있습니다. 하여 이를 물으니, 令에 해당하는 자는 없습니다. 아룁니다."40)

여기에서 徒隷는 隷臣妾, 城旦舂, 鬼薪白粲 등의 刑徒를 의미하는 것이라 할 수 있는데,41) 이『里耶秦簡』의 이 내용과 관련하여 李學勤은 秦에서는 每月 朔日 사들인 徒隷의 수량을 파악하고 있었다고 지적하고 있다.42) 裘錫圭는 秦律에서 奴隷를 官府에 팔려고 한 조항과 관련, 奴隷를 원래부터 官府에서 買入한 것이었기 때문에 奴隷主는 官府에 다시 買入할 것을 요구할 수 있었다는 假說을 제시하였다. 만약 官府에서 買入한 것이 아니었다면, 官府에 買入할 것을 요구하고 官府에서는 노예의 驕悍함을 인정하고 市場價로 매입할 리가 없었다는 것이다.43) 즉 국가가 소유하고 있는 隷臣妾,

---

38) 陳偉主編,『秦簡牘合集』(『睡虎地秦簡』「封診式」), 299쪽, "某里士五(伍)甲縛詣男子丙, 告曰:「丙, 甲臣, 驕悍, 不田作, 不聽甲令, 謁賣公, 斬以爲城旦, 受賈錢.」訊丙, 辭曰:「甲臣, 誠悍, 不聽甲. 甲未嘗身免丙. 丙無病也. 無他坐罪.」令令史某診丙, 不病. 令少内某, 佐某以市正價賈丙丞某前, …."
39) 裘錫圭,「戰國時代社會性質試探」,『中國古史論集』, 吉林人民出版社, 1981.
40) 湖南省文物考古硏究所·湘西土家族苗族自治州文物處,「湘西里耶秦代簡牘選釋」,『中國歷史文物』2003-1, 12쪽, "[8]154 正:卅三年二月壬寅朔[朔]日, 遷陵守丞都敢言之:令曰:「恒以朔日上所買徒隷數.」●問之, 毋當令者. 敢言之."
41) 李學勤,「初讀里耶秦簡」,『文物』2003-1, 78쪽.
42) 위와 같음.
43) 曹旅寧이 이를 공식적으로 다시 문제를 제기하였다(曹旅寧,「張家山漢簡《亡律》考」,『張家山漢律硏究』, 中華書局, 2005, 151쪽). 이상의 내용은 林炳德,「秦·漢 交替期의

城旦舂, 鬼薪白粲 등의 무기형도, 즉 官奴婢는 市正價에 따라 市場에 판매하는데, 판매 시에는 인적사항, 판매가격 등의 계약서가 작성되고, 名數의 등록을 거쳐 私奴婢로 전환되는데, 품질이 불량한 경우는 이를 산 사람이 국가에 반품을 요구할 수 있는 권리가 있었다고 생각되는 것이다. 『二年律令』에도 이와 유사한 내용이 나온다.

> … 주인은 [도망하였던 노비를 체포하여 관부에 넘긴 자에게] 포상금을 현관에 지불한다. 그 노비 주인이 도망하였던 노비를 인계해서 소유하기를 희망하지 않으면, 그 노비를 관부에 넣어 관노비로 삼고, 관부가 [도망하였던 노비를 체포하여 관부에 인계했던 자에게] 포상금을 지불한다.44)

이와 같은 사료를 근거로 필자는 隷臣妾, 城旦舂, 鬼薪白粲 등의 노역형도가 모두 無期刑徒이고 官奴婢였던 秦·漢初에서 刑期가 없으므로 官奴婢의 수가 제국에서 필요한 인력을 훨씬 초과해서 국가재정과 관리에 부담이 되는 문제와 관련하여, 필자는 徒隷, 즉 隷臣妾, 城旦舂, 鬼薪白粲 등의 관노비이자 無期刑徒를 매각 혹은 매입하고 그 수량을 파악하는 제도를 통하여 국가가 勞役刑徒의 수량을 적절히 유지하고 있었다고 보았다.45) 즉, 秦·漢初에는 勞役刑徒의 賣却을 통하여 官奴婢의 물량을 조절하고 있었던 것이 확인되므로 漢文帝 13년의 刑制改革에 의해서 어느날 갑자기 官奴婢의 물량이 대폭 줄어드는 것 같은 사태는 처음부터 근본적으로 존재하지 않았다는 것이다.46) 官奴婢를 市場價로 수시로 賣却하고 사노비를 매입하여

奴婢」, 『中國古中世史硏究』 16, 2006에 의한다.
44) 『二年律令』, 161簡, "□主入購縣官, 其主不欲取者, 入奴婢, 縣官購之."
45) 林炳德, 앞의 글, 213쪽. 冨谷至가 秦漢의 勞役刑徒는 刑期는 없었지만 皇帝가 주기적으로 赦免令을 내리고 있었으므로 실제적으로 형기가 설정된 것과 다를 바 없이 운영되었다라고 하는 견해도 필자가 가지고 있는 문제의식에서 나온 견해라 할 수 있다(冨谷至, 「ふたつの刑徒墓-秦~後漢の刑役と刑期-」, 『中國貴族制社會の硏究』, 京都, 1987, 576~577쪽).
46) 林炳德, 위의 글, 213쪽.

매달 매각한 수량을 파악하고 있었던 것은 秦·漢初의 사료에서만 볼 수 있는 특수한 사례이다. 이것은 秦帝國의 국가운영원리가 시장경제원리에 충실하였음을 보여주는 사례의 하나라 생각한다. 주지하듯이 秦帝國의 이념은 法家思想이었다. 법가사상에서는 인간의 이기심에 충실해야 사회가 발전이 된다고 보았고, 인간의 이기심에 바탕을 둔 경쟁의 원리가 사회발전의 원동력이라고 보았다. 秦 정권은 이러한 法家思想의 이론을 충실히 실천하였는데, 개인의 능력의 차이와 경쟁이 강조되었기 때문에 秦帝國에서는 有爵者와 無爵者, 혹은 일반민인 士伍와 罪人의 신분의 차이와 특권의 차이는 매우 심한 편이었다. 有爵者 내부에서도 등급마다 그 차이는 매우 컸고, 심지어는 동일 계급으로 분류된 士伍도 빈부 격차가 심각했는데, 부유한 士伍는 노비를 소유하고 있었고, 士伍 중에는 불법주조자, 도둑, 群盜로 전락하는 자가 보이는 등 동일 계층 내에서도 경제적 불평등이 내재하고 있었다.47) 『韓非子』는 백성들이 농경에 힘써 양곡을 국가에 바치면 관작을 얻고 요역을 면제받을 수 있는 체제에서의 빈부 격차는 노력과 게으름에 의해 발생된다고 보고 이 점을 다음과 같이 설명한다.

다른 사람과 서로 같고 기근이나 질병 또는 벌 받는 재앙도 없으면서 홀로 빈궁한 것은 사치하지 않으면 게으르기 때문이다. 사치하고 게으른 자는 가난하며 노력하고 검약한 자는 부해진다. 만약 군주가 부자의 재산을 거두어 가난한 집에 베푼다면 이는 노력하고 검약한 것을 빼앗아 사치하고 게으른 자에게 주는 것이 된다. 그렇게 하면 백성이 힘써서 일하고 절약해 쓰기를 구하려 해도 할 수가 없게 된다.48)

---

47) 尹在碩, 「秦代 '士伍'에 대하여」, 『慶北史學』 10, 1987, 175쪽.
48) 『韓非子』 권19, 「顯學」(『韓非子集解』, 中華書局, 1998, 460~461쪽), "今夫與人相若也, 無豊年旁入之利而獨以完給者, 非力則儉也. 與人相若也, 無饑饉·疾疢·禍罪之殃獨以貧窮者, 非侈則惰也. 侈而惰者貧, 而力而儉者富. 今上徵歛於富人以布施於貧家, 是奪力儉而與侈惰也, 而欲索民之疾作而節用, 不可得也."

『韓非子』의 위의 주장은 자유주의 시장경쟁원리의 장점을 강조한 것이라 할 수 있다. 『韓非子』의 사상에 기반을 둔 秦帝國은 기본적으로 자유주의 시장경쟁원리, 그것도 무한경쟁을 강조하는 신자유주의 노선에 가까운 이념을 지향하였다고 생각된다. '識劫婉案'에 나오는 識은 奴隸인데, 大夫 沛는 자신의 노비인 識을 위해 妻를 취하게 하고, 識에게 집을 사서 주고 馬와 田도 나누어주며 分異하였다. 大夫 沛는 자신의 노비인 識을 分異하였을 때, 집은 5千錢, 말 1필과 稻田 20畝였다. 이는 漢初 鄭里廩簿에 거주했던 일반민의 그것과 비교해 매우 많은 재산에 해당한다.49) 大夫 沛가 자신의 노비인 識을 위해 妻를 취하게 하고, 識에게 집을 사서 주고 馬와 田도 나누어주며 分異하였던 이유에 대하여는 완전히 알 수 없다. 서술의 편의상 먼저 앞서의 사료 내용을 다시 그대로 인용하기로 하겠다.

  識은 본래 沛의 隸로 沛와 同居하였습니다. 沛는 [識을 隸로 하여] 同居한 지 3년이 되었을 때 識을 위해 妻를 취하게 하였습니다. 1년이 지난 후에는 識을 위해 집을 매입하였는데, 가격은 5千錢이었습니다. [또한] 말 1필과 稻田 20畝를 나누어 주어 識을 分異하였습니다. [금년에] 識이 從軍하였을 때 沛가 죽었습니다.50)

앞서 『里耶秦簡』의 戶籍文書의 사례를 볼 때, 大夫인 沛와 同居하는 識은 노비일 수밖에 없다는 지적을 하였다. 그는 앞서 살펴보았듯이 자신의 여자노비인 婉을 총애하였고, 沛의 妻인 危가 사망하자 沛는 婉을 免賤하여 庶人으로 하였고 그의 妻로 삼았다. 자신의 여자노비인 婉을 총애하고 그를 해방해서 庶人으로 하고 妻로 하였다면, 자신의 남자노비인 識을

---

49) 文帝말에서 景帝초로 추정되는 鳳凰山十號漢墓의 鄭里廩簿에는 모두 25戶에 보유 토지 합계가 617畝이므로 대략 1호당 25畝의 토지를 소유하고 있었다(裘錫圭, 「湖北江陵鳳凰山十號漢墓出土簡牘考釋」, 『文物』 1974-7, 56쪽).

50) 주22) 참조.

해방하여 庶人으로 한 내용도 婉의 사례에 비추어 도저히 이해할 수 없을 정도로 특수한 사례라고 할 수는 없을 것이다. 물론 남자노비인 識을 해방하여 庶人으로 한 것인지는 사료상 명료하게 나와 있지 않다. 그러나 정황상 남자노비인 識을 해방하여 庶人으로 한 과정이 있었음이 거의 분명하다. 왜냐하면 婉이 請讞 시에 識을 '公士識'으로 표현하고 있기 때문이다. 즉 識은 奴婢→ 庶人→ 公士의 과정을 거쳤다고 보아야 한다. 그러면, 노비인 識이 비록 1급작이지만 公士라는 爵을 어떻게 취득한 것일까?

① 백성 중에 어머니나 자매가 隸妾이 된 경우 謫罪가 없이 戍邊 5년을 자원하여 軍戍 복역기간에 계산하지 않고 隸妾 1인을 贖免하여 庶人이 되게 하려고 한다면 허락한다.[51]
② 爵二級을 반납하여 친부모로서 隸臣妾이 된 1인을 贖免시키려 하면 허락하고, 隸臣이 참수하여 公士가 되었으나 公士를 반납하고 현재 隸妾이 되어 있는 妻 1인을 贖免시키기를 청하면 허락하여 庶人이 되게 한다.[52]

『睡虎地秦簡』의 위의 내용에서는 官奴婢인 隸臣妾이 贖免되어 庶人이 되는 사례, 또 군사적인 공을 세워 公士가 되는 사례 등이 나오고 있다. 이 내용은 노비가 착한 일을 하면 주인이 자신의 노비를 해방하여 庶人으로 할 수 있다는 규정과 비교하여 노력의 대가에 대한 인센티브 제공이라는 측면에서 일맥상통한다. 識이 公士의 작을 얻기까지 구체적으로 어떤 공을 세웠는지는 알 수 없다. 識이 從軍하였다는 기록으로 미루어 군사적 공을 세울 기회가 있었을 수도 있다. 大夫 沛는 同居하는 자신의 남노예인 識을 위해 同居한 지 3년 만에 妻를 취하게 하고, 그 후 다시 1년이 지난 뒤에

---

51) 陳偉主編, 『秦簡牘合集』(『睡虎地秦簡』「秦律十八種」), '司空', 131쪽, "百姓有母及同牲(生)爲隸妾, 非適(謫)罪殹(也)而欲爲冗邊五歲, 毋賞(償)興日, 以免一人爲庶人, 許之."
52) 위의 책, 「秦律十八種」·'軍爵律', 133쪽, "欲歸爵二級以免親父母爲隸臣妾者一人, 及隸臣斬首爲公士, 謁歸公士而免故妻隸妾一人者, 許之, 免以爲庶人."

자신의 노비인 識을 위해 5천전에 달하는 집을 매입하고 말 1필과 稻田 20畝를 나누어주어 識을 分異하였다. 그 이유에 대한 구체적인 내용은 나오지 않는다. 沛가 識을 隷로 하여 同居한 지 3년이 되었을 때 識을 위해 妻를 취하게 하였다는 내용에 주의하면, 처음부터 沛가 識을 隷로 하여 同居한 것은 아니었다는 것을 알 수 있다. 즉 沛가 識을 隷로 매입한 후 노비로 부리다가 識을 위해 妻를 취하게 하고, 다시 1년 뒤에 자신의 노비인 識을 위해 5천전에 달하는 집을 매입해주고 말 1필과 稻田 20畝를 나누어 주어 識을 分異하였다는 것이다. 지나치게 과분한 혜택이라고 보지 않을 수가 없다. 바로 이러한 이유 때문에 隷가 노비를 가리키는 용어가 아니라는 견해가 나온 것이겠지만, 어쨌든 자기 직계 가족이 아닌 자의 '同居'는 秦의 戶籍에서 노비인 것으로 나와 있다. 이러한 사실은 『睡虎地秦簡』의 다음의 사료에서도 확인된다.[53]

① 盜 및 기타의 諸罪에는 同居가 연좌된다. 무엇을 同居라 하는가? 戶가 同居이다. 奴隷(奴婢)에 연좌하지만, 奴隷는 戶(戶 전체)에 연좌하지 않는다.[54]
② 무엇을 室人이라 하고, 무엇을 同居라 하는가? 同居라 함은 獨戶母를 이른다. 室人이라 함은 一室이 완전히 連坐하는 사람들의 의미이다.[55]

상기 『睡虎地秦簡』의 ①에는 隷가 나오는데, 일반적으로 노예로 해석한다. 또 앞서 『里耶秦簡』에서 "항상 초하룻날에 매입한 徒隷의 數를 보고하라"라는 내용을 보았는데, 여기에서 徒隷는 隷臣妾, 城旦舂, 鬼薪白粲 등의 官奴婢

---

53) 林炳德,「里耶秦簡을 통해서 본 秦의 戶籍制度 － 商鞅變法·同居·室人·戶에 대한 再論 －」,『東洋史學研究』110, 2010, 39~40쪽.
54) 陳偉主編,『秦簡牘合集』(『睡虎地秦簡』「法律答問」), 203쪽, "盜及者(諸)它罪, 同居所當坐." 可(何)爲"同居"? •戶爲"同居", 坐隷, 隷不坐戶謂殹(也)."
55) 위의 책, 277쪽, 可(何)謂"室人"? 可(何)謂"同居"? "同居", 獨戶母之謂殹(也). •"室人"者, 一室, 盡當 坐罪人之謂殹(也).

이다. 같은 시기의 용어의 사례를 보면, 隸는 한결같이 奴婢로 해석되고 있음을 알 수 있다. 이러한 용어의 사례를 보더라도 "識故爲沛隸"의 隸를 노비로 해석하지 않아야 할 이유가 없다. 상기『睡虎地秦簡』의 전자에 의하면 戶와 同居는 같고, 후자에 의하면, 同居와 室人과는 다소 차이가 있다.56) '獨戶母'는 "一戶 중의 同母의 人"의 의미이고,57) 전자의 "戶가 同居이다"와 일치한다.58) 이것은 盜罪를 비롯한 범죄 일반에 대해 범죄자의 同居에 무언가의 連坐가 생긴다는 원칙을 전반에 서술하고 후반에는 戶 내부가 同居로 성립한 경우의 隸의 連坐에 대하여 언급하고 있다.59) 여기서 "戶는 노예에 연좌하지만, 노예는 戶에 연좌하지 않는다."라는 것이 戶와 노예와 관련된 내용의 핵심이다. 商周 이래의 室의 역사적 의미와 용어를 검토한 위에 상기의『睡虎地秦簡』에 있어서 同居와 室의 의미를 파악한 堀敏一은『睡虎地秦簡』에서 노예를 포함하는 재물이 父, 혹은 父母와 子(성인) 사이에 각각 다르게 소유되었음을 주목하고, 同居는 이 같은 父子를 모두 포함하는 경우가 있었고, 그 경우 同居가족 전원은 노예의 주인에 준하는 것으로 간주되지만, 진짜 주인은 同居가족 내부의 父(또는 父母) 혹은 子였다고 지적하였고, 이 같은 관계에 있기 때문에 同居와 노예와는 완전히 連坐하는 관계는 아니었다고 한다. 同居가 이 같은 것이라 하면, 그것과 성격을

---

56) "戶를 同居로 한다"는 것을 戶는 '同居'에 의해서 구성된다라고 하는 해석(佐竹靖彦,「秦國の家族と商鞅の分異令」,『史林』63-1, 1980 ; 堀敏一,「中國古代の家と戶」,『中國古代の家と集落』, 汲古書院, 1996과 동거하는 성원에 의해서 戶를 구성한다고 보는 견해(冨谷至,「秦の連坐制-睡虎地秦簡にみえる連坐の諸規定-」,『秦漢刑罰制度の硏究』, 同朋社, 1998 ; 整理小組)로 양분된다.

57) 陳偉主編,『秦簡牘合集』, 278쪽.

58) 佐竹靖彦(佐竹靖彦,「秦國の家族と商鞅の分異令」,『史林』63-1, 1980)은 母를 毋·貫으로 읽었다. 따라서 그는 해당부분을 "同居라 함은 단독의 戶貫"으로 읽고 戶는 호적상의 하나의 단위로 해석하였다. 이에 대하여 冨谷至는 母는 戊, 毋(貫)은 關에 통하고, 어느 경우든 "戶母(毋)를 獨으로 한다"라고 읽고 門鍵을 하나로 하는 거주가옥으로 이해하였다(冨谷至,「秦の連坐制-睡虎地秦簡にみえる連坐の諸規定-」,『秦漢刑罰制度の硏究』, 同朋社, 1998).

59) 鈴木直美, 앞의 글, 429쪽.

달리하는 室과 室人은 同居 내부의 진짜 소유 주체인 父(또는 父母) 혹은 子의 각각을 가리키는 것으로 이해된다. 요약하면, 室은 1夫婦와 아직 성인이 아닌 子로 이뤄진 單婚核家族이고 명문화하지 않았지만, 노예도 소유주체인 室에 속하였다는 것이다.60) 大夫 沛가 자신의 노비인 識을 위해 妻를 취하게 하고, 識에게 집을 사서 주고 馬와 田도 나누어주며 分異하였던 구체적인 이유에 대하여는 알 수 없지만, 이제까지 언급한 秦·漢初의 노비에 대한 지식을 바탕으로 추론하자면, 大夫 沛는 識을 노예로 매입하여 3년간 노예로 同居하였는데, 識은 同居 기간 주인인 大夫 沛를 위해 헌신적으로 노력하였을 것이다. 識이 同居 기간 주인인 大夫 沛를 위해서 헌신적으로 노력한 이유는 "노비가 착한 일을 해서 노비의 주인이 노비 신분을 免하게 하려는 경우는 이를 허용한다."는 내용과 관련이 있었을 것이다. 大夫 沛는 기본적으로 관대한 인물이었을 것이다. 大夫 沛의 입장에서 일정기간 노역을 시키고 자신의 노비를 해방하는 것도 나쁘지 않다. 노비를 해방한다 해도 大夫 沛의 입장에서 손해가 아니다. 왜냐하면, "노비의 신분에서 벗어난 사람이 선량하지 않으면, 노비 신분에서 면해진 자는 다시 노비로써 몰입할 수 있다."라는 『二年律令』의 규정에 따르면, 노비에서 해방된 자는 해방되기 이전에 노비였을 때와 마찬가지로 최선을 다해서 주인을 위해서 노력해야 한다. 또 규정에 따르면 해방해도 해방되기 전과 마찬가지로 주인의 부림을 받아야 한다. 지나친 추론이긴 하지만, 大夫 沛가 제공한 혜택은 그의 관대한 마음과 아울러 자신에게 몸과 마음을 바쳐 충성을 다하고 또 계속해서 평생 자신을 섬겨야할 識에게 제공한 일종의 인센티브로 볼 수도 있지 않을까? 지나치게 과도한 추론이긴 하지만, 필자는 大夫 沛의 행위는 이 시대를 지배했던 『韓非子』의 법가사상과 일맥상통하는 것으로 이해하고 싶다.

---

60) 堀敏一, 「中國古代の家と戶」, 『中國古代の家と集落』, 汲古書院, 1996, 58쪽.

3. 秦·漢初의 妻의 實態

漢初의 출토법률문서인『二年律令』에 의하면 가계계승자와 호주 지위의 승계 순위에 여성이 다수 포진되어 있음이 확인되고 있다.

① 여자가 부모의 後者가 되어 출가하는 경우, 남편으로 하여금 처가 소유한 田宅으로 규정액수에 못 미치는 田宅의 부족분을 채우게 한다. 남편의 택이 처의 택과 서로 이어져 있지 않을 경우, 얻을 수 없다. 만약 '棄妻'하거나 남편이 사망할 경우, 妻는 전택을 다시 취하여 戶主가 될 수 있다. '棄妻'를 할 경우, 妻의 재산을 돌려주어야 한다.61)
② 과부가 戶의 後가 되면, 田宅을 주는데, 아들이 상속인이 되어 爵을 계승하는 것에 준하여 준다. 과부가 戶의 後가 되는 것이 부당함에도, 전택의 액수를 감하여 받더라도 戶主가 되고자 하는 경우, 庶人이 田宅을 받는 것과 동일 액수를 주는 것을 허락한다. (戶를 이루어) 자식이 없으면 그 남편이 호를 계승한다. 夫에게 자식이 없는 상태에서 과부가 사망하면 그 夫가 대신하여 戶主가 된다.62)

①에서 "棄妻하거나 남편이 사망할 경우, 妻는 전택을 다시 취하여 戶主가 될 수 있다. 棄妻를 할 경우, 妻의 재산을 돌려주어야 한다."는 내용을 통하여 비록 조건이 있기는 하지만, 妻가 전택을 취하여 戶主가 될 수 있다는 것과 ②에서 과부가 戶의 後가 될 수 있는 것과 受田宅의 대상이 될 수 있음을 확인할 수 있다. 위의 규정을 근거로 秦漢時代 여성의 자율성을 강조하고, 특히 여성의 지위가 다른 시기에 비하여 높았다는 견해를 담은

---

61) 『二年律令與奏讞書』, 384簡, 239쪽, "女子爲父母後而出嫁者, 令夫以妻田宅盈其田宅. 宅不比, 弗得. 其棄妻, 及夫死, 妻得復取以爲戶. 棄妻, 畀之其財."
62) 『二年律令與奏讞書』, 387簡, 240쪽, "寡爲戶後, 予田宅, 比子爲後者爵. 其不當爲戶後, 而欲爲戶以受殺田宅, 許以庶人予田宅. 毋子, 其夫 ; 夫(386)毋子, 其夫而代爲戶."

논문이 다수 발표되었다.[63] 『嶽麓秦簡』에는 妻에 관한 주목할 만한 규정이 나온다. 『二年律令』에 근거한 여성, 특히 妻에 대한 實態를 염두에 두면서, 이하 『嶽麓秦簡』에 보이는 妻에 관한 규정을 살펴보기로 하겠다.

'識劫娩案'에 나오는 다음의 내용을 살펴보기로 하겠다.

① 감히 請讞합니다. (秦王政)18년(기원전 229) 8월 21일에 성인여자 娩이 自告하여 진술 : 7월에 아들인 미성년의 走馬인 義를 위해 재산(家訾)을 신고했습니다. 義는 大夫인 建·公卒인 昌·士伍인 積·士伍인 喜·士伍인 遺에 대해 [68,300錢을 빌려주었으며, 따라서] 68,300錢을 당연히 돌려받아야 했습니다. 이를 증명하는 契約文書도 있었습니다. 저(娩)는 그러한 재산을 숨기고, 吏에게 家産으로 신고하지 않았습니다. 저(娩)는 市에 布肆(점포) 1개, 舍客室(숙박용객실) 1개를 소유하고 있었습니다. [그런데] 公士인 識이 저(娩)를 협박하여, "布肆와 舍客室을 나(識)에게 주라. 나(識)에게 주지 않으면 나(識)는 당신(娩)이 재산을 숨긴 것을 고발할 것이다."라고 하였습니다. (이에) 저(娩)는 두려워서 곧 識에게 布肆와 舍客室을 주었습니다. 또한 建을 비롯한 채무자들을 위해 계약문서를 폐기하고 채권을 포기하였습니다. 이에 먼저 자수하고 동시에 識이 저(娩)를 협박하였음을 고소합니다."[64]

---

63) 竹浪隆良, 「中國古代の夫權と父母權について」, 堀敏一先生古稀記念 『中國古代の國家と民衆』, 1995 ; 山田勝芳, 「中國古代の「家」と均分相續」, 『東北アジア研究』 第2號, 1998 ; 下倉涉, 「漢代の母と子」, 『東洋史論集』 8, 2001 ; 賈麗英, 「漢代有關女性犯罪問題論考 - 讀張家山漢簡札記」, 『河北法學』 2005년 11기 ; 賈麗英, 「簡牘所見"棄妻""去夫亡""妻棄"考」, 武漢大學 簡帛網 簡帛文庫, 武漢大學簡帛研究中心, 2008년 8월 30일 ; 林樹民, 「秦漢時期的婚姻家庭」, 『西藏民族學院學報』(哲學社會科學版) 25-5, 2004 ; 劉厚琴, 「張家山漢簡律所見漢代父權」, 『天府新論』 2007-1.

64) 『嶽麓秦簡(參)』, 上海辭書出版社, 2013, 108~111쪽, 32쪽, "【敢讞(讞)】之 : 十八年八月丙戌, 大女子娩自告曰 : 七月爲子小走馬蕪(義)占家訾(貲). 蕪(義)當□大夫建·公卒昌·士五(伍)積·喜·遺錢六萬八千三百, 有券. 娩匿不占吏爲訾(貲). 娩有市布肆一·舍客室一. 公士識劫娩曰 : 以肆室鼠(予)識. 不鼠(予)識, 識且告娩匿訾(貲). 娩恐, 卽以肆·室鼠(予)識 ; 爲建等折棄券, 弗責. 先自告, 告識劫娩."

② 同居 6년 후에 沛가 죽었습니다. [아들인 小走馬] 義는 [부친 沛]를 계승해 戶主·爵位繼承者가 되어 布肆와 宅을 소유하게 되었습니다.[65]

①에서는, 媛이 沛가 사망한 후, 妻인 媛은 아들인 小走馬인 義를 위해 재산을 신고하고 있다는 내용이 나온다. 그런데, ②를 통하여 아들인 小走馬 義는 성인이 되면서 大夫 沛의 戶主·爵位繼承者가 되고 있음을 알 수 있다. '識劫媛案' ①과 ②의 내용을 통하여 妻인 媛은 남편이 사망하고 과부가 되었을 때, 남편의 재산을 소유하지 못하고 아들이 성인이 되기까지 단지 관리하였을 뿐이고, 아들인 小走馬인 義가 성인이 되자 義가 戶主·爵位繼承者가 되어 사망한 부친의 재산을 상속받고 있음을 알 수 있다. 앞서의 『二年律令』의 규정에 따르면, 과부는 戶의 後가 되어 아들이 상속인이 되어 爵을 계승하는 것에 준한 역할을 할 수 있다고 되어 있다. 그러나 유의해야 할 점은 아들을 제치고 戶의 後가 되어 상속할 수 있다는 규정은 없다는 것이다. 妻의 夫의 재산 상속의 실태는 최근 발간된 『嶽麓秦簡(伍)』 001~008 簡에 다음과 같이 잘 나타나 있다.

26년(기원전 221) 12월 戊寅(26일) 이래, 감히 어머니의 後夫를 假父라 칭하지 않도록 금하여 아버지가 다르면 감히 서로 형(오빠)·누나(언니)·동생으로 인정하지 않는다. 令을 어기는 경우 耐隸臣妾으로 삼으며, 서로 夫·妻로 삼을 수 없는데, 서로 夫·妻로 삼거나 간음하는 경우에는 모두 黥爲城旦舂에 처한다. 자식이 있는 경우, 전남편·전남편의 자식의 재산으로 개가하거나, 姨夫를 들이거나, (그 재산을) 後夫·後夫의 자식에게 주거나, 함께 간음한 자에게 주어, 令을 어기거나 (그 재산을) 받은 자는 모두 훔친 것과 같은 법으로 한다. 어머니가 개가함에 자식이 감히 그 재산을 어머니의 後夫·後夫의 자식에게 주는 경우에는 棄市이고 (그 재산을) 받은

---

65) 위의 책, 33쪽, 115簡, "居六歲, 沛死, 弟(義)代爲戶·爵後, 有肆·宅."

자는 훔친 것과 같은 법으로 한다. (이) 令을 내리기 이전에 (전남편·전남편의 자식의 재산을) 주거나, (그 재산으로) 개가하거나, 姨夫를 들였는데, 지금 (그 재산이) 있는 경우에는 돌려주고, 또한 같이 同居하면서 함께 일을 하여 錢財를 모은 경우에는 즉시 함께 회계하여 (戶와 錢財를) 분리한다. 令이 도착한 지 6개월이 넘었는데 (그 재산을) 돌려주지 않거나 (戶와 錢財를) 분리하지 않은 경우에는 모두 훔친 것과 같은 법으로 한다. 비록 직접 주지 않고 다른 속임수로써 (재산을) 준 경우더라도 직접 서로 주고받은 것과 같은 것으로 논죄한다. 後夫가 있는 경우, 전남편과 그 자식의 죄를 고발할 수 없다. 능히 耐罪인 자 한 명을 잡으면 2천 錢을 포상금으로 주고, 完城旦舂罪인 자 한 명을 잡으면 3천 錢을 포상금으로 주며, 刑城旦舂 이상의 罪를 지은 자 한 명을 잡으면 4천 錢을 포상금으로 준다. 여자가 과부인데 자식이 있거나 없거나 재가하지 않으려고 한다면 이를 허락한다. 삼가 令을 반포하니 黔首들로 하여금 모두 … 이를 널리 알게 하여 죄를 짓지 않게(죄에 다다르지 않게)하라. … 하여 이 令을 사용하지 않는 경우 黥爲城旦에 처한다.[66]

『嶽麓秦簡(伍)』001~008簡의 내용은 재산의 상속과 관련하여 오직 父系만을 인정하고 母系는 어떠한 경우에도 인정하지 않는다는 규정이라 할 수 있다. 여기에 나오는 姨夫는 독립적으로 생활하기 어렵거나 궁핍하고

---

[66] 『嶽麓秦簡(伍)』, 上海辭書出版社, 2017, 001~008簡, 39~41쪽, ●廿六年十二月戊寅以來, 禁母敢謂母之後夫叚(假)父, 不同父者, 母敢相仁(認)爲兄·姊·弟. 犯令者耐隸臣妾而母得相爲夫妻, 相爲夫妻及相與奸者, 皆黥爲城旦舂. 有子者, 母得以其前夫·前夫子之財嫁及入姨及予後夫·後夫子及予所與奸者, 犯令及受者, 皆與盜同灋. 母更嫁, 子敢以其財予母之後夫·後夫子者, 棄市, 其受者, 與盜同灋. 前令予及以嫁入姨夫而今有見存者環(還), 及相與同居共作務錢財者亟相與會計分異相去. 令到盈六月而弗環(還)及不分異相去者, 皆與盜同灋. 雖不相予而以它巧詐(詐)相予者, 以相受予論之. 有後夫者不得告皋其前夫子. 能捕耐皋一人購錢二千, 完城旦舂皋一人購錢三千, 刑城旦舂以上之皋一人購錢四千. 女子寡, 有子及毋子而欲毋稼(嫁)者, 許之. 謹布令, 令黔首盡□【智(知)之, 毋】巨(拒)皋. 有□□除, 毋用此令者, 黥爲城旦. ●二 ; 이 자료에 대한 번역은 성균관대학교에서 진행한 〈악록진간강독회〉에서 변수진씨의 발표에 의한다.

무능하여 어쩔 수 없이 과부에 의지하여 생활하는 사람인데, 『嶽麓秦簡(伍)』 001~008簡은 과부가 姨夫를 들여서 발생하는 전남편 혹은 전남편의 자산에 손실을 입히는 것을 방지하기 위해 제정한 律令이라 할 수 있다. 이를 통하여 秦代의 가정의 재산권은 완전히 父와 子로 이어지는 父系에게 장악되어 있었고, 再嫁한 母親은 父子로 이어지는 家의 財産을 변경할 수 없었음을 알 수 있다.67) 이 법령은 전한시기의 『先令券書』와 비교하여 읽을 수 있는데, 『先令券書』에 의거하면 嫗라는 여성에게는 세 명의 남편이 있었고 또한 아버지가 다른 총 6명의 자녀가 있다. 이 老母는 자녀 6명에게 재산을 분배하였다.68) 이러한 점은 『嶽麓秦簡(伍)』 001~008簡의 기재와 차이가 있어 보인다. 그러나 老母 嫗가 자녀 6명에게 재산을 분배하였을 때, 3명의 남편과 같이 同居하면서 함께 일을 하여 錢財를 모은 경우 어떠한 회계를 했는지? 혹은 3명의 남편과 그 이후의 재산형성과정의 실태를 구체적으로 알 수는 없다. 따라서 이를 근거로 漢代 '母權'의 실태를 지적하는 것은 부적절하다. 어쨌든 이 경우에도 朱凌의 어머니 '嫗'가 戶主·爵位繼承者가 되어 재산을 상속받은 것으로 이해할 수는 없고, 어디까지나 전남편의 재산의 관리자였고, 재산 분배에 관여한 것에 지나지 않았던 것으로 이해해야 합리적이다. 妻는 남편이 사망하여 과부가 되었을 때, 남편을 대위하게 되며, 남편에게 속해 있었던 것을 포괄적으로 보유하고 지속적으로 유지함으로써 매우 중요한 존재가 된다. 그러나 그것은 祖先子孫의 연쇄관계 속에 처 자신이 독자적인 일부분을 형성하는 것이 아니라, 남편이라는 일부분을 과부가 대신 지키는 것이었다.69) 秦代의 가정의 재산권은 완전히

---

67) 王博凱, 「讀『嶽麓書院藏秦簡(伍)』札記」, 簡帛網, 2018-03-12.
68) 陳平·王勤金, 「儀徵胥浦101號西漢墓『先令券書』初稿」, 『文物』(1987-1) ; 韓獻博, 李天虹譯, 「漢代遺囑所見女性, 親戚關係和財産」, 『簡帛研究2001』, 廣西師範大學出版社, 2001 ; 西川素治, 「漢代の遺言狀」, 『中國古代の法と社會－栗原益男先生古稀記念論集－』, 汲古書院, 1988 ; 西川素治, 「漢代の遺言狀補說－『先令券書』の釋文をめぐって」, 『駿台史學』78, 1990 ; 杉本憲三, 「江蘇省儀徵縣の前漢出土の「先令券書」－前漢時代の貧についての一考－」, 『布目潮渢博士古稀記念論集－東アジアの法と社會－』, 汲古書院, 1990.

父와 子로 이어지는 父系에게 장악되어 있었고, 再嫁한 母親은 父子로 이어지는 家의 財産을 변경할 수 없다고 하는 『嶽麓秦簡(伍)』 001~008簡의 규정을 통하여 우리는 중국고대의 妻의 實態, 국가권력에 의해 규정되어 강요된 가부장권의 실태를 명확히 이해할 수 있다.

IV. 맺음말

본고에서는 '識劫娩案'과 『嶽麓秦簡(伍)』 001簡~008簡을 중심으로 주로 그동안 적지 않은 논의가 이뤄졌던 秦·漢初의 婚姻·奴婢·妻의 實態, 婚姻과 室人의 문제 등에 관한 논의를 진행하였다.

먼저 秦·漢初의 婚姻의 실태와 관련해서는 秦·漢初의 국가는 인민의 혼인 성립 자체에는 직접 관여하지 않았지만, 또한 국가에서 허용하지 않는 혼인을 제외하고 누구를 처로 할 것인가의 선택은 자유이지만, 혼인 후 室人의 변동에 대해서는 당연히 신고를 해야 한다고 보았다. 적어도 戶籍을 작성할 때에 妻는 당연히 가족구성원으로 登記되는 것이었다고 보았다. 戶主인 大夫 沛는 娩을 '免妾'으로만 등기해도 室人이기에 문제가 될 것이 없었고 스스로가 妻로 인정하고 공동체에 승인된 妻이었지만, 굳이 호적에 등기해야 할 이유도 없었다고 보았다.

秦·漢初의 노비와 관련하여 『嶽麓秦簡(參)』의 '識劫娩案'에 보이는 隸를 중국학계에서는 노비를 뜻하는 隸로 보지 않고 있지만, 필자는 大夫 沛의 隸인 識은 노비임이 거의 확실하다고 보았다. 賈麗英은 娩이 請讞 시에 識을 '公士識'으로 표현하고 있는 것에 주목하여 隸가 爵位를 가진 존재일 가능성이 있다는 지적과 관련해서는, 娩이 請讞 시의 '公士識'의 公士와 "識故爲沛隸"의 사이에는 시간 차이가 있음을 지적하였다. 즉 識은 奴婢→

---

69) 滋賀秀三, 『中國家族法の原理』, 創文社, 1967, 415쪽.

庶人→ 公士의 과정을 거쳤다고 보았다. 『里耶秦簡』의 戶籍文書에서 볼 수 있듯이 沛와 同居하는 다른 구성원이라 함은 노비 이외에 있을 수가 없다는 지적을 하였다.

妻의 실태와 관련해서는 최근 발간된 『嶽麓秦簡(伍)』 001~008簡에 잘 나타나 있다. 『嶽麓秦簡(伍)』 001~008簡의 내용의 핵심은 과부가 姨夫를 들여서 발생하는 전남편 혹은 전남편의 자산에 손실을 입히는 것을 방지하기 위해 제정한 律令이라 할 수 있다. 이를 통하여 秦代의 가정의 재산권은 완전히 父와 子로 이어지는 父系에게 장악되어 있었고, 再嫁한 母親은 父子로 이어지는 家의 財産을 변경할 수 없었음을 알 수 있다. 秦代의 가정의 재산권은 완전히 父와 子로 이어지는 父系에게 장악되어 있었고, 再嫁한 母親은 父子로 이어지는 家의 財産을 변경할 수 없다고 하는 『嶽麓秦簡(伍)』 001~008簡의 규정을 통하여 우리는 중국고대의 妻의 實態, 국가권력에 의해 규정되어 강요된 가부장권의 실태를 명확히 이해할 수 있게 되었다.

『岳麓書院藏秦簡』「爲獄等狀四種」
案例七識劫𡟰案考

Ⅰ. 머리말

중국고대 간독자료의 법률문서에는 律令 조문 이외에도 구체적인 사건의 정황을 전하는 소위 '案例'도 다수 있는데, 『張家山漢簡』「奏讞書」와 2013년 6월 『岳麓書院藏秦簡』(參)으로 출판된 『岳麓書院藏秦簡』(參)·「爲獄等狀四種」이 바로 그것이다.[1] 『岳麓書院藏秦簡』(參)·「爲獄等狀四種」은 秦王政 시기의 재판 판례 사법문서로 『張家山漢簡』「奏讞書」와 거의 같은 형식과 종류의 文書이다. 재판의 무대는 戰國時代末, 특히 秦王政 시기의 秦 統治下의 長江 中流 지역이다. 『岳麓書院藏秦簡』(參)·「爲獄等狀四種」과 『張家山漢簡』「奏讞書」에 보이는 재판 판례 사법문서는 실제 재판에서 발생한 사례를 모은 것이라기보다는 지방사법기관의 책임 있는 관리가 모의재판 훈련을 하는데 도움이 되는 先例, 혹은 模本이라고 볼 수 있다.[2] 따라서 여기에 수록된 재판 판례가 당시에 발생한 사실을 그대로 반영한 것인가에 대해서는 의문이 있다.[3] 그렇지만 재판이 진행된 당시의 역사적 사실을 생생하게

---

[1] 朱漢民·陳松長 主編, 『嶽麓書院藏秦簡(參)』, 上海辭書出版社, 2013.

[2] (德)勞武利(Ulrich Lau), 「張家山漢簡《奏讞書》與岳麓書院藏秦簡《爲獄等狀四種》的初步比較」, 『先秦·秦漢史』 2013-5, 68쪽.

[3] '奏讞制度'가 제대로 운영이 되었는지는 의문이다. 『漢書』「景帝紀」에는 奏讞의 운영을 철저하게 하라는 조서가 다음과 같이 거듭 발표되고 있다. 또한 판결하기 어려운 사건의 경우, 縣·道→ 郡→ 중앙 廷尉→ 皇帝로 올라가서 판단을 구하는 奏讞制度가 존재하였음에도 불구하고 실제적으로 다른 기관에 판단을 맡기는 것이었으므로 관리들의 저항이 상당하였을 것이다(池田雄一, 『漢代を遡る奏讞(讞)

전하고 있기 때문에 모든 내용이 창작된 것이라고도 말할 수 없다. 「爲獄等狀四種」・「奏讞書」는 당시의 율령이 어떻게 운영되고, 재판이 어떻게 진행되었는가를 생생하게 보여주고 있다. 따라서 「爲獄等狀四種」・「奏讞書」의 내용은 종래 문헌자료에서는 이해할 수 없었던 秦漢時期 국가의 지배 실상을 율령을 통해서 새롭게 인식할 수 있는 기회를 제공하고 있다. '奏讞'은 재판에서 심리에 관계한 관리들의 의견이 판결을 내릴 때 일치하지 않았을 경우, 또는 論·論決·決事·判(判決)을 행할 때 근거가 되는 律·令이나 比(判例) 등으로 판결이 확실하지 않은 이른바 '疑獄' 사건인 경우, 상급심에 판단을 요구하는 제도이다. 확정한 판결에서 하자가 생겨서 행하는 再審(覆審, 復審)과는 다르지만, 上下가 다른 행정단위에서 동일 안건을 반복 심판하는 제도이며 일종의 審級制度와 유사한 면도 있다. 그 형식은 주로 사건을 담당하는 관리인 縣令 또는 縣丞이 형사소송을 제기하는 '告劾', 재판을 열어 심문하는 단계인 '訊', 추가로 심문하는 '詰', 피고가 이의 없음을 의미하는 '毋(無)解', 治獄을 담당하는 관리들이 안건을 조사하고 심리한 결과, 확인된 범죄의 사실을 간략하게 결론지은 기록인 '鞫', 마지막에는 최종심판을 '審', 판결을 의미 '論' 등으로 구성되어 있다. 이러한 秦代의 司法制度는 漢初에도 별다른 변화 없이 계승되었다.4) 『漢書』「刑法志」에는 판결하기 어려운 사건의 경우, 縣·道→ 郡→ 중앙 廷尉→ 皇帝로 올라가는 중국고대 '奏讞制度'의 실제에 대하여 상세히 설명하고 있다.5)

이러한 訴訟 節次에 관해서는 『睡虎地秦簡』「法律答問」의 告訴와 投書와 관련한 조항에서도 하급관리가 상급관리에게 심의하는 내용이 확인된다.

① 율문에서 말하기를, "소송을 제기하는 자는 廷에 소송한다."라고 한다.

-中國古代の裁判記錄-」, 汲古書院, 2015, 8~9쪽).
4) (德)勞武利, 앞의 글, 68쪽.
5) 『漢書』「刑法志」, 1106쪽, "自今以來, 縣道官獄疑者各讞所屬二千石官, 二千石官以其罪名當報之. 所不能決者, 皆移廷尉, 廷尉亦當報之. 廷尉所不能決, 謹具爲奏所當比律令以聞."

• 郡守가 "廷"이 될 수 있는가? 될 수 없는가? "廷"이 될 수 있다. 율문에서 말하기를 "소송을 제기하는 자는 官長·嗇夫에게 먼저 소송을 제기하지 아니한다."라 하는데, 무엇을 "官長"이라 하는가? 무엇을 嗇夫라 하는가? 都官을 주관하는 관원을 "長"이라 칭하고, 縣을 주관하는 관원을 "嗇夫"라 칭한다.6)

② 율문에서 말하기를, "익명으로 투서된 서신이 있으면, 뜯어보지 말고, 뜯어보았다면 즉시 불살라야 한다. 능히 투서자를 체포할 수 있었다면 남녀 노예 두 명을 상으로 주고, 투서자를 구금하여 그 죄를 심의하여 결정한다."라고 한다. 이 율문이 말하는 바는, 익명의 서신은 보았지만 투서한 자를 붙잡지 못했을 경우, 마땅히 서신을 불사르지 말고 뜯어보지 말아야 하며, 투서한 자를 붙잡았을 경우는 서신을 불사르지 말고 투서한 자를 심문하여 죄를 결정한다는 것이다.7)

상기의 "辭者辭廷" 簡은 告訴를 하는 경우, 판결 절차와 관련한 내용이다. 秦代 縣은 재판 소송의 최하급 행정단위로 縣에서 이 사건을 처음으로 담당하지만, 郡 역시 관련 업무를 맡고 있음을 언급하고 있다.8) "有投書" 簡의 내용 중, 투서를 한 자가 체포되면, 獄에 繫留하고 鞠審을 행하지만 이 경우에 "讞"이 함께 진행되고 있다. 이와 같이 秦代에도 비록 그 자세한 내용을 확인할 수 없지만 재판기록이 존재했음을 알 수 있다.9) 또한 본고에서 다루고자 하는 「爲獄等狀四種」에도 疑案을 상급기관에 보고하는 모습이 보인다.10) 그런데, 『嶽麓秦簡』과 『張家山漢簡』에는 굳이 疑案이 아니더라도

---

6) 『睡虎地秦簡』「法律答問」, "辭者辭廷." • 今郡守爲廷不爲? 爲殹(也). "辭者不先辭官長·嗇夫." 可(何)謂"官長"? 可(何)謂"嗇夫"? 命都官曰"長", 縣曰"嗇夫."
7) 『睡虎地秦簡』「法律答問」, "有投書, 勿發, 見輒燔之 ; 能捕者購臣妾二人, 毄(繫)投書者鞠審讞之." 所謂者, 見書而投者不得, 燔書, 勿發 ; 投者【得】, 書不燔, 鞠審讞 之之謂殹(也)."
8) 池田雄一, 『漢代を遡る奏讞(讞)－中國古代の裁判記錄－』, 東京 : 汲古書院, 2015, 4쪽.
9) 金慶浩, 「秦漢法律簡牘의 內容과 그 性格－嶽麓書院藏秦簡(參)·(肆)의 내용 분석을 겸하여－」, 『中國古中世史硏究』 42, 2016. 11, 217쪽.

獄事안건을 '奏' 또는 '讞'의 용어를 써서 상급기관에 보고하는 장면이 곳곳에 나타난다. 그러한 측면에서 奏讞제도를 어떻게 정의하고, 漢高祖 7년의 詔書는 또 어떻게 이해해야 하는지 원점부터 재검토할 필요가 생겼다.[11] 이러한 관점에서, 최근 金鍾希는 「爲獄等狀四種」·「奏瀗(讞)書」의 사례를 검토하여 覆獄과 治獄과의 관계를 일목요연하게 정리하였다. 본고에서 집중적으로 다루고자 하는 것은 「爲獄等狀四種」 가운데서도 案例七의 '識劫婉案'이다. 案例七의 '識劫婉案'은 金鍾希씨의 분류에 의하면, 治獄의 여러 사례 가운데서도 '疑案上申'으로 분류하고 있다.[12]

본고에서 필자가 논하고자 하는 『岳麓書院藏秦簡』「爲獄等狀四種」 案例七 '識劫婉案'은 秦代社會 성격을 이해하는 데 크게 도움이 되는 내용이 포함되어 있다. 예를 들어 주인인 大夫 沛가 婉을 免賤하여 庶人이 되게 하였다는

---

10) 이성규, 「秦帝國 縣의 組織과 機能-遷陵縣 古城遺地 출토 里耶秦簡의 분석을 중심으로」, 『學術院論文集(人文社會科學篇)』 53-1, 2014, 129쪽.
11) 金鍾希, 「秦漢初覆審運營和奏讞制度」, 『簡牘與戰國秦漢歷史：中國簡帛學國際論壇 2016』, 香港中文大學歷史系, 533쪽.
12) 金鍾希, 위의 글, 563쪽.

〈『嶽麓秦簡』「爲獄等狀四種」 張家山漢簡 「奏讞書」 안례의 성격〉

종류	대분류	세부 분류	嶽麓秦簡 「爲獄等狀四種」	張家山漢簡 「奏讞書」
奏讞	覆獄	상급기관의 명에 의한 覆獄		안례16, 18
		乞鞫覆獄	안례 8,11,12	안례17
		死罪·過失·戲殺覆獄		(안례16은 死罪 覆獄 전단계)
	治獄	상급기관의 명에 의한 治獄 경위 재보고 : 治獄 재확인(覆獄 전단계)	안례1,3,4	
		疑案上申	안례2, 5, 6, 7, 14, 15	안례1~13, 21
		조건부上申(原사법기관이 판결할 수 없는 특수 안건)		안례14,15
		微難獄해결(미궁에 빠진 안건을 해결한 官吏에 대한 진급추천)	안례9, 10	안례22
기타(故事기술) : 治獄의 범주에서 이해할 수 있으며 奏讞의 원형				안례19, 20

내용이 나온다. 이 내용은 『二年律令』의 규정과도 연결된다. 이런 사례를 포함하여 몇 가지 내용이 『二年律令』 혹은 秦漢史에서 크게 논쟁이 되었던 주제가 포함되어 있다. 예를 들어 案例七'識劫𡟰案'에는 沛의 隷人 識이 沛와 同居하였다는 내용이 나오고, 同居한 지 3년이 되었을 때 識을 위해 妻를 취하게 하고 다시 1년이 지난 후에는 識을 위해 室을 매입해주고, 말 1필과 稻田 20畝를 나누어주고, 識을 分異하였다는 매우 주목할 만한 내용이 나온다. 좀 더 구체적으로 이야기하자면, 짤막한 이 내용에는 戶籍制度, 土地制度, 分異法, 隷屬民의 성격, 同居의 개념 등과 관련하여 주목할 만한 내용을 포함하고 있는 것이다. 본고에서 필자가 『岳麓書院藏秦簡』 「爲獄等狀四種」 가운데 案例七'識劫𡟰案'을 집중적으로 분석하고자 하는 이유는 바로 秦漢史의 여러 영역 가운데서도 특히나 쟁점이 되었던 주요한 내용을 대거 포함하고 있기 때문이다. 본고에서는 첫째로 『岳麓書院藏秦簡』 「爲獄等狀四種」 案例七'識劫𡟰案'에 대한 譯注를 포함한 정확한 해석에 치중한다.[13] 다음으로는 『岳麓書院藏秦簡』 「爲獄等狀四種」 案例七'識劫𡟰案'의 내용과 『張家山漢簡』 「二年律令」의 규정을 비교하는 방식을 통하여 사료에 대한 기초적 이해에 치중한다. 이 과정에서 秦代의 土地制度, 分異法, 隷屬民의 성격, 同居의 개념 등을 재검토하기로 하겠다.

II. 『岳麓書院藏秦簡』「爲獄等狀四種」 案例七識劫𡟰案譯注

1. 請讞과 案件의 내용

【원문】

  【敢讞(讞)】之：十八年八月丙戌, 大女子𡟰自告曰：七月爲子小走馬羛(義)占

---

13) 林炳德, 「『嶽麓秦簡』과 中國古代法制史의 諸問題」, 『法史學硏究』 第53號, 2016에서는 案例七'識劫𡟰案'에 대한 초보적 해석을 시도하였으나 해석에 오류가 적지 않았다.

家訾(貲). 羛(義)當□大夫建·公卒昌·士五(伍)積·喜·遺錢六萬八千三百, 有
券. 婗匿不占吏爲訾(貲). 婗有市布肆一·舍客室一. 公士識劫婗曰：以肆室鼠
(予)識. 不鼠(予)識, 識且告婗匿訾(貲). 婗恐, 卽以肆·室鼠(予)識；爲建等折
棄券, 弗責. 先自告, 告識劫婗.(108簡~111簡)

【역문】

감히 請讞합니다.[14] (秦王政)18년(기원전 229) 8월 21일에[15] 성인여자
婗이 自告하여[16] 진술 : 7월에 아들인 미성년의[17] 走馬인[18] 羛를 위해
재산(家訾)을[19] 신고했습니다.[20] 羛는 大夫인 建·公卒인 昌·士伍인 積·士

---

14) 請讞 : 하급기관에서 판결을 내리기 어려운 사건을 상급기관에서 판결해 줄 수
  있도록 요청하는 것(『論衡』 권27, 「定賢」, "事之難者, 莫過於獄, 獄疑則有請讞.";『隋
  書』 권25, 「刑法志」, "每以季秋之後, 諸所請讞, 帝常幸宣室, 齋而決事, 明察平恕, 號爲寬
  簡.").
15) 『嶽麓秦簡(參)』, 163쪽, 역주[1].
16) 自告 : 自首하여 고발함. 범죄사실을 스스로 관헌에게 신고함. '自首'라는 의미를
  명백히 표현하기 위해서 보통은 '先自告'라는 용어를 사용.
17) 大小 :『睡虎地秦簡』이나 里耶의 戶籍簡은 모두 연령이 기록되어 있지 않고 단지
  大小로만 표기되고 있다. 그런데,『史記』,「秦始皇本紀」, "十六年九月, ⋯ 初令男子書
  年"라 하여 秦王政 16년 9월, ⋯ 처음으로 남자에게 연령을 기록한 것으로 되어
  있다(『史記』,「秦始皇本紀」, 232쪽). 이 기록과 일치하는 것이『睡虎地秦簡』編年紀
  "十六年, 七月丁巳, 公終. 自占年"의 기사이다. 한편, Ulrich Lau와 Thies Staack은
  漢律에 따르면 요역과 병역의 의무 부담이 22세였다고 하고 있다(Ulrich Lau/
  Thies Staack, Legal Practice in the Formative Stages of the Chinese Empire, Brill, 2016,
  193쪽). 따라서 羛는 22세 미만이었다고 보고 있다.
18) 走馬는 秦의 爵名으로 公士·上造에 이은 3급 簪裊에 해당한다. 朱漢民·陳松長主編,
  『嶽麓書院秦簡(貳)』, 上海辭書出版社, 2011, 「數」122簡, 95~96쪽, "大夫·不更·走馬·上
  造·公士, 共除米一石, 今以爵衰分之, 各得幾何？"; 王勇·唐俐, 「"走馬"爲秦爵小考」, 『湖
  南大學學報(社會科學版)』 2010-4；飯島和俊, 「秦漢時代の軍制－張家山漢簡「奏讞書」
  に散見する「走士」と「走馬」を手がかりとして－」, 『中央大學アジア史研究』 24, 2000 등 참
  고.
19) 家訾 : 家中의 財産. 家産(姉沼陽平, 「岳麓書院藏秦簡譯注－「爲獄等狀四種」案例七識
  劫案」, 『帝京史學』 30, 2014, 200쪽, 주4). 家訾는 財産稅의 기준이 된다. 이와
  관련하여『居延漢簡釋文合校』에는 아래와 같은 유명한 사례가 있다.
  謝桂華·李均明·周國炤, 『居延漢簡釋文合校』, 文物出版社, 1977, 766 : 合37.35 : 候長觻
  得廣昌里公乘禮忠年卅.
  小奴二人直三萬　用馬五匹直二萬　　宅一區萬

伍인 喜·士伍인 遺에 대해 68,300錢을 빌려주었으며, 따라서] 68,300錢을 당연히 돌려받아야 했습니다. 이를 증명하는 契約文書도 있었습니다.[21] 저(媛)는 그러한 재산을 숨기고, 吏에게 家産으로 신고하지 않았습니다.[22] 저(媛)는 市에 布肆 1개를,[23] 舍客室 1개를[24] 소유하고 있었습니다. [그런데] 公士인 識이 저(媛)를 협박하여, "布肆와 舍客室을 나(識)에게 주라.[25] 나(識)에게 주지 않으면 나(識)는 당신(媛)이 재산을 숨긴 것을 고발할 것이다."라고 하였습니다. (이에) 저(媛)는 두려워서 곧 識에게 布肆와 舍客室을 주었습니다. 또한 建을 비롯한 채무자들을 위해 계약문서를 폐기하고[26] 채권을 포기하였습니다. 이에 먼저 자수하고 동시에 識이 저(媛)를 협박하였음을 고소합니다."

| 大婢一人二萬 | 牛車二兩直四千 | 田五頃五萬 |
| 軺車二乘直萬 | 服牛二六千 | ·凡訾直十五萬 |

20) 占 : 신고. 『漢書』「昭帝紀」, 224쪽, "如淳曰 : 「律, 諸當占租者家長身各以其物占, 占不以實」."
21) 券 : 券書, 즉 契約文書.
22) 媛匿不占吏爲貲 : 재산 등기과정 중에 재산을 숨기고, 吏에게 家産으로 신고하지 않았을 때 어떤 처벌을 받느냐 하는 문제는 여기서 구체적으로 보이지는 않는다. 그러나 '占不悉', 혹은 '自占不以實'의 처벌규정이 있었음이 분명하다(王彦輝, 「秦簡 "識劫案"發微」, 『古代文明』 9-1, 2015-1, 81쪽).
23) 肆는 점포. 肆에 대해서는 『嶽麓秦簡(參)』, 138쪽, 주2) 참조. 市布肆는 布를 판매하는 상점(姉沼陽平, 위의 글, 203쪽, 주7) 참조).
24) 舍客室 : 舍는 숙박하다는 의미로 해석된다(冨谷至 編, 『江陵張家山二四七號墓出土 漢律令の硏究(譯注篇)』, 朋友書店, 2006, 110쪽을 참고). 따라서 舍客室은 숙박용객실로 이해된다.
25) 畀 : 與 혹은 予.
26) 당시의 券, 즉 계약문서는 목간으로 작성되었기 때문에 '折', 즉 부러뜨린 것으로 표현. 여기서는 券을 계약문서로 번역하고 折棄券을 계약문서를 폐기한 것으로 해석하였다.

2. 審問과 진술

【원문】

婉曰: 與羛(義)同居, 故大夫沛妾. 沛御婉, 婉産羛(義)·女娞. 沛妻危以十歲時死, 沛不取(娶)妻. 居可二歲, 沛免婉爲庶人, 妻婉. 婉有(又)産男必·女若. 居二歲, 沛告宗人里人大夫快·臣, 走馬拳, 上造嘉·頡曰: 沛有子婉所四人, 不取(娶)妻矣. 欲令婉入宗, 出里單賦, 與里人通歙(飮)食. 快等曰: 可. 婉卽入宗, 里人不幸死者出單賦, 如它人妻. 居六歲, 沛死, 羛(義)代爲戶·爵後, 有肆·宅. 識故爲沛隷, 同居. 沛以三歲時爲識取(娶)妻; 居一歲爲識買室, 賈(價)五千錢, 分馬一匹·稻田卅畝, 異識. 識從軍, 沛死. 來歸, 謂婉曰: 沛未死時言以肆·舍客室䑛(予)識, 識欲得. 婉謂沛死時不令䑛(予)識, 識弗當得. 識曰: 婉匿訾(貲), 不䑛(予)識, 識且告婉. 婉以匿訾(貲)故, 卽䑛(予)肆·室. 沛未死, 弗欲以肆·舍客室䑛(予)識. 不告婉, 不智(知)戶籍不爲妻·爲免妾故. 它如前. (112簡~119簡)

【역문】

婉의 진술: "義와 同居하였는데, 예전에는 大夫인 沛의 妾이었습니다.[27] 沛는 저(婉)를 총애하여 아들 義와 딸 娞을 낳았습니다. 沛의 妻인 危는 10년 전에[28] 사망하였습니다. [그 이후] 沛는 다시 처를 맞이하지 않았습니다. 대략 2년이 지난 후에[29] 沛는 저(婉)를 免賤하여 庶人이 되게 하고[30]

---

27) 妾: Ulrich Lau와 Thies Staack는 妾을 婢로 해석하고 있다(Ulrich Lau/Thies Staack, ibid, 196쪽, annotation 941). 戰國時代 奴婢를 가리키는 공식적인 용어는 臣妾이었다. 이제까지의 일반적인 학설로는 이 견해는 타당하다. 그러나 『張家山漢簡』 「奏讞(讞)書」 案例22는 秦王政 6년(기원전 241)의 기사인데, 여기서는 '妾'이라 하지 않고 '婢'라고 표현되어 있다. 邢義田 선생도 妾을 妻妾의 妾으로 보았다(邢義田, 「龍山里耶秦遷陵縣城遺址出土某鄕南陽里戶籍簡試探」, 簡帛網, 2007年11月3日). 그러나 陳偉는 秦簡 중에 妻妾의 妾의 사례가 보이지 않는다는 점, 婉이 大夫沛의 妾이 되어 총애를 받아 1남1녀를 둔 후에도 신분상의 변화가 없다가 沛妻가 사망 후 2년이 지난 뒤 庶人이 되었다는 점에서 妾을 妻妾의 妾으로 보는 견해에 대해 부정적이다(陳偉, 「秦漢簡牘中的"隷"」, 簡帛網, 2017年7月20日).

28) 즉 秦王政 8년(기원전 239)에 해당한다.

29) 居可二歲의 '可'는 대략의 의미(Ulrich Lau/Thies Staack, ibid, p.197, annotation

저(嬽)를 처로 삼았습니다. 저(嬽)는 또 아들 必과 딸 若을 낳았습니다. 2년이 지난 후에 沛는 宗人이자[31] 里人인 大夫 快와 臣·走馬인 拳·上造인 嘉와 頡에게 알려서 말하기를, 「나(沛)는 嬽의 處所에[32] 4명의 자식 가졌으며 다시 아내를 두지 않았다. 嬽을 宗人에 입적시키고 里의 單賦를 내게 하고, 里人과 더불어 음식을 먹게 하고 싶다.」[33]라고 했습니다. (그러자) 快 등이 말하기를, 「좋습니다. 嬽은 즉시 宗人에 입적시키고, 里人이 불행히 죽어서 單賦를 내는 것을 다른 사람의 妻와 같게 하십시오.」라고 하였습니다. 同居 6년 후에[34] 沛가 죽었습니다. [아들인 小走馬] 義는 [부친 沛]를 계승해 戶主·爵位繼承者가 되어 布肆와 宅을 소유하게 되었습니다.[35] 識은 본래 沛의 隷로[36] 沛와 同居하였습니다. 沛는 [識을 隷로 하여] 同居한 지 3년이 되었을 때 識을 위해 妻를 취하게 하였습니다. 1년이 지난 후에는 識을 위해 집을 매입하였는데, 가격은 5千錢이었습니다. [또한] 말 1필과 稻田 20畝를 나누어 주어 識을 分異하였습니다. [금년에] 識이 從軍하였을 때 沛가 죽었습니다. (識이) 돌아와서 나(嬽)에게 말하기를, 「沛가 죽기 전에 布肆와 舍客室을 준다고 했으니 내(識)가 이를 가지고자 한다.」라고 했습니다. 嬽이 말하기를, 「沛가 죽을 때 識에게

---

946).
30) 沛免嬽爲庶人 : 『二年律令』의 田宅의 給付 규정에 庶人이라는 신분이 기재되고 그것이 公卒·士伍라 하는 無爵者와 함께 같은 田宅이 給付되고 있다. 椎名一雄, 「張家山漢簡二年律令に見える爵制-庶人の理解を中心として」, 『鴨台史學』 6, 2006 ; 鷹取祐司, 「秦漢時代の刑罰と爵制の身分制」, 『立命館文學』 608, 2008 ; 任仲爀, 「秦漢律의 耐刑-士伍로의 수렴 시스템과 관련하여-」, 『中國古中世史硏究』 19, 2008.
31) 宗人 : 宗族 關係에 있는 사람(姉沼陽平, 위의 글, 210쪽, 주17) 참조).
32) 所 : 처소, 거주지점.
33) 單賦 : 單賦의 單은 僤으로 漢代는 특정 목적의 私人結合 혹은 結社. '識劫嬽案'에서의 單은 "出里單賦", 즉 里單으로 종족관계의 유대관계의 결합이다. 구체적으로 '識劫嬽案'에서는 "里人通歙(飮)食"과 "里人不幸死者出單賦"인 것이 나와 있다. "里人通歙(飮)食"은 社祭 혹은 祀祭宴飮을 포괄한다(王彦輝, 앞의 글, 82쪽).
34) 秦王政 18년(기원전 229).
35) 大夫인 沛의 가족성원의 변화를 도표화하면 다음과 같다(陳絜, 「嶽麓簡"識劫嬽案"與戰國家庭組織中的依附民」, 『出土文獻硏究』 第14輯, 中西書局, 2015, 93쪽).

주라고 하지 않았으니 識은 당연히 가질 수가 없다」라고 했습니다. 識이 말하기를, 「媛은 자산을 숨기고 나(識)에게 주지 않으니 나(識) 또한 媛을 고발할 것이다」라고 했습니다. 저(媛)는 재산을 은닉한 까닭에 즉시 布肆와 舍客室을 주었습니다. 沛는 죽기 전에 布肆와 舍客室을 識에게 주려고 하지 않았습니다. (沛가) 媛에게 알리지 않았기 때문에 호적에 妻로 되어 있지 않고 免妾으로 되어 있는 까닭을 알지 못합니다. 나머지는 전에 진술한 것과 같습니다."37)라고 하였다.

【원문】

- 識曰:自小爲沛隸. 沛令上造狗求上造羽子女齡爲識妻. 令狗告羽曰:且以布肆·舍客室鼠(予)識. 羽乃許沛. 沛巳(已)爲識取(娶)齡, 卽爲識買室, 分識馬·田, 異識, 而不以肆·舍客室鼠(予)識;識亦(?)弗(?)求(?), 識巳(已)?受它. 軍歸, 沛巳(已)死, 識以沛未死言謂媛:媛不以肆·室鼠(予)識, 識且告媛匿訾(貲). 媛乃鼠(予)識, 識卽弗告. 識以沛言求肆·室, 非劫媛. 不智(知)媛曰劫之

시간	가족성원	명수	가족구성 변화의 원인
11년전	夫沛, 妻危, 妾媛, 隸識, 子義, 女姎	6	
10년전	夫沛, 妾媛, 隸識, 子義, 女姎	5	妻危 死亡
8년전	夫沛, 免妾媛, 隸識, 子義, 女姎, 子必, 女若	7	免媛爲庶人. 媛又産男必·女若
6년전	夫沛, 妻媛, 隸識, 子義, 女姎, 子必, 女若	7	媛入宗
3년전	夫沛, 妻媛, 子義, 女姎, 子必?, 女若, 隸識, 隸識齡	8~7	爲識娶齡. 幼子必或死亡
2년전	夫沛, 妻媛, 子義, 女姎, 子必?, 女若	6~5	識 分異. 幼子必或死亡
發案之時	戶主義, 母媛, 妹姎, 女若	4	夫沛 死亡, 弟必 死亡

36) 識故爲沛隸:發案 시에는 識의 신분은 隸가 아니었다는 의미.
37) 它如前:조서를 꾸밀 때 기록한 것으로 본인의 발언은 아니다. 금회에 보조 설명하였던 다른 부분은 前回와 똑같다. 즉 기타의 사실은 前回의 供述대로 라고 하는 說(宮宅潔, 「秦漢時代の裁判制度-張家山漢簡(奏讞書)より見た-」, 『史林』82-2, 1998, 47~49쪽)이 있고, 스스로의 증언이 先行하는 某某의 발언에 저촉되지 않는다는 취지를 보증하는 관용적 표현이라는 설(籾山明, 『中國古代訴訟制度の研究』, 京都大學出版會, 2006, 185~189쪽)이 있다. 籾山明의 설에 따르면, 它如前은 "이전의 증언에 대해 금회의 증언은 모순되지 않는다."는 뜻으로 해석된다.

故. 它如愿.(119簡~123簡)

【역문】

- 識의 진술 : "저는 어릴 적부터 沛의 隷였습니다.[38] 沛가 上造 狗에게 上造 羽의 딸인 姶을 저(識)의 처로 삼게 해달라고 요청하였습니다. 이때 沛가 狗로 하여금 羽에게 알리도록 해서 말하기를, 「장차 布肆와 舍客室을 너(識)에게 줄 것이다」라고 하였습니다. 羽는 이에 沛의 요청을 허락했습니다. 沛는 이미 저(識)를 위해 姶을 아내로 맞도록 하고 저(識)를 위해 집을 사서 주고 馬와 田도 나누어주며 저(識)를 分異하도록 했지만, 布肆와 舍客室을 저(識)에게 주지는 않았습니다. 저(識)도 달라고 하지 않은 것은 이미 다른 것을 받았기 때문입니다. 軍에서 [제대하여] 돌아오니 沛는 이미 사망하였고, 저(識)는 沛가 죽기 전에 약속한 것을[39] 愿에게 일러 말하기를, 「愿이 布肆와 舍客室을 나(識)에게 주지 않으면 나(識)는 장차 愿이 재산을 숨긴 것을 고발할 것이다」라고 했습니다. 愿이 이에 나(識)에게 주자, 저(識)는 愿을 곧 고발하지 않았습니다. 나(識)는 沛의 약속대로 布肆와 舍客室을 찾은 것이지 愿을 협박한 것은 아닙니다.[40]

---

38) 自小爲沛隷 : 여기에서 識이 沛의 '隷'로 되어 있는데, 이때의 '隷'는 奴隷를 의미하는 奴婢로 단정하기 어렵다. 왜냐하면 沛가 隷인 識을 위해서 上造 羽의 딸인 姶을 처로 삼게 해주고, 馬와 田도 나누어주며 識을 分異하도록 하고 있기 때문이다. 더욱 이 과정에서 識을 '免隷爲庶人'이라는 표현도 없기 때문이다. 劉欣寧은 '罪隷'이나 '奴隷'는 아니라고 하였고(劉欣寧, 「里耶戶籍簡牘與 "小上造" 再探」, 簡帛網 2007年 11月20日); 整理小組 : 이른바 '隷'는 男女가 通用되는 것으로 '臣妾'이나 '奴婢'와는 다르다고 지적(朱漢民·陳松長 主編, 앞의 책, 163쪽, 注釋9). 陳絜도 隷를 奴隷로 볼 수 없다고 보았다(陳絜, 「嶽麓簡 "識劫愿案" 與戰國家庭組織中的依附民」, 『出土文獻研究』第14輯, 中西書局, 2015, 87~96쪽). 賈麗英은 愿이 請識 시에 識을 '公士識'으로 표현하고 있는 것에 주목하여 隷가 爵位를 가진 존재일 가능성이 있다고 보았다(賈麗英, 『秦漢家庭法研究』, 中國社會科學出版社, 2015, 184~187쪽). 識이 沛의 戶籍上에 등록되어 있는 것도 주목되는데, 이와 관련하여 주목되는 것은 『里耶秦簡』의 戶籍簡이다(湖南省文物考古硏究所, 『里耶發掘報告』, 湖南 : 岳麓書社, 2007). 그런데 이 戶籍文書에도 노예를 의미하는 臣이 第5欄으로 분류되어 같은 戶籍에 등록되어 있다. 반드시 직계가족만이 호적에 등록된 것은 아니었음을 알 수 있다.
39) 言 : 言은 약속하다는 의미(Ulrich Lau/Thies Staack, ibid, p.197, annotation 946).
40) 劫 : 誘拐 혹은 劫略의 의미. 강제로 상대방의 재물이나 人身을 강탈하는 것을

婉이 왜 제가 협박했다고 말하는지 이유를 모르겠습니다. 나머지는 婉이 말한 것과 같습니다."

【원문】

- 建·昌·喜·遺日：故爲沛舍人【沛】織(貨)建等錢, 以市販, 共分贏. 市折, 建負七百, 昌三萬三千, 積六千六百, 喜二萬二千, 遺六千, 券責(債)建等, 建等未賞(償). 識欲告婉, 婉卽折券, 不責建. 它如婉.(123簡~125簡)

【역문】

- 建·昌·積·喜·遺의 진술 : "원래 沛의 舍人이었습니다.[41] 【沛】가 建 등에게 돈을 빌려주어 이것으로 시장에 판매를 시키고 함께 수익을 나누고자 했습니다. 장사를 했는데, [손해가 났기 때문에] 建은 700전의 빚을 지고, 昌은 33,000전, 積는 6,600전, 喜는 22,000전, 遺는 6,000전을 [沛에 대해서] 각각 빚지게 되었습니다. 계약문서에는 우리들(建 등)의 채무반환액을 기록하고 있지만 우리들(建 등)이 아직 이를 상환하지 못하였습니다. 識이 婉을 고발하려고 하니, 婉은 곧바로 계약문서를 파기하고, 우리들(建[등])에게 부담하지 않도록 했습니다. 다른 것은 婉의 진술과 같습니다."[42]

【원문】

- 姚·快·臣·拳·嘉·頡言如婉.
- 狗·羽·黔言如識.
- 羛(義)·若小不訊. 必死.

의미한다. 즉 위협 혹은 힘으로써 그 재물을 취한 것을 말한다. 沈家本은 劫略을 强盜로 해석하고 있다(沈家本, 『歷代刑法考』, 中華書局, 1985, 1400쪽). 劫略, 즉 협박은 「盜律」로 분류된다.

41) 舍人 : 私屬官稱 또는 侍從賓客. 大夫인 沛는 관직이 없었으므로 私養의 賓客(王彦輝, 앞의 글, 76쪽).

42) 它如婉 : 이처럼 나에게는 나름대로의 견해, 혹은 의문도 있지만, 다른 점은 婉의 견해에 따른다는 의미(姉沼陽平, 위의 글, 216쪽, 주32)).

- 卿(鄕)唐·佐更曰：沛免娛爲庶人, 卽書戶籍曰：免妾. 沛後妻娛, 不告唐·更. 今籍爲免妾. 不智(知)它(125簡~126簡).

【역문】
- 㚻·快·臣·拳·嘉·頡의 진술은 娛과 같다.[43]
- 狗·羽·黔의 진술은 識과 같다.[44]
- 義·若은 어려서 신문하지 않았다.[45] 必은 사망하였다.
- 鄕嗇夫 唐과 鄕佐인 更의 진술[46] : 沛는 娛을 免賤하여 庶人이 되게 하였고, 바로 戶籍에[47] '免妾'이라고 기록했습니다. 沛는 나중에 娛을 妻로 삼았지만, 鄕嗇夫인 唐과 鄕佐인 更에게 알리지 않았습니다. 지금 戶籍에 '免妾'으로 되어 있습니다. 다른 것은 알지 못합니다.

【원문】
- 詰識：沛未死, 雖告狗·羽, 且以肆·舍客室鼠(予)識, 而後不鼠(予)識, 識弗求. (巳)已爲識更買室, 分識田·馬, 異識；沛死時有(又)不令, 羛(義)巳(已)代爲戶

---

43) 㚻 : 㚻은 뒷 문장에 "娛産羛(義)·㚻"으로 되어 있다. 즉 娛의 長女. 快·臣·拳·嘉·頡은 앞에서 언급한 "宗人里人大夫快·臣, 走馬拳, 上造嘉·頡 …"에 나오는 娛과 同里의 宗人.
44) 狗·羽·黔言如識 : 狗는 上造 狗, 羽는 上造 羽, 黔은 上造 羽의 딸. 沛가 上造 狗에게 上造 羽의 딸인 黔을 識의 처로 삼게 해달라고 한 요청을 하였고, 沛가 "장차 布를 파는 점포 하나와 숙박용 객실 하나를 識에게 줄 것이다"라고 한 識의 진술을 狗·羽·黔이 증언하였다는 의미.
45) 訊은 피의자에 대한 訊問.
46) 整理小組 : 鄕은 鄕嗇夫. 佐는 鄕佐. 卿은 鄕의 誤字. 紙屋正和는 前漢中後期의 尹灣漢簡을 검토하여 鄕有秩·鄕嗇夫·鄕佐가 官秩 순에 高低의 관계에 있는 점을 착안하여 前漢中後期의 東海郡에 ① 鄕有秩과 鄕佐의 鄕, ② 鄕嗇夫와 鄕佐의 鄕, ③ 鄕嗇夫만의 鄕, ④ 鄕佐만의 小鄕이 있었다고 한다(紙屋正和, 『漢時代における郡縣制の展開』, 朋友書店, 2009, 415~459쪽).
47) 秦에서 호적제도의 시행을 알려주는 가장 이른 기록은 獻公 10년(기원전 375)의 "爲戶籍相伍"(『史記』, 「秦始皇本紀」)로서 호적제도가 伍制와 결합되어 운영되었음을 시사한다. 그리고 『商君書』「境內篇」에는 "四境之內, 丈夫女子皆有名於上, 生子著, 死者削."이라 하여, 전국의 남녀를 출생과 사망을 기점으로 호적에 등록하거나 삭제하도록 한다는 호적제 운영의 기본원칙을 제시하고 있다.

後, 有肆·宅. 識弗當得. 何故尚求肆·室, 曰: 不鼠(予)識? 識且告嬽匿訾(貲)? 嬽卽以其故鼠(予)識, 是劫嬽. 而云 非劫, 何解?(127簡~129簡)

【역문】

- 識에 대한 詰問: 沛가 살아있을 때, 狗·羽에게 알렸고, 布肆와 舍客室을 너(識)에게 주라고 했으나, 후에 너(識)에게 주지 않았다. 너(識)도 그것을 요구하지 않았다. [왜냐하면] 이미 너(識)를 위해서 더욱 가옥을 샀으며, 識에게 田·馬를 分與하고, 識을 分異하였[기 때문이]다. 沛가 죽었을 때 [布肆와 舍客室을 識에게 주라고] 하는 令도 없었다.48) 또한 [아들인 小走馬] 義는 [부친 沛를 대신하여 戶主가 되어 布肆와 舍客室을 소유하게 되었다. 따라서 너(識)는 [이를] 얻을 수가 없다.49) 무슨 이유로 여전히 布肆와 舍客室을 요구하여, 너(識)에게 주지 않았다고 하는 것인가? 너(識)는 또한 嬽이 자산을 숨긴 것을 고발한다고 하였고, 嬽은 그 때문에 즉시 너(識)에게 주었으니 이것은 嬽을 협박한 것이다. 그런데 협박한 것이 아니라고 하니 어떻게 해명할 것인가?

【원문】

- 識曰: □欲得肆·室, 嬽不鼠(予)識. 識誠恐謂且告嬽. 嬽乃鼠(予)識. 識實弗當得. 上以識爲劫嬽, 皋(罪)識, 識毋(無)以避, 毋(無)它解, 皋(罪). 它如前.(129簡~130簡)

---

48) 沛死時有(又)不令: 『二年律令』에 따르면, 백성이 사망전 유언을 남겨 전택·노비·재물을 나누어 주려고 하는 경우, 향부색부가 직접 그 유언에 따라, 모두 삼변권에 쓰고, 戶籍과 동일하게 올리는 것으로 되어 있다(『二年律令與奏讞書』 334簡~335簡, 223~224쪽, "民欲先令相分田宅·奴婢·財物, 鄕部嗇夫身聽其令, 皆參辨券書之, 輒上如戶籍. 有爭者, 以券書從事; 毋券書, 勿聽").

49) 弗當得: 漢律에서 「不當得爲」는 마땅히 해서는 안 되는 일을 한 경우에 대한 처벌이다. 『漢書』 권78, 「蕭望之傳」, 3277쪽, "首匿·見知縱·所不當得爲之屬, …, 其便明甚"; 『漢書』 권63, 「武五子傳」(昌邑王), 2767쪽, "臣敞前言言: 「昌邑哀王歌舞者張修等十人, 無子, 又非姬, 但良人, 無官名, 王薨當罷歸. 太傅豹等擅留, 以爲哀王園中人, 所不當得爲, 請罷歸.」"

【역문】

- 識의 진술 : "□는 布肆와 舍客室을 얻고 싶었습니다. 媛은 나(識)에게 주지 않았습니다. 저(識)는 진실로 [媛이 두렵도록] 공갈로 「媛을 고발할 것」이라고 말했습니다. 媛이 이에 저(識)에게 주었습니다. 저(識)는 사실 이를 얻어서는 안 됩니다. 심판관께서 내(識)가 媛을 협박했다고 해서[50) 나(識)에게 죄가 있다고 한다면 나(識)는 이를 피할 수가 없습니다. 달리 해명할 것은 없습니다. 저의 죄입니다. 다른 것은 앞에 진술한 것과 같습니다."

3. 사실 확인과 확인된 범죄의 사실의 총괄

【원문】

- 問 : 匿訾(貲)稅及室·肆, 臧(贓)直(值)各過六百六十錢, 它如辭(辭). (130簡~131簡)

【역문】

- 사실 여부를 질문을 통해 조사[51) : 은닉한 재산세 및 布肆와 舍客室의 장물 가치는 각각 660전을 넘는다.[52) 다른 것은 진술한 내용과 같다.

---

50) 上以識爲劫媛의 上을 姉沼陽平는 吏·政府當局으로 해석(姉沼陽平, 위의 글, 222쪽). 필자는 재판관계문서임을 고려해서 심판관으로 해석함.

51) 問 : 池田雄一(池田雄一, 「江陵張家山漢簡『奏讞書』について」, 『堀敏一先生古稀記念論集 中國古代の國家と民衆』 56, 1995)은 "피고에 의한 供述의 총괄"이라 하고, 宮宅潔 (宮宅潔, 「秦漢時代の裁判制度-張家山漢簡《奏讞書》より見た-」, 『史林』, 82-2, 1998) 은 "양형으로 재판을 진행하고자 할 때 밝혀지게 된 사실관계의 총괄"이라 하고 있다.

52) 『二年律令與奏讞書』, 55簡, 112쪽, "盜藏(贓)直(值)過六百六十錢, 黥爲城旦舂. 六百六十到二百卄錢, 完爲城旦舂. 不盈二百卄到百一十錢, 耐爲隷臣妾."; 『睡虎地秦簡』 「效律」, "計脫實及出實多于律程, 及不當出而出之, 直(值)其賈(價), 不盈卄二錢, 除 ; 卄二錢以到六百六十錢, 貲官嗇夫一盾 ; 過六百六十錢以上, 貲官嗇夫一甲, 而復責其出也. 人戶·馬牛一以上爲大誤. 誤自重也, 減罪一等"; 『二年律令與奏讞書』, 案例15, 353쪽, "律 : '盜臧(贓)直(值)過六百六十錢, 黥爲城旦.'"

【원문】

- 鞫之 : 婉爲大夫沛妾. 沛御婉, 婉産羛(義)·妶. 沛妻危死, 沛免婉爲庶人, 以爲妻. 有(又)産必·若. 籍爲免妾. 沛死, 羛(義)代爲戶後, 有肆·宅. 婉匿訾(貲)稅直(値)過六百六十錢. 先自告, 告識劫. 識爲沛隷. 沛以取(娶)妻, 欲以肆·舍客室鼠(予)識. 後弗鼠(予), 爲買室, 分馬一匹·田卄畞, 異識. 沛死, 識後求肆·室. 婉弗鼠(予), 識恐謂婉 : 且告婉匿訾(貲). 婉以故鼠(予)肆·室, 肆·室直過六百六十錢. 得. 皆審. 疑婉爲大夫妻·爲庶人及識辠(罪). 敱(繫). 它縣論. 敢讞(讞)之.(131簡~135簡)

【역문】

- 취조한 결과에 따른 범죄사실의 총괄53) : 婉은 大夫인 沛의 妾이었습니다. 沛는 婉을 총애하였고, 婉은 義·妶을 낳았습니다. 沛의 妻인 危가 사망하자 沛는 婉을 免賤하여 庶人으로 하였고, 妻로 하였습니다. 婉은 또 必·若을 낳았습니다. 호적에는 妾을 免한 것으로 되어 있습니다.54) 沛가 死亡하고, [아들인 小走馬] 義는 [부친 沛]를 계승해 戶主가 되어 布肆와 舍客室을 소유하게 되었습니다. 婉은 재산세를 숨겼는데, 재산세를 신고하지 않고 탈루한 가치는 660전이 넘습니다. 먼저 自告하고, 識의 협박을 고발하였습니다. 識은 沛의 隷이었습니다. 沛는 識을 위해 妻를 얻어 장가가도록

---

53) 鞫 : 審問定罪. 治獄을 담당하는 관리들이 안건을 조사하고 심리한 결과, 확인된 범죄의 사실을 간략하게 결론지은 기록이다. 治獄을 담당하는 관리들이 안건을 조사하고 심리한 결과, 확인된 범죄의 사실을 간략하게 결론지은 기록인 鞫은 『岳麓秦簡』 「爲獄等狀四種』과 『張家山漢簡』 「奏讞書」에 몇 가지 형식으로 나타난다. 案例1은 《鞫之…審. 疑「某某」罪…, 敢讞(讞)之.)의 형식으로 『岳麓秦簡』 「爲獄等狀四種」의 案例2·案例5·案例6·案例7과 『張家山漢簡』 「奏讞書」 案例1·案例2·案例3·案例4·案例5가 이에 해당한다. 이 사례는 縣廷에서 안건을 심사하고 조사한 결과를 정리하여 상급기관인 郡府 혹은 廷尉府에 재판의 의문에 대해 해답을 구하는 형식이다(陳炫瑋,「秦漢時代的鞫獄措施及其相關問題探究」, 『淸華學報』 新46권-2기, 2016, 244~245쪽).

54) 『睡虎地秦簡』 「法律答問」, "女子甲爲人妻, 去亡, 得及自出, 小未盈六尺, 當論不當? 已官, 當論 ; 未官, 不當論."에서는 已官, 未官이 나오고 있다. 已官은 혼인이 관부의 인가를 거친 것, 未官은 혼인이 관부의 인가를 거치지 않은 것을 의미한다. 즉 婉의 免妾은 已官, 免妾 後 처로 된 것은 未官에 해당한다(王彥輝, 앞의 글, 77쪽).

주선하였고, 布肆와 舍客室을 識에게 주고자 하였습니다. 後에 주지 않고, 識을 위해 室을 매입하고, 말 1필과 稻田 20畝를 나누어 識을 分異하였습니다. 沛가 사망하자, 識은 후에 布肆와 舍客室을 요구하였습니다.55) 媛은 주지 않았고, 識은 媛을 협박해서 恐猲로56) 이르기를, "媛이 재산을 숨긴 것을 고발하고자 한다."고 하였습니다. 그 때문에 媛은 布肆와 舍客室을 주었는데, 布肆와 舍客室은 660전을 넘습니다. [識을] 체포하였습니다. 모든 것이 명확히 밝혀졌습니다. 媛이 大夫의 妻인지, 庶人으로 해방되었는지와 識의 죄가 있는지 의심스럽습니다. 구속하였습니다. 다른 안건에 관해서는 縣이 이미 논하였습니다.57) 감히 심리한 결과를 제출하고 請讞합니다.

4. 官員의 審理意見

【원문】

- 吏議:媛爲大夫□妻;貲識二甲.
  或曰:媛爲庶人;完識爲城旦, 纍(縲)足輸蜀.(127簡~129簡)

【역문】

- 廷尉屬官이 제출한 의론:媛은 大夫□의 妻로 하고,58) 識은 貲二甲에 처한

---

55) 大夫 沛의 재산으로 미루어 상품경제가 戰國 말에 성행하였고, 이른바 民의 二業을 금지하였다는 것은 선언적인 가치추구에 지나지 않는다(王彦輝, 앞의 글, 77쪽).
56) 恐:恐猲. 恐猲은 漢律에서「盜律」로 분류되고 있다(沈家本,『歷代刑法考』, 北京:中華書局, 1985, 1393-1411쪽;程樹德,『九朝律考』, 北京:中華書局, 1963, 52~54쪽.
57) 它縣論:朴健柱(朴健柱,『中國古代의 法律과 判例文』, 백산자료원, 1999, 290쪽)는 它縣論의 '它'를 '그'로 해석하였다. 또한 '縣'을 행정단위로 볼 수 없고, "어떠한 사안에 대한"의 뜻으로 쓰이는 관용자로 보았다. 宮宅潔은 '它'를 '기타'로 해석하였다(宮宅潔,「秦漢時代の裁判制度-張家山漢簡《奏讞書》より見た-」,『史林』82-2, 1998, 49쪽). 池田雄一은 "현안과 관련된 다른 안건에 관해서는 현이 논거하고 있다"라 해석하고 있다(池田雄一, 앞의 책, 16쪽). 高恒은 "기타 안건에 대하여는 현정에서 이미 結論을 지었다(高恒,『秦漢簡牘中法制文書楫考』, 社會科學文獻出版社, 2008, 344쪽)."라고 해석하고 있다. 또한 縣=懸으로 보는 견해도 있다.

다.59)

다른 의론 : 媛은 庶人으로 하고, 識은 完하여 城旦으로 하고, 絫(縲)足해서 蜀으로 보낸다.

III. 「爲獄等狀四種」 案例七識劫媛案과 『二年律令』

『岳麓書院藏秦簡』 「爲獄等狀四種」 案例七識劫媛案의 내용과 「二年律令」의 규정을 비교해보면 그 내용이 상호 모순되지 않는다는 점에서 우선 주목된다. 이하 차례대로 그 사례를 살펴보기로 하겠다.

1. 沛免媛爲庶人, … 羛(義)巳(已)代爲戶後

(1) 沛免媛爲庶人 : 「爲獄等狀四種」 案例七識劫媛案에는 주인인 沛가 沛의 隸人 識과 沛의 妾인 媛을 免賤하여 庶人이 되게 한 것으로 나타나고 있다. 沛가 媛을 免賤하여 庶人이 되게 하였다는 것인데, 구체적으로는 바로 다음 문장에 免妾이라 되어 있다. 다시 말하자면 沛免媛爲庶人은 免妾爲庶人으로 해석할 수밖에 없다. 管見하는 한 秦漢 時期에 罪人 혹은 奴婢의 해방에서 비롯된 庶人이 아닌 免妾의 결과 庶人이 된 유일한 사례가 아닐까 싶다.

---

58) 大夫□妻 : 姉沼陽平은 "媛은 大夫□의 妻로 하고"로 해석하고 있고(姉沼陽平, 위의 글, 230쪽, 235쪽), Ulrich Lau와 Thies Staack은 "媛은 大夫의 後妻로 하고"로 해석하고 있다(Ulrich Lau/Thies Staack, ibid, 208쪽). 은닉한 재산세 및 布肆와 舍客室의 장물 가치는 각각 660전을 넘기 때문에 媛도 처벌의 대상이어야 하는데, 여기서는 媛을 大夫의 妻로 하고 있다. 이해하기 어렵지만, 先自告하고 재산세를 납부함으로써 처벌을 면한 것이 아닌가 싶다.

59) 秦의 貲二甲과 漢의 罰金刑과의 관계는 『二年律令』, 119簡, "贖死, 金二斤八兩. 贖城旦舂·鬼薪白粲, 金一斤八兩. 贖斬·府(腐), 金一斤四兩. 贖劓·黥, 金一斤. 贖耐, 金十二兩. 贖罷(遷), 金八兩."; 朱漢民·陳松長 主編, 『岳麓秦簡(貳)』, 上海辭書出版社, 2011, 0957號簡, "貲一甲 直錢千三百卌四, 直金二兩一垂. 一盾直金二垂. 贖耐, 馬甲四 錢七千六百八十"에 의해 구체적으로 밝혀지게 되었다.

이와 관련하여『二年律令』에는 노비의 주인이 노비가 善한 행위를 할 때 노비의 방면을 허용할 수 있고 또한 주인 사망 후 상속자가 없을 때 노비를 면하여 주인의 전택 및 기타 재산을 주는 사례에 주목하고 싶다.[60] 沛의 隷인 識과 沛의 妾인 婉을 免賤하여 庶人이 되게 한 사례는『二年律令』의 규정과 정확히 일치하는 사례는 아니지만, 기본적인 개념은 다르지 않다. 즉 노비의 주인이 노비가 善한 행위를 할 때 노비의 방면을 허용하고 있는 규정은 秦의 율령으로부터 시작된 것임을 알 수 있다. 노비가 '선한 행위'를 할 때 노비의 방면을 허용한『二年律令』의 사례와 관련하여,『二年律令』에서 언급한 "선한 행위"를 識에게 찾는다면 어렸을 때부터 주인 沛를 위해 봉사했고, 결정적으로는 주인을 위하여 "從軍"했기 때문에 稻田 20畝를 분할하여 異居하게 했던 것으로 추정된다.[61] 여기서 識은 沛의 隷가 되어 同居하는 것으로 보인다는 점이 주목된다. 그 후 결혼을 시키고 家나 田馬를 分與받아 '分異'시키고 있다. 즉 同居에는 同居하는 자 중의 특정 친족인 자가 아닌 모든 자가 포함된 것이고, 같은 택지에 생활하는 사람들로 제도적으로 財를 공유하고 생계를 함께 하는 모든 사함을 포함하고 있는 것으로 이해된다.[62]

(2) 沛免婉爲庶人, 卽書戶籍曰 : 免妾. 沛後妻婉, 不告唐·更 : 沛는 婉을 免賤하여 庶人이 되게 하였고, 바로 戶籍에 '免妾'이라고 기록. 이 과정에서

---

[60] 『二年律令與奏讞書』, 162~163簡, 155쪽, "奴婢爲善而主欲免者, 許之, 奴命曰私屬, 婢爲庶人, 皆復使, 及筭事之如奴婢. 主死若有罪, 以私屬爲庶人, 刑者以爲隱官. 所免不善, 身免者得復入奴婢之. 其亡, 有它罪, 以奴婢律論之."; 같은 책, 382~383簡, 239쪽, "死母後而有奴婢者, 免奴婢以爲庶人, 以庶人律予之其主田宅及餘財. 奴婢多, 代戶者毋過一人, 先用勞久·有夫(?)子若主所信使者."; 같은 책, 385簡, "□□□長(?)次子, 畀之其財, 與中分其共爲也及息. 婢御其主而有子, 主死, 免其婢爲庶人."

[61] 任仲爀,「戰國秦에서 漢初까지의 토지제도 綜觀」,『중국고중세사연구』 35, 2015, 276쪽.

[62] 鷲尾祐子,「同居-世帶構成員을指す法律用語-」, 宮宅潔編,『岳麓書院所藏簡《秦律令(壹)》譯注』, 京都 : 京都大學, 2023, 536~537쪽.

鄕嗇夫인 唐과 鄕佐인 更에게 알리고 免妾이 된 것인지 免妾의 권리가 주인인 沛에게 있어서 沛가 일방적으로 婉을 免妾한 것인지는 명확하지는 않지만, 알렸을 가능성이 높다. 沛는 나중에 婉을 妻로 삼았지만, 鄕嗇夫인 唐과 鄕佐인 更에게 알리지 않았기 때문에 妻로 되지 않았다. 즉 당시 호적등기는 鄕에서 관리되었고, 등기변경의 과정을 鄕嗇夫와 鄕佐가 담당하고 있음을 알 수 있다. 이 내용은 『二年律令』의 규정과도 일치한다. 『二年律令』에 따르면, 8월에는 항상 鄕部嗇夫·吏·令史에게 함께 호적을 조사하게 하고, [호적의] 副本을 관청에 보관토록 하고, 주거지를 옮긴 자가 있으면, 변동이 발생할 때마다, 호적과 연적, 작위 등의 세밀한 사항을, 옮긴 곳에 이첩하고 함께 봉하는 것으로 되어 있다. 실제로 호적을 옮기지 않으면 里正과 典田. 鄕部嗇夫·吏主 및 호적을 조사하는 자 모두 벌금을 내도록 되어 있다.[63]

(3) 羨(義)巳(已)代爲戶後 : 『二年律令』, 386簡~387簡에는, "과부가 戶의 후계자가 되어 田과 宅을 지급할 경우 아들이 후계자가 되어 얻은 작에 준한다. 그가 호의 후계자가 되지 않지만 戶를 이루고자 줄어든 田과 宅을 받는다면 庶人으로 田과 宅을 지급하는 것을 허가한다. 아들이 없이 남편을 맞아들였고 그 남편과도 아들이 없는 경우 그 남편이 호를 계승하여 호주가 된다. 남편의 형제 및 아들 가운데 동거하며 名籍을 같이 하는 자가 있다면 田과 宅을 팔거나 췌서를 들여서는 안 된다. 그가 나가 남의 처가 되거나 사망하면 순서대로 戶를 계승토록 한다."[64]라 하여 재산 상속 시에 누가

---

63) 『二年律令與奏讞書』, 328簡~330簡, 222쪽, "恒以八月令鄕部嗇夫·吏·令史相襍案戶籍, 副臧(藏)其廷. 有移徙者, 輒移戶及年籍爵細徙所, 並封. 留弗移, 移不並封, 及實不徙數盈十日, 皆罰金四兩 ; 數在所正·典田弗告, 與同罪 ; 鄕部嗇夫·吏主及案戶者弗得, 罰金各一兩" ; 이와 관련된 국내 논문으로는 金秉駿, 「樂浪郡 初期의 編戶過程과 '胡漢稍別'」-「樂浪郡初元四年縣別戶口多少□□」木簡을 단서로」, 『木簡과文字』 창간호, 2008 이 있다.

64) 『二年律令與奏讞書』, 386簡~387簡, 240쪽, "寡爲戶後, 予田宅, 比子爲後者爵. 其不當爲戶後, 而欲爲戶以受殺田宅, 許 以庶人予田宅. 母子, 其夫 ; 夫母子, 其夫而代爲戶. 夫同產及子有與同居數者, 令毋貿賣田宅及入贅. 其 出爲人妻若死, 令以次代戶."

호주상속자가 되는가가 중요한 것으로 나타나고 있다.65) 義가 호주상속자가 되어 沛의 유산을 상속한 案例七의 '識劫婉案'의 사례는 『二年律令』「戶律」의 규정과 일치한다.

2. "居一歲爲識買室, … 分馬一匹·稻田廿畝, 異識."

(1) 居一歲爲識買室, 賈(價)五千錢, 分馬一匹·稻田廿畝: 「爲獄等狀四種」 案例七識劫婉案에 보이는 '買室'은 『二年律令』에 보이는 '貿賣田宅'과 거의 유사하다. 田宅의 사유·매매·양도와 관련하여 沛가 識에게 5천전 값어치의 室을 구입해주고, 馬 1필과 稻田 20畝를 나누어 준 부분이 중요하다. 우선 室을 매입한 '買'의 사실에서 본다면, 沛는 제3자로부터 매입한 것임을 알 수 있는데, 『二年律令』에 규정된 買宅의 허용이 秦代에 이미 존재했음을 말해준다.66) 또한 稻田 20畝를 識에게 나누어 준 사실은 『二年律令』의 田의 '讓渡' 사실을 재입증하는 자료로 해석할 수 있다. 이것은 田宅이 秦의 授田制 하에서도 개인의 소유로 인정되고 있음을 말해준다.67) 비록 이 사례에서는 田의 매매 증거는 없지만, '양도'가 허용된 토지라면 매매도 전혀 문제가 없었을 것이다. 또한 沛는 識에게 稻田을 양도할 때 국가로부터 양도의 허락을 받았는지는 명확하지 않지만 『二年律令』에서 본 것처럼 그것이 국가의 보호를 받으려면 허락을 득해야 했을 것이다.

『二年律令』에 보이는 토지의 매매 규정에서 가장 크게 문제가 되고 있는 '貿賣田宅'은 다음과 같은 규정에 나오고 있다.

㉠ 戶를 계승하거나 <u>田과 宅을 매매하였는데</u>, 鄕部·田嗇夫·吏가 지체하여

---

65) 『二年律令與奏讞書』, 386簡~387簡, 「置後律」에 대한 번역은 최재영, 「張家山漢簡〈二年律令〉置後律의 구성과 내용-置後律 註解를 중심으로-」, 『中國古中世史研究』 41, 2017, 109쪽에 의한다.
66) 任仲爀, 앞의 글, 275쪽.
67) 위와 같음.

簿冊을 작성하지 않고 하루를 넘기면 벌금 각 2량이다.[68)
㊁ 남편의 형제 및 아들 가운데 동거하며 名籍을 같이 하는 자가 있다면 田과 宅을 팔거나 췌서를 들여서는 안 된다. 그가 나가 남의 처가 되거나 사망하면 순서대로 戶를 계승토록 한다.[69)

㉮와 ㊁에는 '貿賣田宅'이라는 표현이 나오는데, 최근 토지국유제설을 주장하는 飯尾秀幸은 "田이 매매의 대상으로 되어 있지 않은 단계에서는 田을 목적어로 하는 것은 貿이고, 賣의 목적어는 宅"이라고 해석하였다.[70) 이에 대하여 京都大주석에서는 貿는 交易, 交換의 뜻이며, 賣의 의미로 해석하고 있으며 "田宅을 貿賣한다"로 해석하여[71) 貿買를 田宅의 목적어로 보고 있다. 이와 관련하여 주목되는 것이 「爲獄等狀四種」 案例04 「芮盜賣公列地案」의 다음과 같은 내용이다.

- 감히 주언합니다. 江陵[현령]이 말하기를 : 公卒 芮와 大夫인 材가 건물을 공동소유하는 棺列을 받아서 짓고 棺列을 임차받아 세금을 냈는데, 吏가 후에 [노점을 그들에게 세를 주지 않았습니다. 芮가 그 肆를 나누어 士伍 朶에게 팔았습니다. 肆의 地價는 1千錢. 점포값은 269錢이었습니다. 이러한 행위에 대하여 芮의 죄를 묻고자 합니다. … • 獄史인 豬가 말하기를 : '芮와 方은 가격을 합병하였느니, 나(豬)는 芮가 【… 조사결과 : … 609전을 쓰고】를 하지 않았습니다. 435[평방]척의 토지를 팔았으니 [부정한 돈]값이 1,000전이다. 다른 것은 피고인의 진술과 같습니다.

---

68) 『二年律令與奏讞書』, 322簡, 220쪽, "代戶, 貿賣田宅, 鄕部·田嗇夫·吏留弗爲定籍, 盈一日, 罰金各二兩."
69) 위의 책, 387簡, 240쪽, "夫同産及子有與同居數者, 令毋貿賣田宅及入贅. 其出爲人妻若死, 令以此代戶." 최재영, 앞의 글, 109쪽.
70) 飯尾秀幸, 「中國古代土地所有問題に寄せて-張家山漢簡『二年律令』における田宅地規定をめぐって」, 『張家山漢簡『二年律令』の硏究』, 東京 : 東洋文庫, 2014, 37쪽.
71) 冨谷至 編, 『江陵張家山二四七號墓出土漢律令の硏究』, 朋友書店 : 京都, 2006, 213, 221쪽.

- 심리결과 : '芮는 노점자리를 임차받을 수 없는데도 제멋대로 국가토지에 건물을 짓는데 609전을 사용했는데, □…토지면적 435[평방]척… [약속한 가격] 1,400전에서 이미 1,000錢을 받았으나 모두 써버렸습니다. 후에 200전을 돌려주었습니다. 토지 장물가는 1,000전이었습니다. 체포되었습니다.' 본안은 이미 斷獄되어 이미 芮를 黥爲城旦에 처하였는데, 아직, □□□□□하지 않았습니다. 감히 주언합니다.[72]

상기 「爲獄等狀四種」 案例04 「芮盜賣公列地案」에도 秦代의 토지제도의 성격을 엿볼 수 있게 하는 흥미로운 내용이 나오고 있다. 그것은 첫째, 이 사안에서 公卒 芮가 벌인 사기행각은 국가의 땅인 公有地를 상대로 한 것이라는 점이 주목된다. 民이 국가의 공유지조차 불법으로 매각했다는 사실은 공유지·사유지를 포함한 토지의 매매가 합법인 환경이 아니었으면 나타나기 어려운 것이었다. 즉, 구입자인 士伍 朵와 方은 이 肆와 건물이 합법하게 국가로부터 불하받은 芮의 사유물로 생각하고 매입했던 것이다. 이것은 국유지조차도 매매가 가능한 것이며, 동시에 민간인 사이의 토지 매매도 불법이 아닐 뿐만 아니라 자유로웠다는 사실을 말해준다. 둘째, 불법으로 매각된 공유지의 면적은 435平方尺이며, 地價는 1천전이었고, 건물 가격은 269전으로 결정되었다. 이 사실은 민간의 토지 가격이 형성되어 있을 뿐만 아니라, 地上權(건물)과 토지권을 분리하여 가격을 산정할 정도로 부동산 매매에 대한 인식 수준이 높았다는 것을 알 수 있다. 이와 같은 언급은 당시에 토지의 매매 가격이 매각자와 매수자 사이에서 협상을

---

[72] 『嶽麓秦簡(參)』, 257~260쪽, "•敢瀮(讞) 之 : 江陵言 : 公卒芮與大夫材共蓋受棺列, 吏後弗鼠(予). 芮買(賣)其分肆士五(伍)朵, 地直(值)千, 蓋二百六十九錢. 以論芮. 二月辛未, 大(太)守令曰 : 問 : 芮買(賣), 與朵別賈(價)地, 且吏自別直(值)? 別直(值)以論狀何如, 勿庸報. 鞫審, 瀮(讞). … :獄史豬曰 : 芮·方幷賈(價). 豬以芮不【…. 問 : …費六百】九錢, 買(賣)分四百卅五尺, 直(值)千錢. 它如辭(辭). •鞫之 : 芮不得受列, 擅蓋治公地, 費六百九錢, □…地積(?)四百卅 五 尺…千四百, 巳(已)受千錢, 盡用. 後環(還)二百. 地臧(贓)直千錢. 得. 獄巳(已)斷, 令黥芮爲城旦, 未□□□□. 敢 瀮(讞)之."

통해 결정되고 있음을 말해준다.73) 한편, 토지국유제설의 입장을 취하는 太田幸男은 田宅의 二字를 買賣의 목적어로 해석하는 것이 자연스럽다고 하여 京都大주석을 지지하고 있다.74) 그런데 太田幸男은 專大譯注者가 田은 매매할 수 없다고 하는 이유가 田은 경작자에 소유권이 없기 때문이라고 하는 近代所有權論이 그 근저에 있기 때문이라고 비판하며 田과 宅은 동일형식이며 구별되지 않으며 田만이 매매대상으로 하는 사료가 나오지 않는 것은 단순한 우연이라고 지적한다. 中國古代(더 나아가 전근대사회)에 있어서는 법적으로 부동산의 소유권은 확인된 개념은 아니었다. 따라서 太田幸男은 매매도 소유권에 기초해서 행해진 것이 아니고 점유권, 즉 배타적 사용권이 매매된 것으로 이해하고자 한다.75) 太田幸男의 지적처럼 秦代土地制度의 소유권을 토지매매만의 문제만으로 접근하기에는 복잡하다. 여기에서는, 일단 『二年律令』에 보이는 '買賣田宅'을 "田이 매매의 대상으로 되어 있지 않은 단계에서는 田을 목적어로 하는 것은 買이고, 賣의 목적어는 宅"이라는 飯尾秀幸의 해석은 처음부터 자연스러운 해석이 아니었고, 더욱 「爲獄等狀四種」 案例七識劫婉案이나 「爲獄等狀四種」 案例04芮盜賣公列地案의 사례를 검토할 때, 오류임이 분명하다는 사실만을 지적하고자 한다. 또한 田과 宅은 秦代나 漢代나 혹은 秦始皇의 自實田 조치 以前이나 以後나 변함없이 매매의 대상이 되었다는 증거가76) 『二年律令』이나 『岳麓書院藏秦簡』 「爲獄等狀四種」에 의해 제출되었다는 점을 지적한다.

(2) 異識 : 異識(識을 分異하다)의 異는 이른바 '分異令'의 '異'이다.77) 즉 分異令의 존재를 확인할 수 있다. 沛는 識에게 稻田 20畝를 나누어(分)주고,

---

73) 任仲爀, 앞의 글, 273쪽.
74) 太田幸男, 「秦漢出土法律文書にみる「田」・「宅」に關する諸問題」, 『張家山漢簡『二年律令』の研究』, 東京:東洋文庫, 2014, 214쪽.
75) 太田幸男, 앞의 글, 215~216쪽.
76) 任仲爀, 앞의 글, 274쪽.
77) 陳絜, 앞의 글, 89쪽.

異居(異)하게 하였다. 종래에는 分異를 함께 숙어로 생각하고 재산을 나누는 정도로 생각하였으나 分과 異는 엄연히 다른 의미였다. 전자는 재산의 분할, 후자는 同居의 반대말인 異居를 의미하였다. 즉 재산을 분할하고, 별거하게 하는 것의 의미라고 할 수 있다.[78] "民有二男以上不分異者, 倍其賦."[79]와 관련하여 필자는 分家하고 '受田宅'이라는 인센티브를 받으려면 分家하는 것이 좋았을 것임을 지적했지만,[80] 실상 沛와 識의 사례에서 본다면, 이 시기에는 전혀 國家로부터 '受田宅'이라는 인센티브가 보이지 않는다. 단지 주인 沛가 준 稻田 20畝가 전부였다. 더구나 分異 후에 "倍其賦田"은 나오지도 않는다. 결국 分異는 민간에서 자발적으로 시행한 것으로 後漢시대의 分異와 큰 차이가 없다.[81] 문헌사료에 나오는 秦代의 '賦'를 簡牘자료에 보이는 '戶賦'로 등치시킬 수는 있다고 본 오준석은 漢代의 자료에는 '軍賦', '算賦', '貨賦' 등 '賦'가 붙는 다수의 賦稅 항목이 있어 '賦'를 곧 '戶賦'로 등치시키는 것은 어렵지만, 다른 '賦'稅 항목이 거의 보이지 않는 秦代의 경우 '戶賦'를 곧 '賦'로 일컫는 것도 가능하다고 보았다. 그렇다면 商鞅의 가족개혁령, 강제적인 가족 分異정책으로 유명한 "民有二男以上不分異者, 倍其賦"의 '賦' 도 곧 '戶賦'로 볼 수 있다고 이해한다.[82] "民有二男以上不分異者, 倍其賦"를 소가족을 창출하려고 하는 가족제도 개혁령으로 본 전통적인 견해는 戶를 단위로 징수되었던 秦 당시의 賦稅를 인두세로 이해한 『史記』正義의 잘못된 이해 때문에 비롯되었다고 지적하였다. 즉 "(戶稅인) 賦稅[戶賦]를 배로 징수한다"는 '倍其賦'를 「一人出兩課」라고 해석한 잘못된 견해 때문에 商鞅

---

78) 任仲爀, 앞의 글, 276쪽.
79) 『史記』卷68, 「商君列傳」, 2230쪽.
80) 林炳德, 「里耶秦簡을 통해서 본 秦의 戶籍制度－商鞅變法·同居·室·戶에 대한 再論」, 『東洋史學研究』110, 2010.
81) 任仲爀, 「戰國秦에서 漢初까지의 토지제도 綜觀」, 『中國古中世史研究』35, 2015, 40~41쪽.
82) 吳峻錫, 「里耶秦簡을 통해 본 秦代 縣廷의 租稅징수」, 『東洋史學研究』140, 2017, 326쪽.

개혁령의 '倍其賦'가 일종의 '罰賦'징수로 받아들여졌던 것이다. 따라서 '倍其賦'의 賦가 '戶'를 단위로 징수된 戶賦라는 점을 염두에 두고 이 문장을 해석한다면, "백성 중 한 가정에 두 명 이상의 성인 남자가 동거하며 分異하지 않을 경우 (戶를 단위로 징수하는) 賦稅를 배로 징수한다."라고 해석할 수 있다'고 지적한다. 이렇게 해석할 경우 이 문장은 더 이상 대가족을 소가족으로 전환하기 위한 강제적 가족 分異 정책이 아니라 두 명 이상의 성인 남성이 한 가정 안에 살면서도 한 가정 분의 戶賦만을 내고 있던 가정과 성인 남성이 한 명밖에 없던 부부 위주의 소가족 사이에 조세 형평성을 맞추기 위해 실시한 정책이 된다. 『史記』「商君列傳」에서 商鞅의 개혁으로 "賦稅가 공평해졌다"고 기록한 문장은 바로 "民有二男以上不分異者, 倍其賦"의 조치의 결과로 이해할 수 있을 것이다. 이 문장을 이런 식으로 이해할 경우 商鞅변법 이후 戰國 말기의 秦國 및 통일 이후의 秦帝國 당시에도 대가족이 존재했음을 드러내는 『睡虎地秦簡』日書 및 睡虎地4號秦墓 출토 木牘자료, 『里耶秦簡』戶籍木牘자료 등을 무리 없이 이해할 수 있다는 것이다. 이렇게 해석할 경우 이 문장은 더 이상 대가족을 소가족으로 전환하기 위한 강제적 가족 分異 정책이 아니라 두 명 이상의 성인 남성이 한 가정 안에 살면서도 한 가정 분의 戶賦만을 내고 있던 가정과 성인 남성이 한 명밖에 없던 부부 위주의 소가족 사이에 조세 형평성을 맞추기 위해 실시한 정책이 된다. 『史記』「商君列傳」에서 商鞅의 개혁으로 "賦稅가 공평해졌다"고 기록한 문장은 바로 위의 조치의 결과로 이해할 수 있다는 것이다.[83]

『嶽麓書院藏秦簡(肆)』에는 다음과 같이 '戶賦'에 대한 비교적 자세한 기록이 나온다.

戶賦는 泰庶長 以下가 내는 것이며, 10月에 戶당 芻 1石 15斤을 낸다. 5月에 戶당 16錢을 내며, 布를 내기를 원하는 자는 허락한다. 10月의

---

83) 위의 글, 328쪽.

戶賦는 12月 초하루에 납입하고, 5月의 戶賦는 6月 보름날에 납입하며, 연말에 泰守에게 수송한다. 10月의 戶賦는 芻를 납입하지 않고 錢으로 납입하려는 자는 16錢을 납입한다. 吏는 먼저 봉인을 행하고 검사하며, 典·老로 하여금 戶賦錢을 지니고 있지 않게 한다.[84]

위의 사료는 두 가지 중요한 사실을 분명히 하고 있다. 첫째, 5월에 화폐로 징수하는 16전의 賦稅를 '戶賦'로, 10월 芻 1石15斤(혹은 1石)의 현물로 징수하는 賦稅를 '戶芻'로 구분하고자 하는 설도 있었지만,[85] 『嶽麓書院藏秦簡(肆)』의 상기 사료에서 분명히 양자를 '五月戶賦', '十月戶賦'로 명명하고 있기 때문에 '戶芻'를 '戶賦'와는 별개의 稅目으로 보는 것은 잘못되었음을 분명히 알 수 있다. 둘째, 戶賦의 징수대상을 卿의 최고작인 18급작 泰(大)庶長 이하로 분명히 지정하고 있기 때문에 戶賦의 면제대상이 되는 것은 결국 19급작 關內侯와 20급작 徹侯뿐이었음을 알 수 있다.[86] 이 문제는 또 다시 "民有二男以上不分異者, 倍其賦."에 대한 해석의 문제로 연결된다.

다시 分異와 관련 『二年律令』의 다음과 같은 사료를 살펴보기로 하자. 『二年律令』에는 戶의 구성에 대한 기본원칙이 자세히 열거되고 있다.

㉮ 人妻인 자는 戶를 형성할 수 없다. 민이 나누어 호를 형성하고 싶은 자가 있으면, 모두 8월의 戶時에 행한다. 戶時가 아니면 허락하지 않는다.[87]

---

84) 『嶽麓秦簡(肆)』, 118~120簡, 107쪽, " • 金布律曰 : 出戶賦者, 自泰庶長以下, 十月戶出芻一石十五斤 ; 五月戶出十六錢, 其欲出布者, 許之. 十月戶賦, 以十二月朔日入之, 五月戶賦, 以六月望日入之, 歲輸泰守. 十月戶賦不入芻而入錢者, 入十六錢. 吏先爲?印, 斂, 毋令典·老挾戶賦錢."
85) 李恒全, 「從出土簡牘看秦漢時期的戶稅徵收」, 『甘肅社會科學』 2012-6, 160~161쪽 ; 朱聖明, 「秦至漢初"戶賦"詳考－以秦漢簡牘爲中心」, 『中國經濟史研究』 2014-1, 153쪽. 이 견해는 『二年律令與奏讞書』 「田律」의 "卿以下, 五月戶出賦十六錢, 十月戶出芻一石, 足其縣用, 餘以入頃芻律入錢."을 근거로 한 것이었다.
86) 于振波, 「從簡牘看漢代的戶賦與芻稾稅」, 『故宮博物院院刊』 2005-2 ; 李恒全, 앞의 글, 162쪽. 『嶽麓書院藏秦簡(肆)』 출간 이전부터 이상과 같은 대부분의 연구에서 '卿以下'에 '卿'이 포함된다고 생각하고 있었다.

㉯ 子가 歸戶를 원한다면, 허가한다.[88]

㉰ 關內侯는 95경, … 공사는 1경반, 공졸·사오·서인은 각 1경, 사구·은관은 각각 50무이다. 뜻하지 않게 사망한 경우, 그 後에게 먼저 田을 擇하게 한 후, 그 나머지는 다른 사람에게 지급한다. 적장자 이외의 아들이 戶를 형성하려고 하는 경우, 그 '□田'을 만들어서 지급한다. 이전에 이미 戶를 형성하였으나 田宅이 없는 경우, 또는 田宅지급 규정보다 적게 가지고 있는 경우에는, 규정넓이를 채우는 것을 허락한다. 宅地가 붙어있지 않은 경우 허락하지 않는다.[89]

위의 『二年律令』의 戶律에 의해 다음과 같은 사실을 확인할 수 있다. ㉠에서는, 夫婦는 戶를 나눌 수가 없고 반드시 같은 戶에 속하며 1년에 한 차례 分戶가 허용된다는 것이 확인된다. ㉯에서는 子가 父母와 재차 籍을 합하는 것을 허용하고 있다. ㉰는 同籍의 兄弟가 임의로「分家」하는 상황을 전제로 하고 있다.[90] 요컨대, 秦·漢에 있어서는 同籍, 異籍은 임의이고 특별히 규제되지 않는다. 分異가 제한되는 경우도 존재하는데 그 경우를 『二年律令』아래와 같이 열거하고 있다.

寡夫·寡婦로 자식 혹은 동거하는 자가 없거나, 혹은 자식이 있더라도

---

87) 『二年律令與奏讞書』, 345簡, 227쪽, "爲人妻者不得爲戶. 民欲別爲戶者, 皆以八月戶時, 非戶時勿許."
88) 위의 책, 344簡, 227쪽, "子謁歸戶, 許之."
89) 위의 책, 310~313簡, 216~217쪽, "關內侯九十五頃, … 公士一頃半頃, 公卒·士五(伍)·庶人各一頃, 司寇·隱官各五十畝. 不幸死者, 令其後先擇田, 乃行其餘. 它子男欲爲戶, 以爲其□田予之. 其已前爲戶而勿田宅, 田宅不盈, 得以盈. 宅不比, 不得."
90) 부친이 사망한 이후 만약 支子가 분가하여 戶를 형성하고자 하는 경우, 부친이 남긴 토지에 대해 우선 계승하는 아들이 擇田하고 남은 것은 支子에게 지급한다. 부친이 생존해 있을 때, 가속이 분가하여 戶를 형성하였는데, 만약 분가하여 호를 형성한 자가 전택이 없거나 혹은 가지고 있는 전택이 국가의 전택지급규정액보다 적은 경우, 부친 사망 후에 그 부족한 전택을 채운다(尹在碩, 「睡虎地秦簡和張家山漢簡反映的秦漢時期後子制和家系繼承」, 『中國歷史文物』, 2003-1).

14세 미만일 때 및 고아로 18세 미만인 경우·夫妻가 모두 장애인인 경우·나이 70세 이상인 노인일 때는 그 子가 이들과 分異하지 못하게 한다.[91]

그렇다면, 위의 몇 가지 制限되는 특별한 사례를 제외하고 『二年律令』의 戶律에 의하면, 同居, 分戶와 歸戶, 즉 同籍과 異籍이 모두 허용되고 있다. 요컨대 識이 본래 沛의 隷로 沛와 同居하였는데 沛가 識을 위해 집을 매입하고, 말 1필과 稻田 20畝를 나누어주어 識을 分異하였다는 「爲獄等狀四種」 案例七識劫婉案의 내용은 分異가 "강제적 가족 分異 정책"이 아니라는 것을 강조한 필자와 오준석의 견해를 뒷받침하는 중요한 내용이라고 판단된다.

IV. 맺음말

『岳麓書院藏秦簡』「爲獄等狀四種」 案例七識劫婉案은 布를 파는 점포 하나와 숙박용 객실 하나를 沛가 자신의 隷인 識에게 주겠다는 약속을 함으로써 上造 羽가 자신의 딸인 黔을 隷屬 신분인 識의 아내가 되는 것에 동의하였다는 점이 주목된다. 장인이 될 上造 羽는 사위될 사람의 기준이 신분보다도 재산이었다는 것을 의미하기 때문이다. 『二年律令』에는 上造의 受田宅이 2頃 2宅으로 되어 있는데, 현실은 이와 크게 달랐던 것 같다. 예를 들어 『里耶秦簡』에는 貲贖錢에서는, "…, 陽陵提陽上造徐有貲錢二千六百八十八. …, 已訾其家, [家]貧不能入, …"[92]라 하여 채무로 "家貧不能入"의 상태에 빠진 上造가 보인다.[93] 즉 上造 羽가 沛의 隷屬 신분인 識에게 자신의 딸을 아내로

---

91) 『二年律令與奏讞書』, 342簡~343簡, 226쪽, "寡夫·寡婦母子及同居, 若有子, 子年未盈十四, 及寡子年未盈十八, 及夫妻皆瘴(癃)病, 及老年七十以上, 毋異其子 ; 今毋它子, 欲令歸戶入養, 許之."
92) 湖南省文物考古硏究所, 『里耶發掘報告』, 岳麓書社, 2007, J1[9]6, 188쪽.
93) 앞의 책, 185~190쪽, J1[9]1에서 J1[9]12까지의 사례에 의하면 채무로 "家貧不能入"의 상태에 빠진 것이 대부분 士伍로 나오고 있다. 그런데 士伍는 『二年律令』에 의하면,

하는 것에 동의한 것은 J1916의 上造처럼 "家貧不能入"의 상태에 빠질 정도로 유작자 내부에도 빈부격차가 크게 존재했었던 것이 그 현실적 배경을 이루고 있었다고 보인다.

이하 본고에서 필자가 논한 내용을 정리하면 다음과 같다.

첫째, 주인인 沛가 沛의 隷인 識과 沛의 妾인 婉을 免賤하여 庶人이 되게 한 것으로 나타나고 있는 점도 주목된다. 이는 『二年律令』에 노비의 주인이 노비가 "선한 행위"를 할 때 노비의 방면을 허용하고 있는 규정과 주인 사망 후 상속자가 없을 때 노비를 방면하여 주인의 전택 및 기타 재산을 주는 사례와 일맥상통한다.

둘째, 沛가 識에게 稻田 20畝를 나누어(分)주고, 異居(異)하게 한 사례는 分異令이 강제가 아니었다는 종전의 필자의 견해를 입증하는 중요한 사료라고 생각한다.

셋째, 「爲獄等狀四種」 案例七識劫婉案에 보이는 '買室'은 『二年律令』에 보이는 '賀賣田宅'과 거의 유사하다. 田宅의 사유·매매·양도와 관련하여 沛가 識에게 5천전 값어치의 室을 구입해주고, 馬 1필과 稻田 20畝를 나누어 준 부분이 중요하다. 우선 室을 매입한 "買"의 사실에서 본다면, 沛는 제3자로부터 매입한 것임을 알 수 있는데, 『二年律令』에 규정된 買宅의 허용이 秦代에 이미 존재했음을 말해준다. 또한 稻田 20畝를 識에게 나누어 준 사실은 『二年律令』의 田의 "讓渡" 사실의 선구적 자료로 해석할 수 있다. 이로써 『二年律令』에 보이는 '賀賣田宅'을 "田이 매매의 대상으로 되어 있지 않은 단계에서는 田을 목적어로 하는 것은 賀이고, 賣의 목적어는 宅"이라고 飯尾秀幸의 해석은 오류임이 분명하게 확인되었다. 또한 田과 宅은 秦代나 漢代나 혹은 秦始皇의 自實田 조치 以前이나 以後나 변함없이 매매의 대상이 되었다는 증거가 『二年律令』이나 『岳麓書院藏秦簡』 「爲獄等狀四種」에 의해 제출되었다는 중요한 사실이 확인되었다.

1頃1宅을 받는 것으로 되어 있다.

『岳麓書院藏秦簡』「爲獄等狀四種」案例七識劫婉案에 보이는 이러한 사례는 秦의 국가체제가 人民公社的인 사회주의 시스템에 가깝기보다는 시장의 자율과 경쟁에 바탕을 둔 자본주의 시장경쟁원리에 가까운 것이었다는 것을 의미한다고 생각한다. 이러한 국가체제는 본래 법가의 형벌 운영의 목표인 경쟁과 공에 대한 평가와 평가에 따른 상벌의 부과를 통한 효율성의 극대화의 추구와도 자연스럽게 일치하는 것으로 이해된다.

法家思想, 法과 女性의 지위

I. 머리말

秦漢帝國의 지배체제와 관련된 군공작제, 신분제, 토지제도, 형벌체계, 법률체계를 만든 인물은 商鞅이었고, 이를 사상적으로 완성한 인물은 한비자, 그것을 현실정치에 실천해서 완성시킨 인물은 秦始皇이었다. 秦國의 국가 수립은 중원의 다른 국가보다 매우 늦었다. 서쪽 변방의 낙후된 국가였던 진국의 강대국으로 도약하는 계기가 된 것이 유능한 군주 秦孝公(기원전 362~338)이 등장하고부터였다. 秦孝公이 求賢令을 선포하고 선발된 인물 중 한명으로 선발된 최고의 인재가 商鞅이었다. 商鞅은 어려서부터 刑名之學을 배워 위국의 재상인 公叔座를 섬기며 中庶子로 있었다. 그는 魏國의 재상부에 있었으므로 戰國時代 초반에 李悝 등의 변법 전반에 대해 숙지하고 있었을 가능성이 높다.[1] 현재까지 출토된 진한출토법제문서 가운데 시기적으로 가장 앞선 것은 『睡虎地秦墓竹簡』이고[2] 『睡虎地秦墓竹簡』은 상앙의 법령을 충실히 반영한 법전으로 제작연대는 秦 統一 이전으로 정확한 제정 시점은 파악하기 어렵고 다만 상앙 이후 어느 시점에서 제정되었을 것으로 생각될 뿐이다.[3] 상앙의 법률이 폐지되지 않았음은 『睡虎地秦墓竹簡』, 『岳麓

---

1) 임중혁, 『고대중국의 통치메커니즘과 그 설계자들 1』, 서울 : 경인문화사, 2021, 3쪽.
2) 睡虎地秦墓竹簡整理小組, 『睡虎地秦墓竹簡』, 北京 : 文物出版社, 1978 ; 陳偉 主編, 『秦簡牘合集』, 武漢大學出版社, 2014.
3) 임중혁, 앞의 책, 14쪽.

書院藏秦簡』및 1983년 호북성 강릉시 張家山 247號 漢墓에서 발견된 『二年律令』에서 확인할 수 있다. 이러한 商鞅의 法을 사상사적인 관점에서 조망하고 그 이론을 집대성한 인물이 韓非子였다. 韓非子의 사상은 秦漢帝國의 지배체제를 완성한 秦始皇에게 큰 영향을 주었다는 것은 널리 알려진 사실이다.[4] 즉 진한제국의 지배체제의 이념을 제공한 인물이 韓非子라 해도 과언이 아니다. 본고에서는 秦漢帝國의 운영의 원리와 韓非子 思想, 韓非子가 숙지한 商鞅의 法令의 실태 등을 살펴보기로 하겠다.

그런데, 법가사상을 이야기하면서 빠트릴 수 없는 것이 出土法制文書에 보이는 여성과 관련된 새로운 구체적인 법률 조문이다. 이것은 물론 법가사상의 여성관을 그대로 법률에 반영한 것으로 이해된다. 그런데, 『睡虎地秦墓竹簡』이나 『二年律令』이 발표된 후 출토법제문헌의 해석을 통해서 秦漢시기의 여성이 다른 시기의 여성과 비교하여 상대적으로 지위가 높은 존재였다고 하는 주장이 국내외에서 제기되었다.[5] 이 문제는 최근의 중국의 여성연구가 여성의 상대적 자율성을 강조한 것과[6] 관련이 있다. 이와 관련하여 최근 필자가 접한 책이나 논문에서는 중국고대-중세에 걸친 여성의 지위가 높았

---

4) 『史記』「老子韓非列傳」, "秦王見孤憤·五蠹之書, 曰:「嗟乎, 寡人得見此人與之游, 死不恨矣!」"
5) 그 일부만 거론하면 다음과 같다. 竹浪隆良, 「中國古代の夫權と父母權について」, 『堀敏一先生古稀記念 中國古代の國家と民衆』, 1995;山田勝芳, 「中國古代の'家'と均分相續」, 『東北アジア研究』第2號, 1998;下倉涉「漢代の母と子」, 『東洋史論集』8, 2001;賈麗英, 「漢代有關女性犯罪問題論考-讀張家山漢簡札記」, 『河北法學』(2005년 11기);賈麗英, 「簡牘所見"棄妻""去夫亡""妻棄"考」武漢大學 簡帛網 簡帛文庫(武漢大學簡帛研究中心, 2008년 8월 30일);林樹民, 「秦漢時期的婚姻家庭」, 『西藏民族學院學報(哲學社會科學版)』25-5, 2004;劉厚琴, 「張家山漢簡律所見漢代父權」, 『天府新論』(2007년 제 1기);田艶霞, 「略論秦漢檔案管理與女性研究」, 『蘭台世界』(2008년 6월);李明和, 「漢代 '戶'繼承과 女性의 地位」, 『東洋史學硏究』92집, 2005년;李明和, 「秦漢 女性 형벌의 減刑과 勞役」, 『中國古中世史硏究』25집;2011년;尹在碩, 「中國古代 女性의 社會的 役割과 家内地位」, 『東洋史學硏究』96집, 2006년;홍승현, 「載德의 '喪服變除'와 前後漢期 禮學의 발전」, 『中國史研究』71, 2011. 岳嶺·張愛華, 「近20年秦漢婦女史研究綜述」, 『南都學會』25-1, 2005에서는 2005년도 이전의 중국에서의 秦漢時期 女性史 研究를 요약하고 있다.
6) 尹惠英, 「아시아여성사 연구와 그 의미」, 『東洋史學硏究』96, 2006, 21쪽.

다는 다양한 관점에서의 주장을 엿볼 수가 있었다. 예를 들면, 춘추전국시대만 해도 남녀의 자유연애, 혼외정사가 비교적 너그러웠는데, 진한 이후 여성에 대한 정절 관념이 확립되었다고 하는 견해[7], 도교와 불교의 유행, 유목문화의 보급으로 한대의 여성의 지위에 비해 魏晋南北朝 시기의 여성의 지위가 매우 높았다는 견해[8], 법률적으로 漢代에 비해 魏晋南北朝 시기의 여성이 훨씬 잘 보호되었다는 견해[9] 등이 바로 그것이다. 그런가 하면 경제적 측면에서 魏晋南北朝 시기의 부녀의 지위가 매우 높았고 당대에 여성의 지위가 대폭 하락되었다는 주장도[10] 제기되었고, 그와 달리 여성들이 말을 타고 다니고, 맨살의 얼굴로 외출하던 당대의 여성의 사회적 지위가 높았음을 강조한 주장도[11] 있다. 미술사적인 관점에서의 당대 여성의 사회적 지위가 높았음을 강조한 견해가[12] 있는가하면, 여성의 지위가 대폭 하락했을 것 같은 송대에 오히려 유달리 딸의 상속권리가 증대하고 또 여성을 통한 친척관계, 즉 모계처계 가족의 유대가 중요해졌다고 강조하는 견해도[13] 있다. 이러한 연구는 춘추전국, 진한, 위진남북조, 수당, 송에 걸친 여성사 연구의 최근 연구 경향을 잘 보여주고 있는데, 이러한 여러

---

[7] 김원중, 『중국의 풍속』, 을유문화사, 1997.

[8] 張建麗, 「魏晋士女婦德與漢代儒家婦女觀的對照及其成因」, 『史海鉤沉』 2009, 14~16쪽. 관점은 다르지만, 유사한 견해로 張承宗, 「魏晋南北朝婦女在家庭與社會生活中的地位變化」, 『浙江學刊』 2009년 제5기가 있다.

[9] 張承宗, 「魏晋南北朝時期與婦女相關的法律問題及司法案件」, 『南京理工大學學報(社會科學版)』 22-2, 2009. 張承宗은 魏晋南北朝時期의 상류층 婦女의 교육수준이 한대에 비해 높았다고 한다.

[10] 周海燕, 「魏晋南北朝婦女在農業中的地位和作用」, 『新鄕師範高等專科學校學報』 20-4, 2006, 118쪽.

[11] 石田幹之助, 『長安の春』 講談社學術文庫, 1979 ; 이시다 미키노스케, 이동철·박은희 옮김, 『장안의 봄』, 이산, 2004.

[12] 막고굴에 보이는 여성 이미지가 당대에 변화하기 시작하였는데, 그것은 여성들의 사회적 지위가 높아진 것을 반영한다는 것이다(姜熺靜, 「당대 여성 이미지의 재현」, 『中國史研究』 47, 2007, 84~85쪽).

[13] 陸貞任, 「송대 가족과 재산 상속」, 『동양사1』 책세상, 2007 ; 陸貞任, 「宋元代 紡織業과 女性의 지위」, 『東洋史學研究』 96, 2006.

주장을 받아들이면, 그것은 각각 자기가 연구하는 시기의 여성의 지위가 상대적으로 높았다는 모순이 생긴다. 여성의 상대적 자율성을 강조하고 여성이 지위가 높았다는 이러한 주장이 중국 여성사 연구의 최근 연구의 큰 흐름으로 자리 잡게 된 듯하다.

도대체 여성의 지위가 높았다 혹은 낮았다는 것이 무엇을 기준으로 한다는 것일까? 중국 역대 왕조 마다 실제로 여성의 지위가 오르기도 하고 내리기도 했던 것일까? 필자는 중국여성사연구에서 거의 일반화된 이러한 견해와 관련하여 평소 의문을 품고 있었다. 예컨대, 여성의 재가는 선진시대, 진, 한, 위진남북조, 수당, 송대에 이르기까지 각각 문헌상에 그 실제가 확인이 된다. 문헌상에 보이는 열전의 이러한 사례를 들어 여성의 지위를 논하자면, 중국의 여성의 지위는 통시대적으로 높았다는 결론이 나올 수밖에 없다.14) 여성의 지위가 높았다 혹은 낮았다 하는 주장, 혹은 여성의 자율성이라는 견해는 매우 상대적이고 추상적인 개념인데, 그러나 구체적인 비교를 통해 나온 결론은 아니라고 생각된다. 여성의 경제적 역할과 가치의 변화를 통해 여성의 지위를 논하고자 하는 수많은 시도도15) 역시 구체적인 증거가 없기는 마찬가지이다. 예컨대, 秦漢代 여성의 경제 활동에 관해 극히 실증적인 연구를 시도한 彭衛는 진한대 여성이 지극히 광범위한 분야에서 활동하였고 그것이 진한사회 발전에 중요한 공헌을 하였지만, 이러한 사실이 당시 여성이 사회적으로 높은 지위를 가졌다는 증거가 되지 못한다는 결론을 내린다.16) 중국고대-중세의 여성의 지위와

---

14) 여성의 정조가 극단적으로 강조된 명청시기에서도 여성의 절개라는 것은 합동가족처럼 부유한 일부집안에서나 가능한 것이었고 자식도 없고 재산도 없는 과부는 일반적으로 재혼하였다고 한다(로이드 E. 이스트만 지음, 이승휘 옮김, 『중국사회의 지속과 변화』, 돌베개, 1999, 59쪽).

15) 김병준,「秦漢時代의 女性과 국가권력-課徵方式의 변천과 禮教秩序로의 編入-」, 『震檀學報』75, 1993 ; 陸貞任,「宋元代 紡織業과 女性의 지위」, 『東洋史學研究』96, 2006 ; 桑秋杰·陳健,「略論秦朝婦女의 經濟地位」, 『長春師範學院學報(人文社會科學版)』27-1, 2008.

16) 彭衛,「漢代女性的工作」,『史學月刊』2009년 7기, 102쪽.

관련해서는 사회적, 경제적, 사상적, 문화적, 법제적, 혹은 미술사적 관점이나 예제의 변화 등에 걸쳐서 다양한 관점에서 살펴볼 수 있을 것이다. 그러나 그 어떤 관점에서 고찰하건 한계가 있어 보인다. 무엇보다 여성에 대한 통시대적 관점에서의 비교가 가능해야 하는데, 법제사적인 비교에도 많은 문제가 있기는 하지만, 그나마 법제사적관점에서의 비교가 다른 관점에서의 비교보다 덜 추상적이고 상대적으로 구체적일 수 있다고 생각한다. 그런데, 상앙이 만든 법을 담고 있는 출토법제문서인 『睡虎地秦墓竹簡』은 그 이후 『岳麓書院藏秦簡』·『二年律令』에 의해서 계승된다. 즉 『睡虎地秦墓竹簡』·『岳麓書院藏秦簡』·『二年律令』은 법가사상의 이념을 충실히 반영한 법전이다. 秦漢律만이 아니라 唐律도 기본적으로 秦漢律의 골격을 거의 계승한 것이므로 중국 역대의 法典도 법가사상의 이념을 충실히 반영한 것이라 할 수 있다. 즉 중국 역대법전에 규정된 여성의 지위는 법가사상의 관점이 강하게 반영된 것이라고 볼 수 있다.

II. 商鞅·韓非子와 秦漢律

통일중국의 청사진을 설계한 商鞅은 魏國을 강국으로 만들었던 변법의 핵심을 목격하고 李悝가 만든 법전을 가지고 입국한 개혁 관료였다고 할 수 있다. 商鞅의 變法은 진국 귀족들의 기득권을 심각하게 약화시켜 그 반발로 孝公 사후 車裂刑에 처해지지만, 상앙이 만든 법을 폐지하지 못하고 유지되었음을 출토법제문서인 『睡虎地秦墓竹簡』에서 확인할 수 있다. 商鞅은 어려서부터 刑名之學을 배워 위국의 재상인 公叔座를 섬기며 中庶子로 있었다. 그는 魏國의 재상부에 있었으므로 戰國時代 초반에 李悝 등의 변법 전반에 대해 숙지하고 있었을 가능성이 높다는 점은 『睡虎地秦簡』에 나오는 「魏戶律」과 「魏奔命律」에서 확인되고 있다.

① •[魏나라 安釐王]25년(기원전 252) 윤달이 든 12월 초엿샛날, [魏의 安釐王]이 상방에게 고함 : 民이 혹 邑을 버리고 野에 거주하거나, 고아·과부의 집에 들어가 빌붙거나, 남의 婦女를 꾀어내는 것은 國中의 오래된 현상이 아니다. 지금부터 상인·逆旅, 贅壻·後父에게는 모두 立戶하는 것은 허락하지 않고, 田宇를 주어서는 안 된다. 이러한 사람들은 三代 이후에 仕官할려고 하면 하게 하되 그 籍에는 옛날 某閭의 贅壻인 某人의 孫이라는 것을 기입한다. 위호율.17)

② [魏의 安釐王]25년(기원전 252) 윤달이 든 12월 초엿샛날, [魏의 安釐王]이 장군에게 명령 : 상인과 숙박업자, 데릴사위 및 후부, 백성 중에서 앞장서서 농사를 짓지 않거나 집안을 돌보지 않는 자를, 나(安釐王)는 좋아하지 않는다. 장차 이들을 죽이려 해도, 그들의 종족과 형제를 보아 차마 그럴 수 없다. 지금 이들을 종군하도록 파견하니, 장군은 이들을 불쌍히 여기지 말라. 소를 삶아 병사들에게 먹일 대, 이들에게는 1/3두씩의 식사만 주고, 뼈에 붙어 있는 고기조차도 주지 말도록 하라. 성을 공격함에 병력이 부족하면, 장군은 이들에게 해자를 매우는 일을 시키도록 하라. 위분명율.18)

①과 ②와 관련된 내용이 『漢書』「刑法志」와 『唐六典』에도 나오고 있다. "[魏나라의] 李悝가 각국의 법을 모으고 순서를 정하여 『法經』을 저술하였다.

---

17) 『睡虎地秦簡』「魏戶律」, 293쪽, "•廿五年閏再十二月丙午朔辛亥, ○告相邦 : 民或棄邑居壄(野), 入人孤寡, 徼人婦女, 非邦之故也. 自今以來, 叚(假)門逆呂(旅), 贅壻後父, 勿令爲戶, 勿鼠(予)田宇. 三枼(世)之後, 欲士(仕)士(仕)之, 乃(仍)署其籍曰 : 故某慮贅壻某叟之乃(仍)孫. 魏戶律" 陳偉主編의 경우에는 陳偉主編, 『秦簡牘合集』武漢大學出版社, 2014를 별도로 표기한다. 번역은, 윤재석, 『수호지진묘죽간 역주』(서울 : 소명출판, 2010), 529쪽 역주를 참조함.

18) 『睡虎地秦簡』「魏戶律」, 294쪽, "•廿五年閏再十二月丙午朔辛亥, ○告將軍 : 叚(假)門逆閭(於-旅 : 旅), 贅壻后父, 或衞(率)民不作, 不治室屋, 寡人弗欲. 且殺之, 不忍其宗族昆弟. 今遣從軍, 將軍勿恤視. 享(烹)牛食士, 賜之參飯而勿鼠(予)殽. 攻城用其不足, 將軍以塡豪(壕). 魏奔命律." 번역은 윤재석, 앞의 책, 530~531쪽 역주를 참조함.

… 商君(商鞅)이 그것을 전해 받아 秦나라의 宰相이 되었다."19)라고 하였고, 『唐六典』에는 "李悝가 각국의 刑書를 모아 『法經』 6편을 만들었다. … 商鞅이 그것을 전해 받아 法을 律로 改稱하고, …"20)라고 하였다. 이러한 문헌사료의 내용을 입증하는 것이 『睡虎地秦簡』의 「魏戶律」과 「魏奔命律」이라 할 수 있다. 왜냐하면 商鞅의 法律思想을 잘 반영하는 것으로 평가되는 『睡虎地秦簡』의 秦律에 魏律이 나오고 있기 때문이다. 商鞅이 『法經』을 전해 받아 法을 律이라 바꾸었으므로21) 律이라는 명칭은 秦나라 때부터 비롯된 것이라 할 수 있다. 즉 秦律은 商鞅의 "改法爲律" 이후의 최초의 단계에 해당한다. 상앙이 만든 법을 담고 있는 출토법제문서인 『睡虎地秦墓竹簡』은 그 이후 『岳麓書院藏秦簡』·『二年律令』에 의해서 계승된다.

韓非子가 商鞅의 法令을 잘 이해하고 숙지하고 그 이론을 발전시켜 이른바 법가사상을 완성했다. 韓非子가 商鞅의 法令을 숙지하고 있음은 『韓非子』 곳곳에서 확인할 수 있는데, 여기에서는 『韓非子』 「定法」의 다음 내용을 간단히 살펴보기로 하겠다.

① 孝公과 商君이 죽고 惠王이 즉위함에 이르러 秦의 법이 아직 폐지되지 않았는데도 …22)
② 公孫鞅이 秦을 다스릴 때는 告相坐의 법을 설치해서 죄를 함께 물었다. 상을 후하게 틀림없이 하고 刑을 무겁고 확실하게 하였다.23)

---

19) 『漢書』 권30 「刑法志」, 922쪽, "悝撰次諸國法, 著法經. … 商君受之以相秦."
20) 『唐六典』 권6, 「尙書刑部」, '刑部尙書', 180쪽, "李悝集諸國刑書, 造法經六篇. … 商鞅傳之, 改法爲律, 以相秦, …."
21) 『漢書』 권30, 「刑法志」, 922쪽 ; 『唐六典』 권6, 「尙書刑部」 注, 180쪽.
22) 이운구 옮김, 『韓非子Ⅱ』 「定法」, 서울 : 한길사, 2010, 808쪽, "及孝公·商君死, 惠王卽位, 秦法未敗也,…." 이하 본고의 『韓非子』는 이운구 옮김, 『韓非子』 「定法」, 서울 : 한길사, 2010에 의하며, 『韓非子Ⅰ』와 『韓非子Ⅱ』로 簡稱한다.
23) 『韓非子Ⅱ』, 808쪽, "公孫鞅之治秦也, 設告相坐而責其實, 連什伍而同其罪, 賞厚而信, 刑重而必."

①에서는 韓非子는 상앙변법의 내용과 상앙의 법이 폐지되지 않고 계승되고 있었음을 강조하고 있다. ②는 한비자가 상앙변법의 핵심 내용을 열거한 것으로『史記』「商君列傳」의 내용과 일치한다. 상앙변법이『睡虎地秦墓竹簡』이후 계승되었음은, 다음의『睡虎地秦墓竹簡』·『岳麓書院藏秦簡』·『二年律令』의 연좌에 대한 사례에서 입증이 된다.

① 成童을 은닉하거나, 폐질자에 대한 신고가 확실치 않은 경우, 里典·伍老를 속내형에 처한다. •백성이 免老에 해당하지 않거나, 免老가 되는 시기에 이르렀음에도 이를 신고하지 않고, 감히 허위를 꾸미는 경우, 각기 1甲의 벌금을 부과하고 伍人에게는 호당 1盾의 벌금을 부과하고, 모두 유배한다.24)
② 율문에서 말하기를 "같은 伍에 소속된 사람끼리는 서로(감시하여 잘못이 있을 경우 伍人을) 고발함에, 그 허물에 근거하여 죄명을 붙여 고발하는데, 그 죄명이 사실과 다른 경우, 붙인 죄명으로써 고발한 자를 논죄한다."라 한다.25)
③ 호주가 도망한 收人, 隸臣妾을 은닉하면 耐爲隸臣妾에 처하고 그 室人이 있어 18세(이상)인 자는 각각 그에 비하여 같은 법으로 처리하고 그 노비는 연좌하지 않으며, 里典, 田典, 伍人이 고하지 아니하면 貲1盾에 처한다. 그 은닉한 죄인을 里中에 데리고 돌아올 경우 里典, 田典은 貲1甲에 처하고 伍人은 貲1盾에 처한다. 죄인을 은닉하되 비록 이를 숨기지 않았을지라도 그 정황을 알면서 그 室에 있게 하면 …26)

---

24) 『睡虎地秦墓竹簡』「秦律雜抄」, 143쪽, "匿敖童, 及占疒乍(癃)不審, 典·老贖耐. •百姓不當老, 至老時不用請, 敢爲酢(詐)僞者, 貲二甲 ; 典·老弗告, 貲各一甲 ; 伍人, 戶一盾, 皆遷(遷)之. •傅律."
25) 『睡虎地秦墓竹簡』「法律答問」, 192~193쪽, "伍人相告, 且以辟罪, 不審, 以所辟罪罪之." 有(又)曰 : "不能定罪人, 而告它人, 爲告不審."
26) 朱漢民·陳松長 主編, 『嶽麓書院秦簡(肆)』, 上海 : 上海辭書出版社, 2015, 003~005簡, 39~40쪽, "主匿亡收·隸臣妾, 耐爲隸臣妾, 其室人存而年十八歲者, 各與其疑同灋, 其奴婢弗坐, 典·田典·伍弗告, 貲一盾, 其匿□□歸里中, 貲典·田典一甲, 伍一盾, 匿罪人雖弗敞(蔽)貍(埋), 智(知)其請(情), 舍其室."

④ [關東지역의 여러] 군 및 양무·상낙·상·함곡관 바깥의 사람 및 [關東지역의 여러] 군 및 양무·상낙·상·함곡관 바깥으로 천사된 남녀가 도망했는데, 통행증 없이 사사로이 관문을 넘어 도망했거나[1년 이상 도망했거나] 허가 없이 멋대로 떠나서 [1년 이내로 도망한 것이] 中縣·道에 들어와 나이의 많고 적음을 가리지 않고 집에 묵게 했다면 그 집의 주관자가 그 정황을 알았다면 율에 따라 천사한다. 里典과 伍長이 고발하지 않았다면 里典은 貲1甲이고 伍長은 貲1盾이다. 그 정황을 알지 못했다면 [머물게 한] 집의 주관자는 貲2甲이고 里典·伍長이 고발하지 않았다면 貲1盾이다. 묵은 것이 10일이 지나면 논죄하는데, 머무는 것에 대해서는 그 관할 鄕部를 責課한다. 1년이 지나도록 鄕部의 吏가 붙잡지 못하고 다른 사람이 체포하면 남녀의 나이가 많고 적음을 가리지 않고 5명이면 鄕部嗇夫를 견책하며, 20명이면 鄕部嗇夫는 貲1盾이고, 30명 이상이면 鄕部嗇夫는 貲1甲이고 令·丞은 견책한다. 鄕部의 吏로 담당자는 鄕部嗇夫와 같은 죄를 준다. 都官·執法의 屬官·禁苑·園·邑·作務·官道의 경계에서 노역으로 형을 갚아나가다가 도망하면 그 嗇夫의 吏와 里典과 伍長 및 숨겨준 자에게 죄를 주는데 이 율과 같이 한다.[27]

⑤ 五大夫 이하로부터 택지가 인접한 자들을 伍로 구성하고, □(券)을 나눈 것을 증빙으로 하여, 거처에서 서로 살피고, 출입을 서로 규찰한다. 도적질하거나 도망자가 있으면 즉시 吏에게 알린다. 里典과 田典은 번갈아 里門의 자물쇠를 맡아 [정해진] 시간에 맞추어 [里門을] 연다. 伏日에는 문을 폐쇄하여, 행인과 耕作者의 [출입을] 그치게 한다. 酒를 바치거나

---

27) 위의 책, 053~057簡, 56~57쪽, "郡及襄武·上雒·商·函谷關外人及䙴(遷)郡·襄武·上雒·商·函谷關外男女去, 闌亡·將陽, 來入之中縣[74]·道, 無少長, 舍人室, 室主舍者, 智(知)其請(情), 以律䙴(遷)之. 典·伍不告, 貲典一甲, 伍一盾. 不智(知)其請(情), 主舍, 貲二甲, 典·伍不告, 貲一盾. 舍之過旬乃論之, 舍, 其鄕部課之, 卒歲, 鄕部吏弗能得, 它人捕之, 男女無少長, 伍(五)人, 誶鄕部嗇夫; 廿人, 貲鄕部嗇夫一盾, 卅人以上, 貲鄕部嗇夫一甲, 令丞誶, 鄕部吏主者, 與鄕部嗇夫同罪. 其亡居日都官·執灋屬官·禁苑·園·邑·作務·官道眎(界)中, 其嗇夫吏·典·伍及舍者坐之, 如此律."

置傳·乘傳을 탄 경우, 節을 가진 使臣, 水災나 火災의 구조, 도적을 추격하는 경우는 모두 출입할 수 있다. 律에 따르지 않으면 벌금 2량이다.28)

①~②는 『睡虎地秦簡』의 伍人相告에 대한 규정, ③~④는 『岳麓秦簡』의 사례, ⑤는 『二年律令』의 사례이다. 五大夫는 20등작제의 제9등작인데, 漢初는 五大夫 이하부터 伍를 구성하는데, 秦代에는 5급작 大夫가 伍로 편성되지 않았음을 알 수 있다. 『鹽鐵論』 周秦篇 "古今自關內侯以下, 比地於伍, 居家相察, 出入相司"에서는 關內侯 이하가 伍를 형성한다고 되어 있다. 즉 秦代에는 5급작 大夫가 伍로 편성되지 않았는데, 漢初가 되면 五大夫 이하가 伍로 편성되고, 『鹽鐵論』 시기에는 關內侯 이하가 모두 伍로 편성되는 것으로 변천되어 왔다고 할 수 있다. 이상 商鞅 1차 변법의 주요 내용 중 하나인 "민을 什伍制로 조직해서 상호감시를 행하게 하고, 위반자와 告姦者에게는 嚴罰과 重賞으로 대응한다."는 규정을 『睡虎地秦簡』·『岳麓秦簡』·『二年律令』의 사례를 통하여 구체적으로 살펴보았다. 앞서 살펴보았듯이 『韓非子』 「定法」에는 "公孫鞅이 秦을 다스릴 때는 告相坐의 법을 설치해서 죄를 함께 물었다."29)라 하여 伍人相告에 대한 규정을 지적하고 있고, 이는 秦漢律에서도 실증적으로 확인이 되며 내용상 일치한다. 이는 법가사상의 이론을 집대성한 韓非子의 사상에 기초해 秦의 法律이 만들어졌음을 의미한다.

높은 수준의 법률체계를 갖춘 秦律이 완성된 것은 秦의 始皇帝 시기였고, 秦의 始皇帝는 법가사상에 기초해 국가를 운영하였다. 『二年律令』이나 『睡虎地秦簡』, 『嶽麓秦簡』은 모두 법가사상의 원리에 충실한 法典이다.

『韓非子』에는 다음과 같은 내용이 나온다.

---

28) 『二年律令與奏讞書』, 305~306簡, 215쪽, "自五大夫以下, 比地爲伍, 以辨□爲信, 居處相察, 出入相司. 有爲盜賊及亡者, 輒謁吏·典. 田典更挾里門籥(鑰), 以時開；伏閉門, 止行及作田者；其獻酒及乘置乘傳, 以節使, 救水火, 追盜賊, 皆得行. 不從律, 罰金二兩."

29) 『韓非子Ⅱ』 「定法」, 808~809쪽, "公孫鞅之治秦也, 設告坐而責其實."

① 성과가 그 일과 들어맞고 일이 그 말과 들어맞으면 상을 준다. 성과가 그 일과 들어맞지 않고 일이 그 말과 들어맞지 않으면 벌을 준다.30)
② 옛날에 韓의 昭侯가 술에 취하여 잠을 잔 적이 있었다. 冠을 담당하는 자가 군주가 추울 것이라 여겨 군주의 몸 위에 옷을 덮어주었다. … 군주는 이 일로 옷을 담당하는 자와 관을 담당하는 자를 함께 처벌하였다.31)

①은 韓非子가 法을 運營하는 원리로 제시한 이론이다. ②는 구체적으로 그 이론을 적용한 사례라 할 수 있다. 이러한 법운영의 원칙, 혹은 법적용의 원칙은 『睡虎地秦簡』의 다음 사례에서 찾아볼 수 있다.

회계가 법률규정에 맞지 아니하여 규정된 액수를 초과하거나 부족함이 발생하였을 경우, 물자 점검 시에 물자가 규정 액수보다 초과하거나 부족한 경우 처벌하는 법률에 따라 벌금을 부과한다. 단 [회계담당자에게는 회계 착오 액수만큼을] 배상하게 해서는 안 된다.32)

『睡虎地秦墓竹簡』의 위의 규정은 "성과가 그 일과 들어맞고 일이 그 말과 들어맞으면 상을 준다. 성과가 그 일과 들어맞지 않고 일이 그 말과 들어맞지 않으면 벌을 준다"라는 韓非子의 법운영의 원리와 거의 일치하는 내용이다.

① 대저 안전하고 유리한 쪽으로 나아가고 위험하고 손해를 보는 쪽을 피하는 것이 바로 사람의 情이다.33)
② 무릇 천하를 다스림에는 반드시 人情에 따라야 한다. 人情에는 싫고

---

30) 『韓非子 I』「李柄」, 109쪽, "功當其事, 事當其言則賞 ; 功不當其事, 事不當其言則誅."
31) 『韓非子 I』「李柄」, 109~110쪽, "昔者韓昭侯醉而寢, 典冠者見君之寒也, 故加衣於君之上, …君因兼罪典衣殺典冠."
32) 『睡虎地秦墓竹簡』「效律」, 123쪽, "計用律不審而贏·不備, 以效贏·不備之律貲之, 而勿令賞(償)."
33) 『韓非子 I』「姦劫弑臣」, 206쪽, "夫安利者就之, 危害者去之, 此人之情也."

좋음이 있기 때문에 賞罰이 쓰일 수 있다.34)

③ 그 당시 秦人은 죄를 범하여도 면할 수 있고, 공적이 없어도 높은 지위와 명예를 얻을 수 있는 오랜 관습에 익숙해져 새 법을 가볍게 여기고 범하였다. … 사람들은 이윽고 죄가 있으면 반드시 처벌받는다는 것을 깨달았으며 간악한 일을 고발하여 이득을 얻는 자가 많아졌다.35)

『韓非子』에 나오는 ①~③의 내용은 요컨대, 私利 추구가 인간의 본성이고 私利 추구의 人性을 부정할 수 없고 따라서 철저히 私利 추구의 인성의 규율에 순응하여 통치하여야 한다는 것이다. 韓非子는 인간은 모두 안일과 이익을 쫓아서 행동한다고 보았다.

대저 성인은 나라를 다스림에 있어 사람들이 나를 위해 善할 것을 기대하지 않고 그 非行을 할 수 없는 수단을 쓴다. 사람들이 나를 위해 善하기를 기대한다면 나라 안에 열을 헤아리지 못하나 사람들이 나쁜 짓을 할 수 없는 수단을 쓰면 온 나라를 가지런하게 할 수 있다.36)

인간은 利에 의해서 행동하는 존재이며, 민중은 특히 우둔한 존재이기 때문에 민중들에게 선행을 기대할 수 없다. 따라서 법에 의해서 그 악행을 억누르고 질서를 형성해야 한다는 것이다. 그래서 韓非子는 "법이란 죄를 저지르지 못하게 억눌러서 사심을 품지 못하게 하는 수단이며 엄한 형벌이란 법령을 철저히 수행하여 아랫사람들을 응징하는 수단"으로 보았다.37)

---

34) 『韓非子Ⅱ』「八經」, 869~870쪽, "凡治天下, 必因人情. 人情者, 有好惡, 故賞罰可用."
35) 『韓非子Ⅰ』「姦劫弑臣」, 213쪽, "姦劫弑臣, 當此之時, 秦民習故俗之有罪可以得免, 無功可以得尊顯也, 故輕犯新法. 於是犯之者其誅重而必, 告之者其賞厚而信, …民後知有罪之必誅, 而私姦者衆也 …."
36) 『韓非子Ⅱ』「顯學」, 921~922쪽, "夫聖人之治國, 不恃人之爲吾善也, 而用其不得爲非也。恃人之爲吾善也, 境內不什數, 用人不得爲非, 一國可使齊."
37) 『韓非子』「有度」, "嚴刑, 所以遂令懲下也."

人性은 이기적이다. 이익을 좋아하고 손해를 싫어하는 것은 인간의 본능이고 사람과 사람과의 관계는 이해관계이다. 군신관계도 일종의 윤리관계처럼 보이지만 실은 이해관계라는 것이다.38) 일반적으로 유교는 현실주의 철학이고, 그것을 중심으로 한 중국문화는 매우 현실적인 문화로 인정되고 있다. 그러나 유가는 怪力亂神을 말하지 않는다는 점에서 현실적이지만, 또 다른 측면에서는 매우 이상적이고 공상주의적인 철학이었다. 韓非子는 儒家와는 달랐다. 韓非子에게 있어서 신비주의, 허구, 천명 그러한 것은 아예 고찰의 대상조차 되지 못할 정도의 韓非子의 사상은 놀라울 정도로 현실주의 사상이었다.39) 『商君書』나 『韓非子』에서는 「功」이라는 용어를 매우 자주 사용하고 있는데,40) 그것은 功業, 功績, 功勞, 실력 등을 의미한다.41) 즉 다시 말하면, 개인의 능력과 성과를 기준으로 평가하는 시스템을 강조한 것이라 하겠다. 이러한 功에는 斬首와 같은 戰功만인 아니라 "致粟帛多者復其身"처럼 농민이 국가에 대하여 일정한 粟帛을 납부하는 것도 포함된다. 그것은 국가 재정에 공헌한 것이므로 「功」에 해당이 되며, 따라서 재정공헌도에 따라 高爵이 수여되고 요역을 면제받는다. 요컨대, 韓非와 商鞅이 강조한 것은 사람들의 생존과 발전은 능력과 노력에 의한다는 것이고, 사람 사이에 경쟁이 중요하고, 합리적인 정책을 통해 경쟁을 고취하는 것이 중요하다는 것이다.42) 『商君書』에는 軍功에 의해서 爵祿이나 官을 주는 것을 보증하는 것에 의해 民의 전투의욕을 이끄는 것이 나오고 있다.43)

---

38) 이상의 내용과 관련해서는 李銳·黃口斌, 「對資本原始積累的解析」, 『理論月刊』 2002년 제2기 ; 王健, 「法家事功思想初探-以『商君書』·『韓非子』爲中心」, 『史學月刊』 2001년 제6기 ; 坂本賴知, 「『韓非子』における「知」の檢討」, 『東海大學中國哲學文學科紀要』 12, 2004 등의 참조가 도움이 된다.
39) 冨谷至, 『韓非子』, 中央公論新社, 2003, 150~152쪽.
40) 『商君書』는 53차례, 『韓非子』는 260차례 나타난다(李振網, 「人性·覇道及權力意志」, 『燕山大學學報(哲學社會科學版)』 3-3, 2002년, 51쪽).
41) 李振網, 위의 글, 51~53쪽.
42) 李銳·黃口斌, 앞의 글, 66쪽.
43) 『商君書』「君臣」23, "明君之治國也, 士有斬首捕虜之功, 必其爵足榮也, 祿足食也. 農不

爵祿이나 刑罰은 민의 뜻을 제어하는 수단이고 일반민으로서 功績을 얻는 가장 통상적인 수단은 병역종사였기 때문에 戰鬪의 功績을 통해서 爵·賞이 주어지는 것은 民과 政權을 연결하는 유대이기도 하였다.44) 이러한 商鞅의 軍功爵制에 대하여 韓非子는

> 상군의 법에 이르기를, "적의 머리 하나를 벤 자에게 작위 한 계급을 올리고 관리가 되기를 원하면 오십 석의 벼슬에 앉히며 머리 둘을 벤 자에게는 작위 두 계급을 올리고 관리가 되기를 원하면 백 석의 자리에 앉힌다.45)

秦 정권은 法家思想의 이러한 이론을 법에 충실히 반영하였다.

① 從軍하여 功을 세우면, 응당 爵과 賞賜를 주며 …46)
② 제조 승상어사 : 군사 일이 끝났는데, 무릇 마땅히 받아야 하는 포상금을 담보로 채무를 진 경우는 영으로 현에서 모두 바로 지급한다. 영이 현에 도착하면 현은 각각 현재 보유하고 있는 돈으로 [중앙에 상공하는 소부의] 禁錢이 아닌 경우로만 모두 지급해서 죄에 이르게 해서는 안 된다. 영으로 현에서 모두 바로 지급한다. 승상어사 청 : 영이 현에 도착하면 현은 각각 현재 보유하고 있는 돈으로 금전이 아닌 경우로만 모두 바로 지급한다. 부족하면 각각 그 소속한 곳의 집법에게 청하여 집법이 고르게 지급한다. 그리고도 부족하면 이에 어사에게 청하여 금전으로

離塵者, 足以養二親, 給軍事. 故軍士死節, 而農民不偸也"
44) 鷲尾祐子, 「更卒について-漢代徭役制度試論-」, 『中國古代史論叢』 續集, 立命館東洋史學會, 2004, 167쪽 ; 『中國古代の專制國家と民間社會-家族·風俗·公私-』, 立命館東洋史學會叢書9, 2009年 10月 참조.
45) 『韓非子』 「定法」, "商君之法曰 : '斬一首者爵一級, 欲爲官者爲五十石之官 ; 斬二首者爵二級, 欲爲官者爲百石之官."
46) 『睡虎地秦墓竹簡』 「軍爵律」, 20쪽, "從軍當以勞論及賜 …."

빌리는 것을 요청하는데 빌린 바의 액수로 포상금을 삼는다. 시간을 오래 끌면서 기한을 어기고 돈이 있어도 지급하지 않는데 1金이 넘으면 貲2甲에 처한다.47)

③ 서로 함께 유괴를 꾀하거나 유괴를 했어도 그 공범을 몇 명 체포할 수 있었거나 혹은 관리에게 알려서 관리가 몇 명을 구속하게 되었을 때는 告했던 자의 죄를 면제하고, 또한 한 사람 당 5만전을 상금으로 준다. 체포하거나 告해서 체포된 사람이 많을 때는 그 인원수에 의해서 상금을 주며, 사람을 유괴해 얻은 장물에 대한 책임을 지워서는 안 된다.48)

④ … 공무를 위해 일을 하다가 그 이유로 죽거나 혹은 다쳐서 20일내에 죽거나 … 모두 國事와 관련하여 공무를 수행하다 죽은 것으로 하여 아들에게 그 작을 잇도록 한다. 작이 없는 경우 그 후계자를 公士로 삼는다.49)

①은 『睡虎地秦墓竹簡』, ②는 『岳麓秦簡』, ③과 ④는 『二年律令』의 사례이다. ①의 秦律은 군공에 따른 爵과 賞賜를 주는 것이 당연한 원칙이었음을 보여주며, ②의 『岳麓秦簡』에서는 군공에 따른 포상금 지급이 가장 우선시되었다는 것을 명백히 하고 있다. ③과 ④에서는 국가에 대한 '功'에는 군공만이 아니라 도적체포라든가 공무에 종사하다가 과로사하거나 다친 경우 등의 여러 사례가 있음을 보여준다. 韓非子의 法家思想은 개인의 능력의 차이와 경쟁이 강조되고 국가운영원리도 법률도 이러한 원칙을 준수하고 있기 때문에 有爵者와 無爵者, 혹은 일반민인 士伍와 罪人의 신분의 차이와 특권의

---

47) 朱漢民·陳松長主編, 『嶽麓書院秦簡(肆)』, 上海 : 上海辭書出版社, 2015, 308~310簡, "制詔丞相御史 : 兵事畢矣, … 過一金貲二甲."
48) 『二年律令與奏讞書』, 71~72簡, 118~119쪽, "相與謀劫人, 劫人, 而能頗捕其與, 若告吏, 吏捕頗得之, 除告者罪, 有(又)購錢人五萬. 所捕告, 得者多, 以人數購之,(71) 而勿責其劫人所得臧(贓)."
49) 『二年律令與奏讞書』, 369簡, 236쪽, "□□□□爲縣官有爲也, 以其故死若傷二旬中死, □□□皆爲死事者, 令子男襲其爵."

차이는 극단적이었다. 有爵者 내부에서도 등급마다 그 차이는 매우 컸다. 심지어는 동일 계급으로 분류된 士伍도 빈부 격차가 심각했는데, 부유한 士伍는 노비를 소유하고 있었고, 士伍 중에는 불법주조자, 도둑, 群盜로 전락하는 자가 보이는 등 동일 계층 내에서도 경제적 불평등이 내재하고 있었다.[50]

예컨대, 진의 국가운영의 실태를 엿볼 수 있는 흥미 있는 자료가 『里耶秦簡』에 보이고 있는데, 『里耶秦簡』에 의하면, 徒隸인 隸臣妾, 城旦舂, 鬼薪白粲 등의 형도를 매각한 것으로 나타나고 있다.[51] 여기에서 徒隸는 隸臣妾, 城旦舂, 鬼薪白粲 등의 형도를 의미한다. 이 『里耶秦簡』 내용을 통하여 李學勤은 秦에서는 매월 초하룻날에 지난 한 달간 사들인 徒隸의 수를 집계했다고 지적한다.[52] 秦에서 徒隸를 매각할 때는 시장가격에 의해 매각이 되었던 것이고, 秦의 국가는 노역형도의 매각을 통하여 노역형도의 노동력의 수급을 조절하여 여기에 들어가는 관리비·유지비를 절감하는 동시에 매각을 통해 재정수입을 올렸다고 판단된다.

예컨대, 죄인을 거의 모두 무기형도, 즉 관노비로 하는 진의 형벌제도에서는 관노비가 무한정 늘어나게 되어 있기 때문에 관노비의 수를 적절히 조절할 수가 없다. 이에 비해 국가가 필요로 하는 노역형도 노동력의 양은 늘 일정한 것이 아니어서, 대규모 토목 공사나 대규모 재해가 있을 때와 그렇지 않을 때에 차이가 있고 수시로 변할 수밖에 없다. 따라서 관노비를 민간에 대여해주는 방법이나 매각, 혹은 사면을 통하여 적절한 수의 노역형도를 유지하는 시스템이 존재했다.[53] 이것은, 물론 지금의 자본주의 체제와는 다르지만, 적어도 이념적으로는 오늘날의 시장의 논리와 그 운영원리와

---

50) 尹在碩, 「秦代 '士伍'에 대하여」, 『慶北史學』 10, 1987, 175쪽.
51) 『里耶秦簡』, [8]154 正(湖南省文物考古研究所·湘西土家族苗族自治州文物處, 「湘西里耶秦代簡牘選釋」, 『中國歷史文物』 2003-1, 12쪽, "卅三年二月壬寅朔日, 遷陵守丞都敢言之, 令曰, 恒以朔日上所買徒隸數.·問之, 毋當令者. 敢言之."
52) 李學勤, 「初讀里耶秦簡」, 『文物』 2003년 1월, 78쪽.
53) 林炳德, 「秦漢 交替期의 奴婢」, 『中國古中世史研究』 16, 2006.

일맥상통한다.

III. 여성의 지위(1) – 여성의 '戶'계승과 재산권

漢 律令은 戶 계승에 관하여, 唐律에 비해 훨씬 그 범위를 넓게 또 구체적으로 계승 순차를 명시하고 있다. 『二年律令』에 의하면 가계계승자와 호주 지위의 승계 순위에 여성이 다수 포진되어 있음이 여러 규정에서 확인되고 있는데, 대표적인 것만을 열거하면 아래와 같다.[54]

① 여자가 부모의 後者가 되어 출가하는 경우, 남편으로 하여금 처가 소유한 田宅으로 규정액수에 못 미치는 田宅의 부족분을 채우게 한다. 남편의 택이 처의 택과 서로 이어져 있지 않을 경우, 얻을 수 없다. 만약 '棄妻'하거나 남편이 사망할 경우, 妻는 전택을 다시 취하여 戶主가 될 수 있다. '棄妻'를 할 경우, 妻의 재산을 돌려주어야 한다.[55]
② 과부가 戶의 後가 되면, 田宅을 주는데, 아들이 상속인이 되어 爵을 계승하는 것에 준하여 준다. 과부가 戶의 後가 되는 것이 부당함에도, 전택의 액수를 감하여 받더라도 戶主가 되고자 하는 경우, 庶人이 田宅을 받는 것과 동일 액수를 주는 것을 허락한다. (戶를 이루어) 자식이 없으면 그 남편이 호를 계승한다. 夫에게 자식이 없는 상태에서 과부가 사망하면 그 夫가 대신하여 戶主가 된다.[56]

---

54) 李明和, 「漢代'戶'繼承과 女性의 地位」, 『東洋史學硏究』 92집, 2005 ; 尹在碩, 「中國古代 女性의 社會的 役割과 家內地位」, 『東洋史學硏究』 96집, 2006.
55) 『二年律令與奏讞書』, 384簡, 239쪽, "女子爲父母後而出嫁者, 令夫以妻田宅盈其田宅. 宅不比, 弗得. 其棄妻, 及夫死, 妻得復取以爲戶. 棄妻, 畀之其財."
56) 『二年律令與奏讞書』, 387簡, 240쪽, "寡爲戶後, 予田宅, 比子爲後者爵. 其不當爲戶後, 而欲爲戶以受殺田宅, 許以庶人予田宅. 毋子, 其夫 ; 夫(386)毋子, 其夫而代爲戶."

위의 ①과 ②는, 秦漢交替期의 장기전란으로 호수의 감소에 직면한 漢初政權이 絶戶의 방지가 국가기반의 존망을 가름하는 한 잣대였기에 이를 막기 위하여 부계 혈통과의 동류 여부를 불문하고 여성에게도 가계계승권을 부여한 것이었다.57) ①에서 妻의 자기 재산 보유가 확인되고 있으며 出嫁할 경우 妻자신의 전택 가운데 일부라도 夫의 田宅이 부족할 경우 그 부족분을 채울 수 있도록 허용하고 있다. 그 경우에 '後子'가 없어야 한다는 전제조건이 있다. ②에서 夫가 타계하고 남은 妻가 戶主가 되어 田宅의 관리권이 생기는 경우가 있음도 확인된다. 그러나 중요한 것은 夫에서 寡婦가 상속해도 ②에서 확인되는 것처럼 再婚하면 그 전택은 婚家의 새로운 相續人의 관리하에 들어가는 것이 우선이라는 것이다.58) 『二年律令』의 규정에 의하면, 後子의 선정 순서에서 제1계승권은 적장자를 비롯한 망자의 직계 및 방계 자식에게 있었고, 아들이 없는 경우 제2계승권은 망자의 딸에게 있으며, 망자의 母는 계승순서가 4번째에 지나지 않는다.59) 그런데, 이에 비하여 『唐律』에서는,

    嫡子를 세운다는 것은 본래 承襲하기 위한 것이다. 嫡妻의 長子가 嫡子가 되어야 하는데 이에 의하지 않고 嫡子를 세우면 이를 '法을 어긴 것'이라고 하며 도형1년에 처해야 한다. "嫡妻의 나이가 50세 이상인데도 자식이 없는 경우"라는 것은 부인의 나이가 50세 이상이어서 더 이상 아이를 낳아 기를 수 없음을 말하며, 따라서 庶子를 세워 嫡子로 삼는 것을 허용한다. 모두 먼저 (庶子 中에서) 長子를 세워야 하는데, 長子를 세우지 않은 자는 또한 도형1년에 처하므로 "역시 위와 같이 (처벌)한다"고 하였다. 슈에 "嫡子가 없거나 嫡子에게 죄나 병이 있다면 嫡孫을 세운다. 嫡孫이

---

57) 尹在碩, 「中國古代 女性의 社會的 役割과 家内地位」, 『東洋史學研究』 96집, 2006, 57쪽.
58) 池田雄一, 「呂后『二年律令』に見える妻の地位」, 『中國古代の律令と社會』, 汲古書院, 2008, 534쪽.
59) 尹在碩, 앞의 글, 57쪽.

없으면 다음으로 嫡子의 同母弟를 세운다. 嫡子의 同母弟가 없으면 庶子를 嫡子로 세운다. 庶子가 없으면 嫡孫의 同母弟를 嫡子로 세운다. 嫡孫의 同母弟가 없으면 庶孫을 세운다. 曾孫·玄孫 이하도 이에 준한다. 後嗣가 없는 경우에는 戶絶로 한다.60)

라고 하여, 嫡(長)子(孫)의 우선 계승원칙이 지켜졌으며, 언뜻 여성에게는 계승자격이 주어지지 않은 것처럼 나타나고 있다. 반면에 秦漢代의 문헌사료에는 여성이 이혼을 요구하여 헤어진 사례가 나타나는 것처럼61) 다른 시기에 비해 매우 여성의 지위가 높았던 것처럼 보이는 자료가 나타나는 것도 사실이다. 이 사실에 주목하여 『二年律令』에 보이는 여성의 호 계승과 여성의 지위를 주목하는 견해도 있었다.62)

그런데, 여자가 戶主인 사례는 『二年律令』에만 나오는 것이 아니다.

   南里戶人大女子分□(南里의 戶人인 大女子分□)63)
   高里戶人大女子杜衡□(高里의 戶人인 大女子杜衡□)64)
   高里戶人大女子□(高里의 戶人인 大女子□)65)

秦代의 『里耶秦簡』에 보이는 "戶人大女子"는 지금까지 보이는 여자호주

---

60) [唐]長孫無忌等撰, 劉俊文點校, 『唐律疏議』, 北京 : 中華書局, 1993, 238쪽, "立嫡者, 本擬承襲. 嫡妻之長子爲嫡子, 不依此立, 是名違法, 合徒一年. 即嫡妻年五十以上無子者, 謂婦人年五十以上, 不復乳育, 故許立庶子爲嫡. 皆先立長, 不立長者, 亦徒一年, 故云亦如之. 依令無嫡子及有罪疾, 立嫡孫, 無嫡孫, 以次立嫡子同母弟, 無母弟, 立庶子, 無庶子, 立嫡孫同母弟, 無母弟, 立庶孫. 曾玄以下準此. 無後者, 爲戶絶."
61) 桑秋杰·陳健, 앞의 글, 53~55쪽 ; 林樹民, 앞의 글, 79쪽.
62) 李明和, 「漢代'戶'繼承과 女性의 地位」, 『東洋史學研究』 92집, 2005.
63) 張春龍, 「里耶秦簡中戶籍和人口管理記錄」, 『里耶古城·秦簡與秦文化研究』, 科學出版社, 2009, 8-126簡, 191쪽.
64) 張春龍, 「里耶秦簡中戶籍和人口管理記錄」, 『里耶古城·秦簡與秦文化研究』, 科學出版社, 2009, 9-43簡, 192쪽.
65) 위의 책, 9-1475簡, 192쪽.

가운데, 最古의 고고자료라 할 수 있는데, 특히 "南里戶人大女子分"의 경우에는 遷陵縣戶籍 중에 보이는 것으로 실제로는 "子小男子(施)□'라 하여 家中에 子小男이 있는 것이 확인되고 있다. 秦漢時代에는 호주를 호적에 등기할 때는 '戶人'이라고 칭하였다.66) 漢代에는 『二年律令』의 규정을 비롯하여 적지 않은 출토문헌에 그 사례가 보인다.

한편, 『長沙走馬樓三國吳簡·竹簡』에서도 대량의 남성호주를 제외하고 여성이 호주인 사례가 적지 않게 나타나고 있다. 수십 개의 사례 가운데, 이하 아래 두 개의 사례만을 열거하기로 하겠다.

① 宜陽里戶人大女胡□年五十七(宜陽里의 戶人인 大女 胡□는 나이가 57세)67)
② □里戶人大女□(□里의 戶人인 大女 □)68)

『長沙走馬樓三國吳簡·竹簡』의 戶籍簡의 격식은 某里＋戶人＋爵稱(남성의 경우, 일반적으로는 公乘)＋姓名＋年齡의 형식으로 되어 있는데, 于振波의 통계조사에 의하면, 『長沙走馬樓三國吳簡·竹簡』(壹)의 戶人(主)簡의 사례는 모두 426개인데, 그 중 남성은 404개, 여성은 22개로 나타난다고 한다.69) 여성이 호주인 사례가 대략 5%의 비율을 점하고 있다는 것이다. 여성이 호주인 경우에는 출토호적간의 경우에 거의 예외 없이 '大女'의 형식으로 나타나는데, 이것은 거의 대부분 과부였다는 것을 뜻하는 것으로 이해된다.

---

66) 戶人의 명칭이 나오는 유일한 문헌사료인 『漢書』「食貨志」를 비롯하여 『江陵鳳凰山 10號墓』, 『長沙走馬樓簡吳簡』에 나와 있는 것처럼 「戶主」를 가리킨다(鷲尾祐子, 「漢初の戶について-《二年律令》を主な史料として-」, 冨谷至編, 『江陵張家山漢簡二四七號墓出土漢律令の研究』, 朋友書店, 2006, 141쪽;『中國古代の專制國家と民間社會 -家族·風俗·公私-』, 立命館東洋史學會叢書9, 2009年 10月.

67) 長沙市文物考古研究所·中國文物研究所·北京大學歷史系走馬樓簡牘整理組, 『長沙走馬樓三國吳簡·竹簡』(壹), 文物出版社, 2003, 3271簡.

68) 長沙市文物考古研究所·中國文物研究所·北京大學歷史系走馬樓簡牘整理組, 『長沙走馬樓三國吳簡·竹簡』(參), 文物出版社, 2008, 7686簡.

69) 于振波, 「戶人與家長-以走馬樓戶籍簡爲中心」, 『走馬樓吳簡續探』, 文津出版社有限公司, 2007.

유명한 『晋書』「食貨志」의 점전·과전의 규정에도 여성이 호주인 사례가 나온다.

> 男子 1人은 占田 70畝. 女子는 30畝. 그 외 丁男에게는 課田 50畝, 丁女에게는 20畝. 次丁男에게는 그것의 반을 지급하고 나머지 딸에게는 지급하지 않는다.70)

이 규정에 의하면 여성 호주뿐만 아니라 丁女에게도 토지를 지급하는 것으로 되어 있다. 또한 잘 알려져 있듯이 북위 효문제 시기의 균전제 규정에 의하면, 부인에게 露田 20畝, 倍田 20畝, 麻田 5畝 등 총 45무가 지급되는 것으로 규정되어 있고, 과부 역시 지급받는 것으로 되어 있다.71) 이상의 사례만을 열거하더라도 『二年律令』에 보이는 여성 戶主의 사례나 재산 상속의 사례가 『二年律令』만의 특수한 규정이 아님을 알 수 있다.
『唐律』에서도 嫡(長)子(孫)의 우선 계승원칙이 나타나고 있지만, 다음과 같이 여성이 호주가 되는 것을 완전히 부정하고 있는 것은 아니다.

> 무릇 脫戶한 경우는 家長을 도형3년에 처한다. 課役이 없는 경우는 2등을 감한다. 女戶는 또 3등을 감한다.
> 疏議 : 天下의 백성은 모두 籍書가 있다. 만약 一戶內에서 모두 脫漏하여 戶籍에 올리지 않은 경우에 그 원인이 家長에게 있다면 도형3년에 처해야 한다. 家長 본인 및 戶內 가족이 모두 課役이 없는 경우에는 2등을 감하여 도형2년에 처한다. 만약 一戶內에 男夫가 전혀 없어 女人만으로 戶를 이루었는데 脫戶한 경우에는 또 3등을 감하여 장형100대에 처해야 한다.72)

---

70) 『晋書』 권26, 「食貨志」, 609쪽, "男子一人占田七十畝. 女子三十畝. 其外, 丁男課田五十畝, 丁女二十畝, 次丁男半之, 女則不課."
71) 이상에 대하여는 周海燕, 앞의 글, 118쪽.
72) [唐]長孫無忌等撰, 劉俊文點校, 『唐律疏議』, 北京 : 中華書局, 1993, 231쪽, "諸脫戶者, 家長徒三年, 無課役者, 減二等, 女戶, 又減三等." "[疏議曰, 率土黔庶, 皆有籍書. 若一戶

위의 규정에 의하면, 戶內에 남자가 없는 경우에는 여성의 호주를 인정한다는 것이다. 또한 宋代에도 『唐律』의 규정과 마찬가지로 형제들과 同籍共財가 아닌 독립 家에서 친자든 양자든 남성 후계자를 남기지 않고 죽을 경우 딸이 있더라도 戶絶로 처리되어, 戶의 계승에는 남계혈연의 존속이라는 가족 관념이 이어진다.73) 그런데, 宋代 상속법의 경우도 『唐律』과 마찬가지로 현실적인 운용은 좀 더 유연하여, "家內에 남자가 하나도 없을 경우, 여자도 戶를 이룰 수 있다."74)고 하여 女戶의 존재를 인정하고 있다. 더욱 당송시기에 여성이 재산 상속에서 완전히 배제된 것도 아니다. 이와 관련하여 『宋刑統』의 관련 조문을 정리하면 다음과 같다.

① 분할할 전택 및 재물을 형제는 균등하게 나눈다. ② 妻家로부터 받은 재산은 분할하는 범위에 들지 않는다. ③ 兄弟 가운데에 사망한 자는 그 자식이 父親의 몫을 승계한다. (繼絶子도 역시 같다). ④ 兄弟가 모두 사망했다면 그들의 자식들 간에 균분한다.⑤ [형제 가운데] 아직 妻를 맞지 않은 자에게는 장래 聘財를 별도로 준다. 姑母나 姉妹가 미혼인 경우 미혼아들에게 주는 聘財의 半을 준다. ⑥ [사망한 형제의] 寡妻로서 아들이 없는 자는 남편의 몫을 승계한다. (아들이 있으면, 따로 몫을 주지 않는다. 여기서 寡妻는 夫家에 남아 守節하는 자를 말하고, 만약 改嫁한다면 현재 가진 部曲·奴婢·田宅 등을 사용할 수 없고 모두 應分人들이 均分한다.)75)

之內, 盡脫漏不附籍者, 所由家長合徒三年. 身及戶內竝無課役者, 減二等, 徒二年. 若戶內竝無男夫, 直以女人爲戶而脫者, 又減三等, 合杖一百."
73) 陸貞任, 「宋代 戶絶財産法 硏究」, 『宋遼金元史硏究』 5호, 2001, 35~40쪽.
74) 薛梅卿點校, 『宋刑統』, 北京 法律出版社, 1998 ; 권12 「戶婚律」(脫漏增減戶口), 211쪽, "議曰 若戶內幷無男夫, 直以女人爲戶."
75) 『宋刑統』 卷12, 「卑幼私用財」(分異財産), 221쪽, 仁井田陞編, 『唐令拾遺』 戶令 第27條 「分田宅及財物」. 이에 대한 번역과 정리는 육정임, 「송대 가족과 재산상속」, 『동양사 1』, 책세상, 2007, 293쪽을 참조하였음.

위의 戶令의 규정대로라면, 그 권한은 여러 면에서 매우 제한적이었지만, 딸도 가산분할을 통해 부모재산의 일부를 떼어 받는 것으로 나타나 있다. 또한 戶絶에 의한 寡婦나 在室未婚女의 立戶 외에 세금을 납입하는 토지의 소유를 官에서 인정한 女戶의 존재도 확인된다.76) 다시 말하면 秦漢律에 보이는 여성의 호 계승이 특별한 것이 아닐 뿐만 아니라, 『宋刑統』의 규정도 『唐律』의 규정도 큰 차이가 없다고 보인다.77) 즉 秦漢律에서 宋律까지가 거의 大同小異하다는 점이 주목된다 하겠다.

다시 『二年律令』의 다음과 같은 규정을 살펴보기로 하자.

> [戶主가] 사망함에 後子(가계계승자)가 없고 노비만 있을 경우, 奴婢를 免하여 庶人으로 삼고, 庶人律에 의거하여 主人(사망한 호주)의 田宅 및 나머지 재산을 그에게 준다. 奴婢의 수가 많은 경우, 戶主의 역할을 대신할 자는 1인을 초과하지 못하므로, [奴婢들 중 奴婢의] 노역에 복무한 지 오래된 자를 우선하여 (戶主로 삼고), … 또는 주인이 관리에게 [奴婢 중 자신의 後로 지목하여] 보고한 자로써 [戶主를 삼는다.].78)

위의 규정은 死者가 계승인이 없고, 단지 奴婢만 있는 경우, 奴婢를 면하여 庶人이 될 수 있을 뿐만 아니라 代戶가 되어 주인의 田宅 및 家産을 계승받을 수 있었다는 것이다. 『二年律令』에서 특이한 점은 嫡子繼承原則을 전제하면서도 가계계승순위에 여성(과부·딸 등)을 포함하고 있는가 하면,79) 絶戶의

---

76) 柳田節子, 『宋代庶民の女たち』, 東京 : 汲古選書, 2003, 84~94쪽.
77) 李明和는 호계승과 관련하여 秦漢律의 규정과 唐律의 규정과 『宋刑統』의 규정이 각각 차이가 있고 다른 것으로 보고 있다(李明和, 앞의 글, 42~43쪽).
78) 『二年律令與奏讞書』, 382簡~383簡, 239쪽, "死毋後而有奴婢者, 免奴婢以爲庶人, 以庶人律予之其主田宅及余財. 奴婢多, 代戶者毋(勿)過一人, 先用勞久·有夫(?)子若主所信使者."
79) 『二年律令與奏讞書』, 379簡~381簡, 238쪽, "死毋子男代戶, 令父若母, 毋父母令寡, 毋寡令女, 毋女令孫, 毋孫令耳孫, 毋耳孫令大父母, 毋大父母 令同産子代戶. 同産子代戶, 必同居數. 棄妻子不得與後妻子爭後, 後妻毋子男爲後, 乃以棄妻子男."

상태에 이르렀을 때에는 奴婢에게까지 戶主權의 승계를 허용하였다는 것이다.80) 이것은 漢初 "死毋後"로 인하여 奴婢를 면하여 庶人으로 된 사례가 많았고 이 경우 '代戶'로 주인의 재산을 계승할 수 있다는 것이다.81) 그렇다면 여기에서 '노비'가 재산을 상속받고 심지어는 '호주'가 될 수 있었다고 하여 秦漢代의 노비가 다른 시기에 비하여 엄청난 지위의 향상이 있었다고 할 수 있을까? 『睡虎地秦墓竹簡』의 다음의 내용을 살펴보도록 하자.

어떤 마을의 土伍인 甲이 남자 丙을 압송해 고했다. "병은 갑의 수하노예인데, 성질이 驕悍해 田作을 하지 않고 갑의 명령을 듣지 않으니 관부에서 매입해 다리를 자른 후 城旦으로 충당하고 갑에게 그 대가를 지불해줄 것을 요구합니다." 병을 심문해보니 다음과 같았다. "갑의 노예인 병은 과연 교한하고 갑의 명령을 듣지 않았다. 갑은 병을 해방시킨 바 없고 병은 다른 病도 없으며 다른 죄도 없었다. 令史 아무개를 시켜 병을 진찰해보니 病은 없었다. 小內 아무개와 佐某를 시켜 丞 아무개 앞에서 시장 표준가격으로 병을 매입했다."82)

위의 『睡虎地秦墓竹簡』에 의하면, 주인의 말을 듣지 않는 노비의 경우에는 관부에서 매입을 요구할 수 있었고 다리를 잘라 城旦으로 충당하도록 하고 요구할 수도 있는 것으로 나타나 있다. 이러한 노예의 상태가 갑자기 漢初에 이르러 그 지위가 급상승되었을 리가 없다. 마찬가지로 가계계승순위에 여성(과부·딸 등)을 포함하고 있었다고 하여 과연 이런 규정이 여성의

---

80) 尹在碩,「睡虎地秦簡和張家山漢簡反映的秦漢時期後子制和家系繼承」,『中國歷史文物』, 2003-1, 40쪽.
81) 王彥輝,「從張家山漢簡看西漢時期私奴婢的社會地位」,『秦漢史論叢』9, 三秦出版社, 2004, 244쪽.
82) 『睡虎地秦墓竹簡』, 259쪽, "某里土五(伍)甲縛詣男子丙, 告曰:「丙, 甲臣, 驕悍, 不田作, 不聽甲令, 謁賣公, 斬以爲城旦, 受賈錢.」訊丙, 辭曰:「甲臣, 誠悍, 不聽甲. 甲未嘗身免丙. 丙無病也. 無他坐罪.」令令史某診丙, 不病. 令少內某, 佐某以市正價賈丙丞某前, …."

지위가 다른 시기보다 높았다는 근거로 삼을 수 있을까? "死母後" 현상은 어디까지나 秦·漢 交替期의 혼란과 그에 따른 민생의 파탄이라는 당시의 특수한 사회정황과 관련된 것이지 신분제의 변화나 여성지위의 변화를 의미하는 것으로 이해할 수는 없다. 『二年律令』에서 妻의 자기 재산 보유가 확인되고 있으며 出嫁할 경우 妻자신의 전택 가운데 일부라도 夫의 田宅이 부족할 경우 그 부족분을 채울 수 있도록 허용하고 있지만, 그 경우에 '후자'가 없어야 한다는 전제조건이 있다. 또한 夫가 타계하고 남은 妻가 戶主가 되어 田宅의 관리권이 생기는 경우도 있지만, 再婚하면 그 전택은 婚家의 새로운 相續人의 관리 하에 들어가는 것이 우선한다.

한편, 개인이 소유한 전택·노비·재물은 유언에 따라 자손에게 전할 수 있음이 『二年律令』에 의해 확인되고 있다.

> 백성이 사망전 유언을 남겨 전택·노비·재물을 나누어주려고 하는 경우, 향부색부가 직접 그 유언에 따라, 모두 삼변권에 쓰고, 戶籍과 동일하게 올린다. 다툼이 있는 경우, 券書대로 처리한다. 券書가 없으면 받아들이지 않는다. 나누어진 田宅은 戶를 구성하지 않아도 소유할 수 있으나 8월에는 호적에 등기한다. 유언을 고의로 막거나 일부러 지체하여, 券書를 만들지 않으면 벌금 1량이다.[83]

위의 내용에 의하면, 호주인 백성은 자신이 소유한 전택·노비·재물 자손에게 전할 수 있는 권리가 있었음을 알 수 있다. 이런 실태 하에서 3명 내지 4명의 남자와 혼인 경력이 있는 朱凌의 어머니 '嫗'가 戶主가 되어 남편의 상속재산을 분배하는데, 법적인 상속자인 아들을 제치고 자녀들에게 전토를 비롯한 가산을 분배하는 권한을 행사하는 사례가 漢代 '母權'의

---

83) 『二年律令與奏讞書』, 334簡~336簡, 223~224쪽, "民欲先令相分田宅·奴婢·財物, 鄕部嗇夫身聽其令, 皆參辨券書之, 輒上如戶籍. 有爭者, 以券書從事；毋券書, 勿聽. 所分田宅, 不爲戶, 得有之, 至八月書戶. 留難先令·弗爲券書, 罰金一兩."

강함을 보여주는 것으로 볼 수도 있지만, '母權'의 강함이 여성의 지위의 높음으로 바로 연결해서 이해할 수 있는 것인지도 의문이다. 모가 재산 상속에 관여했다는 것은 여성권력의 강함을 의미하는 것이 아니라 戶主가 된 寡婦가 율령 규정에 따라 남편을 대신하여 자기가 관리하던 재산을 자손에게 분배한 것에 지나지 않는 것으로 이해해야 한다. 한대에는 이혼과 개가가 자유로웠던 점을 강조하고 부녀의 사재 축적을 강조하여 이 시기의 여성의 지위가 비교적 높았다고 강조하지만, 그와 달리 한대에 비해 魏晋시기의 士女가 결혼 전 비교적 자유로운 연애의 자유를 누리고 있었다는 지적도 있다.84) 위진시기의 부녀자들이 이혼개가권을 가지고 있었다는 견해는85) 한대 열전에 보이는 여성의 이혼과 개가의 사례와 다를 바 없다. 秦漢時代의 女性의 지위가 상대적으로 높았다고 하는 견해는, 비록 많은 사례가 제시되고 있음에도 불구하고, 여전히 특정한 時期·地域·條文에서 판정된 결과라는 한계를 벗어나지 못하였다고 생각한다. 특히 주지하듯이 가정 내에서의 '母'의 지위가 상대적으로 높았다는 것은 중국에서는 통시대 적으로 보이는 것인데,86) 이를 秦漢時代의 女性의 지위가 높았다고 하는 유력한 근거의 하나로 보는 것에 대해서도 나는 동의하기 어렵다. 漢律에서 규정한 여성의 戶의 계승이나 재산권은 어디까지나 부모나 남편, 자식과의 관련 하에 존립하는 불완전한 것으로 자유로운 처분권을 가진 온전한 것은 아니었다고 판단되며 기본적으로 魏晋南北朝나 唐宋律의 규정과 크게 다른 것이 아니었다고 판단된다. 물론 각 시기마다 약간의 차이는 존재한다. 예컨대, 북위시대 균전제에서는 부녀에게 토지가 지급되었지만, 당대에는 지급되지 않았다. 그렇다고 하여 북조의 부녀들이 당대 부녀보다 경제적

---

84) 張建麗, 앞의 글, 14쪽.
85) 張承宗, 앞의 글, 37쪽.
86) 小寺敦, 「張家山漢簡『二年律令』硏究-家族硏究を中心に-」, 『出土文獻と秦楚文化』4, 2009, 44쪽. 秦漢의 여성의 지위가 높았다는 설에 대한 부정적 견해를 밝힌 것으로는, 池田雄一, 「呂后『二年律令』に見える妻の地位」, 『中國古代の律令と社會』, 汲古書院, 2008을 거론할 수 있다.

지위가 매우 높았다고 보는 것은[87] 노비에게 토지를 지급했기 때문에 북위의 노비가 당대의 노비보다 경제적 지위가 높았다고 주장하는 것과 같다. 여성의 戶의 계승이나 재산권은 秦漢時代, 魏晉南北朝時代, 隋唐時代, 宋代나 약간의 규정상 차이는 인정되지만 기본적으로는 거의 모두 유사하다. 요컨대, 여성의 戶의 계승이나 재산권이 존재했다는 증거의 제시만으로는 각 시기마다의 여성의 지위 향상의 차이를 논하기는 곤란하다. 戶絶이 되었을 때 호의 계승인으로 여성이 일시적으로 임시로 戶主가 되는 것은 秦漢時代만이 아니다. 또한 繼絶嗣子가 세워지지 않고 결정적으로 戶絶이 된 때 유산은 망인에게 딸이 있으면 딸에게 귀속시키는 것도 역대 법의 규정이었다. 예컨대, 송대에 오히려 유달리 딸의 상속권리가 증대하였다는 견해도[88] 있다. 그러나 꼭 그렇게 볼 수만도 없는 것 같다. 예를 들어,

臣等이 다음과 같이 협의하였다. 금후 戶絶인 때 현존하는 店宅·畜産·資財를 葬儀와 功德을 운영하는 외에, 출가녀가 있을 때는 1/3을 여기에 주고 그 나머지는 2/3는 전부 관에 넣는다. 만약 莊田이 있으면 균등하게 근친에게 주어 承佃하게 한다. 만약 출가녀로서 이혼하거나 또는 夫가 사망하고 자식이 없을 때는 어쨌든 夫의 재산을 분할하여 자기의 몫으로 할 수 없으며 부모의 가에 귀환하여 그 후에 부모의 가가 戶絶된 자는 모두 재가녀와 동일한 예로써 취급한다. 그 외에는 영·칙의 규정대로 처분한다.[89]

---

87) 周海燕, 앞의 글, 118쪽.
88) 陸貞任, 「송대 가족과 재산 상속」, 『동양사1』, 책세상, 2007 ; 陸貞任, 「宋元代 紡織業과 女性의 지위」, 『東洋史學硏究』 96, 2006.
89) 『宋刑統』 권12, 「戶絶資産」, 223쪽, "臣等參詳 : 請今後戶絶者, 所有店宅畜産資財, 營葬功德之外, 有出嫁女者, 三分給與一分, 其餘幷入官, 如有莊田, 均與近親承佃, 如有出嫁親女, 被出及夫亡無子, 幷不會分割得夫家財産入己, 還歸父母家, 後戶絶者, 幷同在室女例, 餘准令勅處分."

『宋刑統』의 이 규정에 의하면, 재가녀 없이 출가녀만 있을 때는 여기에 재산의 1/3만을 주고, 또한 출가녀가 여러 명 있으면 그 1/3을 사람 수로 나누게 된다. 다른 2/3는 국고에 몰수하게 되어 있는 것으로 되어 있다.
또한 남송시대의 자료에,

> 무릇 과부로 자손이 없는 자가 마음대로 전택을 전매하는 경우, 장형 100대에 처하고 전택은 소유주에게 반환한다. 매입자와 중개인, 보증인이 사실을 알고 있었던 경우는 같은 죄에 처한다.90)

라는 법이 있어 자식이 없는 과부가 단독으로 가산을 처분하는 것을 금하고 있었다. 남편의 죽음에 의해 포괄적으로 처에게 귀속되는 권리라는 것은 사실상 부부일체의 원칙에 따라 妻 속에 계속 살아 있는 남편의 인격에 귀속되어 있는 권리, 달리 말하면 부부가 일체로서 남편이 宗 속에서 차지하는 지위에 부착된 권리일 뿐, 처 개인의 고유한 권리가 되었던 것은 아니다. 여자가 호를 계승하여 '호주'가 된다고 하여 가문을 이어 제사를 지낼 수 있는 것도 아니다. 이렇게 이해한다면 남송시대라 해서 유난히 여성의 권리가 증대되었다고 볼 수 있는지 의문이다. 여자가 자기의 남편을 제사지낼 자격을 갖지 못한다는 사실은 특별히 진한시대의 여자라 해서 예외인 것은 아니다. 처는 남편과 일체의 관계로 맺어져 있다. 남편이 생존하는 한도에서 처의 존재는 항상 남편의 그늘에 가려 마치 없는 것과 같다. 한편 처는 남편이 사망하여 과부가 되었을 때, 남편을 대위하게 되며, 남편에게 속해 있었던 것을 포괄적으로 보유하고 지속적으로 유지함으로써 매우 중요한 존재가 된다. 그러나 그것은 祖先子孫의 연쇄관계 속에 처 자신이 독자적인 일부분을 형성하는 것이 아니라, 남편이라는 일부분을

---

90) 『淸明集』「違法交易」, '鼓誘寡婦都賣夫家業', "諸寡婦無子孫, 擅典賣田宅者, 杖一百, 業還主, 錢主牙保知情, 與同罪."(번역은 박영철, 『명공서판 청명집 호혼무역주』, 소명출판, 387쪽에 의한다.)

과부가 대신 지키는 것이라 할 수 있다.91) 앞서 살펴보았듯이 『二年律令』에서 妻의 자기 재산 보유가 확인되고 있으며 出嫁할 경우 妻자신의 전택 가운데 일부라도 夫의 田宅이 부족할 경우 그 부족분을 채울 수 있도록 허용하고 있고, 胥浦101號西漢墓에 보이는 朱凌의 어머니 嫗가 상속에 대해 그 권한을 행사하고 있지만,92) 거듭 지적하지만, 그러한 사례가 秦漢시기에만 보이는 것이라고 단정하기 어렵다. 예컨대, "南里戶人大女子分"의 경우에는 子小男이 있는데, 子小男이 대남이 되면 자연스럽게 호주의 자리를 아들에게 계승시킬 수밖에 없다. 즉 과부의 호주로서의 지위는 진한시대에도 다른 시기와 마찬가지로 어디까지나 중계적인 성질을 띠고 있었다고 판단된다. 전근대 중국의 여성은 태어나면서 타종에 돌아가게 하고, 또한 그렇게 함으로써 인생의 완결을 보아야 한다고 정해진 존재였다.93) 漢律에서 규정한 여성의 호 계승도 다른 시기와 마찬가지로 남편과의 관계 속에서 존립하는 일시적인 것으로 보아야 할 것이다.

IV. 여성의 지위(2) – 沒收와 連坐

『二年律令』에는 처자의 몰수와 관련하여 다음과 같은 규정이 나온다.

> 죄인으로 完城旦·鬼薪 이상인 자, 그리고 간통하여 궁형에 처해진 자는 모두 그 妻·자식·재물·전택을 몰수한다. 그 자식에게 아내나 남편이 있거나, (그 자식이) 별도로 戶를 구성했거나, 爵을 가지고 있거나, 나이가 17세 이상이거나, 또는 다른 사람의 아내가 되었다가 버림을 받았거나 과부가 된 경우는 모두 몰수하지 않는다. 남편이 간통으로 처벌되거나,

---

91) 滋賀秀三, 『中國家族法の原理』, 創文社, 1967, 415쪽.
92) 揚州博物館, 「儀徵胥浦101號西漢墓」, 『文物』 1987-1.
93) 滋賀秀三, 앞의 책, 465쪽.

다른 사람의 아내를 약탈하여 처로 삼았거나, 자신의 아내를 상해한 죄로 처벌받아 몰수되는 경우는 그 아내를 몰수하지는 않는다.94)

상기 『二年律令』의 收律에서 收의 대상에서 제외되는 자녀에 대한 규정이 나오는데, 收가 면제되는 사례로 ① 夫·妻가 있다. ② 戶를 형성하고 있다. ③ 17세 이상이라는 사례가 열거되고 있다. 대체로 『睡虎地秦墓竹簡』의 "남편이 죄가 있는데, 처가 먼저 신고하면 처를 몰수하지 않는다."95), "처가 죄가 있어 몰수되면, 처가 가져온 노예와 의기는 몰수된다."96)라는 사례에서 보듯이 본인의 잘못보다는 夫, 혹은 夫의 범죄와 관련하여 妻子가 적몰되는 것을 법률용어로 秦漢律에서는 이를 '收'라고 칭하고 있다. 『二年律令』에 나오는 몰수 규정에는, "죄인으로 完城旦舂·鬼薪 이상 및 간통으로 궁형에 연루된 자는 모두 그 妻·子·財·田宅을 몰수한다."라 하는 내용이 나온다. 죄인으로 完城旦舂과 鬼薪 이상, 간통죄로는 宮刑에 해당하는 죄인의 처자나 재산을 몰수한다는 대체로 남편의 죄에 대해 처자가 몰수의 대상이 된다는 점에서도 『二年律令』과 『睡虎地秦墓竹簡』의 규정은 일치한다. 또 『二年律令』에는 『睡虎地秦墓竹簡』과 사실상 똑같은 조문으로 "夫有罪, 妻告之, 除于收及論"97)이라 하여 남편의 죄를 처가 먼저 고발하면 몰수에서 제외될 수 있다는 규정이 있다. 이밖에도 妻가 몰수에서 제외되는 사례로는 다른 사람의 아내를 약탈하여 妻로 삼았거나, 자신의 아내를 상해한 죄로 처벌받아 몰수되는 경우로 되어 있다. 즉 夫가 妻에 대해서 '略'·'傷'을 범할 경우에 한하여 몰수를 면제한다는 것이다. 이는 다시 말하자면, 妻는 본래 夫가 죄를 범하면 몰수되지만, 이 경우에는 妻가 피해자이기 때문에 妻를 몰수하

---

94) 『二年律令與奏讞書』, 174~175簡, 159쪽, "罪人完城旦·鬼薪以上, 及坐奸府(腐)者, 皆收其妻·子·財·田宅. 其子有妻·夫, 若爲戶·有爵, 及年十七以上, 若爲人妻而棄·寡者, 皆勿收. 坐奸·略妻及傷其妻以收, 毋收其妻."
95) 『睡虎地秦墓竹簡』, 224쪽, "夫有罪, 妻先告, 不收."
96) 『睡虎地秦墓竹簡』, 224쪽, "妻有罪以收, 妻媵臣妾, 衣器當收."
97) 『二年律令與奏讞書』, 176簡, 160쪽.

지 않는다는 것이다.98) 요컨대 몰수는 完城旦·鬼薪 이상의 노역형에 대해서 부가된 형이라 할 수 있다. 그렇다면, 子는 母의 罪에 의해 沒收되는가? 『二年律令』에 의하면, 子는 있지만 夫가 없는 偏妻가 罪를 범해 처벌받는 경우 子는 몰수의 대상이 되지 않는 것으로 나타나고 있다.99) 즉 이것은 본래 子는 母 때문에 沒收되는 것이 아니지만 母가 父에 대신하는 유일한 親인 상태에서도 沒收되지 않는다는 것을 의미한다. 그렇다면, 당연한 이야기이지만, 夫는 妻의 죄에 의해서, 子는 母의 죄에 의해서 어떠한 경우든 몰수되지 않는다. 그러면 왜 妻子가 沒收된 것일까? 角谷常子는 妻子가 財·田·宅과 아울러 沒收의 대상이 되었다는 것은 財·田·宅과 妻子에게는 공통의 성격이 있는 것을 의미하며 그 공통의 성격이라 함은 "범죄자에게 所屬하는 것"이라고 지적한다.100) 미성인의 子가 몰수된다고 하는 것은 그가 아직 "父에게 속하는" 것이기 때문이고, 妻가 沒收된다고 하는 것은 妻가 "夫에게 속하는" 것이기 때문이고 더욱 子가 父의 죄에 의해서만 몰수된다고 하는 것은 子는 母가 아닌 "父에 속하는" 것이기 때문이라는 것이다.101) 이 규정은 남자에게 소속된 여성으로서의 여성의 법적 지위를 단적으로 보여준다. 그런데 몰수되기 전에 妻가 남편의 죄를 먼저 고발할 경우 몰수하지 않는다는 다음과 같은 규정이 있다.

"남편이 죄를 지었는데, 妻가 먼저 고발하면, 收하지 않는다." 妻가 시집올 때 데려온 노비, 衣器는 沒收하는가, 하지 않는가? 沒收하지 않는다.102)

---

98) 角谷常子,「秦漢時代における家族の連坐について」, 冨谷至 編, 『江陵張家山漢簡二四七號墓出土漢律令の研究』, 朋友書店, 2006, 178쪽.
99) 『二年令與奏讞書』, 176~177簡, 160쪽, "母夫, 及爲人偏妻, 爲戶若別居不同數者, 有罪完春·白粲以上, 收之, 毋收其子."
100) 角谷常子, 앞의 글, 181~182쪽.
101) 위와 같음.
102) 『睡虎地秦墓竹簡』, 224쪽. "夫有罪, 妻先告, 不收.' 妻媵臣妾, 衣器當收不當? 不當收."

위의 몰수제도의 규정에서는 妻가 夫를 고발하는 것이 인정되고 있었던 것이 확인된다. 흔히 처가 시집올 때 가져온 노비·衣器 등의 지참금은103) 여성의 사재이므로 여성 소유로서 법적인 보호를 받았음을 보여주고 있으므로 여성의 지위가 높았던 증거로 제시되고 있다. 그러나 妻가 夫를 고발하는 것이 인정되는 것은 妻와 夫가 동등한 권리가 주어져 있기 때문이 아니고 '收'라는 제도에 의해 고발이 강제되었기 때문이라는 것이 정확하다.104) 妻가 夫의 범죄를 고발하지 않으면 夫의 범죄에 따라서는 자신이 官婢로 전락할 수 있으므로 미리 고발하여 자신의 '收'를 면제받도록 하고 더욱 妻가 시집올 때 데려온 노비, 衣器도 제공하도록 하여 더욱 고발을 장려한 것이라 할 수 있다. 이 경우에 여자가 먼저 고발하는 것을 전제로 보호를 받았음에 주목해야 하고, 몰수된 남편의 재산을 여성이 소유할 수 없음이 분명한데, 역으로 『睡虎地秦墓竹簡』에는 妻가 죄를 지어 몰수될 때, 처가 가져온 노비·衣器 등의 지참금은 남편의 소유가 됨을 분명히 하고 있어서105) 오히려 여성이 가진 재산권의 한계가 잘 나타나 있다. 또한 남편의 신분 박탈에서 본인이 면제될 경우에도 시집올 때 가져온 재산 가운데 奴婢·衣器와 같은 재산권만을 회복할 수 있을 뿐 田宅은 남편의 신분 박탈과 함께 몰수되었다는 점에서 기본적으로 여성의 재산소유권이라는 것도 매우 제한적인 것임이 몰수제도에서 재확인된다.

주지하듯이 秦에서는 民을 什伍로 편성하는 제도가 있었다. 伍人은 범행을 고발하는 것에 의해서 連坐의 적용을 문자 그대로 피할 수 있었다.106) 妻가 夫의 범죄를 고발하는 것은 里伍 連坐制度의 원리에 따른 것이라

---

103) 여성이 시집올 때의 지참금에 대해서는 일찍이 程樹德, 『九朝律考』, 北京 : 中華書局, 1963, 67쪽에서 지적하고 있다. 물론 여성이 시집올 때 가지고 온 지참금이 여성의 소유로 인식된 것도 秦代만의 특수한 것이 아닌 통시대적인 것이다.
104) 水間大輔, 「秦律·漢律における女子の犯罪に對する處罰」, 『福井重雅先生古稀·退職記念論集 古代東アジアの社會と文化』, 汲古書院, 2007, 115쪽.
105) 『睡虎地秦墓竹簡』, 224쪽, "妻有罪以收, 妻勝臣妾·衣器當收, 且畀夫? 畀夫."
106) 水間大輔, 「戰國秦漢期の伍連坐制による民衆支配」, 『中國出土資料研究』, 中國出土資料學會, 2001, 23쪽.

할 수 있고, 모든 사람과 사람과의 관계를 이해관계로만 파악하는 韓非의 人性觀에 기초한 것이라 할 수 있다.107) 出土 秦漢律에서 규정된 몰수제도에서 보이는 처의 남편에 대한 고발은 秦漢律이 철저히 법가사상의 원리에 충실하였다는 것을 보여주며 秦漢律에 존재하던 몰수제도가 漢文帝 시기에 폐지됨으로써 妻가 夫의 범죄를 고발함으로써 '收'를 면제받는 제도도 자동적으로 폐지된다. 이 의미는 여러 가지 각도로 파악할 수 있는데,108) 무엇보다 법가사상에 기초한 가족관계에 유가사상의 가족윤리의 원리가 반영되었다는 것을 의미하는 것으로 이해할 수 있다. 친친간에는 서로 首匿할 수 있다는 漢代 형벌적용의 원칙인 '親親得相首匿'에 의하면 직계 3대 혈족과 부부 사이에는 모반대역죄를 제외하고 죄가 있어도 서로 숨겨주고 관부에 고발하지 않아도 그 형사책임을 추궁하지 않는 것인데, 이 제도의 시행은 다음과 같이 漢宣帝시기의 조령에 나타난다.

지절 4년(기원전 66)에 조서하여 이르기를, "지금부터 자식이 부모의 죄를 숨기고, 처가 지아비의 죄를 숨기는 것, 손자가 조부모의 죄를 숨기는 것은 모두 죄를 논하지 않는다. 부모가 아들의 죄를 숨기고, 지아비가 처의 죄를 숨기고, 조부모가 손자의 죄를 숨기는 것은 모두 참수의 죄에 처하고, 모두 정위에게 올려서 보고하도록 한다."라 하였다.109)

---

107) 이상의 내용과 관련해서는 李銳·黃口斌, 「對資本原始積累的解析」, 『理論月刊』 2002년 제2기 ; 王健, 「法家事功思想初探-以『商君書』·『韓非子』爲中心」, 『史學月刊』 2001년 제6기 ; 坂本賴知, 「『韓非子』における「知」の檢討」, 『東海大學中國哲學文學科紀要』 12, 2004 등의 참조가 도움이 된다.
108) 宮宅潔은 漢文帝의 모든 개혁의 공통적 특징은 노동 인원을 삭감하고 국가의 부담을 경감한다는 것이었다. 勞役刑 체계의 변경, 沒收 제도 폐지, 戍卒制 폐지 등은 모두 국가에 의한 노동력 편성 및 노동력 활용 형태와 관련된 조치로, 官有勞動力의 보다 효율적인 활용과 관련돼 있었다는 것이다(宮宅潔, 「有期勞役刑體系の形成-《二年律令》に見える漢初の勞役刑を手がかりにして-」, 『東方學報』 78, 2006.).
109) 『漢書』 권8, 「宣帝紀」4, 251쪽, "夏五月, 詔曰:「… 自今子首匿父母, 妻匿夫, 孫匿大父母, 皆勿坐. 其父母匿子, 夫匿妻, 大父母匿孫, 罪殊死, 皆上請廷尉以聞..」 ; 『春秋公羊傳注疏』 권9, '閔公元年條', 190쪽, "親親之道也(猶律親親得相首匿)."

漢宣帝시기에 조서에 의해 "처가 지아비의 죄를 숨기는 것을 처벌하지 않는다."라는 것은 반드시 처가 지아비의 죄를 먼저 고발해야 몰수를 면할 수 있고 시집올 때 가져온 奴婢, 衣器와 같은 재산을 가질 수 있다는 秦漢律의 몰수제도를 크게 변경한 것이라 할 수 있다. 또 다른 측면에서 이것은 중국고대법률의 유가화의 진전으로 파악할 수 있다. 법가사상이 말하는 남편과 아내와의 관계는 곧 바로 군주와 신하와의 관계처럼 절대 복종해야 하는 관계인데, 이는 상앙이 만든 연좌조직에서의 상호고발과 모순이 된다. 몰수제도의 폐지로 이러한 모순은 해소된다. 그렇게 이해한다면 漢 宣帝의 위의 詔令에서도 여성의 지위 향상과 관련된 내용이 담겨 있다고 볼 수 없다.

한편, 『晋書』「刑法志」에는 秦漢時代에는 出嫁女性이 實家의 죄에 연좌되었다고 하는 사실이 다음과 같이 자세히 나오고 있다.

晋 景帝가 魏의 國政을 輔佐했을 당시의 魏朝의 法律은 大逆을 범한 자의 誅戮을 이미 출가한 딸에게까지 적용하였다. … "古時에 司寇는 三典을 지어서 輕·中·重의 三等의 제도를 만들고, 周朝의 甫侯는 刑法을 정리하여 刑의 적용을 때로는 가볍게 때로는 무겁게 할 수 있게 하였습니다. 그런데 혼란한 시대가 되면서 法制에 많은 변화가 오면서 秦朝에서는 重法을 만들었고, 漢朝에서는 이를 또 개정하였습니다. 大魏는 秦·漢朝의 弊政을 계승하여 아직 바꾸지 못하였는데, 이미 出嫁한 딸까지 뒤쫓아 살해하는 까닭은 진실로 惡人의 가족을 완전히 끊어버리기 위한 것입니다. 그러나 法律은 中正을 얻는 것이 중요하고, 형벌은 그 程度가 지나치는 것을 삼가야 합니다. 제가 생각하기에 女人에게는 三從之義가 있어서 스스로의 뜻대로 행동할 수 없습니다. 나아가 다른 가족에게 出嫁하여 돌아와 친정의 부모상을 치르는 경우 喪服의 등급을 내리는 것은 夫家의 예절을 따르고 또 出嫁하기 전의 恩情과 다르다는 것을 表明하기 위한 것입니다. 그런데도 부모가 죄를 범하면 出嫁한 딸까지 쫓아서 連坐하여 형벌을 내리고, 夫의

一族이 誅殺되면 또 夫姓에 따라서 連坐되어 살해당합니다. 이와 같이 한 사람의 몸으로 內外 양쪽 關係에서 刑을 받게 됩니다. 지금, 만약 女子가 이미 出嫁하면 異姓의 家族의 妻가 되고, 만약 자식을 産育하면 다른 家族의 母가 됩니다. 이렇게 出嫁한 여자를 살해하는 것은 元惡을 소홀히 하는 바이고, 무고한 자를 살육하는 것은 지나치게 무겁게 처리하는 것입니다. 범죄를 방지한다는 입장에서는 姦亂 發生의 근원을 懲戒하는데 도움이 되지 못하고, 人情에 있어서는 孝子의 마음을 傷하게 하는 것입니다. 남자들은 이미 다른 가족의 범죄로 인하여 죄를 받지 않지만, 여자들만 두 가족으로부터 誅戮을 당합니다. 이것은 약한 여자를 불쌍히 여기고 法制를 명확하게 한다는 本意도 아닙니다. 제가 생각하기에는 出嫁하기 전의 여자는 부모의 죄에 따라야 하고, 이미 出嫁한 여자는 夫家의 범죄에 따라 懲戒되어야 할 것입니다. 마땅히 舊法을 개혁해서 영구한 법률제도로 해야 할 것입니다."라 하였다. 이에 天子는 詔書를 내려 律令을 개정하였다.110)

위의 『晉書』「刑法志」에서는 漢의 제도를 계승한 魏에서는 出嫁한 女性이 婚家의 범죄만이 아니라 實家의 범죄에 연좌되었는데, 이것이 魏에서 문제가 되어 司隸校尉 何曾의 命에 따라서 主簿 程咸이 상주한 의견에 의해 개정된 과정이 상세히 나타나고 있다. 秦漢律에서는 왜 出嫁한 女性이 實家의 범죄에 연좌된다고 규정했던 것일까? 이와 관련하여 角谷常子는 出嫁한 女性이

---

110) 『晉書』 권30, 「刑法志」, 720~721쪽, "及景帝輔政, 是時魏法, 犯大逆者誅及已出之女.…「夫司寇作典, 建三等之制 ; 甫侯修刑. 通輕重之法. 叔世多變, 秦立重辟, 漢又修之. 大魏承秦漢之弊, 未及革制, 所以追戮已出之女, 誠欲珍醜類之族也. 然則法貴得中, 刑愼過制. 臣以爲女人有三從之義, 無自專之道, 出適他族, 還喪父母, 降其服紀, 所以明外成之節, 異在室之恩. 而父母有罪, 追刑已出之女 ; 夫黨見誅, 又有隨姓之戮. 一人之身, 內外受辟. 今女旣嫁, 則爲異姓之妻 ; 如或産育, 則爲他族之母, 此爲元惡之所忽, 戮無辜之所重. 於防則不足懲姦亂之源, 於情則傷孝子之心. 男不得罪於他族, 而女獨嬰戮於二門, 非所以哀矜女弱, 蠲明法制之本分也. 臣以爲在室之女, 從父母之誅 ; 旣醮之婦, 從夫家之罰. 宜改舊科, 以爲永制.」於是有詔改定律令."(번역은 임병덕, 『사료로 읽는 중국고대법제사』, 도서출판개신, 2008, 145~147쪽에 의한다.)

출가 후에도 實家와 깊은 관계에 있었던 사례를 구체적으로 묘사하고 있다.111) 이 부분도 里伍 連坐制度의 원리와 마찬가지로 법가사상에 기초한 법률규정에서 유가사상에 기초한 법률규정으로 바뀌어 가고 있는 것을 보여주는 구체적인 사례로 이해된다. 出嫁한 女性이 출가 후에도 實家와 깊은 관계에 있었다는 것은 秦漢時代의 여성의 지위가 높았다는 것을 주장하는 논자들의 견해처럼 진한시대에 夫權 혹은 家長權이 상대적으로 약했다는 것을 의미하는 것이 아니다. 또한 婚家의 범죄만이 아니라 實家의 범죄에 연좌되었다고 하는 사실은 모계적 요소가 잔재해 있었다는 것을 의미하는 것이112) 아니라 秦漢시대의 律令이 전반적으로 法家思想의 원리에 충실하였고, 그 이후 儒家思想이 법률에 침투하면서 변질된 결과로 이해해야 할 것이다. 진한시대 출가한 女性이 婚家의 범죄만이 아니라 實家의 범죄에 연좌되었다는 사실은 夫權 혹은 家長權의 상대적 약함과 모권의 상대적 강함을 반영한 것이라는 지적에 동의할 수 없지만, 결과적으로 부녀연좌제도의 개정은 개가한 여성에 대한 법 적용의 모순을 해소해준 조치로 이해된다.113)

V. 여성의 지위(3) - 기타 형벌관련 法律規定

『二年律令』에는 婦가 夫의 泰父母·父母·主母·後母를 賊傷·毆打·惡罵하면 모두 棄市로 처하는 것으로 되어 있다.114) 그러나 남편이 장인이나 장모를 구타할 경우에는 '贖耐'에 처하고, 侮辱·惡罵한 때는 罰金 4兩에 처하는 것으로 그치고 있다.115) 즉 며느리가 시부모에 대하여 毆打·侮辱·惡罵할

---

111) 角谷常子, 앞의 글, 191~193쪽.
112) 竹浪隆良, 「中國古代の夫權と父母權について」, 『堀敏一先生古稀記念 中國古代の國家と民衆』, 1995 ; 下倉涉, 「漢代の母と子」, 『東洋史論集』 8, 2001.
113) 張承宗, 앞의 글, 36쪽 ; 張建麗, 앞의 글, 14쪽.
114) 『二年律令與奏讞書』, 40簡, 106쪽, "婦賊傷, 毆詈夫之泰父母·父母·主母·後母, 皆棄市."

경우에는 모두 棄市에 처해지고 있음에 비하여 남편이 장인이나 장모에 대해 毆打·侮辱·惡罵할 경우 그것은 벌금으로 대체되는 것으로 나타나 있다. 이에 대하여 唐律에서는,

> ① 무릇 妻나 妾이 남편의 祖父母나 父母를 욕하였다면 도형3년에 처한다(반드시 시부모가 고발해야 처벌한다). 구타하였다면 絞首刑에 처한다. 상처를 입혔다면 모두 斬首刑에 처한다. 과실로 죽였다면 도형3년에 처한다. (과실로) 상처를 입혔다면 도형2년반에 처한다.116)
> ② 무릇 처나 첩이 죽은 남편의 조부모나 부모를 구타하였거나 욕하였다면 각각 시부모를 구타하였거나 욕한 죄에서 2등을 감한다. 부러뜨린 상처를 입혔다면 加役流에 처한다. 죽였다면 참수형에 처한다. 과실로 죽였거나 상처를 입혔다면 일반인끼리 적용하는 법으로 논한다.117)

라 하여 妻나 妾이 남편의 조부모나 부모에 대해 毆打와 惡罵를 할 경우 毆打와 惡罵와의 사이에 처벌을 달리하고, 또한 남편이 살아있을 때와 남편이 죽었을 경우를 구분하여 처벌을 달리하고 있다. 구타하였다면 漢律에는 棄市, 唐律에는 絞首刑에 처하는 것으로 되어 있으므로 큰 차이가 없지만, 惡罵의 경우에는 漢律에는 棄市, 唐律에는 徒刑 3년으로 되어 있다. 또한 唐律에서는 ②에서 보듯이 남편이 죽은 경우에는 이에 2등을 감하는 것으로 되어 있다. 즉 "婦가 夫의 泰父母·父母·主母·後母를 賊傷·毆打·惡罵하면 모두 棄市로 한다."라는 漢律의 조항은 唐律에 비하여 며느리의 시부모에 대한 不孝를 보다 무겁게 처벌한 규정이라 하겠다. 즉 漢律의 처벌규정이

---

115) 『二年律令與奏讞書』, 42簡~43簡, 107쪽, "若毆妻之父母, 皆贖耐. 其婿詢詈之, 罰金四兩."
116) 『唐律疏議』 권22, 「鬪訟」 '妻妾毆詈夫父母', 415쪽, "諸妻妾詈夫之祖父母·父母者, 徒三年(須舅姑告, 乃坐). 毆者, 絞. 傷者, 皆斬. 過失殺者, 徒三年, 傷者徒二年半."
117) 『唐律疏議』 권22, 「鬪訟」 '妻妾毆詈故夫父母', 416쪽, "諸妻妾毆·詈故夫之祖父母·父母者, 各減毆·詈舅姑二等. 折傷者, 加役流. 死者, 斬. 過失殺傷者, 依凡論."

당률의 그것보다 여성에게 '重'하였다.118)

「奏讞書」의 다음 내용을 살펴보자.

> 廷史인 武 등 30인이 이 안건을 심의함에 모두 말하기를, "율에 사자에게 율을 두는 순서는 처는 부모다음이고, 처가 사하였을 경우 (부에게)휴가를 주는 기간은 부모와 동법이다. 율의 후를 두는 순서에 의해 인사를 헤아림에 부는 처보다 존하고, 처는 부를 섬기며, 그(부의) 상에 복함에 있어 자격은 율에서 명시하는대로 부모다음에 해당하며, 처를 위해 후를 세우는 순서는 부가 우선이고 부모가 그 다음이다. 夫·父母가 死하여 아직 장하지 않았는데, 상(관) 곁에서 간한 것은 불효에 해당하며, 불효는 기시죄이고, 불효 다음의 죄는 경위성단용에 해당하며, 오한의 죄는 완형으로 한다. 이 (사건)에 당하여, 처는 부를 존하나 (부에 대한 자격은) 부모 다음에 해당하는데, 갑의 부가 사함에 (甲은) 이를 슬퍼하지 않고, (다른) 남자와 상(관) 곁에서 화간하였으니 이는 불효죄와 敖悍의 律二章(에 의한 징벌)에 이르는데, 체포자가 이 안건을 비록 안문(심문)하지 못하고(여자갑을)목계에 채워 상부에 보냄에, (답하기를) 갑은 완위용형에 해당하니, 두(현의 현령)에게 (이 판형 결과에 따라) 갑을 논죄하기를 고한다.119)

위의 「奏讞書」에 의하면 夫는 妻보다 尊하고, 妻는 夫를 섬기며, 喪服에서의 律의 규정은 "부모 다음에 해당한다."라고 되어 있다. 또 妻에 대한 그 처벌은 「不孝之次」에 해당한다는 것이다. 물론 부모와 남편을 섬기는 데

---

118) 王子今, 「張家山漢簡所見"妻悍""妻毆夫"等事論說」, 『南都學會(社會科學版)』 22-4, 2002, 8쪽.
119) 『二年律令與奏讞書』「奏讞書」案例 21, 374쪽, "廷史武等卅人議當之, 皆曰：律, 死置後之次；妻次父母；妻死歸寧, 與父母同法. 以律置後之次人事計之, 夫異尊於妻, 妻事夫, 及服其喪, 資當次父母如律. 妻之爲後次夫·父母, 夫·父母死, 未葬, 奸喪旁者, 當不孝, 不孝棄市；不孝之次, 當黥爲城旦舂；敎(敖)悍, 完之. 當之, 妻尊夫, 當次父母, 而甲夫死, 不悲哀, 與男子和奸喪旁, 致之不孝·敎(敖)悍之律二章. 捕者雖弗案校上, 甲當完爲舂, 告杜論甲."

生前과 死後가 다르며, 법률적으로 '不孝', '敵罔', '不聽'이 적용되는 범위는 오직 살아있는 부모, 남편에 한정되어 있지만, 적어도 생전이라면 「不孝之次」에 해당한다. 위의 「奏讞書」의 부처 간의 관계는 "夫·父母가 死하여 아직 장하지 않았는데, 상(관) 곁에서 간한 것은 불효에 해당하며"에 잘 나타나 있다. 남편은 부모와 같은 존재, 즉 夫妻의 관계는 父子의 관계와 흡사하다는 것이다. 여기에서 선조에서 자손에 걸친 인격연속관계 속에 처는 독립된 일절을 형성함이 없이, 다만 남편이 형성하는 일절 속에 합체 흡수됨으로써,120) 이 관계 속에 자리 잡게 되는 모습을 위의 「奏讞書」는 보여주고 있다.

夫妻간의 불평등한 형벌 적용을 명확히 보여주는 것이 夫妻간의 毆打罪이다. 먼저, 秦律의 다음 내용을 살펴보자.

① 妻가 사나워서 夫가 妻를 毆笞하여 그 귀를 찢고, 혹은 肢·指를 부러트리고 體를 脫臼하였다. 夫를 무슨 죄로 논할 것인가? 마땅히 耐에 해당한다.121)
② 律에 말하기를, "다투다 他人의 귀를 찢으면 耐에 처한다."122)

①은 夫가 妻를 구타하였을 경우의 처리 원칙이고 ②는 일반인에 대한 처벌원칙이다. 竹浪隆良은 이 사례를 근거로 秦律에서 夫가 妻를 구타하였을 경우 일반인과 같이 처리하였다고 한다. 즉 夫의 특별한 지위는 인정되지 않았다는 것이다.123) 그러나 『二年律令』에는 이와 다른 규정이 나오고 있다.

妻가 사나워서 남편이 妻를 구타를 하였을 때, 흉기를 사용하지 않았다면

---

120) 滋賀秀三, 앞의 책, 133~134쪽.
121) 『睡虎地秦簡』, 185쪽, "妻悍, 夬毆治之, 夬(決)其耳, 若折支(肢)指·朕臀(體), 問夫可(何)論? 當耐."
122) 위의 책, 185쪽, "律曰:「鬪夬(決)人耳, 耐」."
123) 竹浪隆良, 「中國古代の夫權と父母權について」, 『堀敏一先生古稀記念 中國古代の國家と民衆』, 1995, 280쪽.

상처를 주었다 하더라도 무죄로 한다.124)

妻에 대한 구타에 관한 규정으로 漢律에는 위에서 보듯이 흉기를 사용하지 않는다는 전제조건하에 夫의 妻에 대한 구타는 무죄로 되어 있다. 이것은 秦律과 漢律 사이의 夫妻간의 구타에 대한 규정상의 차이로 秦과 漢 사이의 妻, 혹은 女性의 지위의 차이로 이해되기보다는125) 漢律에서의 상처는 구체적으로 秦律에서 규정된 "귀를 찢고, 혹은 肢·指를 부러트리고 體를 脫臼하는 것"과 같은 중상을 제외한 일반상해로 이해하는 것이 타당하다고 생각된다.

그런데, 唐律에는,

> 무릇 妻를 구타하여 상처를 입혔다면 일반인을 범한 죄에서 2등을 감한다. 죽였다면 일반인(을 범한) 죄로 논한다. 첩을 구타하여 부러뜨린 상태 이상이라면 처의 경우에서 2등을 감한다.126)

라 하여 妻에의 구타에 대한 처벌은 일반인에 대한 그것보다 2等 減免되고 妾에 대한 구타는 妻에 대한 그것보다 더욱 2等 減免되지만 이 경우도 물론 무죄는 아니었던 것으로 나타나고 있다. 『宋刑統』의 규정도 상기 唐律의 규정과 동일하다. 따라서 남편이 처를 때려 상처를 입혔을 경우, 唐律은 상해죄에서 2등을 감하는 반면, 秦漢律은 남편이 무기를 갖고 하지 않았으면 부인에게 상처를 입혔더라도 무죄라고 하여, 夫婦간의 다툼의 문제에 있어서 秦漢律은 夫權을 한층 엄격히 보장하였음을 알 수 있다.

---

124) 『二年律令與奏讞書』 32簡, 103쪽, "妻悍而夫毆笞之, 非以兵刃也, 雖傷之, 毋罪."
125) 관점은 다르지만, 山田勝芳은 특히 漢보다 秦에서의 女性의 지위가 높았다고 한다(山田勝芳, 「中國古代の「家」と均分相續」, 『東北アジア研究』 第2號, 1998, 250~256쪽). 물론 전혀 사실과 다르고 입증도 되지 않는다.
126) 『唐律疏議』 권22, 「鬪訟」 '毆傷妻妾', 405쪽, "諸毆傷妻者, 減凡人二等. 死者, 以凡人論. 毆妾折傷以上, 減妻二等."

夫의 妻에 대한 구타와 반대로 妻가 夫를 구타했을 경우를 살펴보자.

妻가 夫를 毆打했다면 耐隷妾으로 한다.127)

漢律의 위의 규정은 앞서의 남편이 妻를 구타했을 경우의 내용과 달리 妻가 夫를 毆打했을 때의 규정이다. 남편이 부인을 구타했을 때는 흉기를 사용하지 않았을 경우 무죄로 되어 있지만, 반대로 처가 남편을 구타했을 경우는 흉기의 사용유무에 대한 전제조건이 없이 또 상처 유무와 관계없이 '耐隷妾', 즉 官奴婢로 몰수한다는 것이다. 즉 위의 漢律은 부의 처에 대한 절대권을 보호하고 있는 규정이라고 할 수 있다.128) 또 夫妻 사이의 직접적인 구타죄는 아니지만, 앞서 살펴보았듯이 漢律에는 시부모·시조부모 등을 구타한 며느리는 棄市에 처하지만, 장인·장모를 구타한 남편에 대해서는 贖耐, 즉 벌금 12량을 부과하는 내용이 나온다. 이에 대하여 唐律에서는, 夫의 妻에 대한 구타는, "무릇 妻를 구타하여 상처를 입혔다면 일반인을 범한 죄에서 2등을 감한다. 죽였다면 일반인을 범한 죄로 논한다. 妾을 구타하여 부러뜨린 상해 이상이라면 妻의 경우에서 2등을 감한다."129)라 하여 일반인의 구타와 비교 2등 감하는 것으로 되어 있다. 반대로 "妻가 남편을 구타하였다면 徒刑 1년에 처한다. 또한 구타하여 상처를 입힌 것이 심하다면 일반인끼리의 구타에 의한 상해죄에 3등을 더한다."130)라 되어 있다. 媵이나 妾이 범하였다면 여기에 각각 1등을 더하는 것으로 되어 있다.131) 이 경우에도 단순히 妻가 夫를 毆打한 것만으로 官奴婢로

---

127) 『二年律令與奏讞書』 33簡, 103쪽, "妻毆夫, 耐爲隷妾."
128) 王子今, 앞의 글, 6쪽.
129) 『唐律疏議』 권22, 「鬪訟」 '毆傷妻妾', 409쪽, "諸毆傷妻者, 減凡人二等, 死者, 以凡人論. 毆妾折傷以上, 減妻二等."
130) 『唐律疏議』 권22, 「鬪訟」 '妻毆詈夫', 410쪽, "諸妻毆夫, 徒一年. 若毆傷重者, 加凡鬪傷三等(須夫告, 乃坐). 死者, 斬."
131) 『唐律疏議』 권22, 「鬪訟」 '妻毆詈夫', 410쪽, "媵及妾犯者, 各加一等(加者, 加入於死)."

몰수하는 漢律과 비교하여 唐律에서의 妻의 夫에 대한 구타는 매우 관대한 처벌임을 알 수 있다. 秦漢律의 夫와 妻 사이의 관계에 있어서 妻에 대한 법률적 차별이 唐律에 비하여 오히려 '重'했던 것으로 판단된다. 어떤 면으로 살펴보더라도 唐律보다도 漢律이 妻에 대해서는 무거운 처벌규정이 적용되고, 夫에 대해서는 가벼운 처벌로 일관하고 있음을 알 수 있다.[132] 즉 秦漢律은 唐律에 비해 妻의 夫權에 대한 어떠한 침해도 인정하지 않는 엄격한 규정이라 하겠다. 秦漢시기 妻의 地位가 唐代와 비교하여 높았다는 근거로 흔히 이 시기 妻가 자유로이 이혼을 할 수 있었다는 점이나 여자와 이혼 시에 관청에 신고해야 했다는 다음과 같은 점이 강조되고 있다.

율문에서 말하기를, "이혼하고서도 그 사실을 관청에 등기하지 않으면 벌금 2갑을 부과한다."라 한다. 이혼당한 처도 역시 논죄하는가? 처에게도 벌금 2갑을 부과한다.[133]

그러나 위의 규정 역시 일방적으로 이혼을 당한 처 역시 벌금 2갑이 부과되고 있었을 뿐 아니라 夫의 구타와 같은 폭력에서 자유로울 수 없었던 율령 규정에 비추어 과연 진한 율령 상에 보이는 '棄妻'를 처가 자발적으로 이혼한 것으로 해석하는 것이[134] 적절한지도 의문이다. 위의 규정은 이혼 시에 단지 관청에 신고했느냐 만을 문제로 삼고 있을 뿐이다. 漢代의 문헌사료에 의하면 妻는 경우에 따라서는 夫에 의해 인신매매되고 있음이 확인되고 있다.[135] 漢代의 문헌사료에 보이는 '質妻', '嫁妻'의 '質' '嫁'라는 의미는 『晋書』 권62, 劉琨傳의 "妻子를 鬻賣하고"[136]의 '鬻賣'와 같은 인신매매와

過失殺傷者, 各減二等."
132) 王子今, 위의 글, 8쪽.
133) 『睡虎地秦簡』, 224쪽, "「棄妻不書, 貲二甲.」 其棄妻亦當論不當? 貲二甲."
134) 李明和, 앞의 글, 42쪽.
135) 『漢書』 권64, 「賈捐之傳」 "人情莫親父母, …, 至嫁妻賣子, …"
136) 『晋書』 권62, 劉琨傳 "鬻賣妻子."

관련된 용어라 할 수 있다.137) 『二年律令』에는, 夫의 妻에 대한 毆打와 관련하여 "妻悍而夫毆笞之, 非以兵刃也, 雖傷之, 毋罪"라 되어 있다. 여기에서 '悍'은 凶暴하다는 의미이고 당시 재판에서는 '悍'인 것의 증거의 제출은 필요하지 않았고, '悍'인가 아닌가는 '悍'인 것을 주장하는 자의 의견을 근거로 해서 재판되었다고 판단된다.138) 따라서 夫가 '悍'이라고 주장하면 妻가 '悍'이라고 인정되는 것이어서 '悍'이라는 요건에는 사실상 그다지 의미가 없었다.139) 즉 칼과 같은 무기로 폭행을 하지 않는 한, 또한 골절과 귀를 찢는 것과 같은 중상을 수반하지 않는 한 妻에 대한 夫의 폭행은 법적으로 보장되었던 것이었다. 이처럼 夫의 妻에 대한 인신매매가 이뤄지고 있는 현실에서, 또한 妻에 대한 夫의 폭력이 법적으로 보장되는 현실에서 秦漢律의 '棄妻'를 마치 오늘날의 이혼 선택의 자유처럼 해석하는 것은140) 적절하지 않다. 여성의 이혼에 관해서는 무엇보다 '七出'이 유명하다. 이 '七出'에 대해서는 일찍이 『春秋公羊傳』에 보인다.

부인에게는 일곱 가지 쫓겨나는 경우와 세 가지 버리지 못하는 경우가 있다. 아들이 없으면 쫓겨나니 대를 끊기 때문이요, 지나치게 음란하면 쫓겨나니 무리를 어지럽히기 때문이요, 시부모를 섬기지 않으면 쫓겨나니

---

137) 林炳德, 「魏晋南北朝의 良賤制」, 『歷史學報』 142, 1994.
138) 王子今, 「張家山漢簡所見"妻悍""妻毆夫"等事論說」, 『古史性別研究叢稿』, 社會科學文獻出版社(原載는 『南都學壇』 2002年 4期), 204쪽.
139) 水間大輔, 「秦律·漢律における女子の犯罪に對する處罰」, 『福井重雅先生古稀·退職記念論集 古代東アジアの社會と文化』, 汲古書院, 2007, 112쪽.
140) 李明和, 앞의 글, 42쪽의 주16)의 해설에는 妻가 이혼을 요구한 몇 가지 사례를 제시하였다. 대체로 妻에 의한 이혼이 가능한 사례로는, 秦漢律을 근거로 볼 때, ① 夫의 범죄에 의하여 '收'되지 않기 위해서 먼저 官에 夫의 죄를 고발한 경우, ② 夫가 사망하여 寡婦가 된 경우, ③ 夫가 妻를 毆笞하여 그 귀를 찢거나 해서 그 죄가 耐에 해당할 경우, 즉 夫가 妻에게 크게 해를 가한 경우 등으로 크게 제한되어 있었다고 생각된다. '棄妻'는 오늘날의 의미의 '離婚'과는 다른 개념, 처의 의견이 배제된 채, 부에 의해 일방적으로 이뤄진 혼인의 파기였다고 보아야 할 것이다.

덕을 어그러지게 하기 때문이요, 말이 많으면 쫓겨나니 친족을 이간질하기 때문이요, 도둑질하면 쫓겨나니 의리를 배반하기 때문이요, 투기하면 쫓겨나니 집안을 어지럽히기 때문이요, 나쁜 병이 있으면 쫓겨나니 종묘를 받들 수 없기 때문이다. 일찍이 시부모의 상을 지내면 버리지 못하니 은혜를 잊을 수 없기 때문이요, 혼인할 때 빈천하였다가 나중에 부귀하게 되면 버리지 못하니, 덕을 배반할 수 없기 때문이요, (혼인할 때에는) 받아들인 곳이 있었으나 (후에는) 돌아갈 곳이 없게 되면 버리지 못하니, 된 경우 때문이다.[141]

'七出'에 대해서는 『大戴禮記』에도 보이고, 『唐律』 「戶婚」조에도 나타난다. 예제에서 유래하는 이 '七出'이란 ① 無子, ② 淫洪, ③ 不事舅姑, ④ 口舌, ⑤ 盜竊, ⑥ 妬忌, ⑦ 惡病이라는 일곱 조건을 말하며, 처가 이 가운데 하나에 해당할 때 남편은 처와 이혼할 수 있다는 것이다. 이 '七出'은 남편의 일방적 의사에 의한 이혼을 의미하며 상투적으로 그리고 법률적으로 원용되었던 것으로 인정되고 있다. 이혼 선택의 자유, 혹은 처에 의한 일방적인 이혼이라는 것은, 비록 열전에서는 에피소드처럼 나타나긴 하지만, 정식의 法典인 秦漢律, 혹은 그 이전에도 이후에도 적어도 법적인 규정으로는 확인하기 어렵다.

VI. 맺음말

높은 수준의 법률체계를 갖춘 秦律이 완성된 것은 秦의 始皇帝 시기였고,

---

141) 李學勤主編, 『春秋公羊傳注疏』, 北京 : 北京大學出版社, 1999, 176쪽, 「莊公 27年條」(何休注), "七棄三不去 婦人有七棄三不去, 無子棄, 絶世也, 淫洪棄, 亂類也, 不事舅姑棄, 悖德也, 口舌棄, 離親也, 盜竊棄, 反義也, 嫉妬棄, 亂家也, 惡疾棄, 不可奉宗廟也. 嘗更三年喪不去, 不忘恩也, 賤取貴不去, 不背德也, 有所受無所歸不去, 不窮窮也."

秦의 始皇帝는 법가사상에 기초해 국가를 운영하였다. 『二年律令』이나 『睡虎地秦墓竹簡』・『嶽麓書院秦簡』은 모두 법가사상의 원리에 충실한 法典이다. 女性의 지위와 관련, 흔히 儒家의 男尊女卑 사상이나 법가의 그것과 별반 다르지 않다고 하지만,142) 꼭 그런 것만은 아니다. 秦의 始皇帝에게 큰 영향을 주었던 韓非子는 아내가 남편에게 순종하는 것을 자식이 부모에게 순종하고 신하가 군주에게 순종하는 것으로 비교하였다.143) 法家에서 말하는 군주와 신하와의 관계가 위로부터의 지배에 대한 일방적인 복종만을 강조한 것이라고 한다면, 법가사상이 말하는 남편과 아내와의 관계는 곧바로 군주와 신하와의 관계에 다름아니었다. "臣師君, 子師父, 妻師夫,"에서 보이듯이 법가사상은 선진유가사상보다도 훨씬 노골적으로 남성의 여성에 대한 일방적 복종을 강조하고 있다. 가정을 정상적으로 운영하기 위해서는 처자는 반드시 남편에게 복종해야 하고 가정 내에서 남편은 군주와 같은 지위에 있어야 한다. 만약에 처와 부의 지위가 같다면 존재할 수 없다는 것이다.144) 물론 유가사상의 기본적 인식도 남존여비 사상이었다. 그러나 선진유가사상이 남녀차별을 노골적으로 표현한 것은 아니었던 것이고 한대 이후 변질된 유가사상이 법가사상을 수용함으로써 여성의 차별을 노골화한 것으로 보아야 한다. 법가사상의 원리에 충실했던 秦漢律은 夫와 妻, 남자와 여성과의 관계에 있어서 唐宋律의 그것과 비교하여 여성에 대한 처벌을 보다 무겁게 하고, 따라서 큰 차별을 수반하였던 것으로 판단된다.145)

진한대 여성의 사회경제적 역할을 강조하여 이를 여성의 지위향상과 연결하여 논의하는 것도 앞서 언급하였듯이 실증적으로 입증되지 않는다. 더욱 진한대 여성이 산부와 요역의 징발대상이었고 남성과 거의 동등한

---

142) 尹在碩, 앞의 글, 34쪽.
143) 『韓非子』, 北京 : 中華書局, 1998, 권20, 「忠孝」, 466쪽, "臣師君, 子師父, 妻師夫, 三者順則天下治, 三者逆則天下亂. 此天下之常道也."
144) 위의 책, 권5, 「亡征」, 112쪽, "男女無別, 是爲兩主. 兩主者, 可亡也."
145) 林炳德, 「秦漢時代의 女性의 地位」, 『中國史研究』 64, 2010, 76쪽.

역할을 했다고 보는 주장도 증거가 부족하다.

秦漢시기에 女性의 徭役 징발의 문제는 이미 오랫동안 논쟁이 되고 있었는데, 女子가 요역에서 동원되지 않았다는 사실은 『二年律令』「徭律」에 다음과 같이 분명히 나타나고 있다.

> 역전을 통해 수송하여 보내는데, 현관에 수레와 소가 부족하면, 대부 이하로 재력이 있는 자는 재력에 따라서 공동으로 수레와 소를 내게 한다. 추가로 더 필요하면 재력이 없는 자에게 함께 소 먹이를 내도록 하여 載具에 묶어두도록 한다. 관리와 황제를 모시는 자는 전송하는 일에 참여하지 않는다. 수레로 운송하거나 역전을 통해 물자를 수송하여 보낼 때, 무거운 수레와 무거운 짐은 하루에 50리를 가고, 빈 수레인 경우에는 걸어서 가는 경우에는 80리를 간다. 면노나 어려서 아직 부적에 오르지 않은 자, 여자와 모든 요역 면제자들은 縣道에서 함부로 요역에 부려서는 안 된다.146)

위의 『二年律令』「徭律」에는 수레로 운송하거나 역전을 통해 물자를 수송하여 보낼 때, 동원해서는 안 되는 대상으로, "免老·小未傅者·女子及諸有除者"라 하여 여자가 免老, 小未傅者, 요역면제자와 함께 병렬로 열거되어 있다. 또한 많은 사료에서 남녀의 노동력의 비율은 2:1로 되어 있다.147) 『商君書』나 『韓非子』에서는 「功」이라는 용어를 매우 자주 사용하고 있는데,148) 그것은 功業, 功績, 功勞, 실력 등을 의미한다.149) 여성의 노동력이

---

146) 『二年律令與奏讞書』, 411~413簡, 248쪽, "發傳送, 縣官車牛不足, 令大夫以下有訾(貲)者, 以訾(貲)共出車牛 ; 及益, 令其毋訾(貲)者與共出牛食, 約載具. 吏及宦皇帝者不與給傳送事. 委輸傳送重車·重負日行五十里, 空車七十里, 徒行八十里. 免老·小未傅者·女子及諸有除者, 縣道勿敢絲(徭)使."

147) 李成珪, 「計數化된 人間-古代中國의 稅役의 基礎와 基準-」, 『中國古中世史硏究』 24, 2010, 40~44쪽.

148) 『商君書』는 53차례, 『韓非子』는 260차례 나타난다(李振網, 「人性·覇道及權力意志」, 『燕山大學學報(哲學社會科學版)』 3-3, 2002, 51쪽).

남성의 50%에 불과한 여성은 개인의 능력과 성과를 기준으로 평가하는 시스템 상으로 보았을 때 그에 상응하는 열악한 대우를 받아야 마땅하다. 법가사상은 개인의 능력의 차이와 경쟁을 특히 강조하였기 때문에 有爵者와 無爵者, 혹은 일반민인 士伍와 罪人, 혹은 남성과 여성의 신분의 차이와 특권의 차이는 클 수밖에 없었다. 秦漢律은 법가사상의 원리에 충실한 법전이었고, 그 후 중국 역대 법전은 秦漢律의 규정을, 좀 더 상세히 한 것은 인정되지만, 거의 그 골격을 그대로 계승했다고 해도 과언이 아니다. 물론 유가사상에 의해 법률의 유가화로의 진전이 있었던 것은 사실이다. 그러나 漢 이후의 유가사상이 선진 이전의 유가에서 상당히 변질된 것이었기 때문에 법가사상의 원리가 법전에서 사라진 것도 아니었다.

『里耶秦簡』은 요역, 전조, 우역, 토지제도, 노예매매, 형도관리 등에 대한 풍부한 내용을 담고 있다. 특히 각종 직역에 있어서 절대적으로 중요한 비중을 차지한 것이 '勞役刑徒'였다는 것이 재차 확인되고 있다. '형도국가'인 진에서 각종 직역에서 수행한 '관노비'의 역할을 아무리 강조해도 지나치지 않지만, 그렇다고 해서 秦漢의 '관노비'의 지위가 다른 시기보다 높았던 것이 아니었고 오히려 훨씬 열악했었다. 몰수제도에서 보았듯이 근본적으로 여성은 "夫에게 속하는" 존재였기 때문에 여성의 경제적 역할과 가치가 국가에 속하는 존재였던 관노비의 그것처럼 곧 바로 여성의 삶의 질적 향상과 연결되는 것도 아니었다. '형도국가'인 진에서 국가에 소속된 노예인 형도의 역할이 형도의 지위 향상과 아무런 상관관계가 없었듯이 "夫에게 속하는" 존재인 여성의 직역상의 역할도, 여성의 지위향상과는 하등의 관련이 없었다고 보아야 할 것이다. 간통죄가 존재하는 한 간통을 하여 발각되면 간통으로 처벌받을 수밖에 없듯이 남성과 여성 사이에 심각한 차별을 규정하고 있는 중국 고·중세의 법률 규정이 존재하는 한 중국 고대-중세의 여성은 사회와 국가에 대한 커다란 공헌과는 별개로 큰 차별을

---

149) 李振網, 위의 글, 51~53쪽.

받을 수밖에 없었다.

　필자는 이제까지 여성의 지위와 관련하여 秦漢律을 중심으로 魏晋隋唐宋律을 대강이나마 각각 비교하여 살펴보았다. 그 결과 일반적으로 이해하고 있듯이 진한시대에 여성의 지위가 높았다고 하는 견해를 지지해야 할 하등의 이유를 찾을 수가 없었다. 사실 진한시대만 특별히 여성의 지위가 낮았다는 것이 본고에서 본래 강조하고자 한 의도는 아니다. 본래의 의도는 여성의 自律性, 각 시기마다의 여성의 지위 향상을 강조한 최근 연구 경향에 대한 반론을 제기하고자 한 것이며 秦漢時代 이후 宋代까지 여성의 지위는 거의 변화가 없이 낮았다는 것을 지적하고자 한 것이었다. 그것은 '七出'이 근대 이전까지 법률적으로 원용되었던 것처럼, 황제지배체제가 거의 변함없이 지속되었던 것처럼 변하지 않았다고 생각된다. 전근대 중국의 여성은 태어나면서 타종에 돌아가게 하고, 또한 그렇게 함으로써 인생의 완결을 보아야 한다고 정해진 존재였다.

秦·漢時代의 士伍와 庶人

Ⅰ. 머리말

1970년대 후반에 공개된 『睡虎地秦簡』을 통해 우리는 秦代의 官·私奴婢의 성격이나 有爵者의 성격에 대해 적지 않은 새로운 사실을 알게 되었다. 그 가운데 본고에서 논하고자 하는 士伍를 비롯한 하층민의 실태에 대해서도 새로운 이해가 가능하게 되었다.

『睡虎地秦簡』에 근거한 연구는, 중국과 일본의 경우에는, 대체로 1970년대 후반부터 시작되어 1980년대 전반까지 활발하게 진행되었는데, 『睡虎地秦簡』에 의한 거의 모든 영역의 연구가 그러하듯이 언뜻 불분명해 보이는 점도 적지 않았고, 그렇다 보니 일정한 부분을 추론에 의존하는 경향이 있었다. 이 추론을 크게 보완하고 수정할 수 있게 된 것은 주로 『二年律令』에 의해서였다. 『睡虎地秦簡』에 기초한 연구에서도 士伍와 庶人에 대한 연구가 소홀히 되었던 것은 아니지만,[1] 『睡虎地秦簡』에 의해 좀 더 구체적인 그 실태의 파악이 가능해졌다. 특히 庶人과 私屬에 대해서는 『二年律令』에

---

1) 『睡虎地秦簡』 이전의 연구에 대해서는 好並隆司, 「漢代下層庶人の存在形態」, 『史學雜誌』 82-2, 1973, 168~170쪽을 참조. 『二年律令』 이전의 '士伍'에 관한 연구로는 劉海年, 「秦漢"士伍"的身分與階級地位」, 『文物』 1978년 2기 ; 秦進才, 「秦漢士伍異同考」, 『中華文史論叢』 1, 1984 ; 冨谷至, 「秦漢における庶人と士伍·覺書」(谷川道雄外編, 「中國士大夫階級と地域社會との關係についての總合的硏究」), 『史學雜誌』 1983 ; 尹在碩, 「秦代 '士伍'에 대하여」, 『慶北史學』 10, 1987 ; 周厚强, 「秦士伍的身分及其階級屬性辨析」, 『求索』 1991년 제4기 ; 施偉靑, 「也論秦"士伍"的身分」, 『中國社會經濟史硏究』 1993년 1기 등이 있다.

의해 그 실태에 대한 이해가 가능하게 되었다고 해도 과언이 아니다.[2]

이제까지 士伍에 대하여는 원래 爵位가 있었으나 罪로 인해 奪爵된 사람, 형벌의 명칭, 無爵位의 士兵, 無爵位의 男子라는 다양한 견해가 발표되었으나 대체적으로 士伍는 里伍 가운데 거주하면서 官職·爵位가 없고 호적에 이름을 올린 成年男子로서, 服役年齡以上에 도달한 官爵이 없는 男性公民으로 결론이 모아지고 있다.

『二年律令』을 중심으로 士伍·庶人의 성격과 그 개념에 대하여는 최근 任仲爀이 '士伍로의 수렴시스템'이라는 관점에서 상세히 고찰하고 있지만, 나는 이와는 좀 더 다른 관점에서 논의를 진행할 필요를 느꼈다. 특히 내가 주목하고자 하는 것은 일찍이 片倉穰이 士伍의 성립과 관련하여 이를 二十等爵制의 성립, 즉 秦帝國의 성립과정에서 출현했으리라는 견해와[3] 관련해서이다. 『睡虎地秦簡』이 발표되기 훨씬 이전에 이뤄진 片倉穰의 지적은 『睡虎地秦簡』과 『二年律令』에 의해 보다 명확해진 것 같다. 士伍의 출현이 秦漢의 爵制와 관련해서 출현했다고 한다면, 그 소멸도 이와 관련해서 설명되어야 한다. 나는 이와 관련하여 본고에서 秦漢의 爵制의 파탄과 연관하여 士伍의 소멸과 庶人 意味의 변화에 대해서 설명하고자 한다.

여기서 나는 任仲爀이 명명한 이른바 '士伍로의 수렴시스템'과 관련하여 그의 논고에서 빠트리고 있는 그 '士伍로의 수렴시스템'의 한계와 파탄에 대해서 특히 주목할 필요를 느꼈다. 특히 任仲爀은 '士伍로의 수렴시스템'과

---

2) 『二年律令』이 공개된 후 士伍, 庶人, 私屬에 관한 연구로는 曹旅寧, 「秦漢法律簡牘中的 "庶人"身分及法律地位問題」, 『咸陽師範學院學報』 22-3, 2007 ; 施偉靑, 「也論秦"士伍" 的身分」, 『中國古代史論叢』, 湖南 : 岳麓書社, 2003 ; 任仲爀, 「秦漢律의 耐刑-士伍로 의 수렴 시스템과 관련하여-」, 『中國古中世史硏究』 19, 2008 ; 王彦輝, 「從張家山漢簡看西漢時期私奴婢的社會地位」, 『東北師大學報(哲學社會科學版)』, 2003-2 ; 王愛淸·王光偉, 「試論張家山漢簡中的"私屬"」, 『烏魯木齊職業大學學報』 13-2, 2004 ; 王愛淸, 「"私屬"新探」, 『史學月刊』 2007-2 ; 椎名一雄, 「張家山漢簡二年律令に見える爵制-庶人の理解を中心として」, 『鴨台史學』 6, 2006. 任仲爀은 『睡虎地秦簡』에 나타나는 士伍는 1) 奴隸와 資産을 가진 士伍, 2) 아들의 不孝를 고발한 士伍, 3) 逃亡한 士伍, 4) 군대에 참여한 士伍, 5) 盜賊이 된 士伍로 각각 정리하고 있다.

3) 片倉穰, 「漢代の士伍」, 『東方學』 36, 1966, 9쪽.

관련하여 庶人을 그 속에 포함하여 일률적으로 파악하고 있는데, 그와 같은 관점에서는 庶人의 성격과 그 변화를 파악하는데 한계가 있다는 생각이 들었다. 나는 漢文帝의 刑制改革의 의미를 官奴婢賣買시스템의 파탄과 관련해서 파악한 적이 있었는데,[4] 秦漢律에 보이는 士伍와 庶人도 이와 연관해서 논의를 확장할 필요를 느꼈다. 여기서 나는 中國古代社會의 轉換期로서의 漢文帝 시대를 다시 주목할 필요도 느끼게 되었다.

II. 秦漢律의 士伍와 庶人

1. 士伍로의 수렴시스템과 庶人

周厚强은 "以罪奪爵, 皆稱士伍"의 입장에서 士伍는 본래 有爵者의 奪爵에서 비롯된 것이기 때문에 본래부터 작이 없었던 無爵者와는 구별되고 있었다고 한다. 이런 관점에서 그는 衛宏의 견해에 따라 無爵 혹은 奪爵 후의 "成丁"으로 정치상 모두 봉건적 압박을 받는 하층민이었다고 보는 劉海年의 견해를[5] 비판하고 있다.[6] "以罪奪爵"을 士伍의 본질로 이해한다면, 士伍는 극히 제한된 특수한 신분으로 이해할 수밖에 없고 그런 관점에서 周厚强은 '士伍'를 秦律에서 無爵의 '男子' 혹은 '成丁'과 다른 상당한 특권을 가진 계급으로 이해하고 있다.

그런데, 이와 달리 『漢官舊儀』에서 衛宏은 "秦制 二十爵. 男子賜爵一級以上, 有罪以減, 年五十六免. 無爵爲士伍, 年六十乃免老(漢 衛宏撰 『漢官舊儀』下)." 라 하여[7] 士伍를 "無爵爲士伍"로 파악하고 있다. 이것은 奪爵을 士伍로

---

4) 林炳德, 「秦·漢交替期의 奴婢」, 『중국고중세사연구』 16, 2006 ; 林炳德, 「출토문헌과 漢文帝의 刑制改革」, 『동양사1』, 서울 : 책세상, 2007.
5) 劉海年, 「秦漢"士伍"의 身分及階級地位」, 『文物』, 1978년 2기.
6) 周厚强, 「秦士伍的身分及其階級屬性辨析」, 『求索』, 1991년 4기, 123쪽.
7) 漢衛宏撰, 『漢舊儀』 권下, 孫星衍等輯, 周天游點校, 『漢官六種』, 北京 : 中華書局, 1990,

파악한 것과는 차이가 있다. 왜냐하면 無爵에는 奪爵되어 無爵이 되는 경우와 처음부터 爵을 획득하지 못한 경우가 존재하기 때문이다. 실제 『二年律令』에는 죄인인 司寇의 子나 庶人의 子, 혹은 '私屬'의 子가 士伍가 되는 등, 奪爵과는 정반대로 士伍로 되는 경우가 존재하는 것으로 확인되고 있다. 어떤 경로이건 士伍는 里伍 가운데 거주하면서 官職·爵位가 없고 호적에 이름을 올린 成年男子로서, 服役年齡 이상에 도달한 官爵이 없는 男性公民이라는 점에서 衛宏의 지적은 如淳, 李奇, 顔師古가 이해하지 못했던 것을 정확히 지적한 것이라 할 수 있는데, 그것은 아무래도 衛宏이 살았던 연대가 如淳, 李奇, 顔師古에 비해 훨씬 앞선 시대였던 것과도 관계가 있을 것 같다. 이 士伍 無爵說은 『二年律令』에 의해 그 구체적인 실상이 확인되고 있다.

『二年律令』은 爵級에 따른 구체적인 田宅賜與額의 규정, 18급 大庶長 이하 爵의 世襲에 대한 규정, 免老에 대한 규정, 爵等과 官秩의 비교 등은 그동안 전혀 알려지지 않은 새로운 사실을 제공하고 있다. 任仲爀은 이를 근거로 다음과 같은 도표로 정리하였다.[8]

표를 보면, 『二年律令』에 나오는 爵制의 궁극적 지향점이 士伍신분이라는 사실을 쉽게 간취할 수 있다. 任仲爀은 이 같은 원칙이야말로 『睡虎地秦簡』 「封診式」 등에 士伍를 예제로 한 사례가 많이 보이는 이유일 수 있다고 하고. 종래 「封診式」에 士伍가 많이 보이는 이유를 몰랐지만, 이제는 爵制의

85쪽.
8) 任仲爀, 「秦漢律의 耐刑－士伍로의 수렴 시스템과 관련하여－」, 『中國古中世史硏究』 19, 2008, 166~167쪽. 이 도표의 작성과 관련하여 흔히 인용되는 것은 『二年律令』의 戶律과 傅律을 근거로 하고 있는데, 長文인 관계로 사료의 인용은 생략한다. 이처럼 『二年律令』에는 高爵에서 세대를 거치며 減爵되다가 小爵으로 변화하면서 最終的으로는 士伍가 된다. 士伍가 되면 더 이상의 변화가 없다. 이처럼 高爵에서 세대를 거치면서 감각되어 小爵으로 변하는 것은 당연히 奪爵되는 것과는 다르다. 특히 『二年律令』에서 準庶人인 隱官과 司寇가 역으로 세대를 거치면서 士伍로 수렴되는 것은 士伍의 개념과 관련하여 『二年律令』 이전에는 전혀 알려지지 않았던 사실이다. 任仲爀이 命名한 '士伍로의 수렴시스템'이라는 개념은 이점에서 매우 적확한 지적이었다고 생각된다.

신분에 따른 田地와 宅地, 작위계승

작위			田(頃)	宅	後子	2·3子	4子 이후
20	侯	徹侯		105	徹侯	徹侯	徹侯
19		關內侯	95	95	關內侯	不更	簪裊
18		大庶長	90	90	公乘	不更	上造
17		駟車庶長	88	88	公乘	不更	上造
16		大上造	86	86	公乘	不更	上造
15		少上造	84	84	公乘	不更	上造
14	卿	右更	82	82	公乘	不更	上造
13		中更	80	80	公乘	不更	上造
12		左更	78	78	公乘	不更	上造
11		右庶長	76	76	公乘	不更	上造
10		左庶長	74	74	公乘	不更	上造
9		五大夫	25	25	公大夫	簪裊	上造
8		公乘	20	20	官大夫	上造	公士
7	大夫	公大夫	9	9	大夫	上造	公士
6		官大夫	7	7	不更	公士	
5		大夫	5	5	簪裊	公士	
4		不更	4	4	上造	公卒	
3	小爵	簪裊	3	3	公士	公卒	
2		上造	2	2	公卒		
1		公士	1.5	1.5	士伍		
+0		公卒	1	1	士伍		
0	無爵	士伍	1	1	士伍		
-0		庶人	1	1	士伍		
-1	준	隱官	0.5	0.5	士伍		
-2	서인	司寇	0.5	0.5	士伍		
-3		隸臣妾					
-4	徒隸	鬼薪白粲					
-5		城旦春					

시스템이 士伍로 수렴시켜 간 결과라는 사실을 알게 되었다는 것이다. 대체로 이 분야의 이제까지의 결론은 任仲爀의 소론과 거의 대동소이하다.[9]

---

[9] 任仲爀의 도표와 거의 비슷한 내용으로 于振波,「從張家山漢簡看漢名田制與唐均田制之異同」,『湖南城市學院學報』26-1, 2005, 70쪽 ; 楊振紅,「秦漢"名田宅"說－從張家山漢簡看戰國秦漢的土地制度」,『張家山漢簡《二年律令》硏究文集』, 廣西師範大學出版社, 2007, 141쪽, 149쪽, 150쪽이 있다. 于振波와 楊振紅은 秦漢의 授田制度의 성격을 살펴보고자 하는 관점에서 작성된 것이고 임중혁의 그것은 형벌제도와

사실 『睡虎地秦簡』과 『二年律令』 이후 사학계에서는 士伍가 服役年齡 이상에 도달한 官爵이 없는 男性公民이라는 결론에 대해 대체로 동의하고 있다.

士伍라는 신분은 이처럼 秦漢의 爵制體系에서만 그 독자성이 인정이 되는 것이라 할 수 있는데, 도표에서 단적으로 볼 수 있듯이 高爵者가 누리는 富貴는 徹侯와 關內侯를 그 예외로 하여 대체로 後子, 2·3子, 4子 이후에 따라서 대폭 차등적으로 경감된다. 또 다음 세대를 거치면서 더욱 낮은 작으로 변화하여 새로운 공을 세우지 않으면 최종적으로는 거의 모두 士伍가 된다. 즉 『二年律令』의 爵制가 궁극적으로 지향하는 것은 任仲爀의 표현대로 士伍로의 수렴시스템이고 이것은 秦律에서도 마찬가지였다고 단정해도 좋을 것이다. 戰國時代 각국은 世卿世祿制를 타파하였는데, 吳起가 楚國에서 變法을 시행하였을 때, 봉군의 자손이라 해도 3세에 그 爵을 제한해야 한다고 되어 있다.10) 『二年律令』에 의하면, 高爵의 경우에도 대체로 3세 정도로 그 혜택이 주어지는 것으로 되어 있다. 小爵의 경우에는, 급수에 따라 다르기는 하지만, 곧 바로 無爵으로 이어진다. 따라서 봉군의 자손이라 해도 3세에 그 작을 제한해야 한다는 견해는 『二年律令』에는 大夫 이상에 해당되고 그 이하는 3세가 아닌 2세 혹은 1세에 한정되어 있다. 『二年律令』에는 〈표〉에서 보듯이 公士에서 司寇에 이르기까지는 2세에 이르러서는 모두 士伍로 동일하다. 또한 公卒·士伍·庶人은 모두 無爵의 平民으로 "一夫百畝"의 표준이 되는 編戶民인 것으로 되어 있다.

그런데 『二年律令』에는 公卒과 士伍의 차이는 불분명하지만, 公卒·士伍와 庶人과는 약간의 차이가 있는 것으로 되어 있다. 가령 『二年律令』 「傅律」에는 5급인 大夫 이상은 90세가 되면 매달 鬻米 1石씩을 제공받는 것으로 되어 있고 4급 不更은 91세, 簪裊 92세, 上造 93세, 公士 94세, 公卒과 士伍는 95세에 각각 鬻米 1石을 매달 제공받는 것으로 되어 있다.11) 庶人의 경우에는

작제와의 관련 속에 士伍의 성격을 살펴보고자 한 것이었다.
10) 이운구 옮김, 『韓非子Ⅰ』 「和氏」, 서울 : 한길사, 2010, 202쪽, "不如使封君之子孫, 三世而收爵祿, 絶滅百吏之祿秩 …."

鬻米 제공의 규정이 없다. 이 점에서 庶人과 公卒·士伍와의 차이가 존재함을 지적할 수 있다. 세역의 반을 경감 받는 睆老의 규정에서 公卒·士伍는 포함되어 있으나 庶人이 제외되어 있다.12) 受杖(仗)의 경우도 公卒·士伍는 포함되어 있으나 庶人이 제외되어 있다.13) 受杖(仗)은 公卒·士伍 75세 이상자에게 王杖을 하사하여 노인들의 권익을 상징하는 표식으로 삼는 것이고, 睆老는 有爵者가 각각의 작위에 규정된 요역의 반만 복역하도록 하고 그 요역도 邑中의 요역에만 종사하게 하는 것이다. 이러한 노인들에게 부여되는 혜택을 庶人에게 부여하지 않는 것이다.14) 반면에 免老 규정에는 '公卒以下'로 표현되어 있는데,15) 任仲爀은 免老 규정에는 '公卒以下'로 표현되어 있어 庶人도 포함되어 있다고 보아야 한다고 하지만,16) 『二年律令』「傅律」의 여타 조항에서 庶人이 제외되어 있으므로 이 경우 庶人이 포함되어 있는 표현인지는 불분명하다. 庶人의 이러한 성격 때문에 최근 椎名一雄은 『二年律令』에 근거하여 매우 독특한 견해를 발표하고 있다.17) 『二年律令』의 田宅의 給付 규정에 庶人이라는 신분이 기재되고 그것이 公卒·士伍라 하는 無爵者와 함께 같은 田宅이 給付되고 있는데, 『二年律令』의 傅律의 규정을 보면 庶人만이 그 기재가 보이지 않고 있다. 이 점에 주목하여 庶人이 傅(요역·병역의 의무)에서 제외된 신분층으로 단정하고 있다.18) 『二年律令』

---

11) 『二年律令與奏讞書』, 354簡, 230쪽, "大夫以上[年]九十, 不更九十一, 簪裊九十二, 上造九十三, 公士九十四, 公卒·士五九十五以上者, 稟鬻米月一石."
12) 『二年律令與奏讞書』, 357簡, 232쪽, "不更年五十八, 簪裊五十九, 上造六十, 公士六十一, 公卒、士五六十二, 皆爲睆老."
13) 『二年律令與奏讞書』, 355簡, 231쪽, "大夫以上年七十, 不更七十一, 簪裊七十二, 上造七十三, 公士七十四, 公卒·士五七十五, 皆受杖(仗)."
14) 『二年律令與奏讞書』, 407簡, 246쪽, "睆老各半其爵徭員, 入獨給邑中事."
15) 『二年律令與奏讞書』, 356簡, 231쪽, "大夫以上年五十八, 不更六十二, 簪裊六十三, 上造六十四, 公士六十五, 公卒以下六十六, 皆爲免老."
16) 任仲爀, 앞의 글, 173~174쪽.
17) 椎名一雄, 「張家山漢簡二年律令に見える爵制-庶人の理解を中心として」, 『鴨台史學』 6, 2006.
18) 위의 글, 75쪽.

에 규정된 庶人은 요역과 병역의 의무에서 제외되었던 七科謫과 유사하다는 것이다.19) 庶人에 대한 『二年律令』의 규정은 앞서 보았듯이 田宅의 지급규정은 士伍와 동일하고 鬻米의 제공, 睆老의 규정, 受杖(仗)의 경우에 있어서 士伍는 포함되어 있으나 庶人이 제외되어 있다. 『二年律令』에 규정된 庶人은 椎名一雄의 지적처럼 매우 특수한 신분으로 흔히 말하는 百姓과는20) 다른 존재인 것으로 나타나고 있다. 예컨대, 司寇·隱官의 子는 상식적으로 이해하자면 庶人이 되어야 하지만 『二年律令』 「傅律」의 규정에 의하면 士伍로 되는 것으로 나타나고 있다.21) 椎名一雄의 지적처럼 秦漢律에 있어서 庶人은 매우 특수한 규정을 받고 있어서 우리가 흔히 이해하고 있는 것처럼 庶人을 일반 평민으로 이해할 수는 없다. 그러나 椎名一雄의 지적처럼 그렇다고 해서 이를 七科謫과 연결시켜 이해하는 것은 무리가 있어 보인다. 椎名一雄이 秦漢律의 庶人과 유사한 사례로 언급한 『睡虎地秦簡』 「魏戶律」의 사례를 살펴보자.

> 二十五年 閏十二月 初六日, (王이) 相邦에게 告한다 : 民이 혹 邑을 버리고 野에 거주거나, 고아·과부의 집에 들어가 빌붙거나, 남의 婦女를 꾀어내는 것은 國中의 오래된 현상이 아니다. 지금부터 叚(假)門(商賈)과 逆旅, 贅壻·後父에게는 모두 立戶하는 것은 허락하지 않고, 田宇를 주어서는 안 된다. 이러한 사람들은 三代 이후에 仕官하려고 하면 하게 하되 그 籍에는 옛날 某閭의 贅壻인 某人의 孫이라는 것을 기입한다.22)

---

19) 위의 글, 76~79쪽.
20) 『睡虎地秦簡』을 살펴보면, 百姓은 編戶齊民으로써 '면노'의 대상이었던 것이 확인된다. "●百姓不當老, 至老時不用請, 敢爲酢(詐)僞者, 貲二甲 ; 典·老弗告, 貲各一甲 ; 伍人, 戶一盾, 皆遷(遷)之. ●傅律."(『睡虎地秦簡』, 143쪽) 그러나 庶人은 『二年律令』에서 확인되듯이 免老의 대상에서 제외되어 있다.
21) 『二年律令與奏讞書』, 364簡~365簡, 234쪽, "不更以下子年卄歲, 大夫以上至五大夫及小爵不更以下至上造年卄二歲, 卿以上子及大夫以上年卄四歲, 皆傅之. 公士·公卒及士五·司寇·隱官子, 皆爲士五."
22) 『睡虎地秦簡』, 293쪽, "●卄五年閏再十二月丙午朔辛亥, ○告相邦 : 民或棄邑居壄(野),

上記 『睡虎地秦簡』 「魏戶律」에 나오는 假門, 逆旅, 贅壻, 後父 등은 漢代의 七科謫과 유사하다고 할 수 있는데, 이들 假門, 逆旅, 贅壻, 後父에게는 여러 가지 제약이 가해진다. 『睡虎地秦簡』 「魏戶律」의 假門, 逆旅, 贅壻, 後父와 관련된 내용을 요약하면, 첫째, 이들은 戶를 형성할 수 없다는 것이고, 둘째는 田宅이 給付되지 않는다는 것, 셋째는 3대까지는 관리가 될 수 없다는 것이다. 그러나 이에 비하여 『二年律令』에서 庶人은 "一夫百畝"의 田宅이 給付되는 것으로 나타나고 있고 戶를 형성할 수 있는 것으로 나타나고 있다.

秦漢律에서의 庶人은, 罪人 혹은 奴婢가 해방되는 경우와 奪爵되는 경우로 제한되어 있는 특수한 개념이긴 하지만 "一夫百畝"의 田宅이 給付되는 것으로 나타나고 있고 戶를 형성할 수 있다는 점에서 농민과의 관계를 배제할 수는 없다.

2. 奪爵과 士伍·庶人

奪爵과 '士伍'와의 관련은 如淳과 李奇 등이 다음의 사료에 대한 주석에서 지적하고 있다.

① 죄가 있어서 관직을 잃은 것을 '사오'라 칭한다.[23]
② 원년(기원전 156) 7월, 조서를 내리기를, 관리 및 모든 봉록을 받는 사람들은 그 관에 속해서 살피는 곳, 다스리는 곳, 행하는 곳, 거느리는 곳에서 음식을 받으면 그 준 음식은 상환할 비용을 계산하여 갚으면 논죄하지 않는다. 관리가 遷徙罷免 처분을 받으면, 그 전의 관에 속해

入人孤寡, 徼人婦女, 非邦之故也. 自今以來, 叚(假)門逆呂(旅), 贅壻後父, 勿令爲戶, 勿鼠(予)田宇. 三枼(世)之後, 欲士(仕)士(仕)之, 乃(仍)署其籍曰 : 故某慮贅壻某叟之乃(仍)孫."

23) 『史記』 권118, 「淮南衡山列傳」, 3078쪽, "有罪失官爵稱士伍."

거느리고, 살피고, 다스리던 곳에서 보내온 재물을 받으면, 관작을 빼앗아 士伍가 되게 하고 면관한다. 작이 없으면 '벌금2근'에 받은 것을 몰수하도록 하고 체포하여 관에 고하게 되면, 그 받은 뇌물은 고발자에게 상으로 준다.24)

③ 大夫인 但과 士伍인 開章 등 70인이 棘蒲侯의 太子인 奇와 謀反하였다.25)

①에 대해서는 如淳이 "嘗有爵而以罪奪爵, 皆稱士伍"라는26) 주석을 덧붙이고 있고, ②에 대해서는 李奇가 "그 작을 빼앗아 사오가 되게 하고, 또 그의 관직을 면하는 것을 말한다."라 하고, 顔師古는 "사오라고 하는 것은, 사졸의 대오를 따른다는 말이다."라 하고 있다.27) 주석가들의 설명을 정리하면, 如淳은 ①에서 "以罪奪爵"으로 ③에서는 如淳이 "律, 有罪失官爵, 稱士伍也. 開章, 名"이라 하여 "有罪失官爵"의 개념으로 이해하고 있는데, 이것은 李奇의 이해와도 기본적으로 일치한다고 보인다. 이에 대하여, 師古는 士伍를 '士卒之伍'로 정리하여 士伍 兵卒說을 제기하고 있다.

어쨌든 대체로 '士伍'의 개념을 "奪爵爲士伍"로 보는데, 이 士伍 奪爵說은, 奪爵 자체가 기본적으로 형벌의 일종이기 때문에, 士伍의 기본 개념을 형벌과 관련지어 파악하는 관점이라 할 수 있다. 『二年律令』에는 "奪爵爲士伍"라는 직접적인 규정은 없고 '奪爵一級'에 관한 기록이 나온다.

① 도적과 만나 도망가거나 추격하여 체포할 수 있는 힘이 있는데도 관이□□

---

24) 『漢書』권5, 「景帝紀」, 140~141쪽 ; 『漢書』권5, 「景帝紀」, 140쪽, "吏及諸有秩受其官屬所監·所治·所行·所將, 其與飮食計償費, 勿論. 他物, 若買故賤, 賣故貴, 皆坐臧爲盜, 沒入臧縣官. 吏遷徙免罷, 受其故官屬所將治送財物, 奪爵爲士伍, 免之. 無爵, 罰金二斤, 令沒入所受. 有能捕告, 畀其所受臧."
25) 『漢書』권44, 「淮南衡山濟北王傳」第14, "大夫但·士伍開章等七十人, 與棘蒲侯太子奇謀反."
26) 『史記』권118, 「淮南衡山列傳」, 3078쪽.
27) 『漢書』권5, 「景帝紀」, 140~141쪽, "有爵者奪之, 使爲士伍, 有位者免官也." "謂之士伍者, 言從士卒之伍也."

□□□ 머뭇거리고 두려워하여 감히 나가지 못하면 그 장을 奪爵 1級하고 면직시키며 無爵者는 戍邊二歲에 처하며 …28)

② 博戱로 서로 금전과 재산을 빼앗는 자 또는 그 중재 노릇을 하는 자는 奪爵 1級하고 無爵者는 戍二歲에 처한다.29)

언뜻 奪爵이 有爵者가 가지는 刑罰減免의 특혜로 생각하기 쉽지만, 有爵者의 형벌감면의 특혜는 上造 이상의 유작자가 肉刑을 면제받는 것으로 제한되어 있다. 이러한 사례는 이미 『睡虎地秦簡』에 의해서도 명확해졌지만,30) "상조 이상 및 내공손·외공손·내이손·외이손31)이 죄가 있어 육형에 해당하거나 성단용에 해당하면, 내해서 귀신백찬으로 한다. 백성 중에 70세 이상자나 10살 미만자가 죄를 지어 형벌에 처해야 하는 경우에 모두 육형을 면하고 신체를 완전하게 보존할 수 있다."라 하는 『漢書』「惠帝紀」에서도 확인된다.32)

특히 다음의 『二年律令』의 규정은 이 점을 보다 분명히 하고 있다.

---

28) 『二年律令與奏讞書』, 142~143簡, "與盜賊遇而去北 及力足以追逮捕之而官□□□□□ 逗, 留外夬不敢就, 奪其將爵一級, 免之, 毋爵者戍邊二歲. …"

29) 『二年律令與奏讞書』, 186簡, 165쪽, "博戱相奪錢財, 若賭平者, 奪爵各一級, 戍二歲"; 『二年律令與奏讞書』, 69~73簡, 352~353쪽, "七年八月己未江陵丞言, 醴陽令恢盜縣官米二百六十三石八斗. 恢秩六百石, 爵左庶長. 恢曰: 誠令從史石盜醴陽已鄕縣官米二百六十三石八斗, 令舍人士五(伍)興·義與石賣, 得金六斤三兩, 錢萬五千五十, 罪, 他如書. 興·義皆言如恢. 問: 恢盜臧(贓)過六百六十錢, 石亡不訊, 他如辭, 鞠: 恢, 吏, 盜過六百六十錢, 審. 當: 恢當黥爲城旦, 毋得以爵減·免·贖. 律: 盜臧(贓)直(値)過六百六十錢, 黥爲城旦; 令: 吏盜, 當刑者刑, 毋得以爵減·免·贖, 以此當恢."

30) 『睡虎地秦簡』, 130쪽, "有爲故秦人出, 削籍, 上造以上鬼薪, 公士以下刑爲城旦."; 『睡虎地秦簡』, 200쪽, "可(何)爲贖鬼薪鋈足, 可(何)爲贖宮. ●臣邦眞戎君長, 爵當上造以上, 有罪當贖者, 其爲群盜, 令贖鬼薪鋈足."

31) 三國時代出土文字資料の研究班, 「江陵張家山漢墓出土『二年律令』譯注稿その(一)」, 『東方學報』76, 京都大學人文科學硏究所, 2004, 171쪽에 內公孫, 外公孫, 內公耳玄孫에 대한 자세한 설명이 있다. 耳孫은 증손.

32) 『漢書』 권2, 「惠帝紀」, 85쪽. "上造以上及內外公孫耳孫有罪當刑及當爲城旦舂者, 皆耐爲鬼薪白粲, 民年七十以上若不滿十歲有罪當刑者, 皆完之."

① 上造와 上造 妻 이상 및 內公孫·內公耳孫·內公女孫은 刑 및 城旦舂의 처벌을 받으면 耐에 처한 후 鬼薪白粲으로 삼는다.33)
② 呂宣王의 內孫·外孫·內耳孫·內女孫과 諸侯王의 子·內孫·耳孫 및 徹侯의 子·內孫이 罪를 범하였을 때는 上造나 上造의 妻以上과 똑같이 처리하라.34)

①에서 刑 및 城旦舂의 처벌이라 함은 刑城旦舂이나 完城旦舂을 의미하며 上造 이상의 작을 가진 자는 肉刑의 면제만이 아니라 城旦舂의 형벌을 면제받고 鬼薪白粲의 勞役刑을 받는다는 의미로 이해된다.35) 특히 『二年律令』②의 규정은 주목이 되는데, 그것은 당시 최고 권력자의 자손이라 할 수 있는 呂宣王의 內孫·外孫·內耳孫·內女孫 과 諸侯王의 子·內孫·耳孫 및 徹侯의 子·內孫 조차도 형벌의 적용에 있어서 上造나 上造의 妻以上과 똑같이 처리한다는 것이다. 이런 점에서 爵을 가진 자의 刑罰減免의 가장 큰 특징을 肉刑의 면제라고밖에 볼 수 없다.

① 孝景中四年, 有罪, 奪爵一級, 爲關內候.
② 孝景七年三月丙寅封, 坐後父故削爵一級, 爲關內候.

---

33) 『二年律令與奏讞書』, 82簡, 123쪽, "上造·上造妻以上, 及內公孫·外公孫·內耳女孫有罪, 其當刑及當爲城旦舂者, 耐以爲鬼薪白粲"
34) 『二年律令與奏讞書』, 85簡, 125쪽, "呂宣王內孫·外孫·內耳孫女孫, 諸侯王子·內孫耳孫, 徹侯子·內孫有罪, 如上造·上造妻以上."
35) 『二年律令與奏讞書』, 83簡, 124쪽, "公士·公士妻及□□行年七十以上, 若年不盈十七歲, 有罪當刑者, 皆完之"; 『二年律令與奏讞書』, 157簡, 153쪽, "吏民亡, 盈卒歲, 耐. 不盈卒歲, 繫城旦舂. 公士·公士妻以上作官府, 皆償亡日. 其自出也, 笞五十. 給逋事, 皆籍亡日." 등의 규정에도 주목할 필요가 있다. 『睡虎地秦簡』이나 문헌사료, 『二年律令』에서 刑罰減免과 관련하여 공통적으로 나타나는 것은 上造와 公士와의 차이라 할 수 있다. 『二年律令』의 위의 규정은 上造만이 아니라 公士도 특정한 조건하에서는 肉刑을 면제받을 수 있었던 것을 보여주는 사례인데, 흔히 完은 完城旦舂을 의미하는 것이므로 公士는 上造와 달리 城旦舂을 면제받는 것은 아니라는 것을 보여주고 있다(三國時代出土文字資料의 硏究班, 「江陵張家山漢墓出土 『二年律令』譯注稿その(一)」, 『東方學報』 76, 京都大學人文科學硏究所, 2004, 172쪽).

③ 五鳳四年, 坐子伊細王謀反, 削爵, 爲關內侯.
④ 甘露中, 有罪, 削爵, 爲關內侯.
⑤ 高后元年, 有罪, 削爵一級, 爲關內侯.36)

위의 사례는 모두 列侯爵에서 一等 減해서 關內侯가 된 사례로 奪爵을 통하여 감형된 사례라 할 수 있다. 그러나 위의 사례는 모두 列侯라는 점에 주의가 요구되고 있다.37) 漢代의 二十等爵에서도 列侯는 매우 특별한 위치를 갖고 있다. 高祖 말년에 異姓諸侯는 거의 소멸되었으므로 列侯는 사실상 황제의 근친 내지는 종실이므로 二十等爵制의 원리보다는 종실성원의 최고위층에 대한 배려와 처우라는 정치적 관점에서 이해해야 할 것이다.38) 列侯에 대한 奪爵과 그에 따른 關內侯로의 강등을 이와 같이 정치적인 것으로 이해한다면, 이와는 다른 설명이 필요한 奪爵의 사례가 있다. 예컨대, 始皇 12년 文信侯 呂不韋가 죽고 이를 몰래 매장하는 과정에서 그 舍人중 哭臨한 자에 대해 600石 이상에 해당하는 爵을 가진 자들은 奪爵하고 流放刑에 처한 사례가 있는데,39) 반란 등에 비해 비교적 죄가 가벼운 경우는 奪爵을 통해 卿大夫로서의 신분적 특권을 박탈하고 일반민과 함께 士伍에 편성한 것으로 보인다.40) 따라서 이들에게 奪爵은 "免官爲庶人"의 조치와 같이 국정참여권과 采邑의 관령자로서의 자격이 상실되는 근본적인 신분변

---

36) 이상은 각각 『漢書』「功臣表」, 『漢書』「功臣表」, 『漢書』「功臣表」, 『漢書』「魏相傳」. 『漢書』「王子侯表」에 의한다.
37) 司馬遷은 『史記』「漢興以來諸侯王年表」에서 西周의 5等爵制說을 설명하면서 곧바로 "漢興, 序二等."이라 하고 있다. 이에 대하여 韋昭는 二等을 王과 諸侯로 설명하고 있다. 『史記』권17, 「漢興以來諸侯王年表」의 集解 ; "韋昭曰, 「漢封功臣, 大者王, 小者侯也..」"
38) 宮宅潔, 「秦漢時代の爵と刑罰淮南衡山列傳」, 『東洋史研究史記』 58-4, 2000, 662쪽.
39) 『史記』권6, 「秦始皇本紀」, "十二年, 文信侯不韋死, 竊葬, 其舍人臨者…秦人六百石以上, 奪爵, 遷(流放). 五百石以下, 不臨, 遷, 勿奪爵."
40) 실례로 武安君 白起의 "武安君白起有罪, 爲士伍, 遷陰密"이라는 기사에 대해 如淳은 "嘗有爵, 而以罪奪爵, 皆稱士伍"라고 注를 달고 있다(『史記』권5, 「秦本紀」).

화를 의미했다.

관리 및 관작으로 봉록을 받는 사람이 자기 부속의 심사대상, 처벌대상, 고찰대상, 임용대상자에게서 뇌물을 받았다면, 예컨대, 그것이 음식물이었고 가격을 계산하여 비용을 갚았으면 논하지 말라. 기타 재물, 예컨대, 고의로 싸게 사서 고가로 팔았다면 모두 죄를 범한 것이니, 절도죄로 처리하여 장물을 국고로 몰수한다. 관리는 천종하고 파면한다. 원래의 부속의 임용대상, 심사대상, 처벌대상이 보낸 재물을 받았으면, 유작자는 탈작하여 사오로 하고 면관한다. 작위가 없는 자는 벌금이근을 부과하고 받은 바의 재물을 몰수한다.41)

위의 기사는 前의 職權을 이용해서 뇌물을 받은 관리에 대한 처벌로써 有爵者에게는 奪爵이, 無爵者에게는 罰金二斤이 가해지는 내용이라 할 수 있다. 이 내용은 爵의 유무에 따라 형벌의 적용에 차이가 있다는 것을 보여주는 사례라 하겠다. 그러나 이 경우에도 無爵者에게 단지 '罰金二斤'의 조치로써 끝나는 사안에 지나지 않는데, 有爵者에게 奪爵이라는 조치가 취해진다면, 奪爵이라는 처분을 모두 은혜적 조치나 실질적인 減刑을 의미하는 것으로 이해할 수는 없다.42) 職權을 이용해서 뇌물을 받은 관리에 대해

---

41) 『漢書』 권5, 「景帝紀」, 140쪽, "吏及諸有秩受其官屬所監, 所治, 所行, 所將. 其與飮食計償費. 勿論. 他論, 若買故賤, 費故貴, 皆坐藏爲盜, 沒入藏縣官, 吏遷從免罷, 受其故官屬所將監治送財物, 奪爵爲士伍, 免之, 無爵, 罰金二斤. 令沒入所受, 有能捕告, 畀其所受藏."

42) 『二年律令與奏讞書』, 204~205簡, 171쪽, "捕盜鑄錢及佐者死罪一人, 予作一級. 其欲以免除罪人者, 許之. 捕一人, 免除死罪一人, 若城旦舂·鬼薪白粲二人, 隸臣妾·收人·司空三人爲庶人. …" 이 규정은 물론 작 1급에 대한 가치로 즉각적으로 이해하기 보다는 盜鑄錢을 근절하기 위한 특단의 조치로 이해해야 할 것이다. 奪爵을 단순히 형벌감면의 의미로 이해할 수는 없다. 참고로 秦律에서는 "欲歸爵二級以免親父母爲隸臣妾者一人, 及隸臣斬首爲公士, 謁歸公士而免故妻隸妾一人者, 許之, 免以爲庶人"(『睡虎地秦簡』, 93쪽)이라 하여 爵의 가치를 보여주는 사례가 나온다. 게다가 奪爵 자체를 正刑으로 이해한다면, 또 다른 차원의 논의가 필요하다. 관리라는 신분에 있는

有爵者는 奪爵하여 士伍로 하고 면관한다고 되어 있으므로 이 경우도 앞서의 사례처럼 국정참여권과 采邑의 관령자로서의 자격이 상실되는 근본적인 신분변화를 의미하는 것으로 이해할 수 있다. 요컨대, 奪爵은 有爵者가 이를 자동적으로 선택한다는 의미를 가졌거나 有爵者에 대한 減刑의 조치가 아니라 국가에 의해 강제적으로 조치된 형벌로써 『二年律令』에 율령 상으로 규정된 경우도 나타나지만, 문헌사료에 나타나는 대부분의 경우에는 皇帝의 詔로써 시행된 정치적 사건의 성격을 갖는다. 따라서 奪爵해서 士伍가 되는 사례는 爵을 소유한 사람에게 주어지는 형벌감면의 특혜로 해석할 수밖에 없다. 이 점에서 士伍 刑徒說은 형벌감면의 특혜를 잘못 이해한 것으로 해석된다. 또 奪爵 士伍說의 관점에서 보았을 때, 士伍 설정의 목적이 죄의식이 비교적 희박했던 당시 사회에서 통치자 측이 전과자와 일반인을 구별하기 위해서 無爵者와는 별도로 士伍를 둔 것이라는 지적도[43] 주목되는 견해이다. 이와 관련 奪爵 후에 士伍가 되는 사례 이외에 奪爵 후에 庶人이 되는 사례에 주목할 필요가 있다.

① 武在見誣中, 大理正檻車徵武, 武自殺. 衆人多冤武者, 莽欲厭衆意, 令武子況嗣爲侯, 諡武曰刺侯. 莽簒位, 免況爲庶人.[44]

② 嘉言事前後相違, 無所執守, 不任宰相之職, 宜奪爵土, 免爲庶人.[45]

자가 견책될 만한 행위를 하였기 때문에 그가 가지고 있는 작위와 관직을 박탈하고, 爵이 없는 자에게 금전을 내는 것으로 代替한다는 것은 관직이나 작의 박탈이 가장 큰 의미를 갖는 것이지 이를 有爵者가 爵을 포기함으로써 얻어지는 권리라고 볼 수는 없다. 爵이 가진 형벌감면이라는 것은 기본적으로 사법적 조치 혹은 위로부터의 지시가 없어도 爵을 가진 사람이 자동적으로 행사할 수 있는 권리여야 하는데, 이상과 같은 奪爵의 사례에서는 有爵者의 이러한 권리를 찾아볼 수 없다.

43) 冨谷至, 「秦漢における庶人と士伍覺書」(谷川道雄外編, 「中國士大夫階級と地域社會との關係についての總合的研究景帝紀」), 『史學雜誌』, 1983, 36~37쪽. 특히 『睡虎地秦簡』의 구체적인 규정을 인용하여 유작자로써 관직에 복무하다가 奪爵免官되어 士伍로 전락된 자는 禁錮의 적용을 받고 있었음을 지적한 尹在碩씨의 견해도 주목된다(尹在碩, 앞의 글, 179~180쪽).

44) 『漢書』 권86, 何武傳.

①은 何武가 誣陷에 빠져 자살하자 王莽이 이를 정치적으로 이용하여 何武의 아들 何況을 列侯에 임명하였다가 王莽이 簒位한 후 何況을 파면하여 庶人으로 했다는 내용이고, ②는 당시 宰相이었던 王嘉가 論事 시에 앞뒤가 맞지 않는 결정을 내려 재상의 직무를 맡을 수 없으니 마땅히 그의 爵位와 封地를 박탈한 후 庶人으로 하자는 내용이다. 이 내용은 기본적으로 奪爵 후 士伍로 하는 것과 내용과 형식이 일치된다. 즉 奪爵 후 士伍가 되는 경우의 士伍는 사실상 奪爵 후 庶人이 되는 경우와 물론 작제 상에 있어서의 차이는 존재하지만, 어떤 경우에 奪爵 후 士伍가 되고 어떤 경우에 奪爵 후 庶人이 되는지 그 구체적인 차이를 확인하기는 어렵다. 이 경우는 어떠한 구체적인 법적인 차이점 때문에 士伍 혹은 庶人이 되기보다는 황제에 의한 정치적 고려에 의한 자의적 판단이 작용한 것으로 보인다.46)

庶人은 흔히 士庶라는 용어 즉, 士와 대립된 용어로 나타나며 신분적으로 매우 낮은 자를47) 의미하기도 하는데, 특히 漢代의 庶人 혹은 下層庶人의 경우는 賤民으로도 간주되었다.48) 보통 庶人이라 하면 일반 백성, 즉 평민을 의미하지만, 漢代의 庶人의 개념에는 賤하다는 의미가 포함되어 있었다. 그렇다면 庶人에 賤하다는 이미지가 어떻게 해서 생겨난 것일까? 庶人이

---

45) 『漢書』 권86, 王嘉傳.
46) 이에 대하여 任仲爀은 "士伍라는 것이 죄로 인하여 奪爵되었지만, 죄수의 신분으로 떨어지지 않았음을 의미하며, 庶人의 경우는 奪爵됨과 동시에 죄수의 신분으로 떨어졌다가 사면을 통해 서인의 신분으로 재차 올라왔음을 의미한다."라 하고 있다(任仲爀, 앞의 글, 172쪽). 任仲爀의 지적은 기본적으로 타당하다고 생각되지만, 사료에는 그렇게 명백히 구분되지 않는 사례도 보이며 특히 奪爵 후 士伍와 奪爵 후 庶人의 조치에는 명백히 율령상의 규정에 따른 차이가 존재하는 것이 아닌 것도 확실하다.
47) "爰自天子, 達于庶人."(『宋書』 권56, 列傳16), "禮不下庶人, 刑不上大夫."(『周禮』 曲禮 上)
48) 好並隆司, 「漢代下層庶人の存在形態」, 『史學雜誌』 82-1, 2, 1973. 越智重明은 好並隆司의 이러한 견해에 대하여 漢代의 賤人은 奴婢를 가리키고 賤民은 庶民의 일부를 가리킨다고 하여 이를 비판하고 있다(越智重明, 「漢代下層庶人の存在形態」, 『史學雜誌』 82-1, 2, 1973.). 越智重明의 잡다한 고증에 대하여는 堀敏一, 「中國における良賤身分制の成立過程」, 『中國古代の身分制』, 1987, 135쪽에 소개되어 있다.

일반 백성, 즉 평민이라는 개념이 아닌 賤한 존재라는 이미지가 발생한 연원에 대해서는 최근의 출토법률문서에 의해 명확해졌다. 보통 庶人이라 하면 일반 백성, 즉 평민을 의미하지만, 秦漢시기의 庶人은 반드시 그와 같은 의미를 지닌 것이 아니라는 사실은 이미 앞서 살펴본 『二年律令』의 爵制에서 명확히 드러난다.[49] 이 시기의 백성, 즉 평민은 서인의 개념이 아니라 爵制的 개념의 틀 속에서는 無爵인 士伍로 규정되고 있었다. 출토자료에는 肉刑에 처해졌다가 隱官과 庶人이 된 사례가 보인다. 전자는 『奏讞書』에 牛를 훔친 죄목으로 黥城旦에 처해졌다가 재심 후에 무죄로 판명되어 隱官이 된 講의 사례이다.[50] 후자는 『龍崗秦簡』 6호묘의 묘주인 辟邪가 刑城旦(刖刑)에 처해졌으나 재심 후에 무죄로 판명되어 庶人으로 복권되었다.[51] 동일하게 육형을 받았으나 각각 隱官과 庶人으로 되고 있다. 동일하게 肉刑에 처해졌으나 재심을 통해 무죄로 판명된 두 사람 중에서 한 사람은 庶人이 되고 한 사람은 隱官이 된 것은 분명하지 않다.[52] 이 경우 구체적으로 어떤 경우에 奪爵 후 士伍가 되고 어떤 경우에 奪爵 후 庶人이 되는지 그 구체적인 차이를 확인하기는 어려운 사례와 동일한 케이스라 하겠다. 그 판결의 차이는 현재까지 우리가 확인할 수 없는 율령 규정상의 어떠한 차이일 수도 있고, 혹은 통치자의 자의적 판단과 같은 사례일 수도 있을 것 같다.

---

49) 曹旅寧, 「秦漢法律簡牘中的"庶人"身分及法律地位問題」, 『咸陽師範學院學報』 22-3, 2007, 12쪽.
50) 『二年律令與奏讞書』, 359~360쪽.
51) 『龍崗睡虎地秦墓秦簡』, 北京: 文物出版社, 2001, 163~165쪽, "鞫之: 辟死論不當爲城旦, 吏論失者已坐以論. 九月丙申, 沙羨丞甲·史丙免辟死爲庶人. 令自尙也."
52) 출토자료에는 肉刑에 처해졌다가 隱官과 庶人이 된 사례가 보인다. 肉刑에 처해졌다가 隱官과 庶人이 된 사례의 경우는 肉刑의 정도에 따라, 예를 들면, 黥刑 정도로 정상적인 생활이 가능한 肉刑을 받은 경우에는 庶人이 되고, 斬左右趾와 같이 정상적인 육체노동이 어려운 경우에는 隱官으로 결정된 것은 아니었을까 싶다. 隱官과 庶人의 신분적 차이는 없었던 것처럼 보이지만, 각각 50畝와 100畝의 토지를 지급한다고 되어 있다. 그 규정은 경작할 수 있는 육체적 능력을 반영한 것이었을 것이다.

奪爵 후 庶人이 되거나 奪爵 후 士伍가 되는 사례 혹은 재심 후에 무죄로 판명되어 隱官이 되거나 재심 후에 무죄로 판명되어 庶人이 되는 사례에는 명확한 구분이나 규정을 확인하기는 어렵지만, 秦漢律에서는 노비 혹은 형도의 사면 후에는 모두 '免爲庶人'되는 것으로 나타나고 있다. 먼저, 秦律에서 庶人에 관한 다음의 용례를 살펴보자.

① 백성 중에 어머니나 자매가 隷妾이 된 경우 謫罪가 없이 戍邊 5년을 자원하여 軍戍 복역기간에 계산하지 않고 隷妾 1인을 贖免하여 庶人이 되게 하려고 한다면 허락한다.53)
② 爵二級을 반납하여 친부모로써 隷臣妾이 된 1인을 贖免시키려 하면 허락하고, 隷臣이 참수하여 公士가 되었으나 公士를 반납하고 현재 隷妾이 되어 있는 妻 1인을 贖免시키기를 청하면 허락하여 庶人이 되게 한다.54)
③ 무슨 죄를 "隱官에 處한다."고 할 수 있는가? 郡盜가 이미 赦免이 되어서 庶人이 되고, …55)

①~③에서 隷臣妾과 群盜에서 해방이 되면 庶人이 되는 것으로 나타나고 있다. 즉 秦律에서는 죄인이 해방되면, 즉시 爵制으로 완전한 평민인 士伍가 되는 것이 아니라 그보다 한 단계 낮은 庶人으로 해방되었다. 이러한 사실은 『奏讞書』 案例2에도 나타난다. 여기에서는, 士五'點'의 婢로 楚時 도망한 女子 媚가 나오는데, 大夫'祿'이 '婢媚'를 士五'點'으로부터 萬六千전에 샀고, 三月丁巳(朔乙酉)에 도망가서 수색해서 체포하였는데, 女子'媚'는 '不當 爲婢'라고 주장한다. 女子'媚'를 논해서 大夫'祿'에게 주어야한다는 論과 女子 '媚'를 庶人으로 해서 해방하자는 論이 나오고 있다.56) 여기에서도 奴婢와

---

53) 『睡虎地秦簡』, 91쪽, "百姓有母及同牲(生)爲隷妾, 非適(謫)罪殹(也)而欲爲冗邊五歲, 毋賞(償)興日, 以免一人爲庶人, 許之."
54) 『睡虎地秦簡』, 93쪽, "欲歸爵二級以免親父母爲隷臣妾者一人, 及隷臣斬首爲公士, 謁歸公士而免故妻隷妾一人者, 許之, 免以爲庶人."
55) 『睡虎地秦簡』, 205쪽, "•可(何)罪得「處隱官」? •群盜赦爲庶人,"

庶人이 하나의 범주 속에 논의되고 있음이 확인되고 있다.

그런데, 필자는 『睡虎地秦簡』, 『里耶秦簡』, 『二年律令』의 사례를 통하여 徒隷, 즉 隷臣妾, 城旦舂, 鬼薪白粲 등의 형도를 개인에게 매각하고 매각한 형도의 수를 파악하는 시스템을 통해 국가가 노역형도의 수와 노동력을 적절히 조절하고 있었던 것을 지적한 적이 있었다.57) 隷臣妾, 城旦舂, 鬼薪白粲 등의 무기형도, 즉 官奴婢가 市正價에 따라 개인에게 판매되어 사노비로 전환되고 있었으므로 『說文解字』의 지적대로 "노비는 모두 고대에는 죄인이었다."고 할 수 있다.58) 그렇다면 이 시기에 奴婢가 해방되어 庶人이 되는 것이나 罪人이 해방되어 庶人이 되는 것은 같은 개념이라 할 수 있다. 罪人 혹은 奴婢가 해방되어 庶人이 되는 것은 『二年律令』에서도 여러 사례를 확인할 수 있다.

① 錢을 不正하게 주조하는 자 및 그것을 도와준 자로 死罪에 상당하는 1인을 체포한 경우에는 爵1級을 준다. 그것에 의해서 罪人을 免除하고자 하는 자는 그것을 허락한다. 1인을 체포하면 死罪 1인 혹은 城旦舂·鬼薪白粲 2인, 隷臣妾·收人·司空 3인을 면제하고 庶人으로 한다.59)

② 群盜나 혹은 죄명이 확정되어 있는 자 및 아직 죄명이 확정되어 있지 않은 자가 群盜나 죄명이 확정되어 있는 자를 체포하거나 혹은 이들

---

56) 『二年律令與奏讞書』, 案例2, 337쪽.
57) 林炳德, 「출토문헌과 漢文帝의 刑制改革」, 『동양사 1』, 서울 : 책세상, 2007, 60~61쪽.
58) 沈家本, 『歷代刑法考』, 北京 : 中華書局, 1985, 385~389쪽. 한편 堀敏一, 「中國における良賤身分制の成立過程」, 『中國古代の身分制－良と賤－』, 東京 : 汲古書院, 1987, 124~128쪽은 노비를 죄인으로 보는 漢代의 사료를 분석하고 있다. 『說文解字』나 『周禮』에는 "奴婢皆古之罪人也"라 하고 있다. 노역형도의 매각과 매입을 통해 노비가 개인에게 공급된 것이었으므로 노비는 모두 고대에는 죄인이었다고 규정해도 무리가 없을 듯하다. 노비를 죄인으로 보는 관점의 사료는 沈家本이 망라해 열거하고 있다.
59) 『二年律令與奏讞書』, 204~205簡, 171쪽, "捕盜鑄錢及佐者死罪一人, 予爵一級. 其欲以免除罪人者, 許之. 捕一人, 免除死罪一人, 若城旦舂·鬼薪白粲二人, 隷臣妾·收人·司空三人以爲庶人."

죄인 1명을 斬한 경우는 免해서 庶人으로 한다. 체포한 인원수가 이 인원수 이상이면 상금을 주는 것은 율의 규정대로 한다.[60]

①에서는 死罪에 해당하는 죄인을 1명 체포하면 爵1級을 주거나 死罪 1인 혹은 城旦舂·鬼薪白粲 2인, 隷臣妾·收人·司空 3인을 免해서 庶人으로 하는 것으로 나타나 있다. 奪爵의 경우에는 이처럼 士伍가 될 수도 있고 '奪爵1級'이 될 수도 있고, 庶人이 되는 경우도 있다. '奪爵1級'은 그런대로 율령의 규정이 확인되지만, 奪爵되어서 士伍가 되는 경우와 奪爵되어 庶人이 되는 경우의 차이점에 대해서는 율령의 규정은 보이지 않는다. 그러나 罪人이나 혹은 그와 동일한 의미를 지닌 奴婢의 경우에는 해방될 경우 士伍가 아닌 반드시 庶人이 되는 형식을 취한다. 이 점에서 士伍와 庶人의 차이가 명백히 존재한다. 즉 庶人은 罪人 혹은 奴婢가 해방되어 발생된 존재인데 비하여 士伍는 當代에 한정하여 언급하자면, 적어도 罪人 혹은 奴婢의 해방과는 관련이 없다.

III. 士伍와 庶人의 性格

1. 士伍의 實態

그런데, 士伍 혹은 士伍와 有爵者, 庶人 혹은 그 이하의 隷屬民과의 차이에 대한 律令上의 規定은 어디까지나 律令上의 규정이고, 그와 같은 律令上의 규정만으로는 우리는 士伍의 실태를 정확히 파악할 수 없다고 생각한다.
秦漢時期의 士伍에 대한 실태를 보다 정확히 파악하고 이해하기 위하여 먼저 『睡虎地秦簡』의 다음의 내용을 살펴보도록 하자.

---

60) 『二年律令與奏讞書』, 153簡, 152쪽, "群盜·命者, 及有罪當命未命, 能捕群盜·命者若斬之一人, 免以爲庶人. 所捕過此數者, 贖如律."

어떤 마을의 士伍인 甲이 남자 丙을 압송해 고했다. "병은 갑의 수하노예인데, 성질이 驕悍해 田作을 하지 않고 갑의 명령을 듣지 않으니 관부에서 매입해 다리를 자른 후 城旦으로 충당하고 갑에게 그 대가를 지불해줄 것을 요구합니다." 병을 심문해보니 다음과 같았다. "갑의 노예인 병은 과연 교한하고 갑의 명령을 듣지 않았다. 갑은 병을 해방시킨 바 없고 병은 다른 病도 없으며 다른 죄도 없었다. 令史 아무개를 시켜 병을 진찰해보니 病은 없었다. 小內 아무개와 佐某를 시켜 丞 아무개 앞에서 시장 표준가격으로 병을 매입했다."[61]

일찍이 裘錫圭는 『睡虎地秦簡』의 위의 내용, 즉 노예주가 자기 노예를 官府에 팔려고 하는 조항과 관련해, 원래 노예를 살 때 관부로부터 사들였기 때문에 노예주는 자신에게서 그 노예를 되사주기를 관부에 요구할 수 있었다는 가설을 제시한 조항인데,[62] 『睡虎地秦簡』의 이 규정과 관련하여 여기에서 주목되는 사실은 士伍인 甲이 노비를 소유하고 있다는 사실이다.[63] 위의 내용은, 士伍인 甲은 국가로부터 노비를 살 수 있을 정도로

---

61) 『睡虎地秦簡』, 259쪽, "某里士五(伍)甲縛詣男子丙, 告曰:「丙, 甲臣, 驕悍, 不田作, 不聽甲令, 謁賣公, 斬以爲城旦, 受賈錢.」訊丙, 辭曰:「甲臣, 誠悍, 不聽甲. 甲未嘗身免丙. 丙無病也. 無他坐罪.」令令史某診丙, 不病. 令少內某, 佐某以市正價賈丙丞某前, ⋯."

62) 裘錫圭가 1981년 이 견해를 처음 발표했는데(裘錫圭, 「戰國時代社會性質試探」, 『中國古史論集』, 吉林人民出版社, 1981), 그는 1981년에 발표한 「戰國時代社會性質試探」을 수정하여 『古代文史新探』에 수록하였다. 여기에서 裘錫圭는 士伍 甲이 官府에 노예를 팔려고 한 것은 본래 官府에서 사들인 것이며, 만약 丙이 官府에서 판 노예가 아니라면 官府는 丙을 사들일 의무가 없다고 하면서 관부와 개인 간의 노비매매로 고찰했다. 曹旅寧은 裘錫圭의 이 견해를 비교적 자세히 소개했고(曹旅寧, 「從里耶秦簡看秦的法律制度」, 『秦文化論叢』 11輯, 西安:三秦出版社, 2004, 277~278쪽). 최근에는 『奏讞書』, 『二年律令』의 관련 조항과 연관시켜 裘錫圭의 견해의 타당성을 적극적으로 평가했다(曹旅寧, 「張家山漢簡《亡律》考」, 『張家山漢律硏究』, 北京:中華書局, 2005, 151쪽). 이성규도, 단정한 것은 아니지만, 1986년 裘錫圭와 유사한 맥락의 견해를 표명했다(이성규, 「秦의 身分秩序 構造」, 『東洋史學硏究』 23, 1986, 63쪽).

63) 『睡虎地秦簡』, 249쪽에는 士伍의 노예소유의 증거로 앞의 인용 사료 이외에도 "以某縣

경제적으로 여유가 있었다는 점과 노비를 부려야할 정도로 많은 토지를 보유하고 있었다는 사실을 보여준다. 즉 士伍인 甲이 농경노예로 볼 수 있는 隷臣인 丙을 사역하여 농업에 종사하고 있었다는 사실은 적어도 평균 이상의 토지를 보유하고 있었음을 의미한다. 士伍 중에는 불법주조자, 群盜로 전락하는 등 동일 계층 내에서도 경제적 불평등이 내재하고 있었다.[64] 이러한 경제적 불평등에 근거하여 士伍는 동일계급을 형성하지 못했다는 견해도 제기되었다.[65] 최근 종전의 이러한 주장을 뒷받침하는 결정적인 사료가 『里耶秦簡』에서 확인되고 있다. 古墓에서 출토된 법제 사료가 얼마나 실상을 묘사하고 있는지에 대해서는 여전히 의문이 남는다. 이에 비해 『里耶秦簡』은 법률의 실제 집행과 관철을 보여주는 생생한 자료라 할 수 있다.[66] 이 『里耶秦簡』에는 貲贖錢에 대한 기록이 J1[9]1~J1[9]12 호간에 걸쳐 나오고 있다.[67] 그 기록에 의하면 陽陵縣 宜居의 士伍 母死의 貲餘錢 8,064전, 陽陵 仁陽의 士伍는 貲錢 8,636전, 陽陵 下里의 士伍인 不識 貲餘錢 1,728전, 陽陵 孝里의 士伍 衷의 貲錢 1,344전, 陽陵 下里의 士伍인 鹽의 貲錢 384전, 陽陵 禔陽의 上造인 徐의 貲錢 2,688전, 陽陵 禔陽의 士伍인 小㰉의 貲錢 11,211전, 陽陵 逆都의 士伍 越人의 貲錢 1,340전, 陽陵 仁陽의 士伍는 贖錢 7,680전, 陽陵 戚作의 士伍인 勝一의 貲錢 1,344전, 陽陵 谿里의 士伍인 采는 貲餘錢 852전, 陽陵의 公卒인 廣의 貲錢 1,344전인 것으로 각각 나타나고 있다.[68]

丞某書, 封有鞫者某里士五(伍)甲家室·妻·子·臣妾·衣器·畜産."이 나오고 있다.
64) 尹在碩, 「秦代 '士伍'에 대하여」, 『慶北史學』 10, 1987, 175쪽.
65) 劉海年, 앞의 글, 61쪽.
66) 湖南省文物考古研究所·湘西土家族苗族自治州文物處·龍山縣文物管理所, 「湖南龍山里耶戰國-秦代古城一號井發掘簡報」, 『文物』 2003-1 ; 湖南省文物考古研究所·湘西土家族苗族自治州文物處, 「湘西里耶秦代簡牘選釋」, 『中國歷史文物』 2003-1 ; 湖南省文物考古研究所, 里耶發掘報告」, 호남성 장사 : 악록서사, 2007, 185~190쪽.
67) 이 분류는 湖南省文物考古研究所·湘西土家族苗族自治州文物處, 「湘西里耶秦代簡牘選釋」에 의한 것인데, 이후 가장 최근 출판된 『里耶發掘報告』(岳麓書社, 2007)를 토대로 한다.

J1[9]1~J1[9]12 호간 사이에 J1[9]6의 上造와 J1[9]12의 公卒을 제외하고 나머지는 모두 士伍인 것이 확인되고 있는데, 貲錢과 贖錢의 액수가 상당한 것으로 확인되고 있고 또한 모두 家貧하여 갚을 수 없는 것으로 나타나있다. 『睡虎地秦簡』이나 『二年律令』의 율령 규정에만 의거하면 秦의 국가가 생산과 병역의 원천인 耕戰之民인 士伍에게 국가가 안정된 토지보유를 재보장해주거나 국가가 토지소유자의 계승인의 자격으로 전면적인 재조정을 해주었다는 유토피아적인 인식도 가능할 것 같다.69) 사실 『睡虎地秦簡』에 근거한 거의 모든 결론은 『二年律令』에 의해 거의 똑같이 도출될 수 있다. 그러나 그것은 宮宅潔의 지적처럼 출토 법제 중에 묘사된 국가·사회의 모습은 어디까지나 실상의 밑그림일 뿐 법제대로의 세계가 실제로 전개되었던 것은 아니라는70) 점에 유의할 필요가 있다. 『睡虎地秦簡』이나 『二年律令』과 같은 출토 법률문서의 규정보다 실제 시행된 자료가 『里耶秦簡』이나 『鳳凰山

---

68) 『里耶秦簡』의 陽陵縣의 貲錢 혹은 贖錢에 대해서만 필요한 부분만을 차례대로 기록하면 다음과 같다. ① J1[9]1 ; …, 陽陵宜居士五(伍)毋死有貲, 餘錢八千六百六十四. 毋死戍洞庭郡, 不智(知)何縣署, 令爲錢校券一上謁, …, 已訾其家, [家]貧不能入, …(『里耶發掘報告』, 岳麓書社, 2007, 185쪽). ② J1[9]2 ; …, 陽陵仁陽士五(伍) … 有貲錢八百卅六. …, 己訾責…家, [家]貧不能入, …(위의 책, 187쪽). ③ J1[9]3 ; …, 陽陵下里士五(伍)不識有貲, 餘錢千七百卄八. …, 己訾責其家, [家]貧不能入, …(위와 같음). ④ J1[9]4 ; …, 陽陵孝里士五(伍)夷有貲錢千三百冊四. …, 己訾責(貲)其家, [家]貧不能入, …(위와 같음). ⑤ J1[9]5 ; …, 陽陵下里士五(伍)鹽有貲錢三百八十四. …, 己訾責其家, [家]貧不能入, …(위의 책, 188쪽). ⑥ J1[9]6 ; …, 陽陵提陽上造徐有貲錢二千六百八十八. …, 己訾其家, [家]貧不能入, …(위와 같음). ⑦ J1[9]7 ; …, 陽陵提陽士五(伍)小歀有貲錢萬一千二百一十一. 己訾其家, [家]貧不能入, …(위와 같음). ⑧ J1[9]8 ; …, 陽陵逆都士五(伍)越人有貲錢千三百冊. …己訾其家, [家]貧不能入, …(위의 책, 189쪽). ⑨ J1[9]9 ; …, 陽陵仁陽士五(伍)…有贖錢七千六百八十. 己訾責…家, [家]貧不能入, …(위와 같음). ⑩ J1[9]10 ; …, 陽陵戚作士五(伍)勝一有貲錢千三百冊四. 己訾其家, [家]貧不能入, …(위와 같음). ⑪ J1[9]11 ; …, 陽陵谿里士五(伍)采有貲, 餘錢八百五十二. 己訾責其家, [家]貧不能入, …(위의 책, 190쪽). ⑫ J1[9]12 ; …, 陽陵□□公卒廣有貲錢千三百冊四. … 己訾責其家, [家]貧不能入, …(위와 같음).

69) 李成珪, 「秦의 土地制度와 齊民支配」, 『전해종박사화갑기념 史學論叢』, 일조각, 1979.

70) 宮宅潔, 「《二年律令》硏究の射程-新出法制史料と前漢文帝期硏究の現狀-」, 『史林』 89-1, 2006, 71쪽.

漢墓出土簡』의「鄭里廩簿」, 혹은 刑徒磚과 같은 자료이고, 이러한 자료에 근거하면 당시 耕戰之民의 삶이 얼마나 철저히 국가에 의해 일방적으로 강제되고 착취되고 있었는지를 훨씬 생생하게 살펴볼 수 있다.

『里耶秦簡』에 나오는 貲餘錢은 벌금의 미납 부분을 의미하는데,71) 貲餘錢 8,064전을 미납한 자에게 미납분을 노역으로 대신 채우도록 조치하는 내용이 나온다. 주지하듯이 『睡虎地秦簡』에 의하면 노역으로 채무나 벌금 등을 대신할 경우 하루 8전으로 계산했다.72) 벌금 11,271전을 납부해야 하는 사람이 가난해서 벌금을 납부할 수 없을 경우 노역으로 대신해야 하는데, 하루 8전으로 계산하면 무려 1,408.875일이 걸린다. 즉 4년에 해당한다. 6전으로 계산하면 5년이 넘는다. 수십 일이 아니라 무려 5년 이상의 노동에 해당하는 자전이 확인되는 것이다. 즉 高價인 노예를 소유한 士伍의 사례가 『睡虎地秦簡』에서 확인되는가 하면, 완전히 몰락하여 경제면에서 엄청난 채무 속에 신음하며 노예처럼 살 수밖에 없는 士伍도 『里耶秦簡』에서 확인되고 있는 것이다. 가령 『里耶秦簡』의 다른 사례, J1[9]6에서는 上造인 徐有의 貲錢 2,688전이 확인되고 그 역시 "家貧不能入"한 것으로 되어 있으므로 居貲에 처해질 수밖에 없다. 居貲에 처해지면 앞서 趙背村에서 발굴된 墓磚의 내용에서도 확인되듯이 爵으로도 감면받을 수 없다. 왜냐하면 국가의 입장에서 爵의 回收가 갖는 의미는, 爵 그 자체보다도 현실적으로 그가 가진 田宅의 회수가 중요한 의미를 갖는 것인데, "家貧不能入", 즉 회수해야 할 田宅이 없는 上造인 徐有에게서 爵을 회수한다는 것은 국가의 입장에서 아무런 경제적 실익이 없었기 때문이다. 『二年律令』에 의하면, 上造는 2頃이 授田되는 것으로 되어 있다. 앞서 살펴보았듯이 趙背村에서 발굴된 墓磚에는 4頃이 授田되는 不更이 居貲에 처해지는 것으로 되어 있다. 이들이 爵으로

---

71) 이에 대한 자세한 내용은 任仲爀,「秦漢律의 벌금형」,『中國古中世史研究』15, 2006.
72) 『睡虎地秦簡』, 84쪽 : "죄가 있어서 그로 인하여 … 만약 당사자가 상환하지 못할 경우는 판결일로부터 노역하여 상환하게 되는데, 노역에 대한 계산은 하루 8전으로 한다. 公食을 지급받는 경우는 하루 6전으로 한다."

감면받을 수 없는 가장 큰 이유는 『里耶秦簡』에서 보듯이 "家貧不能入"하였기 때문임이 거의 확실하다. 秦漢律에 의하면 人身賣買는 철저히 금지되어 있었고[73] 백성은 서로를 감시하고 감시받고 연대로 책임지는 강력한 체제였기 때문에 이 시기에는 妻子를 人身賣買해서 채무를 상환할 수 있는 방법이 적어도 律令의 규정상으로는 없었다. 따라서 "家貧不能入"하여 貨를 상환하지 못한 이들은 사실상 강제수용소에 동원된 노예와 다를 바 없는 강제노동에 처해지게 된다.

『里耶秦簡』이 말하는 士伍의 이러한 실태와 일치하는 내용이 1979년 秦始皇陵의 西側에서 발굴된 趙背村에서 발굴된 秦刑徒墓의 墓磚에서 확인된다.[74] 여기에서 출현한 묘의 瓦文에 의하면, 有爵者가 포함되어 있었다.

① 東武居貲上造慶忌
② 東武東閒居貲不更鴟
③ 博昌居貲用里不更餘
④ (楊)民居貲武德公士富
⑤ 楊民居貲武德公士契必
⑥ 平陰居貲北游公士膝
⑦ 蘭陵居貲便里不更牙
⑧ …居貲□□不更□必
⑨ …不更膝

---

73) 『睡虎地秦簡』, 214쪽, "「百姓有責(債), 勿敢擅强質, 擅强質及和受質者, 皆貲二甲.」廷行事强質人者論, 鼠(予)者不論 ; 和受質者, 鼠(予)者□論."; 『二年律令與奏讞書』, 65~66簡, 115쪽, "… 恐獨人以求錢財, 盜殺傷人, 盜發冢(塚), 略賣人若已略未賣, 橋(矯)相以爲吏, 自以爲吏以盜, 皆磔."; 위의 책, 67簡, 117쪽, "智(知)人略賣人而與買, 與同罪. 不當賣而私爲人賣, 賣者皆黥爲城旦舂. 買者智(知)其請(情), 與同罪."; 위의 책, 194簡, 167쪽, "强略人以爲妻及助者, 斬左止(趾)以爲城旦."
74) 始皇陵秦俑坑考古發掘隊, 「秦始皇陵西側趙背村秦刑徒墓」, 『文物』 1982-3.

瓦文의 刻字는 縣名, 鄕里名, 爵名, 刑名, 姓名의 순으로 나타나는데, 趙背村 秦刑徒墓의 瓦文의 刻字에는 有爵者로써 「公士」, 「上造」, 「不更」이 나오는데, 「公士」는 1급, 「上造」는 2급, 「不更」은 4급에 해당한다. 그런데 이들이 居貲刑에 복역하고 있었다는 것은 언뜻 이해가 되지 않는다. 왜냐하면 앞서 살펴보았듯이 2급작인 「上造」라면 刑城旦에서 耐鬼薪으로의 減刑이 가능하고, 『二年律令』에서는 爵 1급을 포기하는 대신 얻을 수 있는 대가로 死罪는 1인, 城旦舂·鬼薪白粲은 2인, 隷臣妾·收人·司空은 3인을 면제해서 庶人으로 할 수 있고, 本人이 肉刑에 해당하면 肉刑을 면제받을 수 있는 것으로 되어 있기 때문이다.75) 따라서 居貲를 감면받지 못할 이유가 없을 것 같은데, 趙背村 秦刑徒墓에는 엄연히 「公士」, 「上造」, 「不更」이 居貲를 받고 있는 것으로 나오고 있다. 그런데 이 居貲刑이 貲(재산형)에 부과된 자가 금전으로 지급해야 할 바를 노역으로 대신하는 것이라 하여 단순한 輕勞動에 종사한 것이 아니라 강도 높은 重勞動에 종사한 것으로 확인되고 있다. 사망자가 속출하는 이러한 重勞動에 대하여 이를 감면받을 수 있는 有爵者의 刑罰減免의 특권이 있었다고 한다면, 有爵者가 이러한 특권을 사용하지 않았을리도 없다. 총 19인 중 11인의 유작자가 포함되어 있었다는 점, 또 居貲에 종사하다 모두 사망한 점, 요컨대, 趙背村 출토전에 보이는 형도에 대해서는 削爵에 의한 형벌의 감면은 인정되지 않았다고 볼 수밖에 없다.76) 앞서 『里耶秦簡』에서도 上造인 徐가 貲錢 2,688錢을 갚지 못하고 있는데, 그는 家貧하여 갚을 수 없는 것으로 나타나 있다.77) 만약 爵으로 상환할 수

---

75) 『二年律令與奏讞書』, 204~205간, 171쪽, "捕盜鑄錢及佐者死罪一人, 予爵一級. 其欲以免除罪人者, 許之. 捕一人, 免除死罪一人, 若城旦舂·鬼薪白粲二人, 隷臣妾·收人·司空三人以爲庶人. 其當刑未報者, 勿刑, 有復告者一人, 身毋有所與. 詗告吏, 吏捕得之, 賞如律."

76) 冨谷至, 「秦漢二十等爵制と刑罰の減免」, 『前近代中國の刑罰』, 京都大學人文科學硏究所, 1996.

77) 湖南省文物考古硏究所·湘西土家族苗族自治州文物處, 「湘西里耶秦代簡牘選擇」, 『中國歷史文物』 03-1, 2003, 17쪽 ; 湖南省文物考古硏究所, 『里耶發掘報告』, 湖南 : 岳麓書社, 2007, 188쪽, "卅三年四月…, …上造徐有貲錢二千六百八十八, …家貧不能入…."

있다면, 『里耶秦簡』에 나오는 上造는 당연히 削爵1級을 선택하여 公士가 되고 채무를 상환하면 되었을 것이다. 사망자가 속출할 정도로 중노동에 동원된 趙背村의 居貲도 마찬가지이다. 예컨대, 4급 不更이 "奪爵爲士伍" 혹은 奪爵1級의 형식으로 爵으로 居貲를 대신할 수 있었더라면 이를 선택하였을 것이다. 이들이 설령 일정 기간 노동을 하여 상환하여 돌아간다 해도 이들에게는 희망이 없는 미래밖에 없었을 것이다. 이것이 居貲에 동원되어 사망자가 속출한 것으로 확인되는 趙背村의 墓磚이 전해주는 내용이 아닐까? 2頃이 授田되는 上造나 4頃이 授田되는 不更조차도 몰락하는 현실에서 士伍가 경제적으로 불평등하였고 또 동일계급을 형성하지 못했다는 것은 너무도 당연한 것으로 이해된다.

  그렇다면 언뜻 국가가 안정된 토지보유를 재보장해준 것처럼 보이는 耕戰之民인 士伍가 현실적으로 동일한 계급을 형성하지 못하고 뚜렷한 빈부격차를 보이는 이유를 어떻게 설명할 수 있을까? 이를 『二年律令』에 보이는 爵制의 규정을 통해서도 설명하는 것이 가능하다고 생각한다. 『二年律令』에서 無爵인 士伍가 되는 사례의 몇 가지 경로를 살펴보기로 하자. 上造의 경우 後子가 아닌 2子 이상이 士伍이고, 準罪人 혹은 準庶人인 司寇의 子도 士伍가 된다. 즉 2급작인 上造와 準罪人 혹은 準庶人인 司寇의 2세의 차이는 上造 2子만을 비교했을 경우 똑같아진다. 특히 公士에서 司寇에 이르기까지는 2세에 이르러서는 모두 士伍로 동일해진다. 그러나 같은 士伍라 하더라도 父가 上造인 경우와 隱官·司寇인 경우와는 차이가 존재하지 않을 수 없다고 보지 않을 수 없다. 좀 더 극단적인 경우를 예로 들어보자. 『二年律令』에는 90頃의 田地와 90宅을 지급받는 大庶長의 4子로 태어나 上造가 되고 上造의 2子로 태어나면 士伍가 되는 것으로 되어 있다. 이 경우의 士伍와 0.5頃의 田地와 0.5宅을 지급받는 隱官·司寇의 子로 士伍가 된 경우가 과연 같을 수 있을까? 秦·漢의 名田制는 戶主 사후 그 後子가 신분등급에 따라 점유액을 먼저 택할 수 있고 심지어 戶主 生前에도 先令의 형식으로 田宅을 자기 자식에게 양도할 수 있다.[78] 또한 秦漢의 名田制는 기본적으로 限度의 性格을 가진 것이고 규정대로 實際 支給된 것도 아니다.[79] 『二年律令』에는 토지를 已墾, 未墾, 不可墾으로 분류하여 경작이 불가능한 토지의 지급을 금지하는 내용, 사여된 전택의 상속과 매매의 허용, 작에 따른 차등적 지급 등 수전에 관한 매우 상세한 규정이 나타나고 있다.[80] 예컨대, 0.5頃으로 그 한도가 규정된 司寇의 子가 士伍가 되었다고 하여 국가로부터 1頃을 지급받는 것은 아니었을 것이다. 가령 漢高祖 5년 夏5月의 詔書에 의하면, "且法以有功勞行田宅, 今小吏未嘗從軍者多滿, 而有功者顧不得"[81]이라 하여 未從軍의 小吏는 그들이 받아야할 田宅의 규정액을 채워서 받고 있는데 비하여 軍功이 있는 자들은 오히려 그들이 응당 받아야할 액수를 받지 못했음을 보여주고 있다. 이것은 名田宅이 실제 규정대로 시행되지 못했음을 보여주는 사례이다. 예컨대, 秦始皇 27년 전국에 걸쳐 "賜爵一級"을 시행한 것으로 되어 있다.[82] 爵 1級에 授田 1頃이라 한다면, 전국의 모든 農戶는 기존의 田地 외에 1頃을 추가로 지급받아야 하나 문헌사료에는 成家하여 戶를 形成한 陳平의 兄의 田地가 30畝에 불과했던 것으로 나타나고 있다. 현실적으로 0.5頃의 田地와 0.5宅으로 규정된 隱官·司寇가 3명의 子를 가지고 있다고 한다면, 後子가 그 모든 것을 계승해도 0.5頃의 田地와 0.5宅에 지나지 않는다. 2자, 3자가 成戶하여 士伍가 될 경우 과연 국가가 현실적으로 1頃의 田地와 1宅을 제공하였을까? 적어도 규정대로의

---

78) 于振波, 앞의 글, 70쪽.
79) 于振波, 앞의 글, 71쪽. 王彦輝는 于振波와 마찬가지로 법률규정은 최고한도로 본다. 또한 그는 어느 시대의 토지제도이건 그것은 현실의 토지점유관계에 기초한 것이고 전국의 모든 토지를 회수하여 새로이 분배하는 것도 아니라는 견해를 제시하고 있다(王彦輝, 「《二年律令·戶律》與高祖五年詔書的關系」, 『先秦·秦漢史』 2007년 제3기, 65쪽).
80) 이에 대해서는 수다한 연구가 있지만, 가장 상세한 연구로는 王彦輝, 「論張家山漢簡中的軍功名田宅制度」, 『東北師大學報』 04-4, 2004를 들 수 있다.
81) 『漢書』 권1, 「高帝紀」, 第1下, 54쪽.
82) 『史記』 권6, 「秦始皇本紀」, 241쪽, "二十七年, 始皇巡隴西·北地, 出雞頭山, 過回中. 焉作信宮渭南, 已更命信宮爲極廟, 象天極. 自極廟道通酈山, 作甘泉前殿. 築甬道, 自咸陽屬之. 是歲, 賜爵一級. 治馳道."

授田額을 제공받지는 못했을 것이다. 有爵者의 子나 司寇의 子가 士伍가 되면 똑같은 액수의 田宅이 제공되고 그 額數가 제한이 되었다고 가정해도 有爵者의 士伍는 부모로부터 田宅 以外에도 그에 못지않게 高價였던 耕牛나 奴婢를 양도받을 수 있다. 게다가 有爵者의 士伍가 그 비슷한 레벨의 신부를 맞이할 수 있다는 것을 감안하면 더욱 사정이 달라진다.

① 「夫有罪, 妻先告, 不收.」 妻媵臣妾·衣器當收不當? 不當收.83)
② 妻有罪以收, 妻媵臣妾·衣器當收, 且畀夫? 畀夫.84)

위의 『秦簡』에 의하면 처가 시집올 때 가져왔던 혼수품의 사례로 노예가 나오고 있다. 예나 지금이나 혼인을 계기로 사회경제적 지위가 크게 변한다. 위의 경우에서 보듯이 牛나 奴隸를 지참하고 시집온 여자를 처로 맞이하게 되는 경우와 그렇지 못한 경우는 큰 차이가 날 수밖에 없을 것이다. 秦漢의 爵制는 최종적으로 士伍로 수렴되는 시스템이었지만, 율령의 규정대로 살펴보아도 그 士伍 내부는 여러 이유로 현실적으로는 심한 빈부 격차가 존재하고 있었고, 따라서 동일한 계급을 형성하지 못했다고 생각된다.

2. 庶人의 性格

앞서 살펴보았듯이 出土文獻에는 士伍의 實態를 엿볼 수 있는 자료가 빈번히 나타나고 있는 반면에 庶人의 실태를 엿볼 수 있는 자료는 찾기 어렵다. 무엇보다 秦漢律의 爵制 내지는 身分制는 士伍로 수렴되는 시스템이었고, 흔히 말하는 編戶齊民은 士伍를 의미하는 것이었기 때문이다. 앞서 언급하였듯이 椎名一雄은 『二年律令』의 田宅의 給付 규정에 庶人이라는 신분이 기재되고 그것이 公卒·士伍라 하는 無爵者와 함께 같은 田宅이

---

83) 『睡虎地秦簡』, 224쪽.
84) 위와 같음.

給付되고 있는데, 『二年律令』의 傅律의 규정을 보면 庶人만이 그 기재가 보이지 않고 있는 점에 주목하여 庶人이 傅(요역·병역의 의무)에서 제외된 신분층으로 단정하고 있다. 그의 견해에 의하면 『二年律令』에 규정된 庶人은 요역과 병역의 의무에서 제외되었던 七科謫과 유사하다는 것이다. 그러나 鷹取祐司는 "『二年律令』에는 公卒·士伍·庶人·司寇·隱官이 徹候에서 公士까지의 爵位의 序列에서 연속해서 나타난다. 즉 公卒·士伍·庶人·司寇·隱官은 爵位를 지표로 하는 身分序列의 연장선상에 위치하는 爵制的 身分의 하나"라는 것이다.[85] 즉 庶人이 爵制的 身分에서 벗어난 별도의 독립된 신분이 아니라는 것이다. 더욱 결정적인 것은 『二年律令』에는 田宅을 所有하는 것은 '戶'를 구성한 자에 한정되어 있으므로, 田宅給付의 대상인 庶人은 '戶'를 구성하고 있는 자여야 한다. 그런데, 椎名說은 '傅'의 대상이 아닌 자가 '戶'를 구성했다는 것이 된다. '戶'는 '籍'에 의해서 관리되고 있는 것이므로 '傅'의 대상이 아닌 자가 '戶'를 만들었다고 하는 것은 생각하기 어렵다고 비판한다.[86] 爵制的 身分에 위치하는 庶人은 鷹取祐司의 견해대로 田宅을 所有하고 '戶'를 구성한다고 생각되지만, 다만, 『二年律令』에 보이는 다음의 庶人도 田宅 지급의 대상인지는 확실하지 않다.

① 노비가 착한 일을 해서 노비의 주인이 노비 신분을 免하게 하려는 경우는 이를 허용한다. 奴는 私屬이라고 부르고 婢는 庶人이 된다. 모두 勞役과 算賦는 면제하지만, 奴婢였을 때와 마찬가지로 使役한다. 주인이 죽거나 혹은 주인에게 죄가 있으면, 私屬을 庶人으로 하고, 肉刑을 받게 된 사람은 隱官으로 한다. 노비의 신분에서 벗어난 사람이 선량하지 않으면, 노비 신분에서 면해진 자는 다시 노비로써 몰입할 수 있다. 도망해서 다른 죄를 지었을 경우 奴婢律로 논죄한다.[87]

---

85) 鷹取祐司,「秦漢時代の刑罰と爵制的身分制」,『立命館文學』 608, 2008, 104쪽.
86) 鷹取祐司, 위의 글, 106~107쪽 ; 鷹取祐司,「秦漢時代的庶人再考－對特定身分說的批評」,『簡帛』 18, 2008, 76~79쪽.

② (戶主가) 사망함에 後子(가계계승자)가 없고 노비만 있을 경우, 奴婢를 免하여 庶人으로 삼고, 庶人律에 의거하여 主人(사망한 호주)의 田宅 및 나머지 재산을 그에게 준다. 奴婢의 수가 많은 경우, 戶主의 역할을 대신할 자는 1인을 초과하지 못하므로, (奴婢들 중 奴婢의) 노역에 복무한 지 오래된 자를 우선하여 (戶主로 삼고), … 또는 주인이 관리에게 (奴婢 중 자신의 後子로 지목하여) 보고한 자로써 (戶主를 삼는다.).[88]

①에서는 奴婢主는 奴婢가 善行을 할 경우 奴婢를 免하게 해줄 수 있는데, 奴의 경우에는 그 명칭을 '私屬'으로, 婢의 경우에는 '庶人'으로 한다는 것이다. 그렇다고 하여 완전히 해방되는 것은 아니고 주인이 죽거나 죄를 지을 경우 완전히 해방되는데, 善行을 하지 않을 경우 언제든지 다시 奴婢로 환원한다는 것이고, 도망해서 다른 죄를 지었을 경우에는 庶人이 아닌 奴婢의 신분으로 처벌한다는 것이다. 즉 奴婢主가 奴婢가 善行을 하여 면해주어 奴를 '私屬'으로 婢를 '庶人'으로 했다고 해도 완전히 해방된 것도 아니고 조건부로 해방된다는 것이다.[89] ②의 "死母後" 현상은 秦·漢 交替期의 혼란과

---

87) 『二年律令與奏讞書』, 162簡, 155쪽, 奴婢爲善而主欲免者, 許之, 奴命曰私屬. 婢爲庶人, 皆復使及筭(算)事之如奴婢. 主死若有罪, 以私屬爲庶人. 刑者以爲隱官. 所免不善, 身免者得復入奴婢之. 其亡, 有它罪, 以奴婢律論之."

88) 『二年律令與奏讞書』, 382~383簡, 239쪽, "死母後而有奴婢者, 免奴婢以爲庶人, 以庶人律予之其主田宅及余財. 奴婢多, 代戶者毋(勿)過一人, 先用勞久·有夫(?)子若主所言吏者."

89) 『二年律令』에 私屬으로 한다는 규정이 나오기 전에는 私屬이 『漢書』, 「王莽傳」에 처음 등장하는 것으로 이해하였다(『漢書』 권99, 「王莽傳」, 4111쪽, "今更名天下田曰王田, 奴婢曰私屬, 皆不得賣買."). 여기서 私屬이란 용어는 좀 더 구체적으로 말하자면, 노비보다는 신분이 높은 자라고 할 수 있다(藤家禮之助, 「王莽の奴婢政策と赤眉の亂」, 『東海大學紀要』 文學部 22, 1975, 21쪽). 林炳德, 「秦·漢 奴婢의 性格」, 『五松李公範敎授停年紀念 東洋史論叢』, 知識産業社, 1993, 102쪽, "천하의 전이 王田이기 때문에 매매할 수 없다고 한 것처럼 천하의 백성도 王民이기 때문에 매매의 대상이 될 수 없다고 한다면, 여기에서 私屬이 가지고 있는 명칭의 의도가 명확히 드러난다. 즉 노비의 명칭을 私屬으로 고침으로써 노비의 신분적 지위를 높이고 자 한 것이며 또한 그 과정을 통하여 노비의 매매를 금지시키고자 한 것이었다고 생각되는 것이다."

그에 따른 민생의 파탄이라는 당시의 사회정황과 매우 밀접한 관련을 가진 것으로 보인다. 漢初 "死毋後"로 인하여 奴婢를 면하여 庶人으로 된 사례가 많았고 이 경우 '代戶'로 주인의 재산을 계승할 수 있다는 것이다.[90] 즉 死者가 계승인이 없고, 단지 奴婢만 있는 경우, 奴婢를 면하여 庶人이 될 수 있을 뿐만 아니라 代戶가 되어 주인의 田宅 및 家産을 계승받을 수 있었다. 『二年律令』에서 특이한 점은 嫡子繼承原則을 전제하면서도 가계 계승순위에 여성(과부·딸 등)을 포함하고 있는가 하면[91], 絶戶 의 상태에 이르렀을 때에는 위의 사료에 나타나 있듯이 奴婢에게까지 戶主權의 승계를 허용하였다는 것이다.[92] 실제 『二年律令』에서 규정하고 있는 庶人의 사례를 보면, 주인에게 강한 예속성을 보이는 사례가 있다. 『睡虎地秦簡』과 『二年律令』과 같은 출토문헌을 비롯하여 이 시기에 해당하는 庶人의 사례는 모두 罪人 혹은 官奴婢의 '免' 혹은 매입에서 비롯된 것임을 이미 앞서 확인하였다. 그런데 『二年律令』에서는 私奴婢를 해방해서 庶人으로 하는 사례가 나오는데, 이 규정은 庶人의 성격을 보다 명확히 한다.

여기서 내가 지적하고자 하는 것은 私奴婢가 庶人으로 해방되어도 여전히 해방되기 전의 주인에게 강하게 예속되고 主人이 庶人을 使役할 권리를 가지고 있다는 점이다.

私奴婢가 庶人으로 해방되어도 여전히 해방되기 전의 주인에게 강하게 예속되고 私屬 혹은 庶人이 되면 모두 勞役과 人頭稅가 면제된다는 『二年律令』 「亡律」 ①의 규정과 『二年律令』 「置後律」 ②의 규정은 서로 연결된 내용임이 분명한데, ②의 규정에 의하면 이것이 모두 '庶人律'의 규정에 의한다는

---

90) 王彦輝, 「從張家山漢簡看西漢時期私奴婢的社會地位」, 『秦漢史論叢』 제9집, 三秦出版社, 2004, 244쪽.
91) 『二年律令與奏讞書』, 379~381簡, 238쪽, "死毋子男代戶, 令父若母, 毋父母令寡, 母寡令女, 毋女令孫, 毋孫令耳孫, 毋耳孫令大父母, 毋大父母 令同産子代戶. 同産子代戶, 必同居數. 棄妻子不得與後妻子爭後, 後妻毋子男爲後, 乃以棄妻子男."
92) 尹在碩, 「睡虎地秦簡和張家山漢簡反映的秦漢時期後子制和家系繼承」, 『中國歷史文物』, 2003-1, 40쪽.

것이다. 私奴婢에서 庶人으로 해방된 경우의 庶人의 경우에는 토지지급 대상에서 제외되었을 가능성이 높다고 판단된다.

IV. 漢文帝 刑制改革과 士伍수렴시스템의 붕괴

주지하듯이 『史記』「貨殖列傳」에는, 漢代에 이르러 상공업이 크게 발전하였음을 묘사하는 내용이 나온다.[93] 또한 『漢書』「食貨志」에는 漢文帝 시기의 농민의 참상에 대하여 鼌錯이 생생히 묘사하는 내용이 나오고 있다.[94] 鼌錯은 漢文帝 시기에 農民의 고통을 위와 같이 매우 구체적으로 묘사하고 있다. 경제적으로 압박을 받는 농민이 채무와 그에 따른 고리의 이자에 몰려 최종적으로는 "賣田宅鬻子孫(토지와 집을 팔고 아이를 파는)"하게 된다는 것이다. 문헌자료에는 漢初부터 이미 人身賣買가 성행한 것으로 나타나고 있다.[95] 人身賣買를 통한 良人의 奴婢化는 이미 漢初부터 존재하고 있었고, 그 후 상공업의 발전과 대토지소유제의 진전에 따라 『漢書』「食貨志」에 나오는 漢文帝 시기의 鼌錯의 지적처럼 더욱 크게 성행하였다고 생각된다. 秦朝의 土地制度와 軍功爵制는 『二年律令』에 거의 그대로 계승되고 있음이 현재 밝혀지고 있다. 戶口를 기초로 엄격한 授田制度가 시행된 것은 확실하지만, 상속이나 증여, 매매 등이 가능하였기 때문에 이 秦漢의 名田制는 私有制의 과도형태를 취하였다고 할 수 있다.[96] 그동안 적지

---

93) 『史記』권129, 「貨殖列傳」, 3261쪽, "漢興, 海內爲一, 開關梁, 弛山澤之禁, 是以富商大賈周流天下, 交易之物莫不通, 得其所欲, 而徙豪傑諸侯彊族於京師." 이에 대한 번역은 박기수·이경룡·하원수·김경호 역주, 『사료로 읽는 중국 고대 사회경제사』, 2005를 참고할 것.
94) 『漢書』권24, 「食貨志」, 1132쪽, "今農夫五口之家, 其服役者 … 四時之間亡日休息 ; 又私自送往迎來, 弔死問疾, 養孤長幼在其中. … 當具有者半賈而賣, 亡者取倍稱之息, 於是有賣田宅鬻子孫以償責者矣 … 此商人所以兼幷農人, 農人所以流亡者也."
95) 林炳德, 앞의 글, 217~218쪽.
96) 臧知非, 「西漢授田制度與田稅徵收方式新論」, 『考古』2003-6, K21 先秦秦漢史, 86쪽.

않은 연구자들이 秦始皇 31년 "使黔首自實田"의 의미를 전국범위 내의 土地私有制의 실현으로 인식하고 있었다. 그러나 『二年律令』에 명확히 授田制가 규정되어 있다는 것이 확인되면서 이 설의 오류는 명확해졌다.[97] 그동안 이와 같은 관점에서 商鞅變法에서 井田制를 폐지하여 토지 매매를 허용함으로 인해 부자의 田地는 阡陌에 이어지고 빈자는 立錐의 땅도 없게 되었다고 주장한[98] 董仲舒의 지적이나 商鞅變法에서 井田制의 폐지로 庶人의 富는 累鉅萬에 이르고, 貧者는 糟糠을 먹게 되었다고 한 班固의 견해는[99] 儒家의 法家 노선 비판으로 이해하고 秦 土地制度의 私有制說을 비판하였는데, 이는 秦漢의 名田宅制度가 상속이나 증여, 매매 등이 가능한 제도였음을 간과한 데서 나온 비판이었고 수전제와 토지매매는 서로 용납할 수 없는 제도로 잘못 인식한 데서 나온 오류라 할 수 있다. 秦漢의 名田宅制度에서는 상속이나 증여, 매매 등이 가능하였기 때문에 여기에서 軍功을 통하여 지주가 된 자들은 좀 더 유리한 입장에서 정치·경제적 특권을 이용하여 서민의 토지를 박탈하거나 저렴한 값으로 매입할 수 있게 된다. 名田宅의 증여, 매매는 합법적이지만, 그 후 다시 田宅을 신청할 수 없다.[100] 농민이 정부로부터 받은 토지는 장구히 유지하기 어려우나 파산은 신속하게 이루어져 급기야 董仲舒가 지적하는 바와 같은 "富者田連阡陌, 貧者無立錐之地"의 상태가 된다.[101] 漢初 이후 시간이 흐르면서 상속이나 증여, 매매 등을

---

[97] 대표적인 견해로 張金光, 『秦制研究』, 上海 : 上海古籍出版社, 2004, 112~113쪽을 들 수 있다.

[98] 『漢書』 권24, 「食貨志」, 1137쪽, "至秦則不然, 用商鞅之法, 改帝王之制, 除井田, 民得賣買, 富者田連仟伯, 貧者亡立錐之地."

[99] 『漢書』 권24, 「食貨志」, 1126쪽, "及秦孝公用商君, 壞井田, 開仟伯, 急耕戰之賞, 雖非古道, 猶以務本之故, 傾鄰國而雄諸侯. 然王制遂滅, 僭差亡度. 庶人之富者累鉅萬, 而貧者食糟糠同."

[100] 『二年律令與奏讞書』, 321簡, 220쪽, "受田宅, 予人若賣宅, 不得更受(田宅을 지급받고 이를 남에게 주거나 팔면은 다시 받을 수 없다.)"라고 규정되어 있다. 楊振紅, 앞의 글, 152쪽.

[101] 藏知非, 위의 글, 88쪽.

거쳐 授田體制는 점진적으로 이완될 수밖에 없었다. 대토지소유자의 증가와 민영수공업의 발달로 대표되는 漢代社會의 이완은 토지의 賣買와 증여를 허용한 토지제도 자체에 내재해 있었다고 생각한다. 人身賣買를 통한 良人의 노비화는 이러한 과정을 통해서 점차 증가해갔을 것이다. 이러한 불법적인 人身賣買의 성행과 이를 통한 良人의 奴婢化는 漢文帝 시기에 이르러 크게 盛行하였던 것으로 보이며, 이는 필연적으로 庶人 그 자체에 대한 인식에도 큰 변화를 초래하였을 것이다.

　秦漢의 名田宅制度의 이완과 관련하여 또 하나 언급하지 않을 수 없는 것이 빈번히 시행된 賜爵이다. 秦始皇 4년(기원전 243)에 백성에게 爵1級을 지급하고 있고,[102] 秦始皇 27년(기원전 220)에는 천하통일을 경축하기 위해 전국적으로 賜爵1級을 단행하고 있다.[103] 惠帝 卽位(기원전 195)에서 呂后 二年(기원전 186)에 이르는 10년 동안에 무려 四次의 '戶一級'의 賜爵이 행해지고 있어 이미 그 작위 승급에 따른 授田이 고조 말 이후 사실상 행해지지 않았다고 보는 견해가 있다.[104] 특히 文帝 시에 鼂錯의 건의로 納粟授爵을 시행하여, 6백석을 납부하면 上造에, 4천석은 五大夫에, 1만2천석은 大庶長을 주는 제도를 시행하면서[105] 작은 결정적으로 남발되었고 이에 따라 秦漢의 '以爵位名田宅' 제도는 결정적으로 유명무실해진다.[106] 한편 于振波도 楊振紅과 마찬가지로 惠帝 이후 작위와 군공의 상관관계가 희박해지고 文帝의 納粟授爵策 실시 이후는 20等爵에 기초한 名田制는 사실상 붕괴되었는데,[107] 元帝·成帝期를 지나면서 완전히 폐기되었다고 한

---

102) 『史記』 권129, 「秦始皇本紀」, "天下疫. 百姓內粟千石, 拜爵一級."
103) 『史記』 권129, 「秦始皇本紀」, "是歲, 賜爵一級. 治馳道."
104) 賈麗英, 「漢代"名田宅制"與"田宅逾制"論說」, 『史學月刊』 2007-1.
105) 『漢書』 권24, 「食貨志」, 1134쪽, "於是文帝從錯之言, 令民入粟邊, 六百石爵上造, 稍增至四千石爲五大夫, 萬二千石爲大庶長, 各以多少級數爲差."
106) 楊振紅, 앞의 글, 159~160쪽.
107) 于振波, 「張家山漢簡所反映的漢代名田制」, "簡帛硏究網站"(http://www.jianbo.org/)(2003.09.24.)

다.108) 朱紹侯도 呂后期 이후 토지사유와 겸병의 성행으로 군공작과 신분에 따른 수전제가 파괴되었다는데 대해 인식을 같이한다.109) 王彦輝는『二年律令』公布 전에도 대대적인 賜爵이 6차례에 이르렀는데, 6차례 중 2차례를 제외한 4차례에 걸친 賜爵이 "賜民爵一級"이었고 그것도 20년 사이에 이뤄졌음을 지적하면서 漢初 이후 인구의 증대와 軍功爵制의 輕濫으로 군공작제에 의거한 名田宅制度는 역사무대에서 퇴출될 수밖에 없었다고 지적하고 있다.110)

이상의 견해에서 보듯이 대체로『雲夢秦簡』이나『二年律令』으로 대표되는 秦漢律의 爵制가 사실상 유명무실하게 되거나 크게 변질되는 시기가 바로 漢文帝 시기로 이해하고 있다는 점에서 인식을 공유하는 것 같다.

주지하듯이 漢文帝 13년에는 종전에 城旦舂, 鬼薪白粲, 隸臣妾 등의 終身無期의 노역형도를 有期의 勞役刑徒로 바꾸고, 肉刑을 폐지하는 획기적인 刑制改革을 단행한다. 나는 이 刑制改革과 관련『里耶秦簡』이나『雲夢秦簡』에서 확인되는 관노비 매매 시스템이 정상적으로 작동하고 있었다면 애초부터 관부 보유의 유휴노동력이 발생하지 않았을 것이라고 보고, 유휴노동력이 크게 증가한 것은 관노비 매각 시스템이 민간의 인신매매 성행으로 마비되었고, 매각되지 않는 관노비의 유휴노동력이 많아진 결과 어쩔 수 없이 文帝가 무기형도를 유기형도로 바꿀 수밖에 없었다고 보았다. 그보다도 좀 더 넓은 관점에서 결론을 이야기하자면 漢文帝 13년의 刑制改革은 秦漢律의 '以爵位名田宅' 제도의 파탄을 사실상 선언한 조치로 이해하고 싶다. 漢文帝 13년의 刑制改革 가운데 중요한 부분만을 다시 언급하기로 하자.

① 肉刑을 폐지하고 肉刑을 대신할만한 다른 방법을 강구하도록 하라. 아울

---

108) 于振波,「張家山漢簡中的名田制及其在漢代的實施情況」,『中國史硏究』2004年 第1期 및 이를 수정보완한 "簡帛硏究網站"(http://www.jianbo.org/, 2005.12.22.)
109) 朱紹侯,「漢代的名田(授田)制及其破壞」,『張家山漢簡〈二年律令〉硏究文集』, 185쪽.
110) 王彦輝,「論張家山漢簡中的軍功名田宅制度」(原載『東北師大學報』2004-4),『張家山漢簡〈二年律令〉硏究文集』, 中國社會科學院簡帛硏究中心 編, 2007재수록, 171~172쪽.

러 죄인에 대해서는 그 죄의 輕重에 따라서 服刑 기간 내에 도망가지 않고 형기를 마치면 免해서 庶人으로 하라.111) 이상의 내용을 빠짐없이 갖추어 條令으로 하라.112)

② 무릇 이제까지 完刑에 해당하는 자는 고쳐서 完하여 城旦舂으로 한다. 黥刑에 해당하는 자는 髡鉗城旦舂으로 한다. 劓刑에 해당하는 자는 笞三百으로 한다. 斬左止에 해당하는 자는 笞五百으로 한다. 斬右止에 해당하거나 살인하고 발각되기 전에 자수한 자, 뇌물을 받고 법을 어긴 관리, 관의 재물을 관리하는 직책에 있으면서 도둑질한 관리, 이미 판결을 받고 罪名이 정해진 뒤에 더욱 笞刑에 상당하는 죄를 범한 자는 모두 棄市로 한다. 죄인의 獄이 이미 결정되어 完城旦舂이 된 자는 服役 三歲가 되면 鬼薪白粲으로 한다. 鬼薪白粲으로 一歲를 복역하면 隷臣妾으로 한다. 隷臣妾이 복역 一歲이면 免하여 庶人으로 한다. 隷臣妾은 복역 二歲가 되면 司寇가 된다. 司寇 一歲 및 作如司寇는 복역 二歲로 免하여 庶人으로 한다.113)

여기서 내가 새삼 다시 漢文帝 13년의 刑制改革을 언급하는 것은 ①과 ②에서 보듯이 모든 죄인이 형기가 설정되면서 모두 '免爲庶人'이 되었다는 점에 주목하고 싶어서이다. 나는 漢文帝 13년의 刑制改革에서 無期刑徒의 有期化는 官奴婢의 賣却과 買入이라는 시스템의 붕괴로 官奴婢의 遊休勞動力 化를 낳을 정도로 실제 실효성이 없었고 비효율적이었던 제도를 어쩔 수 없이 개선한 조치였다고 평가하였다.114) 宮宅潔은 漢文帝의 모든 개혁의

---

111) 종전에 城旦舂, 隷臣妾 등의 勞役刑徒는 終身無期였는데, 이에 형기를 설정하여 有期의 刑徒로 바꾸라는 의미.
112) 『漢書』 권23, 「刑法志」, "其除肉刑, 有以易之. 及令罪人各以輕重, 不亡逃, 有年而免. 具爲令."
113) 『漢書』 권23, 「刑法志」, "罪人獄已決, 完爲城旦舂, 滿三歲爲鬼薪白粲. 鬼薪白粲一歲, 爲隷臣妾. 隷臣妾一歲, 免爲庶人. 隷臣妾滿二歲, 爲司寇. 司寇一歲, 及作如司寇二歲, 皆免爲庶人."
114) 林炳德, 「秦·漢 交替期의 奴婢」, 『中國古中世史硏究』 16, 2006, 219쪽.

공통적 특징은 노동 인원을 삭감하고 국가의 부담을 경감한다는 것이었다. 勞役刑 체계의 변경, 沒收제도 폐지, 戍卒制 폐지 등은 모두 국가에 의한 노동력 편성 및 노동력 활용 형태와 관련된 조치로, 官有勞動力의 보다 효율적인 활용과 관련돼 있었다는 것이다.[115] 李成珪는 官營手工業 체제가 이 시기에 이르러 상당히 변질되었다는 점을 강조하고 있다.[116] 관점은 조금씩 다르지만, 어쨌든 이 시기에 이르러 官奴婢를 量産하는 刑罰體系는 더 이상 의미를 가질 수 없었다는 것에 대해서는 인식을 같이한다. 예컨대, 漢元帝 즉위 초 "하는 일없이 놀고 있는 官奴婢 10여 만인을 부양하는 비용, 5, 6억을 절감하기 위하여 庶人으로 방면하여 北邊의 戍卒로 보내자"는 『漢書』貢禹傳의 사례는 官有 勞動力의 遊休勞動力化가 국가재정에 상당한 부담으로 작용하고 있음을 보여준다. 그런데 이러한 논의는 漢文帝 13년의 刑制改革에서 無期刑徒의 有期化에 대한 이해에 그 초점을 맞추고 있지만, 이제까지 존재했던 대량의 官奴婢를 '免爲庶人'으로 해방하였을 때, 또 지금까지 無期로 운영되었던 勞役刑徒에 刑期를 설정해주었을 때, 이제까지와 달리 大量의 庶人이 발생하게 된다. 官奴婢의 遊休勞動力化가 국가재정에 상당한 부담으로 작용하여 이를 해방하는 대신에 庶人이 대량으로 발생한다면, 그 이전까지 秦漢의 爵制에서 주류를 점하던 士伍를 庶人이 대체하게 되었다고 보지 않을 수 없다. 적어도 '사오로 수렴되는 秦漢의 爵制시스템' 혹은 신분제의 구조에 커다란 영향을 미쳤다고 보지 않을 수 없다. 이것은 요역과 병역을 담당하는 주된 編戶齊民으로써의 士伍가 설정되고 士伍로 수렴되는 秦漢의 爵制 혹은 身分制의 파탄을 의미한다고 생각하지 않을 수 없다. 원래 秦漢律에서 규정하는 士伍는 요역과 군역을 담당하는 대다수의 良한 平民이었고, 庶人은 隸屬的 性格을 지닌 少數의 賤한 平民이었는데, 漢文帝 13년의 刑制改革 이후는 庶人은 더 이상 소수가 아닌 다수로 변하게

---

115) 宮宅潔,「有期勞役刑體系의 形成-《二年律令》에 보이는 漢初의 勞役刑을 手がかりにして-」, 『東方學報』78, 2006.

116) 李成珪,「秦·漢의 형벌체계의 再檢討」,『東洋史學硏究』85, 2003, 70~71쪽.

된다.

　『二年律令』의 爵制에서 庶人은 士伍처럼 1頃1宅을 지급받는 것으로 되어 있다. 그런데 대량의 無期刑徒가 일정기간을 거치면서 모두 庶人으로 변화한다면, 막대한 田宅이 지급되어야 한다. 그런데 刑法志에는 단지 城旦舂, 鬼薪白粲, 隸臣妾, 司寇가 일정기간 복역하면 모두 庶人으로 하라는 규정만 보일 뿐 이에 대한 대책이나 규정이 나타나지 않는다. 무엇보다 20等爵에서는 司寇가 準庶人으로 0.5頃과 0.5宅의 전택을 지급받는 것으로 되어 있고 다음 세대에는 모두 士伍로 되는 존재였는데, 漢文帝 13년의 刑制改革으로 형기가 2년으로 설정되어 명확히 有期刑徒로 분류되고 있고 형기 2년을 지나면 庶人이 되는 것으로 되어 있다. 이 부분도 『二年律令』의 名田宅 규정과 크게 다르고 '士伍로 수렴되는 시스템'에 있었던 司寇가 이 '士伍로 수렴되는 시스템'에서 이탈하였음을 보여준다.

　漢文帝 13년의 刑制改革은 『二年律令』의 거의 모든 규정을 대폭 수정하고 있는데, 특히 이를 계기로 노비와 형도의 개념도 명백히 변화하였다. 漢文帝 13년의 刑制改革 이전에 城旦舂, 鬼薪白粲, 隸臣妾은 모두 無期刑徒인 동시에 官奴婢였다. 국가는 국가노동력 편성에 있어서 최적의 조건을 유지하기 위하여 매달 매각 혹은 매입을 통하여 물량조절을 하고 있었다. 城旦舂, 鬼薪白粲, 隸臣妾, 즉 徒隸가 시장에 매각되면 私奴婢로 바뀐다. 따라서 노비나 죄인이나 큰 차이가 없었다. 즉 노비와 죄인과의 관계는 『說文解字』의 지적대로 "奴婢皆古之罪人也"인 것이었다. 그런데, 漢文帝 13년의 刑制改革 이후 城旦舂, 鬼薪白粲, 隸臣妾, 司寇에 모두 형기가 설정이 되자 刑徒와 奴婢는 완전히 그 개념이 달라졌다. 즉 漢文帝 13년의 刑制改革 이후 刑徒의 服役에는 일정한 기간이 정해지고 그 기간이 지나면 庶人으로 放免되지만 노비는 終身으로 복역하였다. 또한 刑制改革 이전의 勞役刑徒는 시장에 매매되기도 하였지만 漢文帝 13년의 刑制改革 이후의 刑徒는 형기가 정해져 있었기 때문에 일정기간이 지나면 자동적으로 庶人이 되고 당연히 매매의 대상에서 제외된다. 그러나 노비는 여전히 매매의 대상이었다.

끝으로 나는 漢文帝 13년의 刑制改革은 秦漢律의 거의 모든 규정을 대폭 수정하고 있고, 이 조치로 인하여 庶人의 개념이 크게 변화한 것으로 이해하였는데, 그와 함께 특히 漢文帝 시기부터 성행한 人身賣買는 庶人에 대한 인식의 변화를 가져왔다고 생각한다. 秦漢律에서의 노비는 '古之罪人'였지만 前漢 이후의 노비는 앞서 지적한 바대로 "賣田宅鬻子孫(토지와 집을 팔고 아이를 파는)"의 결과라는 것이다. 그 결과의 축적이 三國時代 이후 "官奴婢六十已上, 免爲良人"처럼[117] 奴婢를 免해서 良人으로 하라는 조치로 나오게 되었다고 생각한다.

---

117) 『三國志·魏書』 권4, 「齊王芳紀」.

秦·漢律의 庶人
— 庶人泛稱說에 對한 批判 —

I. 머리말

　陶安은 秦漢律의 庶人의 성격과 관련하여 秦漢의 庶人은 죄수·노비가 사면되어 형성된 '專稱'이 아니라, 庶人은 여러 가지의 신분을 포괄하는 '汎稱'이라고 주장하였다.[1] 2018년에 王彦輝는 秦漢時代의 庶人에 대한 논문을 발표하였는데, 대체로 庶人專稱說(庶人特定身分說)과 泛稱說을 절충하는 입장을 취하였다.[2] 2019년에 이르러서도 계속해서 賈麗英이 秦漢律의 庶人에 관한 논문을 발표하였는데, 秦漢시기의 庶人도 周代의 신분제도인 공—경—대부—사—서인의 개념에서 비롯된 것으로 특별한 專稱은 아니라 하여[3] 대체로 庶人泛稱說을 지지하였다. 그런가 하면, 2018년 朴健柱가 발표한 논문도 역시 庶人專稱說(庶人特定身分說)을 비판하고 陶安의 견해처럼 秦漢律의 庶人이 泛稱에 지나지 않는다는 庶人泛稱說의 입장을 취하였다.[4] 陶安은 『二年律令』 「戶律」의 律文에서 '公卒'·'士伍'의 2개 專稱 뒤에 '庶人'이라는 槪念을 사용한 이유에 대해, 일일이 열거할 수 없는 매우 많은 신분이

---

1) 陶安, 「秦漢律"庶人"槪念辨證」, 『簡帛』 7輯, 2012, 265~275쪽.
2) 王彦輝, 「論秦及漢初身分秩序中的"庶人"」, 『歷史硏究』 2018年 4期 ; 任仲爀, 「秦漢律에 보이는 庶人의 개념과 존재—陶安, 呂利, 椎名一雄의 견해와 관련하여—」, 『中國古中世史硏究』 50, 2018.
3) 賈麗英, 「庶人 : 秦漢社會爵制身分與徒隷身分的衡接」, 『山西大學學報(哲學社會科學版)』 2019년 11월 ; 賈麗英, 「秦漢簡牘材料中"庶人"身分的自由性芻議」, 『동서인문』 12, 2019.
4) 朴健柱, 「중국고대 私屬層의 신분제적 속성」, 『中國古中世史硏究』 47, 2018.

존재했기 때문에 泛稱인 '庶人'을 사용해야만 그 전체를 개괄할 수 있다는 것이다. 2012년에 발표한 陶安의 泛稱說과 관련하여 이보다 앞서 鷹取祐司는 庶人이 爵制的身分序列이라는 관점에서 庶人이 요역에서 제외된 신분이라는 椎名一雄의 견해를[5] 비판하였다.[6] 이어서 2019년에 『簡帛』에 庶人專稱說(庶人特定身分說)을 비판하는 논고를 발표하였다.[7]

한편, 최근에 공개된 『長沙尙德街出土東漢簡牘』에는 庶人과 士伍에 관한 詔書簡이 나오고 있는데,[8] 이와 관련하여 水間大輔는 陶安의 庶人泛稱說로 해석하면 논리적으로 무리가 없는 것으로 보았다.[9] 이처럼 최근의 秦漢律의 庶人에 관한 연구는 대체로 秦漢시기의 庶人專稱說(庶人特定身分說)에 대한 비판이 주류를 이루고 있는 것 같다. 陶安은 "法律術語는 당연히 普通語言의 字詞·詞義를 沿用한다."라고 하여 일반적으로 사용되는 언어가 법률용어로 사용되었다고 주장한다.[10] 즉, 先秦시대의 庶人의 개념이 그대로 秦漢시기까지 법률용어로서 사용되었다는 것이다. 이러한 陶安의 견해에 대하여 秦漢律의 庶人專稱說(庶人特定身分說)을 취하고 있었던 任仲爀은[11] 특히 陶安의 庶人泛稱說을 비판하여 "인간이 사용하는 언어가 변화하지 않고 계속 과거의 의미를 고수했는지는 의문이다. '庶人'이라는 용어도 초기의 의미와 商鞅變法 이후의 의미가 다를 수 있다는 가능성을 열어두고 봐야 한다. 결론부터 말하면, 文獻資料에는 泛稱과 專稱이 섞여있는

---

[5] 椎名一雄, 「張家山漢簡二年律令に見える爵制-庶人の理解を中心として」, 『鴨台史學』 6, 2006.
[6] 鷹取祐司, 「秦漢時代の刑罰と爵制的身分制」, 『立命館文學』 608, 2008.
[7] 鷹取祐司, 「秦漢時代の庶人再考-對特定身分說的批評」, 『簡帛』 18, 2019.
[8] 長沙市文物考古研究所編, 『長沙尙德街東漢簡牘』, 上海 : 岳麓書社, 2016.
[9] 水間大輔, 「長沙尙德街出土法律木牘雜考」, 『簡帛』 18, 2019. 217쪽, 231쪽.
[10] 陶安, 앞의 논문, 269쪽.
[11] 任仲爀, 「秦漢律의 耐刑-士伍로의 수렴 시스템과 관련하여-」, 『中國古中世史研究』 19, 2008 ; 任仲爀, 「秦漢律의 庶人」, 『中國古中世史研究』 22, 2009 ; 任仲爀, 「秦漢律中的庶人」, 卜憲群·楊振紅主編, 『簡帛研究』, 桂林 : 廣西師範大學出版社, 2011. 이상의 논문은 임중혁, 『고대중국의 통치메커니즘과 그 설계자들2』, 서울 : 경인문화사, 2021에 재수록.

반면, 秦漢의 律令條文에는 새로운 개념인 專稱만이 존재한다."라 하고 있다.12)

필자도 2008년에 秦漢律에 보이는 庶人에 대한 관심을 가지고 이에 대한 논문을 발표했던 적이 있었는데, 벌써 16년이 지났다.13) 먼저, 필자의 秦漢律의 庶人에 대한 고찰은 庶人專稱說(庶人特定身分說)이었고, 필자의 庶人專稱說(庶人特定身分說)은 솔직히 椎名一雄의 說에 영향을 받았음을 인정한다. 최근 秦漢律의 庶人專稱說(庶人特定身分說)이 주로 비판을 받고 있는 것과 관련하여 필자의 秦漢律에 대한 理解不足과 解釋上의 誤謬와 考證不足도 적지 않은 역할을 하였던 것 같다. 그렇다고 하여 필자가 秦漢律의 庶人泛稱說, 즉 秦漢律의 庶人이 다른 시대와 동일한 개념이라는 것을 받아들인다는 것이 아니다. 특히 庶人專稱說(庶人特定身分說)을 주장한 任仲爀의 견해도14) 대체로 필자의 견해와 같다. 庶人專稱說(庶人特定身分說)에 대한 비판이 주류를 이루고 있는 최근의 학계 연구 동향과 관련하여 필자의 꼼꼼하지 못한 논문이 일조를 했다는 반성 하에 불확실하거나 추론을 除外하고 고증 가능한 史料만을 가지고 秦漢律의 庶人泛稱說의 문제점과 庶人專稱說(庶人特定身分說)의 타당성을 지적하고자 한다.

---

12) 任仲爀, 「秦漢律에 보이는 庶人의 개념과 존재 - 陶安, 呂利, 椎名一雄의 견해와 관련하여 -」, 『中國古中世史硏究』 50, 2018, 6~7쪽 ; 임중혁, 『고대중국의 통치메커니즘과 그 설계자들2』, 서울 : 경인문화사, 2021에 재수록.

13) 林炳德, 「秦漢時代의 士伍와 庶人」, 『中國古中世史硏究』 20, 2008 ; 林炳德, 「秦漢時代의 '庶人'再論」, 『中國史硏究』 80, 2012 ; 林炳德, 「秦漢律中的庶人 - 對庶人泛稱說的駁議」, 武漢大學簡帛硏究中心 주판, 『簡』 22輯, 上海 : 上海古籍出版社, 2021.

14) 曹旅寧, 「秦漢法律簡牘中的"庶人"身分及法律地位問題」, 『咸陽師範學院學報』 2007년 제3期 ; 任仲爀, 「秦漢律의 庶人」, 『中國古中世史硏究』 22, 2009.

II. 秦漢簡牘史料 중의 庶人

1. 女子庶人

필자가 종전에 庶人에 대한 徭役이 면제되었다고 보았던 근거의 하나가 『二年律令』「具律」에 나오는 다음의 '女子庶人'이었다.

① 庶人 以上, 司寇·隷臣妾인 자가 城旦舂·鬼薪白粲 이상의 罪가 없는데도, 관리가 故意로 경중을 달리하였거나 과오에 의해서 肉刑을 집행하였다면, 모두 隱官으로 한다. 女子庶人은 算賦·徭役을 면제하여 '自尙'으로 한다.15)

위의 『二年律令』「具律」의 해석과 관련하여 京都大주석에서는 女子庶人에 대한 구체적인 설명이 없이 無實의 죄로 刑에 처해진 女子庶人에게는 算賦·徭役을 면제한다고 하였다.16) 整理小組는 筭(算)을 算賦로, 事를 徭役으로 해석하였다.17) 가장 큰 문제는 '女子庶人'이다. 整理小組는 女子庶人을 京都大주석처럼 글자 그대로 女子庶人으로 해석한다.18) 이에 대하여 『二年律令與奏讞書』의 주석에서는 "女子以爲庶人"으로 해석하고 있다.19) 그런데 이 부분을 專修大學『二年律令』研究會에서는 '女子·庶人'으로 끊고 庶人을 庶人以上으로 보고 "隱官으로 된 女子와 庶人以上"으로 해석한다.20) 張榮强도

---

15) 『二年律令與奏讞書』, 124簡, 141쪽, "庶人以上, 司寇·隷臣妾無城旦舂·鬼薪白粲罪以上, 而吏故爲不直及失刑之, 皆以爲隱官 ; 女子庶人, 毋筭(算)事其身, 令自尙."
16) 冨谷至 編, 『江陵張家山二四七號墓出土漢律令の研究(譯注篇)』, 朋友書店, 2006, 81쪽 ; 「江陵張家山漢墓出土『二年律令』譯注稿(2)」, 『東方學報』77, 2004, 10쪽.
17) 張家山二四七號漢墓竹簡整理小組, 『張家山漢墓竹簡[二四七號墓](釋文修訂本)』, 北京 : 文物出版社, 2006, 26쪽.
18) 張家山二四七號漢墓竹簡整理小組, 『張家山漢墓竹簡[二四七號墓](釋文修訂本)』, 北京 : 文物出版社, 2006, 25쪽.
19) 『二年律令與奏讞書』, 142쪽, 주9).
20) 專修大學『二年律令』研究會, 「張家山漢簡『二年律令』譯注(三) - 具律 -」, 『專修史學』

女子庶人을 女子와 庶人으로 해석하였다.21) 필자는 그동안 專修大學『二年律令』研究會나 張榮强의 說에 따라서 '女子庶人'을 女子와 庶人으로 분리하여 해석하였다. 이렇게 해석하면, 女子와 庶人은 算賦·徭役의 면제 대상이 되는 것으로 해석된다. 그러나 최근 필자는 상기 『二年律令』「具律」의 女子庶人을 女子와 庶人으로 분리해서 해석하는 것에는 문제가 있다는 생각이 들었다. 무엇보다 『二年律令』이후 새로이 공개된 法制史料에 女子와 庶人에 관한 새로운 내용이 보이면서 종전의 오류를 시정할 필요성을 느꼈다. 『二年律令』「具律」이외에 女子와 庶人의 요역면제와 관련하여 주목을 했던 것이 『二年律令』「亡律」의 다음 규정이었다.

② 노비가 착한 일을 해서 노비의 주인이 노비 신분을 免하게 하려는 경우는 이를 허용한다. 奴는 私屬이라고 부르고 婢는 庶人이 된다. 모두 勞役과 算賦는 면제하지만, 奴婢였을 때와 마찬가지로 使役한다. 주인이 죽거나 혹은 주인에게 죄가 있으면, 私屬을 庶人으로 하고, 肉刑을 받게 된 사람은 隱官으로 한다. 노비의 신분에서 벗어난 사람이 선량하지 않으면, 노비 신분에서 면해진 자는 다시 노비로써 몰입할 수 있다. 도망해서 다른 죄를 지었을 경우 奴婢律로 논죄한다.22)

위의 규정에서 奴婢主는 奴婢가 善行을 할 경우 奴婢를 免하게 해줄 수 있는데, 奴의 경우에는 그 명칭을 '私屬'으로, 婢의 경우에는 '庶人'으로 한다는 것이다. 그렇다고 하여 완전히 해방되는 것은 아니고 主人이 死하거나 罪를 지을 경우 완전히 해방되는데, 善行을 하지 않을 경우 언제든지

37, 2004, 178쪽.
21) 張榮强, 「二年律令與漢代課役身分」, 『中國史研究』 2005-2, 33~34쪽 ; 이상은 林炳德, 「秦漢時代의 '庶人'再論」, 『中國史研究』 80, 2012, 9~10쪽에 의한다.
22) 『二年律令與奏讞書』, 162~163簡, 155쪽, "奴婢爲善而主欲免者, 許之, 奴命曰私屬. 婢爲庶人, 皆復使及筭(算). 事之如奴婢. 主死若有罪, 以私屬爲庶人. 刑者以爲隱官. 所免不善, 身免者得復入奴婢之. 其亡, 有它罪, 以奴婢律論之."

다시 奴婢로 환원한다는 것이고, 도망해서 다른 죄를 지었을 경우에는 庶人이 아닌 奴婢의 신분으로 처벌한다는 것이다. 이 부분 京都大주석은 復을 免除로 해석하고 있고, "皆復使及筭(算)事之如奴婢"를 "皆復使及筭(算), 事之如奴婢"로 '算事'를 연결해서 해석하지 않고 '算, 事'로 중간을 끊어서 "모두 勞役과 算賦는 면제하지만, 奴婢였을 때와 마찬가지로 使役한다."로 하였다.23) 그러나 '算事'를 끊지 않고 해석한다면, "모두 使나 算賦·徭役을 노비였을 때처럼 면제한다."라는 해석도 가능하며 이 해석은 "女子庶人, 毋筭(算)事其身"의 ①의 사료와도 통하는 면이 있다. 이 부분의 專修大學 해석은 다음과 같다.

> 노비가 착한 일을 해서 노비의 주인이 노비 신분에서 해방하고자 하는 경우는 이를 허용하고, 奴는 私屬이라고 부르고 婢는 庶人으로 하고, 모두 그들에의 사역(力役·兵役)과 算賦는 면제하고, 주인은 이때까지와 마찬가지로 奴婢처럼 使役할 수 있다. 주인이 죽거나 죄를 범한 경우는, 私屬을 庶人으로 하고, 肉刑을 받게 된 사람은 隱官으로 한다.24)

京都大주석과 미묘한 해석상의 차이가 있지만, '復'을 免除로 해석하는 것은 동일하다. 整理小組도 '復'을 免除로 해석하고 있다.25) 張榮强은 '使及算'을 算賦와 徭役으로 해석하고 있다. 그는 주인이 노비를 방면해도 그 신분은 자유인과 다르고 노비와 마찬가지로 算賦와 徭役을 징수하지 않는 것으로 해석하고 있다.26) 張榮强의 해석은 ②의 해석을 ①과 연결하여 해석한 것으로 그동안 필자도 이와 비슷한 생각을 가지고 있었다. 그러나 최근에

---

23) 冨谷至 編, 앞의 책, 105쪽.
24) 專修大學『二年律令』研究會, 「張家山漢簡『二年律令』譯注(四) -告律·捕律·亡律-」, 『專修史學』 38, 2005, 210~211쪽.
25) 『二年律令與奏讞書』, 155쪽.
26) 張榮强, 『張家山漢簡「二年律令」集釋』, 社會科學文獻出版社, 2005년 10월, 118쪽.

『嶽麓秦簡』이 공개되면서 『二年律令』「具律」의 '女子庶人'에 대한 해석을 『二年律令與奏讞書』의 주석처럼 "女子以爲庶人"으로 해석하는 것이 타당하다는 생각을 갖게 되었다. 그러나 사료 ②의 『二年律令』「亡律」의 復을 "又也", "再也"의 의미로 보고 "復作"으로 해석한 朴健柱의 해석에 대해서는 동의하기 어렵다. 朴健柱는 아마도 庶人의 요역면제설을 비판하기 위해 자칫 庶人의 요역면제로 해석될 가능성이 있는 ②의 復을 "又也", "再也"의 의미로 보고 '復作'으로 해석한 것으로 보인다.[27] 그러나 이 해석은 이제까지 京都大주석, 專修大學주석, 整理小組의 해석, 張榮强의 해석과 다를 뿐만 아니라 『漢書』「惠帝紀」의 注인 "人出一算, 算百二十錢, 唯賈人與奴婢倍算"은 '倍算'으로 되어 있지 '復算'으로 되어 있지 않다. 이 문장은 상인과 노비에 대한 惠帝의 倍算에 대한 설명이지 "復使及算" 혹은 "復使及算事"의 '復'에 대한 설명이 될 수 없다. 『漢書』「惠帝紀」의 사례는 奴婢에 대한 倍算인데, 노비가 1차 조건부로 해방되어 私屬과 庶人으로 된 사례와는 경우가 달라서 이를 직접적으로 비교하는 것은 곤란하다. 그 보다는 아래 문장의 '復'의 사례를 비교하는 것이 타당하다.

① 春正月, 舉民孝弟力田者復其身(백성들 가운데 힘써 농사지어 부모에 효도하는 자를 뽑아서 부역을 면제하라).[28]
② 春二月, 赦天下, 賜民爵一級. 年八十復二算, 九十復甲卒(민은 80세가 되면 2구의 算을 면제하는데 90세가 되면 군부를 면제한다).[29]
③ 人有産子者, 復勿算三歲(백성이 아이를 낳으면 산부를 3년간 면제한다).[30]
④ 民産子, 復勿事二歲(백성이 아이를 낳으면 부역을 2년 면제하라)[31]

---

27) 朴健柱, 앞의 논문, 85쪽.
28) 『漢書』 권2, 「惠帝紀」, 90쪽.
29) 『漢書』 권6 「武帝紀」, 156쪽.
30) 『後漢書』 권3, 「肅宗孝章帝紀」, 148쪽.
31) 『漢書』 권1하, 「高帝紀」, 63쪽.

상기 ①~④의 산부나 요역의 면제에 대한 기록을 보면 『二年律令』「具律」의 "女子庶人, 毋筭(算)事其身"이나 『二年律令』「亡律」"復使及算" 혹은 "復使及算事"의 형식과 완전히 동일하며 "復其身", "復二算", "復勿算", "復勿事"는 예외 없이 산부나 요역의 면제를 가리키고 있다. "復勿算", "復勿事"는 면제가 중복되므로 조금 이해하기 어려운데, 이 경우 "注, 師古曰, 勿事, 不役使也, 是産子者已免其役, 此則並免其賦(주, 사고가 말했다. 勿事는 요역을 하지 않다는 것인데 産子者는 이미 요역을 면제받았으므로 이것은 산부도 같이 면제한다는 의미이다)."라 하는 師古의 주석이[32] 이 해석의 실마리를 제공하고 있다. 박건주가 復을 "又也", "再也"의 의미로 보고 '復作'으로 해석한 것은 오류임이 거의 분명하다. 물론 『二年律令』「具律」의 "女子庶人, 毋筭(算)事其身"이나 『二年律令』「亡律」"復使及算" 혹은 "復使及算事"를 근거로 筆者가 庶人의 徭役免除를 주장한 것은 분명한 실증이 결여되었음을 인정한다. 다만, 이러한 문제점을 근거로 秦漢律의 庶人專稱說(庶人特定身分說)을 비판하는 것을 받아들이기는 어렵다.

秦漢律의 庶人이 泛稱이 아니라 專稱(庶人特定身分)이었다는 사실을 거론하기 위해 『二年律令』「亡律」의 사례를 다시 살펴보면, "奴는 私屬이라고 부르고 婢는 庶人이 된다. 모두 勞役과 算賦는 면제하지만, 奴婢였을 때와 마찬가지로 使役한다."라고 되어 있다. 婢가 庶人이 된다고 했을 때의 庶人이 秦漢律 이외의 과연 백성을 의미하는 庶人, 즉 泛稱으로 이해할 수 있을까? 婢가 庶人이 된다고 했을 때의 庶人은 흔히 일반적으로 이해되는 庶人, 즉 백성을 의미하는 庶人의 의미로 이해하는 것은 곤란하다. 왜냐하면 주인이 婢를 庶人으로 해방시켜 주었음에도 "사역(力役·兵役)과 算賦는 면제하고, 주인은 이때까지와 마찬가지로 奴婢처럼 使役할 수 있다."라고 되어 있기 때문이다. 게다가 "노비의 신분에서 벗어난 사람이 선량하지 않으면, 노비 신분에서 면해진 자는 다시 노비로써 몰입할 수 있다."라는

---

32) 위와 같음.

단서 조항이 있고 "도망해서 다른 죄를 지었을 경우 庶人律이 아닌 奴婢律로 논죄한다."라고 되어 있기 때문이다. 또한 『二年律令』「具律」에 나오는 다음의 '女子庶人'을 『二年律令與奏讞書』의 주석의 해석처럼 "女子以爲庶人"으로 해석할 경우 女子를 庶人으로 해방하였다는 것인데, 그럼에도 "算賦·徭役을 면제하여 '自尙'으로 한다."라고 되어 있기 때문이다. 이처럼 『二年律令』「亡律」과 『二年律令』「具律」에 나오는 庶人의 경우 秦漢律에서만 특별히 규정된 專稱(庶人特定身分)으로, 泛稱인 다른 시기의 庶人과는 비교하기가 어렵다.

2. 『嶽麓秦簡』의 事例

專修大學『二年律令』硏究會나 張榮强은 '女子庶人'을 女子와 庶人으로 분리하여 해석하였고, 필자도 그와 같은 해석을 따랐다. 그런데, 최근에 『嶽麓秦簡』의 사료를 보면서 '女子庶人'이 女子와 庶人이 아닌 『二年律令與奏讞書』의 주석처럼 "女子以爲庶人"으로 해석하는 것이 타당하다는 판단을 하게 되었다. 『嶽麓秦簡(參)』'識劫娩案'에서는 여자 노예였던 女子를 妻로 하는 것과 관련해서 다음과 같은 내용이 나온다.

① 娩의 진술 : "義와 同居하였는데, 예전에는 大夫인 沛의 妾이었습니다. 沛는 저(娩)를 총애하여 아들 義와 딸 姝을 낳았습니다. 沛의 妻인 危는 10년 전에 사망하였습니다.[33]
② • 취조한 결과에 따른 범죄사실의 총괄[34] : 娩은 大夫인 沛의 妾이었습니

---

33) 『嶽麓秦簡(參)』, 112~113簡, 32쪽, "娩曰 : 與義(義)同居, 故大夫沛妾. 沛御娩, 娩產義(義)·女姝. 沛妻危以十歲時死, 沛不取(娶)妻. 居可二歲, 沛免娩爲庶人"; 林炳德, 「『岳麓書院藏秦簡』·「爲獄等狀四種」案例七識劫娩案考」, 『中國史硏究』 110, 2017.

34) 鞫 : 治獄을 담당하는 관리들이 안건을 조사하고 심리한 결과, 확인된 범죄의 사실을 간략하게 결론지은 기록이다(陳炫瑋, 「秦漢時代的鞫獄措施及其相關問題探究」, 『淸華學報』 新46권-2기, 2016, 244~245쪽).

다. 沛는 婉을 총애하였고, 婉은 義·姝을 낳았습니다. 沛의 妻인 危가 사망하자 沛는 婉을 免賤하여 庶人으로 하였고, 妻로 하였습니다.35)

상기 『嶽麓秦簡(參)』의 '識劫婉案'의 사례를 보면, 婉은 원래 大夫인 沛의 妾이었는데, 大夫인 沛의 총애를 받아 아들 義와 딸 姝을 낳았고, 이후 婉을 免賤하여 庶人이 되게 하고 婉을 妻로 하였다는 것이다. 여기에서 妾은 일반적으로 흔히 말하는 妻妾의 妾이 아니라 臣妾의 妾, 즉 여자 노예를 가리키는 말이다.36) 秦代의 結婚制度와 관련하여 위의 사료에서 주목되는 것은 "沛는 婉을 免賤하여 庶人이 되게 하고 婉을 妻로 삼았습니다."라는 내용에서 알 수 있듯이, 남자는 자기 소유의 노예를 庶人으로 해방할 수 있고, 해방한 노예를 자신의 처로 삼는데, 국가의 허가를 받을 필요가 없었다. 『嶽麓秦簡(參)』의 '識劫婉案'의 사례는 『二年律令』「亡律」의 "노비가 착한 일을 해서 노비의 주인이 노비 신분을 免하게 하려는 경우는 이를 허용한다. 奴는 私屬이라고 부르고 婢는 庶人이 된다."라 하는 규정과 일치한다.

① 寺車府·少府·中府·中車府·泰官·御府·特庫·私官의 隸臣으로 士五(伍)로 면해진 자, 隱官 및 隸妾 출신으로 기술이 있거나 노역을 통하여 庶人으로 면해진 자가 그 官에 復屬된 경우로서, 이들이 혹 3개월 이상을 도망쳤다가 사로잡히거나 자수하면 耐하여 隸臣妾에 처하고, 3개월 이하로 도망쳤다가 사로잡거나 자수하면 笞 50대에 처하고 3개월 이하로 도망간 날짜수를 籍에 기입한다. 후에 다시 도망치면 3개월 이상 도망쳤다가 사로잡히거나 자수한 것으로 加算하여 역시 耐하여 隸臣妾에 처하고, 모두 그 官에 다시 보낸다.37)

---

35) 『嶽麓秦簡(參)』, 131~132簡, 35~36쪽, "·鞫之：婉爲大夫沛妾. 沛御婉, 婉産羛(義)·姝. 沛妻危死, 沛免婉爲庶人, 以爲妻. 有(又)産必·若. 籍爲免妾. 沛死, 羛(義)代爲戶後, 有肆·宅."
36) 춘추전국시기의 노비의 공식적인 용어는 臣妾이었다. 奴와 婢가 합쳐진 奴婢라는 용어는 현재까지 漢代 이전의 사료에서는 보이지 않는다.

② … 감히 奴婢·私屬·免婢로 하여금 시장에서 어린 말과 송아지를 팔지 못하도록 한다. 영에 따르지 않을 경우 奴婢·私屬·免婢을 黥하여 城旦舂으로 삼는데, 얼굴과 뺨에 黥하고 … 市販을 금지한다.[38]

①은 『嶽麓秦簡(肆)』의 사례이고, ②는 『嶽麓秦簡(伍)』의 사례이다. 여기에서 『嶽麓秦簡(參)』의 '識劫𡟰案'의 사례와 유사한 형식이 있음을 살펴볼 수 있다. ①에서 隸臣은 士伍로 면해진 자로 되어 있는데, 隱官 및 隸妾 출신은 庶人으로 면해진 자로 규정되어 있다. 이것도 隸妾이 면해질 경우 庶人이 된다는 규정은 奴는 私屬이라고 부르고 婢는 庶人으로 한다고 하는 『二年律令』「亡律」의 형식과도 일맥 통한다. 특히 상기 『嶽麓秦簡(伍)』의 ②의 사례는 더욱 분명하다. ②는 廷卒甲卅七로 명명된 것인데, 廷卒甲卅七에서는 "奴婢·私屬·免婢"로 병기되어 있다. 즉 奴는 私屬이라고 부르고 婢는 庶人으로 한다고 하는 『二年律令』「亡律」의 형식처럼 奴의 해방은 '私屬', 婢의 해방은 '免婢'로 되어 있다는 점이다. 물론 '免婢'가 곧 庶人과 같은 의미인지는 불분명하지만, 『嶽麓秦簡(參)』의 '識劫𡟰案'의 사례를 보면, 𡟰은 원래 大夫인 沛의 婢인 𡟰을 免賤하여 庶人이 되게 하고 𡟰을 妻로 하였다는 사례가 나오므로 免婢는 『嶽麓秦簡』에서도 庶人이었을 가능성이 높다. 어쨌든 『嶽麓秦簡(參)』의 사례, 『嶽麓秦簡(肆)』의 사례, 『嶽麓秦簡(伍)』의 사례를 모두 합쳐서 판단하면, 『嶽麓秦簡』에서도 奴를 면해서 私屬, 婢를 면해서 '庶人' 혹은 '免婢'로 되어 있는 사례가 있다는 점에서 ②의 '免婢'는 '庶人'일 가능성이 높다고 판단된다. 즉 『二年律令』「亡律」의 "奴를 免해서 '私屬'으로 하고, 婢를 免해서 '庶人'으로 한다는 규정은 『嶽麓秦簡』의 규정과 같은

---

37) 『嶽麓秦簡(肆)』, 033~036簡, 49~50쪽, "寺車府·少府·中府·中車府·泰官·御府·特庫·私官隸臣, 免爲士五(伍)·隱官, 及隸妾以巧及勞免爲庶人, 復屬其官者, 其或亡盈三月以上而得及自出, 耐以爲隸臣妾, 亡不盈三月以下而得及自出, 笞五十, 籍亡不盈三月者日數, 後復亡, 駔數盈三月以上得及自出, 亦耐以爲隸臣妾, 皆復付其官."

38) 『嶽麓秦簡(伍)』, 163~164簡, 122쪽, "□□敢令其奴婢·私屬·免婢市販馬牛犢爲賈, 不從令者, 黥奴婢·私屬·免婢爲城旦舂, 黥其[顔頰]□禁市販. •廷卒甲卅七."

것일 가능성이 높다고 판단된다. 적어도 奴의 해방과 婢의 해방을 용어상 구분하고 있는 것은 확실하다. 이와 관련하여 『睡虎地秦簡』의 다음 규정도 주목된다.

> ① 백성 중에 어머니나 자매가 隷妾이 된 경우 謫罪가 없이 戍邊 5년을 자원하여 軍戍 복역기간에 계산하지 않고 隷妾 1인을 贖免하여 庶人이 되게 하려고 한다면 허락한다.[39]
> ② 爵二級을 반납하여 친부모로써 隷臣妾이 된 1인을 贖免시키려 하면 허락하고, 隷臣이 참수하여 公士가 되었으나 公士를 반납하고 현재 隷妾이 되어 있는 妻 1인을 贖免시키기를 청하면 허락하여 庶人이 되게 한다.[40]

상기 『睡虎地秦簡』에서는 隷臣妾 가운데, 隷妾만을 庶人으로 贖免하는 것으로 한정하고 있다. 隷臣妾 가운데, 隷妾만을 贖免의 대상으로 한정한 것은 隷臣에 비해 상대적으로 隷妾의 노동력이 뒤떨어지고 관리에 상대적으로 높은 비용이 들었기 때문이었을 것이다. 奴婢를 속면하는데, 奴는 奴→私屬→庶人으로 庶人이 되기에 2단계의 과정을 거쳐야 하지만, 婢는 婢→庶人으로 1단계의 과정을 거치게 한 것도 上記 『睡虎地秦簡』의 ①, ②의 사례처럼 隷妾만을 贖免의 대상으로 한정한 것과 같은 원리라 생각한다. 이러한 사례는 大夫인 沛의 婢인 媛을 免賤하여 庶人으로 하였다는 『嶽麓秦簡(參)』의 '識劫媛案'의 사례와도 내용상 모순되지 않는다. 奴의 해방과 婢의 해방을 용어상 구분하고 있다는 점, 婢의 해방은 '庶人' 혹은 '免婢'로 되어 있는 사례가 있다는 점에서 『二年律令』「具律」에 나오는 '女子庶人'은 『二年律令與奏讞書』의 주석처럼 "女子以爲庶人"으로 해석하는 것이 타당하다고 판

---

39) 『睡虎地秦墓竹簡』, 91쪽, "百姓有母及同牲(生)爲隷妾, 非適(謫)罪殹(也)而欲爲冗邊五歲, 毋賞(償)興日, 以免一人爲庶人, 許之." 이하 『睡虎地秦簡』으로 略記한다.
40) 『睡虎地秦簡』, 93쪽, "欲歸爵二級以免親父母爲隷臣妾者一人, 及隷臣斬首爲公士, 謁歸公士而免故妻隷妾一人者, 許之, 免以爲庶人."

단된다. 또한『嶽麓秦簡』에서도 奴의 해방이 私屬, 婢의 해방이 庶人으로 되어 있는 사례가 나온다는 점에서 婢의 해방 이후 발생한 '庶人'은 적어도『二年律令』「亡律」의 사례의 庶人처럼 專稱(庶人特定身分)으로 된 法制用語로 판단할 수밖에 없다. 우리가 흔히 말하는 泛稱으로서의 庶人은 주인에게 종속되지 않은 국가의 公民으로서의 百姓을 의미한다. 그런데『二年律令』「亡律」에서는 노비가 착한 일을 해서 노비의 주인이 노비 신분을 免하게 하려는 경우는 이를 허용하는데, 婢는 庶人이 된다고 되어 있다. 이 경우의 庶人은 주인에게 종속되지 않은 국가의 公民으로서의 百姓 혹은 平民을 결코 의미하지 않는다. 그것은『二年律令』「亡律」에서 분명히 규정된 것처럼 4가지 측면에서 분명한 차이점이 있다. 그 차이점은, 첫째, 免奴된 私屬, 免婢된 庶人은 여전히 奴婢였을 때와 마찬가지로 使役한다는 점, 둘째, 주인이 죽거나 혹은 주인에게 죄가 있으면, 私屬을 庶人으로 하고, 肉刑을 받게 된 사람은 隱官으로 한다는 점, 셋째, 奴婢의 신분에서 벗어난 私屬과 庶人이 선량하지 않으면, 재차 노비로 몰입할 수 있다는 점. 넷째, 도망해서 다른 죄를 지었을 경우 奴婢律로 논죄한다는 점 등을 들 수 있다. 이러한 조건을 가진 庶人은 주인에게 종속되지 않은 국가의 公民으로서의 百姓을 의미하는 秦漢律 以前과 秦漢律 以後 시기의 庶人의 개념과 완전히 다르다.『二年律令』「亡律」의 규정에 따르자면, 免奴가 庶人이 되기 위해서는 免奴→私屬→庶人의 3단계를 거치고, 免婢는 免婢→庶人의 2단계를 거친다. 그러나 庶人이 된 이후에도 여전히 주인의 종속관계에서 완전히 벗어나지 못한 것으로 되어 있다. 즉 주인에게 충성하지 않으면 언제든지 다시 노비로써 몰입할 수 있고, 비록 도망해서 다른 죄를 지었을 경우라는 단서가 있긴 하지만, 이 경우에는 庶人律이 아닌 奴婢律로 논죄한다는 것이다. 이런 점에서 秦漢律에 규정된 庶人은 泛稱이 아닌 專稱(庶人特定身分)이었음이 분명하다.

III. 士伍·庶人

1. 公卒·士伍와 庶人의 差異

任仲爀은 秦漢 爵制의 성격을 '士伍로의 수렴시스템'이라는 관점에서 상세히 고찰하고 있다.[41] 임중혁의 견해에 따르면, 秦漢律의 爵制는 徒隷와 徹侯를 제외하고 최종적으로 士伍로 수렴이 된다. 任仲爀은 이를 '士伍로의 수렴시스템'이라고 命名하였다. 필자는 任仲爀이 명명한 '士伍로의 수렴시스템'은 秦漢律의 爵制의 구조적 성격을 잘 표현하고 있다고 생각한다. 이와 유사한 관점에서 鷹取祐司는 "『二年律令』에는 公卒·士伍·庶人·司寇·隱官이 徹候에서 公士까지의 爵位의 序列에서 연속해서 나타난다. 즉 公卒·士伍·庶人·司寇·隱官은 爵位를 지표로 하는 身分序列의 연장선상에 위치하는 爵制的 身分의 하나"라는 것이다.[42] 즉 庶人이 爵制的 身分에서 벗어난 별도의 독립된 독자적 身分이 아니라는 것이다. 더욱 결정적인 것은『二年律令』에는 田宅을 所有하는 것은 '戶'를 구성한 자에 한정되어 있으므로, 田宅給付의 대상인 庶人은 '戶'를 구성하고 있는 자여야 한다.

그런데, 椎名說은 '傅'의 대상이 아닌 자가 '戶'를 구성했다는 것이 된다. '戶'는 '籍'에 의해서 관리되고 있는 것이므로 '傅'의 대상이 아닌 자가 '戶'를 만들었다고 하는 것은 생각하기 어렵다고 비판한다.[43] 椎名說을 支持했던 필자도 鷹取祐司의 이러한 비판에서 자유롭지 못하다. 鷹取祐司의 이러한 논리적인 지적은 당연히 합리적이고 설득력이 있다. 또한 秦漢律의 庶人이 요역에서 제외된 신분이라는 견해는 앞서 언급하였듯이 충분한 실증이 뒷받침되지 못한 推論이라는 것을 인정한다. 필자는 秦漢律의 庶人이 公卒·

---

41) 任仲爀,「秦漢律의 耐刑-士伍로의 수렴시스템과 관련하여-」,『中國古中世史硏究』, 2008, 166~167쪽.
42) 鷹取祐司,「秦漢時代の刑罰と爵制的身分制」,『立命館文學』608, 2008, 104쪽.
43) 鷹取祐司, 위의 글, 106~107쪽 ; 鷹取祐司,「秦漢時代的庶人再考-對特定身分說的批評」,『簡帛』18, 2008, 76~79쪽.

士伍·庶人·司寇·隱官으로 이뤄진 爵位를 지표로 하는 身分序列의 연장선상에 위치하는 爵制的 身分의 하나라는 鷹取祐司의 견해에 전적으로 동의한다.

그러나 秦漢律의 庶人이 徭役에서 제외된 신분이라는 주장에 충분한 실증이 뒷받침되지 못한 推論이었다는 것을 인정한다고 해서 秦漢律의 庶人이 專稱(庶人特定身分)이 아닌 泛稱이었다는 것에 동조하는 것은 아니다. 예를 들어 秦漢律이 아닌 가령 魏晉南北朝時期나 唐宋時期의 庶人이 秦漢律에 규정된 庶人처럼 公卒·士伍·庶人·司寇·隱官으로 이뤄진 爵位를 지표로 하는 身分序列의 연장선상에 위치하는 爵制的 身分의 하나라고 규정할 수 있을까? 秦漢律에서 규정된 庶人과 秦漢律에서 벗어난 庶人은 똑같이 爵位를 지표로 하는 身分序列의 연장선상에 위치하는 爵制的 身分의 하나라고 규정할 수 있을지도 의문이지만, 설령 똑같은 개념으로 이해할 수 있다고 가정하더라도 그 구체적인 法的槪念과 爵制的 身分上의 位置는 말할 것도 없이 전혀 다르다.

秦漢律에서 無爵인 公卒·士伍·庶人은 아무런 차이가 없는 泛稱이었을까? 『二年律令』의 爵制에 따르면, 無爵은 公卒·士伍·庶人으로 되어 있다. 『二年律令』「傅律」에는 公卒·士伍와 庶人 사이에 존재하는 차별이 아래와 같이 규정되어 있다.

① 大夫以上[年]九十, 不更九十一, 簪褭九十二, 上造九十三, 公士九十四, 公卒·士五九十五以上者, 稟鬻米月一石.[44]

② 大夫以上年七十, 不更七十一, 簪褭七十二, 上造七十三, 公士七十四, 公卒·士五七十五, 皆受杖(仗).[45]

③ 不更年五十八, 簪褭五十九, 上造六十, 公士六十一, 公卒·士五六十二, 皆爲睆老.[46]

---

44) 『二年律令與奏讞書』, 354簡, 230쪽.
45) 위의 책, 355簡, 231쪽.
46) 위의 책, 357簡, 232쪽.

상기 ①, ②, ③에는 公卒과 士伍의 차이는 불분명하지만, 公卒·士伍와 庶人과 차이가 있는 것으로 되어 있다. 가령 ①에서는 5급인 大夫 이상은 90세가 되면 매달 鬻米 1石씩을 제공받는 것으로 되어 있고 4급 不更은 91세, 簪裊 92세, 上造 93세, 公士 94세, 公卒과 士伍는 95세에 각각 鬻米 1石을 매달 제공받는 것으로 되어 있다. 명백히 士伍까지만 鬻米 1石을 매달 제공받는 것으로 나와 있다. 庶人의 경우에는 鬻米 제공의 규정이 없다. 이 점에서 庶人과 公卒·士伍와의 차이가 존재함을 지적할 수 있다. ②는 受杖(仗)에 대한 규정으로 受杖은 養老·敬老의 상징으로 鳩飾의 지팡이를 지급하는 것, 즉 노인에게 王杖을 하사하여 노인들의 권익을 상징하는 표식으로 삼는 것인데, 公卒·士伍는 受杖의 대상이지만, 庶人이 제외되어 있다. ③은 세역의 반을 경감 받는 睆老의 규정으로 이 또한 公卒·士伍는 포함되어 있으나 庶人은 나오지 않는다. 즉 庶人은 睆老의 혜택을 받지 못하였음이 분명하다.[47] 『二年律令』「傅律」의 ①, ②, ③의 규정을 보더라도 無爵인 公卒·士伍·庶人 가운데서 庶人은 특별히 규정된 專稱(庶人特定身分)이었음이 분명하다.

公卒·士伍와 庶人 사이의 명백한 차이점은 『嶽麓秦簡(肆)』에서도 확인할 수 있다. 士伍 이상의 신분은 里典·父老에 임명될 수 있지만, 庶人은 그 임명 후보군에서 배제되었다.

① •「尉卒律」의 規定 : 里는 30戶 이상부터 里典과 父老 각각 1인을 두며, 30戶 미만인 경우 편리한대로 旁里와 里典, 父老를 공유한다. … 里典과 父老를 둘 때에는 반드시 里人이 서로 추천하게 해야 하고, 그 里의 公卒·士伍 가운데 연장자이면서 毋害한 자를 里典과 父老로 한다. 연장자가 없을 경우 다른 里의 연장자로 임명한다. 旁里의 里典과 父老로 하는 경우 公士로 해서도 안 되고, 감히 丁者로 해서도 안 된다. 丁者를 里典과

---

[47] 林炳德, 「秦·漢時代의 士伍와 庶人」, 『中國古中世史硏究』 20, 2008, 331쪽.

父老로 한 경우 尉·尉史·士吏主者는 각각 貲1甲에 처하고 丞·令·令史는 각각 貲1盾에 처한다. 無爵者의 수가 부족한 경우 公士로써 임명하며, 縣이 里典과 父老를 임명할 때는 不更 이하로서 하되, 下爵부터 임명한다.48)

② •「置吏律」의 規定 : 縣에서 有秩吏를 임용할 때에는 각 그 현에서 임용한다. … 신임 색부가 [일을] 맡을 수 없으면 면직하고 현에서는 功令으로 有秩吏로 임용한다. 임용된 자가 면직되거나 근무지를 옮기면 신임 색부가 맡고 맡을 수 없으면 면직한다. 憲盜는 不更이하 士伍까지의 신분을 임용하면 허락한다.49)

③ •「置吏律」의 規定 : <u>縣에서 小佐 가운데 無秩者를 임용할 때에는 각각 그 현에서 임용하는데, 모두 不更以下에서 士伍까지의 史에서 골라 임용하며 佐로 삼는다. 부족하면 君子의 子·大夫의 子·小爵 및 公卒·士伍의 子로서 18세 이상으로 관원이 될 수 있는 자격을 갖춘 자에서 추가로 임용한다.</u>50)

먼저 ①의『嶽麓秦簡(肆)』「尉卒律」은 里典과 父老의 임명 조건에 대한 규정이다. 里典과 父老의 임명 조건 가운데 가장 중요한 원칙으로 무작자인 公卒·士伍 연장자 가운데서 毋害한 자를 거론하고 있다.『嶽麓秦簡(肆)』「尉卒律」에서는 里典·父老에 가급적 有爵者 대신 無爵者를 임명함으로써

---

48)『岳麓書院藏秦簡(肆)』, 142~145簡, 115~116쪽, "•尉卒律曰 : 里自卅戶以上置典·老各一人, 不盈卅戶以下, 便利, 令與其旁里共典·老, … 置典·老, 必里相誰(推), 以其里公卒·士五(伍)年長而毋(無)害者爲典·老, 毋(無)長者令它里年長者. 爲它里典·老, 毋以公士及毋敢以下者, 丁者爲典·老, 貲尉·尉史·士吏主者各一甲, 丞·令·令史各一盾. 毋(無)爵者不足, 以公士, 縣毋(衍字)命爲典·老者, 以不更以下, 先以下爵."

49) 위의 책, 207~209簡, 136~137쪽, "置吏律曰 : 縣除有秩吏, 各除其縣中. …新嗇夫弗能任, 免之. 縣以攻(功)令任除有秩吏. 任者免徙, 令其新嗇夫任, 弗任, 免. 害(憲)盜, 除不更以下到士五(伍), 許之."

50) 위의 책, 210~211簡, 137~138쪽, "置吏律曰 : 縣除小佐毋(無)秩者, 各除其縣中, 皆擇除不更以下到士五(伍)史者, 爲佐, 不足, 益除君子子·大夫子·小爵及公卒·士五(伍)子年十八歲以上備員, 其新黔首勿强, 年過六十者勿以爲佐. 人屬弟·人復子欲爲佐吏."

公士 이상 有爵者에게 苦役을 주지 않으려는 취지가 보인다. 때문에 下爵 우선 임명의 원칙을 취하여서 公卒·士伍의 無爵者를 우선 임명하고, 그 다음에 不更以下의 유작자로 임명하였던 것으로 보인다. 주목할 것은 庶人이 里典·父老의 임명 대상에서 제외되었다는 사실이다. 公卒·士伍가 없을 때 역시 無爵者인 庶人이 그 다음 임명대상이 될 것으로 예상됐지만, 庶人을 제외시키고 有爵者로 옮겨가고 있다.51) ②와 ③은 『嶽麓秦簡(肆)』 「置吏律」의 규정으로 ②에서는 도적을 잡는 책임이 있는 少吏인 憲盜와 縣에서 小佐 가운데 無秩者에 각각 不更이하 士伍까지 임명할 수 있다고 되어 있는데, 특별히 ③에서는 不更이하 士伍가 부족하면 君子의 子·大夫의 子·小爵 및 公卒·士伍의 子로서 18세 이상으로 관원이 될 수 있는 자격을 갖춘 자에서 추가로 임용한다고 되어 있다. 어떤 경우이건 縣少吏 임용에도 庶人이 배제되고 있음을 알 수 있다. 里典·父老, 憲盜·小佐에 庶人을 임명하지 않는다는 사실은 앞에서 언급한 睆老·受杖·稟米에서 庶人이 배제된 것과 동일한 이유이며, 이러한 사실에서 본다면 동일한 無爵者라고 하더라도 公卒·士伍와 庶人 사이에는 분명한 차이가 존재한다는 사실을 알 수 있다.52)

秦漢律을 제외하고 無爵이 公卒·士伍·庶人으로 규정된 사례를 찾을 수 없다. 그런 점에서도 秦漢律의 庶人은 秦漢律 以前과 以後시기의 庶人과는 분명히 다른 특정한 규정을 받는 專稱(庶人特定身分)이었다. 우리가 흔히 말하는 庶人은 百姓과 같은 의미를 가진 泛稱인데, 秦漢律의 庶人은 百姓의 개념으로 파악하기 어렵다. 秦漢律의 爵制는 構造的으로 士伍로 수렴되는 시스템이었다. 용어상 약간의 개념 차이가 있지만, 흔히 말하는 범칭으로써 의 庶人은 百姓, 혹은 사회경제적 개념의 용어로 말하자면 編戶齊民, 혹은 耕戰體制의 중심이 된다는 의미에서 耕戰民을 의미한다. 그런데 秦漢律이 規定하고 있는 耕戰民은 '庶人'이라고 보기는 어렵다. 시대를 초월한 泛稱으

---

51) 任仲爀, 「秦漢律에 보이는 庶人의 개념과 존재 – 陶安, 呂利, 椎名一雄의 견해와 관련하여 – 」, 『中國古中世史研究』 50, 2018, 26쪽.
52) 위의 글, 26~27쪽.

로써의 庶人의 槪念은 秦漢律에서는 庶人이라기 보다는 士伍에 가깝다. 필자는 『里耶秦簡(壹)』에 보이는 身分名과 爵名을 검토하여 살펴본 적이 있었다.53)

『里耶秦簡(壹)』에 보이는 身分名과 爵名

身分	士伍	城旦	隸妾	隸臣	舂	上造	黔首	司寇	鬼薪	公士	白粲	不更	公卒	徒隸	小上造	城旦舂	隸臣妾	鬼薪白粲	小公士
人員	72	38	25	24	20	19	13	12	10	9	8	7	5	4	3	2	1	1	1

『里耶秦簡(壹)』에 가장 빈번히 나타나는 것은 士伍인데, 총 72회나 나타난다. 그런데 庶人은 보이지 않는다. 이것은 任仲爀의 지적처럼 秦漢의 身分制가 士伍로 수렴시스템이었음을 입증하는 중요한 사례라 생각한다.54) 秦代에는 戍卒이 기본적으로 庶人이 아닌 士伍였다는 것은 『里耶發掘報告』의 사례에도 확인된다. 『里耶發掘報告』에 의하면,55) 洞庭郡 遷陵縣의 12名의 陽陵籍의 戍卒이 나오는데,56) 이들의 爵位를 보면 다음과 같다.57)

洞庭郡 遷陵縣의 12名의 陽陵籍의 戍卒

簡牘編號	J1(9)1	J1(9)2	J1(9)3	J1(9)4	J1(9)5	J1(9)6	J1(9)7	J1(9)8	J1(9)9	J1(9)10	J1(9)11	J1(9)12
爵位	士伍	士伍	士伍	士伍	士伍	上造	士伍	士伍	士伍	士伍	士伍	公卒
貰餘錢	1640	836	728	1344	384	2688	11211	1344	7680	1344	852	1344

위의 도표에 의하면, 비록 12명의 사례에 불과하지만, 遷陵縣의 12名의

---

53) 湖南省文物考古硏究所編, 『里耶秦簡(壹)』, 北京 : 文物出版社, 2012 ; 林炳德, 「秦漢時代의 '庶人'再論」, 『中國史硏究』 80, 2012, 15쪽.
54) 任仲爀, 「秦漢律의 耐刑-士伍로의 수렴 시스템과 관련하여-」, 『中國古中世史硏究』 19, 2008.
55) 湖南省文物考古硏究所, 『里耶發掘報告』, 岳麓書社, 2007, 185~190쪽.
56) 王煥林, 「里耶秦簡所見戍卒索隱」, 『簡帛硏究2005』, 2008, 68쪽.
57) 林炳德, 앞의 글, 15쪽.

陽陵籍의 戍卒 12명 가운데, 10명이 士伍이며 公卒이 1명, 上造가 1명이다. 비록 12명의 사례에 불과하지만, 적어도 秦에서는 士伍로의 수렴시스템이 名實相符하게 작동하였다는 것을 보여주는 또 하나의 사례라고 생각한다. 陶安은 "法律術語는 당연히 普通語言의 字詞·詞義를 沿用한다."라고 하여 일반적으로 사용되는 언어가 법률용어로 사용되었다고 주장한다.58) 즉, 先秦시대의 庶人의 개념이 그대로 秦漢시기까지 법률용어로써 사용되었다는 의미이다. 陶安의 주장처럼 先秦시대의 庶人의 개념이 그대로 秦漢시기까지 법률용어로써 사용되었고 전후시기와 다를 바 없이 사용된 범칭이었다고 한다면, 『里耶秦簡』에는 왜 百姓 혹은 平民의 의미를 가진 보편적인 신분명의 용어로 庶人이 나오질 않고 士伍가 나오는 것일까?

秦漢律이 아닌 일반적인 泛稱으로써의 庶人의 개념을 魏晉南北朝 시대의 다음 사례를 통해서 살펴보기로 하자.

① 時中書舍人徐爰有寵於上, 上嘗命球及殷景仁與之相知. 球辭曰:「士庶區別, 國之章也. 臣不敢奉詔.」上改容謝焉.59)
② 魏晉以來, 以貴役賤, 士庶之科, 較然有辨.60)

①은 남조문벌귀족을 대표하는 琅琊王氏 가문 출신의 王球에게 황제가 中書舍人 徐爰과 서로 알고 지내라고 명령을 하자 士人과 庶人과의 구별은 국가의 법이라 하면서 황제의 명령을 거부한 내용이다. ②도 역시 士人과 庶人이 큰 차이가 있음을 강조한 내용이다. 門閥貴族制 사회에서 士庶간의 차이는 컸지만, 中書舍人 徐爰을 庶人이라고 표현한 것에서 알 수 있듯이 南朝時代의 庶人은 관료로의 입문에 법적인 제한이 없었다. 적어도 『嶽麓秦簡(肆)』「尉卒律」에서 보이는 里典과 父老임명의 제한이나 『嶽麓秦簡(肆)』

---

58) 陶安, 앞의 논문, 269쪽.
59) 『南史』 권23, 「列傳」 제13, '王球'.
60) 『宋書』 권94, 「列傳」 제54, '恩倖'.

「置吏律」에 보이는 少吏 임용에 庶人이 배제되고 있는 사례를 찾아볼 수 없다. 秦漢律의 庶人이 公卒·士伍·庶人·司寇·隱官으로 이뤄진 爵位를 지표로 하는 身分序列의 연장선상에 위치하는 爵制的 身分의 하나였다고 한다면, 이런 개념을 南朝時代의 庶人에게도 적용할 수 있을까? 秦漢의 爵制의 특징은 "士伍로 收斂되는 시스템"이었다. 다른 시대에 볼 수 있는 泛稱으로써의 庶人의 개념은 秦漢律에서는 士伍에 가깝다. 泛稱說의 관점은, 庶人은 고래로 三經 등에서 일반민의 뜻으로 쓰인 庶人 그대로의 의미일 뿐으로 해석한다.[61] 그러나 秦漢律의 庶人의 개념 규정은 역사적으로 西周時代 이래의 庶人의 개념, 후대의 魏晉南北朝時代의 文獻史料에 보이는 庶人의 개념과는 상호 연결되지 않는다. 秦漢律의 庶人의 개념은 시대를 초월한 泛稱이 아니라 秦漢律에서 엄격히 규정된 專稱(庶人特定身分)이었다. 秦漢律에서의 士伍도 泛稱이 아닌 專稱(庶人特定身分)이었지만, 그래도 庶人보다는 泛稱에 가까운 용어였다고 생각한다.

2. 『長沙尙德街出土東漢簡牘』의 '仕伍'

최근에 공개된 『長沙尙德街出土東漢簡牘』에는 다음과 같은 주목할 만한 詔書가 나온다.

詔書 : 庶人不與父母居者, 爲仕伍, 罰作官寺一年.[62]

이 조서의 내용은 父母와 同居하고 있지 않은 庶人은 仕伍로 하고, 罰作 1년을 부과했다는 것이다. 이 조서의 내용과 관련하여 여기에서 문제가 되는 것은 尙德街 詔書의 시점 문제이다. 함께 출토된 자료에는 "光和四年十一月廿八日"(084簡), "熹平二年七月十七日"(152簡)이라는 연대가 보이는데

---

61) 朴健柱, 「중국고대 私屬層의 신분제적 속성」, 『中國古中世史硏究』 47, 2018, 84쪽.
62) 長沙市文物考古硏究所編, 『長沙尙德街東漢簡牘』, 上海 : 岳麓書社, 2016.

모두 後漢 靈帝의 연호이다.63) 또한 簡牘이 출토한 尙德街의 우물은 출토 器物로 추정하건대 後漢 중후기부터 孫吳시기까지에 속한다.64) 때문에 尙德街 자료에 포함된 해당 조서가 秦·漢初의 것이 아니라 後漢시기의 것이었다. 公卒·士伍·庶人 사이에 각각의 차이를 규정하고 있는 秦漢律에 따르면 이 규정은 맞지 않는다. 秦漢律에 따르면 庶人은 士伍 아래에 위치한다. 『張家界古人堤漢律目錄』에 秦漢初의 율문목록이 포함되어 있는 것에서 유추할 때, 『長沙尙德街出土東漢簡牘』의 詔書가 모두 後漢時代 반포된 것이라는 예단을 할 수 없다는 지적도 제기되었지만,65) 『張家界古人堤漢律目錄』이 東漢 和帝 永元(89~104)에서 安帝 永初(107~113)까지의 것, 즉 東漢 初中期 정도에 해당하는 반면, 『長沙尙德街出土東漢簡牘』의 경우에는 대체로 그보다 늦은 東漢 靈帝(168~189) 이후에서 三國吳에 해당한다는 점을66) 감안할 때,67) 이 조서의 내용을 秦漢律의 관점에서 이해하는 것은 부적절해 보인다. 이러한 모순 때문에 水間大輔는 陶安의 庶人泛稱說을 근거로 庶人에는 公士以上의 有爵者가 배제되지 않은 것으로 이해하면 해석이 가능하다고 한다. 그러나 庶人에는 公士以上의 有爵者가 배제되지 않은 것으로 이해하는 陶安의 견해로는68) 秦漢律의 公卒·士伍·庶人간의 차이를 설명하기 어렵다.

秦漢律의 公卒·士伍·庶人의 개념은 좀 더 정확히 이야기하자면, 『秦律』이나 『二年律令』과 같은 秦漢律에 한정된 개념이다. 漢文帝 시기에 刑制改革이 이뤄지면서 以後 城旦舂, 鬼薪白粲, 隸臣妾, 司寇에 모두 刑期가 設定이 되면서 刑徒와 奴婢의 개념이 달라지기 시작한다. 즉 秦의 勞役刑徒는 無期刑徒이자

---

63) 위의 책, 116쪽, 120쪽.
64) 위의 책, 80~81쪽.
65) 任仲爀, 「秦漢律에 보이는 庶人의 개념과 존재−陶安, 呂利, 椎名一雄의 견해와 관련하여−」, 『中國古中世史研究』 50, 2018, 34쪽.
66) 水間大輔, 「長沙尙德街出土法律木牘雜考」, 『簡帛』 18, 2019. 217쪽, 231쪽.
67) 율문에는 '漏泄省中語'·'右止' 등이 나오는데, 이 형벌명은 주로 문헌사료에 나오며 여기에서 말하는 '右止'는 '斬右趾'를 가리킬 가능성이 높다고 생각한다.
68) 陶安, 앞의 글, 265~275쪽.

官奴婢였다는 개념은 더 이상 성립할 수 없게 된다. 더욱 肉刑이 폐지되면서 肉刑 중심의 秦漢刑罰體系도 붕괴된다. 당연히 『秦律』에서 흔히 庶人과 함께 병기되었던 隱官도 더 이상 존재할 수 없게 된다. 『秦律』이나 『二年律令』에서 보이는 爵制와 爵制에 따른 특권도 빈번한 赦免으로 이미 漢初부터 有名無實하게 변하기 시작하였다. 특히 文帝의 刑制改革은 秦漢律의 형벌체계의 큰 변화를 수반한 것이었으므로 漢文帝의 刑制改革 이후 秦漢律의 公卒·士伍·庶人의 개념도 변질이 되었을 것이다. 실제로 『史記』·『漢書』를 검색해보면, 士伍는 漢文帝 시기 이전에는 몇 개의 사례가 확인되고 漢文帝 시기 이후의 기록에는 士伍가 보이지 않는다. 더욱 『後漢書』에는 士伍가 검색되지 않는다. 이와 관련하여 필자는 다음의 사료를 주목하였다.

爵位를 박탈하여 士伍가 되게 하고, 면직한다. 주, 師古가 말하기를, 그 작을 빼앗아 士伍가 되게 하고, 또 그의 관직을 면하는 것을 말하니, 즉 지금의 율에 이른바 除名이라는 것이다. <u>士伍라고 하는 것은, 士卒의 隊伍를 따른다는 말이다.</u>[69]

景帝紀에 나오는 이 사료는 "관리 및 관작으로 봉록을 받는 사람이 자기 부속의 심사대상, 처벌대상, 고찰대상, 임용대상자에게서 뇌물을 받았다면, 예컨대, 그것이 음식물이었고 가격을 계산하여 비용을 갚았으면 논하지 말라. 기타 재물, 예컨대, 고의로 싸게 사서 고가로 팔았다면 모두 죄를 범한 것이니, 절도죄로 처리하여 장물을 국고로 몰수한다. 관리는 천종하고 파면한다. 원래의 부속의 임용대상, 심사대상, 처벌대상이 보낸 재물을 받았으면, 유작자는 奪爵하여 士伍로 하고 면관한다. 작위가 없는 자는 罰金二斤을 부과하고 받은 바의 재물을 몰수한다."[70]라는 詔書의 일부분이

---

69) 『漢書』 권5, 「景帝紀」, 140~141쪽, "奪爵爲士伍, 免之. 注, 師古曰, 謂奪其爵令爲士伍, 又免其官職, 卽今律所謂除名也, 謂之士伍者, 言從士卒之伍也."
70) 『漢書』 권5, 「景帝紀」, 140쪽, "吏及諸有秩受其官屬所監, 所治, 所行, 所將. 其與飮食計

다. 士伍에 대한 顔師古의 주 가운데 필자가 주목한 것은 밑줄 친 부분, "士伍라고 하는 것은, 士卒의 隊伍를 따른다는 말이다(謂之士伍者, 言從士卒之伍也)"라 하는 士伍에 대한 語原 및 槪念 정리이다. 顔師古는 唐初의 인물인데, 士伍를 "士卒의 隊伍"에서 유래한 것으로 이해한다. 즉 顔師古는 秦漢律에 보이는 '士伍'의 사료를 보지 못한 것이고, 단지 『史記』·『漢書』 등의 문헌사료를 통해 士伍의 의미를 유추한 것으로 판단된다. 『後漢書』에는 士伍가 검색되지 않는데 비해서 『三國志』·『魏書』·『晉書』·『梁書』·『北史』 등의 文獻史料에는 이따금 '士伍'가 나타난다. 士伍가 모두 士卒의 의미로 해석되는 것은 아니지만, 魏晉南北朝 시기의 문헌사료에 보이는 士伍는 士卒로 해석되는 것이 적지 않다. 士伍가 士卒로 해석되는 몇가지 사례를 일부 열거하면 다음과 같다.

① 제갈량 사후 呂義는 廣漢·蜀郡太守로 연속해서 옮겨갔다. 蜀郡은 一國의 중심도시로 호구가 매우 많았는데, 제갈량의 사후에 士卒들이 도망가서 …71)

② 次子인 李讓이 寧朔將軍·西夷校尉·敦煌太守가 되어 崑崙의 변방지구를 총괄하고 遠方을 안무하였다. 기타 여러 자식들은 모두 軍中에 있으면서 몸소 士卒들의 모범이 되었다.72)

③ 獨孤楷의 字는 脩則, 어느 지역 출신인지는 모르고 本姓은 李氏이다. 父는 李屯, 齊神武帝를 따라서 沙苑에서 북주의 군대와 교전하였는데, 齊의 군대가 궤멸되어 柱國大將軍 獨孤信에게 사로잡혀 士卒로 배속되었는데, 獨孤信의 집에서 노역을 하다가 獨孤信과 가까워지면서 獨孤의

償費. 勿論. 他論, 若買故賤, 費故貴, 皆坐藏爲盜, 沒入藏縣官, 吏遷從免罷, 受其故官屬所將監治送財物, 奪爵爲士伍, 免之, 無爵, 罰金二斤. 令沒入所受, 有能捕告, 畀其所受藏

71) 『三國志』 권39, 「蜀書」 9, '呂義傳', "亮卒, 累遷廣漢·蜀郡太守. 蜀郡一都之會, 戶口衆多, 又亮卒之後, 士伍亡命, …."

72) 『晉書』 권87, 「列傳」 57, '涼武昭王李玄盛子士業', "輒以次子讓爲寧朔將軍·西夷校尉·敦煌太守, 統攝崑裔, 輯寧殊方. 自餘諸子, 皆在戎間, 率先士伍."

성을 下賜받게 되었다.[73]

상기 사료에서 士伍가 나오는 문장만을 떼어서 보면 ① "士伍亡命", ② "率先士伍", ③ "配爲士伍"로 모두 士卒로 해석해서 무리가 없다. 즉 구체적인 시기를 한정지을 수는 없지만, 秦漢律의 公卒·士伍·庶人의 개념에서 규정된 士伍가 어느 순간부터는 대체로 士卒 혹은 士兵의 의미로 사용되었다고 생각한다. 『長沙尙德街出土東漢簡牘』의 "庶人不與父母居者, 爲仕伍, 罰作官寺一年"에 나오는 仕伍를 士卒로 보고 또 여기에 나오는 庶人을 백성 또는 평민을 의미하는 泛稱으로 본다면, 이 문장은 해석상 아무런 모순이 없다. 즉 이 문장은 "庶人이 父母와 함께 同居하고 있지 않는 자는 士卒로 삼고, 官寺에서 1년간 罰作을 한다."로 해석할 수 있다. 이와 같은 해석이 허용된다면, 『長沙尙德街出土東漢簡牘』의 庶人과 士伍는 秦漢律의 公卒·士伍·庶人과는 전혀 연결되지 않는 개념이라고 하지 않을 수 없다.

IV. 맺음말

戰國 商鞅變法 이후의 戰國秦의 법률문서와 漢初의 『二年律令』에 보이는 無爵, 즉 公卒·士伍·庶人으로 규정된 無爵의 사례는 다른 시기에는 볼 수 없는 사례이다. 이런 점만으로도 秦漢律에 규정된 庶人은 泛稱이라 볼 수 없다. 본고에서 필자는 과거 秦漢律의 庶人專稱(庶人特定身分)을 주장하면서 庶人이 徭役에서 제외된 신분이라는 점을 강조하였는데, 이 점에 대해서는 實證이 부족했다는 점을 인정하였다.

『二年律令』「傅律」의 규정을 보면, 公卒·士伍와 庶人의 차이가 분명히

---

[73] 『北史』 권73, 「獨孤楷列傳」 61, "獨孤楷字脩則, 不知何許人也, 本姓李氏. 父屯, 從齊神武帝與周師戰于沙苑, 齊師敗績, 因爲柱國獨孤信所禽, 配爲士伍, 給使信家, 漸得親近, 因賜姓獨孤氏."

나타나며 庶人은 특별히 규정된 專稱(庶人特定身分)이었음이 분명하다. 公卒·士伍와 庶人 사이의 명백한 차이점은 『嶽麓秦簡(肆)』에서도 확인할 수 있다. 『嶽麓秦簡(肆)』「尉卒律」에서는 士伍 이상의 신분은 里典·父老에 임명될 수 있지만, 庶人은 그 임명 후보군에서 배제되었다. 또한 『嶽麓秦簡(肆)』「尉卒律」에서는 里典·父老에 가급적 有爵者 대신 無爵者를 임명하되, 公卒·士伍의 無爵者를 우선 임명하고, 그 다음에 不更以下의 유작자로 임명하였던 것으로 규정되어 있다. 『嶽麓秦簡(肆)』「置吏律」에서는 도적을 잡는 책임이 있는 少吏인 憲盜와 縣에서 小佐 가운데 無秩者에 각각 不更이하 士伍까지 임명할 수 있다고 되어 있는데, 특별히 不更이하 士伍가 부족하면 君子의 子·大夫의 子·小爵 및 公卒·士伍의 子로서 18세 이상으로 관원이 될 수 있는 자격을 갖춘 자에서 추가로 임용한다고 되어 있다. 어떤 경우이건 縣少吏 임용에도 庶人이 배제되고 있음을 알 수 있다. 里典·父老, 憲盜·小佐에 庶人을 임명하지 않는다는 사실은 앞에서 언급한 睆老·受杖·稟米에서 庶人이 배제된 것과 동일한 이유이며, 이러한 사실에서 본다면 동일한 無爵者라고 하더라도 公卒·士伍와 庶人 사이에는 분명한 차이가 존재한다는 사실을 알 수 있다. 즉 秦漢律의 庶人은 專稱(庶人特定身分)으로 전후 시대의 庶人과는 다른 개념이었다는 것을 알 수 있다. 한편 朴健柱는 『漢書』「惠帝紀」 주에서 應劭가 "한 사람당 1算을 내게 한다. 算이란 120전을 말한다. 다만 商人과 奴婢에게 두 배를 내게 한다."라는 漢律을 근거로 하여 『二年律令』「亡律」의 "皆復使及筭(算), 事之如奴婢"의 復을 "又也", "再也"의 의미로 보고 있는 것에 대하여 필자는 이와 관련된 문헌사료의 사례를 근거로 '復'은 면제로 해석해야 한다고 지적하였다.

　秦漢律에서 爵制는 士伍수렴시스템이었는데, 이 士伍수렴시스템은 이미 漢初부터 무너지기 시작하였다고 보았다. 이와 관련하여 필자는 王彦輝가 『二年律令』이 반포된 呂后 2년 이전에 賜爵이 6차례 있었음을 지적한 사실에 주목하고 싶다. 『二年律令』이 반포된 呂后 2년 이전에 반포된 6차례의 賜爵 가운데 關中지방에 제한된 賜爵과 軍吏卒에 제한된 賜爵이 각각 1회

있었고, 나머지 4차례는 전국적인 賜爵이었다. 王彦輝는 이 조치로 이미 秦의 爵制와 授田宅제도는 그 기능을 상실하였다고 보았다.74) 王彦輝의 이 지적에 따르면, 『二年律令』단계에서 이미 士伍수렴시스템이 名實相符하게 작동하였다고 보기는 어렵다. 특히 文帝의 刑制改革은 秦漢律의 형벌체계의 큰 변화를 수반한 것이었으므로 漢文帝의 刑制改革 이후 秦漢律의 公卒·士伍·庶人의 개념도 완전히 변질되었을 것이다. 실제로 『史記』·『漢書』를 검색해보면, 士伍는 漢文帝 시기 이전에는 몇 개의 사례가 확인되고 漢文帝 시기 이후의 기록에는 士伍가 보이지 않는다. 더욱 『後漢書』에는 士伍가 검색되지 않는다. 士伍에 대해 顔師古는 "士伍라고 하는 것은, 士卒의 隊伍를 따른다는 말이다(謂之士伍者, 言從士卒之伍也)"라고 정의하고 있다.

『後漢書』에는 士伍가 검색되지 않는데 비해서 『三國志』·『魏書』·『晋書』·『梁書』·『北史』등의 文獻史料에는 이따금 '士伍'가 나타난다. 士伍가 모두 士卒의 의미로 해석되는 것은 아니지만, 士卒로 해석되는 것이 적지 않다. 즉 顔師古의 주석의 설명에 부합한다. 이러한 이해를 바탕으로 필자는 『長沙尚德街出土東漢簡牘』의 "庶人不與父母居者, 爲仕伍, 罰作官寺一年"에 나오는 仕伍를 士卒로 보고 또 여기에 나오는 庶人을 백성 또는 평민을 의미하는 泛稱으로 보고, 이 문장을 "庶人이 父母와 함께 同居하고 있지 않는 자는 士卒로 삼고, 官寺에서 1년간 罰作을 한다."로 해석하였다.

泛稱說의 관점은, 庶人은 고래로 三經 등에서 일반민의 뜻으로 쓰인 庶人 그대로의 의미일 뿐으로 해석한다. 그러나 秦漢律의 庶人의 개념 규정은 역사적으로 西周時代의 이래의 庶人의 개념, 후대의 魏晋南北朝時代의 文獻史料에 보이는 庶人의 개념과는 상호 연결되지 않는다. 秦漢律의 庶人의 개념은 시대를 초월한 泛稱이 아니라 秦漢律에서 엄격히 규정된 專稱(庶人特定身分)이었다.

---

74) 王彦輝, 「論張家山漢簡中의 軍功名田宅制度」, 『張家山漢簡《二年律令》硏究文集』, 廣西師範大學出版社, 2007, 171~172쪽(原載는 『東北師大學報』 2004년 제4기).

秦·漢시기의 罰金刑과 贖刑

I. 머리말

필자는 종전에 秦·漢시기의 贖刑·罰金刑에 관한 논문을 발표하였는데, 필자의 논문 가운데 일부 내용에 대하여 임중혁과 오준석은 다른 견해를 제시하였다. 여기에 덧붙여 贖刑·罰金刑에 관한 필자의 앞서 일부 추정에 대한 보강의 필요성을 느끼게 되었다. 여기에서 필자의 所說에 대한 비판 가운데는 합리적인 부분도 있고 필자가 인정하기 어려운 부분도 있다. 이하 이와 관련하여 본고에서 논의하고자 하는 주제는 아래와 같다.

첫째 秦代의 罰金刑 3등급설은 일찍이 若江賢三이 주장하였고[1] 이어서 任仲爀, 水間大輔, 石洋이 3등급설을 지지하였다.[2] 이후 若江賢三은 2010년에 발표한 논고에서 秦의 罰金刑이 貲1盾·貲1兩·貲1甲·貲2甲으로 이뤄졌을 것으로 추정하고 있다.[3] 冨谷至는 秦의 貲罰刑을 貲1盾·貲2盾·貲1甲·貲2甲 4등급으로 보았고,[4] 2010년에 于振波는 3等級說을 부정하고 貲1盾·貲2盾·貲1甲·貲2甲으로 秦의 罰金刑 4等級說을 제기하였다.[5] 필자는 冨谷至·于振波

---

1) 若江賢三,「秦律における贖刑制度(上)」,『愛媛大學法文學部論集』18, 1985 ; 若江賢三,「秦律における贖刑制度(下)」,『愛媛大學法文學部論集』19, 1986.
2) 任仲爀,「秦漢律의 罰金刑」,『中國古中世史研究』15집, 2006, 14~15쪽 ; 石洋,「戰國秦漢間"貲"的字義演變與其意義」,『華東政法大學學報』89, 2014-4 ; 水間大輔,「秦律·漢律의 刑罰制度」,『秦漢法制研究』東京 : 知泉書館, 2007.
3) 若江賢三,「秦律における盜罪とその量刑」,『秦漢律と文帝の刑法改革の研究』, 東京 : 汲古書院, 2015, 51쪽.
4) 冨谷至,『秦漢刑罰制度の研究』, 同朋舍(京都), 1998, 61~69쪽.

의 견해를 받아들여 貲1盾·貲2盾·貲1甲·貲2甲 4등급설을 지지하였다.6) 임중혁은 貲1盾·貲1甲·貲2甲으로 秦의 罰金刑 3等級說을 취하였는데, 貲2盾의 존재를 부정하지 않지만, 貲2盾은 일시적으로 존재했다가 사라진 것으로 이해하고 있다.7) 최근 오준석은 貲1盾·貲1甲·貲2甲이라는 기존의 3단계설의 타당성을 강조하는 견해를 발표하였다.8) 이와 관련하여 본고에서 秦의 罰金刑 4단계설과 3단계설에 대한 재검토를 하고자 한다.

둘째, 오준석은 漢代 贖刑의 구체적인 형벌 등급은 [贖死(2斤8兩)]-[贖城旦舂/贖鬼薪白粲(1斤8兩)]-[贖斬/贖腐(1斤4兩)]-[贖劓/贖黥(1斤)]-[贖耐(12兩)]-[贖遷(8兩)]까지 6단계의 등급 체계를 이루고 있었지만, 秦代의 贖刑이 前漢 초기와 같은 6단계로 이루어져 있었다고 보기 어렵다는 견해를 제시하였다.9) 贖刑에 대한 이러한 오준석의 견해에 대해서는 의문이 있다. 이를 구체적으로 검토하고자 한다. 贖刑과 관련해서 필자는 두 차례에 걸쳐 秦代의 贖刑의 額數를 제시했다. 필자가 주목하지 못한 부분을 최근 戴奕純이 제시하였는데, 그가 제시한 贖遷價額 馬甲3의 견해는 매우 설득력이 있다고10) 판단되며 戴奕純이 제시한 贖遷價額 馬甲3의 견해에 맞추어 다시 秦代의 贖刑額數를 재조정할 필요성을 느꼈다.

셋째, 漢代 이후 居貲贖債의 노역의 단가가 크게 상승하였을 것으로 보는 견해와 관련해서 여러 의견이 제시되었는데, 필자는 이에 대해 구체적인 분석의 결과를 제시한 적이 없었다. 이에 대한 기존의 다양한 견해에

---

5) 于振波,「秦律中的甲盾比價及相關問題」,『史學集刊』2010-5期, 38쪽.
6) 林炳德,「秦에서 漢으로의 罰金刑과 贖刑의 變化와 그 性格」,『東洋史學硏究』134, 2016, 114~122쪽 ; 임병덕,「漢文帝 刑制改革과 刑罰制度의 變化-荊州胡家草場西漢簡牘 자료를 중심으로」,『동서인문』18, 2022.
7) 임중혁,「秦漢律의 벌금형」,『고대 중국의 통치메카니즘과 그 설계자들2』, 서울 : 경인문화사, 2021, 66쪽.
8) 吳峻錫,「漢代 刑制改革과 贖刑·罰金刑의 변화」,『中國古中世史硏究』70, 2023, 52~53쪽.
9) 오준석, 위의 논문, 60~63쪽.
10) 戴奕純,「秦代贖遷金額考」, http://www.bsm.org.cn/?qinjian/ 發布時間 : 2019.01.08.

대한 검토와 이에 대한 필자의 관점과 견해를 제시하고자 한다.

II. 秦의 罰金刑 3등급설과 4등급설

『睡虎地秦簡』에는 貲罰로 貲1盾·貲2盾·貲1甲·貲2甲·貲布·貲絡組·貲徭·貲戍 등이 나오고 있다.11) 이외에도 貲2甲1盾이 나오고 있다.12) 『里耶秦簡』에는 貲1甲·貲2甲·貲3甲·貲7盾·貲4甲·貲6甲·貲7甲·貲14甲 등이 나오고 있다.13) 秦의 貲罰刑은 漢의 罰金刑처럼 貲1盾·貲1甲·貲2甲 3단계로 되어 있다는 견해와 貲1盾·貲2盾·貲1甲·貲2甲의 4단계설이 나뉘어져 있다. 秦의 貲罰刑과 漢의 罰金刑과 관련하여 주목을 받는 사료는 대강 아래와 같다.

① 도둑질하여 취한 재물의 가치가 660전 이상이면 黥爲城旦舂이다. 660전에서 220전까지는 完爲城旦舂이다. 220전 미만에서 110전까지는 耐爲隷臣妾이다. 110전 미만에서 22전까지는 벌금 4량이다. 22전 미만에서 1전까지는 벌금 1량이다.14)

② •과거에 魯法에서는 1전에서 20전까지의 절도는 罰金一兩이다. 절도가액이 20전에서 100전까지는 罰金二兩이다. 100전에서 200전까지는 白徒이다. 200전에서 1000전까지는 完爲倡이다.15)

---

11) 徐富昌, 『睡虎地秦簡硏究』(北京 : 文史哲出版社), 1993, 330~331쪽.
12) 『睡虎地秦簡』, 172쪽, "誣人盜直(値)卄, 未斷, 有(又)有它盜, 直(値)百, 乃後覺, 當幷臧(贓)以論, 且行眞罪·有(又)以誣人論? 當貲二甲一盾."; 수호지진묘죽간정리소조 엮음, 윤재석 옮김, 『수호지진묘죽간 역주』, 소명출판, 2010, 324쪽).
13) 陳偉主編, 『里耶秦簡牘校釋(第一卷)』(武漢 : 武漢大學出版社), 2012, 89쪽, 131쪽 ; 湖南省文物考古硏究所編, 『里耶發掘報告』(湖南 : 岳麓書社, 2007), 8-60號簡, 8-149號簡, 8-489號簡, 8-300號簡.
14) 『二年律令與奏讞書』, 112쪽, "盜臧(贓)直(値)過六百六十錢, 黥爲城旦舂. 六百六十到二百卄錢, 完爲城旦舂. 不盈二百卄到百一十錢, 耐爲隷臣妾. 不盈百一十錢到卄二錢, 罰金四兩. 不盈卄二錢到一錢罰金一兩" 이하 『二年律令與奏讞書』로 略한다.
15) 위의 책, 372쪽, "•異時魯法, 盜一錢盜卄 罰金一兩. 過卄到百 罰金二兩. 過百到二百

③ 貲二甲. 22전 미만~1전은 貲一盾. 1전 미만 ···.16)

④ 220전에서 11전까지는 耐爲隷臣妾.17)

⑤ 도둑질하여 취한 재물의 가치가 660전 이상이면 黥爲城旦舂이다. 660전에서 220전까지는 完爲城旦舂이다. 220전 미만에서 110전까지는 耐爲隷臣妾이다. 110전 미만에서 22전까지는 벌금 4량이다. 22전 미만에서 1전까지는 벌금 1량이다.18)

①~⑤의 사례에서 보듯이 절도의 경우에 있어서 秦漢의 罰金刑은 秦代는 貲一盾, 貲二甲으로 되어 있고, 漢代는 罰金一兩과 罰金四兩의 2종류만 나타난다.19) 秦代의 貲一盾은 漢代의 罰金一兩에 해당하고, 秦代의 貲二甲은 罰金四兩에 해당한다. 절도가 아닌 경우에는 貲一盾, 貲一甲, 貲二甲 혹은 罰金一兩, 罰金二兩, 罰金四兩의 3단계 벌금형이 사용되고 있다.20) 그와 관련해서는 수많은 사례가 있는데, 아래 『嶽麓秦簡』의 다음 사례를 보기로 하자.

··· 남녀 ···통행증 없이 사사로이 관문을 넘어 도망했는데, 1년 이상 도망했거나(闌亡) 1년 이내로 도망하였거나(將陽) 中縣·道에 들어와 나이와 관계없이 집에 머물게 했다면 그 家의 주가 그 정황을 알았다면 율에 따라 遷刑에 처한다. 里典과 伍長이 고발하지 않았다면 里典은 貲1甲이고

爲白徒. 過二百到千 完爲倡."

16) 中國文物硏究所·湖北省文物考古硏究所編, 『龍崗秦簡』, 北京:科學出版社, 2001, 90쪽, "不盈一錢貲二甲, 不盈卄二錢到一錢, 貲一盾, 不盈一錢□□."; 劉信芳·梁柱 編著, 『雲夢龍崗秦簡』, 北京:科學出版社, 1997, 29쪽.

17) 위의 책, "二百卄錢到百一十錢, 耐爲隷臣妾."

18) 『二年律令與奏讞書』, 112쪽, "盜臧(贓)直(値)過六百六十錢, 黥爲城旦舂. 六百六十到二百卄錢, 完爲城旦舂. 不盈二百卄到百一十錢, 耐爲隷臣妾. 不盈百一十錢到卄二錢, 罰金四兩. 不盈卄二錢到一錢罰金一兩."

19) 임중혁, 「秦漢律의 벌금형」, 『고대 중국의 통치메카니즘과 그 설계자들2』, 서울:경인문화사, 2021, 65쪽.

20) 위와 같음.

伍長은 貲1盾이다. 그 정황을 알지 못했다면 집에 머물게 한 자는 貲2甲이고 里典·伍長이 고발하지 않았다면 貲1盾이다. 머무른 것이 10일이 지나면 논죄한다. 머무는 것에 대해서는 그 관할 鄕部를 責課한다. 1년이 지나도록 鄕部의 吏가 붙잡지 못하고 다른 사람이 체포하면 남녀의 나이에 관계없이 5명이면 鄕部嗇夫를 견책하며, 20명이면 鄕部嗇夫는 貲1盾이고, 30명 이상이면 鄕部嗇夫는 貲1甲. 令·丞은 견책한다. 鄕部의 담당관리는 鄕部嗇夫와 같은 죄로 한다. 도망해서 田·都官·執法의 屬官·禁苑·園·邑·作務·官道의 경계 안에 있었다면, 그 嗇夫·吏·里典·伍長 및 숨겨준 자에게 이 율에 의해서 죄를 묻는다.[21]

위의 내용은, 통행증 없이 사사로이 머무른 것이 10일 이상인 경우에 대한 처벌규정이다. 이를 도표화하면 다음과 같다.[22]

	도망한 사실을 알았던 경우	도망한 사실을 알지 못했던 경우
主舍者	遷刑	貲2甲
里典	貲1甲	貲1盾
伍長	貲1盾	貲1盾

이 도표에 따르면, 같은 범죄라 해도 책임자 지위에 따라 처벌규정이 다르다는 것을 알 수 있고, 절도가 아닌 경우의 貲罰刑은 貲1盾, 貲1甲, 貲2甲 3단계로 되어 있음을 알 수 있다.

여기서 貲罰刑과 관련하여 문제가 되는 것은 『睡虎地秦簡』의 다음 규정이다.

---

21) 『嶽麓秦簡(肆)』, 56~57쪽. "男女去, 闌亡·將陽, 來入之中縣·道, 無少長, 舍人室, 室主舍者, 智(知)其請(情), 以律罨(遷)之. 典·伍不告, 貲典一甲, 伍一盾. 不智(知)其(054/1990) 請(情), 主舍, 貲二甲, 典·伍不告, 貲一盾. 舍之過旬乃論之, 舍, 其鄕部課之, 卒歲, 鄕部吏弗能得, 它人捕之, 男(055/1940)女無少長, 伍(五)人, 諄鄕部嗇夫；廿人, 貲鄕部嗇夫一盾, 卅人以上, 貲鄕部嗇夫一甲, 令丞諄, 鄕部吏主者, 與鄕部(056/2057) 嗇夫同罪. 其亡居日都官·執灋屬官·禁苑·園·邑·作務·官道眳(界)中, 其嗇夫吏·典·伍 及舍者坐之, 如此律(057/2111))".

22) 宮宅潔編, 『岳麓書院所藏簡《秦律令(壹)》譯注』, 京都：汲古書院, 2023, 102쪽.

① 관리가 타는 乘輿馬에게 상처를 입혀, 가죽이 1寸 찢어졌을 경우 1盾, 2촌인 경우는 2盾, 2촌을 초과한 경우는 1갑의 벌금을 각기 부과한다.
傷乘輿馬, 夬(決)革一寸, 貲一盾 ; 二寸, 貲二盾 ; 過二寸, 貲一甲.[23]

② 20전을 훔쳤다고 무고하고, 판결이 나지 않은 상태에서 또 다른 절도를 범하여, 그 장물의 값어치가 100전이었는데, 후에 모두 발각되었다. 장물의 가액을 합쳐서 논의해야 할 것인가, 아니면 실제로 범한 절도죄에 대해 처단하고, 또한 타인을 무고한 것을 논해야 하는가? 貲二甲一盾으로 한다.
誣人盜直(値)廿, 未斷, 有(又)有它盜, 直(値)百, 乃後覺, 當幷臧(贓)以論, 且行眞罪·有(又)以誣人論? 當貲二甲一盾.[24]

②에 대해서는 일반적으로 절도죄 100전은 貲二甲으로 판결하고, 20전의 무고죄는 貲一盾으로 처리하여 貲二甲一盾으로 처벌한 것으로 이해한다. ①은 유일하게 貲2盾의 형벌 명칭이 기록된 『睡虎地秦簡』의 처벌규정이다. 오준석은 여기서의 貲2盾은 하나의 독립적인 형벌 등급이라기보다는 乘輿馬에게 상처를 입혀 가죽이 2寸 찢어졌을 경우, 1寸이 찢어졌을 경우에 대한 처벌인 貲1盾의 배액에 해당하는 벌금형에 처한 규정으로 볼 수 있다고 한다. 즉 앞에서 살펴본 貲2甲1盾의 처벌이 貲2甲과 貲1盾을 병과한 처벌인 것처럼, 위 사료에 나오는 貲2盾 역시 貲1盾과 貲1盾을 병과한 처벌이라는 것이다.[25] 임중혁은 "『睡虎地秦簡』을 조사해보면 貲一盾 49례, 貲二盾 1례, 貲一甲 44례, 貲二甲 49례, 貲二甲一盾 1례가 보이는데, 이 같은 貲二盾의 현격한 사용례의 차이 때문에 그 존재 여부에 대해서는 의문을 제기하지 않을 수 없다."라고 하였고,[26] 오준석도 이와 비슷한 견해를 밝혔는데,[27]

---

[23] 『睡虎地秦簡』, 陳偉主編, 『秦簡牘合集』, 武漢大學出版社, 2014, 「秦律雜抄」 27號簡, 181~182쪽 ; 죽간정리소조 엮음, 윤재석 옮김, 앞의 책, 272쪽.
[24] 『睡虎地秦簡』, 172쪽 ; 죽간정리소조 엮음, 윤재석 옮김, 앞의 책, 324쪽.
[25] 오준석, 앞의 논문, 56쪽.

실제로 『嶽麓秦簡』이나 『里耶秦簡』의 수많은 貲刑 사례 중 貲2盾이 단 한 차례도 등장하지 않은 점은 貲2盾이 독립적인 貲刑의 등급이었을까 하는 지적은 합리적인 문제제기라고 생각된다. 『里耶秦簡』에는 貲1盾·貲2盾·貲7盾·貲1甲·貲2甲·貲3甲·貲4甲·貲6甲·貲7甲·貲14甲이 나오는데, 이것을 어떻게 이해해야 할까? 이에 대해서 다음의 사례를 들어보기로 하겠다.

① 具律. 治獄으로 소환장을 그 사람이 있는 縣官에 전달하였는데, 吏가 이미 通告하였으나 출두하지 않았거나 吏가 머뭇거리고 通告하지 않았거나, 通告하였으나 보내지 않은 것이 2일에서 5일이면 貲罰 각각 一盾에 처한다. 5日에서 10일은 貲一甲. 10日에서 20일은 貲二甲. 20일 後에서부터 10일이 지날 때마다 즉시 貲一甲을 추가한다.[28]

② 興律. 징발 및 통행증을 가지고 물품을 운송할 때에, 정해진 기일이 있는데, 기일이 늦춰지거나 公務에 지장을 초래한 경우에는, 貲二甲에 처하고 관리가 되는 것을 금지한다. 공무에 지장을 초래하지 않았을 때, 문서가 이미 갖추어져 있는데도 발송하지 않았을 때, 5일이 지나면 貲一盾. 5日에서 10日에 이르면, 貲一甲. 10日을 지나 20日에 이르면, 貲二甲. 그 이후 10일이 지날 때마다 즉시 貲一甲을 추가한다.[29]

위의 ①과 ②의 『嶽麓秦簡』의 사료에 따르면, 문서의 전달이 10일 늦어질

---

26) 임중혁, 「秦漢律의 벌금형」, 『고대 중국의 통치메카니즘과 그 설계자들2』, 서울 : 경인문화사, 2021, 65쪽.
27) 오준석, 앞의 논문, 56쪽.
28) 『嶽麓秦簡(肆)』, 143~144쪽, "具律曰 : 有獄論, 徵書到其人存所縣官, 吏已告而弗會及吏留弗告, 告弗遣, 二日到五日, 貲各一(230/1392)盾 ; 過五日到十日, 貲一甲. 過十日到廿日, 貲二甲 ; 後有盈十日, 輒駕(加)貲一甲.(231/1427)" ; 宮宅潔編, 『岳麓書院所藏簡《秦律令(壹)》譯注』, 京都 : 汲古書院, 2023, 243~245쪽.
29) 위의 책, 147쪽, "●興律曰 : 發徵及有傳送殹(也), 及諸有期會而失期, 事乏者, 貲二甲, 廢. 其非乏事【殹(也), 及書已具】(238/0992) 留弗行, 盈五日, 貲一盾 ; 五日到十日, 貲一甲 ; 過十日到廿日, 貲二甲 ; 後有盈十日, 輒駕(加)貲一甲.(239/0792)" ; 宮宅潔編, 위의 책, 252쪽.

때마다 貲一甲씩 추가하는 것으로 되어 있다. 『里耶秦簡』에 보이는 貲3甲·貲4甲·貲6甲·貲7甲·貲14甲은 "10일이 지날 때마다 즉시 貲一甲을 추가한다"는 규정에 따르면, 어느 정도 설명이 가능하다. 다만, 『睡虎地秦簡』의 규정의 경우 가죽이 1寸 찢어졌을 경우 1盾, 2촌인 경우는 2盾으로 추가되지만, 계속 정확히 추가 되는 규정이 나오지 않기 때문에 『里耶秦簡』의 "10일이 지날 때마다 즉시 貲一甲을 추가한다."는 규정과 일치한다고 단정하기는 어렵다. 어쨌든 『里耶秦簡』에 나오는 貲2盾이나 貲7盾은 "10일이 지날 때마다 즉시 貲一甲을 추가한다."는 규정에 준해서 이해하는 것이 그나마 가장 근접한 해석이 아닐까 싶다. 『里耶秦簡』의 "10일이 지날 때마다 즉시 貲一甲을 추가한다."는 규정은 『里耶秦簡』의 貲3甲·貲4甲·貲6甲·貲7甲·貲14甲을 설명할 수 있지만, 그러나 이 경우에도 『嶽麓秦簡』②의 興律에 따르면, "5일이 지나면 貲一盾. 5日에서 10日에 이르면, 貲一甲."으로 되어 있어서 『里耶秦簡』에 나오는 貲2盾·貲7盾을 설명하기 어렵다. 현재로서는 그 어떤 자료도 『睡虎地秦簡』의 "관리가 타는 乘輿馬에게 상처를 입혀, 가죽이 1寸 찢어졌을 경우 1盾, 2촌인 경우는 2盾, 2촌을 초과한 경우는 1갑의 벌금을 각기 부과한다."라는 규정에 맞는 합리적 설명이 어렵다. 이 사료를 부정하지 않는다면, 秦의 貲罰刑은 貲1盾·貲2盾·貲1甲·貲2甲 4단계로 되어 있다고 이해할 수밖에 없지만, 秦의 貲罰刑에 대한 대부분의 사료가 漢의 罰金刑처럼 貲1盾·貲1甲·貲2甲 3단계로 되어 있다는 것을 부정하기도 어렵다. 무엇보다 漢의 罰金刑이 罰金一兩·罰金二兩·罰金四兩의 3단계로 되어 있다는 점에서 여기에 대응하는 秦의 貲罰刑도 貲1盾·貲1甲·貲2甲 3단계로 되었을 것으로 보는 것이 보다 합리적이지 않을까 싶다. 冨谷至·于振波의 견해에 따라 貲罰刑 4단계설을 따랐던 필자의 견해를 3단계설로 수정하고자 한다.

III. 贖刑의 등급과 성격

『二年律令』「具律」에는 다음과 같은 규정이 나온다.

> 贖死는 金2斤8兩. 贖城旦春·贖鬼薪白粲은 金1斤8兩. 贖斬·贖府(腐)는 金1斤4兩. 贖劓·贖黥은 金1斤. 贖耐는 金12兩. 贖遷은 金8兩. 죄가 있어서 腐刑으로 量刑된 자는 內官에 이송하고 內官이 腐刑을 실시한다.[30]

『二年律令』을 통해 前漢 초기 贖刑의 형벌 등급은 贖死(2斤8兩)−贖城旦春/贖鬼薪白粲(1斤8兩)−贖斬/贖腐(1斤4兩)−贖劓/贖黥(1斤)−贖耐(12兩)−贖遷(8兩)까지 6단계의 등급 체계를 이루고 있었음을 알 수 있다. 그리고 이러한 贖刑의 6단계 등급 아래에 罰金4兩−罰金2兩−罰金1兩이라고 하는 3단계 등급의 罰金刑이 있어 前漢 초기의 재산형은 贖刑과 罰金刑을 포함하여 9단계 등급으로 이루어져 있었음을 알 수 있다.[31]

한편, 오준석은 漢律에 보이는 贖刑의 등급과 마찬가지로 秦代에도 贖城旦春과 贖鬼薪鋈足의 속죄금 액수가 동일하지 않았다고 한다.[32] 秦代와 漢代의 벌금형과 속형을 비교해보면, 액수가 동일한 것은 거의 없기 때문에, 오준석이 지적한 동일하지 않았다는 의미는 무슨 뜻인지 이해하기 어렵지만, 아마도 여기서 오준석이 지적하고자 하는 것은 秦의 贖城旦春·贖鬼薪鋈足·贖宮·贖遷刑은 대체형으로서의 贖刑이고 漢代에는 贖刑이 모두 正刑이었다는 차이점이 있고, 따라서 속죄금 액수도 비교할 수 없을 만큼 큰 차이가 있었을 것이라는 추론을 제시하는 것 같다. 그러면, 그런 전제 조건인 秦의 贖城旦春·贖鬼薪鋈足·贖宮·贖遷刑이 漢代에 正刑으로 규정된 贖刑과

---

30) 『二年律令與奏讞書』, 119簡, 140쪽, "贖死, 金二斤八兩. 贖城旦春·鬼薪白粲, 金一斤八兩. 贖斬·府(腐), 金一斤四兩. 贖劓·黥, 金一斤. 贖耐, 金十二兩. 贖䙴(遷), 金八兩. 有罪當府(腐)者, 移內官, 內官府(腐)之."
31) 오준석, 앞의 논문, 54쪽.
32) 오준석, 앞의 글, 61~62쪽.

달리 代替刑으로서의 贖刑이었는가를 먼저 살펴보기로 하자. 먼저, 代替刑으로서의 贖刑이었다는 사례를 거론해보기로 하겠다.

　　무엇을 "贖鬼薪鋈足"이라 하는가? 무엇을 "贖宮"이라 하는가? •秦에 신속한 소수민족의 君長으로 爵이 上造 以上이면, 有罪시 응당 贖免을 허락한다. 群盜를 했다면 贖鬼薪鋈足으로 하고, 腐罪가 있다면 贖宮으로 한다. 群盜에 해당하는 기타의 죄도 이와 같이 한다.33)

　　위의 秦律의 규정은 유작자가 贖刑을 적용받는 사례이다. 臣邦眞戎君長이 죄를 지었을 때 上造 이상의 작위가 있으면 속면을 허용한다는 것인데, 眞은 순수한 소수민족의 혈통을 가리킨다. 이들이 群盜행위를 했을 경우 贖鬼薪鋈足에 판결하고 腐罪를 지었을 경우 贖宮에 처한다. 群盜행위는 加罪처벌을 받아서 절도금액이 1전 이상만 되더라도 斬左止＋黥以爲城旦에 처하는 것이 원칙인데,34) 이를 贖鬼薪鋈足으로 감형하는 것은 臣邦眞戎君長이 上造 이상의 작위를 보유한 것으로 간주하였기 때문일 것이다. 上造 이상의 작위 소지자는 黥城旦舂을 耐鬼薪白粲으로 감형을 받는 특권을 가지고 있다.35) 贖刑의 贖은 재물로써 그 죄를 바꾼다는 의미인데, 여기에는 正刑으로서의 贖刑과 代替刑으로서의 贖刑이 있다. 正刑으로서의 贖刑은 죄과를 贖하는 것이고, 代替刑으로서의 속형은 1차형으로 받은 형벌을 재물의 납부에 의해 2차형으로 換刑하거나 완전히 免刑해주는 것이며 정규

---

33) 『睡虎地秦簡』, 200쪽, "可(何)謂「贖鬼薪鋈足」? 可(何)謂「贖宮」? •臣邦眞戎君長, 爵當上造以上, 有罪當贖者, 其爲群盜, 令贖鬼薪鋈足；其有府(腐)罪, 【贖】宮. 其它罪比群盜者亦如此."

34) 『睡虎地秦簡』, 150쪽, 「害盜別徼而盜, 駕(加)罪之.」 •可(何)謂「駕(加)罪」? •五人盜, 臧(贓)一錢以上, 斬左止, 有(又)黥以爲城旦；不盈五人, 盜過六百六十錢, 黥劓以爲城旦；不盈六百六十到二百卄錢, 黥爲城旦；不盈二百卄以下到一錢, 遷之. 求盜比此."

35) 『睡虎地秦簡』, 130쪽, "•有爲故秦人出, 削籍, 上造以上爲鬼薪, 公士以下刑爲城旦."；『二年律令與奏讞書』82簡, 123쪽, "上造·上造妻以上, 及內公孫·外公孫·內公耳玄孫有罪, 其當刑及當爲城旦舂者, 耐以爲鬼薪白粲."

형벌체계에는 없는 것이다.36) 따라서 위의 규정은 언뜻 "腐罪가 있다면 贖宮으로 한다."의 규정만으로 대체형으로 이해하기 쉽지만, 그 규정은 정규형벌체계에 나오는 율령의 규정으로 換刑이 아니며 그 자체가 정형의 범주를 벗어나지 않는다. 가장 전형적인 대체형의 사례로는 다음이 있다.

① 천한 4년(기원전 97)에 …, "사죄에 해당하는 죄인에게 50만전을 내게 하여 사죄를 1등 감면하라.37)
② 태시 2년(기원전 95)에 …, "사죄인을 모아 50만전으로 속죄하여 사형을 감죄하라"38)
③ 신치후 조제가 태시 3년(기원전 94)에 태상이 되었는데, 옥사를 국문한 것이 사실과 다른 죄를 받아 1백만전을 내고 사형을 贖하여 '완위성단'이 되었다.39)

①은 武帝 天漢四年(기원전 97)에 사죄자에게 속전 50만전을 내게 하고 減死1等을 하고 있는데, 이것이 '死罪入贖'이다. ②는 2년 후인 太始二年(기원전 95)의 속전 50만으로 사죄를 면해주는 조치는 天漢四年의 것을 재차 시행하여 흉노전쟁에서 야기된 재정문제의 해결을 시도한 것으로 보인다. ③은 太始三年(기원전 94) 新畤侯 趙弟는 太常의 鞠獄不實로 백만전을 납입하고 사형을 면제받았는데, 이때에 감해진 형벌은 完爲城旦이다. 文帝의 형법 개혁 이후에는 사형을 1등 감형하면 髡鉗城旦舂으로 되는 것인데, 여기에서는 完爲城旦으로 감형되고 있다.40) 完爲城旦으로 된 까닭은 100만전을 납입하여 2등을 감형했기 때문으로 추정된다. 즉 50만전을 납입할 경우

---

36) 冨谷至, 「漢代の財産刑」, 『秦漢刑罰制度の硏究』, 京都:同朋舍, 1998, 203~204쪽.
37) 『漢書』 권6, 「武帝紀」, 205쪽, "(天漢四年) …, 令死罪入贖錢五十萬減死一等."
38) 『漢書』 권6, 「武帝紀」, 206쪽. "(太始二年) …, 募死罪入贖錢五十萬減死一等."
39) 『漢書』 권17, 「景武昭宣元成功臣表」, 661쪽, "新畤侯趙弟 … 太始三年, 坐爲太常鞠獄不實, 入錢百萬贖死, 而完爲城旦."
40) 임중혁, 앞의 글, 앞의 책, 134~135쪽.

사형에서 1등을 감형해 髠鉗城旦舂이 되지만, 100만전을 납입하였으므로 재차 감일등하여 完爲城旦이 된 것으로 보인다. 이러한 贖刑은 원래 과형된 正刑을 入錢에 의해 다른 형벌로 감형하는 속형(換刑)이라고 할 수 있다.[41] 冨谷至가 말한 정규의 형벌체계에는 없는 것이다. 이에 대하여 다음의 「淮南王安列傳」에서

> 贖死는 황금2근8량이다.[42]

라 하는 '贖死金2斤8兩'은 『二年律令』의 규정과도 일치한다. 따라서 여기에서 의 '贖死'는 사형에 대한 換刑의 의미가 아니고 벌금과 같은 재산형으로 이해해야 한다. 즉 우리가 상식적으로 이해하는 ①, ②, ③과 같은 사형의 대체형은 '贖死'라는 표현을 쓰지 않으며, 贖錢의 액수도 '金2斤8兩', 즉 40兩, 25,000錢이 아니라 贖死의 20배~40배에 해당한다. 贖死는 황금2근8량이다. 즉 사죄자에게 속전 50만전~100만전을 내고 減死1등하는 것에 비해 贖死는 2만5천전에 불과하므로 『二年律令』의 贖死는 재산형의 의미에 지나지 않는다.

> 贖死는 황금2斤. 贖五歲刑은 황금1斤12兩. 贖四歲, 贖三歲, 贖二歲는 각각 4兩을 차이로 한다.[43]

晉의 贖刑은 死刑의 경우 金2斤, 五歲刑은 1斤12兩, 四歲刑은 1斤8兩, 三歲刑은 1斤4兩, 二歲刑은 1斤으로 그 등차는 각각 4兩이었다. 『二年律令』과 『唐六典』의 기록에 따라서 漢律과 晉律의 贖刑을 도표로 해서 보면 아래와

---

41) 角谷常子, 「秦漢時代の贖刑」, 『前近代中國の刑罰』, 京都 : 京都大學人文科學硏究所, 1996, 85쪽.
42) 『史記』 권118, 「淮南王安列傳」, 3094쪽, "贖死金二斤八兩."
43) 『唐六典』 권6, 「尙書刑部」, 181쪽, "贖死, 金二斤 ; 贖五歲刑, 金一斤十二兩 ; 四歲·三歲·二歲各以四 兩爲差."

같다.

『二年律令』			『晉律』		
贖死	2斤 8兩	25,000전	贖死	2斤	20,000전
贖城旦春·鬼薪白粲	1斤 8兩	15,000전	贖五歲	1斤12兩	17,500전
贖斬·府(腐)	1斤 4兩	12,500전	贖四歲	1斤 8兩	15,000전
贖劓·黥	1斤	10,000전	贖三歲	1斤 4兩	12,500전
贖耐	12兩	7,500전	贖二歲	1斤	10,000전
贖遷	8兩	5,000전			

『太平御覽』에서도 晉의 贖死와 관련하여 "贖死金二斤也."[44]라는 기록이 나온다. "贖死金二斤也."를 언뜻 "死刑을 贖免하는 금액은 황금 2근이다."라고 해석하면 좋을 듯하다. 그러나 이렇게 해석하면 이를 死刑의 代替刑으로 이해하기 쉽다. 『二年律令』과 『唐六典』에 나오는 '贖死'는 "死를 贖하는"으로 해석하면 안 된다. 그냥 '贖死'로 해석해야 한다. 그러면, 秦律의 贖刑은 어떠한 성격인가?

① 貲1甲은 1,344錢에 해당하고, 金2兩은 1錘에 해당하고, 一盾은 金2錘. 贖耐는 4馬甲으로 7,680錢에 해당한다.[45]

② 1馬甲은 金3兩1錘로 1,920錢에 해당. 金1銖는 24전에 해당. 贖死는 12馬甲으로 23,040전에 해당한다.[46]

『嶽麓秦簡』의 贖死는 23,040전인데, 『二年律令』에서는 25,000전으로 되어 있다. 즉 거의 같다. 또한 『嶽麓秦簡』의 贖耐 7,680錢은 『二年律令』의 贖耐 7,500錢과 거의 일치한다. 즉 이것은 秦律의 贖死와 漢律의 贖死가 동일한

---

44) 『太平御覽』 권651, 「刑法部」, '收贖', 119쪽.
45) 『嶽麓秦簡(貳)』, 13쪽, 0957/82號簡, "貲一甲 直錢千三百卌四, 直金二兩一垂. 一盾直金二垂. 贖耐, 馬甲四 錢七千六百八十."
46) 위의 책, 13쪽, 0970/83號簡, "馬甲一 金三兩一垂 直錢千□百卄. 金一朱(銖) 直錢卄四. 贖死, 馬甲十二, 錢二萬三千卌."

성격임을 의미한다. 또한 秦律의 贖耐와 漢律의 贖耐도 동일한 성격임을 의미한다. 약간의 금액 차이는 秦의 金1兩이 576錢이고, 漢의 金1兩이 625전에 따른 황금 환산액의 차이, 즉 秦의 金1兩이 漢의 金1兩의 92%정도였다는 차이에 기인한 것이라고 보아야 한다. 『嶽麓秦簡』에는 "죄인을 은닉하여 貲2甲 이상 贖死에 이르는 형벌을 받은 사람의 室人이 있을 경우, 18세 이상인 자는 각각 貲1甲에 처한다."라는 표현이 나온다.[47]

이것은 秦代에도 贖刑과 貲刑이 재산형으로서 漢代와 마찬가지로 일정한 등급 체계를 이루고 있었음을 의미하다. 秦漢時代에 贖刑은 기본적으로 대체형이 아니었다. 앞서 대체형의 성격이 보이는 사례로 인용한 『睡虎地秦簡』의 다음 사례를 다시 인용하여 살펴보자.

> 무엇을 "贖鬼薪鋈足"이라 하는가? 무엇을 "贖宮"이라 하는가? •秦에 신속한 소수민족의 君長으로 爵이 上造 以上이면, 有罪시 응당 贖免을 허락한다. 群盜를 했다면 贖鬼薪鋈足으로 하고, 腐罪가 있다면 贖宮으로 한다. 群盜에 해당하는 기타의 죄도 이와 같이 한다.

확실히 "腐罪가 있다면 贖宮으로 한다"라는 내용에 방점을 두면, 이 율령은 언뜻 대체형처럼 보인다. 그러나 "腐罪가 있다면 贖宮으로 한다"라는 전제조건에는 秦에 臣屬한 소수민족의 君長으로 爵이 上造 以上이라는 전제조건이 있다. 즉 "소수민족의 君長으로 爵이 上造 以上인 자"는 형벌 상 처음부터 적용되는 규정이 다른 것이며, 이 경우 "腐罪가 있다면 贖宮으로 한다"라는 형벌의 규정이 원칙적으로 적용된다는 것이다. 이것은 앞서 전형적인 대체형으로 거론한 "신치후 조제가 태시 3년(기원전 94)에 태상이 되었는데, 옥사를 국문한 것이 사실과 다른 죄를 받아 1백만전을 내고 사형을 贖하여 '完爲城旦'이 되었다."라는 것과는 전혀 다른 내용이며 우리가 일반적으로

---

47) 『嶽麓秦簡(肆)』, 1966/001簡, 39쪽, "匿罪人當貲二甲以上到贖死, 室人存而年十八歲以上者, 貲各一甲."

이해하는 대체형은 이처럼 비정규적인 형벌감면으로, 주로 임시로 황제에 의해 실행된 것이다. 임시로 황제에 의해 실행된 대체형이야말로 漢代人들에게 진정한 贖刑으로서 인식된 것이라 하겠다. "秦에 신속한 소수민족의 君長으로 爵이 上造 이상이면, 有罪시 응당 贖免을 허락한다. 群盜를 했다면 贖鬼薪鋈足으로 하고, 腐罪가 있다면 贖宮으로 한다."의 贖鬼薪鋈足이나 贖宮도 대체형이 아닌 正刑이며 漢代의 贖鬼薪白粲이나 贖宮과 달리 보아야 할 하등의 이유가 없다. 처벌 당사자의 신분에 따라 처벌이 다른 것은 이를테면, 앞서 통행증 없이 사사로이 머무른 것이 10일 이상인 경우, 도망한 사실을 알았던 경우, 主舍者는 遷刑, 里典은 貲1甲, 伍長은 貲1盾으로 각각 다른 형벌이 적용되고 있는 사례와 마찬가지이다. 이 경우 이를 감형이나 대체형의 개념으로 볼 수 없고 처음부터 신분에 따라 처벌을 달리한 율령규정으로 이해해야 한다. 즉 대체형이 아닌 정형으로 이해해야 한다. 다시 반복하자면, "秦에 신속한 소수민족의 君長으로 爵이 上造 以上이면, 有罪시 응당 贖免을 허락한다. 群盜를 했다면 贖鬼薪鋈足으로 하고, 腐罪가 있다면 贖宮으로 한다."의 贖鬼薪鋈足이나 贖宮은 그 자체가 정형규정이며 따라서 漢代와 다른 贖刑과 성격이 다른 것으로 이해해야 할 이유가 없다. 특히 贖遷과 관련해서는 다음의 秦律의 규정을 주목해야 한다.

> 백성 가운데 모친 혹은 친자매가 隸妾이 되어 있는 상태에서, 본인이 유배의 죄가 5년간의 변경경비를 자원하는 경우, 그 기간을 변경에서 복무하는 병역 기간에 충당하지 않고, [예첩이 된 모친 혹은 친자매] 한명을 예첩신분에서 면제하여 서인으로 만드는 것을 허락한다. •혹 贖遷罪를 지어 돈을 납부하고자 하는 경우, 총 유배 일수를 하루에 8전씩 계산하여 납부하게 한다. 司空[48]

---

48) 『睡虎地秦墓竹簡』, 91쪽, "百姓有母及同牲(生)爲隸妾, 非適(謫)罪殹(也)而欲爲冗邊五歲, 毋賞(償)興日, 以免一人爲庶人, 許之. •或贖署(遷), 欲入錢者, 日八錢. 司空"; 수호지진묘죽간정리소조 엮음, 윤재석 옮김, 『수호지진묘죽간 역주』, 소명출판, 2010,

위의 『睡虎地秦簡』 「司空」에 따르면, "贖遷罪를 지어 돈을 납부하고자 하는 경우, 총 유배 일수를 하루에 8전씩 계산하여 납부하게 한다."는, 즉 '贖遷'과 관련된 주목할만한 내용이 나온다. 馬怡先生은 여기에 나오는 '日八錢'을 '贖遷'의 값이라고 지적하며, 贖遷은 식량 배급과 관련이 없기 때문에 居貲刑의 日居八錢, 日居六錢과 달리 '하루 8전'만 있다고 하였다.[49] 또 이와 관련하여 『里耶秦簡』에는 다음과 같은 내용이 나온다.

起贖遷, 當從事縣官二歲爲錢[50]

여기에 나오는 起는 人名이다. 起가 贖遷의 재산형을 선고받았을 때에 직접 납부할 돈이 없었기 官府에서 2년간 노역하는 방식으로 贖遷의 재산형을 대신한다는 것으로 관부 2년 노역이 贖遷의 金額에 상당한다는 것이다. 만약 이 簡이 파손되지 않았다면 간문과 簡側의 刻齒로 秦代의 贖遷의 액수를 직접 알 수 있었을 텐데, 지금은 "從事縣官二歲"에 의해서만 고찰할 수 있다.[51] 秦漢의 '歲'는 一歲면 360일, 二歲면 720일이다. 720일×8전=5,760전이다. 놀랍게도 3馬甲 5,760전에 해당한다.[52] 戴奕純의 이러한 고찰에 대해서 지금까지 중국학계에서 별다른 이견이 제시되지 않았다. 『岳麓秦簡』의 贖死는 23,040전, 『二年律令』의 贖死는 25,000전이다. 또한 『岳麓秦簡』의 贖耐는 7,680전이고, 『二年律令』의 贖耐는 7,500전에 해당한다. 여기에 "起贖遷, 當從事縣官二歲爲錢"을 근거로 『里耶秦簡』의 贖遷額을 계산하면 3馬甲

187쪽.
49) 馬怡, 「秦簡所見貲錢與贖錢-以〈里耶秦簡〉"陽陵卒"文書爲中心」, 『簡帛』 第8輯, 上海:上海古籍出版社, 2013, 211쪽.
50) 陳偉主編, 『里耶秦簡牘校釋(第二卷)』, 武漢:武漢大學出版社, 2018, 67쪽, "起贖遷, 當從事縣官二歲爲錢."
51) 戴奕純, 「秦代贖遷金額考」, http://www.bsm.org.cn/?qinjian/, 發布時間:2019. 01.08.
52) 위와 같음.

5,760전이다. 이는 漢律의 贖遷額 8량 5,000전과 거의 비슷하다. 즉 이것은 秦律의 贖死와 漢律의 贖死가 동일한 성격이며 秦律의 贖耐와 漢律의 贖耐도 동일한 성격임을 의미한다. 물론 秦律의 贖遷와 漢律의 贖遷도 동일한 성격이었음을 의미한다. 여기서 贖遷의 贖을 동사로 해석하기 쉽다.[53] 贖遷의 贖을 동사로 해석하면 안 되는 이유는 "贖死金二斤也."를 "死刑을 贖免하는 금액은 황금 2근이다."라고 해석하면 안 되는 이유와 같다. 秦漢律에 나오는 贖刑은 모두 그 자체가 正刑이기 때문에, 한문의 해석상으로는 贖을 동사로 해석하면 맞는 것 같지만, 그 자체가 모두 재산형이기 때문에 내용상으로 맞지 않다. 예컨대, 漢律의 贖城旦舂은 그대로 贖城旦舂이고, 晉律의 贖五歲는 그대로 贖五歲이지 城旦舂을 贖한다거나 5歲刑을 贖한다는 식으로 해석하면 안 된다. 마찬가지로 贖遷도 遷刑을 贖한다는 식으로 해석하면 안 된다. '贖遷'이라 하면, 秦에서는 3馬甲 5,760전의 재산형이고 漢律에서는 5,000전의 재산형으로 해석해야 한다.

『嶽麓秦簡』의 贖死 23,040전, 『嶽麓秦簡』의 贖耐 7,680전은 확실히 확인된 것이고, 여기에 추가하여 戴奕純의 고찰에 의하여 『里耶秦簡』의 贖遷額은 3馬甲 5,760전도 거의 확정이 되었다고 할 수 있다. 『嶽麓秦簡(貳)』의 자료에 다음과 같이 나온다.

① 眥一甲 直錢千三百卌四, 直金二兩一垂. 一盾直金二垂. 贖耐, 馬甲四 錢七千六百八十.
 眥1甲은 1,344錢에 해당하고, 金2兩은 1錘에 해당하고, 一盾은 金2錘. 贖耐는 4馬甲으로 7,680錢에 해당한다.[54]

② 馬甲一 金三兩一垂 直錢千□百卅. 金一朱(銖) 直錢卄四. 贖死, 馬甲十二, 錢二萬三千卌.
 1馬甲은 金3兩1錘로 1,920錢에 해당. 金1銖는 24전에 해당. 贖死는 12馬甲

---

53) 오준석, 앞의 논문, 63쪽.
54) 『嶽麓秦簡(貳)』, 0957號簡.

으로 23,040전에 해당한다.⁵⁵⁾

③ 卄四朱(銖)一兩. 三百八十四朱(銖)一斤. 萬一千五百朱(銖)一鈞. 四百八十兩一鈞.

24銖는 1兩, 384銖는 1斤, 11,500銖는 1鈞, 480兩은 1鈞에 각각 해당한다.⁵⁶⁾

④ 十六兩一斤. 卅斤一鈞. 四鈞一石.

16兩은 1斤, 30斤은 1鈞, 4鈞은 1石에 각각 해당한다.⁵⁷⁾

⑤ 四萬六千八十朱(銖)一石. 千九百卄兩一石. 百卄斤一石

46080銖는 1石, 1920兩은 1石, 120斤은 1石에 각각 해당한다.⁵⁸⁾

『嶽麓書院藏秦簡(貳)』의 ①~⑤에 의해, 金1銖 24錢, 貲一甲 1344錢, 貲1盾 384錢, 1馬甲은 1,920전, 1錘는 8銖, 金1兩 576錢 등이 밝혀졌다.⁵⁹⁾ 이에 의하면 秦代 貲一甲의 화폐환산액이 貲一盾의 2배가 아닌 3.5배가 된다. 『嶽麓秦簡(肆)』에는 『二年律令』과 비교하여 완전히 비슷하면서도 미묘한 차이가 나는 규정이 있다. 예를 들어 『嶽麓秦簡』「亡律」에는 城旦舂, 白粲, 城旦司寇가 도망가면 모두 "黥爲城旦舂"에 처하는데, 『二年律令』「亡律」에는 "城旦舂亡, 黥, 復城旦舂. 鬼薪白粲也, 皆笞百(城旦舂이 도망가면, 黥을 하고, 다시 城旦舂에 복역시킨다. 鬼薪白粲은 모두 태형 100대를 가한다)."이라 하여⁶⁰⁾ 鬼薪白粲의 도망은 단지 태형 100대를 가하는 것으로 되어 있다.⁶¹⁾ 즉 『秦簡』에 비해 『二年律令』이 상대적으로 합리적으로 되었음을 알 수 있다.⁶²⁾ 마찬가지로 秦의 벌금형의 골간은 貲一盾, 貲一甲, 貲二甲이라고

---

55) 위의 책, 0970號簡.
56) 위의 책, 0646號簡.
57) 위의 책, 0458號簡.
58) 위의 책, 0303號簡.
59) 于振波, 앞의 글, 38쪽.
60) 『二年律令與奏讞書』, 164簡, 156쪽.
61) 周海鋒, 「嶽麓書院藏秦簡(肆)的內容和價値」, 『文物』 712, 2015년 9월, 84쪽.
62) 周海鋒, 위와 같음 ; 金慶浩, 「秦·漢初 行書律의 內容과 地方統治」, 『史叢』 73, 2011, 126쪽 ; 金慶浩, 「秦·漢初 法律 繼承과 寬刑化 -儒家의 性格을 중심으로-」, 『中國史

할 수 있는데, 貲一盾, 貲二盾, 貲一甲, 貲二甲은 1 : 3.5 : 7이다. 貲二盾을 제외하고 貲一盾, 貲一甲, 貲二甲을 보면 1 : 3.5 : 7이다. 이에 비해『二年律令』의 벌금형 罰金一兩, 罰金二兩, 罰金四兩은 1 : 2 : 4이다. 양쪽을 비교해보면,『秦律』에 비해『二年律令』이 훨씬 합리적으로 변화하였음을 알 수 있다. 즉『秦律』의 貲一盾 : 貲一甲 : 貲二甲=1 : 3.5 : 7이라는 복잡하고 불규칙적이고 불합리한 규정이 罰金一兩 : 罰金二兩 : 罰金四兩=1 : 2 : 4로 매우 합리적이고 규칙적인 규정으로 바뀌었음을 알 수 있다.

그러면, 최종적으로 다시 다음과 같이 도표를 최종적으로 수정할 수 있다.

秦漢의 罰金刑과 贖刑의 換算額의 비교

罰金刑·贖刑	漢律		秦律	
贖死	2斤 8兩(40兩)	25,000錢	12馬甲	23,040錢
贖城旦舂 贖鬼薪白粲	1斤 8兩(24량)	15,000錢	7馬甲 혹은 8馬甲(推定)	13,440錢 혹은 15,360錢(推定)
贖斬 贖腐	1斤 4兩(20량)	12,500錢	6馬甲 혹은 7馬甲(推定)	11,520錢 혹은 13,440錢(推定)
贖劓 贖黥	1斤(16량)	10,000錢	5馬甲 혹은 6馬甲(推定)	9,600錢 혹은 11,520錢(推定)
贖耐	12兩	7,500錢	4馬甲	7,680錢
贖遷	8兩	5,000錢	3馬甲	5,760錢
罰金刑	4兩	2,500錢	貲2甲	2,688錢
	2兩	1,250錢	貲1甲	1,344錢
	1兩	625錢	貲1盾	384錢

위의 도표와 관련하여 흥미로운 사실은 秦의 貲1盾과 貲2盾을 합치면, 1,152錢이고 이를 평균하면 秦의 金1兩 576錢과 같다는 점이다. 즉 貲1盾의 錢價+貲2盾의 錢價×1/2=576=秦의 金1兩이라는 등식이 성립된다. 즉『二年律令』에서는 벌금형의 최소단위가 '罰金1兩'인데, 漢의 罰金1兩은 바로 秦의 貲1盾→ 罰金1兩이 아니라 貲1盾과 貲2盾의 평균가격을 기준으로 산출되었

음이 확실하다. 다만, 秦의 罰金1兩 576錢은 『睡虎地秦簡』의 노역일수에 따른 하루 상환액이 8錢 혹은 6錢63)에 맞춰 산출된 것으로 생각되며, 漢의 罰金1兩 625錢은 16兩=1근=10,000錢에 따라 산출된 가격이라고 생각된다. 어쨌든 벌금액 최고액을 비교하면 秦의 경우 貲2甲인 2,688錢인데 비하여 漢의 罰金4兩은 2,500錢으로 경감된 것임을 알 수 있다. 贖刑의 경우를 살펴보면, 漢의 贖遷이 8兩 5,000錢이라면, 秦의 경우 3馬甲 5,760錢일 가능성이 매우 높다. 그렇다면 贖刑의 최소 단위인 贖遷에서는 漢의 벌금액이 증가되었을 것이다. 반면에 贖刑의 最重刑인 贖死는 기록이 나오므로 확실한 비교가 가능한데, 漢의 경우 2斤8兩 25,500錢인데, 秦은 12馬甲 23,040錢으로 되어 있다. 그러나 漢의 贖死 2斤8兩, 즉 40兩을 秦의 金1兩 576錢으로 계산하면 23,040錢, 즉 秦은 12馬甲과 동일하다. 秦의 金1兩 576錢을 漢의 贖刑에 적용하여 계산하면 秦의 贖刑과 큰 차이가 없어진다. 그래서 필자는 漢의 罰金刑과 贖刑은 秦의 貲1盾과 貲2盾의 평균가격에서 시작하여 秦의 贖死 12馬甲에 맞춘 것이며 그 중간의 罰金刑과 贖刑은 秦의 罰金刑과 贖刑의 近似値에 가까운 금액에 가까운 '兩'으로 배열한 것이라 생각한다.

오준석은 秦代 贖刑의 등급이 前漢 초기와 마찬가지로 6단계로 이루어졌다고 단정하기 어렵고, 이는 추정의 영역을 벗어나기 힘든 수치라고 지적하였다.64) 그러나 秦代의 贖刑이 漢代의 贖刑과 달리 代替刑이 포함되어 있기 때문에 秦律의 贖刑과 漢律의 贖刑 사이에는 근본적인 차이가 있다고 하는 전제 자체가 잘못되었기 때문에 이 견해는 받아들이기 어렵다. 먼저 확실히 확인되는 『岳麓秦簡』의 贖死는 23,040전, 『二年律令』의 贖死 25,000전은 둘 다 대체형이 아닌 것이 확실하고 贖死의 금액도 거의 동일하다. 漢代에 보이는 사형의 대체형은 실제로 50만전 내지 100만전을 내고 단지 감사일등의 처벌을 받는 것에 지나지 않았다. 『岳麓秦簡』의 贖死는 23,040전, 『二年律令』의 贖死 25,000전, 晉律의 贖死 20,000전은 글자 그대로 재산형이다.

---

63) 『睡虎地秦簡』, 120쪽.
64) 오준석, 앞의 논문, 58쪽.

『岳麓秦簡』의 贖死는 23,040전, 『二年律令』의 贖死 25,000전은 秦의 황금의 1량의 환산액과 漢의 황금의 1량의 환산액의 차이에 따른 차이에 불과한 것으로 이해해야 한다. 秦의 贖耐 7,680전과 漢의 贖耐 7,500전의 경우도 다른 형벌 개념으로 이해할 수 없다. 거의 입증된 秦의 贖遷 5,760錢과 漢律의 贖遷 5,000錢도 贖錢 금액도 비슷하다. 거의 동일한 개념으로 이해해야 한다. 6개 속형의 등급 가운데, 3개가 확인이 되었다고 한다면, 秦의 贖刑도 贖死와 贖耐 사이에 3단계의 속형이 존재하였다고 보는 추론이 그렇지 않을 것이라고 보는 추론에 비하여 훨씬 합리적인 해석이라고 보아야 한다. 秦의 勞役刑徒와 漢文帝 이전의 漢의 勞役刑徒도 동일하다. 지금까지 밝혀진 秦의 형벌제도와 漢의 형벌제도는 동일하다. 단지 贖城旦舂, 贖鬼薪白粲 등 贖刑의 일부가 秦과 漢 사이에 차이가 있었을 것으로 보는 것은 합리적이지 않다. 秦의 贖刑 가운데는 오준석의 해석대로 마치 代替刑처럼 보이는 것이 있다. 그러나 실제 한대의 대체형은 황제의 일시적 조치인 것으로 보아야 하며, 율령에 규정된 속형은 모두 정형이며 대체형이 아닌 재산형이다. 분명한 것은 漢律과 크게 다른 秦律의 贖刑의 액수가 전혀 확인이 되지 않고 있다는 점이다. 구체적으로 확인된 것은 속형 6등급 가운데, 3등급이고 贖刑의 액수도 거의 유사하다. 따라서 나머지 구체적으로 확인되지 않는 나머지도 贖刑의 액수도 거의 유사하다고 보는 것이 합리적이다. 秦의 벌금형이 3등급으로 되어 있고 漢의 벌금형이 3등급으로 되어 있는 것도 秦의 재산형체계와 漢의 재산형 체계가 크게 다르지 않다는 것을 간접적으로 증명한다.

IV. 贖刑·罰金刑의 변화에 대한 비판적 검토

秦代에 비해 漢代의 벌금액이 대폭 감소하였고, 더욱 관부에서의 노역가액을 감안하면, 그 부담이 더욱 경감되었을 것이라고 보는 견해가 있다.

이성규, 임중혁, 宋艶萍, 오준석 등은 기본적으로 이러한 입장을 견지하고 있다.65) 이러한 견해의 시초는 『睡虎地秦簡』의 "當貲盾, 沒錢五千而失之, 可(何)論? 當誶."66)에서 시작된다. 이성규는 『睡虎地秦簡』의 "傷乘輿馬, 夬(決)革一寸, 貲一盾; 二寸, 貲二盾; 過二寸, 貲一甲."67)을 2배 차등 책임을 추궁하면서 1盾·2盾·1甲의 순서가 명시된 사례로 보고, 2盾의 두 배, 즉 4盾이 1甲일 가능성을 시사한다고 보았다.68) 그러나 이 一例를 제외하면, 다음에는 예외 없이 1甲이 등장하는 사실을 보면, 2盾이 곧 1甲일 가능성도 높다, 1盾은 5천전에서 크게 차이가 없는 것 같은데, 일단 2盾을 1甲으로 계산하면, 2甲은 약 2만전에 해당한다. 이것을 1일 8전의 노역으로 상환하면, 약 7년이 소요되며, 1甲을 2盾의 2배로 계산하면, 이 수치는 2배, 즉 4만전과 14년이 된다라고 하였다.69) 또한 이성규는 貲一盾이 5천전이라면, 漢代의 罰金一兩이 625전이므로 벌금부담은 漢律이 秦律에 비해 1/8로 감소한 것이 되고, 또 관부에서 노역가액을 1일 8錢에서 12錢으로 인상한 것을 반영하면 부담은 더욱 줄어들어 1/12로 된다고 하였다.70) 이성규의 이러한 견해는 처음부터 끝까지 추론이고, 말할 것도 없이 최소한의 실증조차 거치지 않은 것이었다. 임중혁도 貲一盾을 5천전으로 보았는데,71) 그 후 『岳麓秦簡(貳)』에서 "貲一甲 直錢千三百卌四, 直金二兩一垂. 一盾直金二垂. 贖耐, 馬甲四 錢七千六百八十"72)이라 하여 貲一盾의 가격이 확정되면서 貲一

---

65) 任仲爀, 「秦漢律의 벌금형」, 『中國古中世史硏究』 15, 2006, 29~30쪽 ; 이성규, 「秦·漢의 형벌체계의 再檢討-雲夢秦簡과 〈二年律令〉의 司寇를 중심으로」, 『東洋史學硏究』 85, 2003, 67~68쪽 ; 宋艶萍, 「從〈二年律令〉中的"貲"看秦漢經濟處罰形式的轉變」, 『出土文獻硏究』 6, 上海 : 上海古籍出版社, 2004, 148~149쪽 ; 오준석, 앞의 논문, 72~76쪽.
66) 『睡虎地秦簡』, 171쪽.
67) 『睡虎地秦簡』, 陳偉主編, 『秦簡牘合集』, 武漢大學出版社, 2014, 「秦律雜抄」 27號簡, 181~182쪽 ; 竹簡整理小組 엮음, 윤재석 옮김, 앞의 책, 272쪽.
68) 이성규, 앞의 논문, 24쪽.
69) 위와 같음.
70) 이성규, 위의 논문, 67~68쪽.
71) 임중혁, 「雲夢秦簡의 貲罰에 대하여」, 『東洋史學硏究』 24, 1986, 20~22쪽.
72) 『嶽麓秦簡(貳)』, 0957/82號簡, 13쪽.

盾을 5천전으로 본 것은 스스로 근거가 없었음을 강조하고 있다.73) 요컨대, 秦代에 비해 漢代의 罰金額이나 贖錢額의 부담이 경감되었다는 사료적 근거는 없다. 사실 罰金이나 贖刑만이 아니라 漢文帝 13년에 肉刑을 폐지하고 형기를 설정하기 이전까지 秦律와 漢律 사이에 勞役刑에 있어서도 차이가 있었다고 보기 어렵다. 『睡虎地秦簡』의 "當貲盾, 沒錢五千而失之, 可(何)論? 當詐."와 함께 주목되었던 것은 『二年律令』의 아래 사료였다.

諸侯國에서 온 爲閒者 1人을 잡아들이면, 爵 1級을 수여하고, 또한 2萬錢을 購賞한다. 爵을 수여하는데 합당하지 않은 者는 1級에 1萬錢을 賜與하고, 또한 그 포상을 行한다. 여러 사람이 함께 罪人을 잡아들여 포상할 (대상에) 해당되는데, 서로 移讓하고자 하는 경우에는 그것을 허락한다.74)

이를 근거로 若江賢三은 秦律의 刑罰과 贖額과의 대응관계를 복원하여 秦律의 刑罰과 贖錢額을 다음 표와 같이 고찰하였다.75)

秦律의 刑罰과 贖錢額(若江賢三)

	贖刑	贖錢額
耐隸臣	贖耐	1萬5千錢
完城旦	貲二甲	2萬錢
黥城旦	贖黥	3萬錢

貲一盾을 5천전으로 보고 貲二甲을 2만전으로 주장한 若江賢三의 논증에 대하여 籾山明은 논증 과정 그 자체도 불안할 정도로 추론에 의존한 연구라고

---

73) 임중혁, 「秦漢律의 벌금형」, 『고대 중국의 통치메카니즘과 그 설계자들2』, 서울 : 경인문화사, 2021, 73쪽, 76~77쪽.
74) 『二年律令與奏讞書』, 151쪽, "捕從諸侯來爲閒者一人, 擤(拜)爵一級, 有(又)購二萬錢. 不當擤(拜)爵者, 級賜萬錢, 有(又)行其購. 數人共捕罪人而當購賞, 欲相移者, 許之."
75) 若江賢三, 「秦律における贖刑制度(上)」, 『愛媛大學法文學部論集』 18, 1985 ; 若江賢三, 「秦律における贖刑制度(下)」, 『愛媛大學法文學部論集』 19, 1986.

평가하고 있다.76) 若江賢三은 『岳麓書院藏秦簡(貳)』가 발표된 후 秦漢의 贖額에 대한 비교를 통하여 아래와 같은 도표를 작성하였다.77)

秦漢의 贖額의 비교(若江賢三)

	漢律		秦律	
贖耐	12兩	7,500錢	6甲(14兩)	8,064錢
贖黥	1斤	10,000錢	8甲(=작1급)	10,752錢
贖城旦舂	1斤 8兩	15,000錢	12甲	16,128錢
黥城旦舂=贖死	2斤 8량	25,000錢	20甲=14馬甲	26,880錢

1980년대 그가 추론에 의존해 발표한 秦代의 貲甲·貲盾 등의 가격이 실제 가격과 매우 동떨어진 것은 말할 것도 없거니와 그는 『嶽麓秦簡(貳)』에 명백히 贖耐는 4馬甲으로 7,680錢, 贖死는 12馬甲으로 23,040錢에 해당한다는 기록이 나오고 있음에도 불구하고 위와 같은 도표를 작성하였다.

秦漢의 罰金刑과 贖刑의 換算額의 비교(林炳德)

罰金刑·贖刑	漢律		秦律	
贖死	2斤 8兩(40兩)	25,000錢	12馬甲	23,040錢
贖耐	12兩	7,500錢	4馬甲	7,680錢
贖遷	8兩	5,000錢	3馬甲	5,760錢
罰金刑	4兩	2,500錢	貲2甲	2,688錢
	2兩	1,250錢	貲1甲	1,344錢
	1兩	625錢	貲1盾	384錢

필자가 작성한 위의 도표는 『岳麓書院藏秦簡(貳)』와 『里耶秦簡牘校釋(第二卷)』에 의해 확실히 밝혀진 것만을 기준으로 하고 앞서의 도표에서 추론 부분을 제외하고 작성한 것이다. 위의 도표를 보면 확실히 알 수 있듯이 적어도 秦代에 비해 漢代의 罰金額이나 贖錢額의 부담이 경감되었다는

---

76) 籾山明, 「秦漢刑罰史研究の現狀」, 『中國史學』 5, 1995, 139쪽.
77) 若江賢三, 「秦律における爵價と贖刑の制度」, 『愛媛大學法文學部論集』(人文科學編) 37, 2014, 16쪽.

어떠한 경향성이나 원칙을 찾아볼 수 없다. 사실 罰金이나 贖刑만이 아니라 漢文帝 13년에 肉刑을 폐지하고 형기를 설정하기 이전까지 秦律과 漢律 사이에 勞役刑에 있어서도 차이가 있었다고 보기 어렵다. 일단, 여기서는 秦代와 漢代 사이에 罰金額이나 贖錢額의 차이로 인한 부담의 경감이라는 전제는, 가설 자체가 완전히 근거 없는 추론에 의해 도출된 것이고, 고증 자체도 사료상의 실증이 없는 추론으로 시종일관하고 있음을 지적하고자 한다.

특히 문제가 되는 것은 "유죄로 貲·贖을 받거나 관청에 채무가 있는 경우, 판결에 규정된 기일에 의거하여 심문하는데, 만일 貲·贖에 따른 금액을 납입하거나 채무를 배상할 능력이 없으면, 판결에 규정된 기일동안 노역하게 하여 상환하도록 함에 하루 노역을 8전으로 계산하고, 관청에서 식사를 지급받는 경우는 하루 노역을 6전으로 계산한다."[78]라는 것으로 노역으로 貲·贖을 대신하는 경우, 하루 노역을 8전 혹은 6전으로 계산하는 것과 관련해서이다. 罰金이나 贖刑으로 인하여 刑徒와 마찬가지로 관부의 강제 노역에 종사하게 된 사람들을 居貲, 居贖이라고 하는데, 秦律의 居貲贖債에 대하여 『張家山漢墓竹簡[三三六號墓]』 漢簡 漢律十六章에서는 "居罰贖債"라는 용어로 나타난다.[79] 그것은 오준석의 지적대로 漢은 벌금형의 명칭을 秦代의 '貲'에서 '罰金'으로 고쳤기 때문에 居貲贖債 대신 居罰贖債라는 용어를 사용한 것이다. 『張家山漢墓竹簡[三三六號墓]』은 肉刑廢止 이전인 漢文帝 시기의 律令에 해당한다. 즉 적어도 漢文帝 육형폐지의 형제개혁 이전까지는 罰金이나 贖刑으로 인하여 刑徒와 마찬가지로 관부의 강제 노역에 종사한

---

78) 『睡虎地秦簡』 「秦律十八種」 '司空'133簡(陳偉主編, 『秦簡牘合集』, 武漢大學出版社, 2014, 120쪽), "有罪以貲贖及有責(債)於公, 以其令日問之, 其弗能入及貲(償), 以令日居之, 日居八錢; 公食者, 日居六錢."

79) 『張家山漢墓竹簡[三三六號墓]』, 북경: 文物出版社, 2022, 175~176簡, 188쪽, "城旦舂·鬼薪白【粲·隸臣】妾之毄(繫)城旦舂居罰·贖·責(債), 皆將司之. 弗將司·將司而亡之, 徒耐, 吏贖耐. 能捕得之皆【除】. □□縱令亡, 若與偕亡, 城旦舂也將者黥爲城旦舂, 它各與同罪."

居罰, 居贖이 秦律의 居貲贖債처럼 존재했다는 것을 의미한다. 그런데, 여기에서 문제가 되는 것은, 『二年律令』과『張家山漢墓竹簡[三三六號墓]』에 나오는 아래의 내용이었다.

① 요역에서 도망하거나 수레와 소를 요역에 동원해야 하는데 내지 않으면 모두 하루에 벌금 22전을 부과하며, 또 요역에서 빠진 날짜만큼 배상시킨다. 거□[80]
② 요역에서 도망하거나 수레와 소를 요역에 동원해야 하는데 내지 않으면 모두 하루에 벌금 22전을 부과하며, 또 요역에서 빠진 날짜만큼 배상시킨다. 車牛는 각각 1인에 해당한다.[81]

『二年律令』①은 정리소조에서 발표할 당시에는 "하루에 벌금 22전을 부과하며"가 아니라 "하루에 벌금 12전을 부과하며"[82]로 되어 있다. 이를 근거로 이성규는 앞의 지적대로 貲一盾을 5천전으로 보고, 漢代의 罰金一兩이 625전이므로 벌금부담은 漢律이 秦律에 비해 1/8로 감소한 것이 되고, 또 관부에서 노역가액을 1일 8錢에서 12錢으로 인상한 것을 반영하면 부담은 더욱 줄어들어 1/12로 된다고 하였다.[83] 임중혁도 앞서 지적하였듯이 貲一盾을 5천전으로 보았는데,[84] 그 후『岳麓秦簡(貳)』에서 貲一盾의 가격이 확정되면서 貲一盾을 5천전으로 본 것은 스스로 근거가 없었음을 강조하고 있다. 그러나 여전히 1일 노역의 대가를 12전으로 이해하고 있

---

80) 『二年律令與奏讞書』, 244쪽, "乏徭及車牛當繇(徭)而乏之, 皆貲日卄二錢, 有(又)賞(償)乏繇(徭)日, 車□."
81) 『張家山漢墓竹簡[三三六號墓]』,「漢律十六章 興律」293簡, 204쪽, "乏繇(徭)及車牛當繇(徭)而乏之, 皆貲日卄二錢, 有(又)償乏繇(徭)日, 車牛各當一人."
82) 『張家山漢墓竹簡[二四七號墓]』, 北京 : 文物出版社, 2006, 63쪽, "已(?)繇(徭)及車牛當繇(徭)而乏之, 皆貲日十二錢, 有(又)賞(償)乏繇(徭)日, 車□."
83) 이성규, 위의 논문, 67~68쪽.
84) 임중혁,「雲夢秦簡의 貲罰에 대하여」,『東洋史學研究』24, 1986, 20~22쪽.

다.85) 『二年律令與奏讞書』와 『張家山漢墓竹簡[三三六號墓]』에 의해, 12전이 아니라 22전임이 확인된다. 그러면 1일 노역가액은 22전이 된다. 관부에서 노역가액을 1일 8錢이라는 秦律의 규정이 漢律에서 갑자기 22전이 되려면, 秦에서 漢에 이르는 과정에 엄청난 인플레이션이라든가 이에 따른 황금 기준가의 큰 변화라든가 어떤 경제적 변동 요인이 확인되어야 한다. 또한 관부에서 노역가액의 변화와 함께 다른 형벌제도의 큰 변화가 확인되어야 한다. 그런데, 앞서 살펴본대로 벌금형과 속형에 거의 아무런 금액상의 변화가 확인되지 않는다. 게다가 22전이라는 것은 『二年律令』과 『張家山漢墓竹簡[三三六號墓]』에 나오는 것이고 모두 漢文帝가 肉刑廢止와 무기형에서 유기형으로의 형법개혁 이전의 기록이다. 무엇보다 구체적인 자료를 가지고 漢代에 들어와 단위 일수 당 노역 단가가 상당히 늘어났을 것이라는 근거를 제시해야 하는데, 구체적인 근거 없이 추론과 거듭된 가정에서 출발하고 있다. 22錢이라는 액수가 결국 하루 요역의 가치를 계산했기에 나온 액수라는 점을 생각해 보면, 『嶽麓秦簡(柒)』의 다음의 자료를 똑같은 논리로 설명해야 한다.

공예신첩 및 공이 (어떠한 법적 처벌로 인해) 예신첩에 해당하는 자가 도망하면, 하루를 60전으로 계산하고, 예신첩·궁예·수인은 …86)

"요역에서 도망하거나 수레와 소를 요역에 동원해야 하는데 내지 않으면 모두 하루에 벌금 22전을 부과하며, 또 요역에서 빠진 날짜만큼 배상시킨다."라는 『二年律令』「興律」의 22전이 1일 관부노역가액은 22전이라고 한다면, 『岳麓書院藏秦簡(柒)』의 "공예신첩 및 공이 예신첩에 해당하는 자가 도망하

---

85) 임중혁, 「秦漢律의 벌금형」, 『고대 중국의 통치메카니즘과 그 설계자들2』, 서울 : 경인문화사, 2021, 89쪽.
86) 『嶽麓秦簡(柒)』, 181쪽, "工隸臣妾及工當隸臣妾者亡, 以日六十錢計之, 隸臣妾·宮隸·收人."

면, 하루를 60전으로 계산하고"의 60전은 어떻게 해석할 것인가? 이것을 秦의 工隷臣妾 1일 관부노역가액 60전으로 해석할 수 있을까? 글자 그대로 이 사례는 공예신첩 및 공이 예신첩에 해당하는 자의 도망에 대한 벌금액으로만 이해해야 한다. 이를 1일 관부노역가액 60전으로 해석한다면, 그와 같은 결론은 추론에 지나지 않는다.[87] 마찬가지로 "貲日22錢"이라는 것도 乏徭 일수를 계산해 하루 당 22錢의 벌금을 내도록 한다는 뜻이며, 乏徭에 대한 벌금액으로 이해해야 한다. 이를 하루의 노역 단가로 볼 근거도 없고 그렇게 확대해석할 이유도 없다. 그것은 필자가 보기에 貲一盾을 5천전으로 해석하였던 사례처럼 논증 과정 그 자체도 불안할 정도로 추론에 의존한 연구로 볼 수밖에 없다.

V. 맺음말

秦의 貲罰刑은 漢의 罰金刑처럼 貲1盾·貲1甲·貲2甲 3단계로 되어 있다는 견해와 貲1盾·貲2盾·貲1甲·貲2甲이 나뉘어져 있다. 필자는 종전에 貲1盾·貲2盾·貲1甲·貲2甲의 4단계설을 주장하였는데, 오준석의 견해가 타당하다고 생각하여 貲1盾·貲1甲·貲2甲설로 수정하였다. 무엇보다 이렇게 해야 漢의 罰金1兩, 罰金2兩, 罰金4兩과 대응이 된다.

한편, 『岳麓秦簡』의 贖死는 23,040전, 『二年律令』의 贖死 25,000전은 秦의 황금1량의 환산액과 漢의 황금1량의 환산액의 차이에 따른 것에 불과하다고 보았다. 秦의 贖耐 7,680전과 漢의 贖耐 7,500전의 경우도 다른 형벌 개념으로 이해할 수 없고 秦의 贖耐를 거의 그대로 계승한 것으로 보았다. 거의 입증된 秦의 贖遷 5,760錢과 漢律의 贖遷 5,000錢도 贖錢 금액이 거의 비슷하다. 거의 그대로 계승된 것으로 보아야 한다고 하였다. 6개 속형의 등급

---

[87] 林炳德, 「秦代의 罰金刑과 贖刑」, 『中國史硏究』 100, 2016, 9~10쪽.

가운데, 3개가 확인되었고, 속전 금액도 매우 유사하다고 한다면, 秦의 贖刑도 贖死와 贖耐 사이에 3단계의 속형, 모두 합치면, 秦代에도 漢代와 마찬가지로 6단계의 속형이 존재하였다고 보는 추론이 그렇지 않을 것이라고 보는 추론에 비하여 보다 합리적인 해석이라고 보아야 한다. 秦의 贖刑 가운데는 오준석의 해석처럼 마치 代替刑처럼 보이는 것이 있다. 그러나 실제 漢代의 대체형은 황제의 일시적 조치인 것으로 보아야 하며, 율령에 규정된 贖刑은 그 내용이 대체형적인 요소가 포함되어 있다 해도 모두 정형이며 대체형이 아닌 재산형이다. 분명한 것은 漢律과 크게 다른 秦律의 속형의 액수는 현재까지 전혀 확인될 수 없다는 점이다. 구체적으로 확인된 것은 속형 6등급 가운데, 3등급이고 贖刑의 액수도 거의 유사하다. 구체적으로 확인되지 않는 나머지도 贖刑의 액수도 거의 유사하다고 보는 것이 합리적이다. 『二年律令』과 『張家山漢墓竹簡[三三六號墓]』에 나오는 貲日廿二錢의 22전을 漢의 1일 관부노역가액으로 보는 견해와 관련해서는 부정적 의견을 제출하였다. "貲日22錢"이라는 것도 乏徭 일수를 계산해 하루 당 22錢의 벌금을 내도록 한다는 뜻이며, 글자그대로 乏徭에 대한 벌금액으로 이해해야 한다.

"漢代의 罰金1兩(=625錢)을 상환하는 데는 최소한 78일이 소요되고, 罰金4兩(=2,500錢)의 상환에는 313일, 贖耐(金12兩, 7,500錢)의 상환에는 938일로 3년 이상의 기간이 소요되며 前漢 초기에는 이러한 기준으로 居作이 진행되었을 수도 있지만, 文帝의 刑制개혁으로 肉刑이 폐지되고 노역형의 형기가 정해진 뒤에는 이러한 기준은 비현실적인 것이 되고 말았을 것이다."는 오준석의 지적은 중요하다. 가장 극단적인 사례를 가정하면, 秦의 贖死 23,040錢이고, 漢의 贖死 24,000錢인데, '家貧不能入'해서 노역으로 이를 대신하고 1일 노역가 8전으로 계산하면, 秦은 7년 8개월 이상, 漢은 8년 이상이 걸린다. 漢文帝 刑制개혁 이후 노역형 중 가장 무거운 髡鉗城旦舂의 형기는 6년, 完爲城旦舂의 형기는 5년, 鬼薪白粲의 형기는 4년, 隷臣妾의 형기는 3년, 司寇의 형기는 2년으로 정해진다.[88] 따라서 漢文帝 刑制改革

이후는 제도적으로도 모순이 된다. 다만 다음과 같은 사례는 뭔가 그 모순을 줄이려는 시도가 있지 않았을까 싶다.

① 무릇 말과 소가 다니는 곳에는 모두 함부로 구덩이(함정)를 파지 말라. 구덩이를 파거나 다른 장치를 두어 사람이나 말, 소를 다치게 하는 경우에는 비록 살상되지 않았다고 해도 耐爲隷臣妾으로 삼는다.[89]

② 무릇 말과 소가 다니는 곳에는 모두 함부로 구덩이(함정)를 파지 말라. 구덩이를 파거나 다른 장치를 두어 사람이나 말, 소를 다치게 하는 경우에는 비록 살상되지 않았다고 해도 罰金十二兩에 처한다.[90]

①은 『二年律令』 ②는 『荊州胡家草場西漢簡牘選粹』의 규정이다. ①은 漢初, ②는 漢文帝 肉刑폐지 이후의 규정이다. ①의 耐爲隷臣妾이 ②에서는 罰金12兩으로 변경된다. ①의 耐爲隷臣妾은 무기형도인데, 肉刑廢止의 刑制改革이후 隷臣妾의 형기는 3년이었다.[91] 罰金12兩은 7,500錢이다. 만약 관부에서 노역가액이 秦代처럼 1일 8錢, 혹은 6전이라면 대략 3년 정도에 해당한다. 위의 규정은 隷臣妾 3년의 노역형을 대체로 그에 상응하는 벌금으로 변경한 것으로 이해가 되는 것이다.

---

88) 文帝 刑制개혁 이후의 구체적인 노역형 형기에 대해서는 여러 가지 이설이 있지만 여기서는 林炳德, 「『荊州胡家草場西漢簡牘』과 漢文帝의 刑制改革」, 『中國史研究』 143, 2023, 35~37쪽에서 정리한 내용에 근거하였다.

89) 『二年律令與奏讞書』, 192쪽, "諸馬牛到所, 皆毋敢穿阱及[置它機], 穿阱及置它機能害人·馬牛者, 雖未有殺傷也, 耐爲隷臣妾."

90) 荊州博物館·武漢大學簡帛硏究所中心編著 『荊州胡家草場西漢簡牘選粹』, 北京 : 文物出版社, 2021, 56쪽, "諸馬牛到所, 皆毋敢穿阱及置它機, 穿阱及置它機能害人·馬牛者, 雖未有殺·傷也, 罰金十二兩."

91) 林炳德, 「『荊州胡家草場西漢簡牘』과 漢文帝의 刑制改革」, 『中國史研究』 143, 2023, 37쪽.

秦·漢의 土地所有制

Ⅰ. 머리말

1950년대 이래 秦漢의 土地所有制의 성질 문제와 관련하여 ① 토지국유론 ② 토지사유론 ③ 국유·사유병존론 등이 제기되었다. 이 가운데, ③의 국유·사유병존론은 토지국유제, 대토지점유제, 대토지소유제, 소농토지소유제 등의 다종형태병존설과 유사하다. 토지국유론, 혹은 토지사유론이라 하더라도 구체적인 내용으로 들어가면 매우 다양하다. 예를 들어 토지국유제를 취한다 하더라도 토지의 매매가 허용되었다는 견해가 있는가 하면 허용되지 않았다는 견해가 있다. 秦漢의 土地所有制의 성질 문제와 관련된 다양한 논의에는 사료에 대한 해석상의 차이 이외에 여러 가지 관점상의 차이가 있다. 예를 들어 아시아적 생산양식이 중국에 적용할 수 있다고 보는 논자들은 토지국유제를 인정한다. 또한 봉건정치권력이 경제권력에 대한 통제를 어떻게 볼 것인가 하는 문제와 관련하여 정치권력의 경제권력에 대한 통제가 경제소유권에 영향을 크게 주지 않는다고 본다면, 대체로 토지사유의 입장에 서게 되는데, 물론 이 경우의 토지사유란 근대자본주의 사유권과 봉건제의 사유권과는 구별된다. 국유·사유병존론자들은 정치권력이 경제상의 소유권의 최고지배권을 대표하지만, 동시에 경제권력의 상호독립성도 인정한다.[1] 이러한 논쟁에서 한정된 서로 모순된 토지매매에

---

1) 閆桂梅,「近五十年來秦漢土地制度硏究綜述」,『中國史硏究動態』 2007-7, 10~11쪽.

대한 자료를 어떻게 볼 것인가 하는 문제도 秦漢의 土地所有制의 성질 문제와 관련하여 매우 중요한 논란을 제기하고 있는데, 사유제와 국유제론은 대체로 토지매매의 승인 여부를 기준으로 하고 있다.[2]

秦漢의 土地制度 연구사에서 새로운 관점의 연구 흐름이 생겨난 것은 1975년 『睡虎地秦簡』의 발표가 계기였다.[3] 즉 이를 계기로 土地國有制說이 주류적인 학설로 대두되었다. 1989년에는 雲夢龍崗6호묘에서 150매의 竹簡 秦律이 출토되었는데, 이 『龍崗秦簡』에는 授田과 관련된 규정이 다량 포함되어 있어서 秦의 土地授田의 증거로 추가되었다.[4] 이보다 앞서 1979년에는 四川의 靑川에서 『田律』이 발견되어 『睡虎地秦簡』에서 제기된 土地國有制說이 더욱 설득력을 얻게 되었다.[5] 이상의 出土 資料는 획기적인 것이었는데, 秦·漢의 토지제도와 관련하여 이보다 좀더 구체적인 자료는 2001년 文物出版社에서 공개된 『張家山漢墓竹簡[二四七號墓]』의 『二年律令』이었다. 여기에는 漢初의 授田에 관한 구체적이고도 상세한 규정이 포함되어 있었다. 따라서 『張家山漢簡』에 포함된 『二年律令』의 석문이 발표된 이후,[6] 秦漢의 土地制度에 관한 연구는 보다 구체적으로 진행되었다. 가령 70년대 후반~80년대에는 막연한 추론의 영역이었던 授田制의 구체적인 내용들, 예컨대 爵級에 따른 지급된 토지분량, 受田 자격, 상속의 방법 등이 구체적으로 밝혀지게 되었고 이에 따라 이 분야의 연구는 보다 실증적인 성과를 얻게 되었다.

『二年律令』의 출현 이전에 秦帝國의 授田制, 즉 토지국유제가 自實田을

---

2) 위와 같음.
3) 睡虎地秦墓竹簡整理小組, 『睡虎地秦墓竹簡』, 北京 : 文物出版社, 1978.
4) 劉信芳·梁柱, 『雲夢龍崗秦簡』, 北京 : 科學出版社, 2001 ; 中國文物硏究所·湖北省文物硏究所, 『龍崗秦簡』, 北京 : 中華書局, 2001.
5) 四川省博物館·靑川縣文化館, 「釋靑川秦墓木牘」, 『文物』 1982-1 ; 于豪亮, 「靑川縣出土秦更修田律木牘－四川靑川縣戰國墓發掘簡報(J)」, 『文物』 1982-1 ; 李昭和, 「靑川出土木牘文字簡考」, 『文物』 1982-1 ; 楊寬, 「釋靑川秦牘的田畝制度」, 『文物』 1982-7 ; 黃盛璋, 「靑川新出秦田律木牘及其相關問題」, 『文物』 1982-9.
6) 彭浩·陳偉·工藤元男主編, 『二年律令與奏讞書－張家山二四七號漢墓出土法律文獻釋讀』, 上海古籍出版社, 2007.

계기로 사유제의 단계로 진입했고, 漢代에도 계속 私有制가 발전하였다고
보는 입장을 취하는 논자들은 秦國과 漢帝國이 전혀 다른 체제였고 秦의
民田과 漢의 民田은 전혀 다른 성격이라는 입장을 취하였다. 본고의 서술과
관련하여 무엇보다 중요한 것은 『二年律令』에 田宅의 賣買를 허용하는 규정
이 포함되어 있었다는 점이었다.7) 그동안 秦 土地國有制說의 입장을 취하는
논자들은 授田制와 田地의 매매는 양립할 수 없다는 입장을 취하였는데,
授田制를 규정한 『二年律令』에 授田의 규정과 함께 田地의 매매를 허용한
규정이 동시에 나온 것이다. 그렇다면 秦의 授田制에도 매매규정이 존재하였
을까? 하는 당연한 의문이 제기되지 않을 수 없다. 이 문제에 대하여
박건주가 매매가 이뤄졌을 가능성이 높다는 주장을 제기하였다.8) 보다
구체적이고 실증적인 논증을 최근 임중혁이 진행하였다.9) 필자 역시
秦의 授田制에 매매규정이 존재하였을 가능성을 염두에 두고 논지를 전개하
였는데,10) 실증적 측면과 이론적 측면에서 보강해야 할 필요성을 느끼게
되었다. 이하 秦·漢의 土地所有制의 문제를 중심으로 삼아 서술하도록
하겠다.

---

7) 漢文帝 刑制改革이 포함된, 『荊州胡家草場西漢簡牘』에서도 『二年律令』과 똑같이
"貿買田宅"이 나오고 있다(荊州博物館·武漢大學簡帛硏究中心, 『荊州胡家草場西漢簡
牘釋粹』, 文物出版社, 2021, 57쪽). 이성규를 비롯한 기존의 연구는 『睡虎地秦簡』에
기초해서 발표된 것이었고, 戰國 秦에서 漢代 사이에 토지제도가 국유제에서 사유제
로 변화했었을 것으로 보는 전제에서 출발하고 있다. 戰國 秦에서 漢文帝時代
사이의 律令 規定은 거의 대부분 차이가 없는 것이 확인된 이상 이 전제 자체가
잘못되었다는 것이 명백하다 하겠다.
8) 박건주, 「상앙변법이후의 名田宅私奴婢 정책」, 『歷史學硏究』 33, 2008.
9) 任仲爀, 「秦始皇 31年의 自實田」, 『中國古中世史硏究』 26, 2011.
10) 林炳德, 「秦·漢의 土地所有制」, 『中國史硏究』 67, 2010.

II. 土地私有制説과 國有制説

1. 授田制

孟子의 井田説에 의하면, 사방 1里가 井이고, 井은 900畝, 그 900畝 가운데 100畝가 公田이고 8가구가 나머지 800畝를 100畝씩 경작하는 것으로 되어 있다. 구체적인 내용은 알 수 없지만, 대체로 農村公社의 전통을 설명하고 있는 것처럼 보인다. 그런데 주지하듯이 漢의 董仲舒는 商鞅變法에서 정전제를 폐지하여 토지 매매를 허용함으로 인해 부자의 田地는 阡陌에 이어지고 빈자는 立錐의 땅도 없게 되었다고 하였다.[11] 漢의 董仲舒는 상앙변법에 의해서 비로소 토지국유제가 토지사유제로 변모하였다고 인식한 것이었다. 班固는 상앙의 정전제 폐지로 "庶人의 富는 累鉅萬에 이르고, 貧者는 糟糠을 먹게 되었다."고 하였다.[12] 이러한 동중서와 반고의 지적에 따라, 상앙에 의해 추진된 토지정책을 비효율적이고 생산성이 낮은 구래의 農村公社인 정전제를 타파하고 정식으로 토지의 사유와 매매를 공식으로 승인하였다는 학설이 유력한 정설이었다. 이 설은 『睡虎地秦簡』과 『青川木牘』에서 授田이 확인되기 전까지는 매우 유력한 학설이었다. 그 후 『睡虎地秦簡』과 『青川木牘』에서 授田規定이 확인되고부터 秦 土地私有制説에 대한 문제제기가 이어지게 되었다.

戰國 秦에 授田制가 있었다는 사실을 보여주는 『睡虎地秦簡』이 공포된 이후 1977년 吳樹平은 秦 商鞅의 土地私有制説을 비판하고 土地國有制説을 주장하였다.[13] 吳樹平은 秦代의 可耕土地는 대부분 봉건국가의 수중에 장악

---

11) 『漢書』 권24, 「食貨志」 上, 1137쪽, "至秦則不然, 用商鞅之法, 改帝王之制, 除井田, 民得賣買, 富者田連仟伯, 貧者亡立錐之地."
12) 위의 책, 1126쪽, "及秦孝公用商君, 壞井田, 開仟伯, 急耕戰之賞, 雖非古道, 猶以務本之故, 傾鄰國而雄諸侯. 然王制遂滅, 僭差亡度. 庶人之富者累鉅萬, 而貧者食糟糠."
13) 吳樹平, 「秦代社會的階級和階級關係-讀雲夢秦簡札記-」(『文物』 77-7), 37쪽. 또한 吳樹平은 秦의 국가는 토지만이 아니라 牛馬, 鐵器, 種子 등의 생산 자료도 장악하였

되어 있었고, 소유권은 국가에 속하였다고 지적하였다.14) 그 후 1979년 1월에 高敏은 商鞅變法 이후 地主土地私有制로 전환이 되었다는 史學界의 일반적인 견해에 대해 商鞅의 井田制 폐지 이후의 토지제도는 封建土地國有制와 地主土地私有制가 병존하였다는 견해를 제기하였다.15) 高敏은 『睡虎地秦簡』에서 현의 관리가 중앙정부에 파종의 면적, 곡물의 성장, 자연재해와 농작물의 피해를 보고하고 있는데, 만약 토지를 봉건국가가 직접 장악하지 않았다면, 『睡虎地秦簡』의 「田律」에서 이런 규정이 나왔을 리가 없고, 직접생산자가 수전의 수에 따라 芻·稿를 납부하였다는 것은 奴隸制 井田制가 封建國有土地로 바뀐 것을 의미한다고 지적하였다. 한편, 봉건국유토지제 이외 지주토지사유제가 존재하는데, 지주토지사유제가 작제의 시행으로 급속히 발전하였고 그 결과 秦始皇 시기 "使黔首自實田"의 조치가 시행되어 지주토지사유제가 합법화되었다고 한다.16) 이처럼 土地賣買를 전제로 하지 않는 秦 土地國有制說은 『二年律令』이전에 중국학계에서 유력한 학설로 대두되었다.17)

『睡虎地秦簡』이후 토지국유제설도 토지사유제설과 함께 유력한 학설로 자리 잡은 가운데, 이른 시기에 발표된 논문 가운데서도 여전히 전통적인

다고 한다. 그러나 부유한 士伍가 牛馬나 奴隸를 소유하고 있었던 점으로 보아 국가가 생산의 도구를 완전히 장악한 것처럼 설명하기는 어렵다.
14) 吳樹平, 「雲夢秦簡所反映的秦代社會階級狀況」, 『雲夢秦簡研究』, 北京 : 中華書局, 1981, 80쪽. 그러나 吳樹平도 백성 중 상당한 수가 빈곤한 농민이 아니라 상당한 자산을 보유하였음을 지적하고 이들이 중소지주를 형성하였다고 하여 국가토지소유제가 중심을 이루고 있었지만 한편으로는 지주토지사유제가 존재하였음을 인정하고 있다(吳樹平, 「秦代社會的階級和階級關係-讀雲夢秦簡札記-」, 『文物』 77-7, 38쪽).
15) 高敏, 「雲夢秦簡看秦的土地制度」, 『雲夢秦簡初探』, 河南 : 河南人民出版社, 1979.
16) 이상은 高敏, 위의 글, 156쪽, 159쪽, 164쪽에 의한다.
17) 劉漢, 「漫談秦的土地所有制」, 『四川三峽學院學報』 15-3, 1999. 1980년대 국내에서 제시된 秦 토지국유제설로는 李成珪, 「秦의 土地制度와 齊民支配」, 『全海宗博士華甲紀念 史學論叢』, 서울 : 一潮閣, 1979 ; 李成珪, 「授田體制의 成立」, 『中國古代帝國成立史研究』, 서울 : 一潮閣, 1984이 있다. 이 견해는 『睡虎地秦簡』이후의 연구 경향에 큰 영향을 받은 것이었다.

토지사유제설의 관점에서 논지를 전개한 자들도 있었다. 예컨대, 熊鐵基·王瑞明은 전국시대 우경과 철제농기구가 보급되면서 생산력의 발전에 따라 토지개간의 효율이 매우 높아지고 토지 본래의 경계가 파괴되고 신개간지는 개간자의 소유가 되었다고 한다. 이 시기 토지매매가 이뤄졌는데, 토지매매는 토지사유의 지표로 상앙이후 지주계급의 사유가 주도적 지위를 점하였다는 것이다. 진시황 31년 "使黔首自實田"은 전국범위 내의 토지소유의 합법화 조치로 이를 계기로 土地私有制는 법률의 보장을 취득하였다고 한다. 이처럼 秦代의 토지제도를 노예사회의 토지국유에서 지주토지사유제로의 전환으로 이해하면서도 熊鐵基·王瑞明은 토지국유제설을 주장하는 논자들의 관점과 마찬가지로 授田을 인정한다. 그러나 그 경우 정부에서 토지를 지급한 이후 다시 분배를 진행하지 않았기 때문에 授田은 실질적 토지사유의 조치였다고 한다.[18] 唐贊功은 秦 봉건국가는 상당 수량의 可耕土地를 보유하고 있었는데, 이 토지의 소유권은 봉건국가에 속하였다고 한다. 즉 봉건국유토지소유제였는데, 일단 授田하면 곧 농민의 私有土地가 된다.[19] 따라서 동중서가 상앙변법에서 정전제를 폐지하여 토지 매매를 허용함으로써 부자의 전지는 阡陌으로 이어지고 빈자는 秦의 땅도 없어지게 되었다고 한 지적은 타당하다는 것이다. 또한 『史記』 「商君列傳」의 "尊卑爵秩의 等級을 명확히 하고, 각각 그 등급에 따라 田宅을 점유하고, 臣妾·衣服은 各家의 작록에 따라 등급을 결정한다. 有功者는 영예를 누리고, 無功者는 비록 부유하더라도 존귀한 지위를 차지할 수 없도록 한다."[20]는 봉건국가에서 법률상 지주토지사유제를 승인한 것을 의미하는 것으로 이해해야 한다는 것이다.[21] 한편,

---

[18] 熊鐵基·王瑞明, 「秦代的封建土地所有制」, 『雲夢秦簡研究』, 北京 : 中華書局, 1981, 67~69쪽.

[19] 唐贊功, 「雲夢秦簡所涉土地所有制形式問題初探」, 『雲夢秦簡研究』, 北京 : 中華書局, 1981, 62쪽.

[20] 『史記』, 「商君列傳」, 2230~2232쪽, "明尊卑爵秩等級, 各以差次明田宅, 臣妾衣服 以家次. 有功者顯榮, 無功者雖富無所芬華."

[21] 游進, 「井田制的是與非」, 『鄂州大學學報』 12-1, 2005, 55쪽 ; 李玲崧, 「秦漢時期的土地賣買對社會擴大再生産物質基礎的影響」, 『中山大學學報論叢』 1999-2 ; 王震業, 「從雲

朱紹侯는 秦漢의 土地所有制에 대해 초기에는 토지장기점유제로 이해하였다가 이를 토지사유제로 정정하였는데, 다시 처음의 원점으로 돌아가 다시 토지장기점유제로 이해하고 있다.[22]

秦의 授田과 관련하여 『睡虎地秦簡』에서 주목되었던 것은 아래의 규정이었다.

> 매 頃의 토지마다 芻藁를 납부해야 함에 받은 토지의 면적에 따라 납입해야 하는데, 토지의 개간 여부를 불문하고 매 頃마다 芻三石과 藁二石을 납부해야 한다.[23]

받은 토지의 면적에 따라 납입해야 한다는 규정, 즉 戰國 秦에 授田制가 있었다는 사실이 확인된다. 『二年律令』「戶律」에는 보다 구체적으로 수전제가 나타난다.

① 關內侯는 95경이고, 大庶長은 90경이며, 駟車庶長은 88경이며, 大上造는 86경이고, 少上造는 84경이며, 右更은 82경이며, 中更은 80경이고, … 簪裊는 3경이며, 上造는 2경이며, 公士는 1경반이며, 公卒, 士伍, 庶人은 각각 1경이며, 司寇, 隱官은 각 50무이다. 불행히 죽은 자는 그 후계자로 하여금 먼저 田을 택하게 하며, 그 다음 그 나머지를 行한다. 후계자 이외의 다른 아들이 戶를 이루고자 하면, 그 삭감된 田으로 그에게 受田하게 한다. 이미 전에 戶를 이루었는데 田宅이 없거나, 田宅이 규정액에 이르지 않는 경우는 그 부족분을 채울 수 있다. 宅이 근접하지 않으면 얻을 수 없다.[24]

夢秦簡看秦的經濟立法」, 『簡牘學研究』 1, 甘肅人民, 1997.

22) 朱紹侯, 「論漢代的名田猲彦輝)制及其破壞」, 『張家山漢簡《二年律令》研究文集』, 廣西師範大學出版社, 2007 ; 원재는 『河南大學學報』 2004-1, 179쪽.

23) 『睡虎地秦簡』, 27쪽, "入頃芻藁, 以其受田之數, 無墾(墾)不墾(墾), 頃入芻三石·藁二石."

② 宅의 사방은 30步이다. 徹侯는 105택을 받으며, 關內侯는 95택이며, … 大夫는 5택이며, 不更은 4택이며, 簪裊는 3택이며, 上造는 2택이며, 公士는 1택반이며, 公卒, 士伍, 庶人은 1택이며, 司寇, 隱官은 반택이다. 戶를 이루고자 하는 자는 이를 허락한다.25)

라 하여 ①과 ②에서 보듯이 유작자와 무작자 모두에게 田宅을 지급하되, 작의 고저에 따라 田宅을 授與하는 것으로 나타나 있다. 즉 수전택의 액수의 규정에 차이는 있지만 기본적으로는 『商君書』「境內篇」의 "賞爵一級, 益田一頃, 益宅九畝"의 내용과 대체로 일치함을 알 수 있다.

또한 다음과 같은 문헌사료에도 수전의 규정이 나타난다.

① 諸侯의 子로 關中에 있는 자는 12년간의 役을 면제해주고, 鄕으로 돌아가는 자는 반을 감해준다. 전에 산택에 모여 숨어 살던 사람 가운데 호적에 등기하지 않은 자는 지금 천하가 이미 안정되었으므로 그들에게 각각 원래의 縣으로 돌아가게 하고, 원래의 爵位와 田宅을 돌려주도록 하고, 관리들은 법률로써 사리를 따져 이해시키고 가르쳐주고 笞打로써 욕되지 않게 한다. 백성으로 기아로 인하여 自賣하여 타인의 奴婢가 된 자는 모두 면하여 庶人이 되게 한다. 軍吏卒이 大赦를 만나 죄가 없거나 爵位가 없거나 爵位가 大夫에 이르지 않은 자는 모두 大夫의 爵을 내린다. 원래 大夫 이상의 爵位를 가진 자는 爵 1級을 지급하고, 七大夫 이상은 食邑을 받고, 七大夫 이하가 아니면, 모두 자신과 1戶의 役을 면제하고, 差役에

---

24) 『二年律令與奏讞書』, 310~313簡, 216쪽, "關內侯九十五頃, 大庶長九十頃, 駟車庶長八十八頃, 大上造八十六頃, 少上造八十四頃, 右更八十二頃, 中更八十(310)頃, … 簪裊三頃, 上造二頃, 公士一頃半頃, 公卒·士五(伍)·庶人各一頃, 司寇·隱官各五十畝. 不幸死者, 令其後先(312)擇田, 乃行其餘. 它子男欲爲戶, 以受其殺田予之. 其已前爲戶而毋田宅, 田宅不盈, 得以盈. 宅不比, 不得.(313)."

25) 『二年律令與奏讞書』, 314~315簡, 218쪽, "宅之大方卅步. 徹侯受百五宅, 關內侯九十五宅, … 大夫(315)五宅, 不更四宅, 簪裊三宅, 上造二宅, 公士一宅半宅, 公卒·士五(伍)·庶人一宅, 司寇·隱官半宅. 欲爲戶者, 許之(316)."

동원하지 않는다.26)

② 또한 '法'에는 功勞가 있으면 田宅을 지급하라'고 했는데, 지금 小吏 가운데 일찍이 從軍하지 않은 자가 규정에 차게 소유하고 있고, 도리어 공이 있는 자는 얻지 못하고 있는 것은 公을 배신하고 私를 세우려는 것이니, 守尉長吏의 敎訓이 매우 좋지 않다.27)

上記, 고조 5년 5월의 조서는, ① 전쟁 종식 후 해산된 제대 군인 가운데, 諸侯子로서 關中에 남는 자의 요역을 12년간 면제하고, 고향으로 귀환한 자는 6년간 면제하는 혜택을 준다. ② 山澤에 모여서 固守하면서 名數에 등록하지 않은 民이 歸縣하면 원래의 爵과 田宅의 회복 조치를 취하게 하고, 이들에 대해서 吏는 文法과 敎訓으로 포고하도록 하고, 笞辱하지 않도록 한다. ③ 民이 飢餓 때문에 자신을 팔아 奴婢가 된 자는 免하여 庶人으로 한다. ④ 軍吏卒이 사면을 받았거나(庶人), 무죄이면서도 爵이 없거나(公卒 및 士伍), 大夫의 爵에 차지 못한 자(1급 公士에서 4급 不更까지)는 賜爵하여 大夫로 삼고, 원래 大夫 이상은 賜爵을 각 일급하며, 七大夫以上은 모두 食邑을 갖게 하며, 七大夫 이하가 아니면 모두 자신 및 戶의 요역을 면제한다. ⑤ 法에 '功勞가 있으면 田宅을 지급하라'는 규정을 명확히 언급하고, 從軍하지 않은 小吏가 규정대로 토지를 소유하는 현실을 비판하고, 유작자에 대한 대우를 하지 않을 때 처벌한다. ⑥ 고조의 조서의 시행 여부를 감찰하고 준수하지 않을 경우 처벌할 것이라는 내용이다.28) 이상의 내용을 통하여 한고조는 賜爵, 免役, 授田宅을 행하였음이 입증된다.29)

---

26) 『漢書』 권1, 高帝紀 第1下, 54쪽, "諸侯子在關中者, 復之十二歲, 其歸者半之. 民前或相聚保山澤, 不書名數, 今天下已定, 令各歸其縣, 復故爵田宅, 吏以文法敎訓辨告, 勿笞辱. 民以飢餓自賣爲人奴婢者, 皆免爲庶人. 軍吏卒會赦, 其亡罪而亡爵及不滿大夫者, 皆賜爵爲大夫. 故大夫以上賜爵各一級, 其七大夫以上, 皆令食邑, 非七大夫以下, 皆復其身及戶, 勿事."

27) 위의 책, 54쪽, "且法以有功勞行田宅, 今小吏未嘗從軍者多滿, 而有功者顧不得, 背公立私, 守尉長吏敎訓甚不善."

28) 任仲爀, 「漢初의 律令 제정과 田宅制度」, 『中國古中世史研究』 25, 2011, 133쪽.

復故爵田宅의 문제는 秦末 토지 소유관계의 계승을 한제국이 인정하는 조치이다. 이것은 '모든 토지를 국가에서 환수하여 새로 지급하는 것이 아니라' 漢帝國 이전부터 존재했던 爵位와 田宅의 관계를 소급하여 기득권을 인정하는 것이다.30)

이상으로『睡虎地秦簡』에서 고조 5년 5월의 조서에 이르기까지 국가수전제가 확인되고 있다. 수여한 바의 전택지의 최종소유권은 국가에 속한다고 할 수 있고 이는 당시 수전제가 국유토지제의 형식을 취하고 있음을 알 수 있다. 그러나 수전된 토지는 형식적으로 국유토지의 형식을 취하고 있지만, 개인의 명의로 등기된 후, 즉 수전제가 곧 명전제로 된 후의 상황은 달라진다.

秦 土地國有制說을 주장하는 논자들은 授田制와 田地의 賣買는 양립할 수 없다는 전제하에 土地國有制說을 주장한 것이었는데, 授田의 실시 사실을 명백히 보여주는『二年律令』에서 田宅賣買를 허용하는 規定이 나왔으므로 授田制와 田地의 賣買는 양립할 수 없다는 전제 자체도 성립하기 어렵게 되었다. 또한 그동안 土地國有制說을 주장하는 논자들에 의해서 부정된 동중서의 "民得賣買"의 지적도『二年律令』의 田宅賣買의 許容 規定이 확인됨으로 인하여 부정하기 어렵게 되었다. 이런 이유에서인지『二年律令』이후에는 秦의 授田이 토지사유의 출발이었다고 이해하는 동중서, 반고 등의 관점이 다시 설득력을 갖게 되었다. 예컨대, 朱紅林은 秦 商鞅變法 후에 軍功賞田制度가 점차 진행되고 田宅의 賣買가 이뤄지고 "富者田連阡陌"의 현상이 나타나면서 동일한 田主의 田地 내부에는 단지 阡陌이 설치되고 封埒이 설치되지 않게 되었다고 한다.31) 馬新은 春秋戰國時代에서 秦 統一에 이르는 시기의 중국고대의 토지점유형태는 宗族土地所有制에서 國家土地所

---

29) 高敏,「從張家山漢簡《二年律令》看西漢前期的土地制度 – 讀張家山漢墓竹簡箚記之三」,『張家山漢簡《二年律令》硏究文集』, 中國社會科學院簡帛硏究中心編, 2007, 134쪽.
30) 任仲爀, 앞의 글, 134쪽.
31) 朱紅林,「從張家山漢律看漢初國家授田制度的幾個特點」,『江漢考古』92, 2004-3, 76쪽.

有制로 轉移하는 시기인 동시에 土地私有制가 급속히 발전하는 시기라 한다.32) 『睡虎地秦簡』의 토지제도와 관련하여 최근 趙占銀은 秦國의 농민이 실제 점유한 토지는 법률상 사유재산으로 인정이 되었다고 한다. 예컨대, 종전 土地國有制說을 주장하는 논자들은 『睡虎地秦簡』의 「法律答問」의 '民田'과33) 漢代의 民田과의 차이를 강조하였는데, 趙占銀은 『睡虎地秦簡』의 '民田'은 농민의 占有土地를 의미하는 것인데, 이에 대하여 國有土地는 『睡虎地秦簡』의 「倉律」의 "隸臣妾其從事公, 隸臣月禾二石, 隸妾一石半"에서처럼 '公田'으로 인식되고 국유지와 사유지의 개념이 명확히 구분되어 있었다고 한다. 그는 秦國이 실행한 授田制度는 실제상 公田을 授田者의 私有土地로 만들었고, 秦國의 토지가 신속히 사유화되면서 秦始皇 31년의 "使黔首自實田"의 조치가 이뤄졌고 이는 土地 私有化의 合法化로 이를 계기로 地主土地私有制가 최종적으로 완전한 형태로 출현하게 되었다고 한다.34) 秦과 西漢王朝 初期에는 대량의 황무지가 존재하여, 각종 방식으로 인민에게 授田을 하였는데, 土地 授與 전에는 명백히 국가의 소유이지만, 일단 수여하면 전혀 다른 성질을 가지게 된다는 점은 분명한 사실인데, 이와 관련하여 李恒全은 授田 후의 토지를 구분하여 어떤 경우에는 토지를 수여받은 후에 그 소유권이 여전히 국가에 속하여 수여받은 자는 단지 점유권과 사용권을 가지고 어떤 토지는 수여 후 수여받은 자의 私有에 속하여 양도·상속·매매될 수 있다고 한다.35)

한편, 秦始皇 31년의 "使黔首自實田"의 조치를 대부분 토지 사유화의 합법화조치로 이해하지만, 趙理平은 『睡虎地秦簡』기층관리가 국가가 授田한 것을 은닉하는 것을 허용하지 않고 있고, 『睡虎地秦簡』「封診式」에는

---

32) 馬新, 「論漢代土地占有形態及其矛盾運動」, 『東岳論叢』 25-2, 2004, 103쪽.
33) 『睡虎地秦簡』, 218쪽, "部佐匿者(諸)民田, 者(諸)民弗智(知), 當論不當? 部佐爲匿田, 且可(何)爲? 已租者(諸)民, 弗言, 爲匿田 ; 未租, 不論爲匿田."
34) 趙占銀, 「從雲夢秦簡看秦土地所有制形式演變」, 『岱宗學刊』 11-4, 2007, 40쪽.
35) 李恒全, 「漢代限田制說」, 『史學月刊』 2007-9, 37쪽.

妻子, 衣器, 畜産까지 자세히 기록하고 있지만,36) 토지에 대한 기록이 없으므로 토지는 國有制였고, 이러한 國家授田制 하의 土地國有體制에서는 백성이 스스로 토지를 점유하는 것은 불가능하였다고 한다. 따라서 그는 "使黔首自實田"이 田의 점유를 스스로 신고하게 한다는 의미가 아니라 田業에 전념하게 하는 田業獎勵로 중농정책으로 이해해야 한다고 주장한다.37) 조금 다른 관점에서 李元은 秦國은 이미 授田의 名數와 軍功의 田數가 등기되었으므로 다시 관에 신고하라는 조치를 내릴 필요가 없었다고 한다.38) 따라서 이 조치는 東方의 新占領地區에만 적용된 것이라고 한다.

『二年律令』 이후에도 종전의 토지국유제설의 논리를 여전히 그대로 주장하는 논자들도 있지만, 秦 土地國有制說을 유연하게 주장하는 견해도 제출되었다. 『睡虎地秦簡』 이후 秦 土地國有制說을 주장했던39) 張金光은 秦 授田制를 土地國有制로 이해하면서 秦代에는 토지에 대한 자유처분권과 양도권이 없었다고 주장하지만, 명확한 근거는 없다. 張金光은 漢初의 劉邦은 보편적인 授田을 언급하지 않았음을 지적하고 『二年律令』의 授田規定은 바로 秦代에 완벽한 國家授田制를 시행했음을 입증하는 것이라고 주장하였다.40) 즉 『二年律令』의 授田規定은 곧 秦律의 규정이라는 것이다. 張金光의 견해에 의하면 『二年律令』의 田宅 매매 규정은 국가제도규범과 정부의 허가 하에 일정범위 내에서 제한적으로 행해진 것이라고 한다.41)

정말로 授田制가 존재하였는데, 만약 土地賣買가 존재하였다면, 이러한 수전은 '授'는 있으나 '還'은 없는 것, 즉 장기점유로 사유토지로 변한다. 문헌사료와 『二年律令』은 秦漢의 受田宅制가 '有受無還'의 장기점유제도임을

---

36) 『睡虎地秦簡』, 249쪽, "封有鞫者某里士五(伍)甲家室·妻·子·臣妾·衣器·畜産."
37) 趙理平, 「"使黔首自實田"新解」, 『秦文化論叢』 13, 2006, 107-111쪽.
38) 李元, 「秦土地改革運動論」, 『求是學刊』 1998-4, 107쪽.
39) 張金光, 「試論秦商鞅變法後的土地制度」, 『中國史研究』 1983-2.
40) 張金光, 「普遍授田制的終結與私有地權的形成－張家山漢簡與秦簡比較研究之一一」, 『歷史研究』 2007-5, 56쪽.
41) 張金光, 위의 글, 63쪽.

설명한다.42) 즉 정부가 일단 수전하면 일반적으로 다시 회수하지 않는다. 授田制를 주장하는 논자들은 이러한 이유로 토지매매의 사실을 부정하였는데, 張金光은 授田制下에서 제한적이나마 土地賣買가 허용되었음을 인정하였다.43) 楊振紅은 占有의 형식을 구분하여 점유에는 완전점유와 불완전점유가 있고, 직접점유와 간접점유가 있다. 그는 상속, 매매, 양도가 소유권을 갖추고 있다는 것을 증명하는 것은 아니라고 지적한다. 田宅은 국가가 수여 혹은 국가가 윤허하는 범위 내에 점유를 하고, 국가는 상속, 매매, 양도 시에 일정한 제한과 감독을 실시하였다고 한다.44) 그러나 張金光이나 楊振紅처럼 이해한다면, 결국 秦의 授田制가 田宅의 매매를 금지하는 것이 아니고 매매에 단지 제한 조건이 있다는 것인데, 그럼에도 이를 기본적으로 土地國有制로 본다고 하는 것이고, 이는 토지매매를 전제로 하지 않는 토지국유제설과는 다르며 전근대 중국의 토지사유제설을 주장하는 논자들의 견해와 내용상 큰 차이가 있다고 보기 어렵다.

　楊振紅은 국가는 작위계승제도, 몰수제도, 戶絶 등을 이용하여 끊임없이 전택을 회수하였는데, 한문제 시기에 이르러 토지점유의 제한을 해제하면서 토지국유제를 공식적으로 포기하게 되었다고 한다.45) 王彦輝는 于振波씨와 마찬가지로 법률규정은 최고한도로 본다. 또한 王彦輝는 어느 시대의 토지제도이건 그것은 현실의 토지점유관계에 기초한 것이고 전국의 모든 토지를 회수하여 새로이 분배하는 것도 아니라는 견해를 제시하고 있다.46)

---

42) 朱紹侯,「論漢代的名田(授田)制及其破壞」,『張家山漢簡《二年律令》研究文集』, 桂林 : 廣西師範大學出版社, 2007 ; 원재는『河南大學學報』2004-1, 182쪽.
43) 于振波도 동중서의 "民得賣買"는 사실에 부합한다고 인정한다(于振波,「張家山漢簡中的名田制及其在漢代的實施情況」,『中國史研究』2004-1 및 이를 수정보완한 "簡帛硏究網站"(http://www.jianbo.org/, 2005.12.22.).
44) 楊振紅,「秦漢"名田宅說"-從張家山漢簡看戰國秦漢的土地制度」,『張家山漢簡《二年律令》研究文集』, 桂林 : 廣西師範大學出版社, 2007 ; 原載는『中國史研究』, 2003-3), 165쪽.
45) 楊振紅, 위의 글, 167쪽.
46) 王彦輝,「《二年律令·戶律》與高祖五年詔書的關係」,『湖南大學學報(社會科學版)』21-1,

한편, 전택의 소유권과 관련하여 주목할 만한 사료로는 다음과 같은 것이 있다.

> 무릇 戶를 이루지 않은 자가 田宅이 있어 다른 사람의 명의에 의탁한 자 및 타인을 위해 자신의 명의로 田宅을 등록한 자는 모두 卒로 삼아 2년간 戍邊을 하게 하며, 그 田宅을 縣官에 沒入한다. 타인을 위해 자신의 명의로 田宅을 등록한 자가 능히 먼저 신고하면, 그 죄를 없애고 또한 자신의 명의로 등록된 田宅을 그에게 준다. 다른 것은 律令대로 한다.[47]

본인이 戶를 이루지 못하면서 타인의 호구를 빌려 전택을 점유하거나 타인을 위해 자신의 명의로 田宅을 등록한 자는 戍邊2년에 처한다는 위의 『二年律令』「戶律」의 규정과 관련하여 특히 주목되는 것은 백성이 보유한 본래의 전택을 '有田宅'이라고 표현하고 있다는 점이다. 이것은 秦律에서도 田에 대한 民의 관계가 '有田'으로 표현되고 있었다는[48] 점에서 일치한다. '有田宅' 혹은 '有田'이라는 의미는 田 혹은 田宅에 대한 민의 보유관계를 의미하는 것인데, 이 경우의 '有田宅'은 民戶가 본래 가지고 있었던 것으로 국가에서 실제 授田한 것은 아니라는 것이다.[49] 『睡虎地秦墓竹簡』의 다음 규정도 수전 후의 名田制는 기본적으로 사유였음을 보여주고 있다.

① 갑은 연소하고 키가 6척에 이르지 않은 상태로서 말을 한필 방목하고 있었는데, 지금 말이 사람에게서 놀라 도망을 쳐서 타인의 곡식을 1석을

2007, 10쪽.
47) 『二年律令與奏讞書』, 323簡~324簡, 221쪽. "諸不爲戶有田宅附令人名, 及爲人名田宅者, 皆令以卒戍邊二歲, 沒入田宅縣官. 爲人名田宅, 能先告, 除其罪, 有(又)畀之所名田宅, 它如律令."
48) 『睡虎地秦簡』, 77쪽, "縣嗇夫材興有田其旁者, …."
49) 王彦輝, 「〈二年律令·戶律〉與高祖五年詔書的關係」, 『湖南大學學報(社會科學版)』 21-1, 2007, 10쪽.

먹었다. 묻건대 갑을 논죄해야 하는가? 논죄하지 말고 곡식을 배상하게 하지도 않는다.[50]

② 苑囿의 동물 및 우마가 밖으로 나와서 농지의 곡식을 뜯어먹을 우려가 있을 경우, 현색부는 이를 참작하여 苑囿 근방의 농지를 가진 사람들을 징발함에 귀천을 나누지 않고 농지의 많고 적음에 따라 사람을 징발하여 원유의 담장을 보수하도록 하며 이 경우 요역으로 간주하지 않는다.[51]

①의 내용은 馬와 田地가 모두 私人의 재산에 속하고 있음을 증명하고 있다. 그런데, ②에 의하면, 금원부근에는 '貴'자의 전이 있고, '賤'자의 전이 있고 어떤 경우에는 농지가 많고 어떤 경우에는 농지가 적은 것으로 나타나 있다. 그런데, 『睡虎地秦墓竹簡』의 위의 규정과 달리 아래 「封診式·封守」는 토지가 국유의 증거로 인용되고 있다.[52]

 •牡犬一(封守(차압) 鄕의 某에 대한 爰書:某 縣의 丞인 某의 문서에 근거하여, 피심문자인 어느 里의 士伍 甲의 家室·妻·子·臣妾·衣器·畜産을 차압하였습니다. •갑의 가옥과 집안 사람에 대한 상황은 다음과 같습니다. (室은) 一宇二內로 구성되어 있고, 각각 門이 있으며, 內室은 모두 기와지붕이며, 목제의 구조물은 잘 구비되어 있으며, 대문 앞에 뽕나무가 열 그루 있습니다. •妻의 이름은 某인데, 이미 도망간 상태라서 억류하지 못하였습니다. •딸은 大女子로서 이름이 某인데, 남편이 없습니다. •아들은 小男子로서 이름이 某인데, 키가 6尺5寸입니다. •이름이 某인 奴, 이름이 某인 小女子 婢가 있습니다. •수캐 한 마리가 있습니다.[53]

---

50) 『睡虎地秦簡』, 218쪽, "甲小未盈六尺, 有馬一匹自牧之, 今馬爲人敗, 食人稼一石, 問當論不當? 不當論及賞(償)稼."

51) 『睡虎地秦簡』, 77쪽, "其近田恐獸及馬牛出食稼者, 縣嗇夫材興有田其旁者, 無貴賤, 以田少多出人, 以垣繕之, 不得爲絲(徭)."

52) 張金光, 『秦制硏究』, 上海古籍出版社, 2004, 98쪽 ; 施偉靑, 『中國古代史論叢』, 長沙岳麓書社, 2004, 113쪽 ; 李冬梅, 『秦漢簡牘所見財産法硏究』 東北師範大學, 2005, 9쪽.

이 문서에서 차압한 항목은 주택(室)·妻·子·臣妾·衣器·畜産이다. 그러나 실제로 封守한 세부 항목에는 田宅은 언급조차 없는데, 전택은 국유이기 때문에 제외되었다는 것이다. 그러나 秦律의 내용을 계승한『二年律令』의 收律에는 城旦·鬼薪 以上은 妻·子·財·田宅을 몰수한다는 규정이 있다.54) 전면적인 수전제를 규정하고 있는『二年律令』에서 田宅이 몰수의 대상이었다고 한다면, 국유이기 때문에 몰수의 대상이 될 수 없었다고 하는 식의 이해는 적절하지 않다. 이 견해는 토지국유제론자들이 주장하는 免老 이후 전택이 환수된다고 하는 免老還收說과도 배치된다. 일단 국가가 수전한 토지라 하더라도 몰수 혹은 환수의 과정을 거쳐야 다시 수전할 수 있는 것이기 때문에 전택이 국유이기 때문에 몰수의 대상에서 제외되었다는 것은 논리적으로 맞지 않고 또『二年律令』의 收律 沒收 規定이 秦律의 몰수규정과 차이가 있을 리도 없다. 이 문제는 임중혁의 지적처럼 「封診式·封守」의 문서의 완결성의 부족에 기인한 것으로 이해해야 할 것 같고55) 따라서 전택의 국유제를 입증하는 사료가 될 수 없는 것이 분명한 것 같다.

『商君書』徙民篇에는, "意民之情, 其所欲者田宅也"라 한 것도56) 인간본성으로서 인간의 사리사욕을 지적한 것이고 사리사욕에 기초해서 전공을 장려했다는 사실은 수여받은 전택의 성격을 가장 정확히 설명하는 것이 아닐 수 없다.『韓非子』顯學에는 "夫上所以陳良田大宅, 設爵祿, 所以易民死命也"라 하여 군주가 크고 좋은 전택을 지급하는 것은 백성의 목숨과 바꾸기 위한 것이라고 하고 있다. 바꾸어 말하면, 백성이 자신의 목숨을 걸고 치열하게 싸우는 것은 오로지 작위와 전택에 있는 것이라는 것이다. 물론 전제군주가

---

53)『睡虎地秦簡』, 249쪽, "封守 鄕某爰書：以某縣丞某書, 封有鞫者某里士五(伍)甲家室·妻·子·臣妾·衣器·畜産. ●甲室·人：一宇二內, 各有戶, 內室皆瓦蓋, 木大具, 門桑十木. ●妻曰某, 亡, 不會封. ●子大女子某, 未有夫. ●子小男子某, 高六尺五寸. ●臣某, 妾小女子某."

54)『二年律令與奏讞書』, 174簡, 159쪽, "罪人完城旦·鬼薪以上, 及坐奸府(腐)者, 皆收其妻·子·財·田宅. 其子有妻·夫 …"

55) 任仲爀,「秦始皇 31年의 自實田」,『中國古中世史硏究』26, 2011, 45쪽.

56)『商君書』徙民篇, 高亨 注譯,『商君書注譯』, 北京：中華書局, 1974, 117~119쪽.

최고의 지배자이고, 전제군주가 최고의 토지소유자라는 전통적 관념에 따라 토지사유가 아닌 장기점유라는 인식을 가질 수 있다.[57] 그러나, 이 장기점유 자체에도 사유제적 요소가 존재하지만, 더욱 매매와 상속이 허용되었다는 점, 즉 사유제적 요소를 두루 갖춘 장기점유로 이해되는 것이다. 요컨대 수전제는 분명히 봉건국유토지제도이지만, 명전제는 戶主 死後 그 後子가 신분 등급에 따라 점유액을 먼저 택할 수 있고 심지어 호주 생전에도 '선령'의 형식으로 전택을 자기 자식에게 지급할 수 있다.[58] 즉 적어도 당시 토지를 보유한 농민의 관념으로는 사유제로 이해할 수밖에 없었을 것이다.

2. 田宅賣買

秦의 토지가 매매대상이었다고 하는 견해는 동중서가 상앙변법에서 정전제를 폐지하여 토지 매매를 허용함으로써(民得賣買) 부자의 전지는 阡陌으로 이어지고 빈자는 立錐의 땅도 없어지게 되었다고 한 지적이 대표적이다.[59] 동중서의 이 견해는 韓非와 商鞅의 사상에서 보이는 개인의 능력의 차이와 경쟁의 강조, 인간의 본성에 따르는 정책의 강조, 그리고 功에 대한 평가를 강조한 것과 전혀 모순되지 않는다. 실제『韓非子』에는 그 당시 관념으로 전택의 매매를 당연시하고 있었음을 보여주는 사례가 나온다.

---

57) 朱紹侯,「論漢代的名田(猨彦輝)制及其破壞」,『張家山漢簡(二年律令)硏究文集』, 廣西師範大學出版社, 2007, 179쪽.
58) 于振波,「從張家山漢簡漢名田制與唐均田制之異同」,『湖南城市學院學報』26卷1期, 2005, 70쪽.
59) 班固, 崔寔, 杜佑, 馬端臨 등도 商鞅의 開阡陌에 의해 秦國에서 토지사유제가 발전하는 계기가 마련되었다고 이해한다. 이에 대하여는 楊振紅,「《二年律令》與秦漢"名田宅"」,『出土簡牘與秦漢社會』廣西師範大學出版社, 2009, 147쪽. 任仲爀,「秦始皇 31年의 自實田」,『中國古中世史硏究』26, 2011년 8월, 3-4쪽에 자세한 소개가 있으므로 이를 참조하기 바란다.

임등은 하루 만에 두 중대부를 만나보고 전답과 택지를 주었다. 그러자 중모 사람들 가운데는 농사짓는 일을 버리고 집과 밭을 팔아 문학을 따라하는 자가 고을의 반이 되었다.[60]

이 자료는 토지매매가 실제 존재하고 있었다는 증거이고 토지가 매매 대상이 되었다는 것은 곧 이 시기의 토지가 매매가 허용되지 않은 국유제가 아니었음을 의미한다. 문헌사료에는 진시황 31년 이전에 실제 토지의 매매 사실을 전하고 있는 사료가 나온다.

왕이 상사한 바의 金帛으로 집에 돌아가서 보관하였다가 매일 편리한 전택을 살펴두었다가 살만한 것이면 사들이곤 하였다.[61]

상기 廉頗藺相如列傳의 사례에는 田宅을 매입한 사례가 명백히 나타난다. 또한 陳涉이 어릴 적에 傭耕을 한 사례가 나오는데,[62] 陳涉이 기의를 일으킨 것은 2세 원년(기원전 209)으로 이 시기는 陳涉이 충분히 성숙한 장년이었는데, 여기에서 少時라 함은 청년이 되기 전을 의미한다. 그때는 마땅히 시황 31년 이전으로 보아야 한다.[63] 토지사유제와 토지겸병이 존재하지 않았다면, 陳涉이 어릴 적에 傭耕을 했을 리가 없다. 진대 고용노동이 매우 발달하였음은 『里耶秦簡』에 의해서도 확인되고 있다.[64] 또한,

---

60) 王先謙, 『韓非子集解』, 北京 : 中華書局, 1998, 「外儲說左上第32」, 263쪽, "任登一日而見二中大夫, 予之田宅. 中牟之人棄其田耘·賣宅圃而隨文學者, 邑之半."
61) 『史記』권81, 「廉頗藺相如列傳」, 2447쪽, "王所賜金帛, 歸藏於家, 而日視便利田宅可買者買之."
62) 『史記』권48, 「陳涉世家」, 1949쪽, "陳涉少時, 嘗與人傭耕."
63) 羅開玉, 「靑川秦牘(爲田律)硏究」, 『簡牘學硏究』제2집, 甘肅人民出版社, 1998, 42쪽.
64) 湖南省文物考古硏究所, 『里耶發掘報告』, 長沙 : 岳麓書社, 2007, 185~190쪽에 의하면, 洞庭郡 遷陵縣의 12명의 陽陵籍의 戍卒이 나오는데, 모두 채무가 많아 "家貧不能入"으로 나오는데, 王煥林은 이를 고용노동과 관련된 것으로 보고 있다(王煥林, 「里耶秦簡所見戍卒索隱」, 『簡帛硏究2005』, 68쪽).

王翦이 (始皇을) 臨行하였는데, 良田美宅과 園池를 심히 많이 청하였다. 始皇이 말하기를, "장군이 출발함에 왜 빈궁을 걱정하는가?"라 하였다. 王翦이 말하기를, "大王의 장군이 되어 공이 있어도 끝내 封侯가 될 수 없으니, 대왕의 嚮臣이 되었을 때, 신 또한 때에 맞추어 園池를 청하여 子孫의 産業으로 삼고자 합니다."65)

라 하여 진시황 시기 楚國 정벌을 떠날 때 王翦이 진시황에게 美田을 요청하여 자손에게 상속하려고 했던 사례에서도 토지는 자손에게 상속이 가능하고 사유제적 관념을 가지고 있었음이 입증되고 있다. 위의 王翦의 기사를 보면 田宅은 자손에게 상속이 가능하였던 것으로 나타나고 있다. 봉건국가에서 일단 신하에게 賞賜를 하면 신하의 사유가 되는 것이고 또 법률상 승인을 받는 것이었다는 사실은 王翦이 진시황에게 전택을 청구하고 그것을 자손의 산업으로 삼으려한 사실에서도 입증이 된다. 적어도 軍功田은 토지의 상속과 증여가 이뤄졌다는 것이 분명하다.66)

특히 『二年律令』에는 다음과 같은 田宅賣買의 규정이 나오고 있다.

① 受田宅, 予人若賣宅, 不得更受(田宅을 지급받았는데 다른 사람에게 주거나 팔았다면, 다시 지급받을 수 없다).67)
② 代戶·貿賣田宅, 鄕部·田嗇夫·吏留弗爲定籍, 盈一日, 罰金各二兩(戶를 계승하거나 田宅을 매매하였는데, 鄕部·田嗇夫·吏가 지체하여 定籍을 작성하지 않은 것이, 하루를 넘기면 벌금 각2량이다.68)

---

65) 『史記』권73, 「王翦列傳」, 2340쪽, "王翦行, 請美田宅園池甚衆. 始皇曰:「將軍行矣, 何憂貧乎?」. 王翦曰:「爲大王將, 有功終不得封侯, 故及大王之嚮臣, 臣亦及時以請園池 爲子孫業耳.」"
66) 李元, 「秦土地改革運動論」, 『求是學刊』 1998년 제4기, 105쪽.
67) 『二年律令與奏讞書』, 321簡, 220쪽.
68) 위의 책, 322簡, 220쪽.

①은 田宅을 지급받았는데 다른 사람에게 주었거나 택지를 팔았다면, 다시 支給받을 수 없다는 것이고, ②의 『二年律令』의 규정은 田宅의 賣買 시에 반드시 宅園戶籍·年細籍·田比地籍·田合籍·田租籍 등의 定籍을 작성해야 한다는 것으로 즉 관부에 소정의 신고 절차를 거친 전택을 매매하였을 경우는 재차 수전을 할 수 없다는 것이다. ①에서 국가로부터 田宅을 지급받고서 타인에게 양도하거나 매각하였을 때에 재차 받을 수 없다고 되어 있다. 이밖에도 『二年律令』에 구입하려고 하는 宅이 지급받은 宅과 인접해 있지 않는 경우는 宅의 구입을 허락하지 않는다는 규정이 나오는데,69) 이는 田地와 함께 宅의 매매가 제한적이나마 허용되고 있었음을 보여준다. 국가는 수전 시에만 간여하고 토지의 사용과 변동에는 관심이 없었다. 이 때문에 토지의 양도와 매매를 금지하지 않았음이 분명하다.70) 이 율문을 근거로 볼 때, 명확히 漢은 전택의 매매를 긍정하고 있는데, 본래의 목적은 전택의 변동을 호적상 반영할 수 있도록 한 것이라 할 수 있다.71) 어쨌든 필자가 管見하는 한 『二年律令』이 공개된 이후, 대부분의 연구에서는 위의 율문이 전택의 매매를 허용한 것이라는 주장을 견지하고 있음을 볼 수 있다. 『二年律令』은 秦漢의 受田宅制가 정부가 일단 수전하면 일반적으로 다시 회수하지 않는 것임을 명백히 하고 있다. 또한 수전한 전택은 거의 조건 없이 매매가 허용되었음을 ①은 명확히 하고 있다.72) 국가로부터 田宅을 지급받고서 타인에게 양도하거나 매각하였을 때에 재차 받을 수 없다는 것은 동일인에 대한 국가의 田宅 支給이 1회로 그친다는 것을 의미하

---

69) 위의 책, 320簡, 220쪽.
70) 王彥輝, 「論張家山漢簡中的軍功名田宅制度」, 『張家山漢簡《二年律令》硏究文集』, 廣西師範大學出版社, 2007, 170쪽.
71) 朱紹侯, 「論漢代的名田猨彥輝)制及其破壞」, 『張家山漢簡《二年律令》硏究文集』, 廣西師範大學出版社, 2007, 183쪽.
72) 수전과 매매가 양립할 수 없음을 분명히 전제로 한 논자들은 『二年律令』에서의 매매가 극히 제한된 조건에서의 매매였다든가 혹은 '賣宅'을 강조하여 전의 매매를 지우려고 하는 시도를 하고자 한다. 그러나 '賣宅'은 앞 문장과 연결해서 볼 때 마땅히 '賣田宅'으로 보아야 한다.

는데, 이는 곧 『二年律令』의 규정이 형식적으로는 국유제의 授田형태를 취하고 있지만, 매매를 허용함으로써 私有土地制로 나아가게 하는 조항들을 내포하고 있다는 것을 의미한다. 이 밖에도 『二年律令』에는,

③ 欲益買宅, 不比其宅者, 勿許(宅을 사서 늘리려고 하지만, 당사자의 宅에 인접해 있지 않는 경우는 허락하지 않는다.)[73]
④ 남편의 형제 및 아들 가운데 동거하며 名籍을 같이 하는 자가 있다면 田과 宅을 팔거나 췌서를 들여서는 안 된다. 그가 나가 남의 처가 되거나 사망하면 순서대로 戶를 계승토록 한다.[74]

라 하여 宅의 구입 또한 당사자의 택에 인접해 있어야 한다는 조건만 갖추면 田地와 함께 宅의 매매가 허용되고 있었음을 보여준다. ③과 ④의 율문을 근거로 볼 때, 명확히 국가는 전택의 매매를 긍정하고 있는데, 그 목적은 전택의 변동을 호적상 반영할 수 있도록 한 것이라 할 수 있다.[75] ④는 전택을 매매할 수 없는 경우의 사례에 대한 규정이다. 즉 전택을 매매할 수 없는 경우의 사례를 제외하고는 전택의 매매가 일반적이었음을 의미한다.

이와 관련하여, 먼저, 秦 土地國有制說을 주장하는 논자들의 논거는 일찍이 授田制와 田地의 賣買는 양립할 수 없다는 것이었는데, 授田의 실시 사실을 명백히 보여주는 『二年律令』에서 田宅賣買의 許容 規定이 나왔다. 즉 국유제설의 가장 큰 논거인 授田制와 田地의 賣買는 양립할 수 없다는 전제 자체가 성립하기 어렵게 되었다. 다음으로 그동안 土地國有制說을 주장하는 논자들에 의해서 부정된 동중서의 "民得賣買"의 지적도 『二年律令』

---

73) 위의 책, 320簡, 220쪽.
74) 위의 책, 387簡, 240쪽, "夫同産及子有與同居數者, 令毋賈賣田宅及入贅. 其出爲人妻若死, 令以此代戶."
75) 朱紹侯, 앞의 글, 183쪽.

의 田宅賣買의 許容 規定이 확인됨으로 인하여 사실에 부합할 가능성이 더욱 높아진 것이 분명하다. 秦의 국가는 상당량의 가경토지를 보유하였는데, 수전제의 관점에서 보자면, 이는 봉건국유토지소유제로 軍功賞賜의 토지는 원래는 국유토지이지만, 봉건국가에서 일단 신하에게 賞賜를 하면 王翦이 賞賜받은 田宅을 자손에게 물려주어 자손의 산업으로 삼으려 했다는 사실에서도 볼 수 있듯이 신하의 사유가 되는 것이 분명하다.[76]

  某里士五(伍)甲縛詣男子丙, 告曰:「丙, 甲臣, 驕悍, 不田作, 不聽甲令, 謁賣公, 斬以爲城旦, 受賈錢.」訊丙, 辭曰:「甲臣, 誠悍, 不聽甲. 甲未嘗身免丙. 丙無病也. 無他坐罪.」令令史某診丙, 不病. 令少內某, 佐某以市正價賈丙丞某前, …
  어떤 마을의 士伍인 甲이 남자 丙을 압송해 고했다. "병은 갑의 수하노예인데, 성질이 驕悍해 田作을 하지 않고 갑의 명령을 듣지 않으니 관부에서 매입해 다리를 자른 후 城旦으로 충당하고 갑에게 그 대가를 지불해줄 것을 요구합니다." 병을 심문해보니 다음과 같았다. "갑의 노예인 병은 과연 교한하고 갑의 명령을 듣지 않았다. 갑은 병을 해방시킨 바 없고 병은 다른 病도 없으며 다른 죄도 없었다. 令史 아무개를 시켜 병을 진찰해보니 病은 없었다. 小內 아무개와 佐某를 시켜 丞 아무개 앞에서 시장 표준가격으로 병을 매입했."[77]

『睡虎地秦簡』의 봉진식에는 사오의 노예소유가 나오고 있는데, 남노예의 죄상은 전작을 하지 않은 것이고, 지주는 시장에서 노예를 매입할 수 있는 것으로 나오고 있다. 高價인 노예를 소유한 士伍의 사례가 『睡虎地秦簡』에서 확인되는가 하면 완전히 몰락하여 경제면에서 노예와 다를 바 없는 士伍도 『里耶秦簡』에서 확인되고 있다. 「司空律」에는 "百姓有貲贖責(債)而有一臣若

---

76) 唐贊功, 「雲夢秦簡所涉及土地所有制形式問題初探」, 『雲夢秦簡研究』, 北京 : 中華書局, 1981, 53~56쪽.
77) 『睡虎地秦簡』, 259쪽.

一妾, 有一馬若一牛, 而欲居者, 許."라 하여[78] 백성이 一臣一妾 혹은 一馬一牛를 소유한 사례에서 보듯이 부유한 士伍는 노비 혹은 우마를 소유하고 있었고, 이들은 중소지주층을 형성하고 있었음이 확인된다.[79] 즉 동중서의 지적처럼 토지의 매매, 토지소유의 불균등이 있었음을 의미하며 이것은 秦律의 내용과 일치한다. 有爵者 내부에서도 등급마다 그 차이는 매우 컸다. 심지어는 동일 계급으로 분류된 士伍도 빈부 격차가 심각했는데, 100大畝는 2인의 成人이 경작 가능한 면적이 아니었으므로 奴婢나 牛馬를 소유하고 있는 士伍와 그렇지 못한 경우와는 경제적 격차가 크게 확대될 수밖에 없었을 것이다. 士伍 중에는 불법주조자, 도둑, 群盜로 전락하는 자가 보이는 등 동일한 계층 내에서도 경제적 불평등이 내재하고 있었다.[80] 『里耶秦簡』에는 貲贖錢에 대한 기록이 J1[9]1~J1[9]12호간에 걸쳐 나오고 있는데, 많은 士伍가 家貧하여 빚을 갚지 못하고 있음을 기록하고 있다.[81] 이러한 경제적 불평등에 근거하여 士伍는 동일계급을 형성하지 못했다는 견해도 제기되었다.[82]

무엇보다 秦의 수전규정에는 還田 규정이 보이지 않는다. 『二年律令』에도 還田 규정이 보이지 않는다. 수전제가 상세히 규정되어 있음에도 還田 규정이 없는 것은 어떤 이유일까? 『二年律令』에 규정된 상속, 매매와 양도의 존재와 전택의 환수의 규정은 양립할 수 없다. 현재까지 『二年律令』의 연구 결과는 秦律과 漢律의 내용이 거의 동일하다는 것이다.[83] 高敏은 『二年律令』에 수록된 諸律令의 내용에서 볼 때 적지 않은 것이 秦律의 複製版, 또는 大同小異하다는 결론을 내리고 있다. 예컨대 戶律의 賜爵制度의

---

78) 『睡虎地秦簡』, 85쪽.
79) 唐贊功, 「雲夢秦簡所涉土地所有制形式問題初探」, 『雲夢秦簡研究』, 北京 : 中華書局, 1981, 57쪽.
80) 尹在碩, 「秦代 '士伍'에 대하여」, 『慶北史學』 10, 1987, 175쪽.
81) 『里耶發掘報告』 岳麓書社, 2007, 185~190쪽.
82) 劉海年, 「秦漢"士伍"的身分與階級地位」, 『文物』 1978년 2기, 61쪽.
83) 高敏, 「《張家山漢墓竹簡·二年律令》中諸律的制作年代試探」, 『史學月刊』 2003-9, 36쪽.

級別·爵名 등은 모두 『漢書』 百官公卿表序에 실린 秦制와 동일하고, 錢律에 반영된 鑄幣權을 국가가 장악하고, 民의 盜鑄를 금지하는 입법정신 역시 秦律과 일치하며, 收律의 구체적인 내용과 정신 역시 秦律과 동일하다. 刑名·刑罰體系와 벌금의 계산방법 등 역시 秦律과 대체로 같다.84) 즉 『二年律令』은 거의 秦律의 복사판이라는 것이다. 그렇다면 단지 전택의 매매 규정만 秦律에는 없고 『二年律令』에만 존재한다고 단정할 근거가 있을까? 陳涉이 어릴 적에 傭耕을 한 사례, 『睡虎地秦簡』에서 노예를 소유하고 우마를 소유한 사오의 사례, 『里耶秦簡』에서 "家貧不能入"할 정도로 몰락한 사오의 사례 등은 결론적으로 진시황 31년 이전에 토지사유제와 토지겸병이 존재하였고 그에 따라 빈부 격차가 존재하였음을 증명한다. 상앙변법 후에 진국의 인구는 급증하고 민족이 더욱 증가함에 따라 지역적 차이와 민족적 차이, 역사발전의 차이에 따라 지역마다 다른 제도를 시행할 수밖에 없었을 것이다.85)

『二年律令』에 보이는 토지의 매매 규정에서 가장 크게 문제가 되고 있는 것은 '貿賣田宅'이다. 이와 관련하여 최근 토지국유제설을 주장하는 飯尾秀幸은 "田이 매매의 대상으로 되어 있지 않은 단계에서는 田을 목적어로 하는 것은 貿이고, 賣의 목적어는 宅"이라고 해석하였다.86) 이에 대하여 京都大주석에서는 貿는 交易, 交換의 뜻이며, 賣의 의미로 해석하고 있으며 "田宅을 貿賣한다"로 해석하여87) 貿買를 田宅의 목적어로 보고 있다. 한편, 토지국유제설의 입장을 취하는 太田幸男은 田宅의 二字를 貿買의 목적어로 해석하는 것이 자연스럽다고 하여 京都大주석을 지지하고 있다.88) 그런데

---

84) 위와 같음.
85) 羅開玉, 「靑川秦牘《爲田律》硏究」, 『簡牘學硏究』 제2집, 甘肅人民出版社, 1998, 142쪽.
86) 飯尾秀幸, 「中國古代土地所有問題に寄せて-張家山漢簡『二年律令』における田宅地規定をめぐって」, 『張家山漢簡『二年律令』の硏究』, 東京 : 東洋文庫, 2014, 37쪽.
87) 冨谷至 編, 『江陵張家山二四七號墓出土漢律令の硏究』, 京都 : 朋友書店, 2006, 213쪽, 221쪽.
88) 太田幸男, 「秦漢出土法律文書にみる「田」·「宅」に關する諸問題」, 『張家山漢簡『二年律令』

太田幸男은 專大譯注者가 田은 매매할 수 없다고 하는 이유가 田은 경작자에 소유권이 없기 때문이라고 하는 近代所有權論이 그 근저에 있기 때문이라고 비판하며 田과 宅은 동일형식이며 구별되지 않으며 田만이 매매대상으로 하는 사료가 나오지 않는 것은 단순한 우연이라고 지적한다. 中國古代(더 나아가 전근대사회)에 있어서는 법적으로 부동산의 소유권은 확인된 개념은 아니었다. 따라서 太田幸男은 매매도 소유권에 기초해서 행해진 것이 아니고 점유권, 즉 배타적 사용권이 매매된 것으로 이해하고자 한다.[89] 太田幸男의 지적처럼 秦代土地制度의 소유권을 토지매매만의 문제만으로 접근하기에는 복잡하다. 여기에서는, 일단 『二年律令』에 보이는 '貿賣田宅'을 "田이 매매의 대상으로 되어 있지 않은 단계에서는 田을 목적어로 하는 것은 貿이고, 賣의 목적어는 宅"이라는 飯尾秀幸의 해석은 처음부터 자연스러운 해석이 아니었다는 점을 지적한다. 『二年律令』에 보이는 '貿賣田宅'이 漢文帝 13년(기원전 167) 이후에 해당하는 『胡家草場西漢簡』에서도 '貿賣田宅'이 나오고 있는데,[90] 『二年律令』의 규정과 완전히 동일하다. 『嶽麓書院藏秦簡(參)』 「爲獄等狀四種」 案例04 '芮盜賣公列地案'의 다음과 같은 내용은 『二年律令』과 『胡家草場西漢簡』에 보이는 '貿賣田宅'이 秦律의 규정에서 유래하였을 가능성이 높았음을 보여준다.

• 감히 주언합니다. 江陵[현령]이 말하기를 : 公卒 芮와 大夫인 材가 건물을 공동 소유하는 棺列을 받아서 짓고 棺列을 임차받아 세금을 냈는데, 吏가 후에 [노점을 그들에게 세를 주지 않았습니다. 芮가 그 肆를 나누어 士伍 朶에게 팔았습니다. 肆의 地價는 1千錢. 점포값은 269錢이었습니다. 이러한 행위에 대하여 芮의 죄를 묻고자 합니다. … • 獄史인 豬가 말하기

の硏究』, 東京 : 東洋文庫, 2014, 214쪽.
89) 太田幸男, 앞의 글, 215~216쪽.
90) 荊州博物館·武漢大學簡帛研究中心, 『荊州胡家草場西漢簡牘釋粹』, 北京 : 文物出版社, 2021, 62簡, 57쪽, "代戶, 貿賣田宅, 鄕部·田嗇夫·吏留弗爲定籍, 盈一日, 罰金各二兩."

를 : '芮와 方은 가격을 합병하였으니, 나(豬)는 芮가 【…조사결과 : …609전을 쓰고】를 하지 않았습니다. 435[평방]척의 토지를 팔았으니 [부정한 돈]값이 1,000전이다. 다른 것은 피고인의 진술과 같습니다. •심리결과 : '芮는 노점자리를 임차받을 수 없는데도 제멋대로 국가토지에 건물을 짓는데 609전을 사용했는데, □…토지 면적 435[평방]척…[약속한 가격] 1,400전에서 이미 1,000錢을 받았으나 모두 써버렸습니다. 후에 200전을 돌려주었습니다. 토지 장물가는 1,000전이었습니다. 체포되었습니다.' 본안은 이미 斷獄되어 이미 芮를 黥爲城旦에 처하였는데, 아직, □□□□하지 않았습니다. 감히 주언합니다.[91]

상기『嶽麓書院藏秦簡(參)』「爲獄等狀四種」案例04 '芮盜賣公列地案'에는 秦代의 토지제도의 성격을 엿볼 수 있게 하는 흥미로운 내용이 나오고 있다. 그것은, 첫째, 이 사안에서 公卒 芮가 벌인 사기행각은 국가의 땅인 公有地를 상대로 한 것이라는 점이 주목된다. 民이 국가의 공유지조차 불법으로 매각했다는 사실은 공유지·사유지를 포함한 토지의 매매가 합법인 환경이 아니었으면 나타나기 어려운 것이었다. 즉, 구입자인 土伍 朵와 方은 이 肆와 건물이 합법하게 국가로부터 불하받은 芮의 사유물로 생각하고 매입했던 것이다. 이것은 국유지조차도 매매가 가능한 것이며, 동시에 민간인 사이의 토지 매매도 불법이 아닐 뿐만 아니라 자유로웠다는 사실을 말해준다. 둘째, 불법으로 매각된 공유지의 면적은 435平方尺이며, 地價는 1천전이었고, 건물 가격은 269전으로 결정되었다. 이 사실은 민간의 토지

---

91) 朱漢民·陳松長 主編,『嶽麓書院藏秦簡(參)』, 上海辭書出版社, 2011, 257~260쪽, "•敢瀟(讞)之：江陵言：公卒芮與大夫材共蓋受棺列, 吏後弗鼠(予). 芮買(賣)其分肆土五(伍)朵, 地直(值)千, 蓋二百六十九錢. 以論芮. 二月辛未, 大(太)守令曰：問：芮買(賣), 與朵別賈(價)地, 且吏自別直(值)? 別直(值)以論狀何如, 勿庸報. 鞫審, 瀟(讞). … •獄史豬曰：芮·方幷買(價). 豬以芮不[…. 問：…費六百]九錢, 買(賣)分四百卅五尺, 直(值)千錢. 它如辭(辭). •鞫之：芮不得受列, 擅蓋治公地, 費六百九錢, □…地積(?)四百卅五 尺…千四百, 已(巳)受千錢, 盡用. 後環(還)二百. 地臧(贓)直千錢. 得. 獄已(巳)斷, 令黥芮爲城旦, 未□□□□. 敢 瀟(讞)之."

가격이 형성되어 있을 뿐만 아니라, 地上權(건물)과 토지권을 분리하여 가격을 산정할 정도로 부동산 매매에 대한 인식 수준이 높았다는 것을 알 수 있다. 이와 같은 언급은 당시에 토지의 매매 가격이 매각자와 매수자 사이에서 협상을 통해 결정되고 있음을 말해준다.[92] 또한 田과 宅은 秦代나 漢代나 혹은 秦始皇의 自實田 조치 以前이나 以後나 변함없이 매매의 대상이 되었다는 증거가[93] 『二年律令』이나 『胡家草場西漢簡』에서 확인되며, 이것은 『岳麓書院藏秦簡』「爲獄等狀四種」에 의해 거듭 확인된다.[94] 즉 田宅의 매매는 秦漢시기 일관적으로 시행되었음이 입증된다 하겠다. 이로써 秦漢시기 田地의 환수나 매매가 허용되지 않았다는 이성규의 토지국유제설은 출토문헌이나 전래문헌이나 모두 입증되지 않는 추론에 지나지 않았음이 확인된다. 다만, 中國古代(더 나아가 전근대사회)에 있어서는 법적으로 부동산의 소유권은 확인된 개념은 아니었다고 보고, 따라서 매매도 소유권에 기초해서 행해진 것이 아니고 점유권, 즉 배타적 사용권이 매매된 것으로 이해하고자 하는 太田幸男 방식의 토지국유제설은 경청할 만하다.

III. 授田 100畝와 士伍의 實態

秦은 상앙변법 이후 "士兵이 敵國의 甲士 1명의 首級을 획득하면, 그에게 爵 1級을 상사하고, 田 1頃, 택지 9畝, 庶子 1인을 각각 지급한다."[95]라는 軍功賜爵의 정책을 통하여 軍功을 장려하였고, 또한 240보의 大畝를 실시하

---

92) 任仲爀, 「戰國秦에서 漢初까지의 토지제도 綜觀」, 『중국고중세사연구』 35, 2015, 273쪽.
93) 위의 글, 274쪽.
94) 林炳德, 「『獄麓秦簡』과 中國古代法制史의 諸問題」, 『法史學研究』 54, 2016, 33~42쪽 ; 임병덕, 「『岳麓書院藏秦簡』·「爲獄等狀四種」案例七識劫婉案考」, 『중국사연구』 110, 2017, 252~254쪽.
95) 高亨 注譯, 『商君書注譯』, 北京 : 中華書局, 1974, 152쪽, "能得甲首一者, 賞爵一級, 益田一頃, 益宅九畝."

여 "地廣人稀"에 따른 "地過民"의96) 모순을 해결하고자 하였다. 이 大畝制는 신흥지주계급과 농민계층의 토지의 요구를 만족시켜줌과 동시에 무엇보다 농민에게 적극적인 개간을 장려한 것이라 할 수 있다.97) 문제는 과연 전 인민을 대상으로 한 授田이 종전의 100小畝보다 2.4배 넓은 100大畝를 단위로 하여 지급하였을 경우 과연 1호 평균 2인의 성인 노동력으로 이를 경작하는 것이 가능하였을까 하는 점이다. 이 점에 대하여 기존의 연구는 대체로 부정적이다. 지금까지의 대체적인 연구는 당시 농업기술 수준에서 2인의 성인이 100大畝를 경작하는 것이 불가능하다는 것인데, 鳳凰山十號漢墓의 鄭里廩簿는 호당 대략 25畝의 토지를 소유하고 있었음을 보여준다.98)

한편, 100大畝 수전과 관련하여 흔히 언급되고 있는 것이 鳳凰山十號漢墓의 鄭里廩簿이다. 이는 文帝 말에서 景帝 초로 추정되는 鳳凰山十號漢墓의 鄭里廩簿는 鄭里의 貸種食의 기록으로 惠帝 시기와 가깝다. 鄭里廩簿에는 모두 25戶에, 口數는 110人이며, 이중에서 能田者는 69人이고, 畝당 0.1석의 貸種食을 발급했다. 裘錫圭는 25호의 보유 토지 합계가 617畝이므로 대략 25畝의 토지를 소유하고 있었다고 한다.99) 매인 평균 6무에도 미치지 못하는데, 이것은 14무의 표준에 훨씬 못 미친다고 한다.100) 그들을 戶人이라고 칭하고, 能田이라고 한 것으로 볼 때 『二年律令』과 마찬가지로 토지는 立戶한 戶主 단위로 지급되었음을 알 수 있다. 鄭里廩簿 가운데 2호는 公土로 마땅히 1.5경의 토지를 가져야 하나 실제로는 21무와 32무의 전을 가지고 있다.

---

96) 『商君書錐指』「算地」, 北京 : 中華書局, 1986, 42쪽, "故有地狹而民衆者, 民勝其地 ; 地廣而民少者, 地勝其民. 民勝其地者, 務開 ; 地勝其民者, 事徠. 開則行倍. 民過地, 則國功寡而兵力少 ; 地過民, 則山澤財物不爲用."
97) 周金華, 「試論商鞅的重農思想及政策」, 『邵陽師範高等專科學校學報』 22-3, 2003, 26쪽.
98) 裘錫圭, 「湖北江陵鳳凰山十號漢墓出土簡牘考釋」, 『文物』 1974-7, 56쪽.
99) 裘錫圭, 「湖北江陵鳳凰山十號漢墓出土簡牘考釋」, 『文物』 1974-7, 56쪽.
100) 袁延勝, 「略論漢代的人口增殖政策及其社會影響」, 『鄭州大學學報(哲學社會科學版)』 36-3, 2003년 5월, 25쪽.

鄭里廩簿의 能田者, 人口數, 田畝數

戶號	1	2	3	4	5	6	7	8	9	10	11	12	13	14	15	16	17	18	19	20	21	22	23	24	25
能田	1	1	2	4	2	2	2	3	4	3	2	2	2	3	4	3	4	3	4	3	4	3	3	2	3
人口	1	3	4	8	2	3	6	6	7	5	4	6	3	4	4	6	7		6	6	5	4	3	3	4
田畝	8	10	12	15	18	20	23	30	30	54	20	20	30	20	30	27	23	40	33	21	30	30	□4	20	32

물론 鄭里廩簿가 이 지역의 가난한 호구에만 貸種한 것이라는 주장도 있고,[101] 鄭里廩簿의 田畝數는 각 가의 실제 점유토지의 總數가 아니라, 정부가 각호에 종자를 빌려주려고 하는 畝數의 통계 細冊이라고 주장도 있다.[102] 그러나 王彦輝는 鄭里廩簿의 등기가 사실이라면, 대다수 民戶의 토지보유 면적은 율령의 규정과는 매우 다르다고 본다. 王彦輝는 鳳凰山漢簡이 반영하는 상황은 南郡 한 곳만의 특별한 예가 아니라, 당시에 보편적이라고 보아야 한다고 하였다.[103] 于振波는 강릉봉황산10호한묘출토의 정리름부가 장간산『二年律令』이 출토된 곳과 가까운 곳에 주목하여 『二年律令』의 규정은 실수가 아니라 최고한도로 보아야 한다고 지적한다.[104] 한편으로는 강릉봉황산10호한묘출토의 정리름부가 시기적으로 문제·경제 시기인 점을 감안하면, 漢文帝 시기 田에 대한 收授가 정지되고 토지겸병이 가속화된 점, 더 나아가 국가의 토지에 대한 통제력을 상실하여 매매와 양도, 상속이 완전 자유화되었다는 楊振紅의 지적에도[105] 유의해야 할 것이다. 예컨대, 수육법은 장가산한간규정에는 작위가 높으면 무受, 작이 낮은 자는 늦게 받는 것으로 나타나는데, 한문제의 양로령에는 단지 연령의 기준만이 제시

---

101) 裘錫圭, 위의 글, 56~57쪽.
102) 王愛淸, 「秦與漢初吏民生活略論」, 『唐都學刊』 23-3, 2007, 6쪽.
103) 王彦輝, 「論張家山漢簡中的軍功名田宅制度」, 『東北師大學報(哲學社會科學版)』 2004-4期, 20~21쪽.
104) 于振波, 「張家山漢簡中的名田制及其在漢代的實施情況」, 『中國史研究』 2004-1 및 이를 수정보완한 "簡帛研究網站"(http://www.jianbo.org/, 2005.12.22.)
105) 楊振紅, 「秦漢"名田宅說"-從張家山漢簡看戰國秦漢的土地制度」, 『張家山漢簡〈二年律令〉研究文集』廣西師範大學出版社, 2007, 166쪽.

되어 있다. 이것은 한문제 시기에 작의 기능이 상실된 구체적인 사례라 할 수 있는데,106) 작의 기능만이 아니라 수전제도의 기능도 정지되었을 것이다. 어쨌든 강릉은 인구 밀집지구가 아니었다. 문제·경제 시기가 한초와 그리 먼 시기가 아니라는 점을 감안하면, 명전제도 균전제처럼 그 법률의 표준은 하나의 한도액이고107) 실제로 처음부터 그 액수만큼 지급된 것이 아니고 또 마땅히 규정된 액수를 획득할 수 있도록 보증된 것도 아닌 것 같다. 각지의 가경면적은 경우에 따라 多寡가 있고 물론 지역에 따라 인구밀도도 다르다. 따라서 人과 地의 관계는 법률관계처럼 정연할 수가 없다. 林甘泉은 당시의 생산력 수준하에서 2인의 성인노동력으로 농경에 전력을 다해도 100小畝 이상을 경작하는 것은 불가능하다고 지적한다.108) 그렇다면, 100小畝의 2.4배인 100大畝는 더욱 경작 불가능한 면적이라 하지 않을 수 없는데, 林甘泉의 견해에 의하면, 100대무는 단지 조방식의 경영으로 수확이 증가한다고 할 수 없다고 한다.109) 林甘泉의 이러한 견해와 관련하여 『里耶秦簡』의 사례를 참조할 필요가 있다. 『里耶秦簡』에는 戶人과 長子가 第1欄의 호적에 병렬된 다음과 같은 사례가 나온다.110)

戶人과 長子가 第1欄의 호적에 병렬된 사례

번호	第1欄	第2欄	第3欄	第4欄	第5欄
K17	南陽戶人荊不更黃口 子不更昌	妻曰不實	子小上造悍 子小上造	子小女規 子小女移	
K4	南陽戶人荊不更 喜 子不更衍	妻大女子娸 隸大女子華	子小上造章 子小上造	子小女子趙 子小女子見	

---

106) 賈麗英,「漢代"名田宅制"與"田宅逾制"論說」,『史學月刊』2007년 제1기, 35쪽.
107) 于振波,「從張家山漢簡簡漢名田制與唐均田制之異同」,『湖南城市學院學報』26-1, 2005, 71쪽.
108) 林甘泉主編,『中國經濟通史·秦漢經濟』, 經濟日報出版社, 1999, 339쪽.
109) 위와 같음.
110) 이하의 도표는 林炳德,「里耶秦簡을 통해서 본 秦의 戶籍制度」,『東洋史學研究』110, 2010, 50~52쪽에 의한다.

도표에서 보듯이 5簡 K17과 9簡 K4는 戶人과 長子가 第1欄의 호적에 병렬되어 나타난다. 第1欄은 大男, 第2欄에 大女, 第3欄은 小男, 第4欄은 小女로 분류할 수 있다. 즉 제1난은 戶主만이 아니라 徭役과 軍役의 징발 대상인 장정이 기록된 난이었다. 무엇보다 徭役과 軍役의 징발 대상, 즉 성인인 子不更昌과 子不更衍의 처에 대한 기록이 없으므로 아직 미혼인 상태가 분명하다. 의심할 바 없이 "大男", 즉 成年의 남자로 昌과 衍은 戶主의 長子임이 틀림없다. 또한 第3欄의 子는 모두 "子小上造"로 되어 있는데 비하여 5簡 K17과 9簡 K4의 第1欄에 들어간 子는 "子不更"의 형식으로 父와 爵이 동일한 不更으로 되어 있다. 즉 장정의 子가 동일 戶에 존재하는 사례라 할 수 있다. 즉 商鞅이 말하는 "民有二男以上"에 해당한다. 子不更昌과 子不更衍은 각각 독립된 戶를 형성하지 못한 것이 확실하므로 授田의 대상이 아닌 것도 확실하다.111) 그러나 商鞅變法의 "民有二男以上"에 해당하기 때문에 "不分異者, 倍其賦"의 원칙에 따라 立戶하여 '受田宅'한 경우와 마찬가지로 '賦'를 부담해야 한다. 이러한 불합리한 규정에 의해 재산상의 손실을 입지 않기 위해서는 혼인하여 分家하고 '受田宅'을 하는 도리밖에 없다. 물론 강제 규정은 아니고 「倍其賦」를 감수하고 分家하지 않는다면, 同居하는 것은 허락된다. 商鞅變法은 '1戶1正丁'을 지향하고 있지만, 「倍其賦」를 해도 「同居」하겠다고 한다면 이를 금지하는 것이 아니므로 경우에 따라 5簡 K17과 9簡 K4의 사례처럼 '1戶2正丁'도 존재할 수 있다. "民有二男以上, 不分異者, 倍其賦"는 기본적으로 처벌규정이라기 보다는 立戶에 따른 '受田宅'이라는 인센티브를 전제로 한 것이라 할 수 있다. 그러나 立戶에 따른 '受田宅'이라는 인센티브에도 불구하고 현실적으로 혹은 일시적으로 立戶가 여의치 않은 同居의 戶도 존재하였을 것이고, 立戶하여 '受田宅'하는 것이 오히려 불리하다고 판단하는 경우도 있었을 것이다. 그 경우에는 立戶하지 않고 賦稅를 납부하면 된다. 이와 관련하여 黎明釗의 지적을 참고할 필요가

---

111) 위와 같음.

있다. 黎明釗는「分家」는 필연적으로 인력의 부족을 초래하는데. 형제가 힘을 합쳐 경작 시에 생산량이 增多하기 때문에 2배의 부세를 납부해도 「同居」合作이 유리하였다고 해석한다.112) 『里耶秦簡』에 보이는 동거와 관련된 黎明釗의 지적은 100대무는 단지 조방식의 경영으로 수확이 증가한다고 할 수 없다고 지적한 林甘泉의 견해를 뒷받침하는 사례라 할 수 있다. 어쨌든 시기가 제 각각이긴 하지만, 시야를 변경문서로 확대해 보아도 수전제의 규정을 뒷받침하는 자료는 찾기 어렵다. 『居延漢簡』의 公乘 徐宗은 전 50무를 보유한 것으로 나와 있는데, 전 50무의 가격이 3,000전인데 비하여 그가 소유한 소 두 마리의 가격은 그보다 훨씬 고가인 5,000전에 달한다.113) 公乘 禮忠의 경우에는 무려 5頃을 소유하고 있는데, 그가 가진 노예와 가축의 재산이 이보다 훨씬 많은 것으로 나타나고 있다.114) 그밖에도 30무, 35무, 31무, 1경 20무, 13무, 1경 87무, 30무 등의 토지를 보유한 사례 등이 나온다.115) 토지 보유량이 제 각각이어서 어떠한 일관성을 찾기 어렵지만, 군공지주를 제외한 小自耕農 가정의 토지점유량은 일반적으로 30~40畝이고, 많아도 100畝를 초과하지 않았던 것 같다.116) 다만, 『居延漢簡』의 경우 토지가 재산목록으로 나오고 그 가격이 나오고 있다는 점에서 토지의 사유성을 살필 수 있고, 또 토지만이 아니라 牛馬 등의 기타 재산이 그 못지않은 중요성을 갖고 있고, 토지 보유 면에서 최소한의 율령의 규정의 의미를 찾기도 어렵다는 점을 지적할 수 있을 것 같다. 진한시기에 이미 전업화한 목축업, 어업, 임업, 과수농업 등을 고려할 때,117) 여기에 더욱

---

112) 黎明釗,「里耶秦簡 : 戶籍檔案的探討」,『中國史硏究』2009년 제2기, 19쪽.
113) 『居延漢簡釋文合校』: 433 : 合24.1B.
114) 『居延漢簡釋文合校』: 766 : 合37.35.
115) 『敦煌漢簡釋文』: 2313 : 釋TH.2016 ;『居延漢簡釋文合校』: 557·4,『居延新簡』: EPT 53 : 12 ;『居延新簡』: EPT 51 : 119,『額濟納漢簡』93쪽 ;『額濟納漢簡』94쪽,『居延新簡』破城子探方五九 277, 377쪽.
116) 李淸凌,「戰國秦漢西北地區的土地所有制與經營方式」,『簡牘學硏究』제1집, 甘肅人民出版社, 1997, 214쪽.
117) 黃今言·王福昌,「漢代農業商品生産的群體結構及其發展水平之評價」,『秦漢史論叢』9

노예매매, 고용노동 등의 발달 등의 여러 가지 사실을 고려할 때, 단순히 토지면적 만을 가지고 이 시기의 토지제도의 성격을 이야기하는 것으로 제민의 실태를 이야기하는 것은 부적절한 것 같다.

秦은 상앙변법 이후 "士兵이 敵國의 甲士 1명의 首級을 획득하면, 그에게 爵 1級을 상사하고, 田 1頃, 택지 9畝, 庶子 1인을 각각 지급한다."[118)라는 軍功賜爵의 정책을 통하여 軍功을 장려하였고, 또한 240보의 大畝를 실시하여 "地廣人稀"에 따른 "地過民"의[119) 모순을 해결하고자 하였다. 이 大畝制는 신흥지주계급과 농민계층의 토지의 요구를 만족시켜줌과 동시에 무엇보다 농민에게 적극적인 개간을 장려한 것이라 는 주장도 제기되었다.[120) 문제는 과연 전 인민을 대상으로 한 授田이 종전의 100小畝보다 2.4배 넓은 100大畝를 단위로 하여 지급하였을 경우 과연 1호 평균 1~2인의 성인 노동력으로 이를 경작하는 것이 가능하였을까 하는 점이다. 이 점에 대하여 기존의 연구는 대체로 부정적이다. 앞서 지적하였듯이 林甘泉은 당시 생산력 수준의 제약으로 2인의 성인이 경작할 수 있는 것이 100小畝, 즉 20大畝 정도에 지나지 않았다고 지적한다. 즉 100大畝는 5인의 성인노동력이 필요했다는 것이다.[121) 傅筑夫는 고대부터 근대까지의 자경농민의 토지는 적은 경우는 7~8畝이고 많은 경우가 20~30畝로 최고 한도가 100畝를 초과한 경우가 없다고 지적한다.[122) 黃今言·溫樂平은 漢代에 농민들이 소유하고 있는 토지

집, 中國秦漢史硏究會編, 2004.

118) "能得甲首一者, 賞爵一級, 益田一頃, 益宅九畝"(高亨 注譯, 『商君書注譯』, 北京, 中華書局, 1974, 152쪽).

119) "故有地狹而民衆者, 民勝其地 ; 地廣而民少者, 地勝其民. 民勝其地者, 務開 ; 地勝其民者, 事徠. 開則行倍. 民過地, 則國功寡而兵力少 ; 地過民, 則山澤財物不爲用"(『商君書』 算地(『商君書錐指』, 中華書局, 1986, 42쪽)).

120) 周金華, 「試論商鞅的重農思想及政策」, 『邵陽師範高等專科學校學報』 22-3, 2003년 3기, 26쪽.

121) 林甘泉主編, 『中國經濟通史·秦漢經濟卷上』, 經濟日報出版社, 1998년 8월, 339쪽.

122) 傅筑夫, 『中國古代經濟史槪論』, 北京, 中國社會科學出版社, 1981(王麗, 「試論西漢自耕農民的生活水平和生活狀況」, 『西安歐業學院學報』 6-3, 2008, 43쪽).

는 남방은 9~10大畝(평균 23小畝), 중부는 30小畝였다고 한다.123) 黃今言은 일호가 100여무의 토지를 가진 것은 비교적 부유한 자경농이고, 일호가 50~60무를 가졌다면 중간 수준의 자경농이고, 20~30무 이하의 토지는 빈곤한 자경농 또는 반자경농으로 보았다.124) 梁方仲은 漢代人들의 평균 경작 면적은 1인당 14畝정도였다고 한다.125) 100大畝는 당시 2인의 성인의 노동력으로 경작 가능한 면적이 아니고 100大畝를 모두 경작하려면 단지 조방적 방식으로 경작하여야 하는데, 이 경우 수확의 증가로 연결되지 않는다는 지적을 하고 있다.126) 이처럼 지금까지의 대체적인 연구는 당시 농업기술 수준에서 2인의 성인이 100大畝를 경작하는 것이 불가능하다는 것인데, 사정은 조금 다르지만, "地廣人稀"의 문제는 軍功地主의 경우에도 존재하였다. 軍功地主에게는 1경당 1인의 庶子가 지급되고 있는데, 每頃마다 庶子 1인의 役使權이 주어지는데, 그 役使權은 매월 6일에 지나지 않는다는 것이다.127) 有爵者의 경우에 주어지는 每頃마다 庶子 1인의 役使權만으로는 경작에 필요한 노동력이 크게 부족하다. 결과적으로 유작자는 "地廣人稀"에 따른 "地過民"의 문제가 일반 수전민에 비해 더욱 심각하다.

　　于振波는 唐代 均田令의 경우도 규정은 寬鄕의 경우 每丁 100畝, 狹鄕의 경우 每丁 60畝로 되어 있지만, 실제 확인된 것만을 기준으로 보면, 高昌縣의 경우 授田 표준이 10畝, 敦煌縣은 20畝에 지나지 않았음을 예로 들어 名田制에서의 授田 100畝는 하나의 限度額이었다고 주장하고 있다.128) 특히 鄭里廩簿가 출토된 江陵은 楚越의 지역은 땅은 넓으나 인구는 희박하고 쌀로 밥을

---

123) 黃今言·溫樂平,「漢代不同農耕區之勞動生産率的考察-以糧食生産爲硏究中心-」,『中國社會經濟史硏究』, 2006-3, 6쪽.
124) 黃今言,「漢代小農的數量·特征與地位問題再探討」,『農業考古』2007-4, 50쪽.
125) 梁方仲,『中國歷代戶口·田地·田賦統計』, 上海人民出版社, 1980.
126) 施偉靑,「論秦自商鞅變法後的商品經濟」,『中國社會經濟史硏究』2002년, 제 1기, 67쪽.
127) 高亨注譯,『商君書注譯』(北京:中華書局), 1974, 145쪽, "其有爵者乞無爵者以爲庶子, 級乞一人. 其無役事也, 其庶子役其大夫, 月六日;其役事也, 隨而養之."
128) 于振波,「從張家山漢簡看漢名田制與唐均田制之異同」,『湖南城市學院學報』26-1, 2005년 1월, 71쪽.

짓고 생선으로 국을 끓여 먹으며 火耕水耨하는 지역도 있으며 과실과 어패류는 매매를 하지 않아도 풍족하고 지세도 먹을 것이 풍부하여 굶주릴 걱정이 없다[129]에서 보듯이 인구밀집지구가 아니었으므로 출토된 25호는 특별히 貧弱戶가 아니라는 것이다. 秦始皇 27년 전국에 걸쳐 "賜爵一級"을 시행한 것으로 되어 있다.[130] 爵 1級에 授田 1頃이라 한다면, 전국의 모든 農戶는 기존의 田地 외에 1頃을 추가로 지급받아야 하나 文獻史料에는 成家하여 戶를 形成한 陳平의 兄의 田地가 30畝에 불과했던 것으로 나타나고 있다. 陳平의 고향인 陽武는 小畝制를 시행하는 關東에 속해 있었으므로 耕地는 30小畝이다.[131] 30小畝는 겨우 12.5大畝에 불과하다. 鄭里廩簿의 사례와 비교해도 작은 규모라고 할 수 있지만, 어쨌든 이 정도의 田地로도 생활은 가능했던 것이다.

『淮南子』主術訓에는,

一人跖耒而耕, 不過十畝. 中田之穫, 卒歲之收, 不過畝四石.
대저 백성들이 생활하는데, 한사람이 쟁기질하여 경작하는데, 그 면적이 10畝를 넘지 못하고 中等의 田地를 경작하는데, 1년 동안의 수확이 1畝當 4石을 넘지 못한다.[132]

라 하여, 漢初의 농경수준에서 1인당 경작할 수 있는 면적이 단지 10무에 지나지 않았음을 지적하고 있다. 『淮南子』의 저술시기도 鄭里廩簿와 비슷한 文景시기이다. 이 10畝는 당연히 大畝인데, 1가구당 2인의 성인노동력으로

---

129) 『史記』 권129, 貨殖列傳第69, "楚越之地, 地廣人希, 飯稻羹魚, 或火耕而水耨, 果隋蠃蛤, 不待賈而足, 地埶饒食, 無飢."
130) 『史記』 권6, 「秦始皇本紀」, 241쪽, "二十七年, 始皇巡隴西·北地, 出雞頭山, 過回中. 焉作信宮渭南, 已更命信宮爲極廟, 象天極. 自極廟道通酈山, 作甘泉前殿. 築甬道, 自咸陽屬之. 是歲, 賜爵一級. 治馳道."
131) 黃今言·溫樂平, 앞의 글, 3쪽.
132) 陳廣忠注譯, 『淮南子譯註』, 吉林文史出版社, 1990, 426쪽.

경작할 수 있는 면적이 1호 평균 20畝, 즉 鄭里廩簿의 25畝와 매우 유사하다. 거연한간의 田畝 숫자는 매호당 20~30畝였는데,[133] 이렇게 보면, 鄭里廩簿에 보이는 총인구 평균 1인당 5畝餘는 이 당시의 인구가 경작하는 평균적인 畝數였을 가능성이 있다. 이렇게 보면, 鄭里廩簿에 보이는 총인구 평균 1인당 5畝餘는 이 당시의 인구가 경작하는 평균적인 畝數에 가깝다고 볼 수 있다.

한편, 『銀作山竹書』「田法」에는,

> 1인이 대무 24무를 경작하면 왕업을 이루고 1인이 19무를 경작하면 패업을 이루고, 1인이 14무를 경작하면 존립을 유지할 수 있고, 1인이 9무를 경작하면 망한다.[134]

라 되어 있다. 이 규정에 의하면, 1인이 경작할 수 있는 일반적인 경작면적은 보통 14畝 정도였다는 것이 확인되며 19무조차도 1인이 경작하기 매우 어려운 경작면적이었음이 확인된다. 1인이 경작할 수 있는 일반적인 경작면적은 14畝를 기준으로 볼 때, 100畝는 1家 2人의 성인노동력으로는 완전히 불가능 경작면적이었고, 1家 2人의 성인노동력으로는 50畝 경작조차도 휴경농법 혹은 극히 조방적인 경작방식이 아니라면 불가능하였음이 분명하다. 게다가 일반적으로 2인의 성인노동력이 1인의 여성이 포함된 부부단위로 이해한다면, 또 여성의 경작능력이 크게 제한되어 있었음을 고려한다면, 1戶의 경작 가능한 면적은 대체로 30畝를 넘지 않았다고 보아야 한다. 어쨌든 100大畝는 2인의 成人이 경작 가능한 면적이 아니라는 점에 대해서는 대체로 일치된 견해이다. 당대 균전령 규정의 경우도 관향은 每丁 100무,

---

133) 葉文憲,「論土地兼並的合理性及其根源－兩漢人地關系個案研究」,『蘇州鐵道師範學院學報(社會科學版)』 2000년 제1기, 91쪽.
134) 銀作山漢墓竹簡整理小組,「銀作山竹書『守法』・『守令』等十三篇」,『文物』 1985-4, 35쪽, "一人而田大畝卄[四]者王, 一人而[田]十九畝者霸, [一人而田十]四畝者存, 一人而田九畝者亡."

협향 매정 60무로 되어 있는데, 실제상 高昌縣의 경우 수전 표준 10무로 되어 있고, 敦煌縣 每丁 20무로 되었다. 『中國歷代戶口·田地·田賦統計』에 의하면, 平帝元始 2년(2) 人 평균 13.88畝, 和帝元興 元年(105)인 평균, 13.74 畝, 安帝延光 4년(125) 人 평균14.26畝, 順帝建康 元年(144) 人 평균, 13.87畝, 沖帝永嘉 元年(145) 人 평균 14.05무, 質帝本初 元年(146) 14.57무로 되어 있다.135) 시기가 매우 다른 근세의 경우를 잠깐 살펴보면, 『中國近代農業史資料』에 따르면, 1685년(강희 24)의 총 농경지는 600만頃이고, 인구가 정점에 가까운 1851년(함풍 원년)에는 771만頃에 달하였다.136) 1678~1776년의 평균인구 성장률이 6.82%를137) 적용하여 1685년의 인구를 예측하면 약 1억 6천 8백만 명이 된다. 그 인구로 1685년의 농경지를 나누면, 1685년의 1인당 농경지는 0.0357頃이니 3.57畝가 된다. 같은 방식으로 1851년의 1인당 농경지를 계산하면 약 1.8畝가 된다. 그렇다고 한다면, 고대부터 근대에 이르기까지 자경농민이 점유한 토지는 적게는 2~8무, 많으면 20~30畝였고, 최고한도는 100畝를 넘지 않았다고 하는 傅筑夫의 지적이 대체로 사료의 사실과 대체로 부합하는 것이 아닐까?138) 秦이 전국적으로 100大畝를 기준으로 모든 민에게 일률적으로 授田을 했다는 것은 오직 율령의 규정상에만 확인되는 것이고 실제 실시사항을 확인할 수 있는 사료가 현재까지 확인되지 않고 있다. 그러나 율령 그대로의 실시라는 것은 그 이후의 확인이 가능한 다른 시대에는 나타나지 않는 사례이므로, 아무리 秦이 "地廣人稀"인 상황이었다 해도 획일적인 100大畝의 시행이 율령 규정 그대로 시행되었다는 그러한 가정 자체가 현실적이지 않다. 사실 그 근거는 『睡虎地秦簡』의 授田 규정에 불과하다. 秦이 획일적인 100大畝를 시행하였다

---

135) 梁方仲, 『中國歷代戶口·田地·田賦統計』, 上海人民出版社, 1980.
136) 李文治 編, 『中國近代農業史資料』, 第1輯 1840-1911(北京 : 三聯書店), 1957, 60쪽.
137) 葛劍雄 主編, 『中國人口史』 5卷 淸時期, 上海 : 複旦大學出版社, 2001, 706쪽.
138) 傅筑夫, 『中國古代經濟史概論』, 北京 : 中國社會科學出版社, 1981년. 본고에서는, 王麗, 「試論西漢自耕農的生活水平和生活狀況」, 『西安歐業學院學報』 6-3(2008년 7월), 43쪽을 인용하였다.

는 것은 어디까지나 추론이고, '齊民支配體制'라는 개념은 그런 추론 위에 만들어진 현실과는 동떨어진 개념이 아니라면 『睡虎地秦簡』의 규정과 똑같지만, 훨씬 상세한 규정이 나오는 『二年律令』 시기를 비롯한 『胡家草場西漢簡』의 漢文帝時代도 똑같은 논리가 적용되어야 한다. 『睡虎地秦簡』의 授田규정에 따라 또한 秦이 전국적으로 100大畝를 기준으로 모든 민에게 일률적으로 授田을 했더라도 이것이 授田民에게 경제적 빈부 격차가 없는 국가의 公民을 보증해줄 수 있는 제도가 될 수 없는 것도 분명하고 또 자유경쟁을 그 원리로 삼는 법가사상가인 商鞅이 人民公社와 같은 그러한 체제를 의도했을 리도 없다. 2인의 성인이 경작할 수 없는 규모의 田地를 지급함으로써 編戶齊民인 士伍가 얼마만큼 생산성을 높이느냐는 전적으로 토지의 비옥도와 授田民의 근면함과 농민 각자의 영농에 대한 숙련도에 따라 크게 달라질 수밖에 없다. 공동부유가 허상일 수밖에 없는 것처럼 제민지배체제라는 개념도 실제가 확인되지 않는다.

　秦이 전국적으로 100大畝를 기준으로 모든 民에게 일률적으로 授田을 했다는 것은 율령상의 규정일 뿐이고, 율령규정상이 아닌 실제로 이뤄진 면적이라고 이해하기는 곤란하다. 실제 100畝씩 授田을 엄격하게 실시했다 하더라도 이러한 수전제도를 통하여 授田民에게 경제적 빈부 격차가 없는 국가의 公民을 보증해줄 수는 없었고 또 그런 체제를 商鞅이 의도한 것도 결코 아니었다고 생각한다. 어쨌든 2인의 성인이 경작할 수 없는 규모의 田地를 지급했다고 한다면, 編戶齊民인 士伍가 얼마만큼 생산성을 높이느냐는 전적으로 토지의 비옥도와 授田民의 근면함과 영농기술에 따라 크게 달랐다고 보아야 한다.

　軍功地主에게는 1頃당 1인의 庶子가 지급되고 있는데, 庶子에 대한 규정은 다음과 같다.

　　　有爵者가 無爵者를 그의 庶子로 해줄 것을 청구할 수 있는데 爵 1級當 1인을 청구할 수 있다. 그 유작자는 일반의 노역에 복역하지 아니하고,

그 庶子는 그 大夫에게 每月 6일간 복역해야 한다. 그 유작자는 庶子의 복역 일수에 따라 식량을 공급해주도록 한다.[139]

이 기사에 따르면 每頃마다 庶子 1인의 役使權이 주어지는데, 그 役使權은 매월 6일에 지나지 않는다는 것이다. 有爵者의 경우에 주어지는 每頃마다 庶子 1인의 役使權만으로는 경작에 필요한 노동력이 크게 부족하다. 결과적으로 유작자는 "地廣人稀"에 따른 "地過民"의 문제가 일반 수전민에 비해 더욱 심각하다고 할 수 있다. 『二年律令』의 토지지급규정을 보더라도 有爵者 내부에서도 그 등급마다 토지면적의 규모의 차이는 매우 컸고 경제적 격차도 매우 컸다. 심지어는 동일 계급의 경우에서조차 경제적 격차가 매우 컸는데, 예를 들면 편호제민인 士伍도 빈부 격차가 매우 컸다는 것이 각종 사료에서 확인되고 있다. 『睡虎地秦簡』「司空律」에는 "百姓有貲贖責(債) 而有一臣若一妾, 有一馬若一牛, 而欲居者, 許"라 하여[140] 백성이 一臣一妾 혹은 一馬一牛를 소유한 사례에서 보듯이 부유한 士伍는 노비 혹은 우마를 소유하고 있었고, 이들은 中小地主層을 형성하고 있었음이 확인된다.[141] 100大畝는 2인의 成人이 경작 가능한 면적이 아니었으므로 당연히 奴婢나 牛馬를 소유하고 있는 士伍와 그렇지 못한 경우와는 경제적 격차가 크게 확대될 수밖에 없다. 士伍 중에는 불법주조자, 도둑, 群盜로 전락하는 자가 보이는 등 동일한 계층 내에서도 경제적 불평등이 내재하고 있었다.[142] 『里耶秦簡』에는 貲贖錢에 대한 기록이 J1[9]1~J1[9]12호간에 걸쳐 나오고 있는데, 많은 士伍가 家貧하여 빚을 갚지 못하고 있음을 기록하고 있다.[143]

---

139) 高亨 注譯, 『商君書注譯』, 北京 : 中華書局, 1974, 145쪽, "其有爵者乞無爵者以爲庶子, 級乞一人. 其無役事也, 其庶子役其大夫, 月六日 ; 其役事也, 隨而養之."
140) 『睡虎地秦簡』, 85쪽.
141) 唐贊功, 「雲夢秦簡所涉土地所有制形式問題初探」, 『雲夢秦簡硏究』, 北京 : 中華書局, 1981, 57쪽, 180쪽. 한편, 朱紹侯는 徹侯에서 左庶長까지를 대지주 五大夫에서 公士까지를 중소지주로 분류하고 있다(朱紹侯, 「論漢代的名田獶彦輝)制及其破壞」, 『張家山漢簡《二年律令》硏究文集』, 桂林 : 廣西師範大學出版社, 2007, 181쪽).
142) 尹在碩, 「秦代 '士伍'에 대하여」, 『慶北史學』 10, 1987, 175쪽.

이러한 경제적 불평등에 근거하여 土伍는 동일계급을 형성하지 못했다는 견해도 제기되었다.144) 무엇보다 土地國有制下에 국가가 授田制를 통하여 토지를 민간에 分給하면 分給 後 즉시 使用權·受益權·占有權이 생겨났을 것이고 시간이 지나면 處分權, 轉賣·讓渡權이 차례대로 발생이 되었을 것이다.145) 그렇다면, 과연 受田한 농민이 그 토지를 국유로 인식하였을까? 아니면 자신의 땅으로 인식하였을까? 필자는 후자였다고 생각한다.

IV. 免老還收說

토지국유제설을 주장한 이성규에 의해 제기된 학설이 소위 免老 이후 토지가 환수된다고 하는 것인데, 이 주장의 근거는 『睡虎地秦簡』의 다음과 같은 규정이다.

> 성인이 된 것을 숨기거나 폐질이 불확실한 자를 폐질로 신고할 경우 里典·伍老는 마땅히 贖耐에 처한다. 백성이 免老에 해당하는 老男이 아닌데도 老男을 주장하거나 老男이 되어도 신고하여 면제를 요청하지 않고 허위로 속일 경우 貲二甲에 처한다. 里典·伍老가 신고하지 않았을 경우 각각 貲一甲에 처한다. 伍人은 호마다 貲一盾을 처하고 모두 遷刑을 가한다.146)

위의 규정 가운데, 이성규가 특히 주목했던 부분은 老男이 되어도 老男을

---

143) 이 분류는 湖南省文物考古研究所·湘西土家族苗族自治州文物處,「湘西里耶秦代簡牘選釋」에 의한 것인데, 인용문은 『里耶發掘報告』, 長沙 : 岳麓書社, 2007, 185~190쪽.
144) 劉海年,「秦漢"土伍"的身分與階級地位」, 『文物』 1978-2, 61쪽.
145) 用益權이 사적인 권리로 발전하지 않았을 것으로 보는 견해 역시 비현실적이다.
146) 『睡虎地秦簡』, 144쪽, "匿敖童, 及占癃不審, 典·老贖耐. ●百姓不當老, 至老時不用請, 敢爲酢(詐)僞者, 貲二甲;典·老弗告, 貲各一甲;伍人, 戶一盾, 皆遷(遷)之."

신고하여 면제를 요청하지 않을 경우라고 하는 부분이었다. 이성규는, 이것은 老男으로 분류됨으로써 의무면제의 특권도 부여받지만, 동시에 丁男家長으로서 가졌던 모종의 권리상실을 상정하지 않는다면 전혀 납득할 수 없는 문제인데, 이 모종의 권리는 국가가 수전으로 보장한 토지의 경작·용익권 이외에 별다른 항목을 발견할 수 없다면, 秦이 노동력을 상실한 老男으로부터 授田地를 일단 회수하지 않을 수 없었다고 생각하지 않을 수 없다고 해석하였다.147) 또한 물론 그가 공적인 後子를 가졌다면, 그의 명의로 분급된 토지는 後子가 계승하고 그는 경제적 기반을 상실하지 않은 채, 국가의 의무만 면제받을 수 있기 때문에 老男이 아니면서도 老男으로 속이려 할 것이고, 後子가 없다면 비록 의무는 면제되어도 수전지도 동시에 회수되기 때문에 老男이 되어도 그것을 숨기지 않을 수 없었다고 이해한다. 즉 이 사례는 後子를 가지지 않았을 경우라는 것이다.

그러나 이 주장은 田地 還收의 구체적인 증거가 제시된 것이 아니고 이성규의 추론이다. 이성규의 논리대로 해석하자면 授田의 경우에도 田의 還收와 마찬가지의 똑같은 논리로 경우의 수가 있을 수밖에 없으므로 당연히 앞의 "성인이 된 것을 숨기거나 폐질이 불확실한 자를 폐질로 신고할 경우"에도 老男의 규정처럼 "성인이 아니면서 성인으로 신고하거나 폐질이 확실한 자를 폐질이 아닌 자로 신고할 경우"가 들어 있어야 한다. 결론적으로 말하자면, 위의 규정은 토지의 授田이나 還收와 관련된 규정이 아니라 요역과 관련된 것이므로 授田이나 還收와는 관계가 없다. 다음으로 後子가 없이 免老되고 授田地가 환수되었다고 한다면, 免老 이후 국가가 이들을 대상으로 연금과 같은 보상을 지급해야 하는데, 이 경우 구체적으로 국가가 어떻게 어떤 액수의 연금과 같은 보상을 지급했는지 확인되지 않는다는 점이다. 오히려 사료상 免老 이후 養老策은 없었다는 것이 확인된다. 이와 관련해서는 『銀作山竹書』「田法」의 다음의 규정이 주목된다.

---

147) 李成珪, 「秦의 土地制度와 齊民支配」, 『全海宗博士華甲紀念 史學論叢』, 一潮閣, 1979, 71쪽 ; 李成珪, 「授田體制의 成立」, 『中國古代帝國成立史研究』, 一潮閣, 1984, 99쪽.

나이 70세 以上과 나이 13세 以下는 부세와 요역의 부담을 지지 않고 부양을 받는다. 나이 60에서 69세 이하와 14세에서 16세까지는 성인 노동력의 半으로 한다.[148]

이 기사에 의하면, 戰國時代의 국가가 60~69세에 해당하는 자를 아직 노동력이 남아 있는 존재로 파악하고 있음이 확인된다. 이 규정은 『睡虎地秦簡』「工人程」의 "小隸臣妾可使者"의 규정과도 상통한다.[149] 노동력이 부족하고 토지가 넓었던 戰國 秦의 국가가 아직 성인 노동력의 반이 남아 있는 免老의 토지를 환수하고 그 국가가 그 부양을 책임진다고 하면 국가에 무슨 이익이 될까? 환수에 따른 비용지출 대비 국가가 얻는 이익은 극히 적었다고 한다면 환수해야 할 이유가 없다. 『銀作山竹書』「田法」에 따르면, 60~69세에 해당하는 자는 부세와 요역의 부담을 지는 것으로 되어 있다. 면노 이후 授田을 還收했다고 한다면, 당연히 국가가 부세와 요역의 부담을 요구할 수 없다. 무엇보다 다음의 『二年律令』규정을 보면, 국가가 토지를 환수한 이후 免老된 자들을 부양한 제도가 존재하지 않았음이 확인된다.

大夫 이상은 나이 90, 不更은 91, 簪褭는 92, 上造는 93세, 公士는 94세, 公卒·士伍는 95세 이상자에게 매월 鬻米 1石을 지급한다. 大夫 이상은 70세, 不更은 71세, 簪褭는 72세, 上造는 73세, 公士는 74세, 公卒·士伍는 75세, 모두 杖을 받는다.[150]

---

148) 銀作山漢墓竹簡整理小組, 앞의 논문, 앞의 책, 35쪽, "□□□以上, 年十三歲以下, 皆食於上. 年六十以上與年十六以至十四, 皆爲半作"銀作山漢墓竹簡整理小組는 □□□를 七十歲로 보고 있다. 早稻田大學簡帛硏究會에서는 半作을 半人分의 徭役負擔者로 해석한다(早稻田大學簡帛硏究會, 「銀作山漢簡《守法守令等十三篇》の硏究 (5)田法篇」, 『中國出土資料硏究』 10, 2006, 125쪽).

149) 『睡虎地秦簡』, 74쪽, "冗隸臣妾二人當工一人, 更隸妾四人當工【一】人, 小隸臣妾可使者五人當工一人."

150) 『二年律令與奏讞書』354簡, 355簡, 230쪽, 231쪽, "大夫以上[年]九十, 不更九十一, 簪褭九十二, 上造九十三, 公士九十四, 公卒·士五(伍)九十五以上者, 稟鬻米月一石. 大

상기 『二年律令』 「傅律」에 의하면 免老 이후 매월 鬻米 1石을 지급 받는 養老의 경우 公卒·士伍와 같은 경우 95세 이상으로 되어 있고, 75세 이상의 경우에 杖을 받는 것으로 되어 있다. 무엇보다 『二年律令』의 다음 규정은 免老 이후 토지의 환수가 이뤄지지 않았음을 다시 확인시켜준다.

　　寡夫·寡婦로 자식 혹은 同居하는 자가 아니거나 자식이 있어도 14세 미만이거나 寡子로 18세 미만일 경우, 夫妻와 더불어 장애인인 경우, 나이 70세 이상인 노인으로써 分異한 자식이 없고, 다른 자식이 없는 경우, 歸戶와 入養시킬 것을 희망한다면 이를 허용한다.151)

위의 규정에 의하면 자식이 없는 노인이 70세 이상인 경우 歸戶와 入養시킬 것을 희망한다면 허용한다고 되어 있다. 여기에서도 歸戶와 入養의 연령이 70세로 되어 있고 그것도 희망을 원하는 경우로 되어 있다. 이 규정은 免老 이후 토지의 환수가 이뤄지지 않았음을 다시 입증한다.

무엇보다 앞서 살펴본 바와 같이 『二年律令』에는 전택의 매매가 약간의 제한을 제외하고 매우 자유롭게 허용되어 있음이 분명히 나타나 있다. 다시 강조하지만, 매매가 허용되고 있는데, 만약 免老 이후 환수된다고 한다면, 환수 이전에 매매하면 그만이기 때문에 결코 전택의 환수는 불가능하다. 또한 다음의 『二年律令』의 규정에 의하면, 토지의 환수는 존재하지 않은 것이 또 다시 확인된다.

　　民欲先令相分田宅·奴婢·財物, 鄕部嗇夫身聽其令, 皆參辨券書之, 輒上如戶籍. 有爭者, 以券書從事；毋券書, 勿聽. 所分田宅, 不爲戶, 得有之, 至八月書

夫以上年七十, 不更七十一, 簪裊七十二, 上造七十三, 公士七十四, 公卒·士五(伍)七十五, 皆受仗(杖)."

151) 위의 책, 342簡, 343簡, 226쪽, "寡夫·寡婦毋子及同居, 若有子, 子年未盈十四, 及寡子年未盈十八, 及夫妻皆癃病, 及老年七十以上, 毋異其子；今毋它子, 欲令歸戶入養, 許之."

戶. 留難先令·弗爲券書, 罰金一兩.(백성이 유언을 남겨 전택·노비·재물을 나누어 주려고 하는 경우, 향부색부가 직접 그 유언을 수리하여 각각 삼변권에 쓰고, 戶籍과 동일하게 현에 올린다. 다툼이 있는 경우, 券書로 처리한다. 券書가 없으면 받아들이지 않는다. 이때 분할된 田宅은 戶를 구성하지 않아도 소유할 수 있으며 8월에는 호적에 등기한다. 유언을 고의로 막거나 일부러 지체하여, 券書를 만들지 않으면 벌금 1량에 처한다).152)

이 규정에 의하면 백성은 자신이 보유한 民田을 거의 자유롭게 매매하였을 뿐만 아니라 유언을 통해 생전에 자신의 뜻대로 民田을 분할 상속할 수 있었음을 보여준다. 이것은 朱紹侯의 견해대로 국가가 수전한 전택에 대하여 율령규정을 통한 약간의 간여와 조정이 있었던 것은 사실이지만,153) 그렇다고 하여 그것이 국가가 授田 대상을 後子로 再選定한 것은 아니었고 家長 자신이 재산권에 대해 주체적으로 행사하였음을 입증한다.

V. 맺음말

『二年律令』이 소개된 이후에는 秦의 授田이 토지사유의 출발이었을 가능성이 높다고 보는 논문이 증가하고 있는 것 같다. 예컨대, 朱紅林은 秦 商鞅變法 후에 軍功賞田制度가 점차 진행되고 田宅의 賣買가 이뤄지고 "富者田連阡陌"의 현상이 나타나면서 동일 田主의 田地 내부에는 단지 阡陌이 설치되고 封埒이 설치되지 않게 되었다고 한다.154) 馬新은 春秋戰國時代에서 秦 統一에 이르는 시기의 중국고대의 토지점유형태는 宗族土地所有制에서

---

152) 위의 책, 334簡, 335簡, 336簡, 223~224쪽.
153) 朱紹侯, 앞의 글, 184쪽.
154) 朱紅林, 「從張家山漢律看漢初國家授田制度的幾個特點」, 『江漢考古』 92기, 2004-3, 76쪽.

國家土地所有制로 轉移하는 시기인 동시에 土地私有制가 급속히 발전하는 시기라 한다.155) 『睡虎地秦簡』의 토지제도와 관련하여 최근 趙占銀은 秦國의 농민이 실제 점유한 토지는 법률상 사유재산으로 인정이 되었다고 한다. 예컨대, 종전 土地國有制說을 주장하는 논자들은 『睡虎地秦簡』의 「法律答問」의 '民田'과156) 漢代의 민전과의 차이를 강조하였는데, 趙占銀은 『睡虎地秦簡』의 '民田'은 농민의 占有土地를 의미하는 것인데, 이에 대하여 國有土地는 『睡虎地秦簡』의 「倉律」의 "隸臣妾其從事公, 隸臣月禾二石, 隸妾一石半"에서처럼 '公田'으로 인식되고 국유지와 사유지의 개념이 구분되어 있었다고 한다. 그는 秦國이 실행한 授田制度는 실제상 公田을 授田者의 私有土地로 만들었고, 秦國의 토지가 신속히 사유화되면서 秦始皇 31년의 "使黔首自實田"의 조치가 이뤄졌고 이는 土地 私有化의 合法化로 이를 계기로 地主土地私有制가 최종적으로 완전한 형태로 출현하게 되었다고 한다.157) 秦과 西漢王朝 초기에는 대량의 황무지가 존재하여, 각종 방식으로 인민에게 授田을 하였는데, 土地 授與 전에는 명백히 국가의 소유이지만, 일단 수여하면 전혀 다른 성질을 가지게 된다는 점은 분명하다. 이와 관련하여 李恒全은 授田 후의 토지를 구분하여 어떤 경우에는 토지를 수여받은 후에 그 소유권이 여전히 국가에 속하여 수여받은 자는 단지 점유권과 사용권을 가지고 어떤 토지는 수여 후 수여받은 자의 私有에 속하여 양도·상속·매매될 수 있다고 한다.158) 마땅히 강조해야 할 점은 전택은 계승, 양도, 매매할 수 있었고, 국가는 또한 백성들로 하여금 황무지, 초전을 개간하고 점유하는 것을 장려하는 법률규정을 설치하였다는 점이다. 즉 수전만이 전택을 획득할 수 있는 유일한 길이 아니었다는 것이다.159) 楊振紅의 지적처럼 수전제가 이 시기의

---

155) 馬新, 「論漢代土地占有形態及其矛盾運動」, 『東岳論叢』 25-2, 2004, 103쪽.
156) "部佐匿者(諸)民田, 者(諸)民弗智(知), 當論不當? 部佐爲匿田, 且可(何)爲? 已租者(諸)民, 弗言, 爲匿田; 未租, 不論爲匿田."(『睡虎地秦簡』, 218쪽)
157) 趙占銀, 「從雲夢秦簡看秦土地所有制形式演變」, 『坐宗學刊』 11-4, 2007, 40쪽.
158) 李恒全, 「漢代限田制說」, 『史學月刊』 2007년 9기, 37쪽.
159) 楊振紅, 「《二年律令》與秦漢"名田宅"」, 『出土簡牘與秦漢社會』, 廣西師範大學出版社,

토지제도를 이해하는데, 도움이 되지만, 그 내용이 충분하지 않다. 이 시기 토지제도의 특징과 모든 내용을 대표할 수 없다. 또한 국가는 수전제를 통하여 토지를 민간에 분급하면, 使用權→ 收益權→ 占有權→ 처분권→ 전매·양도권이 거의 시차없이 발생하게 되어 있다. "意民之情, 其所欲者田宅也"라는 『商君書』 徠民의 지적은 田宅에 대한 人間의 私有欲을 지적한 것이고 상앙변법은 이를 바탕으로 한 것이 분명하다. 『史記』 商君列傳의 규정에 의하면, 농사에 진력해서 식량과 布帛을 많이 생산한 자는 본인의 요역을 면제받을 수 있다고 되어 있다.160) 于振波는 정전제의 파괴가 상앙변법으로 기인한 것이라는 것과 토지가 매매되었다는 지적은 사실에 부합한다고 한다.161) 상앙변법에서의 토지매매의 허용이 토지분화의 양극화를 초래한 단서가 되었다는 동중서 등의 지적의 타당성을 부정할 어떠한 출토법제 사료의 사례도 확인할 수 없었고, 오히려 그것을 뒷받침해줄 자료만이 쌓이고 있다.

끝으로 최근 공개된 『荊州胡家草場西漢簡牘釋粹』에서 크게 주목되는 것은 『二年律令』에 나오는 授田制 규정과 爵制가 거의 그대로 나오고 있다는 점을 지적하지 않을 수 없다. 秦始皇 "自實田"을 "自實田"이전의 국유제에서 "自實田"이후 사유제 혹은 수전제의 후퇴의 조치였다는 구래의 일부 학설에 따른다면, 戰國秦 『睡虎地秦簡』(授田制)－秦始皇 "使黔首自實田"(私有制)－『龍崗秦簡』(授田制)－漢初 『二年律令』(授田制)－漢文帝 『胡家草場西漢簡』(授田制)가 된다. 秦漢土地國有制說의 입장이건 私有制說의 입장이건 漢文帝 시기는 부자의 田地는 阡陌에 이어지고 빈자는 立錐의 땅도 없게 되는162) 시기라는 점에 대해서는 이론이 없다. 그런데도 漢文帝 13년 刑制改革 이후에

2009, 155쪽.
160) 『史記』 권68, 商君列傳, 2229쪽, "僇力本業, 耕織致粟帛多者復其身. 事末利及怠而貧者, 擧以爲收孥."
161) 于振波, 「張家山漢簡中的名田制及其在漢代的實施情況」, 『中國史硏究』 2004-1 및 이를 수정 보완한 "簡帛硏究網站"(http://www.jianbo.org/, 2005.12.22.).
162) 『漢書』 권24, 食貨志上, 1137쪽, "富者田連仟伯, 貧者亡立錐之地."

해당하는 『胡家草場西漢簡』에서 漢初 『二年律令』에서 보이는 授田制와 거의 똑같은 규정이 나오고 있다. 이를 포함하여 『嶽麓書院藏秦簡(參)』에는 布를 판매하는 상점인 市布肆, 객을 숙박시키는 舍客室 등이 나오고 있고[163] 市布肆와 舍客室에 대한 매매와 상속 등에 관한 내용과 田·馬에 대한 分與와 分異에 대한 내용 등을 언급하고 있다.[164] 또한 『胡家草場西漢簡』에는, "戶를 계승하거나, 田宅을 매매하였는데, 鄕部·田嗇夫·吏가 지체하여 定籍을 만들지 않고 만1일이 되었으면 벌금 각 2량이다."[165]라 하여 『二年律令』에서 보이는 "貿賣田宅"의 규정이 그대로 나타나고 있다. 『嶽麓書院藏秦簡(參)』에 市布肆와 舍客室에 대한 매매와 상속 등에 관한 내용과 田·馬에 대한 分與와 分異가 자유로웠다는 점에서 진의 토지제도가 기본적으로 사유제였음이 확인된다. 戰國秦에서 漢文帝시기에 이르기까지의 出土法典인 『睡虎地秦簡』·『龍崗秦簡』·『二年律令』·『胡家草場西漢簡』은 모두 授田制를 규정하고 있다. 秦始皇의 "使黔首自實田"을 사유제로의 전환으로 이해한다면, 戰國秦에서 漢文帝시기의 授田制는 모두 기본적으로 사유제였다고 이해해야 그나마 모순이 적은 것이 아닐까? 최소한 토지매매를 전제로 하지 않는 토지국유제라는 이론은 전혀 성립될 수 없다.

---

163) 『嶽麓秦簡(參)』, 153쪽.
164) 위의 책, 155쪽.
165) 『胡家草場西漢簡』, 62쪽, "代戶·貿賣田宅, 鄕部·田嗇夫·吏留弗爲定籍, 盈一日, 罰金各二兩."

秦·漢律令의 起源과 展開

I. 머리말

秦·漢 律令과 관련하여 본고에서 주로 분석하고자 하는 사료는 秦漢의 出土法制史料, 즉 秦代 出土法制史料인 『岳麓秦簡』·『睡虎地秦簡』·『龍崗秦簡』 과 漢代의 出土法制史料 『二年律令』이다. 이외에도 出土法制文獻은 아니지만, 公文書인 『里耶秦簡』에는 秦令의 실제 시행여부를 확인할 수 있는 중요한 자료가 포함되어 있다.[1] 또한 『敦煌漢簡』·『居延漢簡』을 비롯하여 많은 出土 史料에도 秦漢律令을 포함하고 있다.[2] 물론 出土法制史料만이 아니라 『史記』·『漢書』 등의 文獻史料에도 많은 律令 관련 史料가 있다. 出土法制文獻 가운데서도 특히 근자에 주목을 받고 있는 것이 『岳麓秦簡』의 「律令雜抄」이다.[3] 여기에는 종전에 볼 수 없었던 많은 秦令이 대거 포함되어 있어서 秦令의 起源과 性格, 秦·漢 律名과 그 변천, 律과 令과의 관계를 둘러싸고 새로이 전례 없이 활발한 논쟁과 연구가 진행되었다.[4] 그런가 하면, 최근 前漢初期

---

1) 湖南省文物考古研究所·湘西土家族苗族自治州文物處·龍山縣文物管理所,「湖南龍山里耶戰國-秦代古城一號井發掘簡報」,『文物』 2003-1 ; 湖南省文物考古研究所·湘西土家族苗族自治州文物處,「湘西里耶秦代簡牘選釋」,『中國歷史文物』 2003-1 ; 湖南省文物考古研究所編,『里耶發掘報告』, 長沙 : 岳麓書社, 2007 ; 湖南省文物考古研究所編,『里耶秦簡(壹)』, 北京 : 文物出版社, 2012 ; 湖南省文物考古研究所編,『里耶秦簡(貳)』, 北京 : 文物出版社, 2017.

2) 徐世虹,「出土法律文獻與秦漢令研究」,『出土文獻與法律史研究』, 上海, 2011, 36~37쪽.

3) 朱漢民·陳松長主編,『嶽麓書院秦簡(肆)』, 上海 : 上海辭書出版社, 2015 ; 陳松長主編,『嶽麓書院秦簡(伍)』, 上海 : 上海辭書出版社, 2017.

에서 한문제 7년(기원전 173)에 이르는 『張家山漢墓竹簡[三三六號墓]』를 비롯하여5) 漢文帝 시기의 律令文書인 『睡虎地77號漢墓』・『荊州胡家草場12號漢墓』와 高后 初年의 자료로 평가되는 『兎子山律名木牘』이 소개되면서 秦律에서 漢文帝 시기와 그 이후에 이르는 법률용어의 변화와 통합, 새로운 律名과 律文의 출현을 보다 상세히 확인할 수 있게 되었고, 「獄律」과 「旁律」이 구분되어 있다는 점이 주목을 받았다.6)

---

4) 陳松長, 「嶽麓書院所藏秦簡綜述」, 『文物』 2009-3 ; 廣瀬薫雄, 『秦漢律令研究』, 東京 : 汲古書院, 2010 ; 張忠煒, 『秦漢律令法系研究初編』, 北京 : 社會科學文獻出版社, 2012 ; 凡國棟, 「秦漢出土法律文獻所見"令"的編序問題」, 『出土文獻硏究』 第10輯, 北京, 中華書局, 2012 ; 秦濤, 「律令時代的"議事以制"漢代集議制硏究」, 西南政法大學博士學位論文, 2014 ; 游逸飛, 「戰國至漢初的郡制變革」, 臺北 : 國立臺灣大學歷史學硏究所博士論文, 2014 ; 陳松長, 「嶽麓秦簡中的兩條秦二世時期令文」, 『文物』 2015-9 ; 陳松長, 「嶽麓秦簡中的令文模式初論」, 『簡牘與戰國秦漢歷史 : 中國簡帛學國際論壇, 2016 ; 周海鋒, 『秦律令硏究-以《嶽麓書院所藏秦簡》(肆)爲重點』, 南開大學歷史學硏究所博士論文, 2016 ; 周海鋒, 「秦律令之流布及隨葬律令性質問題」, 『華東政法大學學報』 2015년 4기 ; 陳偉 等著, 『秦簡牘整理與硏究』, 北京 : 經濟科學出版社, 2017 ; 陳偉主編・徐世虹著, 『秦律研究』, 武漢 : 武漢大學出版社, 2017 ; 陳偉主編, 『秦簡牘及所見制度考察』, 武漢 : 武漢大學出版社, 2017 ; 土口史記, 「嶽麓秦簡」執法」考」, 『東方學報』 92, 2017 ; 「秦代出土文字史料の硏究」班, 「嶽麓書院所藏簡《秦律令(壹)》譯注考」, 『東方學報』 92, 2017 ; 宮宅潔, 「嶽麓書院所藏簡「亡律」解題」, 『東方學報』 92, 2017 ; 陳偉, 「岳麓秦簡"尉卒律"校讀(一)」, 簡帛網, 2016-03-21 ; 陳偉, 「岳麓秦簡肆校商(壹)」, 簡帛網, 2016-03-27 ; 魯家亮, 「岳麓書院藏秦簡《亡律》零拾之一」, 簡帛網, 2016-03-28 ; 陳中龍, 「從秦代官府年度律令校讎的制度論漢初"二年律令"的"二年"」, 簡帛網, 2016-05-10 ; 吳雪飛, 「從嶽麓簡看里耶秦簡中的一條秦令」, 簡帛網, 2016-12-09 ; 曹旅寧, 「岳麓秦簡中一條關於"妖言"的秦律令」, 簡帛網, 2016-12-11 ; 「嶽麓秦簡所見秦上請制度」, 簡帛網, 2016-12-30 ; 朱錦程, 「嶽麓秦簡所見秦上請制度」, 簡帛網, 2016-12-30 ; 吳雪飛, 「嶽麓簡一條秦令中的"比"和"行事"」, 簡帛網, 2016-12-18 ; 廣瀬薫雄, 「九章律研究的新展開」, 『中國史學』 32, 東京 : 朋友書店, 2022 ; 宮宅潔, 「廷內史郡二千石官共令」, 宮宅潔編, 『岳麓書院所藏簡《秦律令(壹)》譯注』, 京都 : 京都大學, 2023.

5) 荊州博物館 編 彭浩 主編, 『張家山漢墓竹簡[三三六號墓]』, 北京 : 文物出版社, 2022.

6) 任仲爀, 『고대 중국의 통치메커니즘과 그 설계자들4 : 상앙, 진시황, 한고조』, 경인문화사, 2021 ; 熊北生・陳偉・蔡丹, 「湖北雲夢睡虎地77號西漢墓出土簡牘槪述」, 『文物』 2018-3 ; 張忠煒・張春龍, 「新見漢律名疏證」, 『西域研究』 2020年 第3期 ; 孫家洲, 「兎子山遺址出土《秦二世元年文書》與《史記》紀事抵牾釋解」, 『湖南大學學報(社會科學版)』 29-3, 2015 ; 張忠煒・張春龍, 「漢律體系新論-以益陽兎子山遺址所出漢律名木牘爲中心」, 『歷史研究』 2020年 第6期 ; 張春龍・張興國, 「湖南益陽兎子山遺址九號井出土簡

秦令의 존재 여부는 秦漢律令의 연구 상에서 장기간 중요한 논쟁 주제이었다. 학자에 따라서는 秦令의 존재에 대하여 회의적 태도를 보이기도 하였고,[7] 또 어떤 논자들은 秦代에 單行法令으로서 나온 令이 정리되어 일정한 정도로 법전화한 것이 律이라고 하였다.[8] 그런가 하면 『岳麓秦簡』이 公刊되기 이전에 이미 宮宅潔은 『睡虎地秦簡』의 「語書」에 「田令」이 보이는 것에 주목하여 "적어도 시황 20년의 시점에서는 律과 성질을 달리하는 令인 규범이 존재하고 더욱 그것이 事項別로 분류되었다는 것을 확인할 수 있다."고 하여 秦令의 존재에 대한 정확한 견해를 발표하기도 하였다.[9] 『岳麓秦簡』에는 秦令의 존재여부에 대한 더 이상의 논란을 불허하는 많은 자료가 나오고 있다. 따라서 秦令의 존재에 대한 논의는 더 이상 언급할 필요가 없게 되었고, 다만, 秦令이 單行令의 파일을 모은 단순한 律令集合體인지 아니면

牘槪述」, 『國學學刊』 2015년 제4기 ; 湖南省文物考古硏究所·益陽市文物考古硏究所, 「湖南益陽兎子山遺址七號井發掘簡報」, 『文物』 2021년 제6기 ; 湖南省文物考古硏究所·中國人民大學歷史系, 「湖南益陽兎子山遺址七號井出土簡牘述略」, 『文物』 2021년 제6기 ; 荊州博物館, 「湖北荊州市胡家草場墓地M12發掘簡報」, 『文物』 2020년 제2기 ; 陳偉, 「秦漢簡牘所見的律典體系」, 『中國社會科學』 2021년 제1기 ; 蔣魯敬·李志芳, 「荊州胡家草場西漢墓M12出土的簡牘」, 『出土文獻硏究』 18, 2019 ; 李志芳·蔣魯敬, 「湖北荊州市胡家草場西漢墓M12出土簡牘槪述」, 『考古』 2020년 제2기 ; 任仲爀, 「秦漢 율령사의 제문제」, 『中國古中世史硏究』 37, 2015 ; 任仲爀, 「秦漢시기 詔書의 律令化」, 『中國古中世史硏究』 42, 2016 ; 任仲爀, 「出土文獻에 보이는 秦漢시기 令과 律의 구별」, 『중국학논총』 54, 2017 ; 任仲爀, 「嶽麓書院藏秦簡의 卒令」, 『東洋史學硏究』 150, 2016 ; 荊州博物館·武漢大學簡帛硏究中心, 『荊州胡家草場西漢簡牘釋粹』, 北京 : 文物出版社, 2021 ; 李天虹, 「漢文帝刑期改革－《漢書·刑法志》所載規定刑期文本與胡家草場漢律對讀」, 『江漢考古』 185期, 2023.

7) 中田薰, 「支那における律令法系の發達について」, 『比較法雜誌』 1-4, 1951 ; 「支那における律令法系の發達について補考」, 『法制史硏究』 3, 1952 ; 大庭脩, 『秦漢法制史の硏究』, 東京 : 創文社, 1982 ; 冨谷至, 「晉泰始律令への道－第一部 秦漢の律と令」, 『東方學報』 72, 京都 : 京都大學人文科學硏究所, 2000 ; 冨谷至, 「晉泰始律令への道－第二部 魏晉の律と令」, 『東方學報』 73, 京都 : 京都大學人文科學硏究所, 2000. 이상에 대해서는 李俊强, 『魏晉令制硏究』, 吉林大學博士論文, 2014, 30~31쪽 참고.

8) 堀敏一, 「晉泰始律令の成立」, 『律令制と東アジア世界－私の中國史學(二)』, 汲古書院, 1994, 34~36쪽.

9) 宮宅潔, 「漢令の起源とその編纂」, 『中國史硏究』 5, 1995, 116~117쪽.

律典(法典)과 같은 律令編纂物인지 하는 점은 여전히 문제가 되고 있다.10)

본고는 근자에 특히 논쟁이 되고 있는 秦漢令과 秦漢律의 내용과 형식, 秦漢令과 秦漢律과의 관계 등을 집중적으로 고찰하고 또한 이를 통하여 秦·漢 律令의 형성·발전과정을 살펴보고자 한다.

II. 秦令의 編纂과 制定

1. 律令의 起源

문헌사료에 나오는 令에 관한 논의를 대강 정리하면 다음과 같다.

① 영은 '다스린다[領]'는 뜻으로 [사람들을] 다스려서 서로 범하지 못하게 하는 것이다.11)
② 蕭何가 秦나라의 법을 계승하여 만든 것이 율이니, 지금의 『律經』이 이것이다. 천자가 조를 내려 增損한 바로 율에 포함되어 있지 않은 것들을 영으로 삼는다.12)
③ 전주13)가 옳다고 생각하는 바를 드러내어 율로 제정하고, 후주가 옳다고 생각하는 바를 나누어서 영으로 기록한다.14)
④ 봄과 여름에는 태어나고 자라나게 하니 성인이 [땅을 본받아 영을 만들었

---

10) 廣瀬薫雄, 「秦代の令について」, 『秦漢律令研究』, 東京 : 汲古書院, 2010, 78~79쪽.
11) [宋]李昉等, 『釋名』, 北京 : 中華書局, 1985, 101쪽, "令, 領也, 領理之使不相犯也."
12) 『漢書』 권8, 「宣帝本紀」 注, 252쪽, "文穎曰, 蕭何承秦法, 所作爲律, 今律經是也. 天子詔所增損不在律上者爲令."
13) "前主"는 先皇帝를 말하고, "後主"는 뒤를 이은 皇帝를 말한다.
14) 『史記』 권123, 「杜周傳」, 3153쪽, "前主所是著爲律, 後主所是疏爲令." 그 밖에 『漢書』 권59, 「杜周傳」, 『通典』, 北京 : 中華書局, 2003 ; 권170, 「刑法8」, '舞紊」, 『唐六典』, 北京 : 中華書局, 2005 ; 권6, 「尙書刑部」注, 『文獻通考』, 北京 : 中華書局, 2006 ; 권163, 「刑考2」, '刑制2' 등에도 관련 내용이 보인다.

고, 가을과 겨울에는 수확하고 저장하니 성인이 [하늘을] 본받아 법을 만들었다. 그러므로 영이란 교화이고, 법이란 형벌이다.15)

⑤ 율로써 형을 바르게 하고 罪名을 정하며, 영으로써 규범을 설정하고 제도를 세운다.16)

⑥ 율로써 죄명을 바르게 하고, 영으로써 제도[事制]를 보존한다.17)

①~⑥의 사례에서처럼 漢令에서 보이는 令은 국가제도이고, 보편적인 규칙으로 법률형식을 갖춘 것을 의미한다. 좀 더 구체적으로 말하자면, ①~③에 따르면, 律은 기본법[正律]이고 令은 單行法·追加法으로 파악할 수 있으며, ④~⑥에 의하면, 律은 형벌법규이고 令은 비형벌·행정법규로 파악할 수 있다.18) 문헌사료에는 나오는 王의 命令은 『左傳』·『尙書』의 사례에서 보듯이 매우 이른 시기부터 보이는데, 단순한 命令이나 敎令은 ①~⑥의 사례에서 보이는 국가 법률형식의 令의 개념과는 구분된다. 즉 황제의 명령인 詔書의 경우도 대부분은 그때그때의 구체적인 人과 事에 관한 것이고, 일부가 제도에 관한 것으로 반복적으로 실시할 가능성이 낮다. 이런 경우의 황제의 명령인 詔書는 특별한 指令에 불과하고 지속성과 보편성을 갖추지 못한다. 이에 비하여 律令上의 令은 지속성과 보편성을 갖추고 있다. 즉 詔令上의 令은 律令上의 令의 기원이긴 하지만, 律令上의 令이 되기 위해서는 수정의 과정을 거쳐야 한다.19) 令에 대비되는 律은 비교적

---

15) [漢]桓寬 著, 王利器 校注, 『鹽鐵論校注』, 北京 : 中華書局, 1992 ; 권10 「詔聖」, 595쪽, "春夏生長, 聖人象而爲令, 秋冬殺藏, 聖人則而爲法, 故令者敎也, 法者刑罰也." ; 『魏書』 권111, 「刑罰志」, 2871쪽 등에도 관련 내용이 보인다.

16) 『唐六典』 권6, 「尙書刑部」, 185쪽, "律以正刑定罪, 令以設範立制." ; 『舊唐書』 권43, 「職官志」, 1837쪽, '尙書都省' 등에도 관련 내용이 보인다.

17) [宋]李昉 等, 夏劍欽校點, 『太平御覽』, 河北敎育出版社, 2000, 권638, 「刑法部」4, 26쪽, "律以正罪名, 令以存事制."라 하여 두예의 「율서」를 인용하고 있다. ; [唐]歐陽詢, 『藝文類聚』 권54, 「刑法部」, 上海 : 上海古籍出版社, 1985, 980쪽에도 관련 내용이 보인다.

18) 楊振紅, 「出土法律文書與秦漢法律二級分類構造」, 『出土簡牘與秦漢社會』, 廣西師範大學出版社, 2009, 39쪽.

늦게 나타나는데, 先秦文獻에 보이는 律은 音律, 約束, 紀律 등의 의미로 통상적인 의미에서의 法律을 뜻하는 律의 의미는 아니었다. 法律로서의 律의 의미가 중요한 의미를 가지게 되었던 것은 戰國 中期 이후였다.20) 현재 확인할 수 있는 早期律로는『睡虎地秦簡』의「魏戶律」과「魏奔命律」 및 靑川木牘의「爲田律」을 들 수 있다.

① •[魏나라 安釐王]25년(기원전 252) 윤달이 든 12월 초엿샛날, [魏의 安釐王] 이 상방에게 고함 : 民이 혹 邑을 버리고 野에 거주하거나, 고아·과부의 집에 들어가 빌붙거나, 남의 婦女를 꾀어내는 것은 國中의 오래된 현상이 아니다. 지금부터 상인·逆旅, 贅壻·後父에게는 모두 立戶하는 것은 허락하지 않고, 田宇를 주어서는 안 된다. 이러한 사람들은 三代 이후에 仕官하려고 하면 하게 하되 그 籍에는 옛날 某閭의 贅壻인 某人의 孫이라는 것을 기입한다. 위호율.21)

② [魏의 安釐王]25년(기원전 252) 윤달이 든 12월 초엿샛날, [魏의 安釐王]이 장군에게 명령 : 상인과 숙박업자, 데릴사위 및 후부, 백성 중에서 앞장서서 농사를 짓지 않거나 집안을 돌보지 않는 자를, 나(安釐王)는 좋아하지 않는다. 장차 이들을 죽이려 해도, 그들의 종족과 형제를 보아 차마 그럴 수 없다. 지금 이들을 종군하도록 파견하니, 장군은 이들을 불쌍히 여기지 말라. 소를 삶아 병사들에게 먹일 때, 이들에게는 1/3두씩의 식사만 주고, 뼈에 붙어 있는 고기조차도 주지 말도록 하라. 성을 공격함에 병력이 부족하면, 장군은 이들에게 해자를 매우는 일을 시키도

---

19) 張伯元,『出土法律文獻硏究』, 上海 : 商務印書館, 2005, 58쪽.
20) 張忠煒,『秦漢律令法系硏究初編』, 北京 : 社會科學文獻出版社, 2012, 125~126쪽.
21)『睡虎地秦簡』,「魏戶律」, 293쪽, "•卄五年閏再十二月丙午朔辛亥, ○告相邦 : 民或棄邑居壄(野), 入人孤寡, 徼人婦女, 非邦之故也. 自今以來, 叚(假)門逆呂(旅), 贅壻後父, 勿令爲戶, 勿鼠(予)田宇. 三枼(世)之後, 欲仕(仕)仕(仕)之, 乃(仍)署其籍曰 : 故某慮贅壻某叟之乃(仍)孫. 魏戶律." 陳偉主編의 경우에는 陳偉主編,『秦簡牘合集』, 武漢大學出版社, 2014를 별도로 표기한다. 번역은, 윤재석,『수호지진묘죽간 역주』, 서울 : 소명출판, 2010, 529쪽 역주를 참조함.

록 하라. 위분명율.22)

初期 律에 해당하는 ①의 「魏戶律」과 ②의 「魏奔命律」에는 王命·王令의 형식이 남아 있다. 가장 큰 특징은 율문 중에 律條의 制定·下達 시간이 나와 있고, 律文制定者와 下達者의 이름이 나오고 있다는 점이다. 후대의 성숙한 律文에서는 이러한 특징이 없다.23) 『漢書』「刑法志」에 "[魏나라의] 李悝가 각국의 법을 모으고 순서를 정하여 『法經』을 저술하였다. … 商君(商鞅)이 그것을 전해 받아 秦나라의 宰相이 되었다."24)라고 하였고, 『唐六典』에는 "李悝가 각국의 刑書를 모아 『法經』 6편을 만들었다. … 商鞅이 그것을 전해 받아 法을 律로 改稱하고, …"25)라고 하였다. 이러한 문헌사료의 내용을 입증하는 것이 『睡虎地秦簡』의 「魏戶律」과 「魏奔命律」이라 할 수 있다. 왜냐하면 商鞅의 法律思想을 잘 반영하는 것으로 평가되는 『睡虎地秦簡』의 秦律에 魏律이 나오고 있기 때문이다. 商鞅이 『法經』을 전해 받아 法을 律이라 바꾸었으므로26) 律이라는 명칭은 秦나라 때부터 비롯된 것이라 할 수 있다. 즉 秦律은 商鞅의 "改法爲律" 이후의 최초의 단계에 해당한다. 魏의 李悝의 『法經』은 중국 최초의 성문법이다. 따라서 『睡虎地秦簡』의 ①과 ②의 「魏戶律」과 「魏奔命律」은 初期의 律로 律의 원시적 형식이라 할 수 있는데, 명칭은 비록 律로 되어 있지만, 殷周 이래의 王命의 형식과 다르지 않다.27)

---

22) 『睡虎地秦簡』 「魏戶律」, 294쪽, "●廿五年閏再十二月丙午朔辛亥, ○告將軍：叚(假)門逆關(於-旅：旅), 贅壻后父, 或衛(率)民不作, 不治室屋, 寡人弗欲. 且殺之, 不忍其宗族昆弟. 今遣從軍, 將軍勿恤視. 享(烹)牛食士, 賜之參飯而勿鼠(予)殽. 攻城用其不足, 將軍以墐豪(壕). 魏奔命律." 번역은 윤재석, 앞의 책, 530~531쪽 역주를 참조함.
23) 周海鋒, 『秦律令研究 —以《嶽麓書院所藏秦簡》(肆)爲重點』, 南開大學歷史學硏究所博士論文, 2016, 135쪽.
24) 『漢書』 권30, 「刑法志」, 922쪽, "悝撰次諸國法, 著法經. … 商君受之以相秦."
25) 『唐六典』 권6, 「尙書刑部」, '刑部尙書', 180쪽, "李悝集諸國刑書, 造法經六篇. … 商鞅傳之, 改法爲律, 以相秦, …"
26) 『漢書』 권30, 「刑法志」, 922쪽；『唐六典』 권6, 「尙書刑部」 注, 180쪽.
27) 張忠煒, 앞의 책, 126~127쪽.

그러나 같은 『睡虎地秦簡』의 다음 규정은 앞의 「魏戶律」과 「魏奔命律」과 비교하여 형식상·언어상·내용상 질적으로 크게 다르다는 것을 알 수 있다.

① 敎童의 연령에 달한 자를 숨긴다거나 폐질인 자를 정확히 신고하지 않으면 里典·老는 贖耐. 백성이 아직 老의 연령에 도달하지 않았거나 老의 연령에 도달했는데 신청하지 않고 감히 속이려 하는 자는 '貲二甲'에 처한다. 里典·老가 고발하지 않으면 벌금으로 '貲一甲'을 내게 한다. 伍人은 고발하지 않으면 戶마다 一盾을 내게 하고 모두 '遷'에 처한다. 傅律.28)

② 士伍인 甲이 절도하였는데, 만일 체포 당시 장물의 값어치를 계산하였다면, 응당 110전이 있을 터인데도 체포 당시 吏가 장물의 값어치를 계산하지 않았고, 士伍 甲을 심문할 때 비로소 그 값어치를 계산하니 장물의 값어치가 660전을 초과하였고 이에 따라 甲을 黥爲城旦에 처하였다. 묻건대, 甲과 吏를 어떻게 논죄해야 하는가? 甲은 응당 耐爲隸臣이고, 吏는 형벌을 부당하게 적용한 죄로써 논죄한다.29)

상기 ①과 ②의 사료는 『睡虎地秦簡』의 「傅律」과 「盜律」로 이른바 '正律'에 해당한다. 『睡虎地秦簡』의 「魏戶律」과 「魏奔命律」이 구어체로 王命의 형식을 취하고 있고, 국가제도에 관한 규정으로 令과 다를 바 없는 형식의 律이라고 한다면, 『睡虎地秦簡』 ①의 「傅律」과 ②의 「盜律」은 형벌을 위주로 한 律의 형식을 취하고 있다. 그런가 하면, 令으로 표현하면서 징벌규정을 담고 있는 사례도 보인다. 이것은 秦에서는 아직 律과 令의 구분이 엄격하지 않았다는 것을 의미한다.30) 그렇다고 해서 秦에서 律과 令이 완전히 구분되

---

28) 『睡虎地秦簡』, 143쪽, "匿敖童, 及占𤰇（癃）不審, 典·老贖耐. •百姓不當老, 至老時不用請, 敢爲酢（詐）僞者, 貲二甲；典·老弗告, 貲各一甲；伍人, 戶一盾, 皆䙝（遷）之." ; 윤재석, 앞의 책, 276쪽.

29) 『睡虎地秦簡』, 166쪽, "士五（伍）甲盜, 以得時直（値）臧（贓）, 臧（贓）直（値）百一十, 吏弗直（値）, 獄鞫乃直（値）臧（贓）, 臧（藏）直（値）過六百六十, 黥甲爲城旦, 問甲及吏可（何）論? 甲當耐爲隸臣, 吏爲失刑罪." ; 윤재석, 앞의 책, 313~314쪽.

지 않았던 것도 아니었다. 이 문제에 관해서는 이하 장을 달리하여 계속하여 논의를 진행하기로 하겠다.

2. 『嶽麓秦簡』 秦令의 分類와 共令

1) 『嶽麓秦簡』 秦令의 분류

『嶽麓秦簡』에는 秦令에 대하여는 이미 陳松長이 2009년과 2015년에 걸쳐 『文物』에서 그 일부를 소개하고 있다.31) 「律令雜抄」에 따르면 令名이 「內史郡二千石官共令」·「內史官共令」·「四司空共令」·「內史倉曹令」·「內史戶曹令」·「內史旁金布令」·「遷吏令」·「四謁者令」·「四司空卒令」·「安□居室居室共令」·「□□□又它祠令」·「辭式令」·「尉郡卒令」·「郡卒令」·「廷卒令」·「卒令」·「縣官田令」·「食官共令」·「給共令」·「贖令」·「捕盜賊令」·「挾兵令」·「稗官令」 등 20여 종에 달하고 있다. 陳松長은 이러한 令名을 ① 단독으로 令名을 抄寫하고 그 영명의 앞에 墨丁(검은 둥근 점)을 표기하고, 令名 뒤에는 干支編書가 있는 사례, ② 완전한 一條의 令文을 抄寫한 후에 말미에 令名을 표기하고 연후 干支와 숫자를 함께 編號한 사례, ③ 令文을 쓴 후에 令名을 쓰지 않고 단지 編號만을 기록한 사례, ④ 令文을 쓴 후에 단지 "廷"·"廷卒"과 干支 또는 數字의 編號만을 붙인 사례 등 4개의 類別로 분류하고 있다.32)

陳松長의 『嶽麓秦簡』의 「律令雜抄」에 대한 소개와 분류를 근거로 廣瀨薰雄은 漢令의 분류방식을 도입하여 ① 官名+令, ② 事項別令, ③ 共令으로 분류하였다.33) 廣瀨薰雄의 秦令에 대한 체계적인 분석과 분류는 最近의

---

30) 張忠煒, 앞의 책, 126~130쪽.
31) 陳松長, 「岳麓書院所藏秦簡綜述」, 『文物』 2009-3 ; 陳松長, 「岳麓秦簡中的兩條秦二世時期令文」, 『文物』 2015-9.
32) 陳松長, 「岳麓書院所藏秦簡綜述」, 『文物』 2009-3, 87쪽.
33) 廣瀨薰雄, 앞의 글, 108쪽.

秦令의 이해에 적지 않은 영향을 미쳤다. 특히 共令에 대하여는 이것은 복수의 관서 또는 事項에 공통하는 令이라는 의미로 해석한 것은 新說이며[34] 이후 연구자들이 이를 따르고 있다. 南玉泉은 『嶽麓秦簡』의 「律令雜抄」를 調整하는 바의 범위와 行爲主體에 따라 크게 事項令과 官署令[35]으로 구분하고 官署令은 다시 ① 單個主體(사례 : 內史倉曹令)와 ② 多個主體(사례 : 四司空卒令)으로 구분하고, 이를 秦令의 편집방식에 따라 다시 ① 令名의 아래에 干支에 따라 편서가 배열되는 경우와 ② 令名의 아래에 먼저 干支에 따라 劃分한 후 干支 후면에 다시 숫자로 순서를 배열하는 방식으로 구분하고 있다. 南玉泉의 秦令의 분류를 살펴보면 아래와 같다.[36]

- 事項令 : ① 挾兵令
  ② 遷吏令甲廿八(令名+干支+數字)
- 官署令 : ① 單一主體 : 內史倉曹令甲卅(令名+干支+數字)
  ② 多個主體 : 內史郡二千石官共令第甲(令名+干支)
  廷內史郡二千石官共令第庚(令名+干支)
  四司空卒令·四謁者令

事項令은 漢代와 기본적으로 똑같지만, 事項의 앞에 官署名이 붙여져 있는 예는 漢代에는 없다. 이것은 어떤 官署가 특정업무에 관한 令만을 모아서 편집한 것이다.[37] 『嶽麓秦簡』의 秦令에서, 漢令의 挈令과 事項別令에 상당하는 2種은 확인할 수 있으나, 干支令에 상당하는 令은 보이지 않는다. 다만 內史郡二千石官共令이 甲乙丙… 등으로 나뉘는 것에서 干支令의 존재를

---

34) 廣瀨薰雄, 앞의 글, 109쪽.
35) 官署令은 部門令, 혹은 職事令으로 命名하기도 하고 있다.
36) 南玉泉, 「秦令的性質及其與律的關係」, 陳偉主編·徐世虹著, 『秦律研究』, 武漢 : 武漢大學出版社, 2017, 86~87쪽.
37) 廣瀨薰雄, 앞의 글, 108쪽.

상정할 수 있다. 또 令에 編號가 붙어있는 점도 동일하다. 「內史郡二千石官共令」은 「內史郡二千石官共令」第甲・「內史郡二千石官共令」第乙・「內史郡二千石官共令」第丙・「內史郡二千石官共令」第丁・「內史郡二千石官共令」第戊・「內史郡二千石官共令」第己・「內史郡二千石官共令」第庚의 7개의 篇目을 가진다.[38] 이것은 『漢書』 「蕭望之」의 顔師古注에 "令甲이라고 한 것은 그 편목이 甲乙의 순서로 되어 있기 때문이다."[39]라는 令甲・令乙 등의 배열방식이 秦代에 존재하였음을 증명한다. 甲・乙・丙 등의 干支를 사용하는 것은 漢代人들이 흔히 사용하는 것으로 결코 깊은 의미가 있는 것이 아니다. 의심할 바 없이 甲・乙・丙 등의 干支가 순서를 표시하는 代號이기 때문이다.[40] 이러한 편집방식은 기본적으로 『張家山漢簡』「津關令」의 배열방식과도 기본적으로 일치한다. 『張家山漢簡』「津關令」은 干支를 令文의 뒤에 배치하는 대신에 一에서 卄二까지의 숫자를 令文의 앞에 배치하였을 뿐이다. 漢의 挈令은 御史挈令・廷尉挈令・光祿挈令・大鴻臚挈令 등 중앙의 이천석관 이상의 것이 많다. 이에 대해서 『嶽麓秦簡』의 秦令은 內史倉曹令, 內史戶曹令과 같이 內史 아래의 部署를 바탕으로 하여 분류하고 있다. 이 분류 가운데, 官名+令인 內史倉曹令, 內史戶曹令은 內史 가운데 倉曹 또는 戶曹만이 사용하는 令이라는 의미로 보고, 이를 共令이 아닌 단일주체로 분류하고 있지만, 宮宅潔은 令名을 말미에 부기형식의 조문으로 관서명을 붙인 「內史倉曹令」・「內史旁金布令」・「內史官共令」에 대하여 「內史倉曹令」은 徒隸의 役使나 隸臣

---

38) 陳松長, 앞의 글, 87쪽.

39) 『漢書』 권78, 「蕭望之」, 3278쪽, 師古注, "令甲者, 其篇甲乙之次"; 令甲・令乙・令丙에 관한 사료로서 가장 많이 인용되는 것은 『漢書・宣帝紀』의 "令甲, 死者不可生, 刑者不可息, 此先帝之所重"이라는 기사이다. 이에 대해 文穎曰: "令甲者, 前帝第一令也" 如淳曰: "令有先後, 故有令甲, 令乙, 令丙也" 師古曰: "如說是也, 甲乙者, 若今之第一, 第二篇耳"라 주석하고 있다. 즉 文穎은 令甲을 前帝의 첫 번째 令이라 했고, 如淳은 令에는 先後가 있기 때문에 令甲, 令乙, 令丙이라고 부른다고 했다. 師古는 양설 중에서 如淳의 설을 채택하고 있다.

40) 凡國棟, 「秦漢出土法律文獻所見"令"的編序問題」, 『出土文獻研究』 第10輯, 中國文化遺産研究院編, 中華書局, 2012, 163쪽.

妾·僕에 관한 규정으로 倉曹와 관련되지만, 內史의 倉曹에만 국한되지 않는다. 예를 들어 作徒簿의 작성을 지시한 규정으로 『里耶秦簡』의 遷陵縣의 作徒簿도 이 규정에 의거해서 만든 것이 틀림없다. 따라서 「內史倉曹」를 붙이되, 실제로는 형도를 관리하는 內史의 다른 부서나 '郡'의 관리도 준용하는 규정으로 이해한다.[41] 이렇게 이해하면, 內史倉曹令, 內史戶曹令 등을 南玉泉의 분류 방식처럼 單一主體로 보기 어려워진다.

또한 『嶽麓秦簡』의 秦令에는 編號를 붙이는 방법으로 干支만을 단독으로 사용하는 경우 외에 十干과 숫자를 조합한 것이 많고, 숫자만을 단독으로 사용하는 경우가 있다. 漢代의 문헌사료에도 秦令에 보이는 이러한 번쇄한 방식을 사용한 사례가 보인다. 그것은 『後漢書』「律曆志」에 보이는 "太史令舒·承·梵等對：案官所施漏法令甲第六常符漏品, 孝宣皇帝三年十二月乙酉下, 建武十年二月壬午詔書施行."[42]의 '漏法令甲'의 사례가 그에 해당한다. '漏法令'은 '令名'으로 大題, '甲第六'은 『嶽麓秦簡』의 秦令의 편호 가운데 十干과 숫자를 조합한 방식과 동일한 방식의 編序이고, '常符漏品'은 '漏法令' 가운데의 구체적인 명칭에 해당한다.[43] 즉 某令을 一級으로 보면 某令之下의 甲·乙·丙은 二級에 해당된다. 결국 秦令의 정리방법은 漢令과 거의 동일하다고 할 수 있다. 다만, 秦令의 干支는 모두 某令의 아래에 채택되어 令下의 특정한 類別을 표시하거나 혹은 順序號로 사용되는 데에 비하여 漢令은 令甲·令乙·令丙과 官署令 혹 事項令과 평행적이다. 秦令은 某令 아래 令條 배열상 고정된 형식표준이 없고, 때로는 天干에 따라 序號를 배열하고, 때로는 天干 아래에 숫자를 매겨서 序號를 배열한다. 더욱 이러한 편집을 모두 하나의 令아래에 진행한다. 즉 서로 다른 令을 하나의 표준에 따라 하나의 令集으로 편집한 것을 볼 수 없다.[44] 陳松長은 干支와 숫자가 기록된

---

41) 宮宅潔, 「內史郡二千石官共令」, 宮宅潔編, 『岳麓書院所藏簡《秦律令(壹)》譯注』, 京都 : 京都大學, 2023, 519~520쪽.
42) 『後漢書』 권12, 「律曆志」, 3032쪽.
43) 凡國棟, 앞의 글, 164쪽.

형태가 당시 秦令 가운데 가장 일반적인 형태이며[45] 이러한 간지와 숫자를 조합한 편호는 秦令이 통일편찬과정을 거쳐 정리될 것을 표명한 것으로 이해한다.[46] 요컨대, 漢代에 이르면, 복잡한 형식의 秦令의 令集을 차례로 통합하여 干支令·挈令·事項別令이라는 보다 포괄적인 정리방법이 나타났다는 것이다.[47]

(2) 「廷內史郡二千石官共令」

共令에 대해서 廣瀨薰雄은 漢令에 없는 호칭으로 이것은 복수의 관서 또는 사항에 공통하는 令이라는 의미로 보고 있다. 따라서 官名+令이 官府 하나의 단독사용인 것과는 반대개념이다. 廣瀨薰雄은 이를 漢代의 官府에서 단독으로 사용된 挈令에 해당하는 官名+令인 「內史倉曹令」·「內史戶曹令」·「四謁者令」·「尉郡卒令」과 事項別令과 달리 별도로 분류하고 있다. 『嶽麓秦簡』의 「律令雜抄」에는, 官名+共令인 「內史郡二千石官共令」·「內史官共令」·「四司空共令」·「食官共令」과 事項+共令인 「安□居室居室共令」·「給共令」 등이 나오고 있다. 이에 대하여 內史郡二千石官共令은 內史와 二千石官이 공통으로 적용되는 令의 의미이고, 內史官共令은 內史의 모든 官이 공통으로 사용하는 令이라는 의미이고, 이것을 재차 官署마다 나눈 것이 官名+令인 內史倉曹令, 內史戶曹令이다. 이것은 內史 가운데 倉曹 또는 戶曹만이 사용하는 令이라는 의미이다. 또한 內史旁金布令의 旁令은 共令의 동의어로 생각되는데, 旁令의 旁은 "두루"의 의미를 가지고 있다. 따라서 內史旁金布令 역시 內史 공통의 金布令이라는 것이다.[48] 이처럼 廣瀨薰雄이 「共令」을 복수의

---

44) 陳偉 等著, 『秦簡牘整理與硏究』, 北京 : 經濟科學出版社, 2017, 140~141쪽.
45) 陳松長, 「嶽麓書院所藏秦簡綜述」, 『文物』 2009년 3기, 86쪽.
46) 周海鋒, 「嶽麓書院藏秦簡(肆)的內容和價値」, 『文物』 2015-9, 83쪽.
47) 廣瀨薰雄, 앞의 글, 109~110쪽.
48) 廣瀨薰雄, 앞의 글, 109쪽.

관서 또는 事項에 공통으로 적용하는 令으로 정의한 이후 凡國棟·曹旅寧이 이에 동조하고 있다.[49]

「共令」을 복수의 관서 또는 事項에 공통으로 적용하는 令으로 이해하고 있는 廣瀨薫雄·凡國棟·曹旅寧의 견해에 대하여 최근 南玉泉은 共令의 共을 共通의 의미보다는 供給으로 해석하는 신설을 제시하였다.[50] 南玉泉은 「四司空共令」·「內史郡二千石官共令」은 共通으로도 해석이 가능하고 供給으로 해석도 가능하다고 지적한다.

共令의 共을 共通으로 보는 설과 供給으로 보는 설과 관련하여 먼저, 「四司空共令」에 대하여 살펴보기로 하자. 『漢書』「百官公卿表」 如淳의 注에 의하면 司空은 水와 罪人을 주관하는 것으로 되어 있고,[51] 또한 少府의 屬官으로 되어 있다. 이것은 "少府의 均輸官·四司空 중 체포하거나 스스로 출두한 경우 관리는 治理함에 반드시 신중히 신문해야 하고 …"라는 『嶽麓秦簡』의 사료에서도 확인되고 있다.[52] 『嶽麓秦簡』「亡律」의 이러한 규정을 통하여 그동안 「百官表」를 통하여 大司農과 水衡都尉의 屬官으로 알려진 均輸가 본래는 司空과 함께 少府에 속하였음을 알 수 있게 되었다. 少府는 山川·園池·市井의 租稅 수입과 皇室의 수공업 제조를 담당하였던 皇帝의 私府이다.[53] 司空은 『周禮』에 기록된 6官의 하나이며, 刑徒의 관리와 治獄, 治水나 각종 토목공사를 담당하였다. 당시는 관의 공사는 주로 勞役刑徒를 동원하여 진행하였다.[54] 「四司空共令」의 '四司空'은 다양한 해석이 가능하지

---

49) 凡國棟, 「"挈令"新論」, 『簡帛』 5, 上海古籍出版社, 2010, 457~466쪽 ; 曹旅寧, 「嶽麓秦簡令名試解」, 簡帛網, 2018-03-26.

50) 南玉泉, 앞의 글, 앞의 책, 88~92쪽.

51) 『漢書』 권19상, 「百官公卿表」, 730쪽, "屬官有都司空令丞(如淳曰 : 「律, 司空主水及罪人..」"

52) 朱漢民·陳松長主編, 『嶽麓書院秦簡(肆)』, 上海 : 上海辭書出版社, 2015, 0797簡, "□少府均輸·四司空, 得及自出者, 吏治必謹訊, …"

53) 『漢書』 권19상, 「百官公卿表」, 731쪽, "少府, 秦官, 掌山海池澤之稅, 以給共養."〈應劭曰 : 名曰禁錢, 以給私養, 自別爲藏. 少者, 小也, 故稱少府.〉〈師古曰 : 大司農供軍國之用, 少府以養天子也.〉

만, 秦의 司空기구가 하나가 아니고 여러 개였던 것을 감안하면,55) 대체로 "4개의 司空"일 가능성이 높아 보인다.56) 각 司空의 주요 직무가 土木工事와 勞役刑徒의 관리였다는 것을 감안하면, 그 업무는 매우 유사하였을 것이다. 또한 秦朝의 노역형도가 서로 다른 다양한 분야에서 노역을 담당하였지만, 단 그 관리규정은 동일하였을 것이다. 이렇게 이해한다면, 「四司空共令」의 共은 廣瀨薰雄·凡國棟의 견해대로 4개의 司空에 적용하는 共通의 令으로 해석하는 것도 가능하다. 그러나 앞서 『嶽麓秦簡』「亡律」의 "□少府均輸·四司空…" 사례에서 보듯이 少府 소속으로 均輸와 四司空이 竝列되어 있는 것에 주목해 볼 필요가 있다. 少府는 천자의 개인적인 비용을 공급하는 기관이고, 그 屬下의 均輸도 물자 공급을 담당하는 기관이고, 四司空도 관련기관에 형도의 노역을 제공하거나 공정의 재료 등을 공급하는 기관, 즉 모두 물자공급과 관련된 기관이다. 「四司空共令」과 「四司空卒令」은 司空과 서로 관련된 법령의 명칭으로 「四司空卒令」의 '卒'은 四司空 部門의 士卒을 가리킨다. 秦朝의 각 司空은 노역형도를 관리하므로 司空마다 각각 약간의 정규 사졸을 갖추고 있었다. 南玉泉의 지적처럼 「四司空共令」의 共이 共同의 의미였다고 한다면, 「四司空卒令」의 규정의 내용은 四司空에 모두 적용할 수 있다.

---

54) 『睡虎地秦簡』「司空律」(陳偉主編, 『秦簡牘合集』 武漢大學出版社, 2014), 120~121쪽에는, "公士以下居贖刑罪·死罪者, 居于城旦舂, 毋赤其衣, 勿枸櫝欙杕. 鬼薪白粲, 群下吏毋耐者, 人奴妾居贖貲責(債)于城旦, 皆赤其衣, 枸櫝欙杕, 將司之"라고 하여 秦代 勞役刑徒의 실태가 잘 나타나고 있다.

55) 『墨子』에는 「都司空」·「次司空」이 나오고, 『漢書』「百官公卿表」에는 「左司空」·「右司空」이 보이고, 『嶽麓秦簡』에는 「左司空」·「右司空」·「宮司空」이 보이며, 『商君書』에는 「國司空」이, 『睡虎地秦墓竹簡』「秦律雜抄」에는 「縣司空」·「邦司空」이 나오며 『二年律令』에는 「中司空」·「郡司空」·「宮司空」·「縣司空」·「大匠官司空」이 나오고, 『洪範五行傳』에는 「獄司空」 등의 존재가 기록되고 있다. 지방의 관공서에도 司空이 설치되어 있었던 것이 알려져 있다.

56) 그 4개의 司空을 확정하기는 어렵지만, 일단, 京都大學의 「秦代出土文字史料の硏究」班에서는 「左司空」·「右司空」·「中司空」·「宮司空」일 가능성이 있다고 지적하고 있다(「秦代出土文字史料の硏究」班, 「嶽麓書院所藏簡《秦律令(壹)》譯注考」, 『東方學報』 92, 2017, 148쪽). 魯家亮은 이에 대하여 四司空을 「采司空」·「寺司空」·「宮司空」·「秦匠」으로 보고 있다(魯家亮, 「嶽麓書院藏秦簡《亡律》零拾之一」, 簡帛網, 2016.03.28.

즉 「四司空卒令」을 「四司空共令」에 모두 합치는 것이 가능하다. 단독으로 별도의 令名을 세울 필요가 없다고 한다.57) 이런 이유로 「四司空共令」의 共 역시 共同이란 의미보다는 供給으로 해석해야 보다 합리적일 듯하다.58)

「四司空卒令」과 「四司空共令」의 사례와 매우 유사한 것이 「內史郡二千石官共令」· 「內史官共令」· 「內史倉曹令」· 「內史戶曹令」· 「內史旁金布令」이다. 共을 복수의 관서 또는 事項에 공통으로 적용하는 令으로 보는 관점에서 보면, 「內史郡二千石官共令」은 內史와 郡二千石官이 공통으로 사용하는 令이라는 의미로, 「內史官共令」은 內史의 모든 관이 공통으로 사용하는 令으로 각각 해석할 수 있다. 이에 대하여 陳松長은 「內史郡二千石官共令」이 內史와 郡二千石官이 공통으로 사용하는 令이 아니고, 內史·郡二千石官이 준수해야 할 令을 供給한 것으로 보고 있다.59) 이렇게 이해한다면, 「四司空共令」의 경우도 四司空이 준수해야 할 令을 공급한 것으로 해석하는 것도 가능하다.

다음으로 「內史郡二千石官共令」의 다음 사료를 살펴보자.

內史郡二千石官共令(0355正) 第甲
 • 丞相·御史에게 制詔 : 兵事가 끝났으니, 마땅히 받아야 하는 포상금이 있는데, 채무를 진 경우는 縣으로 하여금 신속하게 지급하도록 하라. 이 令이 縣에 도달하면, 縣에서는 각각 현재 보유하고 있는 돈으로 지급하도록 하라. 禁하지 않는(308/1918正) 돈으로만 모두 지급해서 죄에 이르게 해서는 안 된다. 丞相·御史의 주청 : 令이 縣에 도달하면, 縣은 각각 현재 보유하고 있는 돈으로, 禁하지 않은 돈으로만 신속하게 주도록 한다. 不足하면, 각각 그 소속된 바의(309/0558正) 執法에게 請하도록 하고, 執法은 조달하여 균등하게 지급한다 ; 또 不足하면, 이에 御史에게 요청하여, 禁하지 않는 돈을 빌리도록 요청한다. 빌린 바의 액수로 포상금을

---

57) 南玉泉, 앞의 글, 앞의 책, 91쪽.
58) 陳偉 等著, 『秦簡牘整理與硏究』, 北京 : 經濟科學出版社, 2017, 143쪽.
59) 陳松長, 「嶽麓秦簡中的幾個令名小識」, 『文物』 2016-12, 59~61쪽.

삼는다. 오랫동안 상환기한을 변경하거나, 돈이 있음에도 지급하지 않으면 1金을 넘으면 貲二甲에 처한다.(311/0357正)[60]

「內史郡二千石官共令」(0355正)第甲에서 制詔가 보이는 것으로 보아 이 令의 제정은 秦統一 이후의 秦始皇 또는 二世皇帝 시기에 해당할 것이다. 내용은 통일전쟁 종료 후에 국가가 민에게 지급해야 할 각종 현상금과 백성에게 빌린 채무를 신속하게 縣에서 지급하라는 것이다.[61] 물론 內史와 郡二千石官이 共通으로 사용하는 令이라는 의미로 해석해도 되지만, 내용 자체는 供給에 관한 내용을 다루고 있다. 본래 內史의 직책이 전국 각 기관에 물자와 식량과 화폐를 공급하는 것과 일치한다. 이 令에서 주목되는 것은 執法이다. 陳松長은 執法에 대하여 "執法은 조정의 법관으로 丞相·御史와 병렬되는 고관이고, 군·현에서 治獄을 담당하는 법관으로 출현한다. 縣官보다도 강대한 직권을 갖는다. 독자의 관서·속리를 갖는다." 등의 특징을 지적하고 있다.[62] 『嶽麓秦簡』 「徭律」에 보이는 執法 요역에 징발하거나 동원할 때 이를 보고받고 관리하는 직책에 있는 것으로 나타나고 있다.[63] 執法 역시 물자의 공급과 관리를 담당하고 있음을 알 수 있다. 「內史郡二千石官共令」에는 다음과 같은 규정도 있다.

① 內史郡二千石官共令 第乙

---

60) 『嶽麓書院藏秦簡(肆)』, 196~197쪽, "❚內史郡二千石官共令(0355正) 第甲 •制詔丞相御史：兵事畢矣, 諸當得購賞貰責(債)者, 令縣皆亟予之. 令到縣, 縣各盡以見(現)錢, 不禁(1918正)者, 勿令巨皋. 令縣皆亟予之. ❚丞相御史請：令到縣, 縣各盡以見(現)錢不禁者亟予之, 不足, 各請其屬(0558正) 所執灋, 執灋調均；不足, 乃請御史, 請以禁錢貸之. 以所貸多少爲償, 久易(易)期, 有錢弗予, 過一金(0358正) 貲二甲(0357正)."
61) 任仲爀, 「秦漢시기 詔書의 律令化」, 『中國古中世史硏究』 42, 2016, 255쪽.
62) 陳松長, 「嶽麓秦簡中的幾個官名考略」, 『湖南大學學報(哲學社會科學版)』 29권 3기, 2015.
63) 『嶽麓書院藏秦簡(肆)』, 119~120쪽, "繇(徭)律曰：發繇(徭), 興有爵以下到人弟子·復子, 必先請縣所執灋, 邢各請其守, 皆言所爲及用積[156/ 1295]徒數, 勿敢擅興, 及毋敢擅俾(使)敖童·私屬·奴及不從車牛, 凡免老及敖童未傅者, 縣勿敢俾(使)[157/1294]."

泰上皇時 內史의 言：西工室의 司寇·隱官으로 踐更에 종사하는 자는 대부분 가난하여 식량을 자급할 수 없다. 議：縣으로 하여금 司寇를 보내 禾를 들이고, 그 縣에서 마땅히 빌려주어야 할 禾가 없는 경우, 작업하고 있는 곳(西工室)에 告하고, 현재 노역하고 있는 縣에서 갚거나 빌려주어야 한다. 西工室은 沮·南鄭의 山에서 벌목하고자 한다면, 沮·南鄭縣으로 하여금 西工室의 致書를 수리하도록 한다. (沮·南鄭에서) 入禾한 자 및 吏는 西工室에 移書한다.

- 二年曰：復用한다.[64]

② 內史郡二千石官共令□

昭襄王의 命曰：술자리를 열어 금전 및 기타 재물을 거두어서 사람들에게 사여하는 경우, 현령이 주청하면, 현승이 財物支出하는 것을 청구하고, 현승이 주청하면, 현령이 재물지출 하는 것을 청구하여 이를 항상의 규칙으로 삼아라.

- 三年詔曰：復用한다.[65]

①과 ②의「內史郡二千石官共令」은 2015년에 처음으로 陳松長이 발표한 秦二世 時期의 令文의 내용이다.[66] "泰上皇時內史言"은 令을 發布할 때의 秦漢시기의 格式 용어로『二年律令』의 "御史言"·"相國上內史書言"·"相國上內史書言"[67] 등의 형식과 같다. 이것은 특정기관의 事項別令의 令文格式에 해당한다. 泰上皇은 太上皇으로 秦 莊襄王이다. 司寇·隱官은 西工室에서

---

64)『嶽麓書院藏秦簡(肆)』, 204쪽, "¶內史郡二千石官共令 第乙 "泰上皇時內史言：西工室司寇·隱官踐更多貧不能自給糧. 議：縣令遣司寇入禾其縣, 毋禾(0587)當貸者, 告作所縣償及貸. 西工室伐干沮·南鄭山, 令沮·南鄭聽西工室致. 其入禾者及吏移西(0638)工室. •二年曰：復用."
65)『嶽麓書院藏秦簡(肆)』, 208~209쪽, "¶內史郡二千石官共令□ 昭襄王命曰：置酒節(即)徵錢及它物以賜人, 令瀸(讟), 丞請(情)出；丞瀸(讟), 令請(情)出, 以爲恒. •三年詔曰：(0519)復用.(0352)."
66) 陳松長,「岳麓秦簡中的兩條秦二世時期令文」,『文物』2015년 9기, 88~91쪽.
67) 이상은『二年律令』, 488簡, 496簡, 512簡.

노역에 종사하던 두 종류의 노역인을 말한다.68) 그들은 대부분 가난해서 스스로 식량을 자급할 수 없으므로 파견한 현에서 그들의 田租를 대신 납부하라는 것이다. "西工室伐干沮·南鄭山"의 의미는, 西工室은 秦國 都城의 기계제작을 담당하는 기관으로 漢中郡에서 관할하는 沮와 南鄭의 양현에서 나무를 벌채하라는 의미이다. "令沮·南鄭聽西工室致"는 內史가 沮·南鄭縣으로 하여금 西工室에서 보낸 문서에 근거하여 벌목의 편의를 도와주라는 의미이다. "其入禾者及吏移西工室"의 '移'는 移書로 沮와 南鄭의 양현에서 나무를 벌채하는 司寇·隱官으로 가난해서 스스로 식량을 자급할 수 없어서 노역으로 入禾를 대신하는 자와 참여하는 관리의 인원수를 문서에 옮겨서 西工室에 제공해야 한다는 의미이다.69) ②의 내용은 특히 주목되는데, 현에서 금전 및 기타 재물을 거두어서 사람들에게 사여하는 경우, 縣令과 縣丞이 서로 감독하도록 되어 있다. 즉 縣의 광범위한 직장이 縣令과 縣丞 사이에 어떻게 分割되어 있는가를 구체적으로 검토할 수 있는 중요한 자료로 주목되는데, 縣의 장관인 縣令의 독단과 전권을 허락하지 않는 체제였음을 알 수 있다.70) 秦의 內史는 諸工을 관리 감독하였기 때문에 ①처럼 西工室의 사무를 상언한 것으로 볼 수 있고, 또한 京師의 縣을 통괄하는 상급기관으로 간주된 內史가 동시에 全土의 穀貨를 맡는 보다 대규모 기관이었기 때문에71)

---

68) 陳松長, 「嶽麓秦簡中的幾個令名小識」, 『文物』 2016-12, 89쪽에서는 이 부분을 "司寇·隱官·踐更이 대부분 가난하여 식량을 자급할 수 없다."라고 해석하여 司寇·隱官·踐更를 西工室에서 노역에 종사하던 3종류의 노역인으로 해석하고 있다. 그러나 陳偉는 "司寇·隱官으로 踐更에 종사하는 자는 대부분 가난하여 식량을 자급할 수 없다."라고 해석하여 踐更를 司寇·隱官의 행위로 보고 있다(陳偉, 「岳麓簡先王之令解讀」, 『秦簡牘及所見制度考察』, 武漢 : 武漢大學出版社, 2017, 83~86쪽).
69) 陳松長, 앞의 글, 90쪽.
70) ①과 ②의 '二年日'과 '三年詔日'에 주목하여 陳松長은 『嶽麓秦簡』의 抄寫年代를 二世皇帝 3년(기원전 207)으로 보고 있다. 그런데, 최근 陳偉는 二世皇帝 2년, 二世皇帝 3년이 아니라 秦王政 2년, 秦王政 3년으로 보고 있다(陳偉, 「岳麓簡先王之令解讀」, 『秦簡牘及所見制度考察』(武漢 : 武漢大學出版社, 2017), 94~97쪽.
71) 森毅一樹, 「"二年律令"にみえる內史について」, 冨谷至 編, 『江陵張家山二四七號墓出土 漢律令の硏究(論考篇)』, 朋友書店, 2006.

縣令과 縣丞의 財物支出에도 관여했다고 볼 수 있다. 요컨대, ①의 內史郡二千石官共令 第乙과 ②의 內史郡二千石官共令□도 주로 물자공급과 관리·감독에 관한 내용을 담고 있다.

「內史郡二千石官共令」과 「四司空共令」은 공통으로 사용하는 令이라는 해석도 가능하지만, 「食官共令」·「給共令」의 경우에는 거의 '供給'으로 해석해야만 뜻이 통한다. 「食官共令」과 관련하여 주목되는 자료로는 『二年律令』「秩律」에는 "未央食官·食監"이 있다.72) "未央食官·食監"에 대하여 彭浩·陳偉·工藤元男의 赤外線本에서는 未央食官令·未央食監官으로 漢初 少府에 속한다고 보았다.73) 食監은 食官令의 呼稱으로 보인다.74) 요컨대, 食官·食監은 四司空과 마찬가지로 少府에 속하며 물자공급을 담당한다는 점에서 유사한 기능을 가지고 있다. 『漢書』「百官公卿表」에는 "奉常, 秦官, 掌宗廟禮儀, 有丞.··· 又諸廟寢園食官令長丞."75)이라 하여 食官令長丞이 奉常에 속하는 것으로 되어 있다. 奉常은 宗廟禮儀를 담당하는 기관으로 여기에 속하는 食官은 의례에 필요한 음식을 장만하는 역할이 주어졌다. 또한 『漢書』「百官公卿表」에는 "詹事, 秦官, 掌皇后·太子家, 有丞. ··· 食官令長丞."76)이라 하여 皇后·太子家를 담당하고 있는 詹事에서 食官令長丞을 두고 있음이 나오고 있다. 詹事 食官으로 『漢官儀』에 長公主 食官으로 秩六百石 食官長을 언급하고 있다.77) 이밖에도 諸侯王의 왕실에도 食官이 있었다. 이와 관련하여, 『張家山漢墓竹簡』「奏讞(讞)書」의 다음 사례가 주목된다.

---

72) 『二年律令與奏讞書』, 467簡, 291쪽, "□室僕射·室僕射大官, 未央食官·食監, 長信食□宕三楊關, 長信詹事·和(私)官長, 詹事祠祀長, 詹事庖長, 月氏."
73) 『二年律令與奏讞書』, 291쪽.
74) 이상의 食官令과 食監에 대해서는 專修大學『二年律令』研究會, 「張家山漢簡『二年律令』譯注(一一)－秩律·史律－」, 『專修史學』 45, 2008, 66쪽에 관련 사료가 열거되어 있다.
75) 『漢書』 권19상, 「百官公卿表」, 726쪽.
76) 위의 책, 734쪽.
77) 『後漢書』 권10下, 「皇后紀」, 458쪽, "漢官儀曰「長公主傅一人, 私府長一人, 食官一人, 永巷長一人, 家令一人, 秩皆六百石, 各有員吏」."

• 옛날 衛法에 말하기를, "國君과 夫人을 위하여 식사를 주관하는데 不勤하면 그 罪는 死刑에 해당한다."라고 하였다. 지금, 宰人인 大夫 說이 불에 구운 고기를 衛君에게 진상하였다. 고기 속에 길이 3촌의 머리카락이 들어있었다. 夫의 음식을 담당하는 養婢인 媚가 음식을 夫人에게 진상하였다. 요리 속에 길이 半寸의 부서진 작은 지푸라기가 들어 있었다. 君과 夫人이 모두 노하여 大夫 說과 養婢인 媚를 탄핵하라고 하였다."78)

이상의 『張家山漢墓竹簡』 「奏讞(讞)書」의 衛國의 사례에서도 國君과 夫人을 위하여 식사를 주관하는 食官인 宰人이 보인다. 요컨대, 「食官共令」은 秦皇室 및 廟寢의 膳食을 바치기 위해 설치한 令이라 볼 수 있으며, 『張家山漢墓竹簡』 「奏讞(讞)書」의 衛國의 사례에서 보듯이 「食官共令」을 "음식과 재료 供給에 관한 令"으로 해석하는 것이 자연스럽다.79) 陳松長은 「給共令」·「食官共令」이라는 편명을 들어 食官은 하나의 관직명이니 共을 공동으로 풀 수 없고 「給共令」 또한 마찬가지라고 한다.80) 「給共令」·「食官共令」에 대한 이러한 해석에 대하여 宮宅潔은 「食官」은 종실의 祠廟나 陵墓마다 혹은 궁전마다 설치되어 있고 『二年律令』에도 「未央食官」이 보인다. 이들 복수의 食官이 "공동으로 준수하는 令"이라고 하는 해석은 충분히 성립될 수 있다고 비판한다.81) 무엇보다 「給共令」의 경우에는 「給供令」, 즉 「供給令」으로 해석할 수밖에 없다.82) 즉 국가기관이 물자를 제공하는 법규로 이해된다.83) 給은 특별한 기관을 가리키는 것으로 보기 어렵다. 적어도 「給共令」의

---

78) 『二年律令與奏讞書』, 162簡~163簡, 370쪽, "• 異時衛〈衛〉法曰: 爲君·夫人治食不謹, 罪死. 今宰人大夫說進炙君, 炙中有髮長三寸; 夫人養婢媚進食夫人, 飯中有蔡長半寸, 君及夫人皆怒, 劾."
79) 南玉泉, 앞의 글, 앞의 책, 90쪽.
80) 陳松長, 앞의 글, 앞의 책, 89~90쪽.
81) 宮宅潔, 「内史郡二千石官共令」, 宮宅潔編, 『岳麓書院所藏簡〈秦律令(壹)〉譯注』, 京都大學, 2023, 523쪽.
82) 南玉泉, 앞의 글, 앞의 책, 91쪽.
83) 위와 같음.

共을 共通으로도 해석하는 것은 매우 부적절하고 供給으로 해석할 수밖에 없는 것처럼 보인다. 이에 대해서도 宮宅潔은 확실히 「給共令」은 共同이란 의미로는 해석이 안 되고 이것은 처음부터 관서명을 붙이는 편명이 아니고 내용에 따라서 이름을 붙이는 편명, 즉 「給共의 令」으로 해석한다.[84] 「食官共令」을 "음식과 재료 供給에 관한 令"으로 해석하는 것이 타당해 보인다. 「內史旁金布令」은 관리에 의한 시장에서의 매매나 公用여행자가 사용하는 馬車에 대한 규정이 보인다. 이 역시 內史의 金布에 한정된 내용은 아니다. 「內史官共令」역시 재판을 담당해서 죄에 저촉된 관리에의 처벌규정을 포함하지만, 篇名과의 관련성은 약하다. 한편, 통일전쟁의 논공행사에 관한 규정도 「內史官共令」이라 불린다. 이것은 內史와도 관련되지만, 內史에 한정되는 규정은 아니다. 「廷內史郡二千石官共令」의 내용을 보면, 內史에도 郡에도 관계되는 조문이 많은 한편, 湘山 주변에서의 나무의 벌채를 금한 조칙 등 新占領地만을 대상으로 한 규정도 포함되어 있고, 나아가 郡에 대한 결정을 中縣에서도 準用하라는 지시가 보인다. 따라서 본 조문의 성립 시기는 군의 통치에 초점을 맞춘 입법이 오히려 주류를 이루던 시대라고 보인다.[85] 「廷內史郡二千石官共令」의 내용을 바탕으로 宮宅潔은 「廷令」과 「令」의 사이에 의미의 차이는 없었고, 「廷…共令」은 사실상 모든 「令」을 가리키는 범칭으로 이해한다.[86]

嶽麓書院藏秦簡의 卒令에 대한 周海鋒·陳松長·曹旅寧·邢義田의 諸說을 살펴보면, 萃·聚·集의 의미(周海鋒), 郡級 官署에서 卒史가 준수해야 하는 令(陳松長), 二千石 官署가 공동으로 준수해야 하는 令(曹旅寧), 副·萃·倅의 의미(邢義田)로 각각 정리하고 있다. 임중혁은 『岳麓書院藏秦簡(伍)』의 卒令의 사례를 분석한 결과, 卒令의 내용이 매우 다양하여 어느 하나의 주제로 정리할 수 없다고 하여 내용상 聚集이라고밖에 할 수 없다는 견해를 제시하

---

84) 宮宅潔, 앞의 글, 523쪽.
85) 宮宅潔, 위의 글, 522쪽.
86) 宮宅潔, 위의 글, 523쪽.

였다. 즉 임중혁은 秦에서는 군주의 명령으로 제정된 슈이 그 소속된 슈名을 확정할 수 없는 경우 1단계적으로 卒令에 취집해두고 차후에 정리하여 다른 슈으로 편제하였을 것으로 보았다.

III. 律과 令의 관계

1. 準則性의 條款 혹은 刑事規範으로서의 秦漢의 令

戰國中期 以後 秦國은 律의 형식으로 개혁 조치를 단행하였다. 그런데 그 내용은 秦武王 2년에 공포한 靑川木牘의 「爲田律」이나 『睡虎地秦簡』의 「魏戶律」과 「魏奔命律」과 같은 初期律에서 보듯이 制度性 규정이었다. 『睡虎地秦簡』이나 『嶽麓書院藏秦簡』에 보이는 상당수의 律은 그 내용상 國家制度에 관한 행정법규를 담고 있다. 역으로 적지 않은 슈은 형벌법규였다.

① 景帝后元 3년(기원전 141) 경제는 다시 詔令을 내려서 말하였다. "연장자는 마땅히 사람들이 존경해야 한다. 홀아비와 과부는 믿고 의지할 바가 없는 자로 사람들이 가련하게 여기는 대상이다. 마땅히 법령 중에 공포하여 명기하라. 80세 이상의 노인과 8세 이하의 어린아이 및 임신 중인 여자, 두 눈이 먼 音樂師, 朱儒 등으로 심문을 거쳐 구속될 사람은 옥중에서 몸을 구속하는 형구를 채우지 말라."[87]

② 원강 4년(기원전 62), 조서를 내리기를 "지금부터 모든 나이가 80이상인 자는 사람을 무고하거나 죽이고 상해를 입힌 것이 아니면 다른 것은 모두 면제한다."고 하였다.[88] 안사고의 주에 '사람을 무고하거나 죽이고

---

87) 『漢書』 권23. 「刑法志」, 1106쪽, "復下詔曰:「高年老長, 人所尊敬也; 鰥寡不屬逮者, 人所哀憐也. 其著令: 年八十以上, 八歲以下, 及孕者未乳, 師·朱儒當鞠繫者, 頌繫之.."
88) 『漢書』 권8, 「宣帝紀」, 258쪽, "至孝宣元康四年, 又下詔曰:「…自今以來, 諸年八十非誣

상해를 입힌 자는 모두 옛 법대로 한다.'라 하였다.[89]

③ 원시 4년(4)에 법령을 제정하여, 부녀들 중에서 직접 범행을 저지르지 않은 자와, 80세 이상 7세 이하의 남자에 대해서는 조령에서 지명한 바의 체포자가 아니면, 모두 구속할 수 없다.[90]

④ 건무 3년(27)의 조서에서 80세 이상 10세 이하의 남자와 범죄자에 연좌된 부인의 경우에 그들 스스로 '不道'의 죄를 범하거나, 혹은 조서 중 체포를 지명한 것이 아니라면, 모두 구속할 수 없다. 마땅히 조사해야 할 자가 있으면 즉시 신문한다.[91]

①~④의 詔令은 '著令', 즉 法令의 형식을 갖춘 令의 형식으로 새로운 징벌 규칙을 만든 사례이다. 상기 ①~④의 "定著令"의 내용은 형벌규정을 담고 있어서 사실상 律과 같은 令이다. 이처럼 秦漢律은 令과 律의 기능이 완전히 분리된 것이 아니었다. 秦漢初期의 律令이 魏晉 이후의 律令처럼 완전히 분리될 수 없었던 것은 무엇보다 律令이 제작된 초기에 해당되기 때문에 사회에 필요한 법률 자체가 부족하였고 또 정비되지 못하였기 때문이다. 秦漢의 令에는 律과 같은 刑罰法規를 다량으로 포함하고 있었지만, 律의 起源, 즉 律源은 令이었는데 比하여 令의 法源은 律이 아니었다는 점에서[92] 律과 令의 차이는 존재하였다. 令은 최초에는 상급기관 혹은 王의 命令이었다. 秦始皇帝는 命을 制로, 令을 詔로 해서 문서행정의 용어로써 정하였다. 따라서 制詔라는 말은 命令이라는 뜻을 가지고 있다. 制詔에서 규정한 내용은 점차 고정적 국가제도인 令으로 변모한다. 秦漢時期 令의

告殺傷人, 它皆勿坐.」"
89) 『漢書』 권8, 「宣帝紀」, 258쪽, "師古曰:「誣告人及殺傷人皆如舊法, 其餘則不論.」"
90) 『漢書』 권12, 「平帝紀」, 356쪽, "…婦女非身犯法, 及男子年八十以上七歲以下, 家非坐不道, 詔所名捕, 它皆無得繫. 其當驗者, 卽驗問."
91) 『後漢書』 권1, 「光武帝紀」上, 35쪽, "庚辰, 詔曰:「…男子八十以上, 十歲以下, 及婦人從坐者, 自非不道, 詔所名捕, 皆不得繫. 當驗問者卽就驗. 女徒雇山歸家.」"
92) 南玉泉, 앞의 글, 99쪽.

성격에 대하여는 현재 논란이 있는데, 法令으로써의 令이 존재하지 않았다고 하는 견해를 대표하는 冨谷至는, 漢令은 황제의 詔令이 그대로 편찬·정리된 것이라 해도 단순한 파일로서의 번호를 가질 뿐 여전히 追加·集錄한 것에 지나지 않고, 사항에 따른 명칭도 부여되지 않은 미성숙한 法令이자 法規였다고 한다. 이러한 漢令이 전적으로 令典이 되고 또한 그 내용상 행정법규로서 변모되었던 것은 晉 泰始 4년의 晉令을 효시로 하며, 이로써 律典(형벌법규), 令典(행정법규) 두 개의 법전이 성립하였다고 한다.[93] 그가 언급한대로 秦漢의 令은 法典으로서 성립한 것이라고 단정하기는 어렵지만, 또한 令과 律의 기능이 완전히 구분되었던 것도 아니지만, 결코 미성숙한 法令이자 法規라고 단정하기는 어렵지 않나 싶다.

秦漢의 令의 성격과 관련해서 『里耶秦簡』의 다음의 내용이 주목된다.

> [진시황] 27년 2월 … 令曰 : 傳送과 委輸에는 반드시 우선적으로 城旦舂·隸臣妾·居貲贖責(債)를 동원하도록 하고, 급한 사안은 지체할 수 없으므로 요역을 일으켜라. … 다른 것은 율령의 규정과 같다.[94]

上記의 『里耶秦簡』에는 傳送과 委輸에는 반드시 城旦舂 등의 刑徒를 우선적으로 동원할 것을 지시하는 내용이 나오고 있다. 즉 上級官府는 令에 의거하여 관문서를 발포하여 하급관리의 행위를 지도하였음을 보여주는 구체적인 사례인데,[95] 율령과 같이 시행하라고 지시하고 있다. 이 令은 결코 正律을 보충하는 것도 아니고, 또한 『睡虎地秦簡』, 『嶽麓秦簡』, 『二年律令』과 같은 출토 법제문헌이나 문헌사료에서 상기 令의 규정을 찾아볼 수 없다. 즉

---

93) 冨谷至,「晉泰始律令への道-第一部 秦漢の律と令」,『東方學報』72, 2000, 123쪽 ; 冨谷至,「晉泰始律令への道-第二部 魏晉の律と令」,『東方學報』73, 2001, 83쪽.
94) 王煥林,『里耶秦簡校詁』, 北京 : 中國文聯出版社, 2007, 168~169쪽, J1(16)5 A面[34] "廿七年二月 … : 令曰 :「傳送委輸, 必先悉行城旦舂·隸臣妾·居貲贖責(債), 急事不可留, 乃興(徭).」… 它如律令.』"
95) 南玉泉, 앞의 글, 앞의 책, 94쪽.

秦의 律은 律令이 제작된 초기에 해당되기 때문에 사회에 필요한 '律' 자체가 부족하였고 또 정비되지 못하였기 때문에 上記의 『里耶秦簡』의 사례에서 보듯이 '令'으로 부족한 律을 대체하기도 하였던 것이다.

한편, 秦漢의 令은 대부분 準則性의 條款이기 때문에 형사규범 위주의 律을 만들어 令의 보호를 명문화하는 조치를 실시하고 있음을 『秦簡』의 아래 내용에서 확인할 수 있다.

① "무엇을 '犯令'·'廢令'이라 하는가? 율문에서 말하는 바, 令으로 해서는 안 된다고 하는데, 하는 경우, 이를 '犯令'이라 하고 ; 令으로 해야 하는데, 하지 않는 경우, 이를 '廢令'이라 한다. 법정 관례에서는 모두 '犯令'으로써 논죄한다."[96]

② 田事를 令에 따르지 않을 경우, 律의 규정대로 논죄한다.[97]

①과 ②의 秦律의 내용을 통해 秦의 律은 令을 위반하는 행위에 대한 징벌을 규정하고 있다. 즉 令은 대체로 국가제도에 관한 규정이지만, 반드시 지켜야만 하는 것이고 이를 위반할 시에는 율문에 의해 처벌을 받는다는 것이다. 즉 율문과 형식상으로는 분리되어 있지만, 내용상 완전히 분리된 것이라 보기도 어렵다. 令을 律의 보조로 보는 개념은 대체로 漢代史料를 근거로 한 것이고, 律令의 개념이 처음 형성되기 시작한 秦代의 자료를 근거로 한 것은 아니었다. 秦 이전 『左傳』·『尙書』 등의 문헌사료에는 나오는 王의 命令은 국가 법률형식의 令과는 구분된다. 이런 점에서 황제의 명령인 詔書의 경우도 대부분 마찬가지이다. 詔書의 대부분은 그때그때의 구체적인 人과 事에 관한 것이고, 일부가 제도에 관한 것으로 반복적으로 실시할

---

96) 『睡虎地秦簡』, 211~212쪽 ; "可(何)如爲"犯令"·"法(廢)令"?律所謂者, 令曰勿爲, 而爲之, 是謂, "犯令" ; 令曰爲之, 弗爲, 是謂"法(廢)令"殹(也). 廷行事皆以"犯令"論." 윤재석, 앞의 책, 390쪽.

97) 中國文物硏究所·湖北省文物考古硏究所, 『龍崗秦簡』, 北京 : 中華書局, 2001, 110쪽.

가능성이 낮다. 즉 詔令上의 令은 律令上의 令의 기원이긴 하지만, 律令上의 令이 되기 위해서는 일정한 절차를 거쳐야 한다. 황제의 명령인 詔書는 특별한 指令에 불과하고 지속성과 보편성을 갖추지 못하고 있다. 이에 비하여 律令上의 令은 ①과 ②의 사례에서 보듯이 지속성과 보편성을 갖추고 있으며 형사규범 위주의 律에 의해 보호를 받고 있다.

『張家山漢墓竹簡』「奏讞(讞)書」의 다음 내용은 令이 律과 같은 刑事規範으로 되어 있고, 刑事規範인 令을 기준으로 獄史가 판결하고 있는 사례이다.

- 근거가 되는 令 : 모든 名籍에 등록되지 않은 자는 모두 스스로 호적에 등록하도록 한다. 縣이나 道官에 이르러 30일이 지나도 스스로 호적에 등록하지 않으면 모두 耐해서 隷臣妾으로 삼고, 禁錮에 처하며 爵으로써 죄를 갚거나 사면을 받을 수 없도록 한다. 숨긴 자도 같은 죄. 이것으로써 獄史인 平을 판결한다.[98]

上記 『張家山漢墓竹簡』「奏讞(讞)書」의 내용은 漢高祖 8년(기원전 199) 10월 13일, 安陸縣의 縣丞인 忠이 獄史인 平이 戶籍에 등록되지 않은 성인남자인 種을 1개월간 은닉한 것을 탄핵한 내용인데, 律이 아닌 令을 기준으로 판결하고 있다. 그런가 하면, 다음과 같은 『張家山漢墓竹簡』「奏讞(讞)書」의 내용은 최종 판결에 律과 令이 모두 동원되고 있는 것이 주목된다.

판결안 : 縣令인 恢는 黥해서 城旦으로 한다. 削爵에 의해 減·免·贖 할 수 없다. 관련 근거가 되는 律 : 도둑질해서 숨겨둔 것의 가치가 660전을 넘으면 黥하여 城旦에 처한다. 관련 근거가 되는 令 : 吏가 도둑질하여 肉刑에 해당하는 자는 肉刑에 처한다. 削爵에 의해 減·免·贖 할 수 없다.

---

98) 『二年律令與奏讞書』, 65簡~67簡, 351쪽, "令曰 : 諸無名數者, 皆令自占書名數. 令到縣道官盈卅日, 不自占書名數, 皆耐爲隷臣妾, 錮, 勿令以爵·賞免. 舍匿者與同罪. 以此當平."

이것으로 恢를 판결합니다.99)

上記 『張家山漢墓竹簡』「奏讞(讞)書」의 내용은 漢高祖 7년(기원전 200) 8월 12일 醴陽縣의 縣令인 恢가 官有의 米 263石8斗를 훔친 사건에 대한 奏讞의 내용이다. 律은 "도둑질해서 숨겨둔 것의 가치가 660전을 넘으면 黥하여 城旦에 처한다."이고, 令은 "吏가 도둑질하여 肉刑에 해당하는 자는 肉刑에 처한다. 削爵에 의해 減·免·贖 할 수 없다."이다. 上記 『張家山漢墓竹簡』「奏讞(讞)書」에서 律이나 令이나 모두 형사규범이지만, 令은 핵심 처벌규정인 律을 보다 상세히 보충 설명한 것임을 알 수 있다. 즉 秦·漢의 令의 刑罰的 性格은 律로 인해 발생한 것으로 볼 수 있으며 이런 의미에서 令은 律의 補充法, 혹은 副法으로 규정할 수 있다. 이런 의미에서 律은 令의 내용 가운데서도 핵심내용을 농축한 것이고, 令은 律의 규정을 보다 상세히 한 것이라고 지적한 張忠煒의 견해는 秦·漢時期 律令의 성격을 잘 지적한 것이라 할 수 있다.100) 여기에서 한 가지 짚고 넘어가야할 사실은 秦·漢의 令이 형벌규정을 담고 있는 사례가 적지 않게 나타나고 있지만, 刑罰規定의 令文이 행정규범의 令에 비해 결코 다수를 점하는 것이 아니고, 형벌규정을 담고 있는 律과 令이 동시에 존재할 때는 律이 主가 되고 令은 補가 된다는 점이다. 『嶽麓秦簡』「尉卒律」에는 "里 30戶 以上은 里典·里老를 각각 1명씩 설치할 수 있고, 30호 미만은 旁里의 里典·里老가 겸하거나 里典 1인만을 설치할 수 있다"101)는 규정이 나오는데, 이는 행정문서인 『里耶秦簡』에는 "단지 27戶인 成里에서 이미 1명의 里典이 있는데, 다시 1명을 추가로 임명하면 律令에 맞지 않는다102)는 내용과 일치한다. 즉 秦의 律令은 실제

---

99) 위의 책, 案例15, 72簡~73簡, 353쪽, "當：恢當黥爲城旦, 毋得以爵減·免·贖. 律：盜臧(贓)直(値)過六百六十錢, 黥爲城旦 ; 令：吏盜, 當刑者刑. 毋得以爵減·免·贖. 以此當恢."

100) 張忠煒, 앞의 책, 132쪽.

101) 『嶽麓秦簡(肆)』, 115쪽, "•尉卒律日：里自卅戶以上置典·老各一人, 不盈卅戶以下, 便利, 令與其旁里共典·老, 其不便者, 予之典[143/1405]而勿予老."

지방 행정에 철저히 관철되고 집행되었음을 알 수 있다. 後漢의 王充은 일찍이 문서행정의 의미를 "蕭何가 關中으로 진입하였을 때 문서를 먼저 수습하였다. 漢이 능히 9주를 제압한 것은 문서의 힘이며 문서로 천하를 통어하였다."103)라 하여 그 중요성을 강조하였는데, 그 문서행정은 律을 기준으로 하고 있음을 알 수 있다.104)

2. 律에 대한 令의 보충과 律令의 關係

秦律은 律이 令文의 규정을 기준으로 범죄의 是否를 판단한 후에 형벌의 결정은 律에 따라 처벌케 하였다. 그것은 『睡虎地秦簡』의 "이제 사람을 시켜 장차 각지를 돌며 시찰케 하여 令을 따르지 않는 자를 검거하여 조사하게 하고, 律에 따라 처벌하게 하며, 그 논죄의 대상이 縣의 令·丞에게까지 이르도록 하겠다."105)라는 내용에서도 확인할 수 있다. 이 규정에 따르면 令과 律의 역할이 분명히 분리되어 있음을 보여주고 있다. 이처럼 刑事規範으로서의 秦律이 行政規範인 令을 보호하는 역할이 있는가 하면, 律이 국가 행정제도를 규정하고 있는 경우도 적지 않다. 어떤 경우에는 令文의 형식으로 律의 적용범위를 규정하기도 하고, 律文에 대한 직접적인 해석을 통하여 律을 보충하는 역할을 한다.106) 이러한 사례는 다음과 같은 『張家山漢墓竹簡』 「奏讞(讞)書」에 잘 나타나 있다.

---

102) 陳偉主編, 『里耶秦簡牘校釋(第一卷)』, 武漢 : 武漢大學出版社, 2012, 94쪽, "正月戊寅朔丁酉, 遷陵丞昌郤之啓陵 : 卄七戶已有一典, 今有除成爲典, 何律令."
103) 『論衡』「別通篇」, "蕭何入秦, 收拾文書, 漢所以能制九州者, 文書之力也. 以文書御天下."
104) 周海鋒, 『秦律令硏究－以《嶽麓書院所藏秦簡》(肆)爲重點』, 南開大學歷史硏究所博士論文, 2016, 8~9쪽.
105) 『睡虎地秦簡』「語書」, 18쪽, "今且令人案行之, 擧劾不從令者, 致以律, 論及令·丞."
106) 南玉泉, 앞의 글, 97쪽.

- 令 : 획득한 荊의 新地에는 群盜가 많은데, 관리가 징발한 新黔首가 군도를 만나자 도망쳤으니 "두려워 도망가서 싸우지 않은 행위에 대한 律"에 의거해 논처한다. 律 : 두려워 도망가서 싸우지 않으면 斬에 처한다. 법령을 어기고 마음대로 罪囚와 死罪囚를 풀어주었다면 黥하여 城旦에 처한다. 上造 이상은 耐하여 鬼薪에 처한다. 이로써 庫의 죄를 판결한다.[107]

『張家山漢墓竹簡』「奏讞(讞)書」의 위의 내용은 令文의 형식으로 律文을 해석하고 律의 적용범위를 확대하고 있다. 즉 "두려워 도망가서 싸우지 않으면 斬"은 律條인데, 이 律條가 적용되는 상황을 令의 형식으로 설명하고 있다. 구체적으로는 획득한 荊의 新地에는 群盜가 많은데, 관리가 징발한 新黔首가 군도를 만나 도망가는 경우 이 律이 적용된다는 것이다.

秦王 政 6년(기원전 241) 8월 17일에 咸陽縣의 縣丞인 异殳禮가 삼가 아룁니다. 근거가 되는 令 : 獄史가 어려운 獄事를 능히 해결한 경우, 上府에 보고하라. 현재 獄史인 舉闕는 어려운 獄事를 해결하였음을 22牒의 문서로 상주합니다. 舉闕는 능력이 아주 뛰어나고, 淸廉敦實하며 吏職을 수행하면서 公平無私합니다. 卒史로 昇格시켜 다른 吏의 規範이 되도록 하였으면 합니다. 감히 말씀드립니다.[108]

위의 내용은, "獄史가 어려운 獄事를 능히 해결한 경우, 上府에 보고하라."는 令에 의거하여 咸陽縣의 縣丞인 异殳禮가 咸陽縣 獄史를 추천하여 卒史로 승격시켜줄 것을 上奏하고 있다. 이처럼 令의 내용은 행정제도에 관한

---

107) 『二年律令與奏讞書』, 157簡~159簡, 365쪽, "• 令 : 所取荊新地多群盜, 吏所興與群盜遇, 去北, 以儋乏不鬪律論. 律 : 儋乏不鬪, 斬. 篡逐縱囚, 死罪囚, 黥爲城旦, 上造以上耐爲鬼薪, 以此當庫."
108) 위의 책, 227簡~228簡, 378쪽, "六年八月丙子朔壬辰, 咸陽丞异殳禮敢言之. 令曰 : 獄史能得微難獄, 上. 今獄史舉闕得微難獄, 爲奏廿二牒, 舉闕毋害, 謙(廉)絜(潔)敦愨(慤), 守吏也, 平端. 謁以補卒史, 勸它吏, 敢言之."

것이고 이것은 앞서의 형벌규범으로써의 令과는 성격이 다르다. 즉 秦漢時期의 令은 行政規範인 경우도 있고, 刑罰規範인 경우도 있다. 마찬가지로, 秦漢時期의 律은 秦漢時期의 令과 마찬가지로 行政規範인 경우도 있고, 刑罰規範인 경우도 있다. 『嶽麓書院藏秦簡』의 「金布律」의 다음 규정을 살펴보자.

　　戶賦는 泰庶長 以下가 내는 것이며, 10月에 戶당 芻 1石 15斤을 낸다. 5月에 戶당 16錢을 내며, 布를 내기를 원하는 자는 허락한다. 10月의 戶賦는 12月 초하루에 납입하고, 5月의 戶賦는 6月 보름날에 납입하며, 연말에 泰守에게 수송한다. 10月의 戶賦는 芻를 납입하지 않고 錢으로 납입하려는 자는 16錢을 납입한다. 吏는 먼저 봉인을 행하고 검사하며, 典·老로 하여금 戶賦錢을 지니고 있지 않게 한다.109)

上記『嶽麓書院藏秦簡』「金布律」의 내용은 刑罰規範이라기 보다는 戶賦에 관한 國家制度이다. 秦漢時期의 律이 刑罰規範이 아닌 行政規範인 사례로는 관리의 휴가에 관한 다음 규정에 더욱 명확히 나타난다.

① 월별로 식량을 지급받는 사람이, 이미 식량을 모두 지급받은 상태에서, 공무로 출장을 가게 되어, 출장 가는 도중의 역참에서 식량을 공급받았을 경우, 그리고 휴가를 받은 자가 월말이 되어도 돌아오지 않았을 경우, 그 다음 달분의 식량지급을 중지하고 돌아왔을 때에 다시 식량을 지급하며, 有秩吏에게는 식량지급을 중단하지 아니한다. 倉110)

---

109) 『嶽麓書院秦簡(肆)』, 118簡~120簡, 107쪽, "•金布律曰：出戶賦者, 自泰庶長以下, 十月戶出芻一石十五斤；五月戶出十六錢, 其欲出布者, 許之. 十月戶賦, 以十二月朔日入之, 五月戶賦, 以六月望日入之, 歲輸泰守. 十月戶賦不入芻而入錢者, 入十六錢. 吏先爲?印, 斂, 毋令典·老挾戶賦錢."
110) 陳偉主編, 『秦簡牘合集』, 武漢大學出版社, 2014(『睡虎地秦簡』, 「秦律十八種」), '倉' 74쪽, "月食者已致稟而公使有傳食, 及告歸盡月不來者, 止其後朔食, 而以其來日致其

② 律의 기술 : 국가의 공무 중 父母나 妻가 死亡하면 30일간의 휴가를 준다.[111]

③ 吏 및 황제의 近臣·中從騎에게는 1년에 60일의 휴가를 주고, 그 밖의 內官에게는 40일을 준다. 吏의 근무지가 家로부터 2천리 이상 떨어져 있으면 2년에 한번 귀향하게 하고, 80일의 휴가를 준다.[112]

④ 부모 및 처가 불행히도 사망한 경우 장례를 지낸 지 30일이 되거나 자녀·형제자매·조부모·부모의 형제자매(가 불행히도 사망한 경우 장례를 지낸 지) 15일이 되면 官에 나간다.[113]

①~④는 모두 관리의 휴가에 관한 규정인데, ①은 『睡虎地秦簡』「秦律十八種」의 「倉律」, ②는 『張家山漢墓竹簡』「奏讞(讞)書」의 現行律(律名은 未記), ③은 『二年律令』「置吏律」, ④는 『二年律令』「置後律」 등으로 각각 令이 아닌 律로 규정되어 있다. ①~④는 율에 규정될 내용이 아니고 국가의 행정제도 운영에 관한 것이므로 마땅히 令으로 분류되어야 하고 실제로 후대의 유사한 사례를 보면, ①~④의 규정은 晉의 「假寧令」이나 혹은 「喪葬令」에 속하는 내용이다. 秦·漢律은 律令發展段階의 초기에 해당되며 律令法이 가장 발달하여 그 완성에 이른 것은 唐律에 이르러서였다. 初期律의 특징은 狹義의 刑律만이 아니라 事類性·禮儀性의 제도 규범도 포괄한다.[114] 律과 슈의 경우에 漢代에는 엄격히 구분되지 않다가 역사발전에 따라 律은 狹義의 형법만을 포함하게 된다. 律은 狹義의 형법만을 포함하게 된 시기는 魏晉시

食 ; 有秩吏不止. 倉" ; 윤재석 역주, 앞의 책, 115~116쪽.
111) 『二年律令與奏讞書』, 180簡~181簡, 374쪽, "律曰 : 諸有縣官事, 而父母若妻死者, 歸寧卅日."
112) 『二年律令與奏讞書』, 217簡, 177쪽, "吏及宦皇帝者·中從騎, 歲予告六十日 ; 它內官, 卅日. 吏官去家二千里以上者, 二歲壹歸, 予告八十日."
113) 『二年律令與奏讞書』, 377簡, 238쪽, "父母及妻不幸死者已葬卅日, 子·同産·大父母·大父母之同産十五日之官."
114) 張忠煒, 앞의 책, 140쪽.

기였다.115) 秦漢의 律令은 律과 令이 완전히 분리된 성숙한 법령이라고 규정할 수는 없다.

3. 令에서 律로의 編入과 律令의 區分

일반적으로 "前主가 옳은 바를 드러내서 율로 삼고, 後主가 옳은 바를 나누어서 영으로 삼는다."라고 한 杜周의 지적대로 令은 조건의 成熟을 거쳐 律로 전환되는데, 律典을 編修할 때에 前朝皇帝의 令은 당시의 수요에 따라 그 일부는 律로, 일부는 令의 형식으로 남고, 또 일부는 폐지된다. 그 대표적인 사례를 하나 거론하면, 다음과 같다.

① 令曰 : 관리의 부모가 사망하여 장례를 지낸 지 30일이 되거나, 자녀·형제자매가 사망하여 장례를 지낸 지 15일이 되거나, 조부모·부모의 형제자매가 사망하여 장례를 지낸 지 5일이 되면 관에 나간다.116)
② 부모 및 처가 불행히도 사망한 경우 장례를 지낸 지 30일이 되거나 자녀·형제자매·조부모·부모의 형제자매(가 불행히도 사망한 경우 장례를 지낸 지) 15일이 되면 官에 나간다.117)

①은 『嶽麓秦簡』의 관리 휴가 규정, ②는 『二年律令』「置後律」에 보이는 관리의 휴가 규정이다.118) 『嶽麓秦簡』은 대체로 秦始皇 시기에 해당하고,

---

115) 程樹德, 『九朝律考』, 北京 : 中華書局, 1963, 11쪽 ; 林炳德, 「九朝律考譯注1」, 『中國古中世史硏究』 27, 2012, 408~409쪽, "魏晉以後, 律令之別極嚴, 而漢則否."
116) 『嶽麓秦簡(伍)』, 1884正, 196쪽, "●令曰 : 吏父母死, 已葬一月 ; 子·同産旬五日 ; 泰父母及父母之同産死, 已葬五日之官."
117) 『二年律令與奏讞書』, 377簡, 238쪽, "父母及妻不幸死者已葬卅日, 子·同産·大父母·大父母之同産十五日之官."
118) ②의 『二年律令與奏讞書』「置後律」의 관리 휴가 규정은 周海鋒씨의 견해에 의하면, 「置後律」이 아니라 「置吏律」에 위치하는 것이 타당하다(周海鋒, 앞의 글, 138쪽).

『二年律令』은 漢初의 律令이다. 내용은 관리가 喪을 당했을 때의 휴가 규정으로 ①과 ②는 약간의 휴가 날짜의 차이를 제외하고 거의 동일한 문장형식과 내용으로 이루어졌다. 그런데, 『嶽麓秦簡』에서는 令으로 규정되어 있고, 『二年律令』에서는 律로 규정되어 있다. 즉 秦令을 기초로 漢律이 제정된 구체적인 사례에 해당한다.

그런데, 當朝 皇帝의 令이 즉시 律로 전환되지 않는 것은 아니다. 『二年律令』 중 일부 律條가 『二年律令』 제작 당시인 惠帝나 呂后 시기에 제정된 것으로 확인된다. 楊振紅은 이를 근거로 制詔 형식으로 반포된 令이 편집과 가공을 거쳐 律이 될 수 있었다고 판단하였다.[119] 종전의 견해는 소하의 『九章律』 이후 제정된 律은 모두 單行律 혹은 追加律로써 『傍章』에 속하는 것으로 이해하였는데 반해, 楊振紅은 황제가 반포한 令이 『九章律』에 본래의 律條가 있을 경우 그 律上에 직접 修改할 수 있었다고 이해하였다.[120] 楊振紅의 이러한 견해는 文穎이 언급한 "天子가 詔를 내려 增損한 바로써 율에 포함되어 있지 않은 것들을 令으로 삼는다."를 새롭게 해석한 것이었다. 황제가 반포한 令이 『九章律』에 본래의 律條가 있을 경우 그 律上에 직접 修改할 수 있었다는 楊振紅의 지적은 秦漢의 律令의 성격을 이해하는 데 매우 중요하다. 楊振紅의 이러한 견해와 함께 秦代에는 매년 중앙과 지방에서 모두 당해 연도의 律令의 校讎가 이뤄졌음을 세밀히 고증하고 있는 陳中龍의 견해도 주목된다. 陳中龍의 견해에 따르면, 地方官이 律令을 校讎하는 시기에 律令이 수정되는데, 새로운 율령이 반포되는 시기에는 律令의 校讎가 수시로 진행될 가능성이 높지만, 상급기관에 가서 校讎를 받는 시기는 해마다 일정시기로 고정되었을 것으로 본다.[121] 그런데, 陳中龍이 언급한 당해

---

119) 楊振紅, 「『二年律令』的性質與漢代法系」, 『出土簡牘與秦漢社會』, 廣西師範大學出版社, 2009, 52~60쪽.
120) 楊振紅, 「出土法律文書與秦漢法律二級分類構造」, 『出土簡牘與秦漢社會』, 廣西師範大學出版社, 2009, 7~13쪽.
121) 陳中龍, 「從秦代官府年度律令校讎的制度論漢初《二年律令》的"二年"」 簡帛網, 2016-05-10.

연도의 律令의 校讎는 기본적으로 篇目의 數가 적고, 律文의 규정이 粗略했던 秦漢時期에 행해졌던 것이고, 이것은 법률문서가 서재나 누각에 가득 차서 사법을 맡은 관리조차 두루 살펴볼 수 없을 정도에 이른 漢 中期 이후에는 당해 연도의 律令의 校讎는 현실적으로 이루어지기 어려웠을 것이다.

『睡虎地秦簡』에는 「封診式」이라 제목을 한 98매의 간이 포함되어 있는데, 「封診式」은 장부와 같은 冊書이다. 파일이 차례로 추가되고, 또 종합화된 장부가 송부되고, 그러한 것이 철해져 보관된 결과로 나온 것이 목간·죽간시대의 『睡虎地秦簡』·『二年律令』·『岳麓秦簡』과 같은 출토 법률문서였다. 그런데, 당연한 결과로 시간이 지나면 율령이 급속히 증가하게 되고 목간과 죽간으로 이뤄진 장부형태의 법률문서는 서재나 누각을 가득 채우게 되어 사법을 맡은 관리조차 두루 살펴볼 수 없을 정도에 이른다. 이렇게 되면 당연히 당해 연도의 律令의 校讎는 어려워질 수밖에 없었을 것이다. 秦漢시기의 출토법률문서는 당연히 魏晋시기의 律典(法典)과 같은 성격을 달리한다고 볼 수밖에 없다. 즉『睡虎地秦簡』「秦律十八種」, 『二年律令』, 『張家山漢簡 336號墓』「漢律十五種」은 律令彙編物, 즉 律令集合體이고 이 律令集合體는 魏晋시기의 律典(法典)과 같은 律令編纂物과는 성격을 달리한다.[122] 주지하듯이 魏晋시기의 律典(法典)에 이르러 律과 令은 완전히 분리된다. 秦漢初期의 율령이 가지고 있었던 문제점에 대하여는 魏의 『新律』의 序文과 『睡虎地秦簡』에 다음과 같이 서술하고 있다.

① 秦의 舊律의 내용을 이해하기 어려운 이유는 그 기본으로 한 『法經』이 6篇이고 그 篇目의 數가 적기 때문이다. 篇數가 적으면 律文의 규정이 粗略하게 되고, 律文이 粗略하면 事例가 적어진다. 事例가 적어지면 犯罪를 網羅하기 어렵게 된다. 이 때문에 후대인들이 점점 增補하고 그 결과 점점 律의 본래의 형식에 벗어나기 시작한다.[123]

---

122) 張忠煒, 「律令篇-秦漢律令的歷史考察」, 『秦漢律令法系研究初編』, 北京 : 社會科學文獻出版社, 2012, 94쪽.

② 법률이 충분히 완비되지 못하여, 백성들이 거짓을 꾸미는 일이 많아졌다. 때문에 나중에는 국가의 令을 어지럽히는 자가 생겨나게 되었다.124)

상기 ①에서 秦律이 篇目의 數가 적고, 律文의 규정이 粗略했다는 지적을 하고 있다. 바로 이런 이유 때문에 秦漢初期에는 令으로 律을 보충할 수밖에 없었고, 때로는 令의 형식으로 새로운 行刑制度를 규정할 수밖에 없었을 것이다. 특히 律의 起源, 즉 律源은 令이었기 때문에 초기의 律은 매우 부족할 수밖에 없었다. 따라서 율문이 粗略할 수밖에 없었던 秦漢初期에는 令으로 律을 보충할 수밖에 없었다. 魏晋時期에 이르러 律典(法典)이 성립하고 律令의 구분이 명확히 이뤄지는 계기와 요인으로 우선 주목되는 것이 『漢書』「刑法志」의 다음과 같은 내용이다.

> 律令은 모두 三百五十九章, 사형에 관한 條文은 모두 409條, 1882件의 사례, 死罪의 판결과 구례를 비교하여 13,472件의 사례가 있다. 법률문서는 서재나 누각에 가득차서 사법을 맡은 관리조차 두루 살펴볼 수 없을 정도였다. 이 때문에 각 郡國에서 접수하여 사용 시에 모순이 발생하여 어떤 案件은 죄가 똑같은데 判決이 다른 경우가 발생하였다. 교활한 관리는 그 기회를 이용하여 거래를 하였는데, 살리고자 하면 生刑에 比附하여 판결하고, 죽이고자 하면 사형의 判決 事例에 比附하여 死罪를 만들었다. 의논한 사람들은 모두 이것을 억울하다고 느끼고 매우 비통해하였다.125)

初期律이 처음 등장한 戰國 中期부터 漢初까지만 해도 앞서 살펴본 바대로

---

123) 『晉書』권30, 「刑法志」, 922쪽, "其序略曰 : 舊律所難知者, 由於六篇篇少故也. 篇少則文荒, 文荒則事寡, 事寡則罪漏. 是以後人稍增, 更與本體相離."
124) 『睡虎地秦簡』「語書」, 15쪽, "法律未足, 民多詐巧, 故後有間令下者."
125) 『漢書』권23, 「刑法志」, 1101쪽, "律令凡三百五十九章, 大辟四百九條, 千八百八十二事, 死罪決事比萬三千四百七十二事. 文書盈於几閣, 典者不能遍睹. 是以郡國承用者駮, 或罪同而論異. 姦吏因緣爲市, 所欲活則傅生議, 所欲陷則予死比, 議者咸冤傷之."

律文은 粗略하고 未足한 상태였다. 그런데 漢武帝 시기의 律令은 폭증하여 사법을 맡은 관리조차 두루 살펴볼 수 없을 정도가 되었다. 그 후 元帝의 卽位 初의 詔書에서도 "지금의 律令은 煩多하고 簡略하지 않아서 법률을 주관하는 관리조차 분명히 알지 못하면서도 … 그 律令 中 減輕하거나 削除할 수 있는 것을 토의해서 낱낱이 조목을 써서 상주하도록 하라."[126)]라 하여 율령의 폭증으로 인한 폐단이 사라지지 않고 있음을 지적하고 있다. 東漢 和帝 永元 6년(94)에 陳寵의 상주에 의하면, "현재 律令에는 죄를 범한 경우에 死刑에 해당하는 조항이 610조, 耐罪에 해당하는 조항이 1,698조, …"[127)]라 하여 律令이 폭증된 漢武帝 시기와 비교해도 死刑에 해당하는 조항이 200조 이상 증가하였음을 보여주고 있다. 律令의 폭증·번다함에 대응하여 魏晉時期에 이르러서 이를 시정하고자 하는 구체적인 조치가 취해지고 있는데,『晉書』「刑法志」에 따르면, "魏나라 明帝 때 司空 陳群, … 등에게 명하여 舊來의 科令을 간소화하고, 널리 漢律을 가리고 채택하여 法律을 정비하도록 하였는데, 이때『新律』18편을 비롯하여『州郡令』45편, 『尙書官令』및『軍中令』등 총 180여 편이 제정되었다"[128)]라 하고 있다. 이를 통하여 魏의『新律』에 이르러 律과 令이 별도로 분류되어 編纂되었음을 알 수 있다. 즉『晉律』의 토대가 魏의『新律』이었음을 알 수 있다.『睡虎地秦簡』·『岳麓秦簡』에 보이는 秦의 律令에서도 律令이 구분되지 않은 것은 아니지만, 律과 令을 보다 뚜렷이 구분하고자 하는 시도는 법률문서가 서재나 누각에 가득 차서 사법을 맡은 관리조차 두루 살펴볼 수 없을 정도에 이른 漢 中期 이후에 확립되었다고 생각한다. 사법을 맡은 관리조차 두루 살펴볼 수 없을 정도에 이른 방대한 律令을 어떻게 하면 간략히 하고 쉽고 편리하게 볼 수 있을 것인가 하는 것이 당면과제가 되었던 것이고 魏의『新律』에서

---

126)『漢書』권23,「刑法志」,"今律令煩多而不約, 自典文者不能分明, … 其議律令可蠲除輕減者, 條奏."
127)『後漢書』권46,「陳寵列傳」, 1554쪽, "今律令死刑凡六百一十, 耐罪千六百九十八, …"
128)『晉書』권30,「刑法志」, 923쪽, "天子又下詔改定刑制, 命司空陳羣…刪約舊科, 傍采漢律, 定爲魏法, 制新律十八篇, 州郡令四十五篇, 尙書官令·軍中令·合百八十餘篇."

篇數를 늘리는 방식도 그러한 고민을 해결하는 하나의 방식으로 나왔던 것이었다. 律과 令을 완전히 구분해서 별도로 편찬하는 방식도 그러한 고민에 대한 대응으로 나왔을 것이다.

IV. 九章律과 秦漢의 律令

1. 九章律과 正律·旁章

중국 최초의 성문법인 魏나라 李悝의 『法經』에 대하여는 『唐六典』·『唐律疏義』과 『晉書』 「刑法志」에 다음과 같이 기술되어 있다.

① 魏文侯의 스승[師] 李悝가 각국의 刑書를 모아 『法經』 6편을 만들었는데, 「盜法」, 「賊法」, 「囚法」, 「捕法」, 「雜法」, 「具法」이다.129)
② 이때는 秦나라와 漢나라의 옛 律을 계승하여 사용하였는데, 그 法文은 魏文侯의 스승인 李悝로부터 비롯되었다. 李悝는 각국의 법을 모으고 순서를 정하여 『法經』을 저술하였다. 그는 王된 자의 정치에서 盜와 賊보다 급한 것이 없다고 여겼기 때문에 그 법전도 「盜法」과 「賊法」에서 시작된다. 盜와 賊은 반드시 그 죄를 論劾하여 追捕해야 하므로 「網法(囚法)」과 「捕法」 2편을 저술하였다. 그리고 輕狡·越城·博戱·借假不廉·淫侈·踰制로써 「雜律(雜法)」 1篇을 만들고, 또한 「具律(具法)」로써 刑의 加減에 대한 규정을 갖추었다. 이렇게 하여 李悝가 저술한 『法經』은 6편인 것이다.130)

---

129) (唐)李林甫等撰, 陳仲夫點校, 『唐六典』, 北京: 中華書局, 1992, 권6, 「尙書刑部」, '刑部尙書', 180쪽, "魏文侯師李悝集諸國刑書, 造法經六篇: 一·盜法, 二·賊法, 三·囚法, 四·捕法, 五·雜法, 六·具法."
130) 『晉書』 권30, 「刑法志」, 922쪽, "是時承用秦漢舊律, 其文起自魏文侯師李悝. 悝撰次諸國法, 著法經. 以爲王者之政, 莫急於盜賊, 故其律始於盜賊. 盜賊須劾捕, 故著網捕二篇.

③ 周나라가 쇠하자 형벌이 무거워졌으며, 戰國時代의 각 국가들은 각각 제도가 달랐다. 魏文侯가 李悝에게 師事하여, 각국의 刑典을 모아 『法經』 6편을 만들도록 하였으니, 첫째는 「도법」, 둘째는 「적법」, 셋째는 「수법」, 넷째는 「포법」, 다섯째는 「잡법」, 여섯째는 「구법」이었으며, 商鞅이 [이를] 전해 받아 '법'을 '율'이라 개칭하였다. 漢나라 승상 소하는 이회가 만든 것에 다시 「호」·「흥」·「구」의 3편을 더하였으니, [이를] 『구장률』이라고 한다.131)

戰國時代 魏나라 李悝의 『法經』부터 漢律까지 이르는 과정에 대해서는 『晉書』「刑法志」와 『唐六典』·『唐律疏義』에 상세히 기술되어 있다. 『唐六典』·『唐律疏義』와 『晉書』「刑法志」에서는 중국 최초의 성문법인 魏나라 李悝의 『法經』에 대하여 구체적으로 「盜法」, 「賊法」, 「囚法」, 「捕法」, 「雜法」, 「具法」으로 이뤄져 있음을 지적하고 있는데, 『晉書』「刑法志」에서는 각각 그 구체적인 성격을 설명하고 있다. 여기서 가장 문제가 되는 것은 『唐六典』·『唐律疏義』와 『晉書』「刑法志」는 모두 唐代의 저술이고, 그 이전의 『史記』·『漢書』 등의 문헌에는 李悝의 『法經』에 대한 기록이 보이지 않는다는 점이다.

① 그 후 사방의 이적들은 여전히 歸附하지 않았고 전쟁도 종식되지 않은 상태서 3장의 법은 사악한 행위를 방지하기에 충분하지 않았다. 이에 재상인 소하는 秦律 가운데 시세에 적절한 것을 모아서 『구장률』을 제정하였다.132)
② 漢나라가 흥기하자 소하는 율령을 編次하였고,133) 韓信은 軍法을 밝혔으

其輕狡·越城·博戲·借假不廉·淫侈·踰制以爲雜律一篇, 又以具律具其加減. 是故所著六篇而已."
131) (唐)長孫無忌等撰, 『唐律疏議』 권1, 「名例」, 北京 : 中華書局, 1993, 2쪽.
132) 『漢書』 권23, 「刑法志」, 1096쪽, "其後四夷未附, 兵革未息, 三章之法, 不足以御姦. 於是相國蕭何捃摭秦法, 取其宜於時者, 作律九章."
133) 순서에 따라 編輯하는 일을 말한다.

며, 張蒼은 章程을 만들었고, 叔孫通은 禮儀를 정하였다.134)
③ 皐陶가 虞임금과 상의하여 처음으로 율을 만들었고, 소하가 『구장률』을 완성하였으니, 이는 百王을 거쳐도 바뀌지 않는 도리와 관련된다.135)
④ 율은 咎繇의 遺訓으로 漢나라는 소하에게 명하여 그것을 넓혔다.136)

唐代의 저술인 『唐六典』·『唐律疏義』와 『晉書』「刑法志」를 제외하고, 上記 『漢書』·『北堂書鈔』·『太平御覽』에서도 魏나라 李悝의 『法經』에 대한 언급이 없다. 특히 『史記』나 『漢書』에서는 단 한 차례도 언급하고 있지 않기 때문에 李悝의 『法經』에 대해서는 부정적인 의견이 제출되고 있다.137) 李悝의 『法經』이 실재했었다는 견해는 대체로 1975년 『睡虎地秦簡』의 발표 이후였다. 睡虎地秦墓竹簡整理小組는 『睡虎地秦簡』의 「法律答問」의 해설에서 "『晉書』「刑法志」와 『唐律疏義』 등에 의하면, 商鞅이 제정한 秦의 법률체제는 「盜」·「賊」··「囚」·「捕」·「雜」·「具」의 여섯 편으로 나뉘어 있는 李悝의 『法經』을 모본으로 하였던 바, 「法律答問」의 해석범위 역시 『法經』의 여섯 편과 대체로 일치한다."138)라 하였다. 이 견해에 따라 1976년 季勛은 「法律答問」의 내용이 대체로 商鞅의 6편과 부합하고, 법률조문의 정신도 상앙변법과 일치한다고 지적하였다.139) 이후 수많은 연구자들이 李悝의 『法經』이 실재했었다는 견해를 지지하였다. 임중혁의 九章律에 대한 연구 역시 기본적으로는 秦의 법률체제가 「盜」·「賊」·「囚」·「捕」·「雜」·「具」의 6편으로 구성되어 있다는 것을

---

134) 『漢書』 권1하, 「高帝本紀」, 81쪽, "漢興蕭何次律令, 韓信申軍法, 張蒼爲章程, 叔孫通定禮儀."
135) (唐)虞世南撰, 『北堂書鈔』(欽定四庫全書) 권45, 889-151쪽, "皐陶謨虞始造律, 蕭何成九章, 此關百王不易之道."; 『藝文類聚』 권54, 「刑法部」, '刑法'에도 같은 내용이 전한다.
136) (宋)李昉等, 夏劍欽校點, 『太平御覽』 권638, 河北敎育出版社, 2000, 25쪽. "律是咎繇遺訓, 漢命蕭何廣之."
137) 廣瀨薰雄, 「『晋書』刑法志」に見える法典編纂說話について」, 『秦漢律令研究』, 東京 : 汲古書院, 2010, 42~47쪽.
138) 『睡虎地秦簡』, 149쪽 ; 윤재석, 『수호지진묘죽간 역주』, 284쪽.
139) 季勛, 「雲夢『睡虎地秦簡概述』, 『文物』 1976-5, 1~6쪽.

전제하고 있다.140) 이 견해는 기본적으로 秦의 法制를 계승한 漢에서는 蕭何가 秦律 6편에 「興律」, 「廐律」, 「戶律」 등 3편을 추가하여 『九章律』을 제정하였다는 『晉書』 「刑法志」・『唐六典』・『唐律疏義』에141) 바탕을 둔 견해라 할 수 있다. 그러나 무엇보다 『睡虎地秦簡』・『嶽麓秦簡』 등 秦의 출토간독에는 6편을 훨씬 상회하는 篇名이 보인다. 예를 들어 『睡虎地秦簡』에는 『晉書』 「刑法志」 등에 기재된 秦律 6篇 이외에 30여 종의 律名이 나온다. 특히 최근의 출토문서인 『二年律令』에서 나온 27개의 律 가운데 7개의 律을 제외한 나머지 20개는 모두 九章律에서 제외된 것이었기 때문에 이 문제를 어떻게 해석할 것인가에 대한 문제에 직면하게 되었다. 따라서 九章律의 경우에도 『法經』과 마찬가지로 그 존재에 대해 부정적인 의견이 제기되고 있다.142) 九章律이 포함되지 않는 律이 漢初의 律令인 『二年律令』에 다수 존재하였다고 한다면, 『九章律』인 正律과 그 이외의 律인 旁章이라는 분류가 漢初부터 존재하였다고 이해할 수 있다. 즉 『二年律令』이 正律과 旁章을 수록한 법률문헌으로 이해할 수 있다. 최근 출토된 『兔子山漢簡』・『睡虎地77號漢簡』・『胡家草場漢簡』에는 『睡虎地秦簡』・『二年律令』・『岳麓秦簡』에는 볼 수 없었던 새로운 律名이 보이고 있고, 율령의 새로운 편제, 즉 『二年律令』에는 없었던 「獄律」과 「旁律」의 구분이 나타나고 있다.143) 『晉書』 「刑法志」 '魏新律'에 의하면, 『九章律』은 正律이라 불리며, 九章律에 포함되지 않은 律은 旁章이라 불렀다.144)

---

140) 임중혁, 「漢初 九章律의 제정과 그 의미」, 『고대중국의 통치메커니즘과 그 설계자들 1』, 서울 : 경인문화사, 2021.
141) 『晉書』 권30, 「刑法志」, 922쪽 ; 『唐六典』 권6, 「尙書刑部」 注, 180쪽.
142) 李振宏, 「蕭何"作律九章"說質疑」, 『歷史硏究』, 2005년 제3기.
143) 『睡虎地77號漢簡』은 漢文帝 10년(기원전 170)에 『胡家草場漢簡』은 漢文帝 16년(기원전 164)으로 시작한다. 놀랍게도 漢文帝 13년(기원전 167)의 肉刑 廢止를 중심으로 한 漢文帝의 刑制改革을 전후로 3년의 차이를 보여주고 있다. 연대순으로 출토법제문서를 보면, 『睡虎地秦墓竹簡』→ 『岳麓書院藏秦簡』→ 『二年律令』→ 『兔子山漢簡』(漢惠帝)→ 『睡虎地77號漢簡』(漢文帝 10년)→ 漢文帝 13년(기원전 167)의 刑制改革→ 『胡家草場漢簡』(漢文帝 16년)으로 각각 秦統一 以前과 以後, 漢高祖, 漢惠帝, 漢文帝 시기에 해당한다.

이상으로 모두 이번에 제정한 新律은 13篇으로 늘려 정하고,145) 원래 있던 5篇을146) 합하여 모두 18篇이 되었다. 구래의 正律 9篇에 비해서는 증가하였지만 正律을 보조하는 旁章·科·令과 비교하면147) 줄어들었다.148)

「獄律」과 「旁律」의 이분법에서의 「旁律」이라는 명칭은 正律(『九章律』)에 포함되지 않은 律이라는 의미에서의 「旁章」과 매우 유사하다. 그러나 구체적으로는 약간의 차이가 있는데, 戶律은 九章律에서는 正律에 포함되어 있지만, 出土 漢律에서는 旁律에 속하고 있다. 『兎子山漢簡』에는 「獄律」이 17개의 편명, 『睡虎地77號漢簡』에는 非旁律인 「□律」이 15개의 편명, 『胡家草場漢簡』에는 「獄律」이 14개의 편명이 각각 보인다. 이들 「獄律」 혹은 「刑律」이 『晉書』「刑法志」의 『新律序略』에서 말하는 「正律」이라면, 九章律과는 篇名의 숫자가 맞지 않는다. 이에 대하여 앞서 지적하였듯이 冨谷至는 漢代의 구장률은 기본법, 『傍章』은 副法이자 單行法, 『朝律』 및 『越宮律』은 追加法으로 이해한다. 즉 秦에서 晉에 이르는 동안 律의 篇目이 증가한 상황을 단행·추가법이 법전 중에 차례대로 들어가는 과정으로 보았다.149) '漢令'은 황제의 조령이 그대로 편찬·정리된 것이라 해도 단순한 파일로서의 번호를

---

144) 堀敏一, 『律令制と東アジア世界』, 東京 : 汲古書院, 38쪽 ; 冨谷至는 漢代의 구장률은 기본법, 『傍章』은 副法이자 單行法, 『朝律』 및 『越宮律』은 追加法으로 이해한다. 즉 秦에서 晉에 이르는 동안 律의 篇目이 증가한 상황을 單行·追加法이 법전 중에 차례대로 들어가는 과정으로 보았다(冨谷至, 「晉泰始律令への道-第一部 秦漢の律と令」, 『東方學報』 京都72, 2000, 90~91쪽).
145) 여기에서 말하는 "增十三篇"의 增의 의미는 이전에 전혀 없었던 것을 늘렸다는 것만을 의미하는 것이 아니고, 새로이 개편해서 篇名을 고친 것도 포함된다. 十三篇은 대체로 刑名·劫略·詐僞·毁亡·告劾·繫訊·斷獄·請賕·興擅·乏留·警事·償贓·免坐로 보는데 異說도 있다.
146) 就故五篇 : 보통 盜律·賊律·捕律·戶律·雜律로 보는데 여러 異說도 있다.
147) 旁章科令 : 律이외의 법규정인 旁章, 科, 令을 말한다. 旁章 : 기본법에 대한 추가·단행법. 즉 正律의 외측(旁)에 위치하는 법규라는 의미.
148) 『晉書』 권30, 「刑法志」, 923쪽, "凡所定增十三篇, 就故五篇, 合十八篇, 於正律九篇爲增, 於旁章科令爲省矣."
149) 冨谷至, 「晉泰始律令への道-第一部 秦漢の律と令」, 『東方學報』 72, 2000, 90~91쪽.

가질 뿐 여전히 追加·集錄한 것에 지나지 않고, 사항에 따른 명칭도 부여되지 않은 미성숙한 법령이자 법규였다고 한다. 이러한 '漢令'이 전적으로 令典이 되고 또한 그 내용상 행정법규로서 변모되었던 것은 秦 泰始 4년의 秦令을 효시로 하며, 이로써 律典(형벌법규), 令典(비형벌·행정법규) 두 개의 법전이 성립하였다고 한다.150) 그러나 『兎子山漢簡』·『睡虎地77號漢簡』·『胡家草場漢簡』의 旁律 가운데, 行書律·金布律·田律·倉律·司空律·尉卒律·置吏律… 등은 『睡虎地秦簡』·『岳麓秦簡』에서도 보이므로 水間大輔의 견해처럼 반드시 추가되었다고 볼 수는 없는 것처럼 이해되는 측면이 있다.151) 그러나 대체로는 秦에서 晉에 이르는 긴 시기에 걸쳐 單行·追加法이 법전 중에 차례대로 들어가는 과정이 있었던 것으로 이해해도 크게 틀리지 않으며, 「獄律」과 「旁律」의 이분법에서 보듯이 법전의 형식과 내용이 점차 정비되는 과정에 있었다고 보아야 하지 않을까? 이런 관점에서 보면, 秦에서 晉에 이르는 동안 律의 篇目이 증가한 상황을 單行·追加法이 법전 중에 차례대로 들어가는 과정으로 보는 冨谷至의 견해를 크게 보면, 반드시 부합되지 않는 견해라고 단정하기는 어렵지 않을까 싶다.

한편, 시기적으로 漢文帝 刑制改革 이후에 해당하는 『張家山漢墓竹簡[三三六號墓]』가 비교적 최근에 공개되었는데,152) 『二年律令』과 비교하여 「囚律」, 「遷律」, 「廐律」, 「朝律」이 새로이 설치되고 있고, 이것은 冨谷至의 견해처럼 單行·追加法에 해당한다고 볼 수 있다. 漢文帝의 刑制改革과 관련하여 「收律」이 폐지되고, 율장의 명칭이 『二年律令』에서 보이는 것처럼 같다 하더라도 律條上에 있어서 增刪과 補充이 이뤄지고 있다. 篇目이 증가했는가 하면, 반대로 폐지된 편목도 있고 명칭상 같은 律條라 하더라도 增刪과 補充이 이뤄지고 있으므로 똑같은 율조도 아니다. 이러한 상황을 單行·追加法이

---

150) 冨谷至, 「晉泰始律令への道-第一部 秦漢の律と令」, 『東方學報』 72, 2000, 123쪽 ; 冨谷至, 「晉泰始律令への道-第二部 魏晉の律と令」, 『東方學報』 京都73, 2001, 83쪽.
151) 水間大輔, 「漢律 九章律과 三國 魏의 新律 편찬」, 『동서인문』 22, 2023, 122쪽.
152) 荊州博物館 編, 彭浩 主編, 『張家山漢墓竹簡[三三六號墓]』, 北京 : 文物出版社, 2022.

법전 중에 차례대로 들어가는 과정이라고 이해해도 되지 않을까? 漢文帝 刑制改革 이후에 해당하는 『張家山漢墓竹簡[三三六號墓]』에는 「漢律十六章」이 포함되어 있는데, 『二年律令』과 마찬가지로 篇마다 「獄律」과 「旁律」의 구분이 없다. 『二年律令』에는 『九章律』에 포함되는 律과 九章律에 포함되지 않는 律을 수록하고 있는데, 이 양자 사이에는 어떠한 구분도 없다. 그러나 『兔子山漢簡』·『睡虎地77號漢簡』·『胡家草場漢簡』의 「獄律」과 「旁律」의 구분법이 확인되면서 『二年律令』에도 이러한 구분법이 있었다고 하는 학설과[153] 漢初에는 律의 분류는 이뤄지지 않았다고 하는 학설로[154] 대립되어 있다.

2. 二級律篇

淸代에 이르러 문헌에 단편적으로 전하는 漢律을 모아 각 篇目을 붙여 정리하고 해설하는 작업이 이루어졌는데, 그 가운데 淸末 沈家本의 『歷代刑法考』에 수록된 『漢律摭遺』 22권과 程樹德의 『九朝律考』 중 「漢律考」가 가장 대표적인 성과이다. 그런데 漢律의 복구 및 정리 작업 가운데 가장 어려운 사항은 산견되는 단편 조목들이 어느 律 또는 어느 篇目에 해당하는 것인가에 대한 문제였다. 漢律은 律, 令, 比의 세 부분으로 구성되어 있고, 이 가운데 律은 正律과 傍章으로 구분된다. 正律은 九章律을 가리키고, 傍章은 叔孫通의 傍章 18편, 趙禹의 朝律 6편과 張湯의 越宮律 27편으로 구성된다. 더욱이 文穎은 『九章律』을 律經으로 일컫고 있다. 『晉書』「刑法志」에 기재된 傍章 및 朝律, 越宮律 등을 어떻게 볼 것인가, 傳世文獻에 기재된 『九章律』 이외의 편명을 어떻게 이해할 것인가는 漢代 법제사 내지는 중국 고대 법제사의 기본문제였고, 중국 법률체계의 특질 및 구조와 관계된 것이었다. 程樹德은

---

153) 李學勤, 「江陵張家山二四七號漢律竹簡について」, 大庭脩編, 『漢簡研究の現狀と展望』, 關西大學出版部, 1993 ; 張建國, 「叔孫通定《傍章》質疑－兼析張家山漢簡所載律篇名」, 『帝國時代中國法』, 北京 : 法律出版社, 1999.

154) 孟彦弘, 「秦漢法典體系的沿變」, 『歷史研究』 2005년 제3기 ; 徐世虹, 「說"正律"與"旁章"」, 『出土文獻研究』 제3집, 北京 : 中國政法大學出版社, 2007.

『九朝律考』에서 漢律의 篇目을 정리하면서 다음과 같이 논하고 있다.

　　이상 한율의 일문은 총 108조이다. 『진서』「형법지」에서 "한율은 일정한 체제가 없이 혼잡하게 섞여 있어서 「도율」 중에는 적상의 사례가 있으며 「적률」 중에는 盜에 관한 조문이 있다"155)라는 [지적]을 고려하면, 여러 책에서 인용한 바의 한율은, 예를 들면 '관제'와 '관봉' 등의 제조문은 「월궁률」・「조율」과 「방장」의 각 편에 속하는 것이 아닌가 싶고, 소하가 만든 율에 속하지 않고, 갈피를 잡을 수 없어서 억지로 부속하는 조목으로 된 것이라고 생각한다. 이에 잠시 유사한 것끼리 모아서 대략 구장의 차례에 따라 선후로 하고, 방장의 이하에 속하는 것으로 의심되는 것은 그 다음으로 하고, 단 하나의 율에 속하는 것은 또 그 다음으로 한다. [이러한 방식은 독자들이] 보기에 편하게 하기 위한 조치일 뿐이다.156)

　　沈家本과 程樹德의 漢律의 복구 및 정리는 소하의 『九章律』에 속하지 않는 여러 漢律을 『晉書』「刑法志」의 분류에 따라 어떻게 분류할 것인가가 큰 과제였는데, 程樹德은 『九章律』에 속하는 것을 우선 분류하고, 그에 속하지 않는 것은 傍章으로, 방장으로도 분류하기 어려운 것은 그 다음으로 분류하는 방식을 취하였다. 程樹德은 『九章律』을 蕭何가 제정한 것을 인정하고, 나머지는 주로 『傍章』과의 관계에서 그 해법을 찾고자 하였다.157) 程樹德은 이를 單行律로 보았다. 그렇다면, 예를 들어 『張家山漢簡』「二年律令」에서 나온 27개의 律 가운데 7개 律을 제외한 나머지 20개는 모두 『九章律』에서

---

155) 『晉書』 권30, 「刑法志」, 923쪽.
156) 程樹德, 『九朝律考』, 北京 : 中華書局, 1938, 85쪽, "以上漢律佚文凡一百八條. 考晉志稱漢律錯糅無常, 盜律有賊傷之例, 賊律有盜章之文, 諸書所引漢律, 如官制官俸諸條, 疑多屬越宮朝律及旁章各篇, 非蕭何律所有, 無從强爲隷目, 茲姑以類相從, 略依九章次第以爲先後, 其疑屬旁章以下者次之, 屬專律者又次之, 取便觀覽而已."
157) 堀敏一, 『律令制と東アジア世界』, 東京 : 汲古書院, 1994 ; 張建國, 「叔孫通定〈傍章〉質疑 —兼析張家山漢簡所載律篇名」, 『帝國時代中國法』, 北京 : 法律出版社, 1999 등도 程樹德의 관점과 기본적으로 일치한다.

제외된 것이었는데, 7개의 율을 제외한 나머지 그 20개의 율을 어떻게 분류할 것이며 20개 율과 『九章律』은 어떠한 관계일까 하는 문제에 부딪치게 되는데, 곧 程樹德의 漢律 分類와 똑같은 어려운 문제에 봉착하게 된다. 게다가 漢代 중기 이후에는 점점 律篇이 증가하고 있는 것으로 나타나고 있다.

① 律令은 모두 三百五十九章, 사형에 관한 條文은 모두 四百九條, 一千八百八十二件의 사례, 死罪의 판결과 구례를 비교하여 一萬三千四百七十二件의 사례가 있다. 법률문서는 서재나 누각에 가득차서 사법을 맡은 관리조차 두루 살펴볼 수 없을 정도였다. 이 때문에 각 郡國에서 접수하여 사용 시에 모순이 발생하여 어떤 案件은 죄가 똑같은데 判決이 다른 경우가 발생하였다. 교활한 관리는 그 기회를 이용하여 거래를 하였는데, 살리고자 하면 生刑에 比附하여 판결하고, 죽이고자 하면 사형의 判決 事例에 比附하여 死罪를 만들었다. 의논한 사람들은 모두 이것을 억울하다고 느끼고 매우 비통해하였다.158)

② 孝武帝 때가 되자 간악함이 점점 더 심해져서 법률 50여 편을 증설하였다.159)

①의 『漢書』 「刑法志」에 따르면 前漢 武帝 시기 이후 법률이 대량으로 제정되어 법률전문가도 모두 열람할 수 없을 정도로 방대한 분량이 되었다고 한다. 또한 ②의 『魏書』 「刑罰志」에는 武帝 시에 "增律五十餘篇"으로 나타나

---

158) 『漢書』 권23, 「刑法志」, 1101쪽, "律令凡三百五十九章, 大辟四百九條, 千八百八十二事, 死罪決事比萬三千四百七十二事. 文書盈於几閣, 典者不能遍睹. 是以郡國承用者駁, 或罪同而論異. 姦吏因緣爲市, 所欲活則傅生議, 所欲陷則予死比, 議者咸冤傷之."
159) 『魏書』 권111, 「刑罰志」, "孝武世以姦宄滋甚, 增律五十餘篇." 『漢書』 형법지에 무제 때에 張湯·趙禹 등이 "見知故縱監臨部主之法"을 만든 일, 『晋書』 형법지에 張湯이 '越宮律' 27편, 趙禹가 '朝律' 6편을 만든 일이 보인다. 그러나 여기에서 말하는 '50여 편을 증설하였다'의 구체적인 내용은 확실하지 않다.

있다. 그런데, 앞서『晉書』「刑法志」魏新律에 의하면, "이상으로 모두 이번에 제정한 新律은 13篇으로 늘려 정하고, 원래 있던 5篇을 합하여 모두 18篇이 되었다. 구래의 正律 9篇에 비해서는 증가하였지만 正律을 보조하는 旁章·科·令과 비교하면 줄어들었다."라 하여 新律 제정 직전에 正律이 9편으로 이루어졌다는 점이 확인된다. 그런데 이 내용은 ①의『漢書』「刑法志」의 법률전문가도 모두 열람할 수 없을 정도로 방대한 분량이 되었다는 내용, ②의『魏書』「刑罰志」에 武帝 시에 "增律五十餘篇"의 내용과 배치된다. 또한 『張家山漢簡』「二年律令」에서 나온 27개의 律 가운데 7개의 律을 제외한 나머지 20개는 모두『九章律』에서 제외된 것처럼『睡虎地秦墓竹簡』「秦律十八種」에는 「田律」, 「倉律」등 秦律 6편 외에 30여 개의 律篇이 기재되어 있으므로 역시『九章律』에서 벗어난다. 이러한 모순을 해결하기 위해 나온 것이『張家山漢簡』「二年律令」및 傳世文獻 중 九章에 속하지 않는 대부분은 九章 아래의 二級律篇에 해당한다는 견해였다.[160] 傳世文獻과 출토 법제문헌에 보이는『九章律』이외의 율명을 어떻게 이해할 것인가?『晉書』「刑法志」의 『傍章』, 『朝律』,『越宮律』을 어떻게 이해할 것인가? 또 이와 관련하여 한대의 '율'과 '영'을 어떻게 이해할 것인가? 등의 문제는 모두 漢代 法制史 내지는 중국 고대 법제사의 기본문제였다. 이에 대하여 楊振紅은『二年律令』중 매우 많은 律條가 惠帝나 呂后 시기에 제정된 것에 주목하여 '制詔' 형식으로 반포된 令이 편집과 가공을 거쳐 律이 될 수 있었다고 판단하였다.[161] 楊振紅 이전의 연구는 소하의『九章律』이후 제정된 율은 모두 '단행률' 혹은 '추가율'로서『傍章』에 속하는 것으로 이해하였는데 반해, 楊振紅은 황제가 반포한 '令'이『九章律』에 본래의 律條가 있을 경우 그 律上에 직접 修改할 수 있었다고 이해하였다. 아울러 지금까지의『二年律令』및 傳世文獻

---

160) 楊振紅, 「出土法律文書與秦漢法律二級分類構造」, 『出土簡牘與秦漢社會』, 廣西師範大學出版社, 2009 참조.
161) 楊振紅, 「『二年律令』的性質與漢代法系」, 『出土簡牘與秦漢社會』, 廣西師範大學出版社, 2009, 52~60쪽.

중 九章에 속하지 않는 대부분은 구장의 아래의 二級律篇에 해당한다는 새로운 견해를 제시하였다.162) 楊振紅의 이러한 견해는 文穎이 언급한 "天子詔所增損不在律上者爲令(天子가 詔를 내려 增損한 바로서 율에 포함되어 있지 않은 것들을 令으로 삼는다)"과 杜周가 언급한 "前主所是著爲律, 後主所是疏爲令(前主가 옳은 바를 드러내서 율로 삼고, 後主가 옳은 바를 나누어서 영으로 삼는다)"을 새롭게 해석한 新說이었다. 이 說에 따르면, 『二年律令』에 九章 이외의 律名이 많이 존재하더라도 모두 『九章律』에 속하는 율문으로 볼 수 있다. 이에 대하여 于振波는 傳世文獻과 간독 문서 중에 언급되는 律名은 律典의 篇名인 경우도 있고, 관련된 律條의 類名인 경우도 있으며, 某條律文의 명칭인 경우도 있다고 한다. 예컨대 『二年律令』이나 『睡虎地秦簡』에는 각조 律文의 篇目이 없었고, 매 類條마다 한 개의 명칭이 부여되었다는 것이다. 즉 秦漢 律典 중에 매 一篇의 아래에는 진일보한 분류가 없었고 기본적으로 내용상 서로 가까운 律條를 함께 배열하였는데, 이는 秦漢의 官吏들이 사용하는 법률이 일반적으로 자기의 직책 범위 내에서 각각 필요한 바를 취하되 법전의 전부를 초록하지는 않았기 때문에 발생한 현상이라는 것이다.163) 요컨대, 九章 아래의 二級律篇은 전세문헌 중에 기재가 없을 뿐만 아니라 傳世文獻 중에 漢律에 관한 기술을 정합적으로 해석할 수 없어서 많은 비판을 받았다.

V. 맺음말

大庭脩는 漢代 율령제정의 형식을 3가지로 구분하였다.164) 제1형식은

---

162) 楊振紅, 「出土法律文書與秦漢法律二級分類構造」, 『出土簡牘與秦漢社會』, 廣西師範大學出版社, 2009, 7~13쪽.
163) 于振波, 「淺談出土律令名目與『九章律』的關係」, 『湖南大學學報』 24-4, 2010, 37~40쪽.
164) 大庭脩, 『秦漢法制史の研究』, 東京 : 創文社, 1982, 208~212쪽.

황제가 스스로의 의지로 명령을 내리는 것, 제2형식은 관료가 위임받고 있는 권한 내에서 자신의 직무를 수행하기 위하여 발의하고 獻策하여, 황제가 그것을 인가한 결과 황제의 명령으로서 공포되는 것, 제3형식은 황제 자신의 의지로 명령을 내리지만, 하명의 대상은 일부의 특정 관료로 한정되고, 그들 특정 관료의 笞申을 필요로 하는 경우이다. 황제는 "具爲令" 등의 著令文言을 사용하여 입법을 명령하고, 관료들이 覆奏할 때는 '請'을 사용하며, 覆奏한 내용이 황제의 "制曰可"를 거쳐 율령으로 편입된다.[165] 肉刑의 廢止를 핵심으로 하는 漢文帝의 刑制改革은 이른바 大庭脩의 제3형식에 해당하는 詔書의 완벽한 형태를 구비하고 있다.

① [한문제 재위 13년(기원전 167) 후], 齊國의 太倉의 장관인 淳于公이 죄를 지어 육형에 처해지게 되었는데, … 그의 막내딸 緹縈은 … "저의 부친은 … 은 사람은 다시 회생할 수 없고, 육형을 받은 자는 다시 원상태로 회복할 수 없고, … 부친의 육형을 贖免해주시고, 부친께서 스스로 새롭게 살아갈 수 있는 기회를 주십시오."
② 이 상서가 천자에게 올라가자 천자는 이를 대단히 애처롭게 생각하여 詔令을 내려서 말하였다. "어사대부에게 制詔한다. … 형기를 마치면 면해서 서인으로 하라. 이상의 내용을 빠짐없이 갖추어 조령으로 하라."
③ 승상 張蒼과 어사대부 馮敬이 상주하여 말하였다. "… 신들은 삼가 신중히 논의를 거쳐 확정한 형법을 다음과 같이 청하옵니다. "무릇 이제까지 完刑에 해당하는 자는 고쳐서 完하여 城旦舂으로 한다. … 완성단용의 歲數에 따라 면죄한다. 신들은 감히 죽음을 무릅쓰고 청하옵니다."
④ 황제가 조서를 내려 '윤허한다.'고 하였다.[166]

---

165) 任仲爀, 「秦漢 율령사의 제문제」, 『中國古中世史硏究』 37, 2015, 18쪽.
166) 『漢書』 권23, 「刑法志」, 1097~1099쪽, "太倉令淳于公有罪, 當刑詔獄, 逮係長安. … 其少女緹縈, … 妾父爲吏, … 以贖父刑罪, 使得自新. 書奏, 天子憐悲其意. 遂下令曰 : 制詔御史, … 有年而免, 具爲令. 丞相張蒼·御史大夫馮敬奏言, … 臣謹議請定律曰 : 諸當完者, 完爲城旦舂 … 完爲城旦舂歲數以免. 臣昧死請. 制曰可."

상기 조서의 구조는 ①은 齊太倉令 淳于公의 肉刑處罰과 그 딸 緹縈의 상소문, ②는 文帝의 육형폐지와 형기제정의 하령, ③은 丞相張蒼·御史大夫 馮敬의 육형 폐지의 議請定律, ④는 이를 인정하는 황제의 制曰 : 「可.」로 구성되어 있다.167)

앞서 『二年律令』 중 몇 가지 律條가 惠帝나 呂后 시기에 제정된 것으로 확인되면서 楊振紅은 이를 근거로 황제가 반포한 '슦'이 『九章律』에 본래의 律條가 있을 경우 그 律上에 직접 修改할 수 있었다고 이해하였는데, 上記의 漢文帝의 刑制改革은 바로 이에 해당한다.

漢文帝의 刑制改革은 肉刑中心이었던 그 以前의 中國古代刑罰體系를 근본적으로 바꾸는 것이었으므로 당연히 秦漢古代律令體系 전반에 걸친 변화를 수반하게 된다. 게다가 漢文帝의 刑制改革에는 刑의 輕重의 적용에도 적지 않은 결함이 있었다. 이러한 문제점 때문에 文帝의 뒤를 이은 景帝는 肉刑廢止를 보완하는 새로운 天子令을 계속해서 발표하고 있다.

① 이 해(기원전 156)에 詔曰 : "태를 가하는 것과 사형이 다를 바가 없는데, … 그 율을 새로이 개정하여 태오백을 태삼백으로 하고, 태삼백을 태이백으로 하라."168)

② 중원 6년(기원전 144) 詔曰 : "태를 받는 죄인 가운데는 … 태3백을 감해서 2백으로 하고, 태이백을 감해서 1백으로 하라."169)

①과 ②는 漢代律令 제정의 제1형식으로 황제가 스스로의 의지로 명령을 내리는 것에 해당한다. ①과 ② 역시 황제가 반포한 '슦'이 『九章律』에 본래의

---

167) 任仲爀, 「出土文獻에 보이는 秦漢시기 令과 律의 구별」, 『중국학논총』 54, 2017, 5쪽.
168) 『漢書』 권23, 「刑法志」, 1100쪽, "是年詔曰 : 加笞與重罪無異, … 其定律 : 笞五百曰三百, 笞三百曰二百."
169) 『漢書』 권23, 「刑法志」, 1100쪽, "是年詔曰 : 加笞者, …其減笞三百曰二百, 笞二百曰一百."

律條가 있을 경우 그 律上에 직접 修改할 수 있었다는 것을 보여주는 구체적인 사례이다. 肉刑廢止로 인한 刑罰의 불균형으로 인해 文帝 死後 곧바로 ①과 ②와 같은 笞數의 조절이 있었고, 肉刑復活을 주장하는 견해가 끊임없이 나오고 있다. 그 지적은 간단히 요약하자면 死刑과 生刑 사이의 차이가 너무 크다는 것이다. 이 차이를 줄이기 위해서 새로운 법령이 계속해서 만들어졌다.

이외에도 漢文帝~景帝 시기에는 "전조세율[과 수졸령]의 폐지", "磔刑을 기시로 변경", "궁형으로 사형을 대신하고자 하면 허락", "위조황금을 제조하면 기시에 처한다는 율의 제정" 등 다른 어떤 시기보다도 새로운 律令의 제정이 활발하게 이뤄진다.170) 무엇보다 漢文帝의 肉刑의 廢止는 필연적으로 노역형도를 모두 無期勞役刑으로 운영했던 그 이전의 시스템의 소멸을 의미하기도 하며171) 또한 고대 肉刑 중심의 형벌체계를 근본적으로 바꾸는 혁명적인 형벌체계의 변화를 수반하는 것이었다. 따라서 이 이후 수많은 새로운 율령이 제정될 수밖에 없었다. 이후 漢武帝 시기에 이르러서는 결정적으로 율령이 폭증한 원인을 『漢書』 「刑法志」에서 다음과 같이 상세히 열거하고 있다.

> 효무제는 즉위하여 밖으로 四夷를 평정하는 데만 전념하고, … 궁핍한 백성들은 법을 어기고 혹리들은 함부로 처벌하니, 그 법도를 어지럽힘을 이루 다 헤아릴 수가 없었다. 이리하여 장탕과 조우의 무리들을 불러들여

---

170) 『史記』 권22, 「將相名臣表」, 1127쪽, "是年除田租稅律."; 『漢書』 권24(상), 「食貨志」, 1134쪽, "令民入粟邊六百石爵上造, 稍增至四千石爲五大夫, 萬二千石爲大庶長."; 『漢書』 권5, 「景帝紀」, 141쪽, "二年, 令天下男子年二十始傅"; 『漢書』 권5, 「景帝紀」, 145쪽, "中元二年, 改磔曰棄市, 勿復磔."; 『漢書』 권5, 「景帝紀」, 147쪽, "四年, 死罪欲腐者, 許之."; 『漢書』 권5, 「景帝紀」, 143쪽, "是年, 復置諸關用傳出入."; 『漢書』 권5, 「景帝紀」, "應劭曰:「文帝十二年除關無用傳, 至此復用傳. 以七國新反, 備非常.」."; 『漢書』 권5, 「景帝紀」, 148쪽, "六年, 定鑄錢僞黃金棄市律."
171) 籾山明, 「秦漢刑罰史硏究の現狀」, 『中國古代訴訟制度の硏究』, 京都大學學術出版會, 2006.

세밀하게 법령을 제정하게 하였으니, 견지고종법172)과 감림부주법173)을 만들고, 혹리가 본래의 죄 값보다 가중하여 처벌하거나 고의로 타인을 죄에 빠뜨리는 일을 완화하였으며, … 법망이 점차 조밀해졌다.174)

율령이 폭증하여 사법을 맡은 관리조차 두루 살펴볼 수 없을 정도가 되었다고 하는 그 직접적인 원인을 수십년간 지속된 대외전쟁과 혹리의 중용으로 보고 있다. 漢文帝·漢武帝 시기를 거치면서 법률문서가 서재나 누각에 가득 차서 사법을 맡은 관리조차 두루 살펴볼 수 없을 정도에 이르게 되자 이후 율령을 간략히 하자는 상주가 계속된다. 폭주하는 율령을 간략히 하는 과정에서 율과 영을 보다 확실히 구분해서 법전을 분리 편찬하는 방식도 등장하였을 것이다. 『二年律令』이나 『睡虎地秦簡』에는 각조 律文의 篇目이 없었고, 매 類條마다 한 개의 명칭이 부여되다 보니 秦漢의 出土法律文書는 사실상 단순한 파일로서의 번호를 가진 것이었는데, 이러한 漢律令이 「律典」과 「令典」으로 점차 변모하는 과정에서 나타난 것이 『兎子山 漢簡』·『睡虎地77號漢簡』·『胡家草場漢簡』에 보이는 「獄律」과 「旁律」의 구분이었다고 할 수 있을 것이다. 그것은 律과 令이 완전히 분리된 성숙한 법령이라고 단정적으로 규정할 수는 없지만, 적어도 律이 狹義의 형법만을 포함하게 되고 令이 행정법으로 완전히 구분되는 晉 泰始 律令에의 길이 서서히 열리기 시작한 것으로 이해된다.

---

172) "見知故縱"은 '知縱'이라고도 하며, 다른 사람이 죄를 범한 사실을 알면서도 고발하지 않는 경우에 해당하는 죄이다.
173) "監臨部主"는 자신의 관할 하에 있는 자가 죄를 범하였는데도 그 감독을 맡고 있는 책임자나 상급관리로서 이를 故意로 방치할 경우 연좌하여 처벌하는 것을 말한다.
174) 『漢書』권23, 「刑法志」 1101쪽, "孝武卽位, 外事四夷之功, … 百姓貧耗, 窮民犯法, 酷吏擊斷, 姦軌不勝, 於是招進張湯趙禹之屬, 條定法令, 作見知故縱·監臨部主之法, 緩深故之罪, … 禁罔寖密."

漢文帝의 刑制改革

I. 머리말

漢初의 혼란을 수습하고 등장한 한의 5대 황제인 한문제(재위 기원전 180~기원전 157)는 이름이 劉恒으로, 한고조 유방의 넷째 아들이자 혜제 (한의 2대 황제)의 동생이며 황제로 부임하기 전에는 代國의 代王이었다. 유방의 사망 후 실권을 잡았던 呂后가 죽자, 齊王(한고조의 큰아들)이 周勃 등과 함께 여씨 일족을 주살하였으나 공신들은 제왕의 모친을 두려워하여 도리어 대왕 유항을 황제로 세웠다고 한다. 기원전 180년 즉위 당시에 24세인 것으로 알려져 있다.

한문제의 '文'이라는 시호, '文景之治'라는 말이 말해주듯이 한문제는 중국 역사상 儒家의 이상인 文治主義를 실현한 군주로 평가되고 있다. 文帝라고 하는 명칭에 걸맞게 그는 '仁政'을 베풀어서, 한나라의 기초를 공고히 하였다고 한다. 구체적으로 그 업적으로는, ① 세금 부담을 줄임 ② 농업을 중시 ③ 궁정의 경비 경감을 위해 황제의 사치품이나 일용품을 제한하는 한편 관리의 수를 줄임 ④ 곡물을 지출하여 빈민을 구제 ⑤ 肉刑을 폐지함 ⑥ 賈誼, 晁錯, 周亞夫와 같은 훌륭한 인재를 중용 ⑦ 중앙집권을 강화 ⑧ 죽음에 이르러 遺詔로서 薄葬을 명하고, 그 능묘에 墳丘를 만들지 않고 또 부장품에도 금·은·구리·주석 등의 그릇을 사용하지 않고, 葬儀에서도 관리나 서민의 복상 기간을 3일간으로 한정함 등의 사례를 들 수 있다.

한문제가 주발, 진평 등의 노신들의 도움으로 황제의 자리에 올랐을 때는 이들 권신만이 아니라 齊王 등의 류씨의 제후들이 강력한 병권을 행사하고 있었고, 남월왕 趙佗, 흉노 등의 민족문제도 복잡하게 전개되고 있었다. 그는 매우 어려운 여건 속에서 탁월한 재능과 식견으로 어지러운 국면을 신속히 통제하고 중대한 개혁조치를 시행하여 통치계급 내부의 관계와 민족관계를 적절히 조정한 탁월한 정치가였다. 또한 안정된 정치환경을 제공하고 경제와 법제의 개혁을 통해 달성한 민생안정에 대한 평가는 매우 긍정적일 뿐 아니라 심지어는 중국역사상 가장 위대한 군주라는 평가를 받기도 한다.

그러나 그와 달리 한문제에 대한 긍정 일변도의 평가에 대해 의문을 제기하는 견해도 제기되고 있다. 가령 한문제는 매우 우유부단한 인물로 가의가 제후왕에 대한 억제책을 주장하였는데, 이를 과감하게 수용하지 않음으로써 화를 키웠고 결국 '오초칠국의 난'이 일어나는 원인을 제공하였다는 것이다. 또한 제후왕이나 외척에게는 관대하였고, 뇌물을 받은 張武를 표창하는가 하면, 주발이 免相이 된 후 그를 모반으로 고발하여 심문토록 하였는데, 그것은 한문제가 한실에 큰 공을 세운 개국공신조차 불신하는 모습을 보인 것으로 나이어린 昭帝가 霍光을 처리할 때의 판단력에도 미치지 못하였다는 것이다. 그는 또한 直諫者를 구하였으나 직간을 받아들이지 못하고 중시하지도 않았다는 것이다. 그는 즉위 초 선양을 하는 길이 천하를 위하는 길이라며 태자 책봉을 거절하는 성군의 면모를 보였지만, 결국은 태자를 책봉하였다는 점에 대해서 그의 이중적 인격성이 지적되기도 한다.

한문제를 역사적으로 어떻게 평가할 것인가 하는 데는 어려움이 많다. 무엇보다 秦의 폭정을 없애고 요역과 부역을 가볍게 하고 금령을 완화한 개혁자로서의 이미지를 가지고 있는가 하면 다른 한편으로는 유씨 종족과 노신을 존중하고 의지하고 이들에게 보은했다는 수구적 이미지라는 이중성을 가지고 있기 때문이다.

또한, 한문제의 여러 정책에 대해서 비판적인 관점을 가진 논자들은 한문제의 혜민정책의 대표적인 사례로 꼽히는 전조감면에 대해서도 적은 토지를 보유한 농민에게는 그 이익이 적었던 반면 호족에게 매우 유리한 정책이었음을 지적하고 있고, 백성들에게 주전을 허용한 조치는 화폐유통의 증가와 상공업을 촉진시켰지만 이는 제후의 세력을 키우고 반란을 일으키게 하는 원인이 되었다는 부정적인 측면을 지적하고 있다.

II. 한문제의 공적에 관한 사료의 내용

한문제의 재위기간 동안에 국가 전장제도의 기틀이 잡히고, 흥성기로 접어들 수 있는 기반을 마련하였다. 특히 물자 유통을 원활히 하기 위하여 사수전을 제조하였고, 늘어나는 변방 수비 비용을 마련하기 위하여 조착의 납속수작책을 채용하였다. 儒家의 이상인 文治主義를 실현한 군주, '仁政'을 베풀어서, 한나라의 기초를 공고히 하였다고 하는 평가를 받는 민생안정책의 구체적인 실태를 사료를 통하여 살펴보면 다음과 같다.

① 후7년(기원전 157)에 천하의 관리와 백성들은 조령이 도달하고부터 3일간 哭弔하고서 상복을 벗는다. 부인을 얻고, 딸을 시집보내고, 제사지내고, 술을 먹거나 고기를 먹는 것을 금지할 필요가 없다. 상을 치르는 사람과 服喪하는 사람이 모두 맨발일 필요가 없다. 喪服을 입을 때, 머리와 허리에 두르는 삼으로 된 띠는 3촌을 넘으면 안 되고 送葬할 때는 차와 兵器가 있으면 안 된다. 남녀백성을 발동하여 궁전에 가서 울면서 조문하게 하지 말며 궁전에서 울어야 되는 자는 아침과 밤에 각 15번 우는 소리를 낸 후에 상례를 끝나면 곧 정지한다. 아침과 저녁의 哭祭시간을 제외하고 함부로 울면 안 된다. 下葬 이후 大功은 복상 15일, 小功은 복상 14일, 緦麻는 복상 7일, 이 이후에 모두 孝服을 벗는다. 나머지 이 조령에서 포함하지 않는 것은 이 조령에 참조해서 처리해야 한다. 이 규정을 전국에 포고하여야 한다.[1)]

② 문제는 무기를 뉘어 놓고 학문을 닦았다. [태평한 시기가 도래하여] 정남에게는 3년에 한 번의 사역을 시키고, 백성들에게는 40전의 인두세를 내게 하였다. 주석에 이르기를, "천하의 백성들이 많아진 시기가 되어서 3년에 한 번의 사역과 산부 40전을 내게 된 것이다."고 하였다.[2]

③ 백성에게 곡식을 변경에 납입하도록 하여 600석이면, 上造의 작을 내리고, 점차 늘려서 4,000석에 이르면 五大夫, 12,000석은 大庶長을 살 수 있게 하였다.[3]

④ 이 해(기원전 167)에 [육형과] 전조세율[과 수졸령]을 없앴다.[4]

⑤ 4년(기원전 176)에 강후 주발이 죄가 있어서 체포하여 정위의 감옥에 보냈다. 가의가 상소하여 말하기를, "옛날에 염치예절로 군자를 다스렸다. 그래서 賜死를 내려도, 큰 치욕을 주며 살육하지 않았다. 얼굴에 글자를 새기거나 코를 잘리는 형벌은 대부에게 미치지 않았다. 지금 왕후·삼공의 귀인들은 모두 천자가 표정을 바꿔서 예로 대하는 사람들인데 백성들과 같이 얼굴에 글자를 새기거나 코를 자르거나 머리카락을 자르거나 때리거나 棄市 등의 형벌로 처벌하게 하는데, 이때 살육의 모욕을 받는 사람은 천자와 매우 가까운 사람이 아니었는가? 일찍이 존경과 총애를 받는 지위에 있었던 사람이 지금 잘못한 것이 있으면 작위를 폐해도 되고, 관직을 파해도 되고, 죽여도 되고, 가족을 멸해도 된다. 만약 그를 속박하여 묶어서 끌고 가서 司寇에게 보내서 徒官의 관할에 편입하여 사구와 소리가 그를 욕하고 때리니, 일반 백성들에게 [이러한 모습을] 보게 해서는 안 된다."라고 하였다. 이때 승상 주발은 면직되어 封國으로 돌아가는데 어떤 사람이 주발이 모반이라고 신고하여 주발을 묶어서 장안으로 압송하여 감옥에 보내면서 죄를 다스렸다. 결국

---

1) 『漢書』 권4, 「文帝紀」, 132쪽.
2) 『文獻通考』 권10, 「戶口考」1, 中華書局, 1986, 106쪽.
3) 『漢書』 권24(상), 「食貨志」, 1134쪽.
4) 『史記』 권22, 「將相名臣表」, 1127쪽.

에 모반한 일이 없었고, [그는 작위를 회복했다.] 때문에 가의가 주발의 일로써 [한문제가 대신을 처벌할 때 신중히 해야 한다고] 권하였다. 황제가 그의 말을 깊이 받아들여 이후에 대신들이 죄를 저지르면 모두 자살하도록 하였고 육형을 가하지 않았다. 한무제 때에 이르러 寧成부터 시작해 대신의 범죄에 감옥으로 보내는 것이 점차 회복되었다.5)

⑥ 이 해 3월에 양노에 대한 상세한 법령조문을 제정하였다.6)
⑦ 5년(기원전 175)에 주전의 율을 없애니 [백성이 주전을 할 수 있게 되었다].7)
⑧ 12년(기원전 168)에 입관 출관할 때 사용하는 통행증을 폐지했다.8)
⑨ 이 해(기원전 167)에 [육형과] 전조세율[과 수졸령]을 없앴다.9)
⑩ 13년(기원전 167)에 秘祝官을 없앴다.10)
⑪ 주금률을 만들었다.11)

이상의 ①~⑪의 사료 내용은 한문제를 중국역사상 유가의 이상인 문치주의를 실현한 군주로 평가하는 근거가 되고 있다. 한문제의 형제개혁 가운데 가장 중요한 것은 육형의 폐지였지만, 그 외에도 그 시기에 이뤄진 형제개혁 가운데, 법제사적인 관점에서 크게 주목을 받는 것이 다음과 같은 收帑相坐律과 誹謗妖言律의 폐지였다.

① 원년(기원전 179)에 수노상좌율령을 완전히 폐지했다.12)
② 응소가 말하기를, "진나라에서는 한 사람이 죄를 지으면 그의 가실이

---

5) 『文獻通考』 권163, 「刑考」 2, 1414쪽.
6) 『漢書』 권4, 「文帝紀」, 113쪽.
7) 『史記』 권22, 「將相名臣表」, 1126쪽.
8) 『漢書』 권4, 「文帝紀」, 123쪽.
9) 『史記』 권22, 「將相名臣表」, 1127쪽.
10) 『漢書』 권4, 「文帝紀」, 125쪽.
11) 『後漢書』 志第4, 「禮儀志」, 3104쪽.
12) 『漢書』 권4, 「文帝紀」, 110쪽.

함께 연좌된다. 지금은 이 율령을 폐지한다."고 하였다.13)

③ 2년(기원전 178) 5월에 조서에서 말하기를, "지금의 법에는 비방과 요언을 전파하는 사람에게 죄를 내리니, 모든 신하들이 하고 싶어 하는 바의 말을 하지 못하게 하여 황제로 하여금 자신의 과실을 알지 못하게 한다. 앞으로 어떻게 현명한 사들을 멀리서 오도록 할 수 있겠느냐? 이 법률을 폐지해야 한다. 백성들이 황제를 저주한 후에 서로 비밀을 지키겠다고 약속을 했는데 나중에 서로 고발하니, 관리가 이것은 대역이라고 하고 만약 그때 불복하는 말을 하면 관리가 그것을 비방이라고 한다. 이런 것들은 어리석은 백성들이 무식해서 범한 죄에 불과한데 사죄로 처리하는 것은 적절하지 않다고 생각한다. 지금부터 무릇 이 율조를 범한 자는 모두 처벌하지 말라."고 하였다.14)

이상의 刑制改革 사료는 漢文帝를 평가하는데 뿐만 아니라 그 자체 중국고대법제의 변화 내지는 秦帝國과 비교되는 한제국의 이념의 차이와 관련해서도 주목할 만한 내용을 담고 있다. 발전에 큰 영향을 준, 주요한 사료이긴 하지만, 역사적으로 漢文帝가 '仁君'으로 평가받는 데 가장 결정적인 역할을 한 것은 역시 형제개혁, 특히 다음과 같은 肉刑의 폐지였다.

"무릇 이제까지 完刑에 해당하는 자는 고쳐서 完하여 城旦舂으로 한다. 黥刑에 해당하는 자는 髡鉗城旦舂으로 한다. 劓刑에 해당하는 자는 笞三百으로 한다. 斬左止에 해당하는 자는 笞五百으로 한다. 斬右止에 해당하거나 살인하고 발각되기 전에 자수한 자, 뇌물을 받고 법을 어긴 관리, 관의 재물을 관리하는 직책에 있으면서 도둑질한 관리, 이미 판결을 받고 죄명이 정해진 뒤에 더욱 태형에 상당하는 죄를 범한 자는 모두 기시로 한다. 죄인의 옥이 이미 결정되어 완성단용이 된 자는 服役 3년이 되면 鬼薪白粲으

---

13) 『史記』 권10, 「孝文本紀」, 419쪽.
14) 『漢書』 권4, 「文帝紀」, 118쪽.

로 한다. 귀신백찬으로 1년을 복역하면 隷臣妾으로 한다. 예신첩이 복역 1년이면 면하여 서인으로 한다. 예신첩은 복역 2년이 되면 司寇가 된다. 사구 1년 및 作如司寇는 복역 2년으로 면하여 서인으로 한다. 그러나 도망을 하거나 거듭해서 耐罪 이상의 죄를 범한 자는 이 영을 적용받지 않는다. 이 법령의 시행 이전의 刑城旦舂으로 몇 년 간 복역하고 있으면서 禁錮되지 아니한 자는 완성단용의 歲數에 따라 면죄한다. 신들은 감히 죽음을 무릅쓰고 청하옵니다." 황제가 조서를 내려 '윤허한다.'고 하였다.[15]

위의 사료는 한문제의 육형의 개혁은 '백성의 어버이로서 느꼈다는 그 고통'에서 비롯된 것으로 나오고 있다. 이를 바탕으로 한문제는 결정적으로 위대한 '성군'으로서의 이미지가 각인된다.

III. 收帑相坐律과 誹謗訞言律의 폐지

收帑相坐律의 폐지가 가지는 의미에 대해서 잘 지적한 사람은 교토대학인문과학연구소의 宮宅潔이었다.[16] 宮宅潔은 城旦舂, 鬼薪白粲, 隷臣妾, 司寇 등의 진한시기의 노역형도는 형도 신분이 과해진 노역의 종류에서 유래했다고 하지만, 실상은 노역형도의 직무 자체가 벌목, 염철 생산, 청동기 제조, 수공업, 궁전 건설, 도로·교량 수축, 능묘 조영, 변경 수비, 기와나 벽돌 제조 등 워낙 광범위해 서로 겹치는 부분이 많았기 때문에 구분이 쉽지 않다고 지적한다. 예컨대 아방궁이나 시황제의 능을 건설하는 데 천하의 죄수 70만 명이 동원되었는데, 이 70만 명 중에는 얼굴에 刺字하는 黥刑에 처해진 黥布를 포함해 광범위한 여러 노역형도가 포함돼 있었다고 지적한

---

15) 『漢書』 권23, 「刑法志」, 1097~1099쪽.
16) 宮宅潔, 「有期勞役刑體系の形成-《二年律令》に見える漢初の勞役刑を手がかりにして-」, 『東方學報』 78, 2006.

다. 예컨대, 城旦이라는 형도는 성의 축조뿐만 아니라 관부의 건설·보수, 관아 수위, 전송, 委輸 등에도 동원된 것이 확인된다. 심지어 벌금을 노동으로 대신하는 '居貲'조차 성단용의 노역에 동원되기도 했으며, 이 경우 노역의 강도가 성단용과 다를 바 없었다고 강조한다. 요컨대, 사구의 경우를 제외하고는 형도에게 과해진 노역의 종류와 노동의 강도를 통해 형도들에 대한 대우의 차이를 찾기 어렵고, 노역의 빈도나 노동의 환경 등에서 그 차이를 찾아야 한다는 것이다. 이 가운데 성단용과 예신첩 간의 가장 두드러진 차이는 그들의 자녀와 배우자가 몰수되는지 여부의 차이에 있다. 즉 성단용, 귀신백찬의 처분을 받은 자의 처와 자녀는 몰수의 대상이 되어 '收人'이 되지만 예신첩 이하의 형도들의 자녀는 그렇지 않다는 것이 큰 차이점임을 알 수 있다.

　宮宅潔은 한 걸음 더 나아가, 한문제의 緣坐제도의 개혁을 이 몰수 문제에 연관시킨다. 한문제의 연좌제도 개혁에는 모반죄의 연좌제도를 폐지하는 것뿐만 아니라 몰수제도를 폐지하는 것도 포함되어 있었다고 한다. 이러한 몰수제도 폐지의 의미를 宮宅潔은 다음과 같이 파악한다. ① 자녀·배우자의 몰수라는 조치가 따르는지 여부는 성단용과 예신첩을 가르는 가장 커다란 기준이었는데, 몰수제도의 폐지는 바로 이 기준이 사라졌다는 것을 의미한다. ② 몰수제도가 사라지면 몰수에 의한 관노비 공급이 감소하게 되므로 몰수제도의 폐지는 관유노동력의 감소를 의미하며, 국가가 관유노동력을 대폭 잃게 된다는 것을 의미한다.

　몰수제도의 폐지는 노동력 손실을 불러온다는 점에서 한문제 13년의 형제 개혁, 즉 무기형에서 유기형으로의 개혁과 맥을 같이한다. 1년 단위로 수졸을 교대시키는 수졸제를 폐지하는 '수졸령 폐지' 등 한문제의 모든 개혁의 공통적 특징은 노동 인원을 삭감하고 국가의 부담을 경감한다는 것이었다. 노역형 체계의 변경, 몰수제도 폐지, 수졸제 폐지 등은 모두 국가에 의한 노동력 편성 및 노동력 활용 형태와 관련된 조치로, 관유노동력의 보다 효율적인 활용과 관련돼 있었다는 것이다.

그러나 연좌제도나 처자식을 몰수하는 제도가 실제로 폐지된 것이냐 하는 것에 대해서는 근대 법률사가인 程樹德이 다음과 같이 비판하고 있다.

『한비자』 정법편에 "공손앙이 진나라를 다스릴 때 서로 감시하여 죄를 고발하고 연좌하는 법을 제정하여 그 죄를 함께 물었다. 고로 진법에서는 한 사람이 죄가 있으면 그 가실이 모두 연좌되었다. 『논형』에는 진에 처자식을 몰수하는 법이 있다고 하였다. 그러나 『공양전』의 희공 19년에 하휴가 주석을 달기를, "양군은 형을 무겁게 하고, 법을 준엄하게 해서, 1家가 죄를 지으면, 4가가 연좌하게 하였다."라고 하였다. 이것이 연좌의 법이다. 춘추시기 이미 그런 법이 있었다. 진에서부터 시작된 것은 아니다. 문제 원년에 비로소, 처자식을 모두 연좌하여 몰수하는 율령을 모두 없앴으나, 『후한서』 양통전에 또한 이르기를, 문제가 육형과 연좌의 법을 없앴다고 하였다. 그러나 『후한서』 안제기 영초 4년에 조서를 내려 "건초이래로 각종 妖言과 기타 잘못으로 연좌되어 변방에 옮겨 오게 된 자는 각각 원래의 군현으로 돌아가고 몰입되어 관노비가 된 자는 면하여 서인이 되게 하라"고 한 것을 생각해 보면, 이 법이 안제 때까지 여전히 행해졌던 것이다. 뜻은 단지 얼굴에 묵형을 가하는 것을 없앴다는 것이고, 몰수하여 노비가 되게 하는 제도는 한대 내내 일찍이 폐지한 적이 없다는 것을 의미한다.[17]

확실히 성단용, 귀신백찬의 처분을 받은 자의 자녀가 몰수의 대상이 되는 진대 이래의 몰수제도는 폐지된 것이 확실하다. 그러나 그렇다고 해서 모든 연좌제도나 몰수제도가 폐지되었다고 볼 수는 없다. 정수덕의 시대에는 근래 계속해서 공개된 출토법률문서를 볼 수가 없었다. 따라서 그는 성단용, 귀신백찬의 처분을 받은 자의 처와 자녀는 몰수의 대상이 되어 '收人'이 되는 사례라든가 혹은 죄를 고발하고 연좌하는 법의 구체적인

---

[17] 정수덕 저, 임병덕 역주, 『구조율고―] 九朝律考―』, 세창출판사, 2014, 314~315쪽.

규정과 내용을 알 수 없었다. 정수덕의 견해가 정확한 것은 아니지만, 성단용, 귀신백찬의 처분을 받은 자의 처자식을 모두 연좌하여 몰수하는 율령을 모두 없앤 것은 분명하지만, 후한 안제 때까지 여전히 행해졌다는 정수덕의 견해 역시 일정부분 타당하다. 한편, 비방요언율의 폐지에 대해서도 정수덕이 다음과 같이 고증하고 있다.

    『한서』「노온서전」을 보건대, "진의 시대에 바른 말을 하는 것을 이르러 비방이라 했고 과실의 발생을 그치도록 하는 것을 이르러 요언이라 하였다."고 하였다. 이것은 그 율이 진에 이미 있었고 한은 대체로 진의 제도를 계승했다는 것을 의미한다. 고후·문제 때에는 모두 비방·요언의 영을 없애라는 명령이 있었고 애제 시대에는 또한 비방을 없애는 법이 있었으며 장제·안제 때에는 모두 紀에 실려 있는 바, 요언의 죄가 또 있다. 『위지』「최염전」 주에 인용한 『위략』에 "태조는 최염이 드러내지 않고 마음속으로 비방한다고 생각하였으며 이에 거두어 옥에 넣었고 髡刑을 내려 노역형에 처했다."고 하였다. 무릇 이 법은 한대 내내 없애지 못하였다. 『통감장편기사본말』에 실린 왕안석이 말한 바로는, 문제가 비방 요언을 없애고자 했던 것은 모두 소하의 법에 있는 것이라고 하였다. 이것은 무릇 『구장률』 속에 본래 그 율이 있다는 것을 의미한다.

비방요언율이 문제가 되는 것은 정수덕이 『위지』「최염전」 주에 인용한 『위략』의 지적, 즉 마음속으로 비방한 것을 기준으로 髡刑을 내려 노역형에 처했다는 것에 잘 나타나 있다. 한대의 혹리로 유명한 張湯이 정위가 되면서 엄격한 법을 적용하고 판결을 내려 정위가 된다. 여기서 '見知의 법'이 생겨나고, '廢格'·'沮誹' 등의 죄가 있었다. 「견지의 법」이란 범죄를 알면서 눈감아준 죄, '폐격'은 법령을 무시한 죄, '저비'는 비방죄이다. 혹리들은 이것들을 최대한 유용하게 이용하면서 적발해 간다. 특히 주의할 점은 '견지의 법'이다. 이것은 범죄를 알고 눈감아 준 것도 죄가 되고, 범죄

의도를 눈감아 준 것은 이것을 시인한 셈이 되어, 이것은 자기가 직접 그 죄를 지은 것과 같다고 한다. '원심정죄'가 지향하는 심정에 대한 처벌이었다. 당연히 이때에도 실제로 범행한 것과 같은 형벌이 내려졌다.

또 '腹誹의 법'이라는 죄도 있었다. 마음속으로 비방한(혹은 비방했다고 추정하는) 것은, 비방죄 그 자체를 범한 것이라 간주했고, 이것도 역시 "마음에 물어보아 판결한다"에서 나온 판단이다. '견지의 법'·'복비의 법', 그리고 모반죄, 모두 동기 중시주의의 부정적인 면만을 조장한 것으로 주관주의적 형법해석을 취한 것으로 한문제 이전에도 그리고 그 이후에도 지속되었다. 즉 한문제가 '비방요언율'을 폐지했음에도 불구하고, '비방요언율'이 가지는 주관주의적 법해석의 본질은 한대 내내 전혀 바뀌지 않았다. 그런 점에서 한문제의 '비방요언율' 폐지에 대한 정수덕의 부정적인 견해는 타당하다고 생각된다.

IV. 肉刑 폐지의 의의

앞서 漢文帝 형제개혁 가운데, 수노상좌율의 폐지와 비방요언율의 폐지에 대하여 살펴보았다. 그런데 한문제의 모든 개혁 가운데서도 한문제를 인군으로 평가하는 결정적인 것은 다음과 같은 육형의 폐지였다.

이 해(기원전 167) 5월에 육형을 폐지했다.[18]

秦律 이후 크게 논쟁이 된 것은 秦刑徒의 無期·有期說의 대립이었다. 이 논쟁의 발단이 된 것은 1977년에 高恒의 발표 이후였다. 高恒은 1977년 진의 형도 나아가 한문제의 형제개혁 이전까지 노역형도의 형기가 존재하지

---

18) 『漢書』 권4, 「文帝紀」, 125쪽.

않았다는 견해를 발표하였다. 이 이후 진한형도무기설 = 관노비설이 高恒에 의해 거의 완벽하게 정리되었다. 高恒 이후의 진한형도무기설은 특별히 다른 사료에 의한 분석이라기보다는 어떻게 보면 비슷한 사료의 반복 내지는 강조, 혹은 해설상의 차이에 지나지 않았다. 이 논쟁을 완전히 종식시킨 것은 『里耶秦簡』의 다음과 같은 내용이었다.

진시황 33년(기원전 214) 2월 초하룻날, 遷陵縣의 守丞인 都가 아뢰기를, "令에 이르시기를, '항상 초하룻날에 매각한 徒隸의 수를 보고하라.'고 하셨습니다. 그리하여 이를 물으니, 영에 해당하는 자는 없습니다. 삼가 아룁니다."라고 하였다.[19]

여기서 徒隸는 예신첩, 성단용, 귀신백찬 등의 형도를 의미하는 것이라 할 수 있는데, 『리야진간』의 이러한 내용과 관련하여 李學勤은 秦에서는 매월 초하루에 관부에서 사들인 도예의 수량을 파악하고 있었다고 지적하고 있다.[20] 이와 관련하여 『睡虎地秦簡』의 다음 내용이 주목을 받았다.

① 어떤 마을의 士伍인 甲이 남자 丙을 압송해 고했다. "병은 갑의 수하노예인데, 성질이 驕悍해 田作을 하지 않고 갑의 명령을 듣지 않으니 관부에서 매입해 성단으로 하고 갑에게 그 대가를 지불해줄 것을 요구합니다." 병을 심문해보니 다음과 같았다. "갑의 노예인 병은 과연 교한하고 갑의 명령을 듣지 않았다. 갑은 병을 해방시킨 바 없고 병은 다른 病도 없으며 다른 죄도 없었다. 令史 아무개를 시켜 병을 진찰해보니 病은 없었다. 小內 아무개와 佐某를 시켜 丞 아무개 앞에서 시장 표준 가격으로 현승인 아무개의 면전에서 병을 매입하도록 하였다."[21]

---

19) 湖南省文物考古研究所·湘西土家族苗族自治州文物處, 「湘西里耶秦代簡牘選釋」, 『中國歷史文物』, 2003-1, 12쪽.
20) 李學勤, 「初讀里耶秦簡」, 『文物』 2003-1, 78쪽.

② 어떤 마을의 公士인 갑이 大女子인 병을 압송하여 와서 말했다. "본인은 어떤 마을의 五大夫인 乙의 家吏이고 병은 을의 여종입니다. 을이 갑을 파견해 말하도록 하기를, "병은 성질이 사납고 강하니 병에 대해 얼굴에 자자하고 코 베기를 청합니다'라고 하였다."[22]

1981년 裘錫圭는 『睡虎地秦簡』에서 노예를 관부에 팔려고 한 조항과 관련하여, 노예를 원래부터 관부에서 매입한 것이었기 때문에 노예주는 관부에 다시 매입할 것을 요구할 수 있었다는 가설을 제시하였다.[23] 만약 노예주가 관부에서 매입한 것이 아니었다면, 관부에 매입할 것을 요구하고 관부에서는 노예의 驕悍함을 인정하고 시장가로 매입할 리가 없었다는 것이다. 즉 국가가 소유하고 있는 예신첩, 성단용, 귀신백찬 등의 무기형도, 즉 관노비는 市正價에 따라 시장에 판매하는데, 판매 시에는 인적사항, 판매가격 등의 계약서가 작성되고, 名數의 등록을 거쳐 사노비로 전환되는데, 품질이 불량한 경우는 이를 산 사람이 국가에 반품을 요구할 수 있는 권리가 있었다는 것이다. 진에서는 매월 초하루에 관부에서 사들인 노예의 수량을 파악하고 있었다는 리쉐친의 견해와 『수호지진간』에서 노예를 관부에 팔려고 한 조항과 관련하여, 노예를 원래부터 관부에서 매입한 것이었기 때문에 노예주는 관부에 다시 매입할 것을 요구할 수 있었다는 裘錫圭의 견해에 착안하여 필자는 다음과 같은 견해를 제시하였다. 예신첩, 성단용, 귀신백찬 등의 노역형도가 모두 무기이고 관노비라고 한다면, 형기가 없으므로 관노비의 수가 무제한으로 늘어나게 된다는 문제점이 발생하게 된다. 따라서 한문제 육형폐지 이전에 도예, 즉 예신첩, 성단용, 귀신백찬 등의 노역형도를 매각하고 그 수량을 파악하는 제도를 통하여 국가가 노역형도의 수량을 적절히 유지하고 있었다는 것을 의미한다. 따라서 한문제 13년의

---

21) 陳偉主編, 『秦簡牘合集』(『睡虎地秦簡』「封診式」), 299쪽.
22) 위의 책, 302쪽.
23) 裘錫圭, 「戰國時代社會性質試探」, 『中國古史論集』, 吉林人民出版社, 1981.

육형 폐지는 예신첩, 성단용, 귀신백찬 등의 노역형도의 형기를 설정하여 관노비 제도의 비효율성, 낭비적 요소를 제거한 조치였다. 한문제 13년의 형제개혁 이전에 성단용, 귀신백찬, 예신첩은 모두 무기형도인 동시에 관노비였다. 국가는 국가노동력 편성에 있어서 최적의 조건을 유지하기 위하여 매달 매각 혹은 매입을 통하여 물량조절을 하고 있었다. 성단용, 귀신백찬, 예신첩, 즉 徒隷가 시장에 매각되면 사노비로 바뀐다. 따라서 노비나 죄인이나 큰 차이가 없었다. 즉 노비와 죄인과의 관계는 『說文解字』의 지적대로 "奴婢皆古之罪人也"이었다. 그런데, 한문제 13년의 형제개혁 이후 성단용, 귀신백찬, 예신첩, 사구에 모두 형기가 설정이 되자 형도와 노비는 완전히 그 개념이 달라졌다.

　필자의 이러한 견해는 宮宅潔의 관점과 일맥 상통한다. 宮宅潔는 몰수제도의 폐지는 관유노동력의 감소를 의미하며, 국가가 관유노동력을 대폭 잃게 된다는 것을 의미한다고 보았다. 몰수제도의 폐지는 노동력 손실을 불러온다는 점에서 한문제 13년의 형제 개혁, 즉 무기형에서 유기형으로의 개혁과 맥을 같이한다. 1년 단위로 수졸을 교대시키는 수졸제를 폐지하는 '수졸령 폐지' 등 한문제의 모든 개혁의 공통적 특징은 노동 인원을 삭감하고 국가의 부담을 경감한다는 것이었다. 육형의 폐지도 곧 종신형의 폐지를 의미하는 것이고 이는 곧 무기형에서 유기형으로의 개혁을 의미하므로 관유노동력의 감소를 의미하는 것이라는 동일한 결론을 내릴 수도 있다. 한문제가 육형의 폐지를 통하여 얻고자 했던 정책의 목표 가운데 가장 중요한 핵심적 내용도 무기형에서 유기형으로 전환을 통하여 잉여 관유노동력의 경감을 꾀한 것이고 이를 통하여 관부의 부담을 줄이고자 한 것이었다.

　한문제의 형제개혁, 몰수제도를 폐지하는 것을 그 내용으로 하는 緣坐제도의 개혁, 무기형에서 유기형으로의 개혁, 戍卒制를 폐지하는 '戍卒令 폐지'는 모두 절실한 현실적 요청에 의해 이뤄졌다고 한다면, 그 현실적 요청이 무엇이었는가를 분석하는 것이 우리의 연구 과제이지 이를 漢文帝의 盛德의 고저를 평가하는 잣대로 삼는 것은 적절하지 않다.

『荊州胡家草場西漢簡牘』과 漢文帝의 刑制改革

I. 머리말

『睡虎地秦簡』·『二年律令』·『岳麓秦簡』은 秦末·漢初의 율령이기 때문에 漢文帝 시기 당시의 刑制改革 혹은 그 이후의 변화를 이해하는데 한계가 있었다. 그런데, 최근 漢文帝 시기의 律令文書인 『睡號地77號漢墓』·『荊州胡家草場12號漢墓』와 高后 初年의 자료로 평가되는 『兎子山律名木牘』이 소개되면서 秦律에서 漢文帝 시기와 그 이후에 이르는 법률용어의 변화와 통합, 새로운 律名과 律文의 출현을 보다 상세히 확인할 수 있게 되었고, 「獄律」과 「旁律」이 구분되어 있다는 점이 주목을 받았다.[1] 특히 『胡家草場西漢簡』의 歷簡과 日至에는 漢文帝後元 元年(기원전 163)부터 상세히 거론하고 있다.[2]

---

1) 任仲爀, 『고대 중국의 통치메커니즘과 그 설계자들4 : 상앙, 진시황, 한고조』, 경인문화사, 2021 ; 熊北生·陳偉·蔡丹, 「湖北雲夢睡虎地77號西漢墓出土簡牘槪述」, 『文物』 2018-3 ; 張忠煒·張春龍, 「新見漢律律名疏證」, 『西域研究』 2020年 第3期 ; 孫家洲, 「兎子山遺址出土《秦二世元年文書》與《史記》紀事抵牾釋解」, 『湖南大學學報(社會科學版)』 29-3, 2015 ; 張忠煒·張春龍, 「漢律體系新論－以益陽兎子山遺址所出漢律律名木牘爲中心」, 『歷史硏究』 2020年 第6期 ; 張春龍·張興國, 「湖南益陽兎子山遺址九號井出土簡牘槪述」, 『國學學刊』 2015년 第4기 ; 湖南省文物考古研究所·益陽市文物考古研究所, 「湖南益陽兎子山遺址七號井發掘簡報」, 『文物』 2021년 제6기 ; 湖南省文物考古研究所·中國人民大學歷史系, 「湖南益陽兎子山遺址七號井出土簡牘述略」, 『文物』 2021년 제6기 ; 荊州博物館, 「湖北荊州市胡家草場墓地M12發掘簡報」, 『文物』 2020년 제2기 ; 陳偉, 「秦漢簡牘所見的律典體系」, 『中國社會科學』 2021년 第1기 ; 蔣魯敬·李志芳, 「荊州胡家草場西漢墓M12出土的簡牘」, 『出土文獻硏究』 18, 2019 ; 李志芳·蔣魯敬, 「湖北荊州市胡家草場西漢墓M12出土簡牘槪述」, 『考古』 2020년 제2기.

2) 李志芳·蔣魯敬, 「湖北荊州市胡家草場西漢墓M12出土簡牘槪述」, 『考古』 2020년 제2

따라서 이 율령문서의 작성 시기는 漢文帝 13년(기원전 167) 이후에 해당한다. 즉 漢文帝 시기의 刑制改革과 그 이후의 형벌제도의 변화를 살펴보기에 적합한 귀중한 자료라 할 수 있다. 때문에 『荊州胡家草場西漢簡牘』을 중심으로 많은 연구가 집중되었다.3) 특히 2021년에 荊州博物館·武漢大學簡帛研究所中心編著, 『荊州胡家草場西漢簡牘選粹』가 출판되면서 『荊州胡家草場西漢簡牘』의 도판과 석문의 일부 漢簡이 공개되자4) 곧 바로 漢文帝의 刑制改革과 관련된 논문이 발표되었다.5) 『胡家草場西漢簡』의 漢簡은 전체의 일부에 지나지 않지만, 秦漢法制史研究에 극히 중요한 조문을 포함하고 있다. 지금까지 漢文帝 刑制改革의 내용에 대해서는 나름 적지 않은 연구가 있었는데, 이 자료를 통해 기존연구의 성과를 재검토할 수 있게 되었다. 필자는 『胡家草場西漢簡』의 사례 가운데서도 漢文帝 13년의 肉刑廢止를 중심으로 한 형벌제도의 변화와 관련하여 가장 오랫동안 논쟁이 되었던 형기의 문제를 언급하고자 한다. 終身勞役刑에서 有期의 勞役刑으로 변화한 문제, 특히 司寇를 비롯한 耐刑의 변화를 검토하고자 한다. 본고에서는 『胡家草場西漢簡』에서 또한 주목되는 것은 『二年律令』에 보이는 '公卒'과 '庶人'이 빠져있다는 점이다. '公卒'과 '庶人'이 사라지고 士伍만이 남게 된 이유에 대해서도 살펴보고자

기, 32쪽.

3) 何有祖·劉盼·蔣魯敬, 「張家山漢簡《二年律令·賜律》簡序新探－以胡家草場漢簡為線索」, 『文物』 2020년 8기; 唐俊峰, 「新見荊州胡家草場12號漢墓《外樂律》《蠻夷律》條文讀記與校釋」, 『法律史譯評』 2020년 8기; 楊彥鵬, 「胡家草場漢簡所見漢初蠻夷葬俗的幾個問題」, 『簡牘學研究』 2020년 2기; 何有祖, 「《荊州胡家草場西漢簡牘選粹》讀後記」, 『簡帛』 23, 2021; 魯家亮, 「胡家草場漢簡《治水律》初識」, 『簡帛』 23, 2021; 紀婷婷, 「胡家草場漢簡《少府令》《衛官令》試析」, 『簡帛』 23, 2021.

4) 荊州博物館·武漢大學簡帛研究所中心編著, 『荊州胡家草場西漢簡牘選粹』, 文物出版社, 2021. 이하 『胡家草場西漢簡』으로 略稱한다.

5) 陳偉, 「胡家草場漢簡律典與漢文帝刑制改革」, 『武漢大學學報(哲學社會科學版)』 75-2, 2022; 曹旅寧, 「讀《荊州胡家草場西漢簡牘選粹》漢律令簡箚記」, 『秦漢研究』 2022년 6기; 水間大輔, 「胡家草場漢看『律令』と文帝刑制改革」, 『中央學院大學法學論叢』 36-1, 2022; 水間大輔, 「胡家草場漢看『律令』と張家山漢簡『二年律令』對照表」, 『中央學院大學法學論叢』 36-1, 2022; 林炳德, 「漢文帝 刑制改革과 刑罰制度의 變化－『荊州胡家草場西漢簡牘』자료를 중심으로－」, 『동서인문』 18, 2022.

한다. 또한 『胡家草場西漢簡』에는 罰金刑과 贖刑에 관한 규정이 나오는데, 漢文帝 刑制改革의 결과 贖刑이나 罰金刑이 勞役刑에 흡수된 것이 아니라 역으로 勞役刑의 일부가 贖刑 혹은 罰金刑으로 변화하였음을 확인할 수 있게 되었다. 이하『選粹』의 사례를 통해서 漢文帝 이후 형벌제도의 변화를 구체적으로 살펴보기로 하겠다.

II. 『胡家草場西漢簡』과 『漢書』 「刑法志」

종래 『漢書』 「刑法志」의 "罪人獄已決, 完爲城旦春, 滿三歲爲鬼薪白粲. 鬼薪白粲一歲, 爲隸臣妾. 隸臣妾一歲, 免爲庶人. 隸臣妾滿二歲, 爲司寇. 司寇一歲, 及作如司寇二歲, 皆免爲庶人"[6]과 관련해서는 많은 논쟁이 있었다. 일찍이 1936년 濱口重國은 完城旦의 형기가 4년임을 들어 "完城旦春滿三歲"의 三을 二로 고쳐야 한다고 보았고, 司寇와 作如司寇의 형기는 동일하므로 作如司寇二歲의 二는 一의 잘못이라고 보았다.[7] 濱口重國의 견해는, 衛宏의 『漢舊儀』의 髡鉗城旦春 5년, 完城旦春 4년, 鬼薪白粲 3년, 鬼薪者, 司寇 및 作如司寇 2년[8]이라는 견해에 기초해서 「刑法志」의 조문을 그에 맞게 수정한 것이었다. 이에 대하여 滋賀秀三은 『漢書』 「刑法志」를 "罪人獄已決, 完爲城旦春, 滿三歲爲鬼薪白粲. 鬼薪白粲一歲 [免爲庶人. 鬼薪白粲二歲], 爲隸臣妾. 隸臣妾一歲, 免爲庶人. 隸臣妾滿二歲, 爲司寇. 司寇一歲, 及[司寇]作如司寇二歲, 皆免爲庶人"이라 하여 [ ] 부분을 보완하였다.[9] 그 결과 ① 完爲城旦春이 3년

---

6) 『漢書』 권23, 「刑法志」, 1099쪽.
7) 濱口重國, 「漢代に於ける强制勞動刑その他」, 『東洋學報』 23-2, 1936(本稿는 『秦漢隋唐史の硏究』, 東京大學出版會, 1966, 641쪽을 참조함).
8) [漢]衛宏撰, 『漢舊儀』 권下(孫星衍等輯, 周天游點校, 『漢官六種』, 北京中華書局, 1990 第一版) '中宮及號位', 85쪽, "男髡鉗爲城旦, 城旦者, 治城也 ; 女爲春, 春者, 治米也, 皆作五歲. 完四歲, 鬼薪三歲. 鬼薪者, 男當爲祠祀鬼神, 伐山之薪蒸也 ; 女爲白粲者, 以爲祠祀擇米也, 皆作三歲. 罪爲司寇, 司寇男備守, 女爲作, 如司寇, 皆作二歲."
9) 滋賀秀三, 「前漢文帝の刑制改革をめぐって」, 『東方學報』 79, 1990, 42쪽 ; 『中國法制史

복역하면, 鬼薪白粲이 되고, 鬼薪白粲 1년 복역하고 庶人으로 방면한다. 完爲城旦舂의 형기는 4년이다. ② 鬼薪白粲은 2년 복역하면, 隸臣妾이 된다. 隸臣妾으로 1년 복역하면, 庶人으로 방면한다. 鬼薪白粲의 형기는 3년이다. ③ 隸臣妾은 2년 복역하면 司寇(또는 作如司寇)로 하고 司寇(또는 作如司寇)에 1년 복역하고 방면한다. 隸臣妾의 형기는 3년이다. ④ 司寇·作如司寇 2년을 복역하면 방면한다. 司寇와 作如司寇의 형기는 2년이다. 滋賀秀三의 견해는 그 스스로가 밝히고 있는 것처럼 衛宏의 『漢舊儀』에 나오는 노역형도의 형기에 맞추어 『漢書』 「刑法志」의 본문을 임의로 수정한 것이었다. 이 견해는 滋賀秀三이 스스로가 인정하는 것처럼 실증을 거친 학설로 보기는 어렵다.10) 『選粹』의 盜罪의 처벌기준에 가장 부합하는 학설은 張建國의 견해이다. 張建國은 『漢書』에는 정문과 주석문이 혼동되어 있는 경우가 있음을 지적하여 顔師古의 주석문 "鬼薪白粲滿三歲爲隸臣. 隸臣一歲, 免爲庶人."은 顔師古의 주석문이 아니라 「刑法志」의 본문임을 주장하였다. "罪人獄已決, 完爲城旦舂, 滿三歲爲鬼薪白粲. 鬼薪白粲一歲, 爲隸臣妾. 隸臣妾一歲, 免爲庶人. [鬼薪白粲滿三歲爲隸臣. 隸臣一歲, 免爲庶人.] 【師古曰】: "隸妾亦然也" 隸臣妾滿二歲, 爲司寇. 司寇一歲, 及作如司寇二歲, 皆免爲庶人."이라 하여 顔師古注를 본문에 삽입하여 해석하고 있다.11) 그 결과 ① 完爲城旦舂이 3년 복역하면, 鬼薪白粲이 되고, 鬼薪白粲 1년 복역하면, 隸臣妾이 된다. 隸臣妾 1년 복역하면, 庶人으로 방면한다. 完爲城旦舂의 형기는 5년이다. ② 鬼薪白粲은 3년 복역하면, 隸臣이 된다. 隸臣 1년 복역하면, 庶人으로 방면한다. 鬼薪白粲의 형기는 4년이다. ③ 隸臣妾은 2년 복역하면, 司寇(또는 作如司寇)가 된다. 司寇(또는 作如司寇)에 1년 복역하고 방면한다. 隸臣妾의

論集』, 創文社, 2003, 561~562쪽.
10) 滋賀秀三, 위의 글, 『中國法制史論集』, 563쪽.
11) 張建國, 「前漢文帝刑法改革とその展開の再檢討」, 『古代文化』 48-10, 1996(도미야 이따루 저, 임병덕·임대희 옮김, 「漢文帝시기 형법의 개혁과 그 전개 재검토」, 『유골의 증언-고대중국의 형벌-』, 서경문화사, 1999, 225~227쪽 ; 「前漢文帝刑法改革及其展開的再檢討」, 『帝制時代의 中國法』, 法律出版社, 1999, 196~198쪽).

형기는 3년이다. ④ 司寇·作如司寇 2년을 복역하면 방면한다. 司寇의 형기는 2년이다.[12] 이러한 張建國의 견해는 假說에 가까운 것이었는데, 籾山明이 北宋版 『通典』 권163, '刑法典'과 『唐六典』 권6, 尙書刑部에 인용된 『漢書』 「刑法志」에는 顔師古의 주석문 "鬼薪白粲滿三歲爲隸臣. 隸臣一歲, 免爲庶人." 이 「刑法志」의 본문에 나오고 있음을 지적하여 張建國의 假說을 거의 실증적으로 입증하였다.[13]

刑期의 설정과 관련해서 『胡家草場西漢簡』에서 가장 주목되는 것이 다음과 같은 장물에 대한 처벌 기준이었다.

> 盜臧(贓)直(値)六百錢以上, 髡(髠)爲城旦舂. 不盈到五百, 完爲城旦舂. 不盈到四百, 耐爲鬼薪白粲. 不盈到三百, 耐爲隸臣妾. 不盈到二百, 耐爲司寇. 不盈到百, 罰金八兩. 不盈到一錢, 罰金.
>
> 도둑질한 장물의 가치가 600전 이상이면 곤위성단용이다. 500전 미만이면 완위성단용이다. 400전 미만이면 내위귀신백찬이다. 300전 미만이면 내위예신첩이다. 200전 미만이면 내위사구이다. 100전 미만이면 벌금 8량이다. 1전 미만이면 벌금.[14]

이상의 『選粹』의 盜罪의 처벌기준은 600전·500전·400전·300전·200전·100전·1전 등 10진법을 사용해서 髡城旦舂→ 完城旦舂→ 鬼薪白粲→ 隸臣妾→ 司寇→ 罰金刑으로 처벌하고 있다.

---

12) 張建國,「前漢文帝刑法改革及其展開的再檢討」,『帝制時代的中國法』, 法律出版社, 1999, 198쪽.
13) 籾山明,「秦漢刑罰史硏究の現狀」,『中國史學』 5, 1995(本稿는 『中國古代訴訟制度の硏究』, 京都大學學術出版會, 2006, 257쪽에 의한다). 한편 石岡浩,「北宋景祐刊『漢書』刑法志第十四葉の復元-前漢文帝刑法改革詔の文字の增減をめぐって-」,『東方學』 111, 2005에서도 張建國과 籾山明의 견해를 지지하고 있다.
14) 『選粹』, 16쪽, "盜臧(贓)直(値)六百錢以上, 髡(髠)爲城旦舂. 不盈到五百, 完爲城旦舂. 不盈到四百, 耐爲鬼薪白粲. 不盈到三百, 耐爲隸臣妾. 不盈到二百, 耐爲司寇. 不盈到百, 罰金八兩. 不盈到一錢, 罰金."

여기에서 가장 주목되는 사실은 完城旦舂/鬼薪白粲/隷臣妾/司寇/罰金八兩이 盜贓 기준 각각 100錢의 차이를 보이고 있다는 점이다. 즉 盜贓의 차이에 따라 髡城旦舂/完城旦舂/鬼薪白粲/隷臣妾/司寇로 처벌되고 있으므로 髡城旦舂/完城旦舂/鬼薪白粲/隷臣妾/司寇의 刑期는 각각 다르다고 보아야 한다. 濱口重國과 滋賀秀三의 견해는 衛宏의 『漢舊儀』의 형기에 맞추는 것이었고, 이 경우 가장 크게 문제가 되는 것은 鬼薪白粲과 隷臣妾의 형기를 모두 3년으로 해석할 수밖에 없었다는 점이다. 隷臣妾이 武帝 元狩 연간 경부터 隷臣妾이라는 刑罰名이 사용되지 않게 된 것과 관련되어 "隷臣妾이라는 형명에는 刑役 내용이 없고, 隷臣妾의 형기 3년은 똑같은 형기를 가진 鬼薪白粲刑이 존재하였으므로, 형기를 의미하는 名稱으로써 隷臣妾이 불필요하였기 때문"이라고 해석한다.[15] 『選粹』의 盜罪의 처벌기준은 600전·500전·400전·300전·200전·100전·1전 등 10진법을 사용해서 髡城旦舂→ 完城旦舂→ 鬼薪白粲→ 隷臣妾→ 司寇→ 罰金刑으로 처벌하고 있는 규정이 확인된 이상 鬼薪白粲과 隷臣妾의 형기는 다르다고 보지 않을 수 없다. 즉 鬼薪白粲 3년, 隷臣妾의 형기 3년이라는 동일한 형기의 형도였고 형기가 동일해서 隷臣妾이 武帝 元狩 年間 경부터 사라지게 되었다는 이러한 해석은 성립되기 어렵다. 濱口重國과 滋賀秀三, 冨谷至의 견해는 기본적으로 衛宏의 『漢舊儀』의 髡鉗城旦舂 5년, 完城旦舂 4년, 鬼薪白粲 3년, 司寇 및 作如司寇 2년에 기초한 것이었다. 그러나 衛宏의 『漢舊儀』의 형도의 형기는 衛宏이 살았던 前漢末~後漢初의 刑徒의 형기를 기록한 것으로 이해된다. 顔師古의 주석문 "鬼薪白粲滿三歲爲隷臣. 隷臣一歲, 免爲庶人."을 「刑法志」의 본문에 삽입하여 髡鉗城旦舂의 刑期 6년, 完爲城旦舂의 형기 5년, 鬼薪白粲의 刑期 4년, 隷臣妾의 刑期 3년, 司寇의 刑期 2년으로 해석한 張建國의 견해는 이미 籾山明과 石岡浩에 의해 거의 입증되었다고 생각되는데, 『胡家草場西漢簡』의 盜罪의 처벌기준의 차이에 의해 더욱 확실히 입증되었다고 생각한다.

---

15) 冨谷至, 「漢代の勞役刑-刑期と刑役-」, 『秦漢刑罰制度の研究』, 同朋舍, 1998, 138쪽.

III. 耐刑의 변화

『胡家草場西漢簡』"盜臧(贓)直(值)六百錢以上, 髡(髮)爲城旦舂. 不盈到五百, 完爲城旦舂. 不盈到四百, 耐爲鬼薪白粲. 不盈到三百, 耐爲隸臣妾. 不盈到二百, 耐爲司寇. 不盈到百, 罰金八兩. 不盈到一錢, 罰金"의 내용은 앞서 설명한대로 盜罪의 처벌기준은 600전·500전·400전·300전·200전·100전·1전 등 10진법을 사용해서 髡城旦舂→ 完城旦舂→ 鬼薪白粲→ 隸臣妾→ 司寇→ 罰金刑으로 처벌하고 있다. 이것은 기존 이전의 簡牘의 법률 자료에서는 나오지 않고 있었던 鬼薪白粲(399~300전)과 司寇(199~100전)의 단계가 확인되었다는 점이 주목된다. 『胡家草場西漢簡』 이전의 출토법률문서에서의 盜罪의 처벌기준은 아래와 같다.

① 士五(伍)甲盜, 以得時直(值)臧(贓), 臧(贓)直(值)過六百六十, 吏弗直(值), 其獄鞫乃直(值)臧(贓), 臧(贓)直(值)百一十, 以論耐, 問甲及吏可(何)論? 甲當黥爲城旦 ; 吏爲失刑罪, 或端爲, 爲不直.
士伍 甲이 절도를 했는데 잡혔을 때의 장물가액이 660전을 넘었다. 관리가 가액을 조사하지 않고 국옥시에 가액을 재니 110전이어서 耐刑으로 처리하였다. 질문 : 甲 및 吏는 어떻게 처리해야 하는가? 甲은 黥爲城旦이고, 吏는 失刑罪가 되는데, 만약 고의였다면 不直으로 처리한다.[16]

② 士五(伍)甲盜, 以得時直(值)臧(贓), 臧(贓)直(值)百一十, 吏弗直(值), 獄鞫乃直(值)臧(贓), 臧(贓)直(值)過六百六十, 黥甲爲城旦, 問甲及吏可(何)論? 甲當耐爲隸臣, 吏爲失刑罪. 甲有罪, 吏智(知)而端重若輕之, 論可(何)殹(也)? 爲不直.
士伍 甲이 절도를 했는데 잡혔을 때의 장물가액이 110전이었다. 관리가 가액을 조사하지 않고 국옥시에 가액을 재니 장물가액이 660전을 넘어

---

16) 陳偉主編, 『秦簡牘合集』, 武漢大學出版社, 2014, 208쪽 ; 『睡虎地秦墓竹簡』, 「法律答問」, 165쪽.

갑을 黥爲城旦으로 처리하였다. 질문 : 甲 및 吏는 어떻게 처리해야 하는가? 甲은 耐爲隸臣에 처하고, 吏는 失刑罪가 된다. 갑에 죄가 있는데 관리가 알면서도 고의로 무겁게 하거나 가볍게 했다면 어떻게 처리하는가? 不直으로 처리한다.17)

③ 不盈五人, 盜過六百六十錢, 黥剿(劓)以爲城旦 ; 不盈六百六十到二百廿錢, 黥爲城旦 ; 不盈二百廿以下到一錢, 罢(遷)之.

5명 미만이 함께 절도를 하였는데, 훔친 것이 660전을 초과한 경우, 黥剿刑과 더불어 城旦에 처하고, 220전 미만에서 1전까지 훔친 경우는 遷刑에 처한다.18)

④ 二百廿錢到百一十錢, 耐爲隸臣妾□□.

220錢에서 110錢까지는 耐爲隸臣妾□□에 처한다.19)

⑤ 盜藏(贓)直(値)過六百六十錢, 黥爲城旦舂. 六百六十到二百廿錢, 完爲城旦舂. 不盈二百廿到百一十錢, 耐爲隸臣妾. 不盈百一十到廿二錢, 罰金四兩. 不盈廿二錢到一錢罰金一兩.

도둑질하여 취한 재물의 가치가 六百六十錢을 넘으면 黥城旦舂에 처한다. 六百六十錢에서 二百二十錢이면 完城旦舂에 처한다. 二百二十錢 미만에서 百一十錢이면 耐隸臣妾에 처한다. 百一十錢 미만에서 二十二錢이면 罰金四兩에 처한다. 二十二錢 미만에서 一錢까지는 罰金一兩에 처한다.20)

⑥ 律 : 盜藏(贓)直(値)過六百六十錢黥爲城旦.

律 : 도둑질해서 숨겨둔 것의 가치가 660전을 넘으면 黥하여 城旦에 처한다.21)

---

17) 陳偉主編, 『秦簡牘合集』, 武漢大學出版社, 2014, 209쪽 ; 『睡虎地秦墓竹簡』, 法律答問, 166쪽.

18) 陳偉主編, 『秦簡牘合集』, 武漢大學出版社, 2014, 193쪽 ; 『睡虎地秦墓竹簡』, 法律答問, 150쪽.

19) 劉信芳·梁柱, 『雲夢龍崗秦簡』, 科學出版社, 2001 ; 中國文物研究所·湖北省文物研究所, 『龍崗秦簡』, 中華書局, 2001 ; 본고에 사용하는 『龍崗秦簡』의 簡의 번호는 中華書局, 2001년판에 의한다. 『龍崗秦簡』, 40簡, "二百廿錢到百一十錢, 耐爲隸臣妾□□"

20) 『二年律令與奏讞書』, 112쪽, 55~56簡.

⑦ ● 異時魯法, 盜一錢盜卄, 罰金一兩. 過卄到百, 罰金二兩. 過百到二百, 爲白徒. 過二百到千, 完爲倡.

● 과거에 魯法에서는 1錢에서 20전까지의 절도는 罰金一兩이다. 절도가액이 20전에서 100전까지는 罰金二兩이다. 100전에서 200전까지는 白徒이다. 200전에서 1000전까지는 完爲倡이다.[22]

이상 『胡家草場西漢簡』 이전의 秦漢律의 출토간독법률 자료에서 주목해야 할 사실은 절도죄라는 범죄행위를 통해 처벌받는 사례 가운데, 도표에서 보듯이 절도금액에 따른 범죄행위에 대한 처벌에는 '耐爲司寇'와 '鬼薪白粲'이 존재하지 않는다는 것이다.[23] 贓價의 기준으로 보면, 660전 이상, 660전 미만~220전 이상, 220전 미만~110전 이상, 110전 미만~22전 이상, 22전 미만으로 되어 있고 여기에 대한 처벌은 隸臣妾과 城旦舂, 罰金刑으로 되어 있기 때문에 절도죄라는 범죄행위를 통해 처벌받을 수 있는 규정에서 鬼薪白粲과 司寇는 제외되어 있다. 즉 鬼薪白粲과 司寇는 일반인의 절도죄를 대상으로 한 처벌규정이 아니었다는 것을 의미한다. 이상의 내용을 도표화하면 아래와 같다.

秦漢律에서 盜罪 형벌체계의 변화[24]

春秋 魯法		秦律		二年律令		胡家草場漢簡	
贓價	형벌	贓價	형벌	贓價	형벌	贓價	형벌
1000~201전	完倡(城旦)	661전 이상	黥城旦舂	661전 이상	黥城旦舂	600전 이상	髡城旦舂
		660 미만~220전	完城旦舂	660 미만~220전	完城旦舂	499~400전	完城旦舂
		없음		없음		399~300전	耐鬼薪白粲
200	白徒(隸臣妾)	220전 미만	耐隸臣妾	220전 미만	耐隸臣妾	299~200전	耐隸臣妾

---

21) 『二年律令與奏讞書』, 353쪽, 72~73簡.
22) 『二年律令與奏讞書』, 372쪽, 174~179簡.
23) 冨谷至, 『秦漢刑罰制度の研究』, 同朋舍, 1998, 66쪽에서도 660전이상→ 黥城旦黥, 110전→ 耐隸臣, 100전→ 貲二甲, 20전·10전→ 貲一盾이라 하여 이를 인정하고 있다. 다만, 이를 근거로 만든 冨谷至의 도표는 명확한 근거를 가지고 제시한 것이 아니고 글자 그대로 추론에 가깝다.

~101전		~110전 없음		~110전 없음		199~100전	耐司寇
100 ~21전	罰金二兩	110전 미만 ~22전	貲二甲	110전 미만 ~22전	罰金四兩	99~1전	罰金8兩
20 ~1전	罰金一兩	22전 미만 ~1전	貲一盾	22전 미만 ~1전	罰金一兩	1전 미만	罰金 ?

그런데 『胡家草場西漢簡』에서는 앞서 살펴본 대로 盜罪의 처벌기준은 600전·500전·400전·300전·200전·100전·1전 등 10진법을 사용해서 髡城旦舂→ 完城旦舂→ 鬼薪白粲→ 隷臣妾→ 司寇→ 罰金刑으로 처벌하고 있는데, 이것은 앞서 살펴본 대로 髡城旦舂/完城旦舂/鬼薪白粲/隷臣妾/司寇의 형기가 달랐음을 보여주는 것이다. 같은 맥락이지만, 『胡家草場西漢簡』 이전의 秦漢律에서 존재하지 않았던 鬼薪白粲과 司寇에 대한 盜罪 기준이 제시되면서 耐刑에 대한 불확실성이 사라지게 된 점이 주목된다. 耐는 그것과 병과되는 여러 勞役刑, 구체적으로는 鬼薪白粲·隷臣妾·司寇·候(秦代) 등과 일체화되고, 그러한 一群의 형벌을 총칭한다.[25] 따라서 秦·漢律에서 적지 않게 발견되는 '耐之'·'當耐'라고만 규정된 조문의 耐가 耐爲隷臣妾인지, 혹은 耐爲司寇인지, 아니면 耐爲候를 가리키는 것인지 명확하지 않은 점이 있었다. 이와 관련하여 주목되는 것은, 『二年律令』의 "죄를 지어 耐에 해당하는데, 法에 耐의 刑名이 확정되어 있지 않은 경우는, 庶人 이상은 耐爲司寇로 하고, 司寇는 耐爲隷臣妾으로 한다."[26]라는 규정이었다. 이에 대하여 京都大주석

---

24) 표는 任仲爀, 「秦漢律의 벌금형」, 『中國古中世史硏究』 15, 2006(『고대 중국의 통치메커니즘과 그 설계자들 2』, 경인문화사, 2021, 58쪽에 재록)과 金鍾希, 「秦代縣廷獄史的職能與特殊性」, 『簡帛』 19, 2019, 161쪽을 각각 참고하였다. 여기에 胡家草場漢簡 盜律 1374·1375간의 내용을 추가한 것인데, 김진우, 「한초 율전의 율명체계와 형벌체계의 변화－『胡家草場漢簡』律令簡을 중심으로－」, 『목간에 반영된 고대 동아시아의 법제와 행정제도』, 경북대학교 인문학술원 HK+사업단 제5회국제학술회의, 2023, 211쪽을 참조함. 단, 도표에서는 『秦律』과 『二年律令』 부분의 도표에서 鬼薪白粲과 司寇를 공백으로 처리한 점에서 任仲爀과 金鍾希, 金珍佑의 도표와 다르다고 할 수 있다.

25) 宮宅潔, 『中國古代刑制史의 硏究』, 京都 : 京都大學出版會, 2010, 116쪽.

26) 『二年律令與奏讞書』, 127쪽, 90~92簡, "有罪當耐, 其法不名耐者, 庶人以上耐爲司寇,

판은 『二年律令』의 "船員이 乘客을 태워 건너고 있을 때, 이를 溺死하게 하면 耐刑으로 한다"[27]처럼 耐隸臣妾 등의 구체적인 刑名이 율문에 규정되어 있지 않은 경우로 해석하고 있다.[28] 구체적인 것은 불분명한 점이 있지만, 어쨌든 이 규정은 신분의 차이에 따른 차별적인 형벌규정이었음은 분명하다. 『漢書』・『後漢書』의 문헌사료의 사례를 통해서 司寇를 확인하면 다음과 같다.

① 무릇 다른 사람을 위해 관리에게 청탁을 하여 법을 왜곡하였는데, 일이 이미 시행된 경우 청탁을 들어주는 사람을 모두 '司寇'로 삼는다.[29]
② 沈猷侯 受가 원수 5년(기원전 118) 宗正이 되어 청탁을 받고 종실을 갖추지 못한 죄를 받아 '耐爲司寇'에 처해졌다. 주에 顔師古가 말하였다. "수가 종정으로서 사사로이 청탁하는 자의 부탁을 들어주었다. 그러므로 종실 중에서 갖추지 못한 일이 있어서 죄를 받은 것이다.[30]
③ 양구후 偃이 효경 4년, 국경을 벗어난 죄를 받아 '司寇'에 처해졌다.[31]
④ 종릉후 화록이 국경을 벗어난 죄를 받아 '耐爲司寇'에 처해졌다.[32]
⑤ 황제의 새서를 사칭한 죄를 받아 무거운 형벌을 받게 되었으나 공로가 있어 '司寇'로 처벌받았다.[33]
⑥ 진류의 태수가 된 후, 貧人의 인원수가 사실과 다른 것이 밝혀져 '司寇'로

司寇耐爲隸臣妾."
27) 『二年律令與奏讞書』, 92쪽, 6簡, "船人渡人而流殺人, 耐之."
28) 冨谷至 編, 『江陵張家山二四七號墓出土漢律令の硏究(譯注篇)』, 朋友書店, 2006, 63쪽. 京都大주석에 대해서는 『二年律令與奏讞書』, 93쪽에서 인용하고 있고, 水間大輔의 견해(水間大輔, 「胡家草場漢看「律令」と文帝刑制改革」, 『中央學院大學法學論叢』 36-1, 2022, 11~12쪽)도 같은 입장을 취하고 있다.
29) 『漢書』 권18, 「外戚恩澤侯表第六」, 694쪽, "諸爲人請求於吏以枉法, 而事已行爲聽行者, 皆爲司寇."
30) 『漢書』 권15, 「王子侯表 上」, 434쪽, "元狩五年, 坐爲宗正聽請, 不具宗室, 削爲司寇(師古日：'受爲宗正, 人有私請求者, 受聽許之, 故於宗室之中事有不具, 而受獲罪.')."
31) 『漢書』 권15상, 「王子侯表」, 431쪽, "孝景四年, 坐出國界, 削爲司寇."
32) 『漢書』 권16, 「高惠高后文功臣表」, 570쪽, "嗣終陵侯華祿, 坐出界, 耐爲司寇."
33) 『後漢書』 권65, 「皇甫張段列傳第」 '段熲', 2145쪽, "坐詐璽書伏重刑, 以有功論司寇."

처벌하였다.34)

⑦ 인구와 토지의 수치가 사실과 다른 죄를 받아 조정에 소환되었으나 이장이 공로가 있어 사구로 처벌하였다.35)

①~⑦은 『漢書』·『後漢書』의 사례이다. 漢文帝 肉刑廢止 이전의 勞役刑徒와 이후의 勞役刑徒는 전혀 다른 개념이지만, 적용되는 형벌규정이 갑자기 크게 변경된 것은 아니었다고 보인다. 따라서 위의 문헌사료의 사례는 『嶽麓秦簡』·『睡虎地秦簡』·『二年律令』에 보이는 司寇刑의 성격이 일정정도 반영되어 있었을 것이다. ①~⑦의 사례를 보면, 처벌된 대상이 종실제후, 태수 등의 특수한 신분임을 알 수 있다. 문헌사료에 보이는 司寇에 대한 이러한 사례와 "죄를 지어 耐에 해당하는데, 法에 耐의 刑名이 확정되어 있지 않은 경우는, 庶人 이상은 耐爲司寇로 하고, 司寇는 耐爲隸臣妾으로 한다."는 『二年律令』의 규정은 물론 직접적 연결 관계는 없다. 다만, 이 규정은 본질적으로 똑같은 범죄에 대해서 신분의 차이에 따른 '耐爲司寇'와 '耐爲隸臣妾'의 차별적 규정을 담고 있다는 점에서 일맥상통한다. 漢文帝 刑制改革 이전에는 司寇에 처해지면 恩赦 등에 의해 사면되지 않는 한, 일생 司寇인 채로였다. 즉 司寇는 身分刑이었다. 『胡家草場西漢簡』에서 '耐爲司寇'로 明記되어 있는 것은 文帝 刑制改革에 의해서 司寇가 有期의 노역형으로 변화한 것을 반영한 것이라 할 수 있다.36) 『胡家草場西漢簡』에서 盜罪의 처벌기준이 600전·500전·400전·300전·200전·100전·1전 등으로 정해지고 髡城旦舂 6년, 完城旦舂 5년, 鬼薪白粲 4년, 隸臣妾 3년, 司寇 2년으로 각각 결정됨으로써 鬼薪白粲·隸臣妾·司寇·候(秦代) 등과 일체화되고, 그러한 一群의 형벌을 총칭하는 형벌로서의 의미는 사라지게 된다. 따라서 秦·漢律에

---

34) 『後漢書』 권25, 「魯丕傳」, 884쪽, "拜陳留太守. 視事三期, 後坐稟貧人不實, 徵司寇論."
35) 『後漢書』 권77, 「酷吏列傳」(李章), 2493쪽, "後坐度人田不實徵, 以章有功, 但司寇論."
36) 水間大輔, 「胡家草場漢看「律令」と文帝刑制改革」, 『中央學院大學法學論叢』 36-1, 2022, 12쪽.

서 적지 않게 발견되는 '耐之'·'當耐'라고만 규정된 조문의 耐는 漢文帝 刑制改革 이후에는 없어지게 된다. 또한 秦漢律에서 上造 이상의 유작자와 같은 특수신분에 형벌이 적용되었던 '耐爲鬼薪白粲' 역시 일반적인 유기노역형으로 바뀌게 된다. 秦漢律에서 '耐爲鬼薪白粲'의 특수한 형벌적 성격을 잘 보여주는 것이 『漢書』「惠帝紀」의 다음과 같은 내용이다.

　　작위가 五大夫 이상인 자, 600石 이상의 長吏, 및 황제의 近臣으로 잘 알려진 자로 죄를 지어 족쇄를 채우게 된 자는 너그러이 풀어주도록 한다. 上造 이상 및 內公孫·外公孫·內耳孫·外耳孫이 죄가 있어 肉刑에 해당하거나 城旦舂에 해당하면, 耐해서 鬼薪白粲으로 한다. 백성 중에 70세 이상자나 10살 미만자가 죄를 지어 형벌에 처해야 하는 경우에 모두 肉刑을 면하고 신체를 완전하게 보존할 수 있다.37)

『漢書』「惠帝紀」의 위의 내용은 작위가 五大夫 이상인 자, 600石 이상의 長吏, 및 황제의 近臣에 대한 형벌적 특혜와 上造 이상의 유작자와 그 처 및 일정 범위내의 종실성원이 肉刑·城旦刑에 상당하는 죄를 범하였을 때, 耐鬼薪白粲刑에 해당되는 것을 규정한 것인데, 거의 유사한 내용이 『二年律令』에 보이며 『睡虎地秦簡』·『奏讞書』에도 유사한 규정이 있다.38) 『胡家草場西漢簡』이전의 秦漢律에서 鬼薪白粲은 범죄내용만으로 인해 직접적으로 鬼薪白粲이 되는 사례는 찾아볼 수 없고, 반드시 범죄자의 신분이 量刑의 결정적인 요소로 연결되고 있다는 특징을 확인할 수 있다.39) 『胡家草場西漢簡』에서는 '耐爲司寇'와 마찬가지로 범죄자의 신분적 요소에 따른 차이는 적어도 盜罪의 기준에서는 사라지고 일반적인 유기노역형으로 바뀌게 된다.40)

---

37) 『漢書』 권2, 「惠帝紀」, 85쪽, "爵五大夫·吏六百石以上, 及宦皇帝而知名者, 有罪當盜械者, 皆頌繫. 上造以上·及內外公孫耳孫有罪當刑, 及當爲城旦舂者, 皆耐爲鬼薪白粲. 民年七十以上, 若不滿十歲有罪當刑者, 皆完之."
38) 林炳德, 「秦·漢律의 耐刑과 司寇」, 『中國史硏究』 134, 2021, 5쪽.
39) 宮宅潔, 『中國古代刑制史의 硏究』, 99쪽.

IV. 公卒·士伍·庶人의 변화

한편, 『選粹』에는 다음과 같은 규정이 나온다.

大夫以上年九十, 不更九十一, 簪裊九十二, 上造九十三, 公士九十四, 士五(伍)九十五以上者, 稟鬻米一石.

大夫 이상으로 90세, 不更은 91세, 簪裊는 92세, 上造 93세, 公士 94세, 士伍로 95세 이상인 자에게는 각각 鬻米 1石을 매달 지급한다.[41]

『胡家草場西漢簡』의 위의 규정은 『二年律令』의 "大夫以上[年]九十, 不更九十一, 簪裊九十二, 上造九十三, 公士九十四, 公卒·士五(伍)九十五以上者, 稟鬻米月一石."[42]과 비교하여 『選粹』의 규정에는 '公卒'이 빠져있음을 알 수 있다. 『二年律令』鬻米 지급규정에는 公卒과 士伍는 그 대상으로 되어 있고, 95세에 지급하는 것으로 되어 있어서 公卒과 士伍의 차이는 없고 庶人은 빠져있으므로 公卒·士伍와 庶人 사이에는 차이를 두고 있다. 鬻米 지급규정에만 '公卒'이 빠져있는 것이 아니라 王杖을 하사하여 노인들의 권익을 상징하는 표식으로 삼는 '受杖'에도 『選粹』와 『二年律令』의 규정이 다르다.

大夫以上年七十, 不更七十一, 簪裊七十二, 上造七十三, 公士七十四, 士五(伍)七十五, 皆受杖(仗).

大夫 이상으로 70세, 不更은 71세, 簪裊는 72세, 上造 73세, 公士 74세, 士伍로 75세 이상인 자에게는 모두 杖을 받도록 한다.[43]

---

40) 水間大輔, 「胡家草場漢看『律令』と文帝刑制改革」, 『中央學院大學法學論叢』 36-1, 2022, 13~14쪽.
41) 『選粹』, 77쪽.
42) 『二年律令與奏讞書』, 354簡, 230쪽.
43) 『選粹』, 78쪽.

『胡家草場西漢簡』의 위의 규정과 비교하여『二年律令』에는 "大夫以上年七十, 不更七十一, 簪裊七十二, 上造七十三, 公士七十四, 公卒·士五(伍)七十五, 皆受杖(仗)."44)이라 하여 鬻米 지급규정과 마찬가지로 公卒과 士伍는 75세에 노인들의 권익을 상징하는 표식으로 삼는 '受杖'의 대상이 되어 있고, 公卒·士伍는 지급대상이 되지만, 庶人은 빠져있다. 즉 鬻米규정과 마찬가지로 受杖규정도 公卒과 士伍는 동일하며 公卒·士伍와 庶人 사이에는 차이를 두고 있다. 『胡家草場西漢簡』의 규정에는『二年律令』의 '公卒'이 빠져있음을 알 수 있다. 한편, 『胡家草場西漢簡』의 免老 규정에는,

大夫以上年五十八, 不更六十二, 簪裊六十三, 上造六十四, 公士六十五, 士五(伍)六十六, 隱官六十七, 皆爲免老.

大夫以上은 58세, 不更은 62세, 簪裊는 63세, 上造는 64세, 公士는 65세, 士伍는 66세, 隱官은 67세로 모두 免老에 처한다.45)

라 하여 역시 '公卒'이 빠져있고, 隱官이 나와 있다. 『二年律令』에는 免老 규정이 "大夫以上年五十八, 不更六十二, 簪裊六十三, 上造六十四, 公士六十五, 公卒以下六十六, 皆爲免老."46)라 하여 단지 "公卒以下"로 되어 있는데, "公卒以下"로 되어 있는 경우의 "公卒以下"는 아마도 士伍·庶人·司寇·隱官이 포함된 것으로 보아야 한다.47) 그런데, 위의『選粹』에서 주목되는 것은 단지 '公卒'만이 아니라 '庶人'과 '司寇'도 빠져있다는 점이다. 여기서 '司寇'가 빠진 것은『二年律令』에서 '準庶人'이었던 '司寇'가『胡家草場西漢簡』에서 형기 2년의 노역형도로 바뀌었기 때문에 당연하지만, 庶人이 빠진 것에

---

44) 『二年律令與奏讞書』, 355簡, 231쪽.
45) 『選粹』, 79쪽.
46) 『二年律令與奏讞書』, 231쪽, 356簡.
47) 陳偉, 「胡家草場漢簡律典與漢文帝刑制改革」, 『武漢大學學報(哲學社會科學版)』75-2, 2022, 81쪽 ; 水間大輔, 「胡家草場漢看『律令』と文帝刑制改革」, 『中央學院大學法學論叢』36-1, 2022, 17~18쪽.

대한 합리적인 설명이 필요하다. 이와 관련하여 주목해야 하는 것이 『胡家草場西漢簡』의 다음 규정이다.

  … 公乘卄宅, 公大夫九宅, 官大夫七宅, 大夫五宅, 不更四宅, 簪裊三宅, 上造二宅, 公士一宅半宅, 士五(伍).
  … 公乘은 20宅, 公大夫는 9宅, 官大夫는 7宅, 大夫는 5宅, 不更은 4宅, 簪裊는 3宅, 上造는 2宅, 公士는 1宅半, 士五(伍).[48]

『胡家草場西漢簡』의 「戶律」은 유감스럽게도 士伍이하의 기록은 나오지 않는다. 이 부분 『二年律令』의 규정은 "… 公乘卄宅, 公大夫九宅, 官大夫七宅, 大夫五宅, 不更四宅, 簪裊三宅, 上造二宅, 公士一宅半宅, 公卒·士五(伍)·庶人一宅, 司寇·隱官半宅. 欲爲戶者, 許之."라고 되어 있다. 즉 "公卒·士五(伍)·庶人"으로 竝列되고, 그 아래 "司寇·隱官半宅"이 나온다. 앞서 '免老'규정과 비교하면, 아마도 士伍이하는 "士五(伍)一宅, 隱官半宅."으로 되었을 가능성이 높다. 이와 관련하여 陳偉는 『胡家草場西漢簡』에서 公卒은 士伍에 포함되고 庶人 또한 士伍에 融入되었을 가능성이 높다고 보았다.[49] 특히 公卒의 경우 漢文帝 13년의 刑制改革 당시 消失되었을 것으로 이해한다.[50] 필자는 『胡家草場西漢簡』에서 公卒은 士伍에 포함되고 庶人 또한 士伍에 融入되었을 가능성이 높다고 본 陳偉의 견해에 동의한다. 그러면 漢文帝 13년의 刑制改革에서 公卒과 庶人을 士伍에 포함시킨 이유가 무엇일까? 公卒·士伍와 庶人 사이의 명백한 차이점은 다음의 『嶽麓秦簡』에서 확인할 수 있다. 『嶽麓秦簡』의 다음 사례를 보면, 士伍 이상의 신분은 里典·父老에 임명될 수 있지만, 庶人은 그 임명 후보군에서 배제되었다.

---

48) 『選粹』, 60쪽.
49) 陳偉, 「胡家草場漢簡律典與漢文帝刑制改革」, 『武漢大學學報(哲學社會科學版)』75-2, 2022, 81쪽.
50) 위와 같음.

① • 尉卒律曰 : 里自卅戶以上置典·老各一人, 不盈卅戶以下, 便利, 令與其旁里共典·老, … 置典·老, 必里相誰(推), 以其里公卒·士五(伍)年長而毋(無)害者爲典·老, … 毋(無)爵者不足, 以公士, 縣毋(衍字)命爲典·老者, 以不更以下, 先以下爵.

• 「尉卒律」의 規定 : 里는 30戶 이상부터 里典과 父老 각각 1인을 두며, 30戶 미만인 경우 편리한대로 旁里와 里典, 父老를 공유한다. … 里典과 父老를 둘 때에는 반드시 里人이 서로 추천하게 해야 하고, 그 里의 公卒, 士伍 가운데 연장자이면서 毋害한 자를 里典과 父老로 한다. … 無爵者의 수가 부족한 경우 公士로써 임명하며, 縣이 里典과 父老를 임명할 때는 不更 이하로서 하되, 下爵부터 임명한다.[51]

② • 置吏律曰 : … 害(憲)盜, 除不更以下到士五(伍), 許之.

• 「置吏律」의 規定 : … 憲盜는 不更이하 士伍까지의 신분을 임용하면 허락한다.[52]

③ • 置吏律曰 : 縣除小佐毋(無)秩者, 各除其縣中, 皆擇除不更以下到士五(伍)史者, 爲佐, 不足, 益除君子子·大夫子·小爵及公卒·士五(伍)子年十八歲以上備員, 其新黔首勿强, 年過六十者勿以爲佐. 人屬弟·人復子欲爲佐吏.

• 「置吏律」의 規定 : 縣에서 小佐 가운데 無秩者를 임용할 때에는 각각 그 현에서 임용하는데, 모두 不更이하에서 士伍까지의 史에서 골라 임용하며 佐로 삼는다. 부족하면 君子의 子·大夫의 子·小爵 및 公卒·士伍의 子로서 18세 이상으로 관원이 될 수 있는 자격을 갖춘 자에서 추가로 임용한다.[53]

먼저 ①의 『嶽麓秦簡(肆)』 「尉卒律」은 里典과 父老의 임명 조건에 대한 규정이다. 里典과 父老의 임명 조건 가운데 가장 중요한 원칙으로 무작자인

---

51) 『嶽麓秦簡(肆)』, 115~116쪽, 68~68簡.
52) 위의 책, 136~137쪽, 207~209簡.
53) 위의 책, 137~138쪽, 210~211簡.

公卒·士伍 연장자 가운데서 毋害한 자를 거론하고 있다. 里典·父老에 가급적 有爵者 대신 無爵者를 임명함으로써 公士 이상 有爵者에게 苦役을 주지 않으려는 취지가 보인다. 때문에 下爵 우선 임명의 원칙을 취하여서 公卒·士伍의 無爵者를 우선 임명하고, 그 다음에 不更이하의 유작자로 임명하였던 것으로 보인다. 주목할 것은 庶人이 里典·父老의 임명 대상에서 제외되었다는 사실이다. ②에서는 도적을 잡는 책임이 있는 少吏인 憲盜와 縣에서 小佐 가운데 無秩者에 각각 不更 이하 士伍까지 임명할 수 있다고 되어 있는데, 특별히 ③에서는 不更이하 士伍가 부족하면 君子의 子·大夫의 子·小爵 및 公卒·士伍의 子로서 18세 이상으로 관원이 될 수 있는 자격을 갖춘 자에서 추가로 임용한다고 되어 있다. 어떤 경우이건 縣少吏 임용에도 庶人이 배제되고 있음을 알 수 있다. 이러한 사실에서 본다면 동일한 無爵者라고 하더라도 公卒·士伍와 庶人 사이에는 차이가 존재한다는 사실을 알 수 있다.[54] 다만, 『嶽麓秦簡(肆)』「尉卒律」 ①, ②, ③에서 公卒·士伍와 庶人 사이에는 차이가 존재하지만, 公卒과 士伍 사이의 차이는 찾아볼 수 없다. 『二年律令』에도 公卒과 士伍 사이의 차이는 나오지 않는다. 公卒·士伍·庶人에 대한 『二年律令』의 受田宅 규정에는,

① 關內侯九十五頃, 大庶長九十頃, … 公士一頃半頃, 公卒·士五·庶人各一頃, 司寇·隱官各五十畝 ….
關內侯는 95경, 大庶長은 90경, … 公士는 1경반, 公卒·士五·庶人은 각 1경, 司寇·隱官은 각각 50무 …[55]

② … 徹侯受百五宅, 關內侯九十五宅, 大庶長九十宅, … 公士一宅半宅, 公卒·士五(伍)·庶人一宅, 司寇·隱官半宅.
… 徹侯는 105宅을 받고, 關內侯는 95宅, 大庶長은 90宅, … 公士는 1.5宅,

---

54) 任仲爀, 「秦漢律에 보이는 庶人의 개념과 존재 – 陶安, 呂利, 椎名一雄의 견해와 관련하여 –」, 『中國古中世史硏究』 50, 2018, 26~27쪽.
55) 『二年律令與奏讞書』, 310~312簡, 216쪽.

公卒·士伍·庶人은 一宅, 司寇·隱官은 半宅.56)

라 하여 똑같이 1頃1宅으로 나오고 있다. 또한 『二年律令』에는 公卒·士伍와 庶人 사이에는 鬻米 지급규정, 受杖규정의 차이, 免老규정의 차이가 보이고, 『嶽麓秦簡』에는, 里典·父老 임명의 차이가 각각 존재하는 것은 사실이지만, 『二年律令』에는 가장 중요한 田宅의 경우 公卒·士伍와 庶人이 동일한 것으로 나타나고 있다. 公卒·士伍와 庶人의 차이는 20등급작 사이에 존재하는 다른 작과의 차이에 비해서도 매우 작은 차이에 불과한 것으로 나와 있다. 예를 들어 19등급작인 關內侯는 95頃 95宅을 지급받는 것으로 되어 있는데, 18등급작인 大庶長의 경우 90頃 90宅을 지급받는 것으로 되어 있다. 즉 19등급과 18등급작 사이에는 5頃 5宅의 차이가 존재한다. 게다가 公士·公卒·士伍·司寇·隱官의 後子는 士伍로 된다. 秦漢律의 爵制는 徒隸와 徹侯를 제외하고 최종적으로 士伍로 수렴되는 '士伍로의 수렴시스템'이었다.57) 물론 앞서 살펴보았듯이 公卒·士五와 庶人 사이에는 '鬻米'·'受杖'·'免老' 규정상의 차이가 존재하지만 이것은 장수해야만 누릴 수 있는 차이였고, 현실적으로 이런 특혜를 누릴 만큼 장수를 누리는 사람은 드물었다.58) 적어도 公卒과 士伍의 차이는 秦漢律에서 찾기 어렵다. 물론 公卒·士伍와 庶人 사이에는 다음과 같은 차이가 존재한다.

奴婢爲善而主欲免者, 許之, 奴命曰私屬, 婢爲庶人, 皆復使及筭(算)事之如奴婢. 主死若有罪, 以私屬爲庶人. 刑者以爲隱官. 所免不善, 身免者得復入奴婢

---

56) 『二年律令與奏讞書』, 314~316簡, 218쪽.
57) 任仲爀, 「秦漢律의 耐刑-士伍로의 수렴 시스템과 관련하여」, 『中國古中世史硏究』 19, 2008.
58) "고대인의 평균 수명은 매우 짧았는데, 이는 유아 사망률이 높았기 때문이다. 고대 중국에서도 성인이 되기 전 사망률은 50% 정도였던 것으로 알려져 있다(宮宅潔, 『ある地方官吏の生涯-木簡が語る中國古代人の日常生活-』, 京都 : 臨川書店, 2021, 201쪽." 『二年律令』의 '免老'규정을 보면 50대를 老人으로 분류하고 있다(『二年律令與奏讞書』, 356簡, 231쪽).

之. 其亡, 有它罪, 以奴婢律論之.

노비가 착한 일을 해서 노비의 주인이 노비 신분을 免하게 하려는 경우는 이를 허용한다. 奴는 私屬이라고 부르고 婢는 庶人이 된다. 모두 勞役과 算賦는 면제하지만, 奴婢였을 때와 마찬가지로 使役한다. 주인이 죽거나 혹은 주인에게 죄가 있으면, 私屬을 庶人으로 하고, 肉刑을 받게 된 사람은 隱官으로 한다. 노비의 신분에서 벗어난 사람이 선량하지 않으면, 노비 신분에서 면해진 자는 다시 노비로써 몰입할 수 있다. 도망해서 다른 죄를 지었을 경우 奴婢律로 논죄한다.[59]

위의 『二年律令』「亡律」의 규정에 따르자면, 免奴가 庶人이 되기 위해서는 免奴→ 私屬→ 庶人의 3단계를 거치고, 免婢는 免婢→ 庶人의 2단계를 거친다. 『二年律令』에서도 公卒·士伍·庶人은 크게 구분할 만한 큰 차이가 없었다. 큰 차이가 없었음에도 이를 특별히 구분한 것은 "奴命曰私屬, 婢爲庶人" 혹은 婢를 포함한 隷妾 등을 庶人으로 하는 조치, 즉 "女子以爲庶人"으로 하는 조치와[60] 免奴 이후 私屬을 거쳐 庶人이 되는 것과 관련이 있었다고 생각한다. 그런데, 『胡家草場西漢簡』에는 "民欲免奴婢以爲私屬者, 許. 其有罪及筭(算)事之, 皆如奴婢."[61]로 되어 있다. 『二年律令』에서 免奴의 명칭은 '私屬', 免婢의 명칭은 '庶人'이었는데, 『胡家草場西漢簡』에서는 免婢의 명칭이나 免奴의 명칭은 모두 '私屬'으로 변하였다.[62] 다시 말하자면, 『二年律令』에 보이는 "女子以爲庶人"의 규정과 免奴가 私屬을 거쳐 庶人으로 하는 규정이 『胡家草場西漢簡』에서 사라졌다는 것을 의미한다. 『胡家草場西漢簡』

---

59) 『二年律令與奏讞書』, 162~163簡, 155쪽.
60) 이러한 사례를 기초로『二年律令』「具律」에 나오는 '女子庶人'은『二年律令與奏讞書』의 주석의 해석처럼 "女子以爲庶人"으로 이해된다(林炳德,「秦·漢律의 庶人 – 庶人泛稱說에 對한 批判」,『中國史硏究』 125, 2020, 5~13쪽).
61) 『選粹』, 30쪽.
62) 陳偉,「胡家草場漢簡律典與漢文帝刑制改革」,『武漢大學學報(哲學社會科學版)』 75-2, 2022, 81쪽.

에서 庶人이 士伍에 통합된 것은 免奴婢를 庶人으로 하는 과정이 사라진 것과 관련이 있다고 생각한다.

Ⅴ. 城旦舂의 변화

1. 完城旦舂

完城旦舂의 변화를 담고 있는 『漢書』「刑法志」의 본문은 다음과 같다.

> 무릇 이제까지 完刑에 해당하는 자는 고쳐서 完하여 城旦舂으로 한다.[63]

위의 『漢書』「刑法志」의 본문 "諸當完者, 完爲城旦舂. 當黥者, 髡鉗爲城旦舂."에서 문제가 된 것은 "諸當完者, 完爲城旦舂(무릇 이제까지 完刑에 해당하는 자는 고쳐서 完하여 城旦舂으로 한다)."라는 문장이었다. 完은 肉刑을 가하지 않고 신체를 온전히 보존한다는 의미. 臣瓚은 "完爲城旦舂"의 完을 髡으로 해석하였다.[64] 臣瓚이 이를 完이 아닌 髡으로 본 이유는, 문장대로 해석할 경우, 完을 完으로, 즉, 完城旦舂을 完城旦舂으로 고치라고 하는 것이 되어 文意가 통할 수 없기 때문이었다. 따라서 臣瓚은 "諸當完者, 完爲城旦舂"을 "諸當髡者, 完爲城旦舂"으로 고쳐야 한다고 주장했다. 臣瓚의 해석 이후 濱口重國, 內田智雄, 高潮·徐世虹 등[65] 다수가 이 견해를 따르고

---

63) 『漢書』 권23, 「刑法志」, 1099쪽, "諸當完者, 完爲城旦舂."
64) 위의 책, 1099쪽, "臣瓚曰:「文帝除肉刑, 皆有以易之, 故以完易髡, 以笞代劓, 以釱左右止代刖. 今旣曰完矣, 不復云以完代完也. 此當言髡者完也.」"
65) 濱口重國, 「漢代における强制勞動刑その他」, 『秦漢隋唐史の硏究』, 東京大學出版會, 1966 ; 內田智雄, 『譯註中國歷代刑法志』, 東京 : 創文社, 1964 ; 內田智雄編, 冨谷至補, 『譯注中國歷代刑法志(補)』, 東京 : 創文社, 2005 ; 高潮·徐世虹, 『中國歷代刑法志注釋』, 吉林 : 吉林人民出版社, 1994.

있다. 그러나 若江賢三과 冨谷至에 의해 이 完을 그대로 보아야 한다고
하는 견해가 제시되었다. 若江賢三은 諸完의 諸에 주목하여 漢文帝의 刑法改
革 이전에 복수의 여러 完刑이 있었는데, 결국 刑法改革 이후 이러한 여러
종류의 完刑을 모두 정리하여 完城旦舂 하나로 통일하였다고 한다.66) 若江賢
三의 견해는 耐刑을 完刑으로 이해하여 이를 '諸完'으로 해석한 것이었다.
그러나 『二年律令』에는 '完城旦舂以下到耐罪'라고 되어 있다.67) 즉 完城旦과
耐罪는 다른 것으로 되어 있다. 따라서 若江賢三의 주장은 성립되지 않는다.
任仲爀은 完이 完으로 그대로 存置된 것은 文帝 刑制改革이 단지 肉刑(黥·劓·
斬左止)에만 관련된 것이므로 完刑은 변화를 줄 필요성이 없었기 때문이었다
는 견해를 제시하였다.68) 完이 髡의 잘못이라는 臣瓚의 주장이 설득력을
가지려면 秦律, 二年律令 단계에서 髡鉗城旦舂이 존재해야 한다. 任仲爀의
견해대로 『二年律令』에는 아예 髡이라는 용어가 한 번도 출현하지 않은
것으로 보아 이 형명은 文帝 13년에 이르러서야 비로소 출현한 것이 확실하
다. 冨谷至는 漢文帝의 刑法改革 이전에는 髡鉗城旦舂이 존재하지 않았다는
점을 들어 完을 髡으로 수정하지 않고 그대로 完으로 보아야 한다는 견해를
제시하고 있다.69) 『漢書』「刑法志」의 "諸當完者, 完爲城旦舂. 當黥者, 髡鉗爲
城旦舂."과 관련해서는 『二年律令』「盜律」과 『胡家草場西漢簡』「盜律」의 다음
규정이 주목된다.

① 盜藏(臧)直(値)過六百六十錢, 黥爲城旦舂. 六百六十到二百卄錢, 完爲城旦
舂.70)

---

66) 若江賢三, 「髡刑および完刑を巡って」, 『秦漢律と文帝の刑法改革の硏究』, 東京: 汲古書
院, 2015, 33~37쪽.
67) 『二年律令與奏讞書』, 170簡, 158쪽.
68) 任仲爀, 「秦漢 의 髡刑, 完刑, 耐刑」, 『中國古中世史硏究』 18, 2007, 229쪽.
69) 冨谷至, 「ふたつの刑徒墓-秦~後漢の刑役と刑期-」, 『中國貴族制社會の硏究』(京都,
1987)에서 처음 이러한 견해를 발표하였는데, 1998년 『秦漢刑罰制度の硏究』에서
재정리하여 수록하였다(冨谷至, 「漢代の勞役刑-刑期と刑役-」, 『秦漢刑罰制度の硏
究』(京都: 同朋社), 1998, 144~145쪽).

② 盜臧(贓)直(値)六百錢以上, 髡爲城旦舂. 不盈到五百, 完爲城旦舂.[71]

　①은 『二年律令』「盜律」이고, ②는 『胡家草場西漢簡』「盜律」의 규정이다. ①은 도둑질하여 취한 재물의 가치가 660錢을 넘으면 黥城旦舂에 처하고 660錢에서 220錢이면 完城旦舂에 처한다고 되어 있다. 그에 비해 ②는 도둑질하여 취한 재물의 가치가 600錢을 넘으면 髡城旦舂에 처하고 600錢에서 500錢이면 完城旦舂에 처한다고 되어 있다. 먼저, 주목되는 것은 漢初의 律令인 『二年律令』에서 贓價 660錢 이상이 黥城旦舂이었던 것이 『胡家草場西漢簡』에서는 髡城旦舂으로 변화하였고, 『二年律令』에서 贓價 660錢에서 220錢이면 完城旦舂이었던 것이, 『胡家草場西漢簡』에서는 600錢에서 500錢이면 完城旦舂으로 처벌하고 있다. 漢初의 律令인 『二年律令』에서는 贓價의 기준이 秦律과 마찬가지로 110전인데, 『胡家草場西漢簡』에는 100전으로 되어 있다. 贓價의 기준의 변화와 贓價 액수의 변화를 제외하면 ①의 『二年律令』「盜律」과 ①의 『胡家草場西漢簡』「盜律」의 규정은 『漢書』「刑法志」의 "諸當完者, 完爲城旦舂. 當黥者, 髡鉗爲城旦舂."의 규정과 내용상 모순 없이 일치한다. 『漢書』「刑法志」의 "諸當完者, 完爲城旦舂"의 '諸當完者'의 '完'을 '髡'으로 보아야 할 이유가 없음을 보여준다. 즉 "諸當完者, 完爲城旦舂"을 "諸當髡者, 完爲城旦舂"으로 고쳐야 한다고 주장한 臣瓚이래의 주장은 오류임이 분명해졌고, 이로써 臣瓚을 비롯한 顔師古 등의 주석가들이 秦漢律을 보지 못했다는 것도 거의 확실해졌다. 즉 다음의 『二年律令』과 『胡家草場西漢簡』의 규정도 『漢書』「刑法志」의 "諸當完者, 完爲城旦舂"의 '諸當完者'의 '完'을 '髡'으로 보아야 할 이유가 없음을 보여준다.

---

70) 『二年律令與奏讞書』, 56簡, 112쪽, "盜臧(贓)直(値)過六百六十錢, 黥爲城旦舂. 六百六十到二百卅錢, 完爲城旦舂. 不盈二百卅到百一十錢, 耐爲隸臣妾. 不盈百一十到卄二錢, 罰金四兩. 不盈卄二錢到一錢罰金一兩."
71) 『胡家草場西漢簡』, 16쪽.

① 수자리를 서야 하는데 이미 명령을 받고도 달아나서 (임지로) 가지 않은 것이 만 5일이거나, 수자리를 서면서 몰래 부서를 이탈하거나 도망한 것이 만1일 이상 5일까지는 罰金十二兩에 처한다. 만 5일이 넘으면 耐爲隷 臣이다. <u>3개월이 넘으면 完爲城旦이다.</u>72)

② 수자리를 서야 하는데 이미 명령을 받고도 달아나서 (임지로) 가지 않은 것이 만7일이거나, 수자리를 서면서 몰래 부서를 이탈하거나 도망한 것이 만1일 이상 7일까지는 贖耐에 처한다. 만7일이 넘으면 耐爲隷臣이다. <u>3개월이 넘으면 完爲城旦이다.</u>73)

①의 『胡家草場西漢簡』과 ②의 『二年律令』의 규정도 漢初의 完城旦이 刑制改革 후에도 完城旦 그대로 유지되었음을 보여준다. 이상 2개의 사례만으로도 『漢書』「刑法志」의 "諸當完者, 完爲城旦舂"의 '諸當完者'의 '完'은 '髡'이 아닌 '完'으로 보아야 하는 것이 분명해졌다고 생각한다.

2. 髡鉗城旦舂

髡鉗城旦舂에 대한 『漢書』「刑法志」의 기술은 다음과 같다.

> "黥刑에 해당하는 자는 髡鉗城旦舂으로 한다."74)

漢文帝의 刑制改革의 핵심은 肉刑의 폐지였다. 따라서 위의 "當黥者, 髡鉗 爲城旦舂."의 내용에 대해서는 별다른 이론이 없는 상태이다. 다음의 『二年律令』「賊律」과 『胡家草場西漢簡』「賊律」에서도 『漢書』「刑法志」의 "當黥者,

---

72) 『胡家草場西漢簡』, 46쪽, "諸當戍, 已受令而逋不行盈五日, 若戍盜去署及亡盈一日到五日, 罰金十二兩；過五日, 耐爲隷臣；過三月, 完爲城旦."
73) 『二年律令與奏讞書』, 398간, 243쪽, "當戍, 已受令而逋不行盈七日, 若戍盜去署及亡過一日到七日, 贖耐；過七日, 耐爲隷臣；過三月, 完爲城旦."
74) 『漢書』 권23, 「刑法志」, 1099쪽, "當黥者, 髡鉗爲城旦舂."

髡鉗爲城旦舂."이 확인된다.

① 관리의 宿舍·민간의 가옥·小屋의 저장 곡물에 방화한 자는 黥城旦舂으로 한다. 失火에 의해서 이를 延燒한 경우에는 벌금 四兩이며, 불탄 것을 賠償하도록 한다.[75]
② 관리의 宿舍·민간의 가옥·小屋의 저장 곡물에 방화한 자는 髡城旦舂으로 한다. 失火에 의해서 이를 延燒한 경우에는 벌금 四兩이며, 불탄 것을 賠償하도록 한다.[76]

①의 『二年律令』과 ②의 『胡家草場西漢簡』의 규정을 보면, 黥城旦舂이 髡城旦舂으로 바뀐 것이 확인된다. 앞서 『二年律令』「盜律」과 『胡家草場西漢簡』「盜律」의 다음 규정도 이와 일치한다.

① 도둑질하여 취한 재물의 가치가 660전을 넘으면 黥城旦舂에 처한다.[77]
② 도둑질하여 취한 재물의 가치가 600전을 넘으면 髡城旦舂에 처한다.[78]

이상 『二年律令』「賊律」과 『胡家草場西漢簡』「賊律」의 사례와 『二年律令』「盜律」과 『胡家草場西漢簡』「盜律」의 사례를 통해서 『漢書』「刑法志」의 "當黥者, 髡鉗爲城旦舂."의 규정이 혹은 보편적으로 적용되었다고 생각된다. 그런데, 『漢書』「刑法志」의 "當黥者, 髡鉗城旦舂."은 예외 없이 적용되었다고 판단되지만, 黥城旦舂이 髡鉗城旦舂이 아닌 보다 무거운 형벌로 바뀐 다음의 사례가 확인된다.

---

75) 『二年律令與奏讞書』, 4簡, 91쪽.
76) 『胡家草場西漢簡』, 25쪽.
77) 『二年律令與奏讞書』, 55簡, 112쪽, "盜藏(臧)直(値)過六百六十錢, 黥爲城旦舂."
78) 『胡家草場西漢簡』, 16쪽.

① 타인을 恐喝해서 錢財를 요구하거나, 도둑질하고 사람을 살상하거나, 묘를 도굴하거나, 사람을 유괴해서 팔거나 이미 유괴했지만 아직 팔지 않았거나, 거짓 관리 행세를 하거나, 吏를 자칭해서 도둑질한다면 모두 磔刑에 처한다. 어떤 사람이 타인을 유괴해서 팔고 있는 것을 알면서도 거래관계를 가지면 같은 죄에 처한다. 팔아서는 안 되는데, 사적으로 인신매매를 하면, 파는 사람은 모두 黥城旦舂에 처한다. 산 자가 그 사정을 알았다면 같은 죄에 처한다.79)

② 타인을 恐喝해서 錢財를 요구하거나, 도둑질하고 사람을 살상하거나, 묘를 도굴하거나, 사람을 유괴해서 팔거나 이미 유괴했지만 아직 팔지 않았거나, 거짓 관리 행세를 하거나, 吏를 자칭해서 도둑질한다면 모두 磔刑에 처한다. 어떤 사람이 타인을 유괴해서 팔고 있는 것을 알면서도 거래관계를 가지면 같은 죄에 처한다. 팔아서는 안 되는데, 사적으로 인신매매를 하면, 파는 사람은 모두 棄市에 처한다.80)

①의『二年律令』, ②는『胡家草場西漢簡』의 규정이다. 그런데, ①의『二年律令』의 黥城旦舂이 ②의『胡家草場西漢簡』에서는 髡鉗城旦舂으로 바뀌지 않고 棄市로 변하고 있다. 이것은 물론『漢書』「刑法志」의 "當黥者, 髡鉗爲城旦舂."의 규정에 맞지 않는다. 이 부분에 대해서는 어떻게 이해해야 할까?『漢書』「刑法志」에서 棄市에 해당하는 내용은 다음과 같다.

① 斬右止에 해당하거나 ② 살인하고 발각되기 전에 자수한 자, ③ 뇌물을 받고 법을 어긴 관리, ④ 관의 재물을 관리하는 직책에 있으면서

---

79)『二年律令與奏讞書』, 115~117쪽, 65~67簡, "恐猲人以求錢財, 盜殺傷人, 盜發冢, 略賣人若已略未賣, 橋(矯)相以爲吏, 自以爲吏以盜, 皆磔. 智(知)人略賣人而與賈, 與同罪. 不當賣而和爲人賣, 賣者皆黥爲城旦舂 ; 買者智(知)其請(情), 與同罪."

80)『胡家草場西漢簡』, 18쪽, "恐猲人以求錢財, 盜殺傷人, 盜發冢, 略賣人若已略未賣, 橋(矯)相以爲吏, 自以爲吏以盜, 皆磔. 智(知)人略賣人而與賈, 與同罪. 不當賣而和爲人賣, 賣者及智者智(知)其請(情)而買者, 皆棄市."

도둑질한 관리, 이미 판결을 받고 죄명이 정해진 뒤에 더욱 태형에 상당하는 죄를 범한 자는 모두 棄市로 한다.[81]

위 문장은 『漢書』 「刑法志」의 漢文帝 刑法改革에서 棄市에 해당하는 부분인데, 張建國은 이 문장에서 '及'이 나오는 것에 주목하여 '及'의 전후를 중심으로 병렬관계에 있는 문장임을 지적하고 있다. 즉 ①, ②, ③, ④가 각각 棄市에 해당한다는 것이다.[82] 그런데, 이 규정에도 앞서의 유괴죄를 棄市에 처한다는 내용이 포함되어 있지 않다. 유괴죄와 관련된 규정으로는 『魏書』 「刑罰志」에 다음과 같은 내용이 나온다.

3년[83]에 尙書 李平이 상주[84]하기를, "冀州 阜城의 백성 費羊皮는 어머니가 돌아가셨지만 집이 가난하여 장례를 치를 수가 없었기 때문에 7세

---

81) 『漢書』 권23, 「刑法志」, 1099쪽, "當斬右趾, 及殺人先自告, 及吏坐受賕枉法, 守縣官財物而卽盜之, 已論命復有笞罪者, 皆棄市."
82) 張建國, 「西漢刑制改革試探」, 『歷史研究』 1996. 8, 16쪽. 즉 "當斬右止, 棄市. 殺人先自告, 棄市. 吏坐受賕枉法, 已論命復有(籍)笞罪者, 棄市. 守縣官財物而卽盜之, 已論命復有(籍)笞罪者, 棄市."로 해석해야 한다는 것이다. 이에 대하여 王紀潮는 "當斬右止, 已論命復有笞罪者, 棄市. 殺人先自告, 已論命復有笞罪者, 棄市. 吏坐受賕枉法, 已論命復有笞罪者, 棄市. 守縣官財物而卽盜之, 已論命復有笞罪者, 棄市."로 해석하여 "已論命復有笞罪者"를 모든 문장에 삽입하여 해석하고 있다(王紀潮, 「張家山漢簡'具律'的流變及"斬右趾"罪的棄市問題」, 『東南文化』 2004년 4기, 89~90쪽).
83) 『通典』 권167, 「刑法5」, '雜議下·後魏', 4315쪽에는 "後魏宣武帝景明中"(500~503)이라 하였지만, 전후 맥락을 통해 볼 때 延昌 3년(514)으로 보는 것이 옳다.
84) 이 「형벌지」에는 특정 사건의 처리나 판결을 둘러싸고 당시 궁정에서 관료나 법률 관료들 사이에 벌어졌던 법률적 논의를 자세히 전해주는 흥미 있는 두 가지 사건을 싣고 있는데, 그 가운데 하나가 바로 이하 전개되는 모친의 장례 비용을 마련하기 위해 자신의 여식을 노비로 판 아버지와 그 여식을 다시 다른 사람에게 팔아넘긴 사람의 죄상에 대한 논의이다. 이 불법적인 인신매매를 둘러싸고 조정에서 네 사람의 관료가 이 죄에 연루된 두 사람의 죄상에 대해 격렬한 논쟁을 벌이고 있다. 이 논의의 의미 및 그 배경이 되는 魏晉南北朝시기 인신매매의 전반에 대해서는 辛聖坤, 「魏晉南北朝時期 部曲의 再考察」, 『東洋史學硏究』 40, 1992 ; 林炳德, 「魏晉南北朝의 良賤制」, 『歷史學報』 142, 1994 ; 全永燮, 「北朝時期 部曲·客女 身分의 출현과 신분질서의 변화」, 『中國史硏究』 5, 1999 참조.

된 여식을 같은 阜城 사람인 張回에게 팔아서 婢가 되게 하였습니다. 장회는 그를 鄴縣의 백성 梁定之에게 轉賣하였으나 그 여식이 양민임을 말하지 않았습니다. 「盜律」에 따르면, '사람을 약탈하거나 사람을 掠賣하거나 사람을 和賣하여 노비로 삼은 경우 사형에 처한다.'고 하였습니다."[85]

"사람을 약탈하거나 사람을 掠賣하거나 사람을 和賣하여 노비로 삼은 경우 사형에 처한다(掠人·掠賣人·和賣人爲奴婢者, 死)."라는 규정과 『唐律』 「賊盜律」의 "무릇 사람을 畧取하거나 사람을 畧賣해서 노비로 삼은 자는 교수형에 처한다."[86]라는 규정은 『胡家草場西漢簡』의 "어떤 사람이 타인을 유괴해서 팔고 있는 것을 알면서도 거래관계를 가지면 같은 죄에 처한다. 팔아서는 안 되는데, 사적으로 인신매매를 하면, 파는 사람은 모두 棄市에 처한다(智(知)人略賣人而與賈, 與同罪. 不當賣而和爲人賣, 賣者及智者智(知)其請(情)而買者, 皆棄市)."에서 유래한 것으로 보이며 이 규정은 물론 『二年律令』의 "어떤 사람이 타인을 유괴해서 팔고 있는 것을 알면서도 거래관계를 가지면 같은 죄에 처한다. 팔아서는 안 되는데, 사적으로 인신매매를 하면, 파는 사람은 모두 黥城旦舂에 처한다(智(知)人略賣人而與賈, 與同罪. 不當賣而和爲人賣, 賣者皆黥爲城旦舂)."라는 규정에서 유래한 것으로 보인다. 『魏書』 「刑罰志」에 "掠人·掠賣人·和賣人爲奴婢者, 死"라는 규정과 『唐律』의 "諸畧人畧賣人, 爲奴婢者, 絞"라는 규정은, 略人·略賣人·和賣人이 각각 다른 개념이지만, 현실적으로는 구분이 어렵다는 상황을 반영해서 똑같은 처벌로 규정하였다. 略人·略賣人·和賣人이 현실적으로 구분하기 어렵다는 것은, 『魏書』 「刑罰志」의 다음 내용이 잘 설명하고 있다.

---

85) 『魏書』 권111, 「刑罰志」, 2880쪽, "三年, 尙書李平奏:「冀州阜城民費羊皮母亡, 家貧無以葬, 賣七歲子與同城人張回爲婢. 回轉賣於鄴縣民梁定之, 而不言良狀. 案盜律『掠人·掠賣人·和賣人爲奴婢者, 死』."
86) 『唐律疏議』, 第292條 賊盜 45, '畧人畧賣人', "諸畧人畧賣人, 爲奴婢者, 絞."

그런데 산 자가 양민인 것을 알고도 주저함이 없이 타인에게 眞賣하면서 상대방에게 그것을 입수한 연유를 말하지 않았다면, 다시 사들인 상대방은 진짜 노비라 생각하고 더욱 轉賣하게 될 것이고, 그 때문에 흘러 다니면서 그 소재를 알 수 없게 되고 그 가족이 다시 되사고자 하여도 찾을 방도가 없게 되어 영원히 천민의 신분으로 떨어져 양민으로 돌아올 기회가 없게 되는 것입니다. 이러한 경우 그 죄상을 생각해보면 略人과 다를 바가 없습니다.[87]

인신매매는 追贖을 조건으로 하는 기한부인신매매와 처음부터 양인을 노비로 파는 영구인신매매가 있다. 그러나 기한부인신매매는 곧 전매행위로 이어지고 전매행위를 거치면 노비가 된다. 결국 본질적으로는 略人과 다를 바가 없다는 것이 상기 『魏書』「刑罰志」의 지적이다.
앞서의 『二年律令』의 규정을 다시 살펴보면 다음과 같이 분석할 수 있다.

① 타인을 恐喝해서 錢財를 요구하거나, ② 도둑질하고 사람을 살상하거나, ③ 묘를 도굴하거나, ④ 사람을 유괴해서 팔거나, ⑤ 이미 유괴했지만 아직 팔지 않았거나, ⑥ 거짓 관리 행세를 하거나, ⑦ 吏를 자칭해서 도둑질한다면 모두 磔刑에 처한다. ⑧ 어떤 사람이 타인을 유괴해서 팔고 있는 것을 알면서도 거래관계를 가지면 같은 죄에 처한다. ⑨ 팔아서는 안 되는데, 사적으로 인신매매를 하면, 파는 사람은 모두 黥城旦舂에 처한다. ⑩ 산 자는 그 사정을 알았다면 같은 죄에 처한다.

즉 ①에서 ⑦까지는 각각 사형의 일종인 磔刑에 해당한다. 위의 내용을 보다 간략히 하면, 人身賣買에 간접적으로나마 부당하게 관여한 자도 黥城旦

---

[87] 『魏書』권111, 「刑罰志」, 2881쪽, "至如買者, 知是良人, 決便眞賣, 不語前人得之由緖. 前人謂眞奴婢, 更或轉賣, 因此流漂, 罔知所在, 家人追贖, 求訪無處, 永沉賤隷, 無復良期. 案其罪狀, 與掠無異."

春'으로 처한다는 것이다. 이것은, 인신의 略取 賣買 및 부당한 인신매매에 관여했던 자에의 科罰規定으로 人身을 略取해서 매매했으면 이에 관여했던 자도 같은 죄(磔刑)에 해당하고, 기타 부당한 매매에 관여하면 黥城旦舂에 처한다는 내용이다. 그런데, 여기에서 문제가 되는 부분은 "팔아서는 안 되는데 私的으로 인신매매를 하면, 파는 사람은 모두 黥城旦舂에 처한다."라는 ⑨의 내용, 즉 부당한 인신매매에 관여했던 자에의 科罰規定이다. 왜냐하면, 이 내용은 ④와 ⑤의 규정과 이론적으로는 구분이 가능하다 하더라도 현실적으로는 명확히 구분하기가 어렵기 때문이다. 즉 팔아서는 안 되는데, 사적으로 인신매매를 하거나 사람을 유괴해서 팔거나 이미 유괴했지만 아직 팔지 않은 행위를 모두 같은 형벌로 모두 磔刑에 해당한다는 규정과 비교해보면, 범죄 내용상 구분이 모호하다. 요컨대, 『胡家草場西漢簡』에서 髡鉗城旦舂으로 바뀌지 않고 棄市로 바뀐 위의 사례는, 『漢書』「刑法志」의 "當黥者, 髡鉗爲城旦舂."의 원칙의 예외적 적용이 아니라 『二年律令』과 『胡家草場西漢簡』 사이의 기간에 이 규정은 이미 律令의 校讎를 통하여 변경되었을 가능성이 있다고 이해하고 싶다. 陳中龍의 견해에 따르면, 地方官이 律令을 校讎하는 시기에 律令이 수정되는데, 새로운 율령이 반포되는 시기에는 律令의 校讎가 수시로 진행될 가능성이 높지만, 상급기관에 가서 校讎를 받는 시기는 해마다 일정시기로 고정되었을 것으로 본다.[88] 秦漢의 律令은 아직 미성숙한 법령이었기 때문에 새로운 율령이 반포되는 시기에 전면적인 校讎가 진행되지만, 한편으로는 해마다 반포된 새로운 법령에 따라 부분적인 추가나 수정도 이뤄지고 있었다는 점을 염두에 둔다면, 인신매매에 대한 『二年律令』의 규정은 『胡家草場西漢簡』 이전에 이미 변경되었을 것으로 생각된다.

---

[88] 陳中龍, 「從秦代官府年度律令校讎的制度論漢初《二年律令》的"二年"」 (簡帛網, 2016-05-10.)

Ⅵ. 贖刑과 罰金刑의 변화

1. 贖刑

『胡家草場西漢簡』에는 贖刑으로 처벌하는 사례가 나오는데, 그 규정은 『二年律令』과 일치한다.

① 邑·里·官·市의 담장을 넘었거나 고의로 무너뜨려서 길을 내서 출입했거나, 출입문을 몰래 열었다면 모두 <u>贖黥</u>이다. 그 담장의 무너진 높이가 5척(115.5cm)이 넘지 않으면 죄를 주지 않는다.[89]

② 邑·里·官·市의 담장을 넘었거나 고의로 무너뜨려서 길을 내서 출입했거나, 출입문을 몰래 열었다면 모두 <u>罰金一斤</u>이다. 그 담장의 무너진 [높이가 5척이 넘지 않으면 죄를 주지 않는다].[90]

①의 『二年律令』과 ②의 『胡家草場西漢簡』 규정은 '贖黥'이 '罰金一斤'으로 명칭 상 바뀐 것을 제외하고는 사실상 완전히 동일하다. 다음의 『二年律令』과 『胡家草場西漢簡』의 규정의 차이는 漢文帝 이후 贖刑의 명칭 대신에 그 贖刑의 罰金額을 표기하는 것으로 변하였다는 표기상의 차이에 지나지 않음을 알 수 있다.

① 수자리를 서야 하는데 이미 명령을 받고도 달아나서 (임지로) 가지 않은 것이 만7일이거나, 수자리를 서면서 몰래 부서를 이탈하거나 도망한 것이 만1일 이상 7일까지는 <u>贖耐</u>에 처한다.[91]

---

89) 『二年律令與奏讞書』, 182簡, 162쪽, "越邑里·官·市院垣, 若故壞決道出入, 及盜啓門戶, 皆贖黥. 其垣壞高不盈五尺者, 除."
90) 『胡家草場西漢簡』, 51쪽, "越邑里·官·市院垣, 若故壞決道出入, 及盜啓門戶, 皆罰金一斤. 其垣壞[高不盈五尺者, 除.]"
91) 『二年律令與奏讞書』, 398簡, 243쪽, "當戍, 已受令而逋不行盈七日, 若戍盜去署及亡過

② 수자리를 서야 하는데 이미 명령을 받고도 달아나서 (임지로) 가지 않은 것이 만 5일이거나, 수자리를 서면서 몰래 부서를 이탈하거나 도망한 것이 만1일 이상 5일까지는 <u>罰金十二兩</u>에 처한다.[92]

『二年律令』「具律」의 "贖死는 金 二斤八兩. 贖城旦春·贖鬼薪白粲은 金 一斤八兩. 贖斬·贖府(腐)는 金 一斤四兩. 贖劓·贖黥은 金 一斤. 贖耐는 罰金十二兩. 贖遷은 金 八兩."[93]이라는 규정을 보면, 贖刑의 명칭은 빠졌지만, 그 벌금 액수는 『二年律令』과 동일한 것임을 알 수 있다. 여기에서 주의해야 할 점은 '贖黥'이 '罰金一斤'으로 '贖耐'가 '罰金十二兩'으로 바뀌었다고 해서 贖刑의 명칭이 罰金刑으로 바뀌거나 흡수된 것이 아니라는 점이다.[94] 여기서 언뜻 '贖黥'이 '罰金一斤'으로, '贖耐'가 '罰金十二兩'으로 되었으므로 贖刑이 罰金刑으로 바뀐 것으로 착각할 수 있다. 罰金刑이란 명칭을 사용해도 漢律에서는 贖刑과 罰金刑을 적어도 형식상으로는 구분하고 있었다. 漢律만 그런 것이 아니라 魏晋律도 마찬가지이다. 예컨대, 晋律은 '罰金十二兩' 이하는 罰金刑, 그 이상은 贖刑으로 구분하고 있다. 『二年律令』「具律」에 따르면 漢律은 罰金二斤八兩~罰金八兩까지는 贖刑, 그 이하는 罰金으로 구분하고 있다. 즉 律令규정 상의 秦漢律~魏晋律의 贖刑과 罰金刑은 금액상의 차이로 벌금액이 적은 것은 罰金刑, 罰金額이 높은 것은 贖刑으로 각각 분류하고 있다.

또한 贖刑이 아닌 罰金刑은 다음의 사례로 보아 전혀 변하지 않고 그대로 적용되고 있음을 알 수 있다.

　　一日到七日, 贖耐."
92) 『胡家草場西漢簡』, 46쪽, "諸當戌, 已受令而逋不行盈五日, 若盜去署及亡過一日到五日, 罰金十二兩."
93) 『二年律令與奏讞書』, 119簡, 140쪽, "贖死, 金二斤八兩. 贖城旦春·鬼薪白粲, 金一斤八兩. 贖斬·府(腐), 金一斤四兩. 贖劓·黥, 金一斤. 贖耐, 金十二兩. 贖䙴(遷), 金八兩. 有罪當府(腐)者, 移內官, 內官府(腐)之."
94) 水間大輔, 「秦律·漢律의 刑罰制度」, 『秦漢法制硏究』, 東京 : 知泉書館, 2007, 71쪽.

① 戶를 계승하거나, 田宅을 매매하였는데, 鄕部·田嗇夫·吏가 지체하여 定籍을 만들지 않고 만1일이 되었으면 벌금 각 2량이다.95)

② 戶를 계승하거나, 田宅을 매매하였는데, 鄕部·田嗇夫·吏가 지체하여 定籍을 만들지 않고 만1일이 되었으면 벌금 각 2량이다.96)

『二年律令』①과 『胡家草場西漢簡』②의 규정은 완전히 동일하다. 『漢書』 「刑法志」 漢文帝의 刑制改革에서 罰金刑에 관해서 주목할 만한 견해로는 冨谷至와 水間大輔의 학설이 있다. 冨谷至는 漢文帝 刑制改革 이후 漢律에 보이는 모든 형벌에 대하여 贖刑은 成文法的 규정을 가진 항상적인 것이 아니라 한시적인 조치였다고 하고 있다.97) 또한 그는 漢文帝 刑制改革에 의해서 贖刑은 勞役刑 중에서 흡수되었다고 하고 있다.98) 이에 대하여 水間大輔는 贖刑은 罰金刑에 흡수되었다고 보고 있다.99) 이에 대하여 필자는 贖刑은 勞役刑 중에 흡수되었거나 罰金刑에 흡수된 것이 아니라는 지적을 한 적이 있었다.100) 앞서 살펴본 바와 같이 冨谷至의 견해처럼 漢文帝 刑制改革에 의해서 贖刑은 勞役刑 중에서 흡수된 것도 水間大輔의 견해처럼 贖刑이 罰金刑에 흡수된 것도 아니었음이 틀림없다.

① 무릇 말과 소가 다니는 곳에는 모두 함부로 구덩이(함정)를 파지 말라. 구덩이를 파거나 다른 장치를 두어 사람이나 말, 소를 다치게 하는 경우에는 비록 살상되지 않았다고 해도 耐爲隸臣妾으로 삼는다.101)

---

95) 『二年律令與奏讞書』, 322簡, 220쪽, "代戶·貿賣田宅, 鄕部·田嗇夫·吏留弗爲定籍, 盈一日, 罰金各二兩."
96) 『胡家草場西漢簡』, 62쪽, "代戶·貿賣田宅, 鄕部·田嗇夫·吏留弗爲定籍, 盈一日, 罰金各二兩."
97) 冨谷至, 『秦漢刑罰制度の硏究』, 京都 : 同朋舍, 1988, 194~206쪽.
98) 위와 같음.
99) 水間大輔, 「秦律·漢律의 刑罰制度」, 『秦漢法制硏究』, 東京 : 知泉書館, 2007, 71쪽.
100) 林炳德, 「秦에서 漢으로의 罰金刑과 贖刑의 변화와 그 성격」, 『東洋史學硏究』 134, 2016, 128~136쪽.

② 무릇 말과 소가 다니는 곳에는 모두 함부로 구덩이(함정)를 파지 말라. 구덩이를 파거나 다른 장치를 두어 사람이나 말, 소를 다치게 하는 경우에는 비록 살상되지 않았다고 해도 罰金十二兩에 처한다.102)

상기의 율령 ①은 『二年律令』「田律」, ②는 『胡家草場西漢簡』「田律」의 규정이다. 『胡家草場西漢簡』②의 규정의 차이는 구덩이를 파거나 다른 장치를 두어 사람이나 말, 소를 다치게 하는 경우에는 『二年律令』①에서는 耐爲隸臣妾, 『胡家草場西漢簡』②에서는 罰金十二兩으로 되어 있다. 罰金十二兩은 漢律에서는 贖刑으로 분류되며 『二年律令』의 贖耐에 해당한다. 즉 이것은 贖刑이 勞役刑에 흡수된 것이 아니라 역으로 勞役刑의 일부가 贖刑으로 변하면서 贖刑의 비중이 확대된 것을 의미한다. 필자의 이 지적은 물론 노역형이 벌금형으로 변하였다는 주장도 아니고 또한 『二年律令』에 나오는 모든 耐爲隸臣妾이 贖刑으로 변했다는 주장도 아니다. 여기에서는 일단, 『二年律令』에 耐爲隸臣妾으로 처벌된 것이 『胡家草場西漢簡』에서 罰金十二兩으로 나온 위의 사례를 통하여 노역형의 일부를 贖刑(罰金十二兩은 贖刑)으로 바뀌었다는 점을 지적하고자 한 것이다.

2. 罰金刑·勞役刑

아직 미성숙한 법령이었던 秦漢의 律令은 해마다 새로운 율령이 반포되면서 끊임없는 수정이 진행되었다.103) 아래의 율령은 『二年律令』과 『胡家草場西漢簡』 사이에 율령의 수정이 있었음을 보여준다.

---

101) 『二年律令與奏讞書』, 252簡, 192쪽, "諸馬牛到所, 皆毋敢穿阱及[置它機], 穿阱及置它機能害人·馬牛者, 雖未有殺傷也, 耐爲隸臣妾."
102) 『胡家草場西漢簡』, 56簡, "諸馬牛到所, 皆毋敢穿阱及置它機, 穿阱及置它機能害人·馬牛者, 雖未有殺·傷也, 罰金十二兩."
103) 임중혁, 『고대 중국의 통치메커니즘과 그 설계자들4 : 상앙, 진시황, 한고조』, 경인문화사, 2021, 192~194쪽.

① 吏民이 도망하였을 경우, [도망한 기간이] 만1년이 되었으면 耐에 처하고, 1년 미만이면 繫城旦舂에 처한다. 公士와 公士의 妻 以上은 官府에서 일을 하게 하는데, 모두 도망한 일수만큼 노역을 시킨다. 자수를 하면, 笞五十. 도망한 기간 동안 회피했던 요역을 채우는데, 도망한 일수와 회피한 요역을 일수를 가산한 것이 1년을 넘어 체포되면 역시 耐刑에 처한다.104)

② 吏民이 도망하였을 경우, [도망한 기간이] 만1년이 되었으면 耐爲司寇에 처하고, 1년 미만이면 도망한 일수만큼 관부에 노역을 시킨다. 자수를 하면, 罰金一兩. 도망한 기간 동안 회피했던 요역을 채우는데, 도망한 일수와 회피한 요역을 일수를 가산한 것이 1년을 넘어 체포되면 역시 耐爲司寇에 처한다.105)

『二年律令』①의 '耐'는 『胡家草場西漢簡』②에서 모두 '耐爲司寇'로 되어 있다. 아울러 『二年律令』의 규정 중 "公士와 公士의 妻 以上은 官府에서 일을 하게 하는데, 모두 도망한 일수만큼 노역을 시킨다."라는 것은 『胡家草場西漢簡』에서는 빠져있다. 『二年律令』 '笞五十'은 『胡家草場西漢簡』에서는 '罰金一兩'으로 바뀌고 있다. 아래의 사례에서도 마찬가지이다.

① 船員이 乘客을 태워 건너고 있을 때, 이를 溺死하게 하면 耐刑으로 하고 船嗇夫·담당관리는 贖耐에 처한다. …106)

---

104) 『二年律令與奏讞書』, 157簡, 153쪽, "吏民亡, 盈卒歲, 耐; 不盈卒歲, 縠(繫)城旦舂; 公士·公士妻以上作官府, 皆償亡日. 其自出殴(也), 笞五十. 給逋事, 皆籍亡日, 軵數盈卒歲而得, 亦耐之."
105) 『胡家草場西漢簡』, 32쪽, "吏民亡, 盈卒歲, 耐爲司寇; 不盈卒歲, 作官府, 償亡日. 其自出也, 罰金一兩. 拾(給)逋事, 皆籍亡日, 軵數盈卒歲而得, 亦耐爲司寇."
106) 『二年律令與奏讞書』, 92쪽, 6~8簡, "船人渡人而流殺人, 耐之, 船嗇夫·吏主者贖耐. 其殺馬牛及傷人, 船人贖耐, 船嗇夫·吏贖罰(遷). 其敗亡粟米它物, 出其半, 以半負船人. 舳艫負二, 徒負一. 其可紐縠(繫)而亡之, 盡負之, 舳艫亦負二, 徒負一. 罰船嗇夫·吏金各四兩. 流殺傷人, 殺馬牛, 有(又)亡粟米它物者, 不負."

② 船員이 乘客을 태워 건너고 있을 때, 이를 溺死하게 하면 耐爲司寇로 하고 船嗇夫·담당관리는 罰金十二兩에 처한다. …107)

역시 『二年律令』 ①의 '耐'는 앞서의 사례처럼 『胡家草場西漢簡』 ②에서 모두 '耐爲司寇'로 되어 있다. 秦·漢律에서 적지 않게 발견되는 '耐之'·'當耐'라 고만 규정된 조문의 耐가 耐爲隸臣妾인지, 혹은 耐爲司寇인지, 아니면 耐爲候 를 가리키는 것인지 명확하지 않은 점이 있다. 그런데 『胡家草場西漢簡』에서 는 秦·漢律에서 적지 않게 발견되는 '耐之'·'當耐'는 모두 '耐爲司寇'로 나온다. 秦·漢律에서 종종 발견되는 '耐之'·'當耐'와 관련하여 필자는 사적인 범죄는 耐爲隸臣妾, 公的인 公務와 관련된 처벌, 특히 그 公務가 官吏와 관련되어 관리에 대한 처벌일 경우는 耐爲司寇였을 것으로 보았다.108) 어쨌든 『二年律 令』에 보이는 단독의 '耐'가 『胡家草場西漢簡』에서는 '耐爲司寇'로 표시되어 있는데, 『二年律令』의 '耐'가 '耐爲司寇'이건 '耐爲隸臣妾'이건 漢文帝 이전의 형도는 형기가 없는 無期刑徒였으므로 重刑에서 輕刑으로의 변화임은 말할 것도 없다.

이보다 더욱 주목되는 것이 『二年律令』의 '笞五十'이 『胡家草場西漢簡』에서 는 '罰金一兩'으로 바뀌고, '贖耐'는 '罰金十二兩'으로 바뀐 점이다. 벌금형은 경미한 범죄 또는 과실죄에 대해 재산형을 가하는 것이고 궁극적인 목표는 국가의 재정확보라고 할 수 있다. 필자는 漢文帝 13년의 刑制改革에서 無期刑徒의 有期化는 官奴婢의 賣却과 買入이라는 시스템의 붕괴로 官奴婢의 遊休勞動力化를 낳을 정도로 실제 실효성이 없었고 비효율적이었던 제도를 어쩔 수 없이 개선한 조치였다고 평가하였다.109) 宮宅潔은 漢文帝의 모든

---

107) 『胡家草場西漢簡』, 26쪽, "船人渡人而流殺人, 耐爲司寇; 船嗇夫·吏主者, 罰金十二兩. 其殺馬牛及傷人, 船人罰金十二兩; 船嗇夫·吏, 罰金八兩. 其敗亡粟米·它物, 出其半, 以牛負船人, 舳艫負二, 徒負一. 其可紐般(繫)而亡之, 盡負之, 舳艫亦負二, 徒負一 ; 罰 船嗇夫·吏金各四兩. 流殺傷人, 殺馬牛, 有(又)亡米粟·它物者, 不負."

108) 林炳德, 「秦·漢律의 耐刑과 司寇」, 『中國史研究』 134, 2021, 15쪽.

109) 林炳德, 「秦·漢 交替期의 奴婢」, 『中國古中世史研究』 16, 2006, 219쪽.

개혁의 공통적 특징은 노동 인원을 삭감하고 국가의 부담을 경감한다는 것이었다고 이해한다. 그는 勞役刑 체계의 변경, 沒收제도 폐지, 戍卒制 폐지 등은 모두 국가에 의한 노동력 편성 및 노동력 활용 형태와 관련된 조치로, 官有勞動力의 보다 효율적인 활용과 관련되어 있었다는 지적을 하였다.110) 『二年律令』의 笞五十이 『胡家草場西漢簡』에서 罰金一兩으로 바뀐 사례는 이와 같은 기존의 견해와 같은 맥락에서 파악할 수 있으며 앞서 『二年律令』의 耐爲隸臣妾이 『胡家草場西漢簡』에서 罰金十二兩으로 바뀐 사례에서 알 수 있듯이 기존의 형벌 가운데 일정 부분이 贖刑 혹은 罰金刑으로 바뀌고 있다는 특징을 살펴볼 수 있다. 즉 『胡家草場西漢簡』의 특징 중 하나가 贖刑과 罰金刑의 확대라고 볼 수 있으며 漢文帝 13년 刑制改革에서의 贖刑과 罰金刑의 확대는 불필요한 관유노동력을 줄이고 贖刑과 罰金刑을 확대함으로써 국가재정의 확대를 꾀한 것으로 해석할 수 있다.

VII. 맺음말

이상으로 『胡家草場西漢簡』에서 가장 주목되는 "盜臧(贓)直(値)六百錢以上, 髡(髧)爲城旦舂. 不盈到五百, 完爲城旦舂. 不盈到四百, 耐爲鬼薪白粲. 不盈到三百, 耐爲隸臣妾. 不盈到二百, 耐爲司寇. 不盈到百, 罰金八兩. 不盈到一錢, 罰金"의 규정을 통하여 그동안 漢文帝 刑法改革에서 가장 문제가 되고 있었던 『漢書』 권23, 「刑法志」의 "罪人獄已決, 完爲城旦舂, 滿三歲爲鬼薪白粲. 鬼薪白粲一歲, 爲隸臣妾. 隸臣妾一歲, 免爲庶人. 隸臣妾滿二歲, 爲司寇. 司寇一歲, 及作如司寇二歲, 皆免爲庶人."의 내용을 분석하였다. 그 결과 『選粹』의 盜罪의 처벌기준의 차이가 확인됨으로써 顔師古의 주석문 "鬼薪白粲滿三歲爲隸臣. 隸臣一歲, 免爲庶人."을 「刑法志」의 본문에 삽입하여 髡鉗城旦舂의 刑期

---

110) 宮宅潔, 「有期勞役刑體系の形成 -《二年律令》に見える漢初の勞役刑を手がかりにして-」, 『東方學報』 78, 2006, 50~55쪽.

6년, 完爲城旦舂의 형기 5년, 鬼薪白粲의 刑期 4년, 隸臣妾의 刑期 3년, 司寇의 刑期 2년으로 해석한 張建國의 견해가 더욱 확실해진 것으로 보았다.『胡家草場西漢簡』이전의 秦漢律에서 耐는 그것과 병과되는 여러 勞役刑, 구체적으로는 鬼薪白粲·隸臣妾·司寇·候(秦代) 등과 일체화되고, 그러한 一群의 형벌을 총칭하는 것이었고, 따라서 秦·漢律에서 적지 않게 발견되는 '耐之'·'當耐'라고만 규정된 조문의 耐가 耐爲隸臣妾인지, 혹은 耐爲司寇인지, 아니면 耐爲候를 가리키는 것인지 명확하지 않은 점이 있었다.

『胡家草場西漢簡』에서 盜罪의 처벌기준이 600전·500전·400전·300전·200전·100전·1전 등으로 정해지고 髡城旦舂 6년, 完城旦舂 5년, 鬼薪白粲 4년, 隸臣妾 3년, 司寇 2년으로 각각 결정됨으로써 鬼薪白粲·隸臣妾·司寇·候(秦代) 등과 일체화되고, 그러한 一群의 형벌을 총칭하는 형벌로서의 의미는 사라지게 된다. 따라서 秦·漢律에서 적지 않게 발견되는 '耐之'·'當耐'라고만 규정된 조문의 耐는 漢文帝 刑制改革 이후에는 없어지게 된다. 따라서 秦漢律에서 上造 이상의 유작자와 같은 특수신분에 형벌이 적용되었던 '耐爲鬼薪白粲' 역시 일반적인 유기노역형으로 바뀌게 된다. '耐爲司寇' 역시 신분의 차이에 따른 '耐爲司寇'와 '耐爲隸臣妾'의 차별적 규정이 사라지게 되고 일반적인 유기노역형으로 바뀌게 된다.

본고에서 마지막으로『胡家草場西漢簡』에서 주목한 것은 '公卒'과 '庶人'이 빠져있다는 점이다. '公卒'과 '庶人'이 빠진 것은『選粹』에서 公卒과 庶人은 士伍에 포함되었기 때문일 가능성이 높다고 보았다. 公卒·士伍·庶人은 똑같이 受田宅에 있어서 1頃1宅이었을 뿐 아니라 1세대가 지나면 자동적으로 똑같이 士伍가 된다. 적어도 公卒과 士伍의 차이는 秦漢律에서 찾기 어렵다. 물론 약간의 차이라 해도 公卒·士伍와 庶人 사이에는 차이가 존재한다.『二年律令』에서 免奴의 명칭은 私屬과 庶人, 免婢의 명칭은 '庶人'였는데,『選粹』에서는 免婢의 명칭이나 免奴의 명칭은 모두 '私屬'으로 변하였다. 즉 이것은 免奴와 免婢를 庶人으로 하는 과정이 사라졌음을 의미한다. 免奴와 免婢를 庶人으로 하는 과정이 사라졌다는 것은, 결국 公卒·士伍·庶人

간의 존재하던 차이가 사라지게 된 것을 의미한다. 公卒·士伍·庶人간의 존재하던 차이가 사라지게 되자 漢文帝 刑制改革에 의해 公卒·士伍·庶人은 士伍로 통합하게 되었던 것이다.

한편 『漢書』「刑法志」 漢文帝의 刑制改革에서 贖刑과 罰金刑에 관해서 冨谷至는 漢文帝 刑制改革 이후 漢律에 보이는 모든 형벌에 대하여 贖刑은 成文法的 규정을 가진 항상적인 것이 아니라 한시적인 조치였다고 하고 있다. 또한 그는 漢文帝 刑制改革에 의해서 贖刑은 勞役刑 중에서 흡수되었다고 하고 있다. 이에 대하여 水間大輔는 贖刑은 罰金刑에 흡수되었다고 보고 있다. 이에 대하여 필자는 贖刑은 勞役刑 중에 흡수되었거나 罰金刑에 흡수된 것이 아니라는 지적을 한 적이 있었다. 『胡家草場西漢簡』의 사례를 검토한 결과 贖刑이나 罰金刑이 勞役刑에 흡수된 것이 아니라 역으로 勞役刑이나 태형의 일부가 贖刑이나 罰金刑으로 변하면서 贖刑과 罰金刑의 비중이 확대된 것을 확인하였다. 기존의 勞役刑이나 笞刑의 일부 가운데 일정 부분이 贖刑과 罰金刑으로 바뀌고 있다는 것은 불필요한 관유노동력을 줄이고 罰金刑을 확대함으로써 국가재정의 확대를 꾀한 것으로 볼 수 있다. 『胡家草場西漢簡』 46簡은 "女子當磔若要(腰)斬者, 棄市 ; 當爲司寇者作縣官及他, 皆如司寇."라 되어 있다. 陳偉는 이 사료를 근거로 漢文帝 이후의 司寇刑은, 남자의 정식의 刑名은 耐爲司寇, 여자의 정식 형명은 作如司寇가 되었다는 張新超의 설이[111] 입증되었다고 주장한다.[112] 이에 대해서는 다음에 전론으로 상세히 다루기로 하겠다.

---

111) 張新超, 「試論秦漢刑罰中的司寇刑」, 『西南大學學報(社會科學版)』 44-1, 2018, 179쪽.
112) 陳偉, 「胡家草場漢簡律典與漢文帝刑制改革」, 『武漢大學學報(哲學社會科學版)』 75-2, 2022, 83쪽.

『荊州胡家草場西漢簡牘』과 秦漢律의 司寇

Ⅰ. 머리말

필자는 2021년도에 출간된 『荊州胡家草場西漢簡牘』과[1] 관련하여 두 편의 논문을 발표하였다.[2] 『胡家草場西漢簡』과 관련된 논문으로 전고에서 다루지 못한 부분이 '司寇'이다. 필자는 『胡家草場西漢簡』 1253簡의 "女子當磔若要(腰)斬者, 棄市 ; 當爲司寇者作縣官及他, 皆如司寇"를 확인하기 전에 司寇·作如司寇에 대한 고찰을 시도한 적이 있었다.[3] 그 논고에서 作如司寇를 女性司寇라고 보는 견해에 대해 부정적 의견을 제시하였다. 필자의 주장은 『胡家草場西漢簡』 1253簡이 확인된 이상 이에 대한 필자의 作如司寇에 대한 견해는 일정 부분 오류가 있었음을 인정하지 않을 수 없다. 『胡家草場西漢簡』 1253簡은 "女子當磔若要(腰)斬者, 棄市 ; 當爲司寇者作縣官及他, 皆如司寇."인데,[4] 陳偉는 이 사료를 근거로 漢文帝 刑制改革 이후의 司寇刑의 남자의 정식의 형명은 耐爲司寇, 여자의 정식 형명은 作如司寇가 되었다는 張新超의 설이[5] 입증되었다고 주장한다.[6] 『胡家草場西漢簡』 1253簡과 함께 司寇에 대한

---

1) 荊州博物館·武漢大學簡帛硏究中心, 『荊州胡家草場西漢簡牘釋粹』, 北京 : 文物出版社, 2021. 이하 이를 『胡家草場西漢簡』으로 略하도록 하겠다.
2) 林炳德, 「漢文帝 刑制改革과 刑罰制度의 變化-『荊州胡家草場西漢簡牘』자료를 중심으로-」, 『동서인문』 제18호, 2022.
3) 林炳德, 「秦·漢律의 耐刑과 司寇」, 『中國史硏究』 134, 2021.
4) 『胡家草場西漢簡』, 41쪽.
5) 張新超, 「試論秦漢刑罰中的司寇刑」, 『西南大學學報(社會科學版)』 44-1, 2018, 179쪽.

중요한 내용을 담고 있는 것이 『胡家草場西漢簡』 1309·1311簡의 "吏民亡, 盈卒歲, 耐爲司寇 ; 不盈卒歲, 作官府, 償亡日. 其自出也, 罰金一兩. 拾(給)逋事, 皆籍亡日, 䩱數盈卒歲而得, 亦耐爲司寇"와 『胡家草場西漢簡』 1374·1375簡의 "盜臧(贓)直(值)六百錢以上, 髡(髨)爲城旦舂. 不盈到五百, 完爲城旦舂. 不盈到 四百, 耐爲鬼薪白粲. 不盈到三百, 耐爲隸臣妾. 不盈到二百, 耐爲司寇. 不盈到 百, 罰金八兩. 不盈到一錢, 罰金"7)이다. 여기에는 『胡家草場西漢簡』 1253簡처 럼 '如司寇'에 대한 기록은 나오지 않지만, 범죄자를 耐爲司寇로 처벌하고 있는 기록이 보인다. 이외에도 『胡家草場西漢簡』 1328簡에도 司寇에 대한 규정이 보인다. 그런데, 최근 『釋粹』에서 공개되지 않았던 『胡家草場漢簡』 1606·1554·1553·1557簡을 李天虹이 공개하고 있는데,8) 공개된 『胡家草場漢 簡』 1606·1554·1553·1557簡의 내용은 "罪人獄已決, 髡城旦舂以上盈四歲, 爲 鬼薪白粲 ; 爲鬼薪白粲一歲, 爲隸臣妾 ; 爲隸臣妾一歲, 免爲庶人. 完城旦舂, 及 四月丁巳以前之刑城旦舂盈三歲, 爲鬼薪白粲 ; 爲鬼薪白粲一歲, 爲隸臣妾 ; 爲 隸臣妾一歲, 免爲庶人. 鬼薪白粲盈三歲, 爲隸臣妾 ; 爲隸臣妾一歲, 免爲庶人. <u>隸臣妾盈二歲, 爲司寇 ; 爲司寇一歲, 及司寇二歲, 皆免爲庶人.</u> 其日未備亡, 及 諸有罪命鬼薪白粲以上, 不自出"이다.9) 『胡家草場漢簡』 1606·1554·1553· 1557簡은 漢文帝 刑制改革의 내용을 기술한 『漢書』 「刑法志」의 글자의 脫漏와 생략된 문장에 대한 전면적인 재검토가 필요할 정도로 중요한 내용을 포함하고 있다. 특히 司寇와 관련해서는 "隸臣妾盈二歲, 爲司寇 ; 爲司寇一歲, 及司寇二歲, 皆免爲庶人."이라 하여 『漢書』 「刑法志」의 '作如司寇' 부분이 '司寇'로 되어 있고 "爲司寇一歲"라 하여 司寇一歲 앞에 '爲'자가 추가되어 있다. 그 결과 문자와 문장의 脫漏로 인해 일부분 非文으로 확인되고 있는

---

6) 陳偉, 「胡家草場漢簡律典與漢文帝刑制改革」, 『武漢大學學報(哲學社會科學版)』 75-2, 2022, 83쪽.
7) 『胡家草場西漢簡』, 16쪽.
8) 李天虹, 「漢文帝刑期改革-《漢書·刑法志》所載規定刑期文本與胡家草場漢律對讀」, 『江 漢考古』 185期, 2023.
9) 위의 글, 62쪽.

『漢書』「刑法志」와 달리 문장의 보충이나 수정 없이도 아무런 모순 없이 분명한 해석이 가능해졌다. 『胡家草場漢簡』 1606·1554·1553·1557簡에서 司寇만을 좁혀서 보면, 以律減罪에 따른 刑罰遞減의 '司寇一歲'와 형기 2년의 본형인 司寇刑의 형기를 가리키는 '司寇二歲'가 확인된다.

司寇와 관련하여, 본고의 논의와 관련된 학설로 범위를 좁히면, 현재 제기된 학설로는 漢文帝 刑制改革 이전의 司寇는 남녀 모두 포함된 용어였으나 漢文帝 刑制改革 이후 男性司寇와 女性司寇로 분리되었다는 설,[10] 文帝의 형제개혁 이전까지 司寇는 남성에게만 科刑되었고 여성에게는 科刑되지 않았는데, 文帝의 개혁 이후 비로소 여성에게 司寇가 생겨났다는 설이[11] 있다. 後漢 初의 인물인 衛宏은 "司寇는 男子는 수에 충원되고, 女子는 作이 되었으니, 司寇와 같다. 모두 2년형이다."[12]라 하여 司寇를 男性, 作如司寇를 女性으로 해석하였다. 또한 일찍이 1930년대의 濱口重國 등도 衛宏의 『漢舊儀』의 견해에 따라 '司寇'가 남성, '作如司寇'가 여성이라는 입장을 취하고 있었다.[13] 文帝의 형제개혁 이전까지 司寇는 남성에게만 科刑되었고 여성에게는 科刑되지 않았다는 학설의 출발은 『漢書』「刑法志」와 그에 근거한 衛宏의 견해이지만, 그는 『漢書』「刑法志」 이전의 출토법률문서를 보지 못하였다. 文帝의 형제개혁 이전까지 司寇는 남성에게만 科刑되었고 여성에게는 科刑되지 않았다는 학설은 새로운 입증 사료로 출토문서를 추가하고 漢文帝 刑制改革 이전의 司寇까지로 논의를 연장했다는 차이점이 인정되지

---

10) 張新超, 「試論秦漢刑罰中的司寇刑」, 『西南大學學報(社會科學版)』 44-1, 2018 ; 水間大輔, 『秦漢刑法硏究』, 東京 : 知泉書館, 2007.
11) 藤井律之, 「罪の加減と性差」, 『江陵張家山二四七號墓出土漢律令の硏究(論考篇)』, 京都 : 朋友書店, 2006 ; 방윤미, 「秦·漢初 司寇 再考 - 女性司寇 문제를 중심으로 -」, 『中國古中世史硏究』 67, 2023.
12) 漢衛宏撰, 『漢舊儀』 권下(孫星衍等輯, 周天游點校, 『漢官六種』, 北京 : 中華書局, 1990 第一版), '中宮及號位', 85쪽, "司寇男備守, 女爲作, 如司寇, 皆作二歲."
13) 濱口重國, 「漢代に於ける强制勞動刑その他」, 『東洋學報』 23-2, 1936(本稿는 『秦漢隋唐史の硏究』, 東京大學出版會, 1966) ; 滋賀秀三, 「前漢文帝の刑制改革をめぐって」, 『東方學報』 79, 1990(『中國法制史論集』 創文社, 2003).

만, 특별히 新說이라고 의미를 부여할 만한 학설은 아니다. 또 지금까지도 漢文帝 刑制改革 이전의 출토법률문서에서는 적어도 司寇가 남성이라는 견해가 추론이 아닌 실증으로 입증된 사례는 없다. 이와 관련하여, 최근 『胡家草場漢簡』 1606·1554·1553·1557簡을 기초로 司寇에 대한 새로운 해석을 시도한 李天虹의 견해는 주목할 만하다. 李天虹은 『胡家草場漢簡』 1553·1557簡의 "隷臣妾盈二歲, 爲司寇 ; 爲司寇一歲, 及司寇二歲, 皆免爲庶人"의 '爲司寇一歲'의 司寇와 "及司寇二歲"의 司寇는 모두 男女通稱임을 지적하였다.14) 본고에서는 이하 『胡家草場漢簡』의 司寇 관련 사료를 중심으로 司寇에 대한 논의를 진행하기로 하겠다.

II. 漢文帝 刑制改革 이전의 司寇

司寇가 남성에게만 적용된 형벌이었다는 것을 강조한 藤井律之는 그 근거로 예를 들어 다음의 사례를 들고 있다.

① 司寇·隱官坐亡罪隷臣以上, 輸作所官(司寇·隱官이 도망했는데, 그 죄가 예신 이상인 자는 작업하고 있는 관부에서 노동을 시킨다).15)
② 司寇盜百一十錢, 先自告, 可(何)論? 當耐爲隷臣, 或曰貲二甲(司寇가 110전을 훔쳤다가 사전에 자수하였을 경우, 어떻게 논죄할 것인가? 耐爲隷臣에 해당하는데, 일설에는 貲二甲이라 한다).16)

---

14) 李天虹, 앞의 글, 64쪽.
15) 『二年律令與奏讞書』, 158簡, 154쪽. 冨谷至編, 『江陵張家山二四七號墓出土漢律令の研究(譯注篇)』, 朋友書店, 2006, 102쪽.
16) 陳偉主編, 『秦簡牘合集』, 199쪽 ; 『睡虎地秦簡』, 154쪽 ; 윤재석 옮김, 『수호지진묘죽간역주』, 소명출판, 2010, 293~294쪽, "司寇盜百一十錢, 先自告, 可(何)論? 當耐爲隷臣, 或曰貲二甲."

①과 ②와 관련하여 藤井律之는 司寇가 범한 죄가 隸臣妾이 아니고 隸臣에 한정되어 있다는 점에 주목하고 있다. 藤井律之는 司寇가 男女 모두에 과해진 형벌이라면 이러한 표기를 취할 리가 없고, 司寇가 남성만에 과해진 형벌이기 때문이라고 하였다.17) ①과 ②의 사례를 보면, 藤井律之의 주장이 언뜻 설득력이 있어 보인다.18) 그러나 『二年律令』의 다음의 사료는 藤井律之의 견해와 달리 해석이 된다. 참고로 이 규정은 『張家山漢墓竹簡[三三六號墓]』의 그것과 동일하다.

③ 有罪當耐, 其法不名耐者, 庶人以上耐爲司寇, 司寇耐爲隸臣妾.
  죄를 지어 耐에 해당하는데, 法에 耐의 刑名이 확정되어 있지 않은 경우는, 庶人 이상은 耐爲司寇로 하고, 司寇는 耐爲隸臣妾으로 한다.19)

隸臣妾은 隸臣과 隸妾의 총칭이고, 隸臣은 남자, 隸妾은 여자에 대해서 부과된 형벌이므로 藤井律之의 방식대로 그대로 해석하면, 위의 『二年律令』의 규정에 보이는 司寇는 男女通稱을 전제로 하고 있는 것이 된다.20) 바로 앞의 "庶人以上耐爲司寇"라는 것도 마찬가지이다. 여기서 庶人以上이라는 것은 특정 신분 이상이라는 기준의 법률적인 표현으로 여기서 庶人은 司寇와 마찬가지로 남녀통칭으로 사용되는 용어이다. 庶人이 남녀통칭이므로 따라서 "庶人以上耐爲司寇"의 耐爲司寇도 당연히 남녀통칭으로 이해할 수밖에 없다. 즉 "庶人以上耐爲司寇, 司寇耐爲隸臣妾"에서 司寇 전후의 庶人以上, 耐爲隸臣妾이 모두 남녀통칭의 용어여서 司寇는 자연히 남녀통칭의 용어로

---

17) 藤井律之, 「罪の加減と性差」, 『江陵張家山二四七號墓出土漢律令の硏究(論考篇)』, 京都: 朋友書店, 2006, 79쪽.
18) 방윤미, 「秦·漢初 司寇 再考 – 女性司寇 문제를 중심으로 –」, 『中國古中世史硏究』 67, 2023, 31~32쪽에서는 藤井律之가 제시한 사료 이외에 몇 가지 사례를 추가하고 있다.
19) 『二年律令與奏讞書』, 90~92簡, 127쪽; 荊州博物館編 彭浩主編, 『張家山漢墓竹簡[三三六號墓]』 上冊, 文物出版社, 2022, 130簡, 182쪽.
20) 水間大輔, 『秦漢刑法硏究』, 東京: 知泉書館, 2007, 57쪽.

해석하는 것이 자연스럽다. 만약 이 문장에서 司寇를 남녀통칭으로 보지 않는다면, 이 규정은 명백히 非文이다. ③은 『二年律令』「具律」로 耐罪에 대한 형벌적용의 원칙을 기술한 것이다. 이 규정은 형벌등급표기상의 가정이 아니고 엄격히 적용되어야 할 규정을 서술한 것으로 "司寇耐爲隸臣妾"이 형벌 등급 표기상의 가정일 뿐, 여성 사구가 존재했다는 증거로 삼기 어렵다는 지적에는[21] 동의하기 어렵다. 실증을 벗어난 이런 해석을 수용한다해도 ①과 ②의 해석과 마찬가지로 최소한 司寇를 남성으로 해석할 수 있는 증거가 되지 않는다. 司寇를 男女通稱으로 보고 해석하면, "司寇耐爲隸臣妾"이나 "司寇耐爲隸臣"이나 해석상 아무런 모순이 되지 않는다. 司寇 남성설의 가장 큰 근거는 "司寇가 耐爲隸臣이 된다"라는 것인데, 이 주장은 男女通稱이 아니라는 근거가 되지 못하기 때문에 입론 자체가 성립할 수 없다. 만약 司寇가 남성이라고 한다면, 庶人-司寇-隸臣妾-鬼薪白粲으로 이뤄진 爵制的身分等級에서 단지 司寇만이 남자이고 나머지는 男女通稱이라고 하는 것이 된다. 司寇가 범한 죄에 대한 처벌이 隸臣妾이 아니고 隸臣에 한정되어 있다고 해서 藤井律之나 방윤미의 해석처럼 司寇 남성설이 성립되는 것이 아니다. 司寇는 그 자체가 남녀통칭이기 때문에 굳이 성별을 표기할 이유가 없다. 司寇와 유사한 용례가 '庶人', '士伍', '百姓', '良人' 등의 용어인데, 이런 용어는 본래 남녀가 모두 포함된 것이다. 庶人을 그 사례로 들어보겠다.

④ 詔自建初以來, 諸袄言它過坐徙邊者, 各歸本郡 ; 其沒入官爲奴婢者, 免爲庶人.
건초 연간 이래로 여러 요망한 말을 퍼뜨리거나 다른 잘못을 범해 변경으로 보내진 죄를 받은 자는 각각 본군으로 돌려보낸다. 재산이 몰수되고 官奴婢가 된 자는 모두 면하여 庶人으로 하여라.[22]

⑤ 罪人獄已決完爲城旦舂, 滿三歲爲鬼薪白粲, 鬼薪白粲一歲爲隸臣妾, 隸臣妾一歲免爲庶人.

---

21) 방윤미, 앞의 글, 34쪽.
22) 『後漢書』 권5, 「安帝紀」, 215쪽.

죄인의 옥이 이미 결정되어 완성단용이 된 자는 服役 3년이 되면 鬼薪白粲으로 한다. 鬼薪白粲으로 1년을 복역하면 隸臣妾으로 한다. 隸臣妾이 복역 1년이면 면하여 庶人으로 한다.23)

④는 官奴婢를 면하여 庶人으로 하고, ⑤는 隸臣妾이 복역 1년이면 면하여 庶人이 된다고 하였으므로 庶人은 당연히 남녀 모두 포함된 용어이다. ⑤의 "隸臣妾이 복역 1년이면 면하여 庶人이 된다."라는 규정에서 만약 庶人이 남녀통칭이 아니라면, 이 문장은 명확히 非文이 된다. 『漢書』 「刑法志」의 "隸臣妾一歲免爲庶人"의 庶人이 남녀쌍방을 포함한 용어라고 한다면, 『漢書』 「刑法志」에서 바로 그 뒤에 나오는 문장이 "隸臣妾滿二歲爲司寇"이다. "隸臣妾一歲免爲庶人"의 庶人이 남녀쌍방을 포함한 용어이듯이 "隸臣妾滿二歲爲司寇"의 司寇도 당연히 남녀통칭이다. ④와 ⑤의 사례는 ③의 『二年律令』 「具律」의 "司寇耐爲隸臣妾"의 司寇의 사례와 문장구조상 거의 일치한다. 庶人이 남녀 모두에게 해당한다는 것은 『二年律令』에서 "노비가 선량한 일을 하여 주인이 방면하고자 한다면, 이를 허락한다. 奴는 私屬이라 하고, 婢는 庶人이라 한다(奴婢爲善而主欲免者, 許之, 奴命曰私屬, 婢爲庶人)"24)의 사례를 보더라도 확실히 알 수 있다. 반복해서 말하자면, 庶人은 男女를 모두 포함한 용어이기 때문에 庶人의 경우 여자라고 해서 혹은 남자라고 해서 특별히 구별된 명칭이 나타나지 않는다. 문장에서 특별히 구분하지 않는다 하더라도 문장의 내용을 통하여 男子庶人인지 女子庶人인지 모두 알 수 있기 때문에 別記할 이유가 없다. 司寇도 마찬가지이다. 따라서 ①과 ②에서 司寇가 여자라면 隸臣이 될 수 없다는 것은 잘못된 해석이며 司寇가 남녀통칭이기 때문에 隸臣이 될 수 있고 隸妾이 될 수도 있는 것이다. 요컨대, "司寇는 耐하여 隸臣으로 삼는다"라고 해서 司寇가 남성으로 한정된 용어라는 증거가 되지 않는다. 반면에 "司寇는 耐하여 隸臣妾으로 삼는다"라

---

23) 『漢書』 권23, 「刑法志」, 1097~1099쪽.
24) 『二年律令與奏讞書』, 162簡, 155쪽.

는 규정은 사구가 남녀통칭이 아니라면 설명이 되지 않는다. 司寇가 남성이라는 결론은 司寇가 남성으로 한정되어 있다는 것을 전제로 ①과 ②를 해석한 것에 지나지 않는다. 요컨대, 司寇를 男女通稱으로 볼 때, ①과 ②와 ③에 대한 해석에 전혀 문제가 되지 않는다.『漢書』「刑法志」의 "隸臣妾은 복역 2년이 되면 司寇가 된다."라는 형식의 규정, 혹은 ③과 같은 형식 규정은,『二年律令』과『張家山漢墓竹簡[三三六號墓]』에도 나타난다.

⑥ 死罪黥爲城旦舂, 黥爲城旦舂罪完爲城旦舂, 完爲城旦舂罪□ □鬼薪白粲及府(腐)罪耐爲隸臣妾, 耐爲隸臣妾罪耐爲司寇, 司寇·䍧(遷)及黥顔頯罪贖耐, 贖耐罪罰金四兩.

死罪는 黥城旦舂으로 (減)하고, 黥城旦舂罪는 完城旦舂으로 하며, 完城旦舂罪는 … 鬼薪白粲 및 腐罪는 耐隸臣妾으로 하고, 耐隸臣妾罪는 耐爲司寇로 하며, 司寇·遷 및 黥顔頯罪는 贖耐로 하고, 贖耐罪는 罰金 4兩에 처한다.25)

⑦ 死罪黥爲城旦舂, 黥爲城旦舂罪完爲城旦舂, 完爲城旦舂罪鬼薪白粲及府(腐)罪耐爲隸臣妾, 隸臣妾罪耐爲司寇, 司寇·䍧(遷)及黥顔頯罪贖耐, 贖耐罪罰金四兩.

死罪는 黥城旦舂으로 (減)하고, 黥城旦舂罪는 完城旦舂으로 하며, 完城旦舂罪·鬼薪白粲 및 腐罪는 耐隸臣妾으로 하고, 隸臣妾罪는 耐爲司寇로 하며, 司寇·遷 및 黥顔頯罪는 贖耐로 하고, 贖耐罪는 罰金 4兩에 처한다.26)

⑥은 고발이 不實한 경우(告不審罪)27) 및 罪가 있어 먼저 자수하였을(先自告) 경우에는28) 각각 그 罪를 1등씩 減한다는 형벌감면의 규정에 관한

---

25)『二年律令與奏讞書』, 127~129簡, 144쪽.
26) 荊州博物館 編 彭浩 主編,『張家山漢墓竹簡[三三六號墓]』上冊, 文物出版社, 2022, 90~91簡, 176쪽.
27) 秦律에 따르면, 주변의 범죄행위를 알고도 告發하지 않으면 처벌을 받게 되어 있다. 그러나 그 고발이 사실과 다른 것일 경우 바로 '告不審罪'에 해당한다. 告不審罪는 誣告와 유사하나 서로 구분된다.

기술이다. 여기에도 "耐隷臣妾罪는 耐司寇로 한다"라고 되어 있다. ⑦은 『張家山漢墓竹簡[三三六號墓]』의 사례로 ⑥과 거의 똑같은 규정인데, 이중부호에 대한 해석의 차이와 『二年律令』의 "完爲城旦舂罪□ □鬼薪白粲及府(腐)罪耐爲隷臣妾" 부분을 "完爲城旦舂罪鬼薪白粲及府(腐)罪耐爲隷臣妾"으로 확실히 한 것이 눈에 띈다. 『二年律令』「告律」의 규정이나 『張家山漢墓竹簡[三三六號墓]』「告律」의 규정이나 남녀 모두에 대한 감면 규정이고 그 감면 규정에서 "隷臣妾罪는 耐爲司寇로 하며, 司寇·遷 및 黥顔頯罪는 贖耐로 한다"라고 되어 있다. 이 규정을 상식적으로 해석하면 耐爲司寇는 男女通稱으로 볼 수밖에 없다.

『睡虎地秦簡』의 다음 사례를 살펴보기로 하자.

⑧ 隷臣妾·城旦舂之司寇·居貲贖責(債)毄(繫)城旦舂者, 勿責衣食.
　　隷臣妾·城旦舂에서 감형되어 司寇가 된 자, 노역으로 貲刑·贖刑·債務를 변제하기 위해 '繫城旦舂'에 종사하는 경우, 이들 스스로 의식을 책임지게 하지 않는다.[29]

⑧의 사례는 감형의 구체적인 내용이나 경로가 나오지 않으므로 불분명하긴 하지만, 적어도 城旦舂→ 隷臣妾→ 司寇로 이어지는 감형의 경우는 남녀통칭의 형명을 사용한다는 것을 보여준다. 적어도 減刑 규정에서는 隷臣→ 司寇로 감형되어 나오는 사례가 현재까지의 출토법제문헌이나 문헌사료에는 보이지 않는다. 형벌총칙의 원칙을 기술하고 있는 『二年律令』「具律」의 다음 규정을 살펴보자.

---

28) '先自告'란 아직 發覺되지 않은 犯罪사실에 限해서 행위자 자신이 犯罪사실을 먼저 官에 告知하는 것, 즉 오늘날의 自首와 같은 뜻으로 해석할 수 있다. 이러한 원칙을 계승한 唐律에서도 自首를 한 경우에 대해 善處조치를 규정하고 있다.
29) 陳偉主編, 앞의 책, 126쪽 ; 『睡虎地秦墓竹簡』, 87쪽 ; 윤재석 옮김, 앞의 책, 182쪽.

⑨ 刑盡而賊傷人及殺人, 先自告也, 棄市. 有罪當完城旦舂·鬼薪白粲以上而亡, 以其罪命之 ; 耐隸臣妾罪以下, 論令出會之. 其以亡爲罪, 當完城旦舂·鬼薪白粲以上不得者, 亦以其罪論命之. 庶人以上, 司寇·隸臣妾無城旦舂·鬼薪白粲罪以上, 而吏故爲不直及失刑之, 皆以爲隱官 ; 女子庶人, 毋筭(算)事其身, 令自尙. 所定의 肉刑이 다하였어도 사람을 賊傷하거나 사람을 살해하여 자수하면 모두 棄市로 한다. 完城旦舂·鬼薪白粲 以上의 刑에 해당하는 자가 도망쳤다면 그 (도망의)죄로써 罪名을 확정한다. 耐隸臣妾 이하의 죄에 해당하는 자는, 論斷은 범인을 출두시켜 행한다. 도망한 죄를 범하고, 그것이 完城旦舂이나 鬼薪白粲 以上의 刑에 해당하는 자는 붙잡지 못해도 그 죄로써 죄명을 확정한다. 庶人 以上·司寇·隸臣妾인 자가 城旦舂·鬼薪白粲 이상의 罪가 없는데도, 관리가 故意로 경중을 달리하였거나 과오에 의해서 肉刑을 집행하였다면, 모두 隱官으로 한다. 女子로 庶人이 된 자는 算賦·徭役을 면제하여 '自尙'으로 한다.30)

⑨는 『二年律令』「具律」의 형벌적용의 원칙을 규정한 것으로 여기에서도 남녀 모두에게 적용되는 형벌규정을 밝히고 있다. 구체적으로 각각의 처벌의 기준으로 "完城旦舂·鬼薪白粲以上", "耐隸臣妾以下", "庶人以上", "城旦舂·鬼薪白粲以上", "司寇·隸臣妾인 자" 등이 제시되고 있다. 『二年律令』「具律」의 형벌적용의 원칙은 남녀 쌍방에 적용된 것을 전제로 한 규정이다. 城旦舂~庶人 사이의 모든 하층신분이 남녀통칭으로 이뤄지고 있는데, 단지 司寇만 남자였다는 것은 성립하기 어려운 소설이다. 庶人·司寇·隸臣妾·鬼薪白粲·城旦舂은 爵制的身分序列上의 하층신분에 위치하며 특히 司寇는 準庶人의 성격을 지닌다.31) 司寇를 準庶人으로 이해한다면, 庶人이 남녀통칭이므로

---

30) 『二年律令與奏讞書』, 122~124簡, 141쪽.
31) 李成珪, 「秦·漢의 형벌체계의 재검토」, 『東洋史學研究』 85, 2003, 41~42쪽은 司寇가 庶人과 신분적으로 유사했음을 지적하고 있고, 임중혁도 마찬가지로 司寇를 準庶人으로 보고 있다(임중혁, 「秦漢律의 耐刑-사오로의 수렴 시스템과 관련하여-」, 『中國古中世史研究』 19, 2008).

자연히 司寇도 男女通稱으로 보아야 이러한 논리가 성립한다. 만약 司寇가 男女通稱이 아니라면, 準庶人이라는 용어의 사용은 부적절하다. 더욱『二年律令』「具律」의 "有罪當耐, 其法不名耐者, 庶人以上耐爲司寇, 司寇耐爲隷臣妾"32)은 耐罪에 대한 일반적인 처벌원칙을 제시한 것이다. 이 규정에는, "庶人以上은 耐爲司寇로 되고, 司寇는 耐爲隷臣妾으로 된다"라고 되어 있다. 반복하자면, 만약 司寇가 남녀통칭이 아닌 남자라고 한다면, 이 규정은 非文이다.

庶人-(司寇)-隷臣妾-鬼薪白粲-城旦舂의 爵制的身分序列에서 司寇만이 男性이어야 할 특별할 이유가 있을까? 司寇의 職役은 특별해서 남성만이 담당할 수 있다고 말할 수 없는 것이 司寇가 부족할 때 司寇를 대신하는 것으로 ⑧에서 城旦司寇와 舂司寇의 사례에서 확인된다.33) '舂司寇'의 존재는 司寇의 직역에 여성이 담당해야 할 부분이 있었음을 의미한다. 여성을 司寇로 처벌하지 않았기 때문에 용사구 등이 사구업무를 대신해야 했다고 강조한다면,34) 성단사구에게도 똑같은 논리를 적용해야 한다. 司寇가 남성으로 한정되어 있다는 견해는 필자가 보기에 지금까지 구체적인 실증사료가 제시된 사례가 없을 뿐만 아니라 설득력 있는 설명조차 빠져 있다. 이제까지 漢文帝 형제개혁 이전 司寇가 남성이었다는 몇몇의 견해는 있었지만, 그 견해는 대부분 구체적인 사료 제시에 의해 뒷받침된 것이 아니다. 구체적으로 그 근거를 사료로 제시하지 않은 司寇 남성설은 학설이라고 보기가 어렵다. 필자가 보기에 그나마 근거가 되는 사료를 제시한 최초의 연구자는 藤井律之였고, 藤井律之가 제시한 몇 가지 사료에 더하여 방윤미는 더 많은

---

32) 荊州博物館編 彭浩主編, 『張家山漢墓竹簡[三三六號墓]』 上冊, 北京 : 文物出版社, 2022, 130簡, 182쪽도 동일하다.

33) 이외에도 陳偉主編, 앞의 책, 85쪽 ;『睡虎地秦墓竹簡』, 51쪽 ; 윤재석 옮김, 앞의 책, 123쪽, "城旦舂·舂司寇·白粲操土攻(功), 參食之 ; 不操土攻(功), 以律食之(城旦舂·舂司寇·白粲이 토목공사를 할 경우, 아침저녁 식사로 각기 1/3두씩 지급하고, 토목공사를 하지 않을 경우는 법률에 규정된 양만큼 식량을 지급한다)"에서 '舂司寇'가 보인다.

34) 방윤미, 「진한(秦漢) 형벌체계 형성과정의 일고찰」, 『人文論叢』 80-2, 2023, 114쪽.

유사한 사례를 제시했지만, 藤井律之에 대비되는 특별히 다른 내용의 사료가 제시된 것은 아니다. 藤井律之가 제시한 ①과 ②와 같은 사례는 처음부터 사구남성설의 근거가 될 수 없다.

III. 漢文帝 刑制改革 이후의 司寇·作如司寇

먼저, 漢文帝 刑制改革 이후의 司寇의 성격을 이해하기 위해 가장 먼저 확인해야 할 내용은 처음에 인용한 『漢書』「刑法志」의 아래 내용이다. 논지 전개상 먼저 刑法志의 사료를 인용하기로 하겠다.

> 人獄已決完爲城旦舂, 滿三歲爲鬼薪白粲, 鬼薪白粲一歲爲隷臣妾, 隷臣妾一歲免爲庶人. <u>隷臣妾滿二歲爲司寇, 司寇一歲, 及作如司寇二歲, 皆免爲庶人</u>. 죄인의 옥이 이미 결정되어 完城旦舂이 된 자는 服役 3년이 되면 鬼薪白粲으로 한다. 鬼薪白粲으로 1년을 복역하면 隷臣妾으로 한다. 隷臣妾이 복역 1년이면 면하여 庶人으로 한다. <u>隷臣妾은 복역 2년이 되면 司寇가 된다. 司寇 1년 및 作如司寇는 복역 2년으로 면하여 庶人으로 한다.</u>

『漢書』「刑法志」의 내용을 張建國의 복원에 따라 정리하면 이하와 같다.[35]
① 完爲城旦舂이 3년 복역하면, 鬼薪白粲이 되고, 鬼薪白粲 1년 복역하면, 隷臣妾이 된다. 隷臣妾 1년 복역하면, 庶人으로 방면한다. 完爲城旦舂의 형기는 5년이다. ② 鬼薪白粲은 3년 복역하면, 隷臣妾이 된다. 隷臣妾 1년 복역하면, 庶人으로 방면한다. 鬼薪白粲의 형기는 4년이다. ③ 隷臣妾은

---

[35] 張建國은 顔師古注를 본문에 삽입하여 해석하고 있다. 이에 대하여는 張建國, 「前漢文帝刑法改革とその展開の再檢討」, 『古代文化』 48-10, 1996(도미야 이따루 저, 『漢文帝시기 형법의 개혁과 그 전개 재검토』, 『유골의 증언-고대중국의 형벌-』, 서경문화사, 1999, 225~227쪽 ; 張建國, 「前漢文帝刑法改革及其展開的再檢討」, 『帝制時代的中國法』, 法律出版社, 1999, 196~198쪽).

2년 복역하면, 司寇(또는 作如司寇)가 된다. 司寇(또는 作如司寇)에 1년 복역하고 방면한다. 隷臣妾의 형기는 3년이다. ④ 司寇·作如司寇 2년을 복역하면 방면한다. 司寇의 형기는 2년이다.36) 이를 도표화하면 아래와 같다.37)

① 完爲城旦舂 3年→ 鬼薪白粲 1年→ 隷臣妾 1年→ 庶人.
② 鬼薪白粲 3年→ 隷臣妾 1年→ 庶人.
③ 隷臣妾 2年→ 司寇 1年→ 庶人.
④ 作如司寇 2년→ 庶人.

張建國의 복원은 李天虹이 공개한, 『胡家草場漢簡』 1606·1554·1553·1557 簡과 비교해도 큰 오류가 없다는 것이 확인된다. 앞장에서 "司寇는 耐爲隷臣妾으로 한다"라는 표현은 司寇가 남녀통칭이 아니라면 非文이 된다고 하였다. 『漢書』 「刑法志」에서는 "司寇는 耐爲隷臣妾으로 한다"는 표현과 거꾸로 "隷臣妾滿二歲爲司寇"라 하여 司寇가 "隷臣妾은 복역 2년이 되면 司寇가 된다"라 하고 있다. 이 경우도 司寇가 男女通稱이 아니면 설명이 되지 않는다. "隷臣妾은 복역 2년이 되면 司寇가 된다"라 하는 규정은 형벌등급표기상의 가정이 아니고 엄격히 적용되어야 할 율령을 서술한 것이다. 『漢書』 「刑法志」의 이 규정은 『胡家草場漢簡』의 규정처럼 시기적으로 漢文帝 刑制改革 이후에 해당이 되며 『二年律令』의 규정과는 거의 관계가 없다. 隷臣妾에서 司寇로의 감형에서 司寇가 男女通稱이 아니라면, 또 男性司寇에 대한 女性司寇가 '作如司寇'라면, "隷臣妾滿二歲, 爲司寇. 司寇一歲, 及作如司寇二歲, 皆免爲庶人"은 마땅히 "隷臣妾滿二歲, 爲司寇·(作)如司寇. 司寇·(作)如司寇一歲, 免爲

---

36) 張建國, 「前漢文帝刑法改革及其展開的再檢討」, 『帝制時代的中國法』, 法律出版社, 1999, 198쪽 ; 임병덕, 「荊州胡家草場西漢簡牘과 漢文帝의 刑制改革」, 『中國史研究』 143, 2023, 35쪽.
37) 宮宅潔, 「勞役刑徒の構造と變遷」, 『中國古代刑制史の研究』, 京都大學出版會, 2010, 160쪽.

庶人. 及司寇·(作)如司寇二歲, 皆免爲庶人"이라고 표기해야 한다. 司寇·(作)如司寇라고 표기하지 않은 것은 司寇가 적어도 단독으로 사용할 경우 男女通稱이었음을 의미한다.

① 吏民亡, 盈卒歲, 耐 ; 不盈卒歲, 敷(繫)城旦舂 ; 公士·公士妻以上作官府, 皆償亡日. … 觔數盈卒歲而得, 亦耐之(관리와 백성이 도망하여 만1년이 되면 耐刑에 처한다. 1년이 되지 않았으면, 繫城旦舂에 처한다. 公士와 公士의 妻 以上은 官府에서 노역을 하는데, 모두 도망한 일수를 채우게 한다. … 도망 일수와 요역 회피 일수를 더해서 만 1년인데 붙잡혔다면 이 또한 耐刑에 처한다).38)

② 吏民亡, 盈卒歲, 耐爲司寇 ; 不盈卒歲, 作官府, 償亡日. 其自出也, 罰金一兩. 拾(給)逋[1309]事, 皆籍亡日, 觔數盈卒歲而得, 亦耐爲司寇(관리와 백성이 도망하여 만1년이 되면 耐爲司寇(2년형)이다. 만1년이 되지 않으면 관부에서 노역을 하는데 도망한 일수만큼 일해서 갚게 한다. 자수한 경우는 벌금1량이다. (도망한 기간 동안) 회피한 요역을 채워서 모두 도망한 일수에 (포함해서) 기록하는데, 도망 일수와 요역 회피 일수를 더해서 만1년인데 붙잡혔다면 마찬가지로 耐爲司寇(2년형)이다).39)

①은『二年律令』, ②는『胡家草場西漢簡』의 사례이다. 언뜻 비슷한 규정으로 보이지만,『胡家草場西漢簡』은 漢文帝 刑制改革 이후의 규정이고『二年律令』은 그 이전의 규정으로 그 내용은 전혀 다르다. 예를 들어 ①의 耐刑은 無期刑徒이자 身分刑이다. ②의 耐爲司寇는 형기 2년의 有期刑이다. 따라서 ①의 耐와 ②의 耐爲司寇를 비교하는 것은 어떤 면에서는 의미가 없다. 여기에서 도망죄의 처벌의 대상은 吏民, 즉 관리와 백성이다. ①은 남자와 여자를 구분한 규정이 결코 아니고, 耐刑에 처하는 대상은 명확히 남녀

---

38)『二年律令與奏讞書』, 157簡, 153쪽.
39)『胡家草場西漢簡』, 1309·1311簡, 32쪽.

모두이다. 도망죄가 남녀모두에게 적용된다는 사실은 아래의 사료에서도 확인된다.

③ 胡市, 吏民不得持兵器及鐵出關.
　호시에서, 관리와 백성들은 병기 및 철을 가지고 관을 나설 수 없다.⁴⁰⁾

④ •媚曰: 楚時亡, 點乃以爲漢, 復婢, 賣媚, 自當不當復爲婢, 卽去亡. 毋它解.
　•女子 '媚'의 진술: 楚나라 때 逃亡하였는데, 士伍 '點'이 漢의 시대가 된 후 다시 그의 '婢'로 하고, 나를 팔았습니다. 나는 다시 婢로 되는 것은 부당하다고 생각하여 도망갔습니다. 다른 것은 해명할 것이 없습니다.⁴¹⁾

⑤ 隸臣妾繫城旦舂, 去亡, 已奔, 未論而自出, 當治(笞)五十, 備徼(繫)日.
　예신첩이 구금되어 성단용의 노역에 복역하다가 도망하였는데, 이미 도주하였지만 아직 논죄가 이루어지지 않은 상태에서 자수하였을 경우, 응당 태형으로 50대를 때리고, 구금 기일을 모두 채우게 한다.⁴²⁾

③은 『漢書』 「汲黯傳」에 나오는 應劭의 注에 나오는 사례, ④는 『張家山漢墓竹簡』 「奏讞(讞)書」의 사례, ⑤는 『睡虎地秦簡』의 사례이다. ③에서 "병기 및 철을 가지고 관을 나설 수 없다"의 대상은 吏民, 즉 모든 사람이다. 吏民은 관리와 백성의 의미이다. 즉 吏民이 주어진 처벌 규정은 남녀 모든 사람들에게 적용된다는 것을 ③의 사례를 통하여 알 수 있다. ④에서는 도망한 婢에 대한 처벌의 내용으로 도망죄는 남녀 모두에게 모든 신분에 적용됨을 확인시켜 준다. ⑤의 사례에서는 도망의 사례와 그 처벌의 대상으로 隸臣妾이 나온다. ①과 ②는 관리와 백성이 도망하여 만1년이 된 경우와 1년이 되지 않은 경우의 처벌에 대한 도망죄의 일반규정이다. 반복해서 말하자면, ②는 『二年律令』의 규정과 다른, 『二年律令』의 규정이 전혀 적용되

---

40) 『漢書』 권50, 「汲黯傳」, 2321쪽, "應劭曰: 「律, 胡市, 吏民不得持兵器及鐵出關"
41) 『二年律令與奏讞書』, '案例2', 337쪽.
42) 陳偉主編, 『秦簡牘合集』, 250쪽 ; 윤재석 옮김, 『수호지진묘죽간역주』, 383쪽.

지 않는 刑期 설정 이후의 『胡家草場西漢簡』의 규정이다. 『胡家草場西漢簡』에서 "관리와 백성이 도망하여 만1년이 되면 2년형(耐爲司寇)이다"라고 되어 있다. 내용 자체가 남녀모두를 포함한 도망에 관한 처벌 규정이고, 耐爲司寇는 刑期 2년의 有期刑이라는 의미이다. 여기서 耐爲司寇를 男女通稱이외에 달리 해석할 수 없다. 『胡家草場西漢簡』의 耐爲司寇가 남성에 한정되어 있다고 한다면, 6년형, 5년형, 4년형, 3년형이 모두 남녀 모두에게 적용되는 유기형도인데, 2년형만 남자에게만 적용되는 유기형도라는 설명이 된다. 이와 비슷한 사례가 아래의 『胡家草場西漢簡』의 장물에 대한 처벌 규정이다.

    盜臧(贓)直(値)六百錢以上, 髡(髡)爲城旦舂. 不盈到五百, 完爲城旦舂. 不盈到四百, 耐爲鬼薪白1374粲. 不盈到三百, 耐爲隸臣妾. 不盈到二百, 耐爲司寇. 不盈到百, 罰金八兩. 不盈到一錢, 罰金1375.

    도둑질한 장물의 가치가 600전 이상이면 곤위성단용이다. 500전 미만이면 완위성단용이다. 400전 미만이면 내위귀신백찬이다. 300전 미만이면 내위예신첩이다. 200전 미만이면 내위사구이다. 100전 미만이면 벌금 8량이다. 1전 미만이면 벌금.[43]

이상의 『胡家草場西漢簡』의 盜罪의 처벌기준은 600전·500전·400전·300전·200전·100전·1전 등 10진법으로 되어 있다. 각각 그 액수에 따라서 髡城旦舂→ 完城旦舂→ 鬼薪白粲→ 隸臣妾→ 司寇→ 罰金刑으로 처벌하고 있다. 여기에서 가장 주목되는 사실은 髡城旦舂/完城旦舂/鬼薪白粲/隸臣妾/司寇/罰金八兩이 盜贓 기준 각각 100錢의 차이를 보이고 있다는 점이다. 즉 盜贓의 차이에 따라 髡城旦舂/完城旦舂/鬼薪白粲/隸臣妾/司寇로 처벌되고 있으므로 髡城旦舂/完城旦舂/鬼薪白粲/隸臣妾/司寇의 刑期는 각각 다르

---

43) 『胡家草場西漢簡』, 16쪽, "盜臧(贓)直(値)六百錢以上, 髡(髡)爲城旦舂. 不盈到五百, 完爲城旦舂. 不盈到四百, 耐爲鬼薪白粲. 不盈到三百, 耐爲隸臣妾. 不盈到二百, 耐爲司寇. 不盈到百, 罰金八兩. 不盈到一錢, 罰金."

다고 보아야 한다. 顔師古의 주석문 "鬼薪白粲滿三歲爲隸臣. 隸臣一歲, 免爲庶人"을 「刑法志」의 본문에 삽입하여 髡鉗城旦舂의 刑期 6년, 完爲城旦舂의 형기 5년, 鬼薪白粲의 刑期 4년, 隸臣妾의 刑期 3년, 司寇의 刑期 2년으로 해석한 張建國의 견해는 『胡家草場西漢簡』의 盜罪의 처벌기준의 차이에 의해서도 확실히 입증된다.44) 髡城旦舂/完城旦舂/鬼薪白粲/隸臣妾/司寇/罰金刑은 훔친 액수에 따라 남녀 모두 적용되고 있음이 확실하다. 여기서 중간에 갑자기 형기 2년인 司寇만은 여성에게 적용되지 않고 남성만에 적용된 것이라고 해석할 수 없다. 훔친 액수를 기준으로 600전은 髡城旦舂, 500전은 完城旦舂, 400전은 鬼薪白粲, 300전은 隸臣妾, 1전은 벌금형으로 남녀 모두에게 적용되고 있는데, 司寇가 남녀통칭이 아닌 남자라고 한다면, 200전을 훔친 경우만 여성에게는 적용되지 않았다는 것이 된다. 이 경우에도 司寇가 남녀통칭이 아니라면, 200전을 훔친 경우는 마땅히 司寇·(作)如司寇라고 해야 한다. 즉 "不盈到二百, 耐爲司寇"는 마땅히 "不盈到二百, 耐爲司寇·(作)如司寇"라고 해야 한다. 명백히 형제개혁 이후의 규정인데도 '(作)如司寇'가 나오지 않는다. "不盈到二百, 耐爲司寇"라고 한 것은 耐爲司寇가 남녀통칭이었음을 의미한다. 다시 정리하자면, 『胡家草場西漢簡』의 盜罪의 처벌기준이 남녀 모두에게 적용된 규정이라고 보는 것이 합리적이므로『胡家草場西漢簡』의 盜罪의 처벌기준의 관점에서 보았을 때, 여기에 나오는 司寇도 남녀 모두에게 적용된 형벌이라고 보는 것이 합리적이다. 게다가 漢文帝의 형도개혁의 핵심은 肉刑을 폐지하고, 무기형도인 형도의 형기를 설정하는 것에 있었다. 구체적으로는 앞서 언급한대로 髡城旦舂의 형기는 6년, 完城旦舂의 형기는 5년, 鬼薪白粲의 형기는 4년, 隸臣妾의 형기는 3년, 司寇의 형기는 2년이다. 그러면, 司寇라는 명칭은 이름에 불과하고, 실제로는 형기 2년의 형도이다. 형기 6년인 髡城旦舂, 형기 5년인 完城旦舂, 형기는 4년인 鬼薪白粲, 형기 3년인 隸臣妾은 모두 남녀통칭이다. 그렇다면, 형기 2년인 司寇만이

---

44) 林炳德, 「『荊州胡家草場西漢簡牘』과 漢文帝의 刑制改革」, 『中國史硏究』 142, 2023, 36~37쪽.

남녀 모두에 적용되지 않고 남자에게만 적용되었다는 것이 합리적인 해석이라고 볼 수 있을까? 盜罪의 처벌기준은 남녀 모두에게 보편적으로 적용되어야 한다. 형기 2년인 司寇만 오직 남자에게 적용되고 6년형, 5년형, 4년형, 3년형은 남녀 모두에게 적용되었다고 해석할 수 없다. 따라서 『胡家草場西漢簡』의 "不盈到二百, 耐爲司寇"의 '耐爲司寇'는 남녀를 포함한 용어로 볼 수밖에 없다. 이와 관련하여 주목되는 것이 앞서 인용한 『胡家草場西漢簡』 1253簡이다. 『胡家草場西漢簡』 1253簡은 앞서 살펴본 바와 같이 "女子當磔若要(腰)斬者, 棄市 ; 當爲司寇者作縣官及他, 皆如司寇(女子를 磔이나 腰斬해야 하면, 棄市에 처한다. 司寇가 된 자는 縣官 및 기타에서 作事하되 모두 司寇와 같이 한다)"라 되어 있다. 이것은 여자에 대한 형벌감면의 원칙을 기술한 것으로 여자가 司寇에 해당하는 형벌을 받았을 경우 감형을 받지 못하고 司寇와 같은 노역에 해당하는 처벌을 받는다는 규정이다. 이 규정에 의해 이후 "當爲司寇者"의 司寇가 남성만으로 한정되었다고 단정하기 쉽다. 그러나 이 규정은 내용상 불분명한 것이 많다. 李天虹이 추가로 공개한 『胡家草場西漢簡』 1553·1557簡의 사례에서 보듯이 『胡家草場西漢簡』은 아직 일부만 공개한 것이므로 전모가 공개되면 전혀 새로운 내용이 나올 수 있다. 무엇보다 『胡家草場西漢簡』 1253簡, "女子當磔若要(腰)斬者, 棄市 ; 當爲司寇者作縣官及他, 皆如司寇"의 전후문장을 보아야 어떤 조건과 배경에서 이 규정이 나왔는지를 알 수 있는 상황이다. 『胡家草場西漢簡』 1253簡의 해석에 단서가 될 수 있는 것으로는 『二年律令』의 이하의 규정이 있다.

  女子當磔若腰斬者棄市, 當斬爲城旦者黥爲舂, 當贖斬者贖黥. 當耐者, 贖耐.
  여자로 磔 혹은 腰斬에 해당하는 자는 棄市로 하고, 斬城旦에 해당하는 자는 黥舂으로 하고, 贖斬에 해당하는 자는 贖黥으로 하고, 耐에 해당하는 자는 贖耐로 한다.45)

---

45) 『二年律令與奏讞書』, 87~89簡, 126쪽.

"여자로 磔 혹은 腰斬에 해당하는 자는 棄市로 하고, 斬城旦에 해당하는 자는 黥舂으로 하고"라는 규정은 『胡家草場西漢簡』1253簡에서는 보이지 않는다. 그것은 방윤미의 지적처럼 刑制改革으로 黥刑 이상의 육형이 폐지되어 斬刑에 대한 寬刑 조치 자체가 필요 없어졌기 때문이다.[46] 위의 규정상 가장 어려운 부분은 "贖斬에 해당하는 자는 贖黥으로 하고, 耐에 해당하는 자는 贖耐로 한다."라 하는 내용이다. 일단 이 사료는 앞서 Ⅱ장 ⑥의 사료에서 인용한 『二年律令』「告律」의 내용과 비교할 수 있다.

『二年律令』「告律」은 고발한 것이 정확하지 않았거나 죄를 저지르고 먼저 자수하는(告不審及有罪先自告) 경우의 감죄의 원칙을 제시한 것이다. 즉 死罪→ 黥爲城旦舂, 黥爲城旦舂→ 完爲城旦舂, 完爲城旦舂→ (鬼薪白粲), 鬼薪白粲及府(腐)罪→ 耐爲隷臣妾, 耐爲隷臣妾→ 耐爲司寇, 司寇·罷(遷)及黥顔頯罪→ 贖耐로 경감한다는 것이다. 司寇와 관련하여 여기에서 특히 주목할 만한 내용은 "司寇·罷(遷)及黥顔頯罪贖耐(司寇·遷 및 黥顔頯罪는 贖耐로 한다)"이다. 이 문장은 매우 명확하다. 『二年律令』「具律」의 "耐에 해당하는 자는 贖耐로 한다."와 비교하여 遷刑과 肉刑을 빼고 보면, 형식과 내용이 일치한다. 遷刑과 肉刑을 빼고 『二年律令』「告律」의 문장을 구성하면, "司寇에 해당하는 자는 贖耐로 한다"가 된다. 단지 '耐'와 '司寇'의 차이만이 있을 뿐이다. '耐'를 '耐爲司寇'로 해석하면 사실상 이 부분은 같은 규정이다.

그런데 『二年律令』「告律」은 고발한 것이 정확하지 않았거나 죄를 저지르고 먼저 자수하는(告不審及有罪先自告) 경우의 감죄의 원칙을 제시한 것으로 남녀 모두를 대상으로 한 규정이라 할 수 있다. 따라서 여기에 나오는 城旦舂·鬼薪白粲·隷臣妾 모두 남녀통칭으로 나온다. 『二年律令』「告律」의 "司寇에 해당하는 자는 贖耐로 한다"의 司寇도 자연스럽게 男女通稱으로 이해할 수밖에 없다. 방윤미는 『二年律令』「具律」의 "女子當磔若腰斬者棄市, 當斬爲城旦者黥爲舂, 當贖斬者贖黥. 當耐者, 贖耐"의 사례에서 "耐에 해당하

---

46) 방윤미, 앞의 글, 11쪽.

는 자는 贖耐로 한다"라고 되어 있기 때문에 원칙적으로 여자는 司寇가 되기 전에 贖耐로 처리되므로 처음부터 耐爲司寇가 될 수 없다고 단정한다.[47]

이 논리는 다음과 같은 모순이 있다. "當耐者, 贖耐"와 형식상 거의 유사한 것으로 간주되는 『二年律令』 「告律」에서는 "司寇에 해당하는 자는 贖耐로 한다"라고 되어 있다. 이 규정을 처음의 전제조건을 빼고 모든 司寇에 적용하면, 司寇는 처음부터 존재하지 않는 것이 된다. 이런 모순된 해석이 되지 않으려면, 이 규정의 전제조건을 빼고 "司寇·䰻(遷)及黥顔頯罪贖耐"를 해석하면 곤란하다. 방윤미의 논리를 따르면, 예를 들어 같은 『二年律令』 「具律」의 "有罪當耐, 其法不名耐者, 庶人以上耐爲司寇, 司寇耐爲隷臣妾"과 같은 규정도 여자는 贖耐가 되기 때문에 여자는 耐爲司寇가 될 수 있는 길이 차단되어 있다는 것이 된다. 그런데, "女子當磔若腰斬者棄市, 當斬爲城旦者黥爲舂, 當贖斬者贖黥. 當耐者, 贖耐"의 앞 문장을 모두 연결하면 "有罪當黥, 故黥者劓之, 故劓者斬左止(趾), 斬左止(趾)者斬右止(趾), 斬右止(趾)者府(腐)之. 女子當磔若要(腰)斬者, 棄市. 當斬爲城旦者黥爲舂, 當贖斬者贖黥, 當耐者贖耐."인데, 전반적으로 이미 肉刑을 받고 있는 죄인이 다시 죄를 범하였을 때의 처벌원칙에 관한 것으로 시작한다. 즉 무언가의 특정조건하에서의 규정인 것이다. 다시 말하자면, 이 규정은 처음부터 다른 규정에 보편적으로 적용되는 기본원칙으로 보기 힘들다는 것이다.

『二年律令』 「告律」의 "司寇에 해당하는 자는 贖耐로 한다"라는 규정도 『二年律令』 「具律」의 "當耐者, 贖耐"처럼 특별한 전제조건 하에서의 처벌에 관한 규정이다. 즉 고발한 것이 정확하지 않았거나 죄를 저지르고 먼저 자수하는(告不審及有罪先自告) 경우의 감죄의 원칙을 제시한 것이다. 이 문장을 다시 해석하면, 만약 감죄의 원칙이 적용되지 않을 경우 원래는 司寇였다는 것이다. 즉 "當耐者, 贖耐"는 "有罪當黥, 故黥者劓之…"로 시작되

---

47) 방윤미, 앞의 글, 28쪽.

고, 이어서 여자에 대한 감죄의 원칙을 제시한 것이다. 또한『二年律令』「告律」"司寇·罷(遷)及黥顔頯罪贖耐"는 고발한 것이 정확하지 않았거나 죄를 저지르고 먼저 자수하는(告不審及有罪先自告) 경우의 감죄의 원칙을 제시한 것이다. 모두 특정조건하의 감죄의 규정을 제시한 것이 공통적인 특징이다.

그에 비하여『二年律令』「具律」의 "有罪當耐, 其法不名耐者, 庶人以上耐爲司寇, 司寇耐爲隷臣妾"은 耐罪에 대한 일반적인 처벌원칙을 제시한 것으로 어떤 특정조건하에서의 감죄의 원칙을 전제로 한 규정이 아니다. 즉 내죄에 대한 기본원칙이다. 반면에 "當耐者, 贖耐"는 "有罪當黥, 故黥者劓之 …"로 시작하는 문장 속에 속한 규정으로 내죄에 대한 일반적인 기본원칙으로 보기 어렵다.『胡家草場西漢簡』1253簡, "女子當磔若要(腰)斬者, 棄市 ; 當爲司寇者作縣官及他, 皆如司寇"는『二年律令』「具律」의 "有罪當黥, 故黥者劓之 …"로 시작하는 율령에서 그 기원이 비롯된 것으로 보이므로 盜贓의 액수에 따른 司寇刑, 以律減罪의 刑罰遞減의 규정에 따라 隷臣妾에서 司寇로 減刑되는 사례에 적용되는 규정으로 보기 힘들다. 또 실제 일반적인 처벌규정에 한결같이 如司寇는 빠져 있다.

또한 당연한 이야기이지만,『二年律令』의 여러 원칙이나 규정은 육형폐지와 형기설정을 전제로 한『胡家草場漢簡』의 규정이나『漢書』「刑法志」의 규정에 적용할 수 없다. 예를 들어 지금까지 공개된『胡家草場漢簡』에는『二年律令』「具律」의 不名耐者로 보이는 耐가 없다.『胡家草場漢簡』의 "不盈到四百, 耐爲鬼薪白粲. 不盈到三百, 耐爲隷臣妾. 不盈到二百, 耐爲司寇."의 사례에서 보듯이 막연히 '耐'라는 기재가 없다. 구체적으로 '耐爲鬼薪白粲'·'耐爲隷臣妾'·'耐爲司寇' 등으로 기재되어 있다. 그런데,『胡家草場漢簡』이나『漢書』「刑法志」에는 隷臣妾이 司寇가 되고, 司寇가 庶人이 되는 규정이 나온다. 거의 기본적으로 以律減罪의 刑罰遞減 형식의 규정에는 "耐爲隷臣妾은 耐爲司寇로 한다"라고 기재되어 있다. 耐爲司寇가 남성에 한정되어 있다면, "耐爲隷臣妾은 耐爲司寇로 한다"가 아니라 "耐爲隷臣妾은 耐爲司寇·如司寇로 한다"라고 기재해야 한다. 그런데, 예외없이 如司寇가 빠지고 "耐爲隷臣妾은

耐爲司寇로 한다"로 되어 있다.

만약에 논의를 城旦舂이 실은 城旦이고 隷臣妾이 실은 隷臣일 수 있고 형벌 등급 표기상의 가정이라고 이해한다면,[48] 논의를 진행하기 어려워진다. 왜냐하면 그런 논리는 또한 반대로 城旦은 실은 城旦舂이고 隷臣은 실은 隷臣妾을 지칭한다는 정반대의 해석도 가능하기 때문이다. 예를 들어 아래와 같은 사례를 들 수 있다.

① 律：盜臧(贓)直(値)過六百六十錢黥爲城旦.
律：도둑질해서 숨겨둔 것의 가치가 660전을 넘으면 黥하여 城旦에 처한다.[49]
② 盜臧(贓)直(値)過六百六十錢, 黥爲城旦舂. 六百六十到二百卄錢, 完爲城旦舂. 不盈二百卄到百一十錢, 耐爲隷臣妾.[50]

예컨대, ①의 城旦은 실은 ②의 城旦舂이다. 따라서 이런 식의 논의는 司寇가 남자라는 것을 전제로 거기에 맞는 사례를 무리하게 맞추기 위한 사료의 해석에 지나지 않는다. 주장하고자 하는 결론에 맞춰 추론에 추론을 거듭한 해석이 아니라 전반적으로 형벌의 일반적인 규정과 원칙을 살펴보는 것이 중요하다. 즉 범죄처벌의 원칙을 천명한 규정과 관련된 盜臧의 기준에 따른 처벌원칙, 도망에 따른 처벌 규정, 형기가 설정되면서 생긴 以律減罪에 따른 刑罰遞減의 규정 등 전반적인 처벌 규정의 원칙에 나오는 隷臣妾이나 城旦舂은 명백히 城旦이나 隷臣이 아니고 글자 그대로 城旦舂이고 隷臣妾이다. 이러한 규정에서 司寇를 남성으로 한정하여 해석한다면, 명백히 非文이 된다.

거듭 강조하자면, 형벌의 일반적인 처벌원칙에서는 일관되게 城旦舂·鬼

---

[48] 방윤미, 앞의 글, 34쪽.
[49] 『二年律令與奏讞書』, 「奏瓛(讞)書」案例15, 72~73簡, 353쪽.
[50] 위의 책, 55~56簡, 112쪽.

薪白粲·隷臣妾과 함께 司寇가 나오고 있다. 또 일관되게 如司寇가 나오지 않고 있다. 형벌의 일반적인 처벌원칙에서 城旦舂·鬼薪白粲·隷臣妾과 함께 司寇가 일관되게 나오는 것은 司寇가 남녀통칭의 용어였음을 의미한다. 『胡家草場西漢簡』1253簡, "女子當磔若要(腰)斬者, 棄市 ; 當爲司寇者作縣官及他, 皆如司寇"의 如司寇는 무언가의 특정조건하의 규정이었다고 보이며 또한 그로 인해 앞의 司寇가 남녀통칭의 의미를 상실하고, 또한 뒤에 나오는 如司寇가 반드시 남자사구인 司寇에 대응하는 여자사구를 의미한다는 증거도 없다.

'如司寇'는 『胡家草場漢簡』에서 처음 나타난 것이었고, '作如司寇'라는 용어도 『漢書』「刑法志」에서 처음으로 보인다. 즉 漢文帝 刑制改革 이후에 창설된 것이 확실하다. 漢文帝 刑制改革 이후 邊境의 간독문서에 몇 건의 '作如司寇'가 나오지만, 後漢和帝 이후의 문헌사료에서는 '作如司寇'라는 명칭도 사라진다.[51] 요컨대, 如司寇가 여성인 것은 맞지만, 반드시 정확하게 남성의 사구에 대응하는 여자사구를 의미한다고 단정할 근거가 없다. 『胡家草場漢簡』1253簡에 따르면, 정식 명칭은 '如司寇'이고 '作如司寇'가 아님을 알 수 있다. 이에 대하여 필자는 『二年律令』과 『嶽麓秦簡』의 다음과 같은 사례를 통하여 '作如司寇'는 '作, 如司寇'임을 강조하였다.

① 모두 勞役과 算賦는 면제하지만, 노역을 시키되 奴婢처럼 한다.
　　皆復使及箄(算)事之如奴婢.[52]
② 노역을 시키되 隷臣妾처럼 한다.
　　作事之, 如隷臣妾然.[53]

상기 두 개의 문장 가운데, ②의 "作事之, 如隷臣妾然"은 문장 구조가

---

51) 張新超, 앞의 글, 180쪽.
52) 『二年律令與奏讞書』, 162簡, 155쪽.
53) 朱漢民·陳松長主編, 『嶽麓書院秦簡(肆)』, 026/2027, 47쪽.

확실하다. ①의 "事之如奴婢"는 ②의 "作事之, 如隸臣妾然"과 비교하면, ①은 "作事之, 如奴婢"의 문장으로 이해된다. 이렇게 보면, "事之如奴婢"는 엄밀히 말하자면, "事之, 如奴婢"로 해야 정확하다고 생각한다. ②의 "作事之, 如隸臣妾然"을 '作如司寇'에 적용하면, "作事之, 如司寇(然)"으로 이해된다. 즉 필자는 "作如司寇"는 "作, 如司寇"이고 구체적으로는 "作事之, 如司寇然"으로 이해된다고 보았다.54) 『胡家草場漢簡』1253簡의 "女子當磔若要(腰)斬者, 棄市 ; 當爲司寇者作縣官及他, 皆如司寇"도 "(當爲司寇者)作(縣官及他), 皆如司寇"에서 괄호를 빼고 보면, 역시 "作, 如司寇"의 형태이다. 다만, '作如司寇'는 엄밀히 해석하면, "作, 如司寇"이지만, '作如司寇'라 하여 해석이 크게 달라지지 않는 것도 사실이다. 굳이 여기서 필자가 엄밀히 구분하고자 하는 것은, 漢文帝 刑制改革을 반영하고 있는 가장 근접한 簡牘法律文書인 『胡家草場漢簡』의 1253簡이 '如司寇'라고 명기되어 나오고 있기 때문에, 이를 재확인하고자 한 것이다.

'作如司寇'를 마땅히 "作, 如司寇"로 보아야 한다는 최초의 주장은 衛宏이었다.55) 衛宏은 "罪爲司寇, 司寇男備守, 女爲作, 如司寇, 皆作二歲."라 하였다. 즉 衛宏에 따르면, 이 해석은 "司寇는 남자는 戍에 충원되고, 여자는 作이 되었으니, 司寇와 같다. 모두 2년형이다."라는 것이다. 여기서 衛宏도 '如司寇'라고 하였고, 『胡家草場漢簡』1253簡의 "女子當磔若要(腰)斬者, 棄市 ; 當爲司寇者作縣官及他, 皆如司寇."도 명확히 '如司寇'라고 하고 있다. 여기서 '如司寇'를 '司寇'와 대등한 용어로 볼 수 있는지는 의문이다. 왜냐하면 독립된 명사로 보이기보다는 "司寇와 같다"라는 의미로 해석되기 때문이다. 李天虹이 공개한 『胡家草場漢簡』에 따르면, 『漢書』「刑法志」에서 "隸臣妾滿二歲爲司寇, 司寇一歲, 及作如司寇二歲, 皆免爲庶人"이라 되어 있는 부분이 "隸臣妾盈二歲, 爲司寇 ; 爲司寇一歲, 及司寇二歲, 皆免爲庶人"으로 되어 있다. 가장

---

54) 林炳德, 「秦·漢律의 耐刑과 司寇」, 『中國史硏究』 134, 2021, 24~25쪽.
55) [漢]衛宏撰, 『漢舊儀』 권下(孫星衍等輯, 周天游點校, 『漢官六種』, 北京 : 中華書局, 1990 第一版) '中宮及號位', 85쪽, "罪爲司寇, 司寇男備守, 女爲作, 如司寇, 皆作二歲."

눈에 띄는 부분이 『漢書』「刑法志」의 '及作如司寇二歲'가 『胡家草場漢簡』 1557簡에서는 "及司寇二歲"로 되어 있다는 점이다.

滋賀秀三은 『漢書』「刑法志」의 "罪人獄已決, 完爲城旦舂, 滿三歲爲鬼薪白粲. 鬼薪白粲一歲 [免爲庶人. 鬼薪白粲二歲], 爲隸臣妾. 隸臣妾一歲, 免爲庶人. 隸臣妾滿二歲, 爲司寇. 司寇一歲, 及[司寇]作如司寇二歲, 皆免爲庶人"이라 하여 [ ] 부분을 보완하여 문장을 재구성하고 있다.[56] 그 추론에 따르면, 完爲城旦舂의 형기는 4년, 鬼薪白粲의 형기는 3년, 隸臣妾의 형기는 3년, 司寇와 作如司寇의 형기는 2년이 된다.[57] 추론에 따른 형기 설정이므로 滋賀秀三의 형기에 대한 견해는 당연히 오류일 수밖에 없다. 滋賀秀三의 견해는 그 스스로가 밝히고 있는 것처럼 衛宏의 『漢舊儀』에 나오는 노역형도의 형기에 맞추어 『漢書』「刑法志」의 본문을 임의로 수정한 것이었다. 이 견해는 滋賀秀三이 스스로 인정하는 것처럼 실증을 거친 학설로 보기는 어렵다.[58] 특히 滋賀秀三이 "隸臣妾滿二歲, 爲司寇. 司寇一歲, 及司寇·作如司寇二歲, 皆免爲庶人."에서 "司寇·作如司寇二歲"로 한 것도 전혀 근거가 없는 추론이었다. 그럼에도 학계에서 이를 추종한 것은 실증에 근거를 둔 것이 아니라 아마도 『敦煌漢簡』 등의 사료에서 보이는 "司寇·作如司寇"의 용례 때문이었을 것이다.[59]

李天虹이 공개한 『胡家草場漢簡』 1553·1557簡은, "鬼薪白粲盈三歲, 爲隸臣妾；爲隸臣妾一歲, 免爲庶人. 隸臣妾盈二歲, 爲司寇；爲司寇一歲, 及司寇二歲, 皆免爲庶人"으로 되어 있다. 『漢書』「刑法志」의 "隸臣妾滿二歲爲司寇, 司寇一歲, 及作如司寇二歲, 皆免爲庶人"과 비교하여 『胡家草場漢簡』은 "隸臣妾盈二

---

56) 滋賀秀三, 「前漢文帝の刑制改革をめぐって」, 『東方學報』 79, 1990, 42쪽(『中國法制史論集』, 創文社, 2003, 561~562쪽.
57) 林炳德, 「『荊州胡家草場西漢簡牘』과 漢文帝의 刑制改革」, 『中國史研究』 143, 2023, 34~35쪽.
58) 滋賀秀三, 위의 글, 『中國法制史論集』, 563쪽.
59) 胡平生·張德芳 編, 『敦煌懸泉置漢簡釋粹』, 上海：上海古籍出版社, 2001, 敦煌懸泉置漢簡Ⅱ0115③：421, "賊律, 毆親父母及同産, 耐爲司寇·作如司寇. 其謈詢(詬)詈之, 罰金一斤."

歲, 爲司寇 ; 爲司寇一歲, 及司寇二歲, 皆免爲庶人."이라 하여 司寇一歲 앞에 '爲'가 추가되어 있다. 즉 "爲司寇一歲, 及司寇二歲, 皆免爲庶人."으로 되어 있는 『胡家草場漢簡』의 규정은 以律減罪에 따른 刑罰遞減의 司寇一歲와 正司寇인 司寇二歲가 확실히 분리되어 나타난다. 어쨌든 中華書局本 『漢書』 「刑法志」의 문장은 여러모로 불완전한 것이 분명하다. 특히 司寇와 관련하여 『漢書』「刑法志」의 "及作如司寇二歲"는 여전히 해석하기 어려운 난제이다. 그에 비하여 『胡家草場漢簡』 1606·1554·1553·1557簡의 문장은 일목요연하고 모순이 없다. "及作如司寇二歲"를 "及司寇·作如司寇二歲"로 추정한 근거 없는 추론에 비하여 李天虹의 보충설명은 합리적이다.

李天虹의 견해에 따르면, 『漢書』「刑法志」의 "及作如司寇二歲"의 '司寇' 뒤에 중문부호가 있었다고 한다면, 이 문장은 마땅히 "及作如司寇·司寇二歲"였을 것이고, 그 후 문장이 도치되어 '司寇·作如司寇'로 되었다고 본다면, "及[司寇]作如司寇二歲"로 추정한 관점을 그나마 합리적으로 설명할 수 있다는 것이다.[60] 그러면, "司寇一歲, 及作如司寇·司寇二歲, 皆免爲庶人"의 문장이 되는데, 앞에 나오는 "司寇一歲"의 司寇는 男女를 모두 통칭하는 용어이고, "及作如司寇·司寇二歲"의 司寇는 男性司寇의 專稱으로 이해할 수 있다는 것이다.[61] 즉 그의 견해에 따르면, 司寇는 男女를 모두 통칭하는 용어인데, 司寇·作如司寇가 병칭으로 나타날 경우에 한해서만 男子司寇라는 의미를 가질 수가 있다는 것이다. 그러나 "及作如司寇二歲"의 '司寇' 뒤에 중문부호가 있었다고 한다면, "及作如司寇·司寇二歲"가 본래의 문장이라고 보아야 한다. 李天虹의 추정대로라면 '作如司寇'에 대한 통상적인 해석은 전면적인 재검토가 필요하게 된다. 물론 李天虹의 견해도 현재로서는 실증 이상의 추론에 지나지 않지만, 적어도 『敦煌漢簡』의 사례에 따라 "司寇·作如司寇"로 보고, 사구=남성인 사구, 作如司寇=여성인 사구라는 도식에 비해서는 진일보된 관점이라 할 수 있다.

---

60) 李天虹, 앞의 글, 64쪽.
61) 위와 같음.

『漢書』「刑法志」의 漢文帝 刑制改革의 기본사료는『胡家草場漢簡』1606·1554·1553·1557簡이라 할 수 있다. 도대체 어떤 과정을 거쳐『胡家草場漢簡』의 "及司寇二歲"가『漢書』「刑法志」에서는 "及作如司寇二歲"가 되었을까? 새로운 사료가 나오기 전까지는 이 과정을 전혀 알 수 없다. 秦代에는 매년 중앙과 지방에서 모두 당해 연도의 律令의 校讎가 이루어지고 있었다고 한다.62) 漢代에도 계속해서 새로운 율령의 편찬이 있었으므로 秦代와 마찬가지로 매년 중앙과 지방에서 모두 당해 연도의 律令의 校讎가 이루어지고 있었을 것이다. 새로운 율령이 반포되는 시기에는 律令의 校讎가 수시로 진행될 가능성이 높지만, 상급기관에 가서 校讎를 받는 시기는 해마다 일정시기로 고정되었을 것이다. 校讎과정에서 똑같은 율령이라 해도 시기마다 약간의 용어상의 변화는 있을 수 있고, 법률문서를 초사해서 사료에 정리하는 과정에서 경우에 따라서는 약간의 탈루도 발생할 수 있었을 것이다. 예컨대,『胡家草場漢簡』의 "爲司寇一歲"가『漢書』「刑法志」에서 "司寇一歲"로 되어 있는 것은 초사과정에서의 '爲'자의 脫漏일 수도 있다. 어쨌든 현단계에서 최소한『胡家草場漢簡』1553·1557簡의 司寇一歲의 司寇와 司寇二歲의 司寇는 모두 남녀통칭으로 해석할 수밖에 없다.63) 필자는 더 나아가 司寇는 漢文帝 刑制改革 이전이나 이후에나 남녀통칭이었다고 생각한다.

IV. 맺음말

'作如司寇'라는 용어는 漢文帝 13年(기원전 167) 처음 나타난 용어였다. 한편,『後漢書』권4,「孝和帝紀」에는, "八年, 詔郡國中都官繫囚減死一等, 詣敦煌戍. 其犯大逆, 募下蠶室, 其女子宮. 自死罪已下, 至司寇及亡命者入贖, 各有差

---

62) 陳中龍,「從秦代官府年度律令校讎的制度論漢初《二年律令》的"二年"」, 簡帛網, 2016-05-10.
63) 李天虹, 앞의 글, 64쪽.

(8년(96), 조서를 내려 "군국의 중도관에 감금된 죄수를 사죄에서 1등급 감해주고, 돈황에 보내 수자리에 복역하도록 하라. 대역을 범한 자는 잠실에 보내는 궁형에 처하고 여자는 유폐하는 궁형에 처한다. 死罪 이하부터 司寇와 도망자에 이르기까지 죄의 등급에 따라 속형의 금액을 각각 차등 있게 하라)."64)라는 규정이 나온다. 이보다 앞서 永元 3년(91)에는 "郡國中都官繫囚死罪贖縑, 至司寇及亡命, 各有差"(군국의 중도관에 감금된 죄수를 사죄에 비단으로 贖할 수 있게 하고, 사구와 도망자에 이르기까지 죄의 등급에 따라 각각 차등 있게 하라)."65)라는 규정이 나온다.

이것을 근거로 張新超는 늦어도 91년에 이르러 作如司寇는 폐지되고 '司寇'로 다시 통일되었다고 한다.66) 즉 노역형도 가운데 作如司寇는 매우 일시적으로 존재했던 것이라 할 수 있다. 필자가 보기에 司寇와 作如司寇의 성격에 대한 논쟁, 그 자체는 큰 의미는 없다고 생각한다. 그보다도 오랫동안 논쟁이 되어 왔던 『漢書』「刑法志」 조문의 완전한 복원 및 戰國秦에서 漢文帝 刑制改革에 이르기까지, 더욱 그 이후의 변화를 둘러싼 논의와 관련해서 司寇 및 作如司寇의 위치와 의미를 파악하는 것이 중요하다고 생각한다.

作如司寇는 司寇와 같은 노역을 한다는 의미를 가지고 있고, 무엇보다 司寇·作如司寇라는 용어의 형식과 내용도 城旦·春, 鬼薪·白粲, 隷臣·妾과 다르다. 作如司寇는 城旦春의 春, 鬼薪白粲의 白粲, 隷臣妾의 妾, 奴婢의 婢처럼 거의 늘 따라다니던 용어가 결코 아니었다. 실제사례나 의미상으로도 다르다고 보지 않을 수 없다. 城旦春, 鬼薪白粲, 隷臣妾, 奴婢 등이 거의 상용구로 사용되는데 비하여 '如司寇'가 사용된 '司寇·作如司寇'의 사례는 매우 드물고, 거의 대부분 司寇로 단독 사용되고 있다.

필자는 司寇는 漢文帝 刑制改革 이전이나 이후나 남녀통칭이었다고 이해한다. 적어도 『二年律令』「具律」의 "有罪當耐, 其法不名耐者, 庶人以上耐

---

64) 『後漢書』 권4, 「孝和帝紀」, 182쪽.
65) 위의 책, 171쪽.
66) 張新超, 앞의 글, 180쪽.

爲司寇, 司寇耐爲隷臣妾", 『漢書』「刑法志」의 "人獄已決完爲城旦舂, 滿三歲爲鬼薪白粲, 鬼薪白粲一歲爲隷臣妾, 隷臣妾一歲免爲庶人. 隷臣妾滿二歲爲司寇, 司寇一歲, 及作如司寇二歲, 皆免爲庶人", 『荊州胡家草場漢簡』1374·1375簡의 "盜臧(贓)直(值)六百錢以上, 髡(髠)爲城旦舂. 不盈到五百, 完爲城旦舂. 不盈到四百, 耐爲鬼薪白粲. 不盈到三百, 耐爲隷臣妾. 不盈到二百, 耐爲司寇. 不盈到百, 罰金八兩. 不盈到一錢, 罰金"이나 『荊州胡家草場漢簡』1553·1557簡의 "鬼薪白粲盈三歲, 爲隷臣妾；爲隷臣妾一歲, 免爲庶人. 隷臣妾盈二歲, 爲司寇；爲司寇一歲, 及司寇二歲, 皆免爲庶人."의 規定 및 『胡家草場西漢簡』1309·1311簡의 "吏民亡, 盈卒歲, 耐爲司寇；不盈卒歲, 作官府, 償亡日. 其自出也, 罰金一 兩. 拾(給)逋事, 皆籍亡日, 斬數盈卒歲而得, 亦耐爲司寇"는 耐罪處罰에 대한 일반원칙, 형기설정에 따른 규정, 盜臧에 따른 처벌규정, 以律減罪의 刑罰遞減의 규정, 도망에 대한 처벌규정이다. 적어도 여기에 나오는 司寇만큼은 男女通稱이 확실하다.

『二年律令』「具律」의 "有罪當耐, 其法不名耐者, 庶人以上耐爲司寇, 司寇耐爲隷臣妾"를 제외한 나머지 司寇는 형기 2년의 유기형도이고 男女通稱이다. 거듭 강조하자면, 적어도 耐罪處罰에 대한 일반원칙, 형기설정에 따른 규정, 盜臧에 따른 처벌규정, 以律減罪의 刑罰遞減의 규정, 도망에 대한 처벌규정에 나오는 성단용이나 귀신백찬, 예신첩, 사구 등은 모두 남녀병칭으로 볼 수밖에 없다.

참고문헌

1. 사료

睡虎地秦墓竹簡整理小組, 『睡虎地秦墓竹簡』, 北京 : 文物出版社, 1978.
張家山二四七號漢墓竹簡整理小組, 『張家山漢墓竹簡[二四七號墓]』, 北京 : 文物出版社, 2001.
張家山二四七號漢墓竹簡整理小組, 『張家山漢墓竹簡[二四七號墓](釋文修訂本)』, 北京 : 文物出版社, 2006.
彭浩·陳偉·工藤元男 主編, 『二年律令與奏讞書-張家山二四七號漢墓出土法律文獻釋讀』, 上海 : 上海古籍出版社, 2007.
湖南省文物考古研究所·湘西土家族苗族自治州文物處·龍山縣文物管理所, 「湖南龍山里耶戰國-秦代古城一號井發掘簡報」, 『文物』 2003-1.
湖南省文物考古研究所·湘西土家族苗族自治州文物處, 「湘西里耶秦代簡牘選釋」, 『中國歷史文物』 2003-1.
湖南省文物考古研究所 編, 『里耶發掘報告』, 長沙 : 岳麓書社, 2007.
湖南省文物考古研究所 編, 『里耶秦簡(壹)』, 北京 : 文物出版社, 2012.
湖南省文物考古研究所 編, 『里耶秦簡(貳)』, 北京 : 文物出版社, 2017.
里耶秦簡博物館 等 編, 『里耶秦簡博物館藏秦簡』, 上海 : 中西書局, 2016.
朱漢民·陳松長 主編, 『嶽麓書院藏秦簡(壹)』, 上海 : 上海辭書出版社, 2010.
朱漢民·陳松長 主編, 『嶽麓書院藏秦簡(貳)』, 上海 : 上海辭書出版社, 2011.
朱漢民·陳松長 主編, 『嶽麓書院藏秦簡(參)』, 上海 : 上海辭書出版社, 2013.
朱漢民·陳松長 主編, 『嶽麓書院藏秦簡(肆)』, 上海 : 上海辭書出版社, 2015.
朱漢民·陳松長 主編, 『嶽麓書院藏秦簡(伍)』, 上海 : 上海辭書出版社, 2017.
陳松長 主編, 『嶽麓書院藏秦簡(陸)』, 上海 : 上海辭書出版社, 2020.
陳松長 主編, 『嶽麓書院藏秦簡(柒)』, 上海 : 上海辭書出版社, 2022.
荊州博物館 編 彭浩 主編, 『張家山漢墓竹簡[三三六號墓]』 上冊, 文物出版社, 2022
熊北生·陳偉·蔡丹, 「湖北雲夢睡虎地77號西漢墓出土簡牘概述」, 『文物』 2018-3.
揚州博物館, 「儀徵胥浦101號西漢墓」, 『文物』 1987-1.

陳平·王勤金, 「儀徵胥浦101號西漢墓『先令券書』初稿」, 『文物』 1987-1.
長沙市文物考古研究所·中國文物研究所·北京大學歷史系走馬樓簡牘整理組, 『長沙走馬樓三國吳簡·竹簡』(壹), 文物出版社, 2003.
長沙市文物考古研究所·中國文物研究所·北京大學歷史系走馬樓簡牘整理組, 『長沙走馬樓三國吳簡·竹簡』(參), 文物出版社, 2008.
長沙市文物考古研究所 編, 『長沙尙德街東漢簡牘』, 長沙: 岳麓書社, 2016.
長沙市文物考古研究所·中國文物研究所, 『長沙東牌樓東漢簡牘』, 北京: 文物出版社, 2006
天長市文物管理所·天長市博物館, 「安徽天長西漢墓發掘簡報」, 『文物』 2006-11.
湖南省文物考古研究所·懷化市文物處·沅陵縣博物館, 「沅陵虎溪山一號漢墓發掘簡報」, 『文物』 2003-1.
湖南省文物考古研究所·中國人民大學曆史系, 「湖南益陽兔子山遺址七號井出土簡牘述略」, 『文物』 2021년 제6기.
荊州博物館, 「湖北荊州紀南松柏漢墓發掘簡報」, 『文物』 2008-4.
荊州博物館, 「湖北荊州市胡家草場墓地M12發掘簡報」, 『文物』 2020년 제2기.
荊州博物館·武漢大學簡帛研究中心, 『荊州胡家草場西漢簡牘釋粹』, 北京: 文物出版社, 2021.
[淸]段玉裁注, 『說文解字注』 「金部」 第14篇上, 上海: 上海古籍出版社, 1981.
陳偉主編, 『秦簡牘合集』, 武漢大學出版社, 2014.
蔣魯敬·李志芳, 「荊州胡家草場西漢墓M12出土的簡牘」, 『出土文獻研究』 18, 2019.
李志芳·蔣魯敬, 「湖北荊州市胡家草場西漢墓M12出土簡牘概述」, 『考古』 2020년 제2기.
陝西省考古研究院·秦始皇兵馬俑博物館, 『秦始皇帝陵園考古報告(2001-2003)』, 文物出版社, 2007.
始皇陵秦俑坑考古發掘隊, 「秦始皇陵西側趙背戶村秦刑徒墓」, 『文物』 1982-3.
謝桂華·李均明·周國炤, 『居延漢簡釋文合校』, 北京: 文物出版社, 1977.
胡平生·張德芳 編, 『敦煌懸泉置漢簡釋粹』, 上海古蹟出版社, 2001.
『史記』, 北京: 中華書局, 1959.
『漢書』, 北京: 中華書局, 1962.
『後漢書』, 北京: 中華書局, 1965.
『三國志』, 北京: 中華書局, 1965.
『晉書』, 北京: 中華書局, 1965.
『宋書』, 北京: 中華書局, 1965.
『南史』, 北京: 中華書局, 1965.
『北史』, 北京: 中華書局, 1965.
『魏書』, 北京: 中華書局, 1965.
沈家本 撰, 『歷代刑法考』, 北京: 中華書局, 1985.
程樹德 撰, 『九朝律考』, 北京: 中華書局, 1963.

許維遹 撰·梁運華 整理, 『呂氏春秋集釋』, 北京 : 中華書局, 2009
[清]王先愼 撰, 鍾哲 點校, 『韓非子』, 北京 : 中華書局, 1998.
『宋刑統』, 北京 : 法律出版社, 1998.
[唐]李林甫 等 撰·陳仲夫 點校, 『唐六典』, 北京 : 中華書局, 1992.
[唐]長孫無忌 等 撰·劉俊文 點校, 『唐律疏議』, 北京 : 中華書局, 1993.
[戰國] 商鞅著 石磊·董昕[譯注], 『商君書譯注』, 黑龍江人民出版社, 1992.
李學勤 主編, 『春秋公羊傳注疏』, 北京大學出版社, 1999.
[漢]衛宏 撰, 『漢舊儀』卷下(孫星衍等輯, 周天游點校, 『漢官六種』, 北京 : 中華書局, 1990).
[宋]李昉 等, 『釋名』, 北京 : 中華書局, 1985.
[唐]李林甫 等 撰, 陳仲夫 點校, 『唐六典』, 北京 : 中華書局, 1992.
『東觀漢記』([東漢] 劉珍 等 撰, 吳樹平 校注, 『東觀漢記校注』(上下冊), 鄭州 : 中州古籍出版社, 1987.
『周禮注疏』, 『十三經注疏』, 北京 : 中華書局, 1979.
[唐]杜佑 撰, 『通典』, 北京 : 中華書局, 2003.
[宋]馬端臨 撰, 『文獻通考』, 北京 : 中華書局, 2006.
[漢]桓寬 著, 王利器 校注, 『鹽鐵論校注』, 北京 : 中華書局, 1992.

2. 역주

윤재석 역주, 『수호지진묘죽간 역주』, 소명출판, 2010.
정수덕저·임병덕 역주, 『구조율고[一]九朝律考一』, 세창출판사, 2014.
정수덕저·임병덕 역주, 『구조율고[二]九朝律考二』, 세창출판사, 2014.
정수덕저·임병덕 역주, 『구조율고[三]九朝律考三』, 세창출판사, 2015.
정수덕저·임병덕 역주, 『구조율고[四]九朝律考四』, 세창출판사, 2014.
三國時代出土文字資料硏究班, 「江陵張家山漢墓出土二年律令譯注稿(一)」, 『東方學報』 76, 2004.
三國時代出土文字資料硏究班, 「江陵張家山漢墓出土二年律令譯注稿(二)」, 『東方學報』 77, 2005.
三國時代出土文字資料硏究班, 「江陵張家山漢墓出土二年律令譯注稿(三)」, 『東方學報』 78, 2006.
冨谷至 編, 『江陵張家山漢簡二四七號墓出土漢律令の硏究 譯注篇』, 京都 : 朋友書店, 2006.
專修大學『二年律令』硏究會, 「張家山漢簡『二年律令』譯注(三) - 具律 - 」, 『專修史學』 37, 2004.
專修大學『二年律令』硏究會, 「張家山漢簡『二年律令』譯注(四) - 告律·捕律·亡律 - 」, 『專修史學』 38, 2005.
專修大學『二年律令』硏究會, 「張家山漢簡『二年律令』譯注(一一) - 秩律·史律 - 」, 『專修史學』 45, 2008.
「秦代出土文字史料の硏究」班, 「嶽麓書院所藏簡《秦律令(壹)》譯注考」, 『東方學報』 92, 2017.
彭浩·陳偉·工藤元男 主編, 『二年律令與奏讞書 - 張家山二四七號漢墓出土法律文獻釋讀』

上, 海古籍出版社, 2007.
高潮·徐世虹, 『中國歷代刑法志注釋』, 吉林人民出版社, 1994.
內田智雄, 『譯註中國歷代刑法志』, 創文社, 1964.
內田智雄 編, 冨谷至 補, 『譯注中國歷代刑法志(補)』, 創文社, 2005.
宮宅潔 編, 『岳麓書院所藏簡《秦律令(壹)》譯注』, 京都大學人文科學研究所, 2023.
박영철, 『명공서판 청명집 호혼무역주』, 소명출판, 2008.

3. 연구서

김원중, 『중국의 풍속』, 을유문화사, 1997.
로이드 E. 이스트만 지음, 이승휘 옮김, 『중국사회의 지속과 변화』, 돌베개, 1999.
박건주, 『中國古代의 法律과 判例文』, 백산자료원, 1999.
이시다 미키노스케, 이동철·박은희 옮김, 『장안의 봄』, 이산, 2004.
임중혁, 『고대중국의 통치메커니즘과 그 설계자들 1』, 서울 : 경인문화사, 2021.
임중혁, 『고대중국의 통치메커니즘과 그 설계자들 2』, 서울 : 경인문화사, 2021.
임중혁, 『고대중국의 통치메커니즘과 그 설계자들 3』, 서울 : 경인문화사, 2021.
임중혁, 『고대중국의 통치메커니즘과 그 설계자들 4』, 서울 : 경인문화사, 2021.
임병덕, 『사료로 읽는 중국고대법제사』, 도서출판개신, 2008.
賈麗英, 『秦漢家庭法研究』, 中國社會科學出版社, 2015.
高恒, 『秦漢簡牘中法制文書楫考』, 北京 : 社會科學文獻出版社, 2008.
徐富昌, 『睡虎地秦簡研究』, 文史哲出版社, 1993.
楊振紅, 『出土簡牘與秦漢社會』, 桂林 : 廣西師範大學出版社, 2009.
王煥林, 『里耶秦簡校詁』, 北京 : 中國文聯出版社, 2007.
李力, 『張家山247號墓漢簡法律文獻研究及其述評』, 東京外國語大學 アジア·アフリカ言語文化研究所, 2009.
張建國, 『帝制時代的中國法』, 北京 : 法律出版社, 1999.
張金光, 『秦制研究』, 上海 : 上海古籍出版社, 2004,
程樹德, 『九朝律考』, 北京 : 中華書局, 1963.
陳偉 等著, 『秦簡牘整理與研究』, 北京 : 經濟科學出版社, 2017.
陳偉 主編, 『秦簡牘及所見制度考察』, 武漢 : 武漢大學出版社, 2017.
陳偉 主編·徐世虹 著, 『秦律研究』, 武漢 : 武漢大學出版社, 2017.
彭衛, 『漢代婚姻形態』, 陝西西安 : 三秦出版社, 1987.
廣瀬薫雄, 『秦漢律令研究』, 東京 : 汲古書院, 2010.
宮宅潔, 『中國古代刑制史の研究』, 京都大學出版會, 2010
宮宅潔, 『ある地方官吏の生涯-木簡が語る中國古代人の日常生活-』, 京都 : 臨川書店, 2021.

大庭脩, 『秦漢法制史の硏究』, 東京 : 創文社, 1982.
冨谷至, 『秦漢刑罰制度の硏究』, 京都 : 同朋社, 1998.
冨谷至, 『韓非子』, 中央公論新社, 2003.
石田幹之助, 『長安の春』, 講談社學術文庫, 1979.
水間大輔, 『秦漢法制硏究』, 東京 : 知泉書館, 2007.
籾山明, 『中國古代訴訟制度の硏究』, 京都大學出版會, 2006.
滋賀秀三, 『中國家族法の原理』, 創文社, 1967.
柳田節子, 『宋代庶民の女たち』, 汲古選書, 2003.
滋賀秀三, 『中國家族法の原理』, 創文社, 1967.
滋賀秀三, 『中國法制史論集』, 東京 : 創文社, 2003.
紙屋正和, 『漢時代における郡縣制の展開』, 京都 : 朋友書店, 2009.
池田雄一, 『中國古代の律令と社會』, 東京 : 汲古書院, 2008.
池田雄一, 『漢代を遡る奏讞(讞) - 中國古代の裁判記錄 - 』, 東京 : 汲古書院, 2015.
鷲尾祐子, 『中國古代の專制國家と民間社會 - 家族·風俗·公私 - 』, 立命館東洋史學會叢書9, 2009.

4. 연구논문

강희정, 「당대 여성 이미지의 재현」, 『中國史硏究』 47, 2007.
김경호, 「秦漢法律簡牘의 內容과 그 성격 - 嶽麓書院藏秦簡(參)·(肆)의 내용 분석을 겸하여 - 」, 『中國古中世史硏究』 42, 2016.
김경호, 「秦·漢初 行書律의 內容과 地方統治」, 『史叢』 73, 2011.
김경호, 「秦·漢初의 法律 繼承과 寬刑化 - 儒家的 性格을 중심으로 - 」, 『中國史硏究』 97집, 2015.
김병준, 「秦漢時代의 女性과 국가권력 - 課徵方式의 변천과 禮敎秩序로의 編入 - 」, 『震檀學報』 75, 1993.
김병준, 「樂浪郡 初期의 編戶過程과 '胡漢稍別' - 「樂浪郡初元四年縣別戶口多少□□」木簡을 단서로」, 『木簡과文字』, 창간호, 2008.
김병준, 「樂浪郡初期의 編戶過程 - 「樂浪郡初元四年 戶口統計木簡을 端緖로서」, 『古代文化』 61-2, 2009.
김종희, 「秦漢初覆審運營和奏讞制度」, 『簡牘與戰國秦漢歷史 : 中國簡帛學國際論壇2016』, 香港中文大學歷史系, 2016.
도미야 이따루 저, 임병덕·임대희 옮김, 「漢文帝시기 형법의 개혁과 그 전개 재검토」, 『유골의 증언 - 고대중국의 형벌 - 』, 서경문화사, 1999.
박건주, 「중국고대 私屬層의 신분제적 속성」, 『中國古中世史硏究』 47, 2018.

방윤미, 「秦·漢初 司寇 再考-女性司寇 문제를 중심으로-」, 『中國古中世史研究』 67, 2023.
방윤미, 「진한(秦漢) 형벌체계 형성과정의 일고찰」, 『人文論叢』 80-2, 2023.
손영종, 「락랑군 남부지역(후의 대방군지역)의 위치-'락랑군 초원4년 현별 호구다소□□' 통계자료를 중심으로」, 『역사과학』 198, 2006.
손영종, 「료동지방 전한 군현들의 위치와 그 후의 변천(1)」, 『역사과학』 199, 2006.
신성곤, 「簡牘자료로 본 중국 고대의 奴婢」, 『한국고대사연구』 2009. 6.
오준석, 『秦漢代 문서행정체계 연구』, 경북대학교 대학원 사학과 박사학위논문, 2013.
오준석, 「秦代 縣廷의 조세수입연구」, 『중국고중세사학회 제191회 정례발표회』, 2017.3. 25.
오준석, 「漢代문서전달 노선과 郵傳기구의 설치」, 『中國史研究』 88, 2014.
오준석, 「秦代 地方統治와 文書傳達體系」, 『中國史研究』 95, 2015.
오준석, 「秦漢 遷律의 성립과 폐지」, 『中國史研究』 141, 2022.
오준석, 「漢代 刑制改革과 贖刑·罰金刑의 변화」, 『中國古中世史研究』 70, 2023.
육정임, 「宋代 戶絶財産法 研究」, 『宋遼金元史研究』 5호, 2001.
육정임, 「송대 가족과 재산 상속」, 『동양사1』, 책세상, 2007.
육정임, 「宋元代 紡織業과 女性의 지위」, 『東洋史學研究』 96, 2006.
윤혜영, 「아시아여성사 연구와 그 의미」, 『東洋史學研究』 96, 2006.
윤용구, 「平壤出土 『樂浪郡初元四年縣別戶口簿』 硏究」, 『木簡과 文字』 제3호, 2009.
윤용구, 「새로 발견된 樂浪木簡-樂浪郡 初元四年 縣別戶口簿」, 『韓國古代史研究』 46, 2007.
윤재석, 「秦代 '士伍'에 대하여」, 『慶北史學』 10, 1987.
윤재석, 「中國 古代家族史 研究의 現況과 展望」, 『中國史研究』 第13輯, 2001.
윤재석, 「睡虎地秦簡和張家山漢簡反映的秦漢時期後子制和家系繼承」, 『中國歷史文物』 2003-1.
윤재석, 「中國古代 女性의 社會的 役割과 家內地位」, 『東洋史學研究』 96집, 2006.
이명화, 「漢代'戶'繼承과 女性의 地位」, 『東洋史學研究』 92, 2005.
이명화, 「秦漢 女性 형벌의 減刑과 勞役」, 『中國古中世史研究』 25, 2011.
이성규, 「秦의 土地制度와 齊民支配-雲夢出土 秦簡을 통한 商鞅變法의 재검토-」, 『全海宗博士華甲記念 史學論叢』, 일조각, 1979.
이성규, 「秦·漢의 형벌체계의 재검토」, 『東洋史學研究』 85, 2003.
이성규, 「里耶秦簡 南陽戶人 戶籍과 秦의 遷徙政策」, 『中國學報』 57, 韓國中國學會, 2008.
이성규, 「計數化된 人間-古代中國의 稅役의 基礎와 基準-」, 『中國古中世史研究』 24, 2010.
이성규, 「秦帝國 縣의 組織과 機能-遷陵縣 古城遺地 출토 里耶秦簡의 분석을 중심으로」, 『學術院論文集-人文社會科學篇』 53-1, 2014.
이성규, 「秦·漢의 형벌체계의 再檢討-雲夢秦簡과 〈二年律令〉의 司寇를 중심으로」, 『東洋史學研究』 85, 2003.

이주현, 『中國 古代 帝國의 人力 資源 편제와 운용』, 서울대학교 대학원 동양사학과 박사학위논문, 2020.
임중혁, 「秦漢律의 耐刑-사오로의 수렴 시스템과 관련하여-」, 『中國古中世史硏究』 19, 2008.
임중혁, 「秦漢律의 耐刑-士伍로의 수렴 시스템과 관련하여-」, 『中國古中世史硏究』 19, 2008.
임중혁, 「秦漢律의 庶人」, 『中國古中世史硏究』 22, 2009.
임중혁, 「秦漢律中的庶人」, 卜憲群·楊振紅主編, 『簡帛硏究』, 桂林: 廣西師範大學出版社, 2011.
임중혁, 「秦漢律에 보이는 庶人의 개념과 존재-陶安, 呂利, 椎名一雄의 견해와 관련하여-」, 『中國古中世史硏究』 50, 2018.
임중혁, 「秦漢律의 耐刑-士伍로의 수렴 시스템과 관련하여-」, 『中國古中世史硏究』 19, 2008.
임중혁, 「秦漢律에 보이는 庶人의 개념과 존재-陶安, 呂利, 椎名一雄의 견해와 관련하여-」, 『中國古中世史硏究』 50, 2018.
임중혁, 『고대 중국의 통치메커니즘과 그 설계자들4 : 상앙, 진시황, 한고조』, 경인문화사, 2021.
임중혁, 「秦漢 율령사 연구의 제문제」, 『中國古中世史硏究』 37, 2015.
임중혁, 「秦漢시기 詔書의 律令化」, 『中國古中世史硏究』 42, 2016.
임중혁, 「出土文獻에 보이는 秦漢시기 令과 律의 구별」, 『중국학논총』 54, 2017.
임중혁, 「嶽麓書院藏秦簡의 卒令」, 『東洋史學硏究』 150, 2016.
임중혁, 「秦漢律의 耐刑-士伍로의 수렴 시스템과 관련하여-」, 『中國古中世史硏究』 19, 2008.
임중혁, 「秦漢律の罰金刑」, 『中國古中世史硏究』 15, 2006. 2.
임병덕, 「秦·漢 交替期의 奴婢」, 『中國古中世史硏究』 16, 2006.
임병덕, 「漢文帝의 刑制改革과 그 評價」, 『中國古中世史硏究』 18, 2007.
임병덕, 「秦漢時代의 士伍와 庶人」, 『中國古中世史硏究』 20, 2008.
임병덕, 「里耶秦簡을 통해서 본 秦의 戶籍制度-商鞅變法·同居·室·戶에 대한 再論」, 『東洋史學硏究』 110, 2010.
임병덕, 「秦에서 漢으로의 罰金刑과 贖刑의 변화와 그 성격」, 『東洋史學硏究』 134, 2016.
임병덕, 「『岳麓書院藏秦簡』·『爲獄等狀四種』案例七識劫䴢案考」, 『中國史硏究』 110, 2017.
임병덕, 「『嶽麓秦簡』과 中國古代法制史의 諸問題」, 『法史學硏究』 53, 2016.
임병덕, 「秦漢時期的庶人」, 卜憲群·楊振紅 主編, 『簡帛硏究』, 桂林: 廣西師範大學出版社, 2011.
임병덕, 「한문제(漢文帝) 형제개혁(刑制改革)」, 성균관대학교 동양사연구실편, 『동아시아의 순간들』, 서울 : 선인, 2019.
임병덕, 「秦漢時期罰金刑和贖刑的演變及性質」, 『簡牘學研究』 8, 2019.
임병덕, 「秦漢律의 庶人-庶人泛稱說에 대한 비판-」, 『中國史研究』 125, 2020.
임병덕, 「秦·漢律的庶人-對庶人泛稱說的批判」, 『簡帛』 22, 2021. 5.
임병덕, 「秦·漢律의 耐刑과 司寇」, 『中國史研究』 134, 2021.
임병덕, 「漢文帝 刑制改革과 刑罰制度의 變化-『荊州胡家草場西漢簡牘』 자료를 중심으로-」, 『동서인문』 18, 2022.
임병덕, 「『荊州胡家草場西漢簡牘』과 漢文帝의 刑制改革」, 『中國史研究』 142, 2023.
임병덕, 「秦·漢시기의 贖刑·罰金刑」, 『中國史研究』 149, 2024.
최재영, 「張家山漢簡〈二年律令〉置後律의 구성과 내용-置後律 註解를 중심으로-」, 『中國古中世史研究』 41, 2017.
홍승현, 「載德의 『喪服變除』와 前後漢期 禮學의 발전」, 『中國史研究』 71, 2011.
賈麗英, 「漢代有關女性犯罪問題論考-讀張家山漢簡札記」, 『河北法學』 2005-11.
賈麗英, 「簡牘所見"棄妻""去夫亡""妻棄"考」, 武漢大學 簡帛網 簡帛文庫(武漢大學簡帛研究中心, 2008년 8월 30일).
賈麗英, 「庶人：秦漢社會爵制身分與徒隸身分的衡接」, 『山西大學學報(哲學社會科學版)』, 2019년 11월.
賈麗英, 「秦漢簡牘材料中"庶人"身分的自由性芻議」, 『동서인문』 12, 2019.
高景新·郭桂芝, 「杰出的政治家和改革家漢文帝」, 『內蒙古民族師院學報·哲社版』 1994년 제1기.
高敏, 「論漢文帝」, 『史學月刊』 2001년 제1기.
古永繼, 「"文景之治"非"黃老無爲之治"-文景政策與思想剖析」, 『惠州大學學報』 1994년 제2기.
高恒, 「秦律中'隸臣妾'問題的探討-兼批四人幫的法家'愛人民'的謬論」, 『文物』 77-7, 1977년 7월(『秦漢法制論考』, 福建：廈門大學出版社, 1994에 재수록).
裘錫圭, 「湖北江陵鳳凰山十號漢墓出土簡牘考釋」, 『文物』 1974-7.
裘錫圭, 「戰國時代社會性質試探」, 『中國古史論集』, 吉林人民出版社), 1981.
紀婷婷, 「胡家草場漢簡〈少府令〉〈衛官令〉試析」, 『簡帛』 23, 2021.
南玉泉, 「秦令的性質及其與律的關係」, 陳偉主編·徐世虹著, 『秦律研究』, 武漢：武漢大學出版社, 2017.
唐俊峰, 「新見荊州胡家草場12號漢墓《外樂律》《蠻夷律》條文讀記與校釋」, 『法律史譯評』 2020년 8기.
陶安, 「秦漢律"庶人"槪念辨證」, 『簡帛』 7輯, 2012.
徐世虹, 「出土法律文獻與秦漢令研究」, 『出土文獻與法律史研究』, 上海：上海人民出版社, 2011.
徐鴻修, 「從古代罪人收奴刑的變遷看'隸臣妾·城旦舂'的身分」, 『文史哲』 84-5, 1984,
石洋, 「戰國秦漢間'貲'的字義演變與其意義」, 『華東政法大學學報』 89, 2014-4.

邵金凱, 「略論漢文帝的創新精神」, 『甘肅社會科學』 2003년 제1기.
孫家洲, 「兔子山遺址出土《秦二世元年文書》與《史記》紀事抵捂釋解」, 『湖南大學學報(社會科學版)』 29-3, 2015.
孫力, 「罰金刑的歷史沿革」, 『罰金刑研究』, 中國人民公安大學出版社, 1995.
宋艷萍, 「從《二年律令》中的"貲"看秦漢經濟處罰形式的轉變」, 『出土文獻研究』 6, 上海: 上海古籍出版社, 2004.
戴奕純, 「秦代贖遷金額考」, http://www.bsm.org.cn/?qinjian/8025.html, 發布時間: 2019-01-08.
岳岭·張愛華, 「近20年秦漢婦女史研究綜述」, 『南都學會』 25-1, 2005.
黎明釗, 「里耶秦簡: 戶籍檔案的探討」, 『中國史研究』 2009년 제2기, 2007년 11월 20일.
黎石生, 「里耶秦簡中的兩個小問題」, 『里耶古城·秦簡與秦文化研究』, 北京: 科學出版社, 2009.
魯家亮, 「嶽麓書院藏秦簡《亡律》零拾之一」, 簡帛網, 2016. 03. 28.
魯家亮, 「胡家草場漢簡《治水律》初識」, 『簡帛』 23, 2021.
劉光勝, 「試論漢文帝的改革」, 『天津社會科學』 1985년 제4기.
劉敏, 「里耶戶籍簡中的"母室"和"隸大女子華"」, 2009년 中國秦漢史學會國際學術大會發表文.
劉昌秋, 「漢文帝減免田租政策的原因」, 『農村財政與財務』 2002년 11월.
劉海年, 「秦律刑罰考析」, 『雲夢秦簡研究』, 中華書局, 1981.
劉厚琴, 「張家山漢簡律所見漢代父權」, 『天府新論』 2007-1.
劉欣寧, 「里耶戶籍簡牘與"小上造"再探」, 簡帛網, 2007. 11. 20.
林樹民, 「秦漢時期的婚姻家庭」, 『西藏民族學院學報(哲學社會科學版)』 25-5, 2004.
馬怡, 「秦簡所見貲錢與贖錢-以《里耶秦簡》"陽陵卒"文書爲中心」, 『簡帛』 第8輯, 上海: 上海古籍出版社, 2013.
凡國棟, 「秦漢出土法律文獻所見"令"的編序問題」, 『出土文獻研究』 第10輯, 北京: 中華書局, 2012.
傅舉有, 「從奴婢不入戶籍談到漢代的人口數」, 『中國史研究』 1983년 제4기.
楊紹維, 「略論漢文帝的開明思想和作風」, 『燕山大學學報(哲學社會科學版)』 2000년 제1기.
楊承順, 「對"文景之治"的現實思考」, 『石油大學學報(社會科學版)』 1999년 제2기.
楊邦國, 「"賈誼之不遇, 罪在漢文帝"辨」, 『江西大學學報(哲學社會科學版)』 1988년 제2기.
楊彦鵬, 「胡家草場漢簡所見漢初蠻夷葬俗的幾個問題」, 『簡牘學研究』 2020년 2기.
楊作龍, 「漢代奴婢問題商榷」, 『中國史研究』 1988년 제3기.
楊際平, 「秦漢戶籍管理制度研究」, 『中華文史論叢』 85, 2007.
楊靜婉, 「漢文帝時期吏治的弊端」, 『湘潭大學社會科學學報』 1999년 제1기.
楊振紅, 「秦漢"名田宅說"-從張家山漢簡看戰國秦漢的土地制度」, 『張家山漢簡《二年律令》研究文集』, 桂林: 廣西師範大學出版社, 2007.

楊振紅,「出土法律文書與秦漢法律二級分類構造」,『出土簡牘與秦漢社會』,桂林:廣西師範大學出版社, 2009.
楊振紅,「『二年律令』的性質與漢代法系」,『出土簡牘與秦漢社會』,桂林:廣西師範大學出版社, 2009.
王健,「法家事功思想初探－以『商君書』·『韓非子』爲中心」,『史學月刊』2001년 제6기.
王博凱,「讀《嶽麓書院藏秦簡(伍)》札記」,簡帛網, 2018-03-12.
王培華,「漢文帝"施德惠天下"與漢朝政治"家風"」,『青海社會科學』2002년 제3기.
王彦輝,「從張家山漢簡看西漢時期私奴婢的社會地位」,『秦漢史論叢』9, 三秦出版社, 2004.
王彦輝,「論張家山漢簡中的軍功名田宅制度」,『張家山漢簡《二年律令》研究文集』,廣西師範大學出版社, 2007.
王彦輝,「秦簡"識劫案"發微」,『古代文明』9-1, 2015-1.
王彦輝,「論秦及漢初身分秩序中的"庶人"」,『歷史研究』2018-4.
王子今,「張家山漢簡所見"妻悍""妻毆夫"等事論說」,『南都學會(社會科學版)』22-4, 2002.
王勇·唐俐,「"走馬"爲秦爵小考」,『湖南大學學報(社會科學版)』, 2010-4.
王澤武,「漢文帝"易刑"再考」,『歷史研究』2002년 제8기.
王煥林,「里耶秦簡所見戍卒索隱」,『簡帛研究2005』, 2008.
于振波,「戶人與家長－以走馬樓戶籍簡爲中心」,『中國古中世史研究』17, 2007.
于振派,「秦律中的甲盾比價及相關問題」,『史學集刊』2010-5.
于振波,「從簡牘看漢代的戶賦與芻槀稅」,『故宮博物院院刊』2005-2.
袁延勝,「論東漢的戶籍問題」,『中國史研究』2005년 제1기.
吳雪飛,「從嶽麓簡看里耶秦簡中的一條秦令」簡帛網, 2016-12-09.
吳雪飛,「嶽麓簡一條秦令中的"比"和"行事"」簡帛網, 2016-12-18.
熊北生·陳偉·蔡丹,「湖北雲夢睡虎地77號西漢墓出土簡牘概述」,『文物』2018년 3기.
游逸飛,『戰國至漢初的郡制變革』,臺北:國立臺灣大學歷史學研究所博士論文, 2014.
李景山,「略論漢文帝的社會改革」,『齊齊哈爾師範學院學報』1987년 제1기.
李根蟠,「從秦漢家庭論及家庭結構的動態變化」,『中國史研究』2006년 제1기.
李志芳·蔣魯敬,「湖北荊州市胡家草場西漢墓M12出土簡牘概述」,『考古』2020년 제2기.
李振網,「人性·霸道及權力意志」,『燕山大學學報(哲學社會科學版)』3-3, 2002.
李天虹,「漢文帝刑期改革－《漢書·刑法志》所載規定刑期文本與胡家草場漢律對讀」,『江漢考古』185期, 2023.
李學勤,「初讀里耶秦簡」,『文物』2003.
李學勤,「初讀里耶秦簡」,『文物』2003-1.
李恒全,「從出土簡牘看秦漢時期的戶稅徵收」,『甘肅社會科學』, 2012-6.
張家山漢墓竹簡整理小組,「江陵張家山漢簡概述」,『文物』1985-1기.
張建國,「西漢刑制改革試探」,『歷史研究』1996-8.

張建國, 「前漢文帝刑法改革とその展開の再檢討」, 『古代文化』 48-10, 1996.
張建國, 「前漢文帝刑法改革及其展開的再檢討」, 『帝制時代的中國法』, 法律出版社, 1999.
張建麗, 「魏晉士女婦德與漢代儒家婦女觀的對照及其成因」, 『史海鉤沉』, 2009.
張金光, 「戶籍制度」, 『秦制研究』, 上海: 上海古籍出版社, 2004.
張承宗, 「魏晉南北朝婦女在家庭與社會生活中的地位變化」, 『浙江學刊』 2009년 제5기.
張承宗, 「魏晉南北朝時期與婦女相關的法律問題及司法案件」, 『南京理工大學學報(社會科學版)』 22-2, 2009.
張新超, 「試論秦漢刑罰中的司寇刑」, 『西南大學學報(社會科學版)』 44-1, 2018.
張榮強, 「湖南里耶所出"秦代遷陵縣南陽里戶版"研究」, 『北京師範大學學報』 社科版, 2008. 4 (『先秦·秦漢史』 2008년 제6기).
張春龍, 「里耶秦簡中戶籍和人口管理記錄」, 『里耶古城·秦簡與秦文化研究』, 北京: 科學出版社, 2009.
張春龍·張興國, 「湖南益陽兔子山遺址九號井出土簡牘概述」, 『國學學刊』 2015년 제4기.
張忠煒, 『秦漢律令法系研究初編』, 北京: 社會科學文獻出版社, 2012.
張忠煒·張春龍, 「新見漢律律名疏證」, 『西域研究』 2020年 第3期.
張忠煒·張春龍, 「漢律體系新論－以益陽兔子山遺址所出漢律律名木牘爲中心」, 『歷史研究』 2020年 第6期.
曹旅寧, 「張家山漢簡《亡律》考」, 『張家山漢律研究』, 北京: 中華書局, 2005.
曹旅寧, 「岳麓秦簡中一條關于"妖言"的秦律令」, 2016-12-11.
曹旅寧, 「讀《荊州胡家草場西漢簡牘選粹》漢令簡箚記」, 『秦漢研究』 2022년 6기.
朱錦程, 「嶽麓秦簡所見秦上請制度」, 簡帛網, 2016-12-30
周海鋒, 「秦律令之流布及隨葬律令性質問題」, 『華東政法大學學報』 2015년 4기.
周海鋒, 「岳麓書院藏秦簡(肆)的內容和價值」, 『文物』 712, 北京: 文物出版社, 2015.
周海鋒, 『秦律令研究－以《嶽麓書院所藏秦簡》(肆)爲重點』, 南開大學歷史學研究所博士論文, 2016.
周海鋒, 「岳麓秦簡「尉卒律」研究」, 『出土文獻研究』 第14集, 中西書局, 2015.
秦濤, 「律令時代的"議事以制"漢代集議制研究」, 西南政法大學博士學位論文, 2014.
陳絜, 「嶽麓簡"識劫婉案"與戰國家庭組織中的依附民」, 『出土文獻研究』 14, 上海: 中西書局, 2015.
陳絜, 「嶽麓簡"識劫婉案"與戰國家庭組織中的依附民」, 『出土文獻研究』 14, 上海: 中西書局, 2015.
陳斯風, 「漢文帝與歷史上的"德治仁政"」, 『河北學刊』 22-3, 2002.
陳松長, 「岳麓書院所藏秦簡綜述」, 『文物』 2009-3.
陳松長, 「岳麓秦簡中的兩條秦二世時期令文」, 『文物』 2015-9.
陳松長, 「嶽麓秦簡中的幾個官名考略」, 『湖南大學學報(哲學社會科學版)』 29-3, 2015.
陳松長, 「嶽麓秦簡中的令文模式初論」, 『簡牘與戰國秦漢歷史』, 中國簡帛學國際論壇, 2016.

陳偉 主編, 『秦律研究』, 武漢大學出版社, 2017.
陳偉, 「岳麓書院秦簡行書律令校讀」, 簡帛網, 2009-11-24.
陳偉, 「岳麓書院秦簡行書律令校讀」, 簡帛網, 2009-11-24.
陳偉, 「岳麓秦簡"尉卒律"校讀(一)」, 簡帛網, 2016-03-21.
陳偉, 「岳麓秦簡肆校商(壹)」, 簡帛網, 2016-03-27.
陳偉, 「秦漢簡牘中的"隸"」, 簡帛網, 2017-07-20.
陳偉, 「岳麓簡先王之令解讀」, 『秦簡牘及所見制度考察』, 武漢大學出版社, 2017.
陳偉, 「秦漢簡牘所見的律典體系」, 『中國社會科學』 2021년 제1기.
陳偉, 「胡家草場漢簡律典與漢文帝刑制改革」, 『武漢大學學報(哲學社會科學版)』 75-2, 2022.
陳中龍, 「從秦代官府年度律令校讎的制度論漢初《二年律令》的"二年"」, 簡帛網, 2016-05-10.
陳炫瑋, 「秦漢時代的鞫獄措施及其相關問題探究」, 『清華學報』 新46권 2기, 2016.
朱聖明, 「秦至漢初"戶賦"詳考－以秦漢簡牘爲中心」, 『中國經濟史研究』 2014-1, 2007.
田艷霞, 「略論秦漢檔案管理與女性研究」, 『蘭台世界』 2008년 6월.
周海燕, 「魏晋南北朝婦女在農業中的地位和作用」, 『新鄉師範高等專科學校學報』 20-4, 2006.
曹旅寧, 「秦漢法律簡牘中的"庶人"身分及法律地位問題」, 『咸陽師範學院學報』 2007년 제3期, 2009.
張榮强, 「二年律令與漢代課役身分」, 『中國史研究』 2005-2.
張榮强, 『張家山漢簡「二年律令」集釋』, 社會科學文獻出版社, 2005년 10월.
張建國, 「西漢刑制改革試探」, 『歷史研究』 1996-8.
張建國, 「前漢文帝刑法改革及其展開的再檢討」, 『帝制時代的中國法』, 法律出版社, 1999.
張建國, 「前漢文帝刑法改革とその展開の再檢討」, 『古代文化』 48-10, 1996.
蔣魯敬·李志芳, 「荊州胡家草場西漢墓M12出土的簡牘」, 『出土文獻研究』 18, 2019.
張春龍·張興國, 「湖南益陽兔子山遺址九號井出土簡牘槪述」, 『國學學刊』 2015년 제4기.
張新超, 「試論秦漢刑罰中的司寇刑」, 『西南大學學報(社會科學版)』 44-1, 2018.
張忠煒·張春龍, 「新見漢律律名疏證」, 『西域研究』 2020년 제3期.
曹旅寧, 「讀《荊州胡家草場西漢簡牘選粹》漢律令簡箚記」, 『秦漢研究』 2022년 6기.
周海鋒, 「岳麓書院藏秦簡(肆)的內容和價値」, 『文物』 712, 2015.
陳偉, 「秦漢簡牘所見的律典體系」, 『中國社會科學』 2021년 제1기.
陳偉, 「胡家草場漢簡律典與漢文帝刑制改革」, 『武漢大學學報(哲學社會科學版)』 75-2, 2022.
陳中龍, 「從秦代官府年度律令校讎的制度論漢初《二年律令》的"二年"」, 簡帛網, 2016-05-10.
陳松長, 「岳麓書院藏秦簡中的行書律令初論」, 『中國史研究』 2009-3.
陳偉, 「里耶秦簡に見える秦代行政と算術」, 『大阪産業大學論集(人文·社會科學編)』 19, 2013.
桑秋杰·陳健, 「略論秦漢婦女的經濟地位」, 『長春師範學院學報(人文社會科學版)』 27-1, 2008.
彭衛, 「漢代女性的工作」, 『史學月刊』 2009년 7기.
何有祖·劉盼·蔣魯敬, 「張家山漢簡《二年律令·賜律》簡序新探－以胡家草場漢簡爲線索」, 『文

物』 2020년 8기.
何有祖,「《荊州胡家草場西漢簡牘選粹》讀後記」,『簡帛』 23, 2021.
韓樹峰,「秦漢徒刑散論」,『歷史研究』 2005년 제3기.
韓獻博, 李天虹 譯,「漢代遺囑所見女性, 親戚關係和財産」,『簡帛研究2001』, 桂林：廣西師範大學出版社, 2001.
黃宛峰,「漢文帝並非薄葬」,『南都學壇』 1995년 제1기.
邢義田,「龍山里耶秦遷陵縣城遺址出土某鄉南陽里戶籍簡試探」, 簡帛網, 2007-11-03.

角谷常子,「秦漢時代における家族の連坐について」, 冨谷至 編,『江陵張家山漢簡二四七號墓出土漢律令の研究』, 朋友書店, 2006.
角谷常子,「秦漢時代の贖刑」,『前近代中國の刑罰』, 京都：京都大學人文科學研究所, 1996.
廣瀨薫雄,「秦代の令について」,『秦漢律令研究』, 東京：汲古書院, 2010.
廣瀨薫雄,「九章律研究の新展開」,『中國史學』 32, 東京：朋友書店, 2022.
橋本健史,「統一秦における鄕の機能－國家と在地社會の接點－」,『中國前近代史論集』, 東京：汲古書院, 2007.
堀敏一,「中國古代の家と戶」,『明治大學人文科學研究所紀要』 第27冊, 1988.
堀敏一,「中國古代の家と戶」,『中國古代の家と集落』, 東京：汲古書院, 1996.
堀敏一,「晉泰始律令の成立」,『律令制と東アジア世界－私の中國史學(二)』, 東京：汲古書院, 1994.
堀毅,「秦漢刑名攷」,『早稻田大學大學院研究科紀要』 別冊, 第4集, 1977.
宮岐市定,「中國古代賦稅制度」,『アジア史研究』 1, 京都：同朋社, 1957.
宮宅潔,「漢令の起源とその編纂」,『中國史研究』 5, 1995.
宮宅潔,「秦漢時代の裁判制度－張家山漢簡『奏讞書』より見た-」,『史林』 82-2, 1998.
宮宅潔,「有期勞役刑體系の形成－《二年律令》に見える漢初の勞役刑を手がかりにして－」,『東方學報』 78, 2006.
宮宅潔,「『二年律令』研究の射程－新出法制史料と前漢文帝期研究の現狀」,『士林』 89-1, 2006.
宮宅潔,「秦漢刑罰體系形成史への一試論－腐刑と戍邊刑」,『東洋史學研究』 60-3, 2007.
宮宅潔,「勞役刑徒の構造と變遷」,『中國古代刑制史の研究』, 京都大學出版會, 2010.
宮宅潔,「嶽麓書院所藏簡「亡律」解題」,『東方學報』 92, 2017.
宮宅潔,「廷內史郡二千石官共令」, 宮宅潔 編,『岳麓書院所藏簡《秦律令(壹)》譯注』, 京都：京都大學, 2023.
藤田高夫,「秦漢罰金考」,『前近代中國の刑罰』, 京都大學人文科學研究所, 1996.
藤田勝久,「『史記』の素材と出土資料」,『愛媛大學法文學部論集』(人文科學編)20, 2006.
藤田勝久,「里耶秦簡の情報システム－秦代の郡縣制をめぐって－」,『愛媛大學法文學部論集』(人文科學編) 23, 2007.

藤田勝久,「里耶秦簡の記錄官と實務-文字資料による地方官府の運營-」,『愛媛大學法文學部論集』(人文科學編) 25, 2008.
藤井律之,「罪の加減と性差」,『江陵張家山二四七號墓出土漢律令の研究(論考篇)』, 京都：朋友書店, 2006.
鈴木直美,「里耶秦簡にみる秦の戶口把握-同居・室人再考-」,『東洋學報』89-4, 2008.
鈴木直美,「前漢初期における奴婢と戶籍について」, 池田雄一 編,『奏讞書-中國古代の裁判記錄-』, 東京：刀水書房, 2002.
鈴木直美,『中國古代家族史研究-秦律・漢律にみる家族形態と家族觀-』, 東京：刀水書房, 2012.
飯島和俊,「秦漢時代の軍制-張家山漢簡「奏讞書」に散見する「走士」と「走馬」を手がかりとして-」,『中央大學アジア史研究』24, 2000.
飯尾秀幸,「中國古代土地所有問題に寄せて-張家山漢簡『二年律令』における田宅地規定をめぐって」,『張家山漢簡『二年律令』の研究』, 東京：東洋文庫, 2014.
冨谷至,「ふたつの刑徒墓-秦~後漢の刑役と刑期」,『中國貴族制社會の研究』, 京都大學人文科學研究所, 1987.
冨谷至,「秦の連坐制-睡虎地秦簡にみえる連坐の諸規定-」,『秦漢刑罰制度の研究』, 京都：同朋社, 1998.
冨谷至,「漢代の勞役刑-刑期と刑役-」,『秦漢刑罰制度の研究』, 京都：同朋舍, 1998.
冨谷至,「晉泰始律令への道-第一部 秦漢の律と令」,『東方學報』京都72, 2000.
冨谷至,「晉泰始律令への道-第二部 魏晉の律と令」,『東方學報』京都73, 2001.
冨谷至 編,『江陵張家山二四七號墓出土漢律令の研究』, 京都：朋友書店, 2006.
濱口重國,「漢代に於ける强制勞動刑その他」,『東洋學報』23-2, 1936.
濱口重國,「漢代に於ける强制勞動刑その他」,『秦漢隋唐史の研究』, 東京大學出版會, 1966.
山田勝芳,「中國古代の「家」と均分相續」,『東北アジア研究』第2號, 1998.
山田勝芳,「算賦及び算緡・告緡」,『秦漢財政收入の研究』, 東京：汲古書院, 1993,
森穀一樹,「「二年律令」にみえる內史について」, 冨谷至 編,『江陵張家山二四七號墓出土漢律令の研究(論考篇)』, 京都：朋友書店, 2006.
杉本憲三,「江蘇省儀徵縣の前漢出土の「先令券書」-前漢時代の貧についての一考-」,『布目潮渢博士古稀記念論集-東アジアの法と社會-』, 汲古書院, 1990.
西嶋定生,「商鞅變法と郡縣制」,『中國古代帝國の形成と構造』, 東京：東大出版社, 1961.
西川素治,「漢代の遺言狀」,『中國古代の法と社會-栗原益男先生古稀記念論集-』, 東京：汲古院, 1988.
西川素治,「漢代の遺言狀補說-「先令券書」の釋文をめぐって」,『駿台史學』78, 1990.
石岡浩,「北宋景祐刊『漢書』刑法志第十四葉の復元-前漢文帝刑法改革詔の文字の增減をめぐって-」,『東方學』111, 2005.

小寺敦, 「張家山漢簡『二年律令』硏究-家族硏究を中心に-」, 『出土文獻と秦楚文化』 4, 2009.
水間大輔, 「戰國秦漢期の伍連坐制による民衆支配」, 『中國出土資料硏究』, 中國出土資料學會, 2001.
水間大輔, 「秦律·漢律の刑罰制度」, 『秦漢法制硏究』, 東京: 知泉書館, 2007.
水間大輔, 「秦律·漢律における女子の犯罪に對する處罰」, 『福井重雅先生古稀·退職記念論集 古代東アジアの社會と文化』, 東京: 汲古書院, 2007.
水間大輔, 「長沙尙德街出土法律木牘雜考」, 『簡帛』 18, 2019.
水間大輔, 「胡家草場漢看『律令』と文帝刑制改革」, 『中央學院大學法學論叢』 36-1, 2022.
水間大輔, 「胡家草場漢看『律令』と張家山漢簡『二年律令』對照表」, 『中央學院大學法學論叢』 36-1, 2022.
水間大輔, 「漢律九章律と三國魏の新律編纂」, 『東西人文』 22, 2023.
若江賢三, 「秦律における贖刑制度(上)」, 『愛媛大學法文學部論集』 18, 1985.
若江賢三, 「秦律における贖刑制度(下)」, 『愛媛大學法文學部論集』 19, 1986.
若江賢三, 「秦律における盜罪とその量刑」, 『秦漢律と文帝の刑法改革の硏究』, 東京: 汲古書院, 2015.
若江賢三, 「秦律における爵價と贖刑の制度」, 『愛媛大學法文學部論集』(人文科學編) 37, 2014.
若江賢三, 「髡刑および完刑を巡って」, 『秦漢律と文帝の刑法改革の硏究』, 東京: 汲古書院, 2015.
越智重明, 「秦の商鞅の變法をめぐって」, 『社會經濟史學』 4, 1971.
鷹取祐司, 「秦漢時代の刑罰と爵制的身分制」, 『立命館文學』 608, 2008.
鷹取祐司, 「秦漢時代的庶人再考-對特定身分說的批評」, 『簡帛』 18, 2019.
籾山明, 「秦漢刑罰史硏究の現狀」, 『中國史學』 5, 1995.
籾山明, 「秦漢刑罰史硏究の現狀」, 『中國古代訴訟制度の硏究』, 京都大學學術出版會, 2006.
姉沼陽平, 「岳麓書院藏秦簡譯注-「爲獄等狀四種」案例七識劫案」, 『帝京史學』 30, 2014.
滋賀秀三, 「前漢文帝の刑法改革をめぐって-漢書刑法志脫文の疑い-」, 『東方學』 79, 1990.
滋賀秀三, 「中國上代の刑罰についての一考察-誓と盟を手がかりとして-」, 『中國法制史論集 -法典と刑罰-』, 東京: 創文社, 2003.
田村誠, 「岳麓書院『數』譯注稿(2)」, 『大阪産業大學論集』(人文·社會科學編) 17, 2013. 2.
佐々木滿實, 「秦代·漢初における〈婚姻〉について」, 『ジェンダー硏究』, お茶の水女子大學ジェンダー硏究年報, 2017.
佐竹靖彦, 「秦國の家族と商鞅の分異令」, 『史林』 63-1, 1980.
竹浪隆良, 「中國古代の夫權と父母權について」, 『堀敏一先生古稀記念 中國古代の國家と民衆』, 東京: 汲古書院, 1995.
中田薰, 「支那における律令法系の發達について」, 『比較法雜誌』 1-4, 1951.
中田薰, 「支那における律令法系の發達について補考」, 『法制史硏究』 3, 1952.
中田薰, 「秦·漢 律令의 起源과 展開」, 『法史學硏究』 58, 2018.

増淵龍夫,「左傳の世界」,『世界の歴史』3, 筑摩書房, 1960(増淵龍夫,『岩波講座世界歴史』4, 1970).
池田夏樹,「戰國秦漢期における贖刑の方法と制度の運用」,『中央大學アジア史研究』28, 2004.
池田雄一,「江陵張家山漢簡『奏讞書』について」,『堀敏一先生古稀記念論集 中國古代の國家と民衆』, 東京 : 汲古書院, 1995.
池田雄一,「呂后『二年律令』に見える妻の地位」,『中國古代の律令と社會』, 東京 : 汲古書院, 2008.
椎名一雄,「張家山漢簡二年律令に見える爵制-庶人の理解を中心として」,『鴨台史學』6, 2006.
鷲尾祐子,「漢初の戸について-《二年律令》を主な史料として-」, 冨谷至 編,『江陵張家山漢簡二四七號墓出土漢律令の研究』, 京都 : 朋友書店, 2006.
鷲尾祐子,「日本における中國家族研究の基本概念について-同居共財・家父長制-」,『東亞文史論叢』2006년 특집호, 2006(『中國古代の專制國家と民間社會-家族・風俗・公私-』立命館東洋史學會叢書9, 2009年 10月).
鷲尾祐子,「出土文字にみえる秦漢代戸籍制度-湖北省里耶古城出土秦名籍と江蘇省天長縣出土戸口簿・算賦-」,『東亞文史論叢』, 2007(『中國古代の專制國家と民間社會-家族・風俗・公私-』立命館東洋史學會叢書9, 2009).
鷲尾祐子,「同居-世帶構成員を指す法律用語-」, 宮宅潔編,『岳麓書院所藏簡《秦律令(壹)》譯注』, 京都 : 京都大學, 2023.
太田幸男,「第二章商鞅變法論-第二篇 春秋戰國時代の秦國と商鞅變法」,『中國古代國家形成史論』, 東京 : 汲古書院, 2007.
太田幸男,「秦漢出土法律文書にみる「田」・「宅」に關する諸問題」,『張家山漢簡『二年律令』の研究』, 東洋文庫, 2014.
土口史記,「嶽麓秦簡「執法」考」,『東方學報』92, 2017.
坂本賴知,「『韓非子』における「知」の檢討」,『東海大學中國哲學文學科紀要』12, 2004.
下倉渉,「漢代の母と子」,『東洋史論集』8, 2001.
Ulrich Lau & Thies Staack, *Legal Practice in the Formative Stages of the Chinese Empire* (LEIDEN/BOSTON : Brill), 2016.

찾아보기

ㄱ

「假寧令」 372
假門 203
假父 109
家父長型의 家 25
加役流 183
賈誼 393
嫁妻 188
簡單家庭 25
干支令 353
減死1等 273, 274
江陵鳳凰山10號墓 27
降敵 71
居罰贖債 287
居贖 287
『居延漢簡』 324, 341
居貲 56, 60, 96, 218, 220, 221, 287, 400
居貲贖債 264
居貲刑 278
居作 291
見知의 법 402
輕狡 378
鯨城旦 90, 211
鯨城旦舂 272, 414, 429, 431, 432, 436
鯨舂 465
鯨爲城旦 90, 110, 137, 318, 414
鯨爲城旦舂 109, 266
鯨剠(劓)以爲城旦 414
鯨劓刑 414
鯨刑 231, 398, 399, 465

繫城旦舂 455
告姦者 71
告相坐 156
高恒 403
哭弔 395
髡 427, 430
髡(髠)爲城旦舂 413
髡鉗城旦舂 231, 274, 398, 409, 412, 428, 430, 432, 436, 463
髡城旦舂 411, 416, 429, 431
髡刑 402
恐喝 432
共令 349, 353, 354
公士 96, 103, 200, 212, 220, 221, 246, 248, 250, 299, 300, 334, 405, 420, 424
公士九十四 249
公孫鞅 156
公叔座 147, 151
公乘 324
工隷臣妾 290
公卒 97, 120, 137, 200, 216, 223, 224, 235, 249, 252, 255, 256, 259, 299, 300, 318, 334, 408, 420, 421, 422, 424, 444
公卒以下 201, 421
恐猲 131
科 382
課田 167
關內侯 53, 141, 142, 156, 200, 207, 299, 300, 425

官奴婢賣買시스템　197
官署令　350, 352
教令　345
絞首刑　183
「具律(具法)」　269, 378, 379
「廐律」　383
口舌　190
鳩飾　250
九章律　374, 380, 381, 382, 384, 385, 387, 390
『九朝律考』　384, 385
毆打　182, 183
毆打罪　185
求賢令　147
鞫　116
國家授田制　304
國家土地所有制　337
鞫審　117
群盜　101, 212, 213, 277
軍賦　139
郡二千石官　356
『軍中令』　377
宮刑　176
劵書　171, 336
鬼薪　36, 175, 176, 177, 308, 370, 411
鬼薪白粲　99, 100, 104, 162, 206, 213, 214, 220, 230, 231, 233, 238, 256, 291, 398, 399, 401, 404, 409, 410, 411, 412, 413, 415, 416, 419, 453, 457, 458, 463
鬼薪者　409
歸戶　53, 142, 143, 335
均輸官　354
均田令　326
近代所有權論　138, 317
近臣　372
金1兩　281
禁錮　399
金布令　353
給共令　360, 361
欺罔　185
棄市　109, 182, 183, 187, 231, 396, 433, 464
棄妻　107, 163, 188, 189
金布律　383

ㄴ

男性司寇　459
納粟授爵　229
納粟授爵策　229
耐　45, 185, 416, 441, 442, 465
內公孫　419
耐鬼薪白粲　272
內史　356, 359, 362
「內史官共令」　353, 356, 362
耐司寇　455
「內史郡二千石官共令」　350, 353, 354, 356, 357, 358, 360
「內史旁金布令」　353, 356
「內史倉曹令」　351, 352, 353, 356
「內史戶曹令」　351, 352, 353, 356
內孫　206
耐隸臣妾　109, 414, 417
耐隸臣妾罪　455
耐隸妾　187
耐爲鬼薪白粲　419
耐爲隸臣妾,　416
耐爲司寇　415, 416, 417, 418, 441, 442, 445, 447, 462
耐爲隸臣　348, 414
耐爲隸臣妾　88, 154, 265, 266, 418, 440, 442, 459
耐爲候　416
內耳孫　206, 419
耐罪　110, 377, 399, 428
耐之　416, 419
內玄孫　206
耐刑　44, 408, 413, 428
年細籍　36, 42, 43, 46, 312
年籍　44
老　202
老男　332, 333
魯法　265

奴婢律　91, 224, 239, 243, 247
勞役刑　439, 440, 445
露田　167
論　116
論·論決·決事·判(判決)　116

ㄷ

單純家族　25, 91, 97
單行令　343
單行律　374, 385
單行法　345, 382
單婚核家族　22, 25, 48, 52, 54, 56, 57, 58, 60, 61, 62, 64, 66, 72, 77, 79, 106
當耐　416, 419
『唐六典』　152, 153, 274, 275, 378, 379, 381, 411
『唐律疏義』　378, 379, 381
『唐律』「賊盜律」　434
『唐律』「戶婚」　190
大家族制度　61
大功　395
『大戴禮記』　190
大司農　354
大上造　299
大庶長　229, 299, 396, 425
大隸臣妾　38
代替刑　272, 282, 291
都官　155
「盜法」　378, 379
徒隸　99, 100, 104, 162, 248, 404, 406, 425
「盜律」　348
盜竊　190
盜罪　412, 413, 444
徒刑　183
徒刑 1년　187
『敦煌漢簡』　341, 471, 472
同居　22, 36, 54, 323
同居家族　25, 60, 105
同居共財　60
同居異財　60
同籍　53, 58, 59, 66, 142, 143
董仲舒　228, 296
杜周　388

ㄹ

漏法令　352

ㅁ

麻田　167
『孟子』　49
免奴　426, 444
免老　154, 192, 198, 201, 332, 333, 334, 335, 421, 425
免老還收說　308
免婢　444
免妾　84, 87, 88, 91, 92, 127, 132, 134
免刑　272
命令　364
命을 制로, 令을 詔로　364
名田制　221, 227, 306, 309, 326
名田宅　222, 228
名田宅制度　228, 229
侮辱　182, 183
沒收　177, 401
沒收제도　232, 443
무기형　406
無期刑徒　100
貿賣田宅　135, 136, 138, 144, 316, 317, 339
無子　190
文穎　374, 388
民田　303, 337

ㅂ

博戲　378
班固　228, 296
旁律　342, 382, 383, 384, 392, 407
旁章　381, 382

『傍章』 374, 382, 387
倍其賦 35, 63, 66, 68, 71, 73, 76, 139, 140, 141, 323
倍其賦田 68, 71, 139
倍賦田 35
倍田 167
白徒 265
罰金12兩 292, 438, 442
罰金1兩 266, 271, 281, 282, 291, 414, 415
罰金2兩 266, 271, 266, 281, 415
罰金4兩 266, 271, 281, 282, 414
罰金額 286
罰金一斤 437, 438
罰金一兩 288, 441
罰金八兩 413
罰金刑 266, 290, 409, 411, 415, 416, 438, 439
罰金刑 3等級說 263
罰金刑 4等級說 263
罰金二斤 208
『法經』 152, 153, 347, 378, 379, 380
「法律答問」 380
別籍異財 59
復 241
卜 38
腹誹의 법 403
服喪 395
覆獄 118
復作 241
覆奏 389
複合刑의 家 25
封建土地國有制 297
封診式 198, 375
封診式·封守 307, 308
鳳凰山十號漢墓 320
傅 224, 248
父老 250, 422, 423, 425
父母 182, 183
傅律 41, 224, 348
傅籍 36, 41, 43, 46
賦田 67, 68, 69, 70, 71, 72

賦田之法 70
腐罪 272, 273, 276
『北堂書鈔』 380
『北史』 261
分家 78, 142, 323
分輿 339
分異 31, 34, 35, 37, 48, 52, 64, 66, 73, 78, 82, 93, 94, 98, 102, 104, 119, 123, 125, 128, 133, 139, 140, 142, 143, 339
分異令 62, 78, 138, 144
分異法 82, 119
分異政策 35, 143
分異定策 66
分戶 53, 143
不更 27, 72, 200, 218, 220, 221, 251, 300, 323, 334, 420
不更, 上造 28
不更以下 423
不告姦者 71
不名耐者 467
不事舅姑 190
不聽 185
不孝 185
不孝之次 184
比 116
誹謗妖言律 397, 399, 402, 403
秘祝官 397

ㅡ ㅅ

史 38
舍客室 93, 94, 95, 108, 121, 123, 124, 125, 128, 129, 130, 131, 339
使黔首自實田 297, 298, 303, 337
司空 213, 214, 220, 354, 355
司空律 383
司寇 200, 202, 221, 223, 224, 231, 249, 255, 256, 299, 358, 396, 399, 409, 410, 411, 412, 415, 416, 418, 421, 449, 463
司寇가 士伍로 233

司寇·隷臣妾　238
司寇刑　418, 447
『史記』　20, 40, 43, 71, 72, 258, 341, 380
『史記』「商君列傳」　140, 154, 298, 338
『史記』正義　139
『史記』「貨殖列傳」　227
4馬甲　275, 286
賜死　396
四司空　354, 356
「四司空共令」　353, 354, 355, 356, 360
「四司空卒令」　355, 356
四歲刑　274
私屬　91, 195, 198, 224, 225, 239, 241, 245, 247, 426, 444, 453
司隷校尉　181
士伍　97, 98, 101, 108, 120, 137, 161, 170, 193, 195, 196, 197, 198, 200, 202, 203, 209, 214, 216, 217, 221, 222, 223, 224, 232, 235, 248, 249, 250, 251, 252, 255, 256, 258, 259, 299, 300, 314, 318, 330, 331, 334, 404, 420, 422, 424, 425, 444
士伍無爵說　198
士伍兵卒說　204
士伍刑徒說　209
使用權　332, 338
舍人　126
駟車庶長　299
事項令　350, 352
事項別令　349, 350, 353, 358
死刑　391
削爵　367, 368
削爵1級　221
算賦　139, 239, 240, 242, 426, 456
『三國志』　261
3馬甲　278, 279, 282
三歲刑　274
商君　347
『商君書』　69, 70, 71, 159, 192, 308, 338
『商君書』「境內篇」　300
喪服　184
『尙書』　345, 366

『尙書官令』　377
商鞅　22, 50, 65, 139, 140, 147, 148, 151, 153, 160, 309, 323, 330, 347, 380
商鞅變法　50, 67, 71, 76, 78, 140, 228, 236, 259, 296, 297, 302, 323, 336
商鞅 1차 變法　71, 74, 156
商鞅의 分異令　22, 34, 35, 36, 47, 51, 64, 74
「喪葬令」　372
上造　83, 95, 96, 123, 143, 200, 205, 206, 216, 218, 220, 221, 229, 250, 299, 300, 334, 396, 419, 420
上造七十三　249
嗇夫　117
生刑　391
西工室　358
庶人　97, 224, 249, 255, 259, 299
庶人律　169, 226, 243, 247
庶人泛稱說　235, 236, 237, 256
庶人專稱說　236, 237, 242, 259
庶人專稱說(庶人特定身分說)　235
庶子　165, 325, 326, 330
胥浦101號西漢墓　175
『釋粹』　448
『先令券書』　111
船嗇夫　442
『選粹』　412, 420, 444
挈令　350, 351, 353
『說文解字』　213
城旦　38, 86, 98, 132, 170, 308, 367, 368, 370, 414, 468
城旦司寇　457
城旦舂　99, 100, 104, 162, 206, 213, 214, 220, 230, 231, 233, 238, 256, 365, 398, 399, 401, 404, 415, 419, 455, 457, 468
世卿世祿制　200
小家族制度　61
小功　395
小未傅者　192
少府　354, 355
小上造　27

少上造　299
小隸臣妾　38
小爵　423
小佐　260, 423
小走馬　109, 130
蕭何　344, 369
贖黥　264, 271, 437, 438
贖宮　271, 272, 273, 276
贖鬼薪白粲　264, 271, 277, 283
贖鬼薪鋈足　271, 272, 277
贖耐　182, 187, 264, 271, 275, 278, 286, 290, 332, 437, 438, 440, 441, 442, 465, 466
贖腐　264, 271
贖死　88, 264, 271, 274, 275, 278, 286, 290, 438
贖死 12馬甲　282
贖城旦舂　264, 271
贖劓　264, 271
贖錢　216, 217, 274
贖錢額　285, 286
贖斬　264, 271
贖債　56, 60
贖遷　264, 271, 277, 282, 290
贖遷價額 馬甲3　264
贖遷罪　277
贖刑　264, 271, 272, 276, 282, 283, 285, 409, 437, 438, 439, 440, 445, 455
贖刑·罰金刑　263
『宋刑統』　168, 169, 174, 186
收　37, 176, 179
收孥　62
수노상좌율　403
首匿　179
收律　37, 176
「囚律」　383
「囚法」　378, 379
戍邊2년　306
戍邊二歲　205
受益權　332
收益權　338
收人　88, 154, 213, 214, 220, 400, 401

受杖　250, 420, 421, 425
受杖(仗)　201, 202
授田　333, 336
授田制　294, 295, 313, 332, 338, 339
戍卒令　396, 397, 400, 406
戍卒制　406, 443
戍卒制 폐지　232
收帑相坐律　397, 399
水衡都尉　354
睡虎地4號秦墓 출토 木牘자료　140
『睡虎地77號漢簡』　6, 18, 384, 392
『睡號地77號漢墓』　342, 407
『睡虎地秦簡』「法律答問」　41, 55, 57, 63, 116
『睡虎地秦簡』封診式　28, 32, 56, 198, 303
『睡虎地秦簡』日書　140
『睡虎地秦簡』「司空律」　331
『睡虎地秦簡』「魏戶律」　30, 76, 202, 203
叔孫通　380, 384
丞相　356, 357
緦麻　395
市布肆　339
食官　360, 361
「食官共令」　360, 361
新黔首　370
『新律序略』　382
『新律』　377
臣瓚　428, 429
室　22, 31, 36, 37, 58, 62, 106
室人　54, 55, 65, 82, 87, 88, 92, 104, 106, 112, 154, 276
失刑罪　414
審　116
什伍　71, 178
什伍制　73, 156
12馬甲　275, 282, 286

ㅇ

『嶽麓書院藏秦簡』　119
『嶽麓書院藏秦簡(肆)』　81, 141
『嶽麓書院藏秦簡(伍)』　81

『嶽麓書院藏秦簡(貳)』 81, 280, 286
『嶽麓書院藏秦簡(壹)』 7, 81, 286
『嶽麓書院藏秦簡(參)』 81, 115, 318
『嶽麓書院藏秦簡(參)』・「爲獄等狀四種」 115, 118, 132, 138, 143, 144, 319
『嶽麓書院藏秦簡(柒)』 7, 289
『嶽麓秦簡(肆)』 245, 280
『嶽麓秦簡(肆)』「尉卒律」 251, 254, 260, 423, 424
『嶽麓秦簡(肆)』「置吏律」 252, 254, 260
『嶽麓秦簡(伍)』 109, 110, 111, 112, 113, 245
『嶽麓秦簡(貳)』 279
『嶽麓秦簡(參)』 112, 243, 245
『嶽麓秦簡(柒)』 289
『嶽麓秦簡』「尉卒律」 368
『嶽麓秦簡』「亡律」 280, 354
『嶽麓秦簡』「徭律」 357
惡罵 182, 183
惡病 190
顔師古 198, 204, 258, 261, 410, 412, 417, 429, 443
略賣人 434
略人 434
掠賣 434
養老策 333
讓渡權 332
『梁書』 261
御史 356, 357
『語書』 343
讞 117, 118
如司寇 467, 469, 470
女性司寇 459
如淳 198, 203, 204
女子庶人 238, 239, 240, 242, 243, 246
女子以爲庶人 238, 243
逆旅 75, 152, 202, 203, 346
連坐 71, 105, 181
聯合家庭 25, 51
列侯 207
『鹽鐵論』 156
令 382

令史 134, 170, 215, 404
令典 365, 383, 392
令集 352
隸臣 38, 103, 212, 216, 244, 410, 411, 451, 453, 468
隸臣妾 38, 43, 88, 99, 100, 103, 104, 154, 162, 212, 213, 214, 220, 230, 231, 244, 246, 256, 292, 367, 399, 404, 410, 411, 412, 413, 415, 416, 451, 453, 455, 457, 458, 463, 468
隸妾 38, 103, 212, 244, 245, 246, 426, 451, 453
吳起 200
伍老 332
五大夫 155, 156, 229, 396, 405, 419
五歲刑 274
伍人 40, 89, 154, 178
伍人相告 156
伍長 29, 59, 155, 266, 277
오초칠국의 난 394
「獄律」 342, 382, 384, 392, 407
完 427, 430
完城旦 36, 175, 177, 409, 428, 430
完城旦舂 176, 206, 409, 411, 412, 414, 416, 427, 429
完城旦舂罪 110
完爲城旦 273, 274, 276
完爲城旦舂 265, 266, 291, 410, 413, 427, 458, 463
完爲倡 265
完刑 231, 398, 427
王杖 201, 420
外公孫 419
外孫 206
外耳孫 419
徭役 240, 456
腰斬 464, 465
舂 38
『龍崗秦簡』 17, 69, 294, 339
舂司寇 457
右更 299
원심정죄 403

『越宮律』 382, 384, 387
『龍崗秦簡』 6호묘 211
越城 378
衛宏 197, 198, 410, 412, 449, 470
魏奔命律 151, 153, 346, 347, 348, 363
『魏書』 261
『魏書』「刑罰志」 386
「爲獄等狀四種」 117, 118, 119, 136, 137, 138
「爲獄等狀四種」・「奏讞書」 116
「爲田律」 346, 363
「尉卒律」 250, 423
魏晉律 438
「魏戶律」 151, 153, 346, 347, 348, 363
유기형 406
踰制 378
有秩吏 251
肉刑 205, 230, 240, 247, 291, 367, 391, 393, 396, 406, 430
『律經』 344
「律令雜抄」 349, 350, 353
律令集合體 343
律令編纂物 344
律典 388, 392
律典(法典) 344
律條 388, 390
隱官 90, 91, 202, 211, 212, 221, 224, 238, 240, 245, 249, 255, 299, 358, 421, 426, 456
『銀作山竹書』「田法」 328, 333, 334
淫泆 190
淫佚 378
劓刑 231, 398
二級律篇 388
『二年律令』 37, 134, 169, 289
『二年律令與奏讞書』 241, 243, 246, 289
『二年律令』「置後律」 372
『二年律令』「告律」 465, 466
『二年律令』「具律」 238, 239, 241, 242, 246, 271, 438, 455, 465, 466, 474
『二年律令』「盜律」 429, 431
『二年律令』「亡律」 239, 241, 242, 244, 245, 247, 260, 280
『二年律令』「傅律」 200, 201, 202, 250, 259, 335
『二年律令』「收律」 62
『二年律令』「徭律」 192
『二年律令』「賊律」 430, 431
『二年律令』「田律」 440
『二年律令』「置吏律」 372
『二年律令』「置後律」 226, 373
『二年律令』「戶律」 53, 76, 30, 135, 235
『二年律令』「興律」 289
李奇 198, 203, 204
里老 45, 368
李悝 147, 151, 152, 153, 347, 378, 379, 380
姨夫 109, 110
移書 359
二歲刑 274
『里耶發掘簡報』 21, 23, 27, 31
『里耶發掘報告』 20
里耶의 戶籍簡 39, 40, 47, 51, 62, 72, 74
『里耶秦簡』 97, 218, 230
里耶戶籍簡 21, 25, 34, 65
里伍 196
里伍 連坐制度 178, 182
以爵位名田宅 229, 230
異籍 53, 58, 59, 66, 142, 143
里典 45, 89, 154, 155, 250, 266, 277, 332, 368, 422, 423, 425
里典·伍老 154
里正 85, 134
匿姦者 71
匿戶 58

―ㅈ―

貲1甲 40, 88, 89, 154, 155, 263, 265, 270, 275, 277, 284, 332, 348
貲1兩 263
貲1盾 89, 154, 155, 263, 265, 266, 268, 270, 277, 281, 284, 285, 288, 332

찾아보기 501

訾2甲　40, 61, 86, 88, 131, 155, 161, 263,
　　265, 266, 268, 270, 285, 332, 348
訾2甲1盾　265, 268
訾2盾　263, 265, 268, 269, 270, 281
訾3甲　270
訾4甲　270
訾6甲　270
訾7甲　270
訾14甲　270
訾絡組　265
訾罰　265
訾罰刑　265, 267, 270, 290
訾賦　139
訾贖錢　95, 143, 216, 315, 331
訾戍　265
自實田　138, 294, 319, 338
訾餘錢　216, 218
訾徭　265
訾日22錢　291
訾錢　96, 216, 217, 220
訾布　265
訾刑　276, 455
作如司寇　231, 399, 409, 410, 412, 445,
　　447, 449, 459, 469, 472, 473, 474
爵制的 身分　248, 249
爵制的身分序列　457
簪裊　200, 249, 299, 300, 334, 420
「雜律(雜法)」　378
「雜法」　378, 379
『張家界古人堤漢律目錄』　256
張家山 247號 漢墓　148
張家山漢簡336號墓　375
『張家山漢簡』「奏讞書」　115
『張家山漢簡』「津關令」　351
『張家山漢墓竹簡[三三六號墓]』　287, 289,
　　291, 342, 384, 451, 454
『張家山漢墓竹簡』　361
『張家山漢墓竹簡』「奏讞(讞)書」　367, 368,
　　369, 372, 461
『長沙尙德街出土東漢簡牘』　236, 255, 259,
　　261
長沙走馬樓簡吳簡　27

『長沙走馬樓三國吳簡·竹簡』　166
張蒼　380
張湯　384, 402
宰人　361
著令　364
著令文言　389
沮誹　402
「賊法」　378, 379
賊傷　182, 183
嫡子　164
謫罪　103, 212, 246
「田令」　343
轉賣　435
轉賣權　332
田比地籍　42, 312
田律　383, 387
典田　85, 134
田典　89, 154, 155
전조세율　396, 397
田租籍　42, 312
田地 還收　333
田合籍　42, 312
占有權　332, 338
占田　167
「廷內史郡二千石官共令」　362
廷令　362
正律　348, 381, 382, 384
鄭里廩簿　218, 320, 321, 326, 327, 328
廷史　184
程樹德　384, 386, 401
井田制　228, 297
廷卒甲卄七　245
正刑　272
齊民支配體制　330
制詔　364
諸罪　104
詔令　365
朝律　383, 384
詔書　345, 366, 389
趙禹　384
朝律　382, 387
晁(鼂)錯　227, 229, 393

卒令　362
宗人　83, 84, 123
宗族土地所有制　302, 336
『左傳』　345, 366
주금률　397
奏　118
『州郡令』　377
『周禮·鄕大夫』　38
『周禮』　354
走馬　83, 120, 123
主母　182, 183
主簿 程咸　181
周亞夫　393
奏讞　116
『奏讞書』　90, 184, 185, 211
奏讞制度　116, 118
鬻賣　188
鬻米　200, 202, 250, 420, 425
準庶人　233, 421, 456
中更　299
中書舍人　254
中庶子　151
中從騎　372
地廣人稀　325, 326, 329
支令　350
地主土地私有制　297, 298, 303, 337
秦令　383
『晉律』　377, 438
眞賣　435
『晉書』　188, 261
『晉書』「食貨志」　167
『晉書』「刑法志」　62, 63, 180, 181, 377,
　　378, 379, 381, 385
晉 泰始 律令　392
秦 土地國有制說　295, 296, 302, 313
秦 土地私有制說　296
秦漢律　235
秦漢의 受田宅制　312
秦漢의 土地所有制　299
秦漢土地國有制說　338
質妻　188
執法　155, 356, 357

━ ㅊ

借假不廉　378
斬城旦　465
斬首刑　183
斬右止　231, 398
斬敵首　71
斬左止　231, 398
斬左止＋黥以爲城旦　272
倉律　383, 387
倉曹　352
磔　465
磔刑　391, 432, 435
處分權　332
처분권　338
「遷律」　383
阡陌　65
阡陌制度　74
天子令　390
遷刑　266, 277, 332, 414
徹侯　141, 200, 206, 300, 425
請讞　85, 95, 96, 103, 112, 119, 120
『靑川木牘』　296, 346
追加律　374
追加法　345, 382
祝　38
『春秋公羊傳』　189
贅壻　75, 152, 202, 203, 346
「置吏律」　251, 383, 423
治獄　118, 357
親親得相首匿　179
七科謫　202, 203, 224
七大夫　300
七大夫 이하　301
七大夫以上　301
七出　189, 190, 194

━ ㅌ

奪爵　196, 197, 198, 205, 207, 208, 214
奪爵 후 士伍　210, 212
奪爵 후 庶人　210, 212

찾아보기 503

奪爵1級   205, 214, 221
奪爵士伍說   209
奪爵을 士伍로   197
奪爵一級   204
泰父母   182, 183
笞三百   231, 398
笞五百   231, 398
笞五十   441
『太平御覽』   275, 380
笞刑   231
宅園戶籍   42, 312
『兎子山律名木牘』   342, 407
『兎子山漢簡』   6, 18, 384, 392
土地國有制說   294, 296, 302, 304, 313, 339
土地私有制   337
『通典』   411
妬忌   190

— ㅍ

廢格   402
「捕法」   378, 379
布肆   93, 94, 95, 108, 121, 123, 124, 125, 128, 129, 130, 131

— ㅎ

下爵   424
『漢官舊儀』   197
『漢官儀』   360
『漢舊儀』   409, 410, 412, 471
「漢律十六章」   384
漢文帝 13년의 刑制改革   231, 232, 233, 234
漢文帝 刑制改革   197, 389, 439, 443, 445, 448, 460, 469, 474
韓非子   148, 153, 157, 158, 159, 160, 161, 191
『韓非子』   101, 102, 106, 158, 159, 192, 308, 309
『韓非子』「定法」   153, 156

『漢書』   46, 69, 258, 341, 380, 417
『漢書』「食貨志」   27, 49, 227
『漢書』「刑法志」   116, 152, 347, 376, 386, 387, 409, 411, 429, 431, 448, 458, 469, 472, 474
『漢書』「惠帝紀」   205
「漢律考」   384
『漢律遮遺』   384
行書律   383
行田   68, 69, 71, 72
鄕部   267
鄕部嗇夫   85, 134, 155, 267
鄕嗇夫   84, 85, 127, 134
鄕佐   84, 85, 127, 134
憲盜   251, 260
縣令   116
縣丞   116
刑律   382
荊不更   27
刑城旦(刖刑)   211
刑城旦舂   110, 206, 399
刑制改革   230
『荊州胡家草場12號漢墓』   342, 407
荊州胡家草場西漢簡牘選粹   292
『荊州胡家草場西漢簡牘』   6
戶   22, 36
『胡家草場西漢簡』   317, 339, 462
『胡家草場西漢簡』「盜律」   429, 431
『胡家草場西漢簡』「賊律」   430, 431
『胡家草場西漢簡』「田律」   440
『胡家草場漢簡』   6, 384
戶賦   139, 140, 141
戶賦錢   141
戶人   59, 166
戶絶   173
戶曹   351
戶芻   141
火耕水耨   327
和賣   434
和賣人   434
擴大家庭   25, 29
擴大家族   25, 61, 91, 97

睆老　201, 250
還收　333
還田　315
換刑　272, 274
『淮南子』　327
孝服　395

後母　182, 183
後夫　109
後父　75, 152, 203, 346
後子　200, 221, 225, 309, 333, 425
『後漢書』　258, 261, 417
興律　269, 270